印顺法师佛学著作系列

华雨集

（上）

释印顺 著

中华书局

图书在版编目（CIP）数据

华雨集/释印顺著. —北京：中华书局，2011.4（2025.4重印）

（印顺法师佛学著作系列）

ISBN 978-7-101-07849-7

Ⅰ.华…　Ⅱ.释…　Ⅲ.佛教-文集　Ⅳ.B948-53

中国版本图书馆 CIP 数据核字（2011）第 036948 号

经台湾财团法人印顺文教基金会授权出版

书　　　名	华雨集（全三册）
著　　　者	释印顺
丛 书 名	印顺法师佛学著作系列
责任编辑	朱立峰
封面设计	毛　淳
责任印制	管　斌
出版发行	中华书局
	（北京市丰台区太平桥西里 38 号　100073）
	http://www.zhbc.com.cn
	E-mail:zhbc@zhbc.com.cn
印　　　刷	北京建宏印刷有限公司
版　　　次	2011 年 4 月第 1 版
	2025 年 4 月第 4 次印刷
规　　　格	开本/880×1230 毫米　1/32
	印张 37⅛　插页 6　字数 760 千字
印　　　数	3801-4300 册
国际书号	ISBN 978-7-101-07849-7
定　　　价	170.00 元

4. 原书注释中参见作者其他相关著作之处颇多,为方便读者查找核对,本版各书所有互相参见之处,均分别标出正闻版和本版两种页码。

5. 原书中有极少数文字不符合大陆通行的表述方式,征得著作权人同意,在不改变文义的前提下,略作删改。

印顺法师佛学著作对汉语佛学研究有极为深广的影响,同时在国际佛学界的影响也日益突出。我们希望"印顺法师佛学著作系列"的出版,有助于推进我国的佛教学以及相关学科的研究。

中华书局编辑部

二〇一一年三月

《华雨集》出版说明

　　《华雨集》共五册,由印顺法师亲自编集于 1989 年,1993 年台湾正闻出版社分别出版。为方便读者阅读,此次收入"印顺法师佛学著作系列"时合为三册整体推出,上册为《华雨集》(一),中册为《华雨集》(二)、(三),下册为《华雨集》(四)、(五)。本书亦收于我局出版的《印顺法师佛学著作全集》第十一卷——第十二卷。

中华书局编辑部

二〇一一年三月

《华雨集》总目

《华雨集》自序

　　一九七一年,我觉得身体有点异样,想到人命无常,所以写了《平凡的一生》。又将所有的写作、讲记,除《印度之佛教》、《说一切有部为主的论书与论师之研究》、《原始佛教圣典之集成》、《中国禅宗史》外,一九六九年已编成《妙云集》的上、中、下三编,共二十四册,又覆勘一遍。那年秋冬,生了一场濒临死亡边缘的大病。本来,"出家来因缘所发展,到现在(可说)……因缘已了",但"缺乏断然拒绝、不顾一切的勇气"(《平凡的一生》,《华雨香云》一五〇、二〇页,本版一〇二、一四页),在道源长老的劝告下,又再一次接受开刀手术,病总算慢慢地好了,可是后遗症严重,在半生不死的情况下,足足地度过了三年多的时光。大病以后,我还能为佛教做些什么呢? 在安静的自修中,只有随力写一些。所写的,主要是独立成部的作品,如《初期大乘佛教之起源与开展》、《如来藏之研究》、《空之探究》、《印度佛教思想史》,及《杂阿含经论会编》。大部以外,还有些三万字上下的,如《游心法海六十年》、《修定——修心与唯心·秘密乘》、《契理契机之人间佛教》、《中国佛教琐谈》、《读大藏经杂记》等;有写作而还没有全部完成的,如《方便之道》等。总之,大部以外的写作是不多的。然在大病以前的讲说,有人记录出来的;也有曾发表在《海潮音》,却没有编入《妙云集》的;还有早期的少数写作,综合起来(大部除外),大约也有七十万字。

一九八六年初冬,我移住南投(我称之为"寄庐")。环境相当安静,可是身体却在慢性的衰弱中;今年,衰瘦更加速了!老化衰瘦,再不能有所写作,所以又想到把稿子再编集一下,分为五册,名为《华雨集》。我的写作,到此为止。过去讲说而没有记录的(留有录音带);早年不成熟的作品而没有编入的;也有没有找到的,总之,《华雨集》所没有编集的,就是我所不要保留的,无论说得对与不对,都不再是我的了,如旧物而已被丢弃了一样。

附带要说到的,在《妙云集》下编《青年之佛教》中,有《初级佛学教科书》、《高级佛学教科书》(本分为十二册,每册十二课),本是为星洲弥陀学校编写的。国内不知是哪一位大德(传说是台南的),编写了一部佛学的儿童读本,并有图画,也许曾经参考过我的佛学教科书,竟标题为"印顺导师原著";台北的慈济文化中心,也有印行结缘的。我不是说这部书不好,只是说这与我的写作无关,不敢掠人之美!

　　　　　　　　　　　　　　一九八九年一月,序于南投寄庐。

华雨集（一）

目　　录

《大树紧那罗王所问经》偈颂讲记

——一九六五年夏在台北慧日讲堂讲

序

　　这部《大树紧那罗王所问经》偈,是十多年前在慧日讲堂讲的。顾法严居士留下了录音,杨梓茗居士把它用文字记录出来,朱斐居士把它刊布在《菩提树》,又作为"菩提树丛书"之一。能留下来而再度与大家结法缘,都是几位居士的功德!

　　我国一向尊重与发扬大乘佛法。大乘法,真是方便多门,门门可以入道。但举要来说,不外三类:有以信乐十方净土精进而入佛道的,是信增上人;有以智慧解悟而入佛道的,是智增上人;有以悲济众生而入佛道的,是悲增上人。众生的根机不一,应机设教,入门的方便,是有多少不同的。然论到圆成佛道的菩提道、信愿、慈悲、智慧,都是不可缺少的。世间决无没有信愿、没有慈悲、没有智慧的菩萨,也决无没有圆成这些功德,而可以成就无上菩提的。所以,应三类机而有三类方便,到底只是初门的方便。真能由初门而深入的,菩提道终归一致。我当时选出《大树紧那罗王所问经》的部分偈颂来宣扬菩萨道,也就是重在这同归一致的大菩提道。龙树菩萨有《菩提资粮论》(唐达磨笈多译),所说的内容,比选讲的偈颂更广,而大意也还是相同。

希望读到这部讲记的，能信解"方便有多门，归元无二路"，随自己的根性，从不同的方便门入手，更能依同一的菩提大道（路），而趣入一切智海！

　　一九七五年七月十五日，印顺序于妙云兰若。

讲　记

　　这次选择了《大树紧那罗王所问经》中的一部分偈颂来讲。由于一般的大乘经,通常都是部帙太大,所以就选择了这部经的部分偈颂。这部经对于中国佛教徒而言,似乎颇为生疏,但是事实上,在古代,这在大乘经典中是很重要的一部。此经的性质是属于大乘法门,以发菩提心、大乘菩萨修菩萨行乃至成佛为其主题。其性质,与《般若经》、《维摩诘经》的意境相近;除了赞叹佛果的功德之外,尤其注重菩萨修行。

　　"大树紧那罗王"是一位菩萨的名字,而此经为其所问的。所问,也可说是"说大树紧那罗王经";也就是以这位菩萨为中心,在佛前宣扬其特有的法门。正如《维摩诘经》,是以维摩诘菩萨为中心的,所以可称为《说维摩诘经》,或《维摩诘菩萨所问经》。这可见此经是以大树紧那罗王菩萨为中心而阐扬大乘法门的经典。

　　中国佛教徒,多数都知道有一位"大圣紧那罗王菩萨",但不知道"大树紧那罗王菩萨"。在中国,这位菩萨和灶神差不多,是专门管理厨房的,所以在供养时,也有加称这位菩萨名字的。紧那罗原是护法神之一,而所以传说为灶神那样的性质,是由于中国向来流传着一个故事:有一座寺庙里,遭到了强盗的抢劫骚乱,眼看就要危害了三宝道场,当时寺里的出家人都想不出退盗之计。就在这时,厨房里一位伙头师傅,拿了一把大铲子出来,一下子就把强盗都赶跑了;之后,这位出家人也不见了踪影。这就是传说中的紧那罗王菩萨,也就因此和厨房结上了关系。其实,佛经中只是大树紧那罗王菩萨。

紧那罗,是印度话,与龙、夜叉等同属于天龙八部。他是诸天的音乐神之一,与乾闼婆(如山门里面四大金刚之中弹琵琶的那一位,就是乾闼婆之一)是同一性质;凡是诸天举行法会,都是由他们担任奏乐的工作。为什么称他们为“紧那罗”? 紧那罗译成中文则为“疑神”,这是由于他们头上长了角,似人非人,似天非天,有点令人疑惑不定,故名为疑神。紧那罗中的领导者,即是紧那罗王。其中最著名的一位大菩萨,现紧那罗王身来领导紧那罗的,即是这位大树紧那罗王。

接着再说明“大树”一名的涵义。以世俗的见解来说,由于紧那罗是音乐神,而自许多经典上,我们可以得知他们是住在森林里;凡是人迹罕至的森林,即是他们的居住之地;由森林中所发出的种种微妙音声,也正与他们的音乐神的性格相合。就佛法的观点来看,凡是菩萨的名字,皆表征其特殊的德性与意义。一位居住在森林之中,以大树为名的菩萨,其功德与地位必然很高。就像《法华经》上所说到的,佛法的教化就像天上降下的雨水一般,能够普润大地,如雨水的使小草大木各适如其分地沾其利益。这位大树菩萨,是一位证了无生法忍八地以上的大菩萨,其功德如大树一样。

其次，可由菩萨自身之功德来说。菩萨修行，由初发心修行直到成佛，就好比树的生根，长出树干，发出枝叶，开花结果，就这样长成了一棵菩提大树。经典上每以大树来比喻菩萨修行的功德，如《华严经·普贤行愿品》即曾提到："譬如旷野沙碛之中有大树王，若根得水，枝叶华果悉皆繁茂。生死旷野菩提树王亦复如是，一切众生而为树根，诸佛菩萨而为华果，以大悲水饶益众生，则能成就诸佛菩萨智慧华果。何以故？若诸菩萨以大悲水饶益众生，则能成就阿耨多罗三藐三菩提故。"

树必须先有根，否则即不能生长。而菩萨修行由初发心到成佛，亦必须有根。大乘佛法的根是什么呢？以大悲心为因的大菩提心，就是大乘法的根本。修大乘行必须先发菩提心——上求佛道、下化众生之心，亦即是大悲心。若是缺乏了大悲心，则任何事物都不能说是大乘，更不必谈成佛了。什么时候有菩提心、大悲心，即是菩萨；而大悲心一旦退失，即非菩萨。

平常我们总以为根先长好了，树才开始生长。但是事实上，根与树的发展是均衡的。根长得愈深，树也就长得愈高；树长得愈大，也就表示根长得愈广；根与树的生长是同时的。所以发菩提心与行菩萨道，也应同时地进行，并非是先把心发好然后再去行。所以菩萨道行得越大，菩提心也就越坚固。

树的根生长在土里，不论好土、坏土、清净的或污秽的土壤里，它都可以生长，但只有两个地方不能生长：若是下面的水太多了，根就不能生长，否则根就要腐烂了；若是下面有火的地方（即是今日所谓的瓦斯），根也无法生长。除了这深水火坑之外，根可以生长于任何地方。佛法之中，以大悲心为主的菩提心明普照。所以我们可以说,大树紧那罗王菩萨的功德,与佛的圆满菩提树,已是很相接近。

　　上面谈到的,都是有关于大树如何成长,亦即是菩萨如何修行的问题。接着,再谈到成了大树之后,自有大树的用处,即是其对于众生的用处。总结说来,一棵大树至少有两种用处:第一是隐蔽用。在太阳大时,天气燥热,此即佛法上所说的热恼;行路的人热得一身大汗,跑到树底下休息,这时太阳晒不到,立刻就感到凉爽起来,不再热恼。这就说明,凡是菩萨到达了大菩萨的阶段,以慈悲为本,一切为了众生、救济众生,使得大家都能够脱离苦恼。我们平时都知道观世音菩萨救苦救难,这是特别注重其以悲心来度众生的意义。其实,任何一位大菩萨都是一样的,无不是寻声救苦,遍一切处。凡是任何众生蒙受其加被、教化乃至感应,都能得到种种利益,使得烦恼得到解脱,痛苦化为清凉。所以经上说大悲心长在菩提树上之后,一切众生,不论是人、天乃至声闻、缘觉等,都能感受到他的功德利益。譬如平时的求消灾等,即是较浅一层的功德;而消除烦恼、消除业障,乃至引导我们使得解脱等,即是深一层的功德。第二,大树为众生之所依止。不论是大鸟、小鸟,都在树上筑窝、休息;其他尚有许多昆虫与各式各样的众生,有的在树上居住,有的吃它的花粉、果子等。它们隐蔽在树下,依止在树上而得到了平安。一切的大菩萨,都是为众生所依止,教化众生、成熟众生;而众生则由于依止大菩萨的关系,得到了种种利益。《大般若经》上说到,因为世界上有菩萨,所以才有修大乘行、弘扬大乘者;即使是人天福报,也是由菩萨而来。佛出世时,众生可以供养三宝,做种种功德;在无佛之世,有许多菩萨,虽然并非现身在佛教之中,但是他们却能够以种种身份来领导众生行菩萨道。我们从经典之中,看到菩萨过去生中的种种本生因缘,而发现他们都是为众生之所依止,浅者为众生种下了人天福报,深者令他们得解脱乃至成佛。而从另一方面说,由于有菩萨才有佛,若没有菩萨,则何来成佛者? 而亦必须有菩萨,才有声闻、缘觉。菩萨并非只以大乘法教化众生;我们常说"法门无量誓愿学",因为菩萨遇到了小乘根机,便以小乘法来教化他们,所以小乘法也是菩萨所应学的。因菩萨发心,无边众生能得到利益;许多大乘经都赞叹发提心、行菩萨行,只要一个人发心,将来对众生的利益是不可限量的。小乘行者并非没有功德,但与菩萨相较之下,则差得太多,因为无边众生将依止菩萨,积聚功德而走上解脱成佛之道,所以再多的阿罗汉,还不如有一真发菩提心者。大树紧那罗王菩萨,正可以大树来显现出菩萨利他的功德,就像大树一样,不但可使众生得到清凉、解脱,亦可依其法门修行,所以我们也可称他的法门为大树法门。

　　"菩萨"的意义,略为解释一下。菩萨即是印度语"菩提萨埵"的简称。凡是发勇猛大心、想追求无上大道者,即名为菩萨,其中包括了慈悲、智慧等等;简单地说,菩萨即是发心欲上求佛道下化众生者。平常我们说到四圣、六凡的十法界,其中把菩萨也划为一大类。但事实上,菩萨并不属于特定的一类。就众生而言,只有六类——地狱、饿鬼、畜生、人、阿修罗、天;各自随其业缘所感的,都不出于此六类,而菩萨也就示现在此六类众生之中,或现天、或现人、畜生等。而在小乘法中,小乘的圣人贤人,只属于人道与天道,在其他各道中是没有的。菩萨随其愿力于一切众生道中显现其身;或现身于鬼趣行菩萨行,或现身于畜生道中行菩萨道……就种类来说,这位菩萨应是属于鬼道或旁生道……但他所修的,却是菩萨行。如《十善业道经》中的龙王,本经的紧那罗王便是;这是随愿往生的结果。所以我们可以这么说:十法界乃是依其功德来划分,六道则是依其业报所感而成,有人天果报的即生人天,有地狱果报的即生地狱。声闻、缘觉只能生于人、天二道之中,因此即使他们证到了阿罗汉,在功德上可谓是圣贤了,但在外表上却永远是人、天相;大菩萨随其愿力化度众生,遍摄一切处,不论是善趣、恶趣皆得往生教化众生,这就是大小乘的不同之处。从这里,我们可以发现它们在精神上是不同的:大乘重悲心,小乘重自身。譬如有菩萨发愿到佛法不兴之地,也许就会有人对他说:你到了那里,供养少了,还要吃种种苦头,何苦呢? 但这却是大乘的精神,因为一个好的地方,在你未去之前就已经很好了,那么即使你去,于众生又能增添多少利益? 所以地藏菩萨"我不入地狱,谁入地狱",即是大乘精神的充分发挥。在大乘经中表现这种精神的地方,真是太多太多。因此菩萨悲心的表现,我们并不能够以其所现的外相比我们差(如显现畜生、饿鬼等),或者以其所走的路、种种环境际遇等,在我们眼中看来都不尽理想,我们就怀疑到为什么学佛之后环境还是这么糟? 就大乘法来说,这些都是不一定的事,而修行大乘者,应该让自己到达每一个苦恼的角落,在任何地方都可以有大乘法的修行。

　　现在举这位大树紧那罗王菩萨为例,他是一位音乐神,喜欢歌唱,好比现在的音乐家。众生中有三类是特别爱好音乐的:一为紧那罗,一为乾闼婆,一为摩睺罗迦。这部经上说:大树紧那罗王特别教化了摩睺罗迦。摩睺罗迦本来现的是蛇身,而我们知道蛇非常喜欢音乐,尤其是眼镜蛇,若有人在一旁吹笛子,它往往会随乐起舞。大树紧那罗王菩萨特别摄化众生、随顺众生,喜欢听唱歌的为他唱歌,喜欢听琴声的为他弹琴;由于众生多数喜欢音乐,所以大树紧那罗王菩萨现紧那罗王身,就是为了适应爱好音乐的众生,投他们所好,而慢慢地教化了他们。这因为他所唱的歌曲并非靡靡之音,而其中也有说法的音声。阿弥陀佛也有这种方便,在极乐世界化种种鸟,唱起歌来尽是五根、五力、七菩提分、八圣道分,众生听了就会学习佛法。与阿弥陀佛一样,大树紧那罗王也是运用这个方便。

有一次,佛在说法,许多人都来谛听。魔王为了扰乱佛法,派了许多魔子及魔女到四城门来唱歌跳舞,于是听佛说法的人就减少了,都去看他们的歌舞。当时,舍利弗与目犍连就运用方便善巧,也到城门口去。舍利弗对魔王说:我们也来参加你唱歌跳舞的行列,现在由我来唱,你来跳。于是魔王很高兴地跳舞,由舍利弗唱歌。正如大树紧那罗王菩萨一般,舍利弗在歌声中教导大家来学佛,并且还以音声作为修行的方法。于是大家都跟着舍利弗、目犍连,回到听法修行的佛教中来。说到以音声为修行的方法,并不奇怪。诸位每天念的南无阿弥陀佛,岂不就是以音声来作修行的方法吗?唱华严字母,也就是在音声中起观行,而就此深入开悟。

这次所讲的,并非全部的《大树紧那罗王菩萨所问经》,而只是其中的少数偈颂。因此,本经的大要,在此先提一下。经中说到:大树紧那罗王菩萨有微妙的音声,一方面是用以赞佛,一方面也是为了启发众生信佛的心。有位天冠菩萨听他唱歌、弹琉璃琴,就问他:您的这些音声是从何而来呢? 是由琴发出,或是由您的手发出? 您唱的歌,是由口出或是由心出? 于是大树紧那罗王菩萨就告诉他:这些音声,非从琴出,因为琴放在那里不去动它是不会自己出声的;也并非从手所出,因为手的本身也不会发出声音。我所唱的歌,非从口出,也非从心出。一切皆是如幻如化,即起即灭,声音是无所从来,无所从去,本无自性而毕竟空寂的。从音声的缘起生灭关系,我们就可以体悟到甚深的无住空义。也不要光看表面,别人喜欢唱歌跳舞,就和他们一起去唱歌跳舞。只是唱唱跳跳,就未免与佛法远离了!

　　本经的另一特色,与《维摩诘经》一样,弹斥小乘,说小乘不究竟。不要以为小乘还可以回小向大,若一旦走上了小乘的曲径,要回到大乘来,不知道要兜上多么大的圈子,所以还是直捷地修学大乘好。本经记载了一段非常具有意义与启发性的故事:当紧那罗王菩萨来参加法会的途中,发出了种种的微妙音声,与会大众都听得入神了,有些人坐不住也就跟着节拍跳起舞来,连代表小乘最严肃精神的大阿罗汉摩诃迦叶也不例外。天冠菩萨就问他:您是一位耆年长老,怎么不怕人讥嫌,竟然也像孩子一样的跟着别人跳起舞来? 摩诃迦叶回答说:虽然我已经离欲,对世间的五欲之乐可以一点都不动心,但听到了菩萨的微妙音声,我就不能自主地跟着手舞足蹈起来。由此可见,尽管小乘已经离欲断惑、了生死,但还是不究竟,听到了菩萨的微妙音声,还是会动心的。这正如《维摩诘经》中的天女散花,当花散到舍利弗的身上,就沾住了,不往地上落下,这是由于他心里还有所著的缘故。这可以显出阿罗汉与菩萨的不同,与大乘的特殊精神。

再来谈到这部经的翻译。此经有两个译本,一为汉末的月氏三藏支娄迦谶所译,经名《伅真陀罗所问如来三昧经》,三卷。一为姚秦的龟兹三藏鸠摩罗什所译,名《大树紧那罗王所问经》,四卷。对于鸠摩罗什法师,我们听得够熟悉了,所以不再多讲。这部经在印度是非常著名的,龙树、无著、世亲诸位大菩萨的论典中都曾引证过。不过在中国,似乎少有人注意,所以现在选些偈颂来解释赞扬。

佛演说此经的地方,有二:一、王舍城灵鹫山:与会的诸大菩萨中,有叫天冠菩萨的提出了很多问题,问佛该如何修菩萨行,于是佛对他的每一问题,都以四法来解答。正在这时,灵鹫山突然光明遍照、大地震动,大家都听到了有微妙的音声传来。当时的灵鹫山,本来是五浊恶世的秽土,却在刹那间变得净土一般。天冠菩萨与大众,就问佛这是怎么一回事。佛告诉他们:这是大树紧那罗王菩萨,正由他所住的香山来此地的缘故。香山的地理位置,我们不能得到确切的说明,它是现在的某地方,但大致是在喜马拉雅山区之中。也有称作香醉山的,这是由于香气太浓厚的缘故。当时,大树紧那罗王菩萨与乾闼婆、摩睺罗迦等音乐神,一路奏着音乐而来,赞叹佛陀。当他们到了法会后,就先有前面所说过的——大树紧那罗王菩萨的对话,由音乐而显现了一切法空性。接着,这位紧那罗王菩萨请佛说法,佛为他说宝住三昧,宝住三昧实际上就是般若波罗蜜多。说法后,他请佛到香山去应供七天,以便留在那里没有到灵鹫山来参加法会的众生也有机会见到佛的光明、听佛说法。佛慈悲应允了,天冠菩萨就显现神通,以大宝台将佛及与会大众移到香山去。

二、香山:佛到了香山,大树紧那罗王菩萨恭敬供养。供养后,就轮到佛说法了。

印度佛教的习惯和我们现在是不一样的。请出家人应供,吃饭之后,并不是说声谢谢,或就坐在那里说客套话,而是要为人说法的。印度出家人的应供,都是请到在家信众的家里。饮食完毕,一切安置妥当了,信众就搬张小凳,坐在下面。不必开口,出家人就会自动地为他们说法。若佛去应供,当然由佛说法;佛没有去,由其中的上座也就是领导者来说。若实在不会说法,至少也要诵一段佛所说的经。

大树紧那罗王菩萨如此地恭敬供养,佛于是为他们说七波罗蜜多——六波罗蜜多之外,再加方便波罗蜜多。每一波罗蜜多,都以三十二法修学圆满;若圆满修学了这七波罗蜜多,即是地上菩萨的修学圆满。佛说法后,紧那罗王的眷属、王子、王女等都发起了菩提心。但由于七波罗蜜的意境太高,初学者还无法修学,所以就请佛说助菩提法,这是由浅入深,作为修行菩萨道资粮,以助成菩提法的法门。这就是我们现在要说的,选出来这些偈颂的内容。说完了助菩提法,大家也就发菩提心。接着,又谈到大树紧那罗王菩萨过去生中的因缘,以及他未来成佛的事——佛为他授记。应供七天圆满,由大树紧那罗王菩萨显现神通,将佛及大众送回灵鹫山。回到王舍城后,阿闍世王来见佛,佛为他说法,全经就此结束。

此经由鸠摩罗什法师所译的,共有四卷,有长行、偈颂,文字都非常好。所表现的大乘意境很高,所说的修行法门又很实际,所以有心修学大乘者,都不妨请出这部经来诵读思维一番。以下是正释偈颂。

云何而发起,无上菩提心,终不忘此心,乃至觉菩提?
专志心成就,为诸众生故,起大悲庄严,不忘菩提心。

紧那罗王的眷属王子等请佛说助菩提法,也就是在尚未证悟之前所应修的那些法。比如我们计划到某地去,必先准备好路费及粮食,这就叫资粮。求菩提大道的人,也是先要有菩提资粮,才能达成目的。在佛陀放光,现出种种祥瑞之中,由菩萨来一一发问,在回答这些问题里,说明了大乘法应从何学起,菩萨应该修学些什么。初学大乘法的种种问题,都以问答方式来说明。

最初一颂,是问菩提心要如何才能发起。大乘法门的重心,就是发菩提心。很多经典都赞叹发菩提心的功德;因为如果没有菩提心,那么即使是修定,修种种功德,甚至开悟,都与大乘法没有关系。要学大乘法,就要先发菩提心。有了菩提心,即可称为菩萨,一步一步地成就菩提道。发了菩提心的人,并非立刻变成了圣人。有时候由于环境不好,也会有烦恼,或做错事情,走错路,甚而犯下重罪而堕落。但是,发了菩提心的,即使是落到恶道里去,也会很快地得到超脱,还生人间,重修菩萨行。所以有了菩提心,就像珍宝一样,即使落入污秽之中,只要轻轻地加以拭擦,就回复了原来的光洁、清净。佛曾说:即使退失菩提心

(败坏菩萨),不再是菩萨了,但就世间善法来说,功德还是相当伟大的。

"无上菩提心"要如何才能"发起"呢? 我们知道,无上佛果叫阿耨多罗三藐三菩提,也就是无上菩提。想要希望成佛的决心即是无上菩提心,这要如何去引发生起? 发起之后,又如何才能"终不忘此心,乃至觉菩提"呢? 也就是说能够始终不忘失,直到成佛。不忘失菩提心的菩萨,功德已相当高了,甚至在梦里也不会忘记,直到圆满觉悟成佛,能彻始彻终地保持着菩提心。

有以为只要起个想成佛的念头,就可以说是发心了,但实际不然。菩提心虽有深有浅,但最初的菩提心,也是一种大志愿,就是立大志、发大愿,以"为度众生而成佛"为最高的目标。发心的发,好像将酵母放入面粉之中让它发酵一样。所以发"菩提愿"必须是时时不离此心,所作所为都是为了贯彻这一个志愿,坚定不拔,这样才算是成就发起。不过,初发心时,总难免——或是事务繁忙,或是修行不易,而暂时忘失。只要坚持理想,久而久之,即使遇到忘失的因缘,菩提心还能够保持不退,终于达到不退转地,菩提心也就再也不会退失了。说到不忘菩提心,不要以为什么事不做,每一念都去想它,才算不忘。如我们读书,或是对事物的印象,并非要时刻想到,而是我们再接触到书本,或重复经验过的事物时,那过去所认识而留下的印象马上清楚地浮现出来。学菩萨行者,要立大志大愿,发大菩提心,也就是先要修学到这个地步。以后每当境界现前,再也不会忘掉,不会有违反的念头,菩提心能明白地显现在内心。这就不会再想修学小乘自了生死,也不会专为人天果报,这就可说是菩提心的成就了。

　　一切都从修学得来,发菩提心也要慢慢地修习才能成功。修,是要不断地熏习,渐渐地达到习惯成自然。那么,菩提心要怎么样才能发起、修习而不退呢? 这就要看第二颂的回答了。

　　"专志心成就",是说发菩提心,不是只动一动这个念头,而是要以专志心也就是以成佛得菩提为专一的志愿,专心一意去修习。修习什么? 修习那为诸众生故起大悲庄严的法门。菩提由大悲生,似乎有些人忘了这件事,只想到我要成佛,我要度众生,言语与心念之间,免不了以我为中心,成佛只是为了自己。事实上,应该是这样:菩萨见到众生的种种苦恼,于是就想到该如何才能解除众生的苦恼? 所谓悲,正就是拔苦的意义。菩萨经过了仔细观察,发现惟有佛的慈悲智慧,才能彻底救助济度众生,所以以佛为模范,就发起成佛度众生的心。菩提心不是别的,是"为诸众生故"而发"起大悲庄严"的大心。此处用了庄严二字,如在刷得粉白的墙上,画上一些图案;或是在佛前,供上香花灯果幢幡,都可以说是庄严。我们的心,与众生心一样,无始来生死颠倒,都是不清净的。从大悲心而有救济众生苦恼的菩提心,使自己有了崇高、伟大、清净的志愿,使一向的生死众生心中,有了清净的因素,庄严了自己的心。这样的一天比一天净化,终能达到完全的清净。

　　由此可见,若发菩提心而不去学习大悲心,一心一意为自己,这菩提心根本就是假的,因为离开了大悲心,哪里还有菩提心可说。近代的佛法不昌明,有些都不免误会了。口口声声说我要成佛,却不知成佛是什么。在他们的观念里,很可能成佛与到天上去享福差不多。有些人也说要成佛,目的却仅仅为了自己的了生死得解脱,这岂不是和小乘一模一样吗?充其量,也不过名词的不同而已。所以真正发心想要成佛的,必须修大悲心,以大悲来庄严菩提心。

大悲心又该怎样修呢?在印度的菩萨道中,通常以两种方法,教人从大悲而起菩提心。其一,近乎儒家亲亲而仁民,仁民而爱物的理论,使慈悲心次第扩大而成就发心。首先,把众生分成三类:一为亲,二为中,三为怨。何者为亲?凡是自己的父母、子女、兄弟、姐妹、朋友等等,彼此相互关切,感情融洽的,都包括在亲的范围内。其次为中,彼此间关系平常,不能说好,也不能说坏。再其次是怨,也就是互为冤家,看到就觉得讨厌,而感到会妨碍自己,引起厌恶心的,都可以称之为怨。

一般众生或多或少总是有一点慈悲心的,譬如父母对于子女,无不希望他们能有好的发展,若有什么病痛,总希望能为他们解除。所以这把慈悲心次第扩大的方法,首先要加强这父母与儿女间的关系,以对方的快乐为快乐,以对方的痛苦为痛苦,然后为父母者必然是慈爱的父母,为子女者也必然是孝顺的子女。但不能永远就止于这个地步,不只是一个美满的家庭,而是要对其他的普通人,也能够希望他好,关心他的痛苦并设法为其解除。除了家庭里父母子女的爱,还要把心量扩大到一般人。必须一步一步地,先由亲,然后中,等到有一天把心量扩大到一个相当的程度了,就会对冤家也发起慈悲心。若一个人能够对冤,也就是那些害我者、骗我者,也都能像对亲人一般地关切,如此的慈悲心则已经是非常的广大,菩提心也才能真正地发起。

这是学习发菩提心的一种方法。

　　另一种方法叫自他互换法：把自己与别人的地位互相调换一下，即是当看到别人有苦痛时想到：如果是我面临他的处境，该怎么办？当然一定是会想办法来解决的。这也可以说是"己所不欲，勿施于人"的恕道；正由于我们常把人与我的界线划分得太清楚，以致有许多事情互相障碍，菩提心发不起来。好像是道德的原则有两套，一是用来对别人，一是对自己。若能够把自己与别人的观念倒过来，把希望自己离苦得乐的心来希望别人离苦得乐，希望增长自己快乐的心来希望别人增长快乐……这样子下去，则发起慈悲心就不会变成仅止于一个空泛的观念而已。

　　中国佛教界，本来有许多非常好的特点，但往往由于只看到表面事实，而忽略了其后所包含的真正意义，虽然每天都在做，但菩提心却没有发起来。比如说吃素，主要是为了不杀生以长养慈悲心。儒家也有"闻其声，不忍食其肉"的说法，而佛法实行得更彻底，不杀生，不吃众生肉。但一般人不知道吃素的真意义，只会说吃素的功德多么大，却不晓得是为了长养慈悲心。我们若是吃它的话，慈悲心就不能扩展开来，不能普及一切众生。慈悲心，是要我们对人、对其他的众生，有好事固然要为他们欢喜，当然是不可增加他们的苦痛，他们有苦痛时还要设法为其解决。如此，慈悲心才能大大地生起，菩提心也就发起坚固了。吃素是很好的美德，但如忽略了应有的慈悲心，那就失去了意义。

彼志意云何，彼当云何行，所说大悲心，云何生起是？
志意无谄伪，所修行无诈，住众生涅槃，彼大悲如是。

　　这是承上面的回答接着再问,既然发大悲心必须要专志心成就,那么这专心一志的大菩提愿,其内容就是我们所必须加以研究分析的了。

　　佛所成就的是阿耨多罗三藐三菩提,也就是大菩提,其中是包含了无量无边的功德,所以我们不要以为菩提是"觉者",就单指觉悟或智慧而已。想要成佛的心,也就是大志愿中,也是包含了许多最根本的内容,所以必须更进一步地知道发菩提心而专志心成就,这是怎样的一种志愿? 要如何行才能成就?"大悲心"又要如何地"生起"?

　　要成就菩提心,必须具足三个条件,这在《大乘起信论》里也是谈到的。想要发信心成就——大乘信心,亦即是菩提心,必须具备:一、直心,二、深心,三、菩提心(大悲心)。《维摩诘经》谈到往生净土行,也是要具足这三心,由此可见这是大乘法中最一般的内容。偈颂里佛所回答的,就是指这三种心。

　　第一,"志意无谄伪":这是说必须要没有谄曲心,谄曲即不是直心。我们常说"直心是道场",所以"质直心"是菩提愿中的首要条件。经上有这样的譬喻,一枝长得直直的树枝,我们容易把它从树丛中拖出来;若树枝是长得弯弯曲曲的,要拖出来可就不那么容易了。如果生就了谄曲的性格,表面上是一套,内里又是另一套,他的菩提心恐怕很难发得起来。所以将来成佛,必然是不谄曲的众生先达到成就。

　　第二,"所修行无诈":诈,是虚伪,专做表面文章。不论是什么修行,或念佛,或持戒,或禅坐,都不只是形式,为了给别人看的,而要至诚恳切地实实在在地去做。在心底有着深切的真诚爱好，不徒在表面形式上下功夫，这就是深心的意思。

第三，大悲心：菩萨救度众生的种种痛苦，最根本解决众生痛苦的方法，即是《金刚经》上所说："……所有一切众生之类，若卵生、若胎生、若湿生、若化生，若有色、若无色，若有想、若无想、若非有想非无想，我皆令入无余涅槃而灭度之。"这是将众生苦痛的根源彻底解决，彻底地离苦得乐，所以说："住众生涅槃，彼大悲如是。"也就是说，使众生安住于涅槃，度脱一切众生使其得到究竟解脱，这才是菩提心中大悲心的究极意义。但大家却不要误会了，以为发菩提心就是什么事不管，只要教人了生死就好，对众生其他方面的痛苦都可以不闻不问。我们必须知道，为众生解除一般的痛苦，都只是局部的、暂时的，所以悲心也就行得不彻底；菩萨的悲心，是要使众生安住于无余涅槃，这就是百分之百地使众生离苦。但是当环境因缘不具足，菩萨只能做八十分、七十分甚至只有三十分地使众生离苦，这也是好的而应该去做。因为菩萨的教化救度，必须视众生的根性而定，属于大乘根性者，则教之以大乘法；属于小乘根性者，则教之以小乘法；根性既不属大乘又不属小乘者，则以人天法门来救度他，因为这至少是要比眼睁睁地任他苦痛、堕落要来得好些。

结上所说，志意无谄伪，是直心；所修行无诈，是深心；住众生涅槃，是悲心。此三心具足，菩提愿才能成就。《大乘起信论》在最后谈到成就大乘信心，主要也就是成就这三心，而所修所行，仍不外乎布施、持戒、忍辱、精进、禅定种种。菩萨在这些行中修学，若到达了信心成就，菩提心也就能够不再退转了。

佛有时说菩提心，偏重于观察众生色、受、想、行、识五蕴皆不可得；或观如来藏心、胜义菩提心等智慧的悟入；有时是从慈悲着眼……但事实上，发起真正菩提心，是不离上述的三个内容：发大志愿——正直心；修种种身心方面的功德资粮——深心；以及悲心。若能圆满成就这三个条件，就可说是真菩萨而非假菩萨了。

志意无谄伪所包含的意义，有浅有深：人说起话来直直爽爽，那是最浅的一层意义。不正直，邪曲的心，也包括了见解不正，也就是见解——认识思想离于正道而行于邪道。正道，主要包括两个内容：一、正念因缘，二、正念法性。正念因缘，也就是相信因果、善恶，相信有前生后世等，这才能够说在认识上、心地上是正直的。若不信有因果、有前生后世等，对修行自然也就不能相信，对于成圣、成佛更没有信心，这就是没有真正彻底的认识。因缘与法性，是不相离的。由于因缘果报在前后、自他上有相依待而存在的关系，所以正念因缘，能深入因缘无性而契入真如法性，了解缘起法性，一切平等。所以说，直心不谄曲，其意义是很深的。

在菩提心尚未发起之前，必须发自内心恳切地修种种善行、功德，不厌其多。若能以为善若渴的精神，深怕不能及时行善而受到发自内心力量的驱策不得不这样做，这就是从深心发起。另一方面又要修习悲心，而了解到凡夫的感情，由于一向只把它缩小在私我的范围内，因此构成了一般的"爱见"，反而增长了许多烦恼。为了长养悲心，就必须把心量扩大而达到自他不二的境界。

菩提心与大悲心，如从高处说，自然可以说得更圆满、更好；

但对于初学者,以这些浅近而人人可以学的方法教导,却非常切实。使我们的见解不会邪曲卑下;相信因果、善恶、诸法平等之理,则能使得心性平直,不谄不曲。长养我们的悲心,则对于其他众生的苦痛,能觉得和自己有切身关系;另一方面尽量多多行善,而行善并非单是钱财来布施,在行住坐卧之间,时时处处都可以行善的。若能如此学习,心愿会越来越恳切,终至成为自己内心中一个光明的理想、崇高的目标,而能将自己的心力集中,一心一意向这目标前进。

下面的偈颂,所讲的是六波罗蜜多。不过,这和前面所说过的清净波罗蜜多是不太一样的,而应该说它是世间波罗蜜多或是远波罗蜜多——在通往成佛之道上,远远地成为成佛的资粮。在没有开悟前所要修学的,即是这世间波罗蜜多。不要看轻这世间波罗蜜多,假使连世间的尚不能修,如何还能去修出世间的? 浅的不肯好好做而专想做高深的,那就困难了!

云何行于施,施已心无热,亦不悕望报,回向于菩提?
所施一切舍,彼施已无悔,趣向菩提道,是不望果报。

布施,是佛弟子常常在行的;只要是捐一个钱,供一朵花,都可说是布施。布施可以分成三种:第一种是世间的布施,第二种是小乘的布施,第三种则是菩萨的布施。菩萨的布施,是为了将来成佛的功德、资粮的布施。

"云何行于施",是问要如何来行布施呢?"施已心无热",是说布施以后,心中要不感到热恼。布施,通常免不了有这种毛病——在布施后会心中发热。怎么是发热呢? 譬如到某个寺庙去,大家都写点功德,于是碍于情面,也就写了。但写是写了,心中一直感到不舒服，这就是热——舍不得而引起懊恼。这样的钱虽然是布施了，但在大乘菩提道说，却没有用处。就世间法来说，虽有点福报，但这福报却不得安乐的受用。有些人，虽然有房产，有地产，钱财多的是，但他却舍不得吃，舍不得穿，苦苦恼恼地为财产苦恼了一辈子。他所以舍不得享受反而增加苦恼，是由于过去虽然布施了，但布施后心中热恼不安，因此就感受到这种果报。有些没有钱的人，比他要快乐得多。这样的富翁，真是不做也罢！

　　布施即使是出于内心的意愿，但多数是为了果报而布施。希望得到果报，又可以分成两种：一、为了现在的果报：譬如现在帮助一个人，就希望他将来也能帮助自己，这就叫做"悕望报"。望现生的报而行施，事实上却是靠不住的，因为等到你需要他帮忙时，他不见得就一定会帮你的忙。若以这样的心来行布施、做功德，往往只是自寻烦恼，因为众生的心性是复杂的，因缘也是复杂的，布施的果报不一定在当前的。二、希望后世的果报——异熟报：做了功德，希望来生能够生到人间做个富翁，或者长命百岁；或者升到天上去，这都是人天福报。人天福报，只要你修了布施，不必希望也就自然而然地会有功德，将来生到人间天上，享受福报。但这种人天果报，不久就会享受完了，又失去了，到那时还是失望。怀着人天福乐的希望去做，不能成为成佛的因，也就不能向菩提了。所以，惟有布施而心中不热恼，"不希望"现前与后世的福"报"，进而能回"向菩提"，将功德成为成佛资粮，才是应该修行的布施。

　　回答中，最重要的一句话，是"所施一切舍"。所施出去的，要一切都能舍；若记着我在布施，我在做功德，自然而然地就要望报。布施，最重要的是要能够舍。若是舍心不能生起，布施后一定会感到苦恼。所以佛法说因缘，遇到了就应随喜布施，不要再生不舍心。能发起舍心布施，自然就不会感到热恼了。有时候，佛教也会说些方便话，劝人布施说：佛法就好比是个大银行，你把钱财放在那里是不会落空的，将来还可以如何一本万利。这种话，完全就世间法来说，用以鼓励人布施。若在大乘法中，那就距离太远了。

大乘法中的菩萨布施，先就浅近一点的来说，我们应该先想到，这钱财哪里是我的？就国家法律来说，这钱固然是我的，存折簿上写的也是我的名字，当然算是我的了，但事实上这不过是过手而已。当我生存在世间时，暂时由我保管，却不可能永远是我的。所以菩萨见到有善事可行则行，该花的就花。不把它看成自己的，这就是所施一切舍。本不是我的，拿出去了也就自然能舍。这样的布施，才可说是与成佛、了生死有关。不过，这当然还没有达到"三轮体空"的境界。

"彼施已无悔"，若布施之后而感到后悔，就不合乎布施的条件了。把功德回向于菩提道，是不望果报的。而回向可以分成三种，凡是合乎这三种的，就是回"向菩提道"：第一种是所有功德与一切众生共。我做了一件事，若是有功德，则我愿意大家都有份，而不说这是我的。钱拿在手里布施出去了，这当然是有功德的，并非只是鼓励鼓励人而已。把功德回向给别人，并不表示自己的功德就没有了。或许学过算学的人会说：这就糟了，假使功德有一百分，分九十九分给别人，自己岂不只剩下一分？若是这么想，自然就会感到舍不得。但是成佛这件事，不是可以这样计算的，能存这样的心理，菩萨的功德也就更大，这正是"若与人，己愈有"的道理。你若是想：我是为了自己才修功德，若这功德是为别人的，那么我还做它干什么？如此，足见你不懂得佛法；懂佛法的人，是愿意把自己的功德回向一切众生的。第二种是回向法界，此乃由于自己所具有的功德是无二无别的，不一定在这里或是在那里，而法界平等，没有彼此之差别。第三种是以此功德作为成佛的资粮，此即是回向菩提。具足这三者，就可算是大乘的回向。如此，一举一动乃至极微小的功德，都可作为成佛的资粮。

　　总之，讲到布施的功德，主要的还是要有舍心。没有舍心，功德就只成了表面上的；能够一切舍，心中才可以无悔，也才会"不望果报"。就小乘法而言，布施而后能舍，是出离世间、解脱生死所必须具备的条件，何况大乘！

云何住于戒，不生于戒慢，救于毁禁者，大乘无有上？
戒是菩提心，空无不起慢，起于大悲心，救诸毁禁者。

　　此处问要如何才能安住于戒中？持戒，最主要的是要使心及行为安"住于戒"中而不动，若犯了戒即是非住。又问：如何才能够不因为持戒而生起贡高我慢？一个人学佛，不论他是在家出家，都要持戒。当他受戒之后，自己能善持禁戒，见到别人持戒不清净、不持戒，甚或败坏戒行，他便会看不惯；越看别人不成样子，就越觉得自己好，这就是因戒而起的贡高我慢。所以持戒精严的人，有时候会显得高不可攀，好像别人要亲近他都不容易。此由于他觉得自己好，别人太差的缘故。但这种现象，就大乘佛法来讲，并不是件好事，所以这里就问，怎样才能持清净戒而"不生于戒慢"？不但不起，还要"救于毁禁者"，对于犯戒者还要救助他，帮助他忏悔，唤起他的忏悔心而走上忏悔之路。即使是犯了重戒不通忏悔者，也要引发他的惭愧心，教导他多修功德，力求补救，这才合乎"大乘"戒之精神。

后一颂是答复，告诉我们持戒的真义何在。一般人总以为持戒有多大的功德，将来可以如何如何好，完全是出于一套功利观念。做善事得善报，在因果上是必然的；但专在功利上打算，就不合出世的佛法。如有人以为吃素来生可以得长寿，所以为了得长寿而吃素，这不但不符合大乘精神，连小乘的境界都谈不上。所以持戒与布施一样，同样一件事情，由于用心之不同，境界与等级可以相差得许多。

出于慈悲心持戒，大小乘都一样。持戒，和儒家的恕道是相似的，都是己所不欲，勿施于人。自己不愿被人杀伤、打伤，因而想到一切众生莫不如此。即使是一个小虫受到伤害，它不会喊叫，但是它的痛苦，我们仍是可以看得出、想像得到的。我们不应该增加，反而要设法减少众生的痛苦，所以要制戒，禁止伤害他人，这便是出于慈悲心。若不以慈悲心，而只是为了持戒有多大的功德，有多少的好处；好处固然是有，但绝对不能以此为出发点，否则外教徒就可以批评我们，认为佛教所提倡的道德只不过是功利观念而已。佛每每说犯戒的人没有慈悲心，如有慈悲心，自然而然地也就不会犯戒。大乘更进一步地讲到，菩提心才是真正大戒。《大般若经》说：持戒是不起声闻心、缘觉心，也即是不失菩提心；否则即是犯了大乘戒的根本。因为小乘人虽有

报,这往往是使得我们退心的因缘。有许多护法,往往因为见到众生的难度难化,便生起了还是先求自度的心,如此菩提心便渐次退没,终而退到小乘的境界中去。所以护法并不是件容易的事,需要花出相当的时间、精神以及力量。因此佛法的精进,需从护众生、护正法做起。但这要如何才不会厌倦?答案是"善根悉充足,彼心无疲倦"。必须是善根充足了,这才不会有厌倦心。

许多人往往一下子起劲得很,一下子就将它放下,再也不闻不问了。当知一曝十寒,是没有用的。真正的精进,是将目标肯定后,就一直做去不退。能够郑重其事,自然也就是精进。那应该是龟兔赛跑之中,那只乌龟所表现出来的一种毅力。所以说到精进,一方面不可太紧张,太紧张就不能持久。不要一下子想要立刻完成大理想,当身体荷负不了时,也不要勉强去做,否则容易偾事。但另一方面,又不能够懈怠。所以说"善根悉充足,彼心无疲倦"。不厌倦就是精进,佛在世时,诸弟子们见佛、听法、修行无厌,即是精进的表现。例如有些人初学静坐时,往往想一坐便是很长的一段时间,但往往坐过几次,便不再感到兴趣。诵经也是一样,一下子诵得太多,几天后也就不想再诵了。所以不论是静坐、诵经,最好能自始至终保持兴味,否则一旦厌倦心生,也就不想再继续下去了。因此,菩萨对决定要精进努力之时,还是先要有一番了解才好。

云何修正念,勇健胜进行。云何修禅定,心无有驰散?

无有驰想念,慧无有谄伪。以方便行禅,彼心无驰散。

初学禅定者,先要知道修禅定的种种方便。"云何修正念"，正念的念，是系念，要在一个境界上去念，并非随便地在心里想一下，这是修定的惟一方法。譬如我们念佛，必须是听人说或是见过佛像，于是此念在心中一直现起不忘；若是忘了，这念头失去了，即是失念。所以修定的主要方便是修念；不修念即不能得定，因念而得一心不乱，即是禅定。

该如何来修正念，然后使得"心无有驰散"？禅定一词，在此可以说是属于一种通泛的用法。本来禅与定是各有其含义；必须修定达到了某种境界，得到了那种经验，才是得到了禅定。但不论禅或定，最主要的是要使得念不散乱。我们的念头就好像一只好活动的小狗，你用绳子将它拴在树上，它就会在那里不停地东跑西跑，直到跑不动了，就躺下来睡觉。众生的心念也是如此，除非是睡眠状态之中，否则要不东想西想是很难的。佛法有个方便，让人想，但不是乱想，只是系念一境。如此，心就不会东跑西跑了。

这部经里，佛没有告诉我们静坐时，身体、呼吸该如何注意，也没有说修念佛观或不净观，只告诉我们最根本的原则："无有驰想念，慧无有谄伪。"无有驰想念是正念，慧无有谄伪是正知。一个人的念头往这里想想、那里想想，这便是驰想念；能够使心心念念不东西驰散，即是修念。使心念不驰散的方便很多，甚至外道也有很多方法；所以就佛法而言，"定"是一种方便，而并非是最高目标。我们常听到许多善友诉苦，认为他们念佛、静坐时妄念太多。事实上，众生莫不都是妄想分别，修行时自然也就难免妄念纷飞了。要将心念于一境，并非是说了即可做到的。首先，让心来照顾念，最初或许是念跑走了还不晓得，当发现时不必紧张,先让它回到老地方,再注意看住它。久之,慢慢地有了进步,它还没有跑远,就能把它抓回来;而后,当它正准备跑开时,就立刻可以将它止住;而终于能够将此念定下来。正念、正知,就好比是两个看门人,看守住我们的心识,使坏人不得其门而入。不散乱是正念;散乱了立刻警觉知道,是正知。能正念、正知,心就能安定。"慧无有谄伪"的慧,并非指通达真理的智慧,而是没有谄曲,没有虚伪,了知自己心念的智慧。

"以方便行禅,彼心无驰散",佛法之中修各种功德,都有其方便。譬如修定,入定、住定、出定,方便都各自不同,一个人若不晓得而贸然去行,容易发生问题。所以要以方便行禅,使心安定下来。安定后,出定也是要有方便。当然,初学静坐的,心不安定,就和普通人坐在椅子上一样,说站起来就站起来,不会发生问题;但若真的定下来后,起定就不可随便了。心无驰散,方可成就禅定,所以禅定最主要的是正知、正念,再加上修定的方便。无此,想要把心静下来都做不到,更遑论其他。

云何得智慧,云何见正直? 云何作决定,云何分别法?
修闻增智慧,本习正直心,决定行法施,随义而修行。

六波罗蜜多的前五波罗蜜多,已经说了,最后说到智慧波罗蜜多。此处的"智慧",即是般若,真般若必须由证悟而来。学佛而求开悟,要如何才能达到呢? 必须要具备一些因缘、条件。"云何见正直",如何才能使见解正直? 得般若前,先要有正见。佛法中所说的见,是指很深刻的了解,所以是一种坚定、坚固的见解。佛法的"见",常用于不好的地方,如邪见、身见、我见等,所以常劝人不要起见。但事实上,"见"不一定是坏的,正见就是好的见。佛在鹿野苑初转法轮时,说八正道,即首标正见。一个人若见解偏颇、颠倒、错误,就好像是眼睛模糊,路都看不清楚,东摸西摸地不知道会走到哪里去。所以要得般若,必须先得正见,没有正见,即使修行也会发生毛病的。

"云何作决定",决定即抉择之义,也即是七觉支之中的择法觉支,一种去污留净的选择。"云何分别法",该如何于法生起分别?这句话或许令人听来颇不顺耳;我们常说不要妄想分别,如何还要作意去分别?但事实上,佛法是有分别的。阿育王时代,曾有一次大会,大众中起了小争执,阿育王去请问耆老,目犍连子帝须就告以:佛法是以分别说为中心的。证悟了的般若,我们称之为实相般若,这实相般若在佛法中又被称为无分别智,离去一切分别戏论。但无分别智是从何而来?真正的般若又必须是从观照般若而来。观照,即是观察、分别、抉择、寻求之义。这并非是完全没有标准的分别,而是要于一切法中观察、分别、抉择、寻求其究竟真理。所以无分别智必须得于分别智,此即是修慧与思慧之过程,而此二者却又是从闻慧(即文字般若)得到。如此,教与证悟,方能连成一贯。

般若由修而得,修由思得,思由闻得,由闻、思、修入三摩地,而得到现证三摩地,是真正的智慧。所以归根结底,智慧由多闻来,欲得智慧,就要多多听闻,看经、研究、听讲经、听开示,所以说:"修闻增(长)智慧。"但禅宗几乎不走这条路子,认为听闻经教会障碍开悟,常引用《楞严经》中,阿难虽然多闻,但是遇到摩登伽女仍不免受惑的故事。但事实上,这并非不应该多闻,而是闻的成分过多,修证的成分不足。若多闻是病,佛就不应该说法了。所以我们应该有所认识，真正的智慧，并非只是听一听即可的。不听闻而要想得到智慧，恐怕是没有那回事的。龙树菩萨说：井里有水，若我们拿根绳子吊了水桶放下去即可汲出水来，就好比我们现在必须假借水管马达，方可抽出地下水，否则即使干渴而死，地下有水，我们仍是吃不到，所以我们不能说只要有水就好，其他东西是无用的。千经万论，没有说过不需要经过听闻即可开悟的。我们现在的毛病，是听而不修。每部经都是教人修行。譬如《阿弥陀经》，即开示我们念佛法门。由于我们不照着去做，以致听与修变成了两回事。

　　西藏宗喀巴大师所创的黄教有一个特色，即是以一切经论为教授，一切经中所教的，皆是修行方法，离此而想另外去找方法是错误的。其实古代禅师，每天用功，都还是要听开示的。和尚，不是执事的名称，而要在上堂或晚间用功时，为大家开示的。这不过从师长直接学习修行方法，而不从经论去博学而已。如一切不闻，大家如何能知道修行？方法不懂，自然也不会用功了。所以大原则地说，学佛法，不从听闻下手是不可能的。如连阿弥陀佛都不晓得，他怎么会念佛？只有听闻，不去实行，就好比有病不肯吃药，才会被人诟病。

　　"本习正直心"，就是说"见"要正直。我们的思想，前生的熏习，（还有现在的社会思想）给我们很大的影响。一个人的思想，若一向歪曲不正，他的见解就很难正直。现在说一个比喻：由于我是中国人，说佛法时，便很容易地将佛法与中国的固有传统思想配合起来。日本人一向崇尚神道教，由于先已有了这种思想，所以谈到佛法，很自然地就会表露出神佛合一的见解。我们的前生,如一直都是修学外道,有人说佛法,我们或许就不想听,或者把自己原有的一套与它配合起来。这过去的见解与思想的影响,必须将它改正过来。但过去的错误,却往往又影响我们现在的见解。所以对"云何见正直"的问题,回答是"本习正直心"。若是过去所熏习的见解正直,现在即易得正确的见解。所以在释迦牟尼佛的时代,有许多外道来听佛说法,佛在度化他们时所感到困难的,是他们长远以来一直是学习外道,思想、要求、希望、见解都是不相同的,所以很难了解佛法。一个人见解很强,如本来信奉耶稣教,后来即使改信佛教,思想上往往不知不觉还会归到神教上去。所以说:要本习正直心。过去的,我们是来不及修改了。但我们现在的思想见解却会影响到以后,所以我们现在要趁早建立起正见,而不要把佛教的思想搞得神佛不分,否则,不但现在对于佛法的见解不清楚,来生也仍是不清楚。

不正有两种:一是不信因果、善恶,邪知邪见;二是偏事废理,或偏理废事,久而久之则成了习惯。所以谈到正见,我们必须知道,前生可以影响今生,今生又可以影响来生。要注意使其正确,否则到头来连佛教是怎么回事都弄不清楚。

问到"云何作决定",回答是"决定行法施"。经过了正确了解佛法,大小乘的区分,做了抉择之后,而后行法施。此处即表示了,若自己还没有了解,还没有经过抉择而有正确的见解,不要把不正确的法传给别人。应该是自己肯定无疑,才可或多或少地随缘行法布施。

问"云何分别法",回答说"随义而修行",就是要分别法义而修行。对于佛说经教所有的意义,要经过分别,才能了解,其目的则是在于修行。所以,佛法里应该没有为研究而研究这回事。看经、听闻,是文字上的分别、了解。放到修行上,则是观行上的分别。修智慧可分为两大类,一是修世间慧,这并不能帮助我们降伏或退除烦恼;二是修出世间慧,可以帮助我们降伏烦恼,增长信心,得以解脱生死。但这也是有分别的,如修不净观、数息观或是念佛观,都是由分别观察开始而达到成就,这些都是假想观。而真正般若,则是观一切法空,无自性,不生不灭,由分别到无分别,终而得到般若。

所以分别并非是由于喜欢分别,其目的是以此作为修行的蓝本。就好比在地图上先把路看好了,才能够一站一站地走下去,否则一跑出大门,便会不知去向。所以要随义而修行,随分别义而后修行。

以上是将六波罗蜜多简单地说过。而智波罗蜜多之中的"修闻增智慧"的闻,本经以另一偈颂来说。

云何彼求闻,云何得多闻,云何闻而说,大人云何去?
彼恭敬故听,习近多闻者,说不为财利,大人如是去。

我们一方面要听闻佛法,一方面还要说给人听。第四句的"大人云何去",大人,指的是菩萨;去,即是行,问菩萨该如何来做这件事?

"云何彼求闻"? 要如何去求听闻呢? "彼恭敬故听",要以恭敬心来听。又问"云何得多闻"? 如何才可以成就多闻呢? "习近多闻者",必须要亲近多闻之人。亲近多闻之人,必要以恭敬信仰之心,没有具备这两个条件,便不易达到多闻。多闻之人,最好他本身是有修持的,对于他所传授的法门有实际经验的;若没有修持经验,至少对于理论方面,必须要有明确的了解,亲近他,才可以得到利益。若是所亲近的人,本身对于佛法没有多大的了解,那么任由他说些给自己听,岂能成就正见多闻呢?

佛法无量无边,有些只提倡某一个法门,这究竟是好或不好呢?好处,是他可以做得严格,做得精,但缺点却是容易因此而产生偏差,对于其他法门不晓得,或反生障碍了。所以一个多闻者,并非是指他博学到如何程度,至少他应该是对佛法有正确而全面的认识。

佛经之中,有很多是说到修行的方法,由于经中的说法具有适应性,容易增长人的信仰,而义理却含蓄而并不清晰。所以一部经,若分别由三位法师来讲,其内容可能相差得很远。故西藏人认为,佛经好像是和了水的面粉,可以一下子把它拉成长形,也可把它压成圆形。同样一部《金刚经》,研究唯识者,可从那里讲到遍计执与依他起;学天台者,又可将它与即空、即假、即中的道理相呼应,这是一种普遍的现象。所以,同样的经文可以有许多不同的见解。比方说到空、智慧,先不去谈论它的道理,而要看事实。若是真能解空,修行于空,并且积极地修善行,那是好的;如当他解空、修空以后,渐渐地对于一切善事都马虎了,那其中必然有问题,他的见解一定是有错误的。越努力修习,为法为人,修集善行能更为积极,这才显出他的空慧是正确的。若只会讲得高妙,到后来变得是非善恶也都混淆不清的话,他在见解上决定是有了问题。

谈到经论,经的意义含蓄,往往可以作多种解释;而论的意义却是一定的、很明确的。所以，一部经不能但就唯识或空宗的立场来说明，各宗都可以自宗的论义去说明它。一位多闻者，他是否能说得恰当，是另一个问题，但是由于他有明确的见解，我们亲近他，也就比较不至于模糊不明。但是，不论我们是亲近善知识，或是以研读经论为主，必须出以恭敬心，有恭敬心则容易引生信心，如此方可接受佛法。若没有了恭敬心，则尽管去听闻，总是不容易信受奉行。这好比一块坚硬的石头，想在上面雕刻，是一件不容易的事了。若出以恭敬心、信心，则不论是善知识的开示，或是诸大菩萨在论典之中所说，都能够谦虚地接受。所以说：彼恭敬故听。

佛在世时，佛弟子只要从佛那里听闻即可，但是佛涅槃之后，便无法从佛听闻了。龙树菩萨说到，众生可以从三个地方听闻佛法：一、从佛听闻；二、从佛弟子听闻；三、由经论之中得见，就和听佛说法相似。所以，阅读经论等于听法，也要出以恭敬心。许多佛书封面上都录有印光大师的警语："读者必须生感恩心，作难遭想，净手洁案，主敬存诚，如面佛天，如临师保，则无边利益，自可亲得。若肆无忌惮，任意亵渎，及固执管见，妄生毁谤，则罪过弥天，苦报无尽。"这就是劝人恭敬的警语。

有恭敬心，才能够全神贯注，所见闻得来的话语，才能在心底产生作用。近代因为书本得来容易，所以斜躺着看的也有，卧着看的也有。不以恭敬心看经，则内心中就像是有坚固的东西在那里，不能深入，不容易引生佛法的作用。所以有些人对佛法听闻得多了，也多少能够了解它，但是在他内心中却从来没有发生过作用，佛法也就感化不了他，与他无关，得不到佛法的利益。

假使一个人是有信心、恭敬心的,那就是几句话,也可直接深入到他的心底,使得他的思想与生活产生变化。所以亲近多闻者,其中也包括了诸大菩萨在论典之中所开示的,为我们指出了修行、了解佛法之道路。

"云何闻而说,大人云何去?"答以:"说不为财利,大人如是去。"我们对于义理之了解,听与阅读的帮助固然很大,但是讲说的帮助则更大。所以闻、思、修慧,在古代叫做"十法行"。除了自己听闻、读诵、修持之外,还包括了"为他说",这不但是利益他人,也是增长闻慧的,以世俗的话来说,即是教学相长。一方面是行布施,一方面也是为自己增长知见。但说法是不能够以求财利为目的。在大乘显教中,显然是没有以财利为前提的。密宗常有弟子来求法,师长先要求供养,没有供养就不肯传法这回事。我想,这并非是师长贪财,目的是要弟子修布施,尊重佛法吧!我们也常遇到说法之后弟子供养法师的事。但是一位说法者,却绝不可为供养才说法。从前大陆上,在讲经期间,常常有设禄位等办法,这就是中国佛法衰败的一面。供养,应该是信徒自身发心修功德,而切不可将说法与布施二者混为一谈。

释迦佛的时代,出家人外出托钵化食,有时会遇到在家人不肯供养,于是出家人便说微妙的佛法给他听,在家人往往便因此而发心供养。在这种情形下,出家人是拒绝接受的。要布施,等以后再来。因为,不是为了吃而说法,说法是出家人的分内之事。因此,听法的人也不要存有听闻佛法便要供养的心理,这应该视自己的情况而定,有能力则供养,能力不足,心生随喜也就可以了。无论哪一种宗教,若是以赚钱为目的,即使一时兴旺,也必然衰败无疑,甚而进到毁灭的地步。

这样,学般若波罗蜜多的,必须以恭敬心多闻,多闻后要肯为人说,"不"计功"利"。依佛法的因果说:我为人说法,令人增长智慧,那么我自然也可得到增长智慧的果报,或在今生,或在来生。"大人如是去",就是说:菩萨——大人是如此学,一天天这样行去,终有一天能得到大智慧。

云何彼行慈,云何行大悲,喜舍悉成就,云何住梵道?
慈心悉平等,大悲无疲倦,随喜名为喜,是能至梵道。

说了六波罗蜜多,接着说四无量心。慈、悲、喜、舍,叫四梵住;这是共世间法。修了四无量心,可以上升梵天,故称"梵道"。

梵,本为清净之意。四禅天都可称为梵天,因为那里已经离去了五欲及男女的色欲,以世间心修四无量心可以达到四禅天。四无量心是定法,定有四禅、八定;初、二、三、四禅,加上四无色定,是为八定。也有以八定加上四无量心,合称为十二甘露(涅槃解脱)门,修此可以引发真正的智慧而得涅槃解脱。

经论都谈到了四无量心的修法,但不外是以"定"为基础;有一心不乱的定,然后才能成就这四无量心。修无量心,是由原来的小范围,如父母、子女、兄弟,扩大到遍世间的慈悲心,所以叫做无量。慈、悲、喜、舍四无量心修成后,自然无嗔无恨。所以梵天——自称创造世间,为人类之父的宗教,说神是爱,是有相当意义的。

后一颂解释四无量心。慈,是与乐之意,没有快乐的众生要给予他快乐;希望别人得到安乐的心理,即是慈心。"慈心悉平等"，平等即是舍心。因为众生有好有坏，他们对人的态度也各有不同，但自己却要以平等心，也即以舍心来对待他们。此处的舍，与布施之舍是不同的。佛法中，舍有二义：一为施舍之舍，二为平等之舍。所以修定之中的舍，是平等之舍。

"大悲"乃拔苦之义。见众生痛苦，以同情心设法拔除他的痛苦，而没有"疲倦"之感。"随喜名为喜"，见到别人有好事，则心中为他欢喜。众生的心，大多习惯于对人的障碍、嫉妒；即使与自己毫不相干，见别人得到好处，心中还是会不高兴，有的还要设法去障碍别人的好事。这种习气太强了，所以不容易生起随喜心。随喜，应该是不论就世间或出世间法，见人得到了好处，都要为他欢喜。我们随喜，当然是好事方可随喜，若见人为恶，便不可随喜了。

因此，四无量心虽然分成四类，但其中仍有它们的共通之处，即是出于对人的同情，能够将自己内心的障碍、嫉妒、嗔恨之心，都慢慢地消除、去掉。慈、悲、喜、舍，与世间法的仁、爱，也是大致相近的。希望别人得到快乐，这是慈；别人痛苦，希望能为他减除，是悲。当然，自己是否有能力做到，这是另一回事，但必须要先有这样的存心才好。别人得到了好处则为他欢喜，这是喜；以平等心对待一切众生，这是舍。一个人若不能以平等心对待人，往往就会产生偏见，对事情不是看得太好，就是太坏，这都是不恰当的。

小乘法认为这四无量心都是世俗法，所以慈、悲、喜、舍是不能与真理或证悟相应的；但大乘法却不然了。《阿含经》上说到三解脱门，是空、无相、无愿解脱；但也有经中加无量心解脱，而成了四解脱门。无量心是能与解脱相应的,有四无量心,则他的私我心越小,慈悲心也就越大,到后来便能达到无自无他、一切平等、与真理相应的境界。

大乘法要修苦行难行,但在菩萨了知一切法皆空不可得中,却要生起慈悲心,把一切众生看成是如父如母、如兄如弟、如子如女……与自己亲属一般,才能在其中生起慈、悲、喜、舍之心而不觉其苦。这才不至于一方面利益众生,一方面却不断地叫苦。如以利益众生为苦,那是要失坏菩提心的。所以菩萨难行能行,而绝不看成是难的;能以智慧照见一切法空,而发起无缘大悲,见众生在空法中,迷妄、颠倒,因此而感受种种苦难。因此菩萨的悲心,是与空相应的,将一切众生看成与自己是最密切、息息相关的人物,便能够奉行四无量心了。

若不能以“空”来通达慈、悲、喜、舍,四无量心便很难修行;即使修成了,也只是世间的仁心普洽,爱人如己而已,是不能得解脱的。所以菩萨要悲智均衡,所行要与般若相应。这才是大乘的慈、悲、喜、舍,超乎世间法之上。同样的,如没有慈、悲、喜、舍心,也除掉了菩萨的大行大愿,而单只留下一个“空”的体悟,那就根本不是大乘佛法,只能算是小乘而已。讲大乘空的,把空性看成是最高境界,但事实上,空若不能与慈、悲、喜、舍相应的话,空是与小乘法一样的。因此,大乘经典除了强调不可忘失菩提心与行六波罗蜜多之外,还重视四无量心的修学。

云何得见佛,见已生信心? 云何彼闻法,云何除断疑?
修行念于佛,得见世导师。信心得具足,闻法已无疑。

见佛、闻法,是学大乘法之中最重要者;因为如能见佛闻法,便能够日日进步。所以不论修行何种法门,都希望能见佛闻法,生生世世就不会再退堕了。但是要如何方能够"见佛"呢?"修行念于佛,得见世导师。"这是说,要见佛就要念佛。如念南无阿弥陀佛即能往生极乐世界,见阿弥陀佛。念药师佛,便可往生东方净土,见药师佛。念弥勒佛,即是往生兜率,求见弥勒佛。想要见佛,一定要念佛,这是没有问题的。在中国,一向所沿用的是称名念佛的方法。但念佛的重点,是要将佛号放在心底,使其不断地现起。由于众生的心念太容易驰散,所以就用口里称名、耳听的方法,这和密宗的身、口、意三密相应的原理是一样的。以口称名念佛,是可以的;由于初学者心念容易散乱,所以教他拿数珠念佛,这也是一种方便。

念佛如何可以见佛? 如阿弥陀佛凭他的大愿,可以来接引众生。从一般来说,众生虽然烦恼多,恶业多,但过去生中曾与佛菩萨结过缘的也很多。现在专心念佛,不但是在心识之中不断熏习了善念,过去生中的善根,也可由此熏发而显现,所以念佛必可见佛,要见佛必须念佛。导师即是佛,由于佛是人天——世间的导师,能够引导众生走上菩提正路,达到成佛的境界。

"信心得具足,闻法已无疑":能见佛,自然就能从佛闻法。闻法时,若是信心具足便可以没有疑惑。一位善疑的人,怕连芝麻般的小事都不能肯定。若是存有不信的心则问题更大。人与人之间是讲感情的,若某人向来对自己感情好,那么他说什么话,都容易接受;若对一个人没有信心,带有成见,则同样的话,无论他说得再好,都很难接受。

佛法所说的信,不只是一股狂热的信仰,或者是盲目的信仰。若对佛法一点了解都没有,如何能生起正信?所以要有谦虚的精神,有同情与好感,如此方能分析、了解、认识佛法的真正好处,而虔诚地接受。

所以,听闻佛法必须出以信心,能够谦虚地承认自己有许多不对的,有许多不知道的事,这才能够容受别人的见解而后接受它。想生生世世见佛,必须以信心念佛,若能不离于佛,则自然能听佛说法了。以信心听法,则能生长出菩提心,才能得到佛法的利益。

云何福庄严,云何智庄严,若定及与慧,彼云何庄严。
庄严福无厌,学问庄严智,心寂名为定,知法名为智。

前面说了助菩提法的下手处、浅近处,以及如何念佛见佛,现在讲福德与智慧的问题。

此处偈中先问了福德与智慧,复问定与智慧,这都是学大乘者所应具足之内容。菩萨修行最主要者有二:一、福德庄严,二、智慧庄严。庄严二字有多种意思,我们将佛殿装饰得华丽堂皇,这是庄严;在印度,出战时身披盔甲战袍,也叫庄严;而另一层意思,有"资粮"之义,我们到很远的地方去,准备沿途所需之物品,也是庄严。所以福慧庄严,亦可名为福慧资粮,以此作为修行之内容。

有些人是有福无智,福报相当的大,尤其在天界,福报更大。在现实生活中,我们可以见到,有的人福报大,世间学问也相当好,但是佛法上称之为世俗智慧,因为世间智是有尽的,不论有多少,到头来终会化成乌有。小乘人则专重智慧,心心念念于开悟、了生死、得解脱。阿罗汉之中,也有福报相当大的,但是他们并不修福报。所以小乘的修行，重视戒、定、慧，却没有布施这一项，因此，有证了阿罗汉果者，也是不免生活艰苦，或是生了病连药也得不到的。我常听人说，只要好好修行，自然有人供养，但事实上并不如此，生死已了的阿罗汉，也有得不到饭吃的时候，这便是福报不够的缘故。

大乘的特质，是重视福慧双修，所以菩萨相都是庄严圆满，没有贫苦的样子。成佛之后，不但有法身，而且有圆满报身，这是由无边功德所庄严的。所以大乘佛法最主要的内容，一为修福，一为修慧。

尚未深入了解大乘佛法的人，多半由修福开始；而佛法学久了，则往往又偏重于修慧。其实大乘法应该是二者双修，否则便不具足菩萨的气魄与风度。故问："云何福庄严，云何智庄严？"答复以："庄严福无厌，学问庄严智。"厌，是满足之义。譬如一个人能将事业越做越大，或是钱越赚越多，但若一旦有了自满的心理，则不是沦于懈怠，便是追求享受，走上了退步的路。菩萨在大乘法的修学福德过程中，若感到自满，则不能够有所进步，不进则退，是很自然的事情。所以修福报不应该有满足的观念，应该想到现生的所以好——身相圆满、健康、富足、权位、眷属美满等，是由于前生修福而来。因此在有福报的时候，不论是有地位或是金钱，都应该为自己积福，不要任意浪费；防止将福报用到不相干之处，则自然不会走下坡路了。应该想到，既然目前有这样的福报，是来自前生所修，那今生更应该好好广修福德，而应该有不满现实、要求增进的观念。不仅自己要广修布施等，见到别人布施，也应该随喜。若能今生培养福报，来生必然有更好的环境及因缘。譬如现生多帮助人,多接引人,多布施于人等,都可以增长自己的福报;种下善因,来生自然可得善报。所以一个人有了福报,却不可因福报而走错了路,固然这福报是属于他自己的。我们不能说福报不好,而应该说不可将福报错用。福报能好好利用,则是越用越好。这是大小乘的不同之处:小乘人有时觉得有钱的烦恼多,于是便将钱倒入海中,免得麻烦。依大乘说,我们应借此钱财做更多的善事。所以大乘佛法对于福报,不但是无有厌足,并且还要设法增进福报;高深的尚且要与般若相应,因此福报是越多越好,广大到成就圆满的报身。

我们的智慧从何而来呢? 前面已说过,般若由多闻——学问而得。有些信行人学佛,不一定要广学多闻,平常只是听师父讲些开示,就照着去行,不多研经论,由于他信心具足,精进修习,也能开悟得智慧的。另一种法行人,将佛法说给他听,他还要更深入地去研究、思考,这便是由学问入手。既然二者同样可以开悟,其中究竟有何不同? 如有人要到某个地方去,他坐上车子,由别人将他送到目的地,因此尽管他到达了,但是他对于沿路的风光却是不甚熟悉,因此他引导别人的能力也就差了。这如信行人,佛法中称之为钝根。另一类人,在他起程往某地之前,先要将沿途的地理环境、风俗人情等打听得相当熟悉了,才起程前行。因此,他不但能够自己到达目的地,也能接引教导许多人,使大家都到达目的地。这便如法行人,佛法中称之为利根。原则上,菩萨是法行人,不是急求解脱,而愿长劫修行,所以说学问庄严智。从前大乘佛法盛行的时代,如玄奘大师到印度时的那烂陀寺,以及他回国后,国内的几所大寺里,每天都是讲经说法，无分大小乘，或说修行轨则，或说戒律等，佛法可以说是盛极一时。

就福报与智慧二者，简单说来，求福报应该是没有满足的时候，而对于现有的福报，不可浪费，并且要设法多多培养。一个有福报的人，不但生活不成问题，并且无论他走到哪里，都与众生有缘，别人都愿意帮助他。如此，不论他自己修行或是度化他人，都是一件容易的事。反之，一位没有福报的人，除了必须为生活苦恼外，走到哪里，都与众生无缘，并且也遇不到善知识，不但无法度众生，甚至想自己修行都不容易，开悟则是更困难的事，所以大乘法是尊重福德的。

接着又问："若定及与慧，彼云何庄严？"则答以"心寂名为定，知法名为智"。不论小乘的定、慧，或是大乘的禅波罗蜜多、般若波罗蜜多，真正修行求开悟者，皆是不离于此二者。定与慧是有严格定义的，应将此二者的定义略予解说，由于平常人容易将定误解为慧。前面我们说到禅，要有正知正念，一心不乱。定，是将心安定下来而并非蒙昧；那是一种非常安静的心境，在安静中的心境是非常明白的。平常众生的心，清楚明白了，会陷于散乱掉举了；一旦安定下来，便会昏沉睡眠。这都不是定，定是一种修行，训练自己，将心安置，寂然不动而却又明了。

有些人稍微得到一点定的境界，心境朗然清澈，他便以为这就是慧了。不知道任何一种定，内心应该都是明明白白的。有些通俗的说法，认为心静便是定，明白便是慧，这是不大正确的。定、慧是由修习止、观而来，所以我们应该说修止或修观；止成就得定，观成就得慧。以修止达到定，是心无二用，将心制于一境，如此方可得到寂然不动。所以说心寂名为定；这里的寂，并非涅槃寂灭，而是非常安静明朗。

智与慧皆须由知法而来。所谓知法，就小乘而言，是知苦、集、灭、道，或者是知十二因缘；大乘法则是当知一切法空性。所以定、慧之定义不同，实际上是由于其修行方法之不同而来，不是因境而不同。现在举个例子说明：刚才我们说到的四谛，其中的灭谛，是慧所悟入的。但我们将心止于灭谛，或是将心止于一切法空性，从心安定不动的意义上说，这仍是定。所以弥勒菩萨说，定与慧，或是有分别影像，或是无分别影像。有分别影像即是有对象的，有分别；如将心念专系于观想佛像，这是有分别影像，得定是定，观察是(假想)慧。无分别影像，即一切法空性，离于一切名相，因此而将其心安定是定，因观而悟入是慧。知有分别、无分别，由观法性而证知，便是胜义慧。所以，一个人本有的知与从观照而得的知，其作用是不同的。

初学者便是由此下手，久而久之，方能够止观双运，定慧均等。由于止观方法之不同，所以"知法名为智"的境界，自然与定也大不相同了。

云何彼行处，居住止何相，彼行处云何，彼云何修行？
彼行法空处，舍是彼岸句，彼行住四禅，修行脱众生。

此处问了四个问题，接着便是这四个问题的回答。第一句的"云何彼行处"，与第三句的"彼行处云何"看来似乎没有什么不同，但事实上却是不大相同的。前一个"行处"，指所行之处，问行在什么处；后一个"行处"是指修行所安住，所以二者并不相同。

　　行菩萨法,应该行于何处?"彼行法空处",即一切法空,是菩萨之行处。我们的心行于某一境界,即是心行。法空,是一切法无自性空,而这须由了知一切法如幻如化而得知。所以《金刚经》上所说到的种种不可得,一切皆由因缘和合而成,如幻生灭,所以生无来处,灭无去处。要说没有,却是现成地、活生生地呈现在眼前;但是认真地追究起来,却又一点实体也不可得。就一个学大乘法的人而言,证悟法空是最高的境界。但在证悟以前,要深刻地了解空性。不但要了解,并且要在心里起观想,在心中推求一切法的实性不可得,现起一切法空性的境义。这就是说,在证悟之前,必要先能够了解空理;由信解空理,而后修观胜解空理,最后乃能证悟。若执持世间之见解,执诸法以为实有,便不能通达大乘法之真义,因为大乘法的根本是一切法本不生。这譬如众生有眼病,所见到的种种事物都是颠倒、歪曲而不正确的,为了能够正确地修学,便必须先将自己的毛病一点一点地除去,然后才能见到一切法的本相。

　　所以,一切法空,必须由证悟方能得到。未证悟的,只是口说,而并不实际知道。因此,要经闻、思、修慧的历程:闻慧是由听闻而后了解佛法,思慧是思惟,修慧则必与定相应。由修观而后深入,才能进入法空性的证悟。所以修学大乘,应该是无时无刻不在修学之中,从闻而思,从思而修,从修而证,无时不行在法空的境界之中。

　　证悟,不是廉价的,突然得到的。在证悟之前,在思慧、修慧阶段,就先有些类似的经验。这虽然不是真正地证悟到法空性,但是也有一种相似的境界。有了这种空性的胜解,不论是布施、持戒或是做其他种种事情,内心总会不离于那种胜解空法之中;菩萨的修行,即是在这样的情形下,越来越向上而深刻。彼行法空处,便是这样的情形。我们看了《般若经》,便能了解这个问题;那是任何情况、事物,都不离一切皆空的心行。

接着问到"居住止何相"?是问居住处。回答是"舍是彼岸句"。梵文中的"句"字,与轨迹的"迹"字,意思相近,所以可把它当做"轨则"来解释。彼岸,即是指六波罗蜜多。所以此地之彼岸句,即以六波罗蜜多为其修行之轨则,亦是以此为居住处。此经在这里有个"舍"字,但另一译本上则无此字。就全体看来,此处的"舍"字是不必要的。

问"彼行处云何"?答以"彼行住四禅",即是时常安住于四禅之中。我们必须知道,初、二、三、四禅中,最主要的是第四禅,许多殊胜的功德,都在这第四禅发现的。我们切不可将此处的禅与禅宗的禅混为一谈。四禅的禅,本为静虑之义,其中是定慧兼有的;但此处的慧,是欣上厌下的观慧,不是通向法空之慧。在这四禅中,定与智是互相均等的,所以也就容易启发真正的智慧,了脱生死。

修行四禅之定,在尚未到达初禅而即将到达时,必须先经历一个境界,这便是未到地定。这时已经是得定了,就定法来说,已经是靠近初禅的边缘了。这好比是我们从乡下到城里去,起先,路途上是一片荒凉的景色。然后,慢慢地开始热闹起来,渐渐有了店铺,于是我们便知道是靠近了城市,但仍未真正地到达。得到了未到地定后,再向上一步,便到达了初禅。不过,四禅的修行有几点是必须要注意的:得到定后,必须要能够舍掉,若一直耽着于禅悦之中,便不容易进步,有的甚至还会退失。所以得定后,必须作这样的观察,知道这定中仍有许多缺陷,仍然是不彻底的,应该设法求更进一步。有了如此的认识,才能够舍初禅而进入二禅,而后三禅、四禅。现在的世界,真正修行得定的人似乎不多;这不是说修行的人少,有些人的修行经验也是相当不错的,但要得到四禅的境界,却又并不容易。因为四禅之修行,必须要受持戒法,也就是必须离欲。即使想得到初禅,也必须要"离欲、恶不善法",对于世间的五欲之乐不可贪求,种种吃、喝、衣着或其他享乐也必须要舍弃,名利更是不可贪恋,否则心在欲念上转,无法到达初禅的境界。第二,不但要能够离欲,还要远离恶不善法,远离欲界的贪、嗔、痴的烦恼。因为人的内心若生起粗重的或相续的烦恼,混乱、冲动,便不可能安静下来。所以真正修习定法的,除了对五欲乐不要去贪求外,内心还必须要保持相当的宁静、平淡,不随便就冲动、紧张。如此修去,方可能得到成就。四禅之修行,是共世间的。一般世间的人,都是注重贪求,向外追求,总觉得外面的东西才是好的。但是修禅定的人,则会感到外面的东西并没有什么意思,好的全在他自心之中。有了这样的信念,于是他对于外面的一切能生出厌离之心。能将心向内安住,一切功德便由静中显发出来。经过初、二禅而到达三禅,其轻安与快乐,世间没有任何一种快乐可以与之相比拟。假使我们对定没有这些观念,不舍向外的驰求五欲,想要如何安定,得到如何的境界,根本就是不可能的事。

关于四禅之修行,其中内容很多,大致可分成下列几点:真正得到了初禅,还是有寻伺分别的,但它已得到离开了欲界五欲之乐的一种喜乐。二禅的寻伺分别已无,是一种更安静的状态,离去了世间的分别,而得更安宁的喜乐。到三禅,连使情绪稍有激动的喜乐感受都没有了,身心完全是一种平静的安乐,拿喜乐来说,这是世间最殊胜的乐。到了四禅,连这些最宁静的乐都已完全没有,而是一种最为平衡的内心状态。这几点是我们学佛者所不可不知的。尤其是年轻健康的同道们,内心的信心很强,若能够了解禅定的内容,便可以觉悟到世间喜乐之不值得贪求,而修习禅定的话,不但容易得到定的经验,更能从禅定的内心喜乐,与相信真正彻悟的正觉的微妙法乐。

菩萨修习禅定有多种目的,有些是借禅定来启发智慧,此由于真实的智慧要从禅定中引发的。另一目的是借此来引发神通。小乘的阿罗汉并非都是有神通的;从《阿含经》里,我们便可得知,许多阿罗汉都是并没有神通的。有些人误解为:只要修行开悟就可以得到神通,这是一种错误的观念。因为有的虽然定力浅,但智慧却很深,因此虽没有神通,却能将烦恼断尽,了脱生死,名为慧解脱阿罗汉。由于他定力较浅,不能从根本禅引发神通。得神通,一定要修得四根本禅方可。

所以,得神通于菩萨而言是重要的。譬如菩萨若有他心通,便能立即了解他人的烦恼,为人点破,很快地就能令人起信;或者是他人有什么病痛,能够立即为人解决。菩萨有了神通,弘法的力量就大多了!能适应众生的根机为他们说法,这便是禅定的妙用。一般观念中的"以定发慧",是以为修禅定便能产生智慧;但事实上,应该是以禅定做基础,然后在定中修智慧,这才能产生真正的智慧。至于有禅定便有神通的观念,也是不正确的。

在印度,也是先要有根本定,然后依一些特殊的方法去修,才能引发神通。比如天眼通,即是要先得定,然后借着特殊的方便,或是观太阳,或是观光明等,而后方能成就。

下面接着说到"修行脱众生",是回答所问"彼云何修行"的。在一般人的观念里,修行是为了自己了生死,但若只是为了自己了生死,那是小乘人的修行。菩萨的修行,是为了度脱众生,为了众生而不得不修。因为若菩萨自己没有禅定、智慧、神通等方便,他没有度众生的力量;怕就还要别人来救度他,如何还能度众生呢? 因此越是悲心深重的菩萨,就要越加努力地修福、修慧、修定,求成佛道,广度众生。所以菩萨是为众生而学,为度脱众生而修行,这才是大乘的宗旨。

云何是魔业,佛正业云何,造作何等业,得于菩提护?
下乘是魔业,大乘为胜道,舍离一切恶,得于菩提护。

这两个颂,先问"魔业"与佛的"正业"之差别,也就是想先认清魔与佛之分。接着问"造作"什么业,才能得到"菩提护"。护的本义是保护;在佛法中,护就是"律仪"的意思。在此可说一个譬喻:若一个地方,时常受到匪类骚扰,为了防止骚扰起见,就修筑了一座城墙或碉堡,匪类也就没有那么容易侵入了,这个地方也就可保持某种程度的安宁。同样地,我们受戒,不论是在家的五戒、十戒,或是出家的比丘、比丘尼戒,在受戒时能得到戒的律仪,也就是戒体。得戒,是在受戒时,从内心产生一种特殊的力量,在遇到犯戒因缘时,便可与之对抗。有的在染念初起时,便觉察得到;甚至在险恶的环境中,还能有相当大的力量来抗拒罪恶,保持戒行。这种力量,就称它为"律仪",也就是

"护"。现在问的是菩提（护）戒，也就是大乘戒。

答初二问说："下乘是魔业，大乘为胜道。"魔，是恶者的意思，教导、引诱，使你向后退一步，这便是魔。引诱我们堕落的，固然是魔；但另一种魔，表面上看来似乎是处处为我们的利益着想。譬如当你想发心为社会好好地做事，为大众服务，这时他便对你说（别人说或自己想）：为社会还是慢慢来吧！先把自己的家弄好再说，古人不是要我们光宗耀祖吗？如此便是只为自己，不为别人。又比如说，有些人努力积德修福，为的是希求一个好的来生，于是又有人对他说：对于来生我们晓得些什么呢？还不如赶紧把握现生，好好地享受一番再说！把重点放在现生乐的追求上，这便是魔。就一个修行大乘法的人来说，当这个人欲发菩提心时，魔便显现了佛相、菩萨相、出家相、长者相或是父母相，（或是自己心里想，）也有在梦中告诉他：成佛太不容易了！要三大阿僧祇劫，时间实在是太长了！你还不如赶紧把握住此生，好好为自己打算，能够了生死就算是很好了，这便是魔。在《般若经》上，有许多关于这方面的记载：魔或者是现出声闻相，对修行大乘者说：你想成佛，有许多人还不是与你一样，先是发了大乘心，修了许多时间，到后来终于还是退证声闻圣果，现在也生死已了。总之，魔就是当你想发大乘心时，劝你先把自己的问题解决的。所以这里说：下乘为魔业。下乘，即是声闻、缘觉（及人天乘），对于学大乘法而言，都可说是魔业。所以"魔"这个字，不一定是很坏的，凡是使人退步、不思上进的，便可称它为魔，不论它表面上看来是好是坏。因此，此处的魔，与平常的死魔、烦恼魔等等是不相同的。"大乘为胜道"，大乘是成佛的殊胜法门,是根本而最究竟的。

　　如何才能够得到菩提护?也即是如何才能够安住于大乘戒中而无所违犯?这便要发心"舍离一切恶",舍离一切的恶不善法,如此便能使菩提之律仪得到清净。菩萨戒,向来是以远离一切恶、造一切善与饶益众生等为其内容。凡是对众生有利益的,才是善业;应该利益众生、修习善法。如没有去做,广义来说,这便是恶不善法了。

云何近善友,恶友何等相,云何平等去,舍离于邪见?
若赞菩提道,善亲近彼人,菩提心善净,舍离恶知识。
知诸业行已,修行正直见,舍离邪相应,此不失正见。

　　此处提出了善知识与恶知识的问题。偈颂里的"友",作"伴侣"解,包括了师长与道友在内。在学佛的过程中,应该亲近善知识,远离恶知识。但何者为善知识、何者为恶知识,这两者之间该如何区别,并不是件容易的事。如我们知道了这是个坏人,与他交往于我们自己有损的话,我们就不可能去结交这种朋友的。问题就在于,我们初开始交友时,并不知道这位朋友到底是好是坏,往往以为这是善友,谁知道事实上并非如此。

　　下面又问到:"云何平等去,舍离于邪见?"在这里,平等就是正;去应作"见"解。这是问:什么是平等的正见,什么是应舍离的邪见?知道了平等的正见应该去好好受持;知道了邪恶的邪见,则应该舍离。以佛法之基本来说,不信因果、业报,或者相信有恒久不变的"常见",或认为此生过去一切也就完结了的"断见"等,这都算是邪见,而其中尤以不信(道德)善恶为最。由于将是非善恶看成没有什么意义,所以能贪污时便贪污,能抢劫时便抢劫……不信善恶、不信因果的,便是最严重的邪见。进一步说,凡是不正当的见,皆为邪见。如此,在大乘法看来,小乘法的见解也是不正确的,小乘也可称为邪见。有的经里形容小乘人好像是一只眼睛坏了,所见到的事物就难免有所偏邪。

"若赞菩提道,善亲近彼人,菩提心善净,舍离恶知识。"这是答复了善知识与恶知识的区别。此处的善知识与恶知识都是就大乘法来说的。如何是善知识呢? 凡是赞叹菩提道的,便是善知识。所谓菩提道,便是发菩提心,修菩萨行,意欲成佛度众生者所走的大道。发菩提心,六波罗蜜多、四摄法,大悲利他者,即是行菩提行。所以赞叹菩提道者,即是赞叹大乘,对于这样的人,应该亲近。反过来说,凡是赞叹小乘法、世间法者,就不要去亲近他们。若亲近他们,受了影响,就不可能发大乘心,而可能发小乘心、行小乘行了。若是专听人说世间法,心就可能落到世间法去。

古代的人,着重身教、言教,所以必须要亲近善知识。自从文字经典流行,不亲近善知识,由阅读经书,也是可以得到正知正见的。因此听闻正法,从人以外,若能够多读诵大乘经典,久而久之,菩提心与大悲心也就自然能够生起。换句话说,这些经书也就等于善知识。若多读小乘经论,或是世间学问的书籍,即使是好的,但时间久了,就会忘失大乘,甚至忘失佛法。这里只说到善知识,而并没有说到恶知识,但我们可以想见,恶知识与善知识是相反的。若是接近善法、善知识,受其熏染、教化,久而久之便能显发菩提心清净光明的德相,也就自然会舍离恶知识了。

"知诸业行已,修行正直见,舍离邪相应,此不失正见。"这是答复平等见与邪见的问题。什么是正直见？知道一切业行，也即是深信业报因缘，方为正直见。在佛法中，行与业的意义差不多。业，是身、口、意的行动；人类的一切活动，是身、语、意业所包括的。但行与业二者之间，也稍有不同之处。只要是一种活动，我们便可说它是行，但业却牵涉到道德或不道德的意义上去。任何一个身、语、意的行为，若是善的，我们便称之为善业；若是恶的，便称之为恶业。所以，佛法中所说的业，是牵涉到内心善恶意识的行动，方可成立。如说到前生后世，也相信生死轮回。生死为什么会轮回呢？主要是由于业力，所以说"业感缘起"，证明我们众生的生死轮回，也说明了世界上的人千差万别，有贫有富、有苦有乐、有自由的、有不自由的、有劳苦一生的、有享乐一生的……这一切只能由业来解释。所以佛法中先要知道有善有恶，接着便应该知道有业有报。若不讲善恶业报而只讲因果，则与一般的世间学并没有什么差别，因为世间学也是要讲因果的。佛法所讲的因果，首重善恶业报。佛法说业报，不同于外道所说的，因为外道虽也是有讲业报的，但在他们的观念中，有个恒常不变的"我"存在。造恶业时，"我"便被带到地狱里去受苦；造了善业，这个"我"又到天上去享乐，不论受苦受乐，都是这个恒常不变的我。但是在佛教中，这样的我是不存在的。佛法说业报，是无我的业报说。必须先了解了这最基本的业性，才能够安住于正直见。

因此，正见即是知善知恶，知业知报，而这善恶业报又是无我的。若这样的观念都不明白，或根本不信善恶不信业报，或信善恶业报而信有自我，那无论说什么——讲唯识或讲心性，都不相干。尤其是，佛法所说的空，空是就行业来讲。缘起空，缘起即是烦恼的起业感报，就是业果的相属事，由此而显现空性。若是不谈行业，如何能讲空呢？《阿含经》说到的"诸行空"；行，即是身、语、意上相续不断的活动，所以空也必须从行业上说。

知道因果、业报，方属正见；更深刻一点便了解到三法印、一切法性空，这一切是一贯的，所以这里只从业行而讲到正直见。有了正见才能舍离邪相应，即是舍离一切与错误相应的见解而得到正见。所以依佛法说，人所以有邪见的生起，是由于于缘起法没有正确的认识。要如何才能离于邪见呢？就必须从明白缘起来纠正种种偏邪。《阿含经》里讲到，众生有有、无见，一、异见，常、断见，因此佛说"我离于两边说中道"，中道说便是缘起。不论是常见、断见，或者是有见、无见，皆由缘起之说而将其纠正过来，否则就不可能有什么正见了。所以说：舍离邪相应，此不失正见。

云何护正法，及教化众生，彼方便云何，能得成菩提？

精进护正法，方便能教化，舍离二边法，能得胜菩提。

此处问该如何地"护正法"及"教化众生"，要以如何的"方便"，方"能得成菩提"，也就是成佛？成佛不外乎护正法与化众生，但化众生不离方便，有了善巧方便，才能化众生，方能够成就菩提。关于护正法、化众生的问题，前面在说精进波罗蜜多时即已说过，要以精进来护正法，并以精进来化众生。前面也谈到过，护正法有二种方法：一是自己修持正法，使正法由自己的德行之中显现出来，这是真正的正法；另一种即是传布正法，使正法能够流传于世间，从而昌明广大。这些，在前面都已提到过了，此处何以又提了出来？这是另有意义在其中的。这里说到：

"精进护正法，方便能教化"，护正法要精进，而要有方便才能教化。度众生的方便就是"舍离二边法"。我们知道，佛法的中心指导原则是中道，是不偏于任何片面的、偏狭的或是极端的。远离二边，便是中道，而菩萨应该是依中道来度化众生；也唯有中道说法，才能真正地化度众生。在中国，一谈到中道，往往将它看成是究竟真理、实相的别名。实际上，中道是一种形容词，不论是就理上的证悟，或是事上的修行方法，都是恰到好处，不偏不邪，这才是中道。因此，要远离二边法，才能度化众生。

在这里，我们可以看看释迦牟尼佛所开示我们，有关于世人所行不能合乎中道而沦于二边的例子。佛成佛后，到鹿野苑为五比丘初转法轮时，便说：世上的人大概有两种：一种为追求五欲之乐，这类的人心念完全在五欲之乐上打转而不能得到解脱。第二种为无意义之苦行，这类人以种种方法来折磨自己的肉体。学佛，便是必要离此二边而行不苦不乐的中道。所以，中道可以说是一种生活态度，也可以说是任何方面的态度都能够不走极端。就理论方面来说，除了了解世间法的真相，并且要通达诸法的实相。佛也说过：世间的人，一类执有，一类执无；或是一类执常见，一类执断见。执常见的，主张死后仍有个我长存不变，能够从今生延续到后生去。执断见的，则以为死了以后，就什么也没有。佛为了离于二边而说中道，说中道即是说此不生不灭、不常不断、不一不异、不来不去的因缘所生法，并由此中道的因缘法，体悟到诸法的真理，如如不动。所以，不论是世间的事情，或者是修行的方法、人生的态度，佛都是主张离二边而行中道的。化众生固然是如此，自己修悟正法也应该如此。

一个人若是体悟不够，当他护正法、化众生时，往往难免不是偏有，就是偏无，或者是亦有亦无、非有非无，落于执著戏论之中。对人生的态度，不是标榜乐行，便是标榜苦行。佛当初出家修行时，也曾经过在雪山的六年苦行，而那种苦行真是苦不堪言，吃的是一麻一麦等最少而又最粗劣的食物，有时甚至不吃，但是并没有开悟。佛这才舍弃了苦行主义，到菩提树下，而终于体悟到了缘起中道的真理而开悟。而当初的五比丘（起先尚未出家，所以那时实际上是未有佛教的比丘），本来他们也是随佛修苦行，后来见到悉达多太子突然变了，好像是退了道心：本来是不吃东西的，这时却吃起东西，并且还是吃乳糜这样的好东西。本来是并不在意身体的清洁与否，这时也到河里去洗澡，讲究干净了。

所以佛法之中，决没有开示我们，要我们去追求享受，但也并没有要我们去吃各式各样的苦。因此不论是自己修行，或者是教导别人，都不应该采取任何偏激或绝对的态度。有些出家人，有标榜不吃饭的、不睡觉的。但是不睡觉，只是长坐不卧，不躺在床上而已，事实上没有人能够完全不睡觉的。佛本身也是一样地吃饭、睡觉。但是有的人，好衣服不穿，一定要穿破衣服；好的食物不吃，一定要吃粗劣的东西。记得从前普陀佛顶山有位出家人，就住在后山的山洞里，吃的穿的都是最差的。有信徒到山上烧香，知道有这样一位好修行人，便拿了食物与衣服去供养他，结果都被他拒绝。这样的苦行，是一个人自己愿意吃苦，那并没有什么关系，但若将这个当成出家佛弟子的典型，看作标准的佛法，那是错误的。我们试以佛的生活态度为例：佛出去托钵,没有人供养时,佛还是一样地欢欢喜喜回来。或有人请佛去应供,佛也并没有说,吃好的他便不去了。住茅蓬能自在,住高楼大厦也一样地能够自在。所以戒律的生活,应该是平淡而较为清苦一些,不应该有超出一般人之上的种种生活享受,但也不一定要生活得非苦不可。对于修头陀行的人,佛的态度也是:你自己愿意如此,但没有表示非要如此不可。

中道是佛法的指导原则,不论是就事、就理或者是生活态度,皆应以中道行之。因为唯有如此,才能够护正法、化众生。

云何作智业,云何适意业,云何速受教,常恭敬右绕?

无诤是智业,不起于诤讼。口柔软善语,恭敬而右绕。

先问"云何作智业"?智业,即是智慧的活动,智慧的表现,也即是如何活动及表现才是与智慧相应的。"云何适意业"?是指人与人之间能够相互适应彼此的性情。这两句话,看来似乎并没有什么关连。上面的"智业",所指的是智慧、理智方面;下面的云何适意业,指的却是情感与意志的活动。但在事实上,这二者是分不开的,我们从回答的颂文中便可以看出来。下面接着又问到:"云何速受教,常恭敬右绕?"怎样才能迅速地接受教化,而能经常恭敬地右绕?我们知道,绕佛是右绕的。但佛法之中的右绕,并不仅指绕佛而言,如禅宗里的永嘉大师往见六祖时,便是右绕三匝。

下面的回答,首先是:"无诤是智业,不起于诤讼。"这里,我可以举佛书上记载的事实来证明:舍利弗的母舅摩诃俱绨罗,起初离开家,到南天竺去学习婆罗门教中最高深的学问。当时他立志,未学成之前,便不将指甲剪去,因此别人便为他取了绰号叫"长爪梵志",即长爪婆罗门。他学成之后,回到家乡,得悉他的外甥已随释迦牟尼佛出家,于是他便去见佛。佛相当客气地请他坐下。长爪梵志开口便说:"我一切法不受。"这也就是说,世间的任何真理,在他仔细考察之下,没有一个真理能够成立的,所以他一概不承认。不但绝对真理不可能存在,道德方面也没有一个绝对的道理标准。从此看来,他是什么都不承认。于是佛就很客气地问他:你什么都不承认,那么你这个主张你自己承认不承认呢?经佛这么一问,长爪梵志便不知道该如何回答了。因为他既然说任何主张都不承认,那么自己的这个主张也不应该承认才是。他若是说:虽然其他的主张都不承认,但是对于自己的这个主张却是肯定的。如此一来,便是自相矛盾了。由此可见,他的话本身便是具有矛盾性。于是这位大学问家当时就只有把头低下,不能再发一言。

因此,我们可以了解到,世间的人,往往抓住了一点,自以为是真理,于是看到别人这个不对,那个不对,凡是不符合自己标准的,就认为那是错误的。如此一来,便争争吵吵,此是理,那不是理。佛当时见到这种思想混乱的情况,便说,若真如每个人所想像的,以自己的道理为对,如果这样就算是有智慧的话,那么世界上应该是每个人都具有大智慧了,因为没有人会说自己的见解是不对的。所以佛说那些好纷争的,实际上却是愚痴的,并非真有智慧,真正有智慧的人是"无诤"的。所以对于长爪梵志,佛更让他自己了解到他的主张是有所欠缺,并不是正确的,但却并没有与他相争论。又如佛法之中说到的无常,设若有人是主张有常的,于是便开始争辩了。但是在争辩之前,应该是先把常与无常的定义分辨清楚,否则两个人对于常与无常的想法不一致,如此争来争去,便不可能得到什么结论的。比如说,人从小到大,经过了许多的变化,因此我们一生几十年之间,并不都是一样的,但是仔细推究起来,其间又不乏一贯性,有着许多前后相似的地方。于是执常的人,便可以从其中说出许多的道理来;而主张无常的人,又可以从其中发挥出许多的见解。如此一来,争论便很难有个结束。所以争论的人,即使他的观点是错误的,但我们却不能就此论定他所说的全属空谈,因为其中仍然包含了他对于某些事理的体会,只不过是他把某一点过于强调罢了。

佛法要我们无诤,事实上,究竟的真理是超越了分别戏论的,不在诤执之中,所以究竟的智慧或证悟,不是依靠争论得来的。就佛法的缘起现象来说,是有相对性的;只要不强调,不夸大,不走极端,则就某些意义来说,这仍然是有相对正确性的。如谈到世界上物质与精神的存在问题,有人强调根本上只有物质,没有精神;又有人强调本质是精神,没有物质,如此争论不休。但在事实上,二者都是各自见到了某些片面,都有他们的一点道理,错就错在他们的偏执。又如小乘中所分出的许多支系中,有的主张有,有的又主张无,也有主张亦无亦有的。若是不得般若波罗蜜,也不能通了缘起性空的道理,便很容易随着自己所研读的经论而说有、说无,或亦有亦无。所以佛说:世间智者说有,我亦说有;世间智者说无,我亦说无。世间与我诤,我不与世间诤。

因此,真正智慧的表现,是无诤;就是对现象界,各种思想、各种理论,都无所争论。所以大乘法中有许多方便,强调了亦有亦无、非有非无,这都是佛法的妙用。所以三论宗谈到:"上明诸法之实相,下通诸法之妙用。"向上一着,真正明了了一切诸法之实相,则超越了语言戏论;如此,不会任意地去执著于有或执著于无。所以说到无诤是智业,是要先从缘起法去了解,才能融通有无。既然有智慧,能够无诤,则彼此之间不起争执,不必要的争论也就没有了,相互之间,也就能融洽相处。

由此我们可以了解到,不论是有、是无,或者是世间法或其他的道理,只要仍有一毫之善,有一点意义存在,则佛法都能够将其包容而并不唾弃。因为出世的善法固然是好的,而世间的善也是有用的,至少世间善可以作为出世间善的阶梯。在尚未了生死得解脱之前,能够得生人天,总比堕落恶趣好得多。

上面问:"云何速受教,常恭敬右绕?"回答是:"口柔软善语,恭敬而右绕。"好好地说话,使人听了欢喜,不一定要板起面孔来。说合理的话,也是要爱语,对方才容易受教。所以我国古人的"循循善诱",也就是在言语之中令人感到你对他很好,于是就愿意接受你的教诲,而后终能慢慢将其感化。但这不是要人一味地奉承他人,令人欢喜,主要的是指说话的口气、态度,这样方可令其受教。一个人若是能够使别人愿意受教,那么这位受教者,对他一定是相当地恭敬。一方面,一个受了教的人,若能好好去做,则也能令他人对其产生恭敬心。

道是何等相,云何是非道,云何能安彼,叵思众住道?
六度为正道,下乘为非道,学方便智已,令众生住道。

这里提出了"道"与"非道"的问题。"道"本解释为路,凡是平平坦坦，能够使我们到达目的地的，便称之为路。而凡是弯曲的，危险不平坦的，甚或是一条死路，我们便说：这不是路，因为它不能令我们到达目的地。修行的种种方法，都能使我们达到目的，我们也将其称为道。下面接着又问："云何能安彼，叵思众住道？"大乘佛法，不只是求自己能走到目的便了，还要使其他的一切众生安住于正道。叵思众即是无量无边、难以计算思议的大众。

我们说一个人用功不得法，便说他没有上路，当他摸索到门径之后，我们便说他是上路了。佛法中修道亦然，能够上了路，而后便安住在这个道上。因此这里便先问清楚了，道与非道的分别。因为若走上了非道，则或许会跌跤，或许有危险或走不通。同时，不但自己走在这个道上，也要令众生安住于这个道上。"六度为正道"，六度，即是六波罗蜜多，波罗蜜即是到彼岸，能够由此到彼。小乘法中是以八正道为正道，而大乘法固然是法门无量，但仍然是以六波罗蜜为其纲要。所说的菩提道，也就是指六度。大乘之中的"非道"，即是小乘的声闻缘觉者的修法。因为以声闻、缘觉之心来修行者，是急急于为自己了生死，则走不上大乘的路。因此无论如何地修行，都无法达到大乘法的目的。这里，是站在大乘法的立场来说的。就小乘法而说，"八正道"已经是正道了。

那么，该如何做才能使得众生安住于道？"学方便智已"，即是要有方便及智慧。佛法之中的智慧大略可以分成两类，一为般若慧，一为方便慧。二者之不同，在于般若慧重于启悟，证悟诸法的本性；方便慧除了悟证诸法本性之外，更能发动种种妙用。有了这两者,才能使众生安住于大乘道上。

　　佛法常说"契理契机"。所谓契理,即是要契合于真理,而契机则是要适合于时代、环境以及来听法者的个性,没有这二者是不成的。因为若是只能契机,而所说未能契合究竟真理,也许大家听了感到欢喜,信仰的人也有许多,但是不能通到深处,不能令人得解脱。反之,如果对于真理的体悟已相当的深刻,但方便却不够的话,教化众生仍然是没有办法。以小乘圣者为例:如阿难、目犍连等,他们都是有了大智慧,有种种的方便善巧,教化了许多的众生。而若只是着重于自己修行,如周利槃陀伽,也证到了阿罗汉,但是由于缺乏善巧方便,因此往往对于众生的教化发生不了什么作用。所以方便与智二者,是先有方便的引导,而后才能将众生引至究竟真理;若缺其一,则化导不了众生。

云何得大富,云何获大利,宝藏为何在,云何满众生?
七财为大富,寂静为大利,陀罗尼宝藏,辩说令充满。

　　此处及后面接着的两个问答,皆是以世间的事情为比喻,以显出大乘法的。如有人能得大富、大利,并且还要宝藏,样样事情都能满足,那是人人所羡慕向往的。因此,这里便问,我们应以何者为大乘法的"大富"、"大利"、"宝藏"与"满众生"?回答中说:"七财为大富",佛法中以七种功德财为大富,如没有功德,即使你现在相当有钱,但就佛法看来,却是赤贫如洗。所以我们必须先看看自己,佛法中所说的功德财,我们究竟具备了几种?缺少了几种?或者某一种功德财,我们究竟是具备了几分?

　　所谓的七财,第一是信财,亦即信心。信心尽管有程度之不同,但若一个人对三宝能起信心,内心便感到非常的安定与清净,那么这一项功德财,便可说是非常地具足了。若一个人虽有些信而缺乏真实的信心,内心仍然是时时感到彷徨空虚,觉得苦恼、混乱,那么这种信仰,虽不算赤贫,却也称不上是富翁。第二是戒财。在家居士的五戒,受过菩萨戒者的菩提心,出家人的沙弥、沙弥尼戒,比丘、比丘尼戒,受戒而后持戒,戒财的多少,便是视个人对于自己戒行坚持的程度而定。第三是闻财,这是由听闻正法,对于佛法了解的多寡而定。不过,这倒不一定是要读过多少的经典,或者是必须样样都晓得,主要的是指佛法的中心思想,尤其是无常无我、一切法不生不灭、生死轮回的道理。《法句经》偈说:"若人生百岁,不闻生灭法,不如生一日,而得见闻之。"这便是说明了一个人即使活到了一百岁,竟然连无常的道理都不晓得,那就等于什么都不知道。第四是施财。布施,最主要的是必须要有舍心。布施的功德,并不在于数目的多少,而是在于舍心的大小。否则,贫穷的人岂不就无法与富人相比了?第五是慧财。这里所指的是修观成慧,是真正的智慧。这一个功德宝,是偏重于出世的。第六是精进财。精进是止恶行善的一种努力,并且是有着不厌不倦的精神。第七是惭愧财。见到别人有什么长处而自己没有,或者是反省自己尚存留着多少的不良习气,因而便生起了惭愧心,所以惭愧心是离恶向善的一股很大的力量。如我们中国人所说的"见贤思齐,见不贤而内自省",这便是惭愧心。一个人若具足了上面所说的这七样功德,在大乘法上,他便可算是一个大富翁了。

问:"云何获大利?"回答是:"寂静为大利。"小乘法里,称赞阿罗汉是"逮得己利",也就是说他已经得到了自身的利益。此处,利的意义是不同于一般所说的世间财利,而指能够离烦恼、得智慧、证真理,而以此为学佛的真正的利益。所以说:寂静为大利;寂静是指烦恼以及与烦恼相应的事物不起,而能够心与真理相应。有了这个,那么在大乘佛法中,一切都可相应,成为佛道,永远不会忘失。唯有这才能算是利,世俗的财利算得什么呢?

问:"宝藏为何在?"答:"陀罗尼宝藏。"宝藏即从前有钱的人将金银珠宝等物埋藏在地底下,后来的人挖地时挖到了,便说是发现了宝藏,亦可称之为伏藏。那么,佛法中是以什么为宝藏呢? 陀罗尼,即"总持"之义,共有四种:一、法陀罗尼,即文字陀罗尼。听法之后,便不会忘记,随闻能记,所以说,陀罗尼是一种力量,能够保持它,一切都能够记忆。但如只忆持些世间事理,那只能算是小陀罗尼。第二是义陀罗尼,即能够了解通达义理,并且予以相互贯通。所以大乘法的一个特色,便是"统一切法"。统摄一切法,这正是陀罗尼的特性,能将一切摄住不失。若在义理方面能够如此,便可由一个义理而通达到其他方面的义理,豁然贯通,融通无碍。第三是咒陀罗尼。我们知道,诸佛菩萨,或是在因地的鬼神、夜叉、罗刹,他们都各有自己的咒语,持诵起来都相当灵验。其实在佛法上说来,修行到了某一个程度,便能够所说的话都灵验。所以在南传佛教的波罗蜜多中,有一"谛语"波罗蜜多,即是菩萨所说的话能够句句兑现,语言的本身便有一种力量。以世俗的话来说,他所说的话灵得很。所以密宗里说:一言一语,莫非秘咒。第四是胜义陀罗尼,这是与证悟真理有关的。证悟胜义谛,于一切法得通达,才是最上的陀罗尼。为什么称这四陀罗尼为宝藏呢？因为它能将佛法的珍宝都保存于库藏而不失：或听法而能够记忆不失，或于义理明了贯通，或以咒语产生加持感应的力量，或悟入胜义。陀罗尼这个宝藏，当你能发现时，便会感到有数不尽的功德宝物将永远属于你。

接着又问："云何满众生？"答："辩说令充满。"这是说，由辩说而使众生得到满足。辩说，即我们平常所说的"四无碍智"或"四种辩"。一个人想要教化众生，使他有所得，必须要能言善辩。有的人虽然会说话，能够把话说得头头是道，但是言谈中并没有什么内容；有些人讲话很有内容，但却口才平常，则亦不能发生什么作用。想要真正能够满足众生佛法的需要，必须具备下列几种：一、法无碍：这里的法，即佛法中所讲的种种事物，如色、受、想、行、识等，都能够通达无碍。二、义无碍：对于法之中所包含的义理能够了解无碍。比如无常、空、无我、不生不灭的道理；或者是布施、持戒等所含的意义，这些都是法的意义。有的人虽然义理不通，但是对于事相却记得很多，比如说到五蕴，他便能够立即说出：五蕴是色、受、想、行、识；色法又可以分成显色、表色、形色等等，知道得非常清楚，但是对于义理却没有真正的了解。也有人是正好相反的。三、辞无碍：说法必须要使用言语辞藻。有的人义理相当通达，对于法的了解也很透彻，但是说出来的话却是不够文雅，或是辞不达意，所以辞辩无碍也是很重要的。四、乐说无碍：即是随时能够随机应辩，适应众生的根机。当一个人对于法以及义理都已具有充分的了解，或者是以口来说，口才相当好，还要能够已具适应众生的根机，能够以种种方法来说明。必须如此，才可以算是辩才无碍，才能够满足众生的愿求而使他们在佛法中能有所得。因此这里说"辩说令充满"。

彼父母是谁，亲族何等相，侍从有何相，严饰智慧者？
慧母度彼岸，助道法亲族，诸善根侍从，庄严于智者。

　　每个人都有父母、亲族、侍从等等，在佛法中，菩萨应该以何者为父母、亲族、侍从呢？一个人为"父母"所生；而"亲族"则包括了家属、亲眷在内；凡是跟随他的人，为他到外面去办事的人，或者是当他创立了事业，在他手下工作的人，都可以称为是他的"侍从"。"严饰智慧者"，如一个人父母健在，而家族又很兴盛，当他出去时，又有人跟从；很显然的，这个人在社会上必然有着相当的地位并且受人尊重的，这便是严饰的意义。若年纪轻轻便双亲去世，没有什么家族，亲戚也很少，出门时更是孤苦伶仃一个人，这样便显得寒酸可怜，当然谈不上什么庄严了。当佛说法时，有许多的菩萨、大比丘僧、天龙八部等来听法，如此就庄严了法会。因此菩萨修行，也必有所庄严，这里就是以世间所熟知的这些人事关系来做比喻，而问到菩萨究竟以何者为佛法上的父母、亲族、侍从。菩萨是菩提萨埵的简称，凡是向无上菩提精进的有情，皆可称之为菩萨。龙树菩萨说"有智慧分则名曰菩萨"，这便是说明了，菩萨必须要具有智慧的气息，菩提的气息，然后慢慢地开了悟，证到了菩提智慧的。所以有智慧的菩萨，是以种种功德来庄严菩提的。

　　世间人各有其生身父母，我们之所以生死轮回不得解脱，也是有父母的。一世又一世地出生，实是由于"无明为父，贪爱为母"。那么菩萨究竟是从何而来？从何而生菩萨的呢？"慧母

度彼岸"。智慧乃菩萨之母,菩萨由智慧而生。经上说,菩萨以
般若为母,以方便为父。也有说:以般若为母,以菩提心、慈悲心
为父。不论如何说,般若为菩萨之母,没有智慧绝对产生不了菩
萨。而事实上,般若不仅为菩萨之母,并且也是佛母,没有般若
也产生不了佛。《大般若经》中,就有一品名为"佛母品",专门
说明此事。不仅如此,即使是小乘圣人,不论他得到了初果、二
果、三果、四果,莫不由智慧而来。所以可以说:一切圣人,皆由
智慧证悟真理而产生。因此,有了智慧,再加上菩提心、慈悲心
与方便善巧,才成其为菩萨。若没有慈悲、方便与其他的功德庄
严,而只有厌离心,只求个人的解脱、了生死,则仍然是只限于小
乘的范围,而没有菩萨的气息。"般若"一词,是通于大小乘的,
但在有些经里提到,般若是专属于菩萨的,因为般若的真正意义
是包含了慈悲心与菩提心。这里的慧母度彼岸,就是般若波罗
蜜多为母的意思。

问:"亲族何等相?"答:"助道法亲族。"助道法或译"菩提
分",所指的即是四念处、四正勤、四如意足、五根、五力、七菩提
分、八圣道分等。这三十七道品,就好像菩萨的亲族一般。我们
知道,亲族对于一个家庭来说,是有着很密切的关系,或者是血
统上有所关连,或者是大小事情都能相互帮助。因此,菩萨虽然
是以般若为母、方便为父,但是与菩萨的功德最有密切关系的,
就是这些三十七道品;菩萨须借修三十七道品,而助成一切波罗
蜜多的圆满。所以说,助道法就是菩萨的亲族。平常,往往有人
以三十七道品为小乘法,但是就大乘法来说,它亦是属于大乘法
的,只不过是将之称为"助道法",是导向大乘终极之波罗蜜

多的。

问到侍从是什么？回答说："诸善根侍从。"各种各样的善根，就好像是菩萨的侍从一般。所以当菩萨的善根越多，他的侍从也越多，拥护的人越多。那么这种种善根究竟是些什么呢？就一切众生人人都有的善根来说，大约可分成三种：无贪、无嗔、无痴。这三种善根，每个众生即使是没有相当深厚，但总或多或少地有那么一点。不过就修行的意义来说，主要是以信、进、念、定、慧——五根来作为善根的。约广义说，一切的善法，无论是人天善法、声闻缘觉的善法，或者是大乘善法，凡是能资助菩萨圆成法果的，都是大乘法中的善根。

因此，菩萨以般若为母，助道法之三十七道品为亲族，诸善根为侍从，凡有此种种功德庄严而成就的菩萨，便是最崇高、最伟大而堪受人天敬仰的菩萨。并非由于他叫做菩萨，我们便尊敬他。菩萨之所以庄严伟大受人尊敬，实由于他具有这些功德内涵，若缺乏了这些崇高的慈悲智慧庄严，则也就不能够算是菩萨了。

解法无我已，慈心普遍世，无我及与慈，是义云何等？

般若，是证悟一切法空的智慧，菩萨既具有般若智慧，则必然是证悟了一切法空性与无相的。但菩萨除了般若智慧之外，却又必须具有菩提心、慈悲心，凡见到众生的苦难则油然而生拔苦与乐之心。般若所指的境界乃是空，而慈悲则为有（见到一切众生的苦恼）。照我们平常的想法，这二者之间应该是相互矛盾了；有此无彼，有彼无此。我们知道，空，便是无我，人空、法空、无人、无我、无众生、无寿者相，而慈悲心却是想到众生的苦恼,心目中却是有"人"。这样,有了空、般若,便没有了众生,有了众生的苦恼便没有了空,那么般若与慈悲要如何才能相应呢?是否有了智慧便没有了慈悲,有慈悲便没有智慧,或者同时能够兼有慈悲与智慧二者呢? 根据我们的眼睛与耳朵来说,眼睛是用来看东西,耳朵是用来听声音;能够看东西的便不能听声音,能听声音的便不能看东西,那么般若与慈悲二者,是不是也像这种情况呢? 这两个观念又该如何才能配合得起来? 这不但是个理论上的问题,也是菩萨心境上一个实际问题。

这个偈颂我先解释一下问题的意思:"解法无我已",也就是了解一切法无我,包括了法无我、人无我。经上常说到的无人,无我,无我法便是一切法的真理。"慈心普遍世",把慈悲心普及于一切世间众生。慈、悲、喜、舍四无量心,是要我们对一切众生都具有慈悲心,能做得到多少,姑且不论,但首先将慈悲心遍一切,对一切众生无不具有慈悲。当然这一点在实行上只能由小而大,先对自己亲人慈悲,而后才能慢慢扩大范围到一切众生身上。"无我及与慈,是义云何等?"无我与慈,这两者要如何才能平等呢? 也就是要如何才能相应呢? 佛法中说到,菩萨智慧越高,慈悲就越大;并非是有了慈悲便没有了智慧。假如只有慈悲,没有智慧,则无异于凡夫;只有智慧,没有慈悲,那么这种智慧也就和小乘一样了。所以菩萨应该是悲智一如;大乘法应该是慈悲与智慧平等的。那么要如何才能使得慈悲与智慧平等呢?

佛法之中有不少话是为佛教徒所常说而几乎成为口头禅的,比如:同体大悲、无缘大慈等。但"同体大悲、无缘大慈"所指的是什么？在这里我们必须要有一番分别，才能了解何以菩萨在通达了一切法空的境界后，还能够有慈悲心。

我们先要知道，慈悲心究竟是如何生起来的？慈悲心是缘众生而生起的。如果不知道有众生，则慈悲心是无论如何也不会生起来的。不论是对于我们的亲属或朋友，甚或是小动物，当见到他们的苦痛时，我们便发起了慈悲心，想要消除他们的痛苦（这是悲），或者是使他们得到快乐（这便是慈）。既然缘众生而生起，那又怎么会是无缘大慈？般若与慈悲，如何能合得起来呢？

佛法中，慈（悲）有三类：第一类是众生缘慈：是缘众生而起慈心。由于在生起慈悲心时，心境上便显现了一个一个的众生。平常我们见到众生，总会把他们当做是一个个实实在在的独立自体。比如，当见到一位多年未见的老朋友，内心中会有种种感想，他变老了，变瘦了，或者是变胖了等等；总会把他当做是固定的个体，而只是瘦弱或肥大。似乎这个人的本身是一定的，不会有什么变化的。因此，我们对于众生，总是执著于他各人有他的实有自体；人人有此观念，以这样的认识再来起慈悲心，便是众生缘慈。众生缘慈修得慈定的，可以得生梵天。第二种是法缘慈：其境界的程度较高，已经超出一般人之上。他所见到的个体，张三是张三，李四是李四，人还是人，狗也仍然是狗；但他了解到我们所见到的一个个众生，实际上并没有什么永恒不变的东西，可以说，他已经体解了无我的真理。但是无我并没有抹煞众生的生死轮回；生死还是生死，轮回还是轮回，众生还是众生，不过其中没有了实我，只有"法"的因缘起灭而已。佛在《阿含经》里便说到：人只不过是六根和合，除眼、耳、鼻、舌、身、意之外，要求"我"是不可得的。佛又分析，人不外是色、受、想、行、识五蕴和合；或者是不外乎地、水、火、风、空、识，这六大结合起来便成为人，此外求人，再不可得。所以佛一再宣说，除了法之外，根本就没有如外道所想像的一个永恒不变的真我。如此一来，好像只有几种元素，只有法而没有了众生。这在佛法，便称之为我空，没有真实的我，而只有诸法因缘和合的假我而已。如此，见到众生，尽管他没有我，但是由于因缘和合而起烦恼、造业、受果报；一下子得升天上，一下子又生在人间，欢喜不了多久，又有新的苦恼，永远是在那里哭笑不已。若由此而生起慈悲心则为法缘慈，这在一般人是不可能做到的。大多数的人所具有的是众生缘慈；若谈到众生的苦恼，总想成有个实实在在的众生在那里苦恼着。

　　法缘慈，必须是在证悟了声闻乘的圣果以后而起的慈悲心，但这还不能一切法空与慈悲相应。在证得圣果的，虽决定不执诸法实有，但心目中的法还是呈现实有的形相。如对六根、五蕴，看成实在存在着的；没有证得的学者，就会在法上执著，而成"法有我无"的思想。举个例子来说：平常人见到书，便会把书当做是实实在在的。而法缘慈的人，便会了解书是一张张的白纸装订起来，然后在白纸之上写了黑字。同样是书本，它却可以是令人起恭敬心的经典，也可以是一本普通的小说，甚或是一本禁书等等。因此，知道书本是不实有的，但是他却执著于那一张张的纸与那些黑字，认为它们是实有的。所以，小乘人多数认为除了法之外，假我是不存在的。法缘慈就是这样，虽然知道众生无我,但却有众生的假相;否则,连众生相都没有了,怎么还会起慈悲心呢? 法缘慈就是二乘圣者的慈心,依凡夫境界来说,已经是相当的高深而不能得了。

最高深的慈悲,是"无缘慈"。小乘人所执著的法,在大乘人看来,依然是属于因缘和合的。我们的身心活动,依然是由因缘和合而生起变化;那么不但众生是由因缘假合,即使一切法也是由因缘假合,这样才能够了解到一切如幻如化,并没有真实的众生与法。在我法皆空、因缘和合、一切法如幻如化之中,众生还是要作善生天上,或是作恶堕到恶道,享乐的享乐,痛苦的痛苦,在生死轮回之中永远不得解脱。菩萨便是在这个境界上生起慈悲心。如有一个人很早便去就寝了,不久之后,大家听到他的惊惧喊叫声,跑去一看,知道他是做了噩梦,但是叫他却又不容易叫醒。这时,我们就很容易地想到,他梦中所见的明明就是虚幻不实有的东西,但是他的痛苦却又是如此真切、如此深刻。菩萨眼中所见到的众生,沉溺在苦海中便是如此的情况。

因此,菩萨并非见到了真实的众生或真实的法而起慈悲心的,他是通达了一切法空之后而起慈悲心的,这便叫做无缘慈。在一切法空的深悟中,不碍缘有,还是见到众生的苦痛,只是不将它执以为实有罢了。到这时,般若与慈悲二者便可说是合而为一,这才是真正的大乘慈悲,所以又叫它为同体大悲。一切法都是平等的,而就在这平等中,没有了法与众生的自性,而法与众生宛然现前。即空而起慈,这便叫无缘慈。所以讲到佛菩萨的慈悲,这其中一定有般若,否则便不成其为真正的慈悲;讲到般若,也必须包含了慈悲,否则这种智慧也就不是佛菩萨的智慧了。下面接着的三个颂子,都是用以说明这个问题的。

若解知于空,彼自了无我,是为最上慈。

假使能够通达了"空",自然也就能够"了"达"无我"的意义,因为空与无我原来是相通的。不过,小乘经上说无我的地方多,而大乘经上则多说空。空有两种:一为我空,一为法空。无我有两种:一为人无我,一为法无我。此二者的实性是一样的。但小乘人了解"无我",却不一定知道一切法空。此由于通达了无我,在众生位上他了解一切众生没有实性,只有假我,就能断我我所见,得解脱,也就不再深求,了解法空了。大乘重在法空,只要了解法空,则必然能够了解无我的道理,因为法尚且是空,何况我呢?

多数小乘人,只观察自身五蕴、六根、六界等等没有实我,便能够断烦恼、了生死。若能将此再深入观察,他自然能够了解到法空的境界。但由于他自身的生死已了,便认为所作已作,没有必要再加以观察,因此便不一定证到法空的境界。而大乘人,不但观察自身,并且也观察外面的一切法,不但关心自己的身心,同时也关心自己与其他众生之关系,以及众生与世界之关系,一切都是因缘所生。如此,自然就能通达于空,也能了解无我的道理。"是为最上慈",这就是最上的慈悲,也就是无缘慈。菩萨通达了一切法空之后,见到一切众生,明明是什么都没有的——生死本空,却要将其执著为实有,因此而生起了我执、法执,而苦恼不已。佛菩萨从毕竟空寂中,能怜悯众生在生死轮回而加以救护、解决,则是最上的慈悲。下面的颂子,是对于众生生死轮回的问题加以解说。

今世知于空,未来无有来,诸行性如是,

业报亦如是。云何而有生,第一义无是,

亦无有去者,入于世谛道,说业及业报。

　　经上只说到今世与未来,而没有提到过去,这只是简要的说法。有今世与未来,也就有现在与过去,所以事实上是包含了过去的。"今世知于空",今世,可以说是现在,也可以说是当下,或者是从生到死,这一生之中都可以将它说成是今世。这是说,今世,众生与一切法皆是因缘和合而成,在我们的现生中,我与法皆空。"未来无有来",这是通过了对于三世的观察。过去的既已过去,当然是不可得;而未来的则还没有来,既然没有来,则更谈不上有什么实性了。现在,依时间上来说是"刹那不住"的,没有一个决定性或是安定性的东西。由此,可见三世皆是空的。比如有一个人,他前生是得生于天界,但是当你问他,天是什么? 天界早已过去,就没有法子回答了。当我们问他,来生往哪里去? 他或许回答希望到极乐世界去。但是未来往生极乐世界,现在还没有实现——也就说不出未来的事实。再问他今生,得生为人,人又是什么? 也无法说出到底什么是他真正的自我。因为,眼、耳、鼻、舌、身、意,都不能代表他的"我";我们的细胞无时不在变化,我们的心更是瞬息万变。如此看来,根本就没有一个恒常不变的东西可以称之为我的。以我来说是如此,法亦是如此。如我们的眼根,本来是来无所从、去无所至的。我们从外面所见到的,只是眼皮、眼珠而已。由于它能够见,我们才知道有眼根的存在。但说到见,必须有所见之物,若没有青、黄、赤、白这种种外境,我们眼根的作用,仍然不知道在哪里。有些在土里出生的动物,它在土里生长,眼睛根本就已经作废了。为什么?因为在黑暗之中,根本就没有了见的作用,久而久之,眼睛的功能也就自然消失了。像这样的众生,若是将它放在地面上,根本就等于瞎子。所以见的作用,并不是固定有了这个作用,它是需要在种种条件之下才能显现它的作用。由此可见,一切都是在如幻如化因缘和合之中而生起的作用。固然,就世间法上来说,我们既可以看到,又可以听到,但我们对于事物的真相却应该有切实的了解。就以"见"来说,当因缘和合之时,可以见到外面的事事物物,但是若将眼睛闭起或是将电灯关掉,则"见"的作用也就再也发生不了。借此事例,我们也可以了解到一切法的作用与体性莫不如此。

所以,这里便谈到了"诸行空"。由于是行,所以就是空的。"诸行性如是",诸行是身、心的活动;这些活动若是具有善恶性质的,则称之为"业"。而业也是本性即空,不来不去,如幻如化的。因"业"而感得的果"报",即是因果关系,此种关系亦是如幻如化。为什么要如此说呢?因为前面曾经问到,慈悲与空,如何才能平等相应——并存不悖?回答中说到,不要把众生看成是实有的东西,也不要把众生所具有的法看成是实有的法。因为众生只不过是诸行和合的假名。我们既将精神与物质的活动称之为行,而诸行又是刹那刹那生灭变化的,这样一来,诸行本性空,而众生本性亦空,但空是没有实性,不是否定现象,所以众生仍是众生,诸行仍是诸行。凡了解诸行空,便可了解众生空;了解众生空,也可了解诸行空。

接着又说:"云何而有生,第一义无是,亦无有去者,入于世谛道,说业及业报。"诸行与众生既然都是本性空,眼、耳、鼻、舌、身等诸根为什么又会发生作用呢?"第一义无是,亦无有去者",即是说明了众生与诸行本性是空的,眼、耳、鼻等诸根亦是为空的,这是站在第一义的立场来说。以第一义来看,这些都是不生不灭、不来不去。"入于世谛道,说业及业报",如站在世俗谛的立场,才能够谈到业及业报。所以在第一义是空,而在世俗谛则是如幻有。《阿含经·第一义空经》里说到:业是不来不去,无作无作者。但依世俗法来说,则是有业及果报,这便是"此有则彼有,此生则彼生……"等十二因缘法。

照上面那样说,可能会引起误解:世俗谛与第一义谛是截然不同的:在第一义谛中,我空法也空;而在世俗谛中,则是我有法也有。但事实上,这两者并非是两回事。世俗谛是就世间人所共通的认识来说明许多现象。由于每个人的生理与心理构造大致上相差不会太远,因此对于一种颜色,称它为红色,大家见到时便说这是红色,而不会随便说它是黄色或绿色、黑色等,这便是世俗谛——世俗的真实。而第一义谛,是将世俗所已肯定的东西加以推究。比如说,推究这红色究竟是什么?因此凡是追求其究竟的便可称之为第一义谛;到后来追究到它们是没有实性,不可得。

《般若经》上,佛与须菩提即说到,众生不可得,六道轮回亦不可得;小乘的初果、二果、三果、四果不可得,菩萨与佛也不可得,甚至连无上佛果的阿耨多罗三藐三菩提都是不可得的。但是我们要知道,这是就第一义谛来说,若是就世俗谛来说,仍然是因缘如幻假有的,否则修行便失去了意义。由此可知,在第一义谛中,一切不能安立,而世俗谛中则一切皆可安立。这两种情况,实际上便可以大乘法之中所说的"如幻如化",即"幻有"来包括之。比如见到阳焰,每个人站在远处看来,都会认为它是一潭水,并且还会在那里波动,但是走近一看却是什么都没有。当你仔细看清是什么都没有,再走到远处去看,它又是明显地呈现在那里;这便是幻化。

又如我们拿个玻璃杯,将它注满清水,拿枝笔放入杯中,立刻就看到笔杆变歪了。自己看了不能相信,找其他许多人来看亦莫不如此,但是把笔从杯里拿出来则见还是笔直的,这便是幻化。因此,所谓幻化即是如幻有,而如幻有亦即是空,空有的关系便是如此。所以在《般若经》里,佛说不但众生、六道轮回、菩萨、佛等是如幻如化,涅槃也是如幻如化,如果有任何东西即使是超越了涅槃的,也要说它是如幻如化。这里主要是说明空、慈悲与般若是不二的。平时我们听人说"二谛无碍",实际上这种情况我们只能说它是相通的或是不相矛盾的。菩萨由于以智慧观照一切众生皆不可得,而同时也见到了众生在那里受苦或是受乐,因此他是可以在同一个心境上看到这些的。这种在同一心境上现起的情况,可以举个例子来说明:天上的月亮,我们有时见它跑得很快,但是经过慢慢的观察,我们可以发现并不是月亮在跑,而是乌云移动太快所产生的错觉。尽管我们知道月亮实际上并不是如我们感觉到那样地在跑,而眼中所见到的月亮却好像是在跑的。这就是在同一个心境上所产生的两种不同认识。菩萨的二谛无碍,可以这种情况为比喻去理解。

若空与无相,及无愿解脱,一相同无相,云何而生道?

空即是无相，以无相故得，一相同一义，故说解脱门。

　　这里提出"三解脱门"的问题。什么叫做"解脱门"呢？凡是依此修行而可以得到解脱的便称为"解脱门"。门本是可以借之出入的；三解脱门所指的即是三种观法：空、无相、无愿。佛在经典之中，曾经开示我们以空可以达到解脱，有的说到无相或无愿可以得到解脱。表面上看起来，似乎有三条路可以使我们走向解脱。就这一点，大小乘的观点便不相同了。小乘人只看到了文字的表面，把空、无相、无愿当成是三回事。比如有人因体悟了无常与苦的道理而得到解脱的，小乘人就把它归入了"无愿解脱"。此乃由于一个人一旦体悟了无常与苦之后，就不再有生死轮回的意愿；不造业即可不受生死，这就是"无愿解脱"。如果是由于了解空、无我无我所而得到解脱，这就是"空解脱"。这样看来空解脱与无愿解脱似乎是不一样的。再谈到离一切相，没有了色、声、香、味、触、法相，没有男相、女相，不生、不住、不灭，如此离一切相而得到解脱，即是"无相解脱"。小乘的三解脱门，确实是三种不同的观法。但在大乘法说来，实际上解脱之门只有一个，乃是不二解脱之门。平时常说的"归元无二路，方便有多门"，便是说明了我们初学之时有多种方便善巧，但是到了解脱的阶段，则只有一个法门，并不是这个方法可以得到解脱，那个方法也可以得到解脱。因为众生之所以会生死，都是由于同一原因，所以解脱的方法也是一样的。所以《法华经》里说："惟此一门，而复狭小。"只有这一扇门，并且这扇门并不广大，因为若是广大无边的话，则人人都可以通过，但人却必须经过这扇窄门才能解脱。三解脱门实际上只有一门，龙树菩萨在《大智度论》里说到："三解脱门同缘实相"，即三种解脱所观察的对象都是诸法实相，只不过在说明时将它分成这三者。事实上一切法空即是无相，若仍然还是有相则便不成其为空了，所以真正的空一定是无相的。当能够达到空与无相之后，则自然不会再造业受果报，无作亦即无愿，所以这三解脱门实际上是平等的，是同一回事，也是不二的。不过众生往往有种种执著，当佛对他说欲求解脱必须观一切法空，他能够观一切法空，但又却执著于空相；因此佛又告诉他，观一切法空之后，连这空相也不可得，所以要无相。当他知道了无相的道理，对于外在的一切境界都能抛开，但是内心的执著却仍然是放不下，因此佛再进一步地对他说，不但是外面的一切相不可得，内心的种种意愿思欲也是不可得的，这便是无愿。因此，表面上看来似乎是按着空、无相、无愿的次第来说的，但只要我们对这三者有所了解，便可知道实际上是同一回事；所以说三解脱门是"一相同无相"，是平等无二无别的。可能有人会发生了疑问，这一相的一，究竟指的是什么？我们不能说它是一个东西或一个原理，一相即是无相，一切相不可得。

接着引起另一个问题："云何而生道？"道是修行的方法，凡是依此而得解脱的，即称之为道。如诸法真理，一切都是无二无别不可得的，那么如何能够依此而生起道，能使众生得到解脱呢？照世俗的观念，总要有"二"，才能说由这里通到那里，若是一切法平等不二，一相无相，如何才能说生起正道，才能生起真正的智慧呢？

现在先将答复解释一下："空即是无相，以无相故得。"我们知道，空就是无相，也就是无愿。"以无相故得"就是以无所得而得。或许有人会问：既然无所得为什么还有所得呢？我们翻开《大般若经》，可以见到通篇几乎都是在说明这个道理。若是以有所得心，则必然是毫无所得，有所执著即无法解脱；以有所修之心来修，则不能修。如果能够无所得，无所执著，这便是修，这便是得。因此，正由于是一切法空——"一相同无相"，所以我们才能够修得，才能够了生死。《般若经》里记载了富楼那与须菩提等讨论，菩萨是由什么地方到什么地方去。照我们的观念来说，菩萨是由三界出于三界，然后到达佛的位子。但是若真有三界可出、佛道可成的话，那么菩萨应该是连动也不能动了。正因为没有三界可出，佛道可成，所以才能够出三界而成佛。也就是因为是空、无相、无愿，所以才能够得。所以说："一相同一义，故说解脱门。"若我们能够一相无相，就可以得到解脱。

众生无始以来，颠颠倒倒，处处执著；因为执著，所以不得解脱。并非有什么东西不让我们解脱，而是我们自己不肯解脱，执著就像绳子将我们捆住。惟有当我们了解了一切法空，在一切法上不起执著，才可以得到解脱。如有个人拿着竹竿想走进城门，无论横着拿或直着拿，都无法进到城里去，但他只要把竹竿放平，把竹竿头向着城门，就可以毫无阻碍地走进去。佛法说一切法空，并非是有样东西在那里让我们将它取消。所以并非是某个人喜欢空，他加以探究，而后通达了一切法空，而是法的本性如此。因为一切法本无相，所以众生才能得到解脱，否则解脱便是不可能的事。

云何观于空，云何观众生，空及与众生，云何而得生？
智慧观于空，方便观众生，大悲以教化，趣向于涅槃。

这里讲到了空与众生的关系。佛法上说众生是如幻如化，没有实性的，本性自无，所以众生即空，而毕竟空之中却又不碍众生。因此，这里问要如何来"观众生"，又要如何来"观空"？"空及与众生，云何而得生？"生即是现起的意思。答复说："智慧观于空"，用观空的是智慧，亦即般若来悟入空义。观众生的是什么呢？"方便观众生"。方便，并不是普通行个方便的那种方便，而是智慧的巧妙运用。般若是通达一切法空，而方便却是通达一切如幻如化的有。经上称般若为根本智，称方便为后得智；亦有称般若为如理智，方便为如量智。众生虽然本性是空，但亦是如幻有。菩萨的程度有浅有深，最初时是将这两者分开的；当般若现起时，可以证悟了一切法空，那时是不见有众生的；等到方便智生起时，照见众生，却不能证悟空行。在理论上，是可以了解空有无碍，只是证悟到那境界又是另一回事。如修行的时间久了，也就自然而然地能够将这两者合而为一；这种空有无碍的境界，对于菩萨来说，必须是相当高深的程度方能够做得到，而且必须是成佛才能够究竟圆满。所以龙树菩萨在《大智度论》里说："般若将入毕竟空，绝诸戏论；方便将出毕竟空，严土化生。"般若智慧悟入毕竟空时，即离一切的分别戏论，离一切见；而当方便智从空之中现起有时，则"严土化生"，可以庄严清净的国土世界，度化众生，这都是方便善巧。所以菩萨在最初的阶段是有出有入，到后来才打成一片。"智慧观于空，方便观众生"，有了这两种的智慧而后"大悲以教化"。由于众生本性是空，只因为颠倒才会在生死之中流转不已；菩萨以大悲心来教化众生，使他们得解脱，而终能"趣向于"不生不灭的"涅槃"。涅槃即是大解脱，亦即一切修行的终极归宿。佛也是具备了这两种智慧，只不过佛能将此二者同时生起并且究竟圆满。

无生无有起，一切法如是。云何生诸行，应当解此义。
无生与无灭，是智所行处，从于誓愿生，此方便所建。

这里提出了一个很大的问题。众生的身体有生而后有死，这是必然的事。我们如果起烦恼、造业，则死后还有生，生后还有死，如此一生又一生永远解决不了。一般人以为死了以后则一切都结束了，如果真是那样，也就没有什么关系。但问题却是死后还要再生，脱离不了无边的苦痛，永远没有一个终止，因此佛教人以"了生死"的方法。所谓"解脱生死"，一般说来，即是"前蕴灭，后蕴不生"。现有的身心组织，到死时可以说是完全解散了，不再因业而生起后有，便完全没有了苦痛。这在小乘说来，就是"灰身泯智"。

有生必有死，这是一定的道理。想不死，唯一的方法，就是不生，不生则不灭。如海里的波浪，一个接着一个没有停止的时候，波浪之所以生起乃是由于风的吹动，假使能够将风的作用停止，没有一丝的风，那么风平则浪静，不再有波浪。因此谈到涅槃的境界，总是针对我们这以自我为中心的身心组织，由于有生，则有老病死，因而有种种痛苦烦恼，贪嗔痴等种种问题，而死后仍要再生，尚未了生死。所以便是要不造业、不受报，而后方能解脱，不生不灭。修行了生死，就是这个样子。

"无生无有起，一切法如是"，大乘法主张一切法不生不灭，一切都是平等,无二无别。如此,往往使大家对于佛菩萨都产生了一个疑问。证悟了的菩萨,与阿罗汉并没什么差别,烦恼与生死都解脱了;由于内心是一片风平浪静,什么都不能说,这要如何来度众生呢? 照凡夫的想法,总以为(佛及)菩萨应该是死了以后再生,再生以后的身体,比今生好得多,并且具备了许多非凡的本事,似乎要如此才能够救度众生。但这里却说到,死后不生,亦即是不生不灭。常有人会问:涅槃以后我们要到哪里去? 涅槃是个什么境界? 问这问题的人,还是以"常人"的观念来衡量这件事。若是如此,则仍然有人那样的身体,不过深妙得多;这哪里是解脱! 真正的解脱,是不生不灭,属于无量法。在这里,超越了一切的时间性、空间性;没有这个、那个,也没有多或是少。是什么? 什么也不是。好像波浪滔天,一旦归于平静,便再也找不到刚才那个波浪到底到哪里去了。因此,我们所关心的问题是,菩萨证悟以后不生不起,那如何来度众生? 而佛——这位圆满究竟彻悟了脱生死的圣者,又是如何来度众生呢? 依照小乘的说法,佛(及阿罗汉)已经涅槃了,已涅槃便不会度众生。因为他已经是风平浪静那样,不会再有任何的作用。对于佛及菩萨,仍然能度众生,即为大小乘最大的差别。

大乘法认为,菩萨证悟了一切法空之后仍要度众生,而佛究竟涅槃后也仍是度众生;他们如何能说种种话,做出种种行为,这就是颂里所问到的:"云何生诸行,应当解此义。"这确是不容易解释的!

"无生与无灭,是智所行处,从于誓愿生,此方便所建。"以智慧证悟的,是不生不灭,就是涅槃。小乘证入涅槃,以为究竟解脱，再也没有可作的，也不再度众生了。但佛与菩萨却不然，还会广度众生，因为"无生与无灭，是智（证）所行处"。菩萨证悟了无生，能从大悲誓愿现起种种，成佛后也还能于六道之中起度无边众生的作用。佛菩萨之所以能够启化众生，是发于悲愿的力量。小乘人修行，为了了生死、得解脱，当他们得到不生不灭，就将一切放下，不再有其他的意念。大乘菩萨的本愿，就是为了普度众生。三大阿僧祇劫以来，悲愿熏心，所以能毕竟不生不灭，而又能自然而然的，从誓愿力普度众生，无穷无尽。

菩萨发菩提心修菩萨行，是出于大悲大愿。以极乐世界来说，即是由于阿弥陀佛在从前修菩萨道时所发的大愿而来。有了悲愿，即使是证悟了不生不灭，如大海已经是风平浪静了，但外面一旦有所呼求，自然地就发生了反应；这和大海被外面的风所吹起的波浪是不同的。这是一种不思议的自发的力量，可叫做"悲愿风"，而能适应众生之所求。如只是求开悟而没有悲愿，则证悟所得对于众生发生不了什么作用。有以为证悟得不正确、不深刻，才无法对众生发生作用，若证悟得正确而深刻，则可起妙用，其实这是不尽然的。八地菩萨证悟了无生法忍，能够起如幻三摩地，像观音等大菩萨，并非由于有烦恼才有生死，完全是出于无限悲愿。所以说："此方便所建"，是由于方便善巧所致。菩萨有方便善巧与悲愿，即使他证悟了无生法忍，仍然能够与众生有所感应。如释迦牟尼佛现种种相到娑婆世界说法，度化众生，便是由于这个原因。前面已说过，小乘只知证悟了生死，而无法与众生有所感应，是由于他们没有方便与悲愿，此即是大乘涅槃与小乘涅槃的不同处。小乘涅槃不生不灭，平等法性，如是而已；佛的涅槃，则有种种方便善巧与悲愿的妙用，此亦即真正菩萨道之实践。

云何得授记，云何不退转，云何忍所缘，云何得决定？
住平等授记，法界不退转，无生是忍缘，知法得决定。

上面所说的，主要是指菩萨证悟了不生不灭之后，如何以悲愿来度化众生。而这个偈颂里，虽然问到许多事情，主要的还是一件事。大家所熟知的《金刚经》里，即谈到燃灯佛为释迦牟尼佛授记的事。佛的前生本来是在雪山修行的一位青年。他修行有成，后来值遇燃灯佛出现于世，就买了五枝花去供燃灯佛，这时候燃灯佛便为他授记。记即是记别，是一种肯定的说明，将来会如何如何。其次还谈到了"不退转"：凡是授记以后，可以得到不退转，即是不退菩萨——阿鞞跋致。此时即得到了"无生法忍"，也就是有智慧证悟了一切法不生不灭；这也是"决定"的时候。这决定与前面所说过的决定不一样。前面的决定，是"抉择"之义；此处的决定，则是"正性决定"。证悟真理时，达到了菩萨决定不退转之位。

第二偈，解说上面所问的。"住平等授记"，佛为菩萨授记，是由于菩萨已能安住于平等法性之中，内心有了真正的智慧。表面上，这位菩萨想尽种种办法来奉承佛，不惜金钱去买了五枝花供佛；看到地面上有龌龊，就以自己的头发盖住地面，让佛踩着他的头发走过，佛因此就为他授记了。事实上，并不如此简单，而重要在释迦佛在前生的那个时候，已能将内心安住于平等法性之中。燃灯佛明白他内心的境界，所以为他授记。

其次，要如何才能得到"不退转"呢？"法界不退转"，法界即真理的一个别名。《般若经》中提到诸法实相,共有十二个名字,例如真如、法性、空性、法住、法位等都是真如实相的别名,法界也是其中一个。法界,本来有多种解释,主要的是指一切法无差别性;所以有一部论,名为《法界无差别论》。若能证悟到法界,即可以得到不退转。尚未达到不退转的,可能会退转的。如一个人修了布施、持戒等许多功德,若不能与法界真理相应的话,则不论他可以享有多大的福报,但是久而久之,终会归于乌有。但若是能与法界相应,那么这些功德永远不会有穷尽的。譬如有一杯水放在那里,我们可以将它一口就喝干了;即使不去喝它,日子久了它也是会慢慢地干去、消失。若将这杯水倒入大海之中,这些水将永远不会消失,因为它已与一切水无二无别,遍一切处。我们的一切功德智慧,若不能够与法界无分别的真理相应的话,则好像水被盛在杯子之中,终会消失;若能够与法界的无差别性相应,则可以不增不减。所以,若精进修行,还没有达到与法界相应的程度便停下来,则很快地就会忘记,而从原有的大乘境界中退下来。若一旦达到与法界相应的程度,则得到的便是永远得到,再也不会退转。

“无生是忍缘”,不退转的菩萨,得无生法忍。忍是一种智慧,与忍辱的意思是不同的。此处,可以将这忍字解释为透彻的“认”知,即能够将事物在内心中认得清清楚楚,能够透彻地了解它,这便是忍;所以忍是智慧的别名。能够证悟一切法不生不灭的智慧,即称之为“无生法忍”。所以忍所通达的所缘境界,是无生,一切法不生不灭的真理。

“知法得决定”,此处的“法”即是法性之义。证悟通达了法,即达到了真理的境界,到了决定的位置,从凡入圣,不再流转生死了。这"平等"、"不退转"、"无生"、"决定"四事,指的是同一阶段的不同含义。

　　菩萨修行到了这高深的阶段,进一步即可以成佛了。下面的颂文,都是有关成佛的事情。

道场何所场,菩提何等相? 谁名为如来,云何佛得明?
虚空名道场,菩提虚空相,不依于身心,如如名如来。

　　在这里,必须注意到"道场"这个名词。道场,即是菩提场。"道"是菩提——觉的异译,和前面所说修道的"道"是不相同的。成佛必须在菩提场,"道场何所场",是问道场是在什么地方? 不论是声闻菩提或缘觉菩提、佛菩提,都可以说是道,但此处所说的是佛之菩提。佛是得菩提而成佛的,那么菩提究竟是什么样子呢? 所以问"菩提何等相"? 在菩提场得到了阿耨多罗三藐三菩提,便成了如来,而谁又是如来呢? 为什么叫做如来呢?"谁名为如来?""云何佛得明?"是问佛为何能够得到智慧的光明? 但这句话,下文并没有答复。

　　谈到菩提场,大家可能很自然地就想到在印度尼连禅河边菩提树下释尊成道的地方。但这里所要说明的菩提场,则并不是指那里。答复中说:"虚空名道场",虚空即是道场。由于释迦佛在印度尼连禅河边的菩提树下得到菩提,所以这个地方便被称为菩提场,这是就事相上说。"菩提场"的场,即处所,凡菩提所依之处,或是依之而可以成就菩提的,都可以名为菩提场。所以《维摩诘经》里,维摩居士问一位菩萨:你从何处来? 菩萨回答说:我从道场来。维摩居士反驳说:何处不是道场,你如何能从道场来？

　　菩提——觉是依什么而得的？菩提是依一切法空性而成就的。虚空，是我们抬头所见的虚空；但这里的虚空，只是一个比喻。世界上没有一件事物可以用来比喻真理的；换句话说，佛所证悟的究竟真理或诸法实相，是没有事物可以来比喻它的，而勉强只可以虚空来比拟。我们无法说出虚空到底有多大，或者它究竟是什么样子。因为一切法空性没有时间相，不能说出它的现在、过去、未来；没有空间相，不能说它是在此处或在彼处，在上或是在下；它也没有个数目。所以菩提所证悟的，是证入了一切法毕竟空性，究竟证悟，也称为"最清净法界"，这就是成就阿耨多罗三藐三菩提。因此阿耨多罗三藐三菩提，是依一切法究竟空性而得。这就是道场。所以说：虚空名道场。

　　"菩提虚空相"，成佛是由于证悟了最高究竟的智慧，这即是菩提。它的名称是很多的，比如一切智、一切种智、一切相智、一切微妙智等等，但总不外乎智慧或是觉。在这里称它为阿耨多罗三藐三菩提，也就是无上等正觉。在一般的观念中，觉似乎与一般智慧相同，但事实上，我们所具有的智慧与菩提根本是无法相比的。我们的智慧有对象，但由菩提所证悟的一切法空性是没有影像、没有对象。我们没有适当的名词来形容它，便只有以虚空来勉强比喻，所以说"菩提虚空相"。"虚空"的特色有：一、你无法说出它是什么；二、无法说出它的大小；三、无法说它到底是有是无；四、虚空是无碍的。所以菩提不但是离一切相，并且还是无碍的。《金刚经》里说到阿耨多罗三藐三菩提是："是法平等，无有高下"，虚空亦正是如此。

"不依于身心,如如名如来。"人不外是身心两种活动。当人问到"谁名为如来"? 是五蕴为如来呢? 或是五蕴之中的色蕴、受蕴为如来? 这在龙树菩萨的《观如来品》中说得很清楚。不依于身心,即说明了身不是如来,心也不是如来,色、受、想、行、识都不是如来;但若能于身心五蕴而一切无所著,这就是如如名如来。所以《金刚经》上说:"如来者,诸法如义。"能够证悟如如,故称为如来。本来这"如如",实际上只要一个"如"字便可以了。原来印度文字里"如"的意思,便是"这样这样",说不出什么来。所以禅宗也有说:这个或那个,因为说不出什么,便只能这样说。而"这样这样",便是没有什么不同,与平时我们所说"不异"的意思是一样的。因为一有了差别即是这样那样而非这样这样了。所以这"如如",不但菩提所依所证的是虚空相,菩提也是虚空相,所以有的说:"如如,如如智,如为如来",实际上就代表了诸佛菩萨所证悟的最高境界。

为什么要称"如来"呢? 如是一切法本来如是。若能证得了一切法本来如是,与真理相应,便称之为如来。如来是乘如而来。因为佛是由证悟真理而来,是与如相应的。若以法身来说,因为证悟了真理而成为法界身,随大悲大愿而应化。因此,我们无法在色上说这是如来,也无法在心上说这是如来;如来是超越了一切的名相与戏论。

本经所说的,都是菩萨乘中重要的道理。最初说到发菩提心,而后说到六波罗蜜,渐谈到种种助道法,接着说到悲智相应,菩萨证悟了真如法性而能有种种应化,由不退转菩萨到修行成佛,皆是以一切法空性为其基础。

在原经中,当佛说完了这些颂文以后,紧那罗王的王子们皆得"无生忍",许多紧那罗王的家属也发阿耨多罗三藐三菩提心。

（杨梓茗记）

跋　后

　　前年十一月间，由于译经院里有关佛学的各种课程都已结束，当时顾副院长想起他曾保留从前印公导师在慧日讲堂讲经的录音，因此副院长便将这批录音带找出来，每人发给一本笔记簿，希望我们能够用心听，并且摘要记下做成笔记。这样的因缘之下，我们有幸能够得以恭聆导师在十多年前那一连串神采奕奕而又极具摄受力的讲经。

　　去年四月初，导师到译经院所在之地福严精舍来，住了将近半个月。当时导师的健康情况相当不好，因此直到导师离开精舍前两天，我才终于鼓起勇气，向导师提出，希望能将他这份录音完整地笔录下来，在杂志上发表。起初，导师已经忘记曾经讲过这部经，后来将录音放给导师听了之后，他渐渐回想起来，而终于慈悲应允，并且答应为稿子改正误谬。因此这部讲记，终能够顺利而不致于变形太多地呈现在《菩提树》读者面前。

　　如今这份讲记完稿之际，特将此一微妙殊胜因缘做一报告，普愿读者大众共沾法益，同学菩萨行处。

杨梓茗跋

《楞伽阿跋多罗宝经》释题

一　传译与弘通

　　《楞伽经》之译为华文,凡经三译。刘宋元嘉中,求那跋陀罗初译,名《楞伽阿跋多罗宝经》,凡四卷,总为一品,题作"一切佛语心品第一"。元魏延昌年中,菩提留支再译,名《入楞伽经》,凡十卷,分十八品。除第一"请佛品",第十七"陀罗尼品",第十八"总品"外,余十五品与宋译相当。唐久视年,实叉难陀第三译,名《大乘入楞伽经》,凡七卷,作十品;内容与魏译相当,仅品目开合之异。三译中,宋译依梵文直出,语多倒缀,不易句读;魏译文繁而晦;唐译乃译义始畅。然宋译早出,虽质直,亦间胜于唐译。此非比观三译,不足以见楞伽之真。昔明员珂编《楞伽会译》,读者称便。支那内学院刻《藏要》,以宋译《楞伽》为主,考订于魏、唐二译及梵本,亦通《楞伽》之善书!世之弘通本经者,以宋译为盛,今亦从之。

　　本经之弘通者,在印度,或谓龙树门人,有弘如来藏法门者。菩提留支译提婆菩萨破《楞伽经》中,外道及小乘四宗论,似可证成此说。然以留支所译《二十唯识论》题作《楞伽经唯识论》观之,则《楞伽经》之名,纯系译者意加,不足信也。西元四、五世纪间,无著师资兴起于西北印,弘虚妄唯识论,于五法、三自性、八识、二无我，颇多论述，然立本于生灭之妄识。其证成唯识，亦有取于《解深密》、《十地》、《阿毗达磨大乘经》，而未及本经。略与世亲同世之坚慧，作《宝性论》（或传为弥勒造，无著释，或世亲释）、《法界无差别论》，始专明如来藏（界）性。安慧弟子月官，弘《楞伽经》甚力。陈那弟子护法，作《三十唯识论释》。以护法说为主，糅诸家释所成之《成唯识论》，亦以本经证成唯识。其在中观学者，则清辨广引《楞伽》以证空义。静命师资，则依《楞伽》以为贯摄唯识、性空二家之证。月称则以《楞伽》为唯识见，非了义之中道也。

求那跋陀罗初译本经于南土，文涩义晦，不为南土学者所重。迨留支再译于北魏，创地论宗，为《楞伽经》作疏，由是光、宠之门，学者辈出。适菩提达磨亦于此时来北土传禅，以四卷《楞伽经》印心，《楞伽》乃为北地学者之要典。达磨与留支同世，宗四卷《楞伽》而不取十卷本，其思想与留支应有抵牾。传说达磨尝数度受毒被迫于（留支之弟子）光统之门，或不尽无稽。达磨以《楞伽》印心，虽不视为名相之学，而亦教禅相成。其门下于《楞伽》一经，且说且行；降及黄梅，犹拟壁绘楞伽变相。是知后代离教之禅风，不尽达磨之旧也。慧能以下，《金刚经》盛行，而《楞伽》微矣！《楞伽经》在北地，虽非特宗之要典，然相州北道，以阿梨耶为净识，义本《地论》；而南道以梨耶为妄染，则显受《楞伽》之影响者，盖留支作《楞伽经疏》，即立赖耶有真妄二义。摄论宗北来，助南以拒北。地、摄两宗，明九识义，非《地论》与《摄论》所有，实依《楞伽经》之"八九种种识"而说。《楞伽经》之于中国佛教，影响之深，不难想见。唐代，《楞伽》之行于达磨门下者，以六祖道行南土，乃隐而不行。玄奘唯识宗来，地、摄两宗及禅之行于北地者，有合流之倾向。贤首作《入楞伽心玄义》，圭峰明教禅一致，皆其事也。则天朝，三译《楞伽》，虽有宝臣作义疏，而关系于义学者殊鲜。自尔以后，《楞伽》之流通日微。盖以宗禅悟者，务逞机锋，以不立文字为教外别传。驯致达观之流，于达磨《楞伽》印心之说，亦致疑诘。宗义学者，不以奘传唯识学为本，即以《楞严》、《起信》为依。不知宗唯识，则乖于藏心为依止，无漏非刹那之说；宗《起信》，则三细六粗，大乱《楞伽》法相也。宋元丰中，张安道有得于《楞伽》，金山佛印刻板流通，苏轼为之书，《楞伽》四卷乃又见流行。明初，宗泐为之注，太祖叹为精确，使流通海内，且以此试经得度。宋、元、明三代，本经赖禅者而仅行于世。明、清之际，憨山作《观楞伽经记》，智旭作《楞伽经义疏》，于狂禅轻教，颇致评责。近自海通以来，义学复兴，乃有太虚之《楞伽义记》，欧阳渐之《楞伽疏决》，邱晞明之《楞伽疏证》，论义日见精确。循此以往，其或能出《起信》、《成唯识》及禅者之藩篱，而直探《楞伽》之本义者乎！

二　略释题义

　　题，有经题、品题。经题名《楞伽阿跋多罗宝经》，先依事释之。《楞伽》，此云"不可往"，即今锡兰岛之别名。《西域记》说："国东南隅有棱伽山，岩谷幽峻，神鬼游舍。在昔如来于此说棱伽经。"玄奘传以楞伽为山名，与本经"楞伽山顶"之说合。然唐译、魏译，并谓"摩罗耶山顶楞伽城中"。本经云："为楞伽国摩罗耶山，海中住处诸大菩萨"（二·二）（即二章二节，下例），则楞伽又似为国名。详《罗摩耶那诗篇》，即以楞伽名岛，岛为海中山，而岛中复有山名摩罗耶者。以楞伽为国、为城、为山，无不可也。楞伽位南印度大海中，隔保克海峡，与大陆相望。在昔航海乏术，为狂风、骇浪、暗礁、洄流所障，确为难往难入之乡，而况传为（夜叉或）罗刹鬼国乎？楞伽岛之得名，以此。"阿跋多罗"，此云"入"。或解说为"无上"，非也。佛自龙宫出，受罗刹众之请，入楞伽岛中，说自证境界。以佛入楞伽说法，编集者即称此法门为"入楞伽"。"宝"，魏唐二译无之，似译者所加。夫楞伽城，"种种宝华以为庄严"（一·一）。唐译曰："此妙楞伽城，种种宝严饰，墙壁非土石，罗网悉珍宝。"楞伽为众宝所成，故曰"楞伽阿跋多罗宝"，犹言入楞伽宝城。又楞伽难往难入，喻佛自觉圣智所行;喻为宝城,如《法华经》宝所之意。又宝为珍宝,以喻本经所说之一乘圣智,亦如《法华经》髻珠之譬。"经"于梵语为修多罗,直译为线,线有"贯串摄持"之用。编集者以名句文身,集楞伽城所说大法,章段贯摄,乃得展转传诵,久行而不散失,故名《楞伽阿跋多罗宝经》。

次约义释。唐译"劝请品"云:"此是修行甚深观行,现法乐者之所住处。"三世诸佛,并"住楞伽城中,说自所证法"。自证,即"一切外道所不行,自觉圣智所行"(七·二)。出二边,离四句,超越根量,难解难入,故喻以楞伽难入之城,而佛入其中。"自觉圣智所行",为一经眼目,然实浅深、偏圆不一,未可儱侗视之! 试为之分解:一、由"无常苦空无我境界,真谛离欲寂灭息;阴入界共相,外不坏相如实知,心得寂止。得寂止已,禅、定、解脱、三昧、道、果、正受解脱,……是名声闻得自觉圣智"(三·二)。声闻行者,不解唯心所现,不离习气,不离变易死,妄想以为涅槃;虽有自觉圣智之名,而于楞伽宝渚,实似入而非入。二、"自心寂静安住,心海起浪识相不生,知自心现境,界性非性。"(一一·二)大乘行者,悟入唯心所现,不取外境,远离能取所取,证入妄想自性空。此即"前圣所知,转相传授,妄想无性。菩萨摩诃萨独一静处,自觉观察,不由于他,……是名自觉圣智相"(一一·一),乃(七地以前)心量地者之所入。三、"如圣智有性自性,圣知、圣见、圣慧眼,如是性自性知。""住自得如实空法,离惑乱相见,离自心现性非性见,得三解脱,如实印所印。于性自性得缘自觉观察住,离有无事见相。"(一五·一)此入(八地)无所有地菩萨,现证幻性真实,游行无所有平等法界。境智并寂，空有俱泯，即"超度一切心意意识自觉圣境"（一六·一）之自宗通。四、入如来地，"得自觉圣法，知二无我，离二烦恼，净除二障，永离二死。"（一七·二）出过一切虚伪，离一切根量之究竟觉，乃为圆证自觉圣智，亦即究竟入楞伽也。

　　楞伽为难入之城，以喻自觉圣智所行。既难往难入，岂无方便者所能入？入之应有其道。依"劝请品"观之，先后次第，固宛然可见。初则本净如来藏心，波动为生死大海，虽流转生死，而实为涅槃之因。故曰："如来藏者，受苦乐，与（涅槃）因俱。"（一九·四）又佛出生死大海，而南望楞伽，即先觉之佛陀，观时、观处、观机而将有所化。楞伽随染，即不可片刻居之三界火宅，三有苦身。其中根本烦恼为（罗刹）王，相应随惑为（罗刹）众，以生死海中，如来藏心之内熏力，与值佛出世之外缘力，同生"一心共欲闻，离言自证法"之渴求。不仅思慕而已，且也殷勤供养，以期"最胜无边善根成熟"（二·二）。必也善根资粮具足，如来乃从空而下，入楞伽城，为罗刹众略说自证法。此则感应道交，三界生死众生，得闻自证藏心之见，而解入楞伽。于是再请大慧问佛，即胜解而起加行，趋向自觉圣智。即时顿见无量宝山，山山有佛，及与大会，无边庄严。大慧问佛，而佛为现自证圣境，此即《摄大乘论》所说"前此法流得见诸佛"之加行位瑞相，行入楞伽之意。过是以往，"诸佛菩萨，皆于空中隐而不现"，此即一念般若现前，自觉唯心所现外性非性，离生住灭见，证入无义所显如如空性，是为入心量地。罗婆那罗刹王，重更思惟唯心，"愿得重见如来"。于是诸佛往会，还复现前。此如幻实性，一念顿证，悟无生法忍，起如幻三摩提，八地菩萨入无所有

(楞伽)地也。得无生忍已,菩萨己事已办,乃唯庄严佛土,成熟有情是务,大慧乃问变化如来所说法非法义。据此,则入楞伽心,不可偏理拨事,置资粮于不问。

于此层层深入之圣智自觉事中,略以二事为要门:一、亲近善士以得正见:"诸修行者,应当亲近最胜知识。"(二·二)所谓最胜者,"谓善于义,非善言说。善义者,不堕一切外道经论。身自不随,亦不令他随,是则名曰大德多闻。是故欲求义者,当亲近多闻,所谓善义"(一八·一)。盖必亲近善知识,乃知"一切修多罗所说诸法,为令愚夫发欢喜故,非实圣智在于言说"(六·一)。乃得"离恶见经论言说,及诸声闻缘觉乘相"(二·二)。乃能"善知一切法、一切地、一切地相,通达章句,具足性义。彼则能以正无相乐而自娱乐,平等大乘建立众生"(一八·一)。解一切教,不为名相所冒索,了知而无所取著,庶能得意忘言,期心实义。二、觉自心现以修正行:"欲得如来随入身者,当唯心直进。"(二·一)"当通达自心现妄想之相。"(二·二)"当思惟自心现妄想。"(三·一)《楞伽》之章章节节,莫非此宗。"观察义禅"、"攀缘如禅"、"如来(藏)禅",即其现观次第。以善义者为依止,以唯心现为观行,自觉圣智乃难入而可入。

品名为"一切佛语心"。宋译唯标"一切佛语心品"。西藏多氏《印度佛教史》,谓那烂陀寺所藏《楞伽经》火后仅存"如来心品",则宋译但作一品,犹是梵本之旧。"一切佛语心"者,十方三世一切佛语,虽意在一心,而"为彼种种异外众生而说诸法",多空拳黄叶之谈。今楞伽法会,于无可说中,直示自证法门;开权显实,令知一切佛语,同归一心,即此一心法门。"大乘诸度门,诸佛心第一。"(一·一)"此是过去未来现在诸如来应供等正觉,性自性第一义心。"(二·一)"显示一切说,成真实相,一切佛语心。"(二·二)不特明示以佛心为宗,亦明此为一切佛语中之究竟真实。"心"之梵语为"肝栗大","如树木坚实心,非念虑也"(一·一)。"如树木心,非念虑心,念虑心梵音质多也。"(二·一)反观自心,探妄心而达于自心之中实,即说此为真实心。真实心在缠为"如来藏心",出缠为"佛之知觉",为"三藐三佛陀"。轮回之本,涅槃之城,《楞伽》之宗本,的在于此。以心为真实心,宋译有明文。多氏传谓唯存"如来心品",亦即佛心之谓也。

三 文义次第

传说《楞伽经》有大本，凡十万颂，虽确否难知，而现存《楞伽经》则似为残本。大慧发一百八问，而所答不多；经末无流通分；题"一切佛语心品第一"而无余品；多氏传系火后之一品，皆足为残阙不全之证。唐、魏二译，前有罗婆那王"请佛品"，后有"陀罗尼品"、"偈颂品"，亦不足以言足本。就中唐译"偈颂品"，非本经制断肉章以前所有。而魏译作"总品"，则制断肉章以前重颂，除百八句颂以外，亦全部含摄在中。此"总品"，应为总集《楞伽》重颂而别行者。所有偈颂，应并有长行问答。虽长行有所阙佚，而以总颂别行，犹得传诵不失，乃附于残本之后。唐译见部分偈颂重出，乃删去之，改名为偈颂。此虽无古本可勘实，以理论之，其演变当如是。

《楞伽》一经，素称难读。不仅文字艰涩，其句义次第，倍觉深隐。以是，古人或判为百八句，三十九门。此三十九门，或分作四十一门等。古人多以为随问随答，不复深求次第。欧阳渐《楞伽疏决》云："雅颂失所，琴瑟不调，增安繁芜，安能纯绎！读杂乱书，倍阻机颖。"是直以本经为杂乱无叙，以是割裂全经，类为六聚。然三藏中，"修多罗次第所显"。作者精研论典，而不能善识摩诃衍经体例，乃竟杂乱视之。读之而苦无条贯，是情可谅；如视为杂乱，割裂全经，则不免贻误后学！《楞伽义记》，于三十九门，约为境行果三，果中分共与不共，是知本经有次第可循，然据经研核，间亦未尽。今依《楞伽经》义，科此楞伽正宗为二：一、"总问略答直示佛心"，即百八句。二、"随问广答渐入自心"，即旧判三十九门。随问广答中，依楞伽义次而分为四门：一、入胜解行地；二、入心量地；三、入无所有地；四、入最胜地。经云："无所有何次？"胜义自证，有何次第可言？然胜义空性不碍如幻法相，其中次第因循，固历然有序。于四门中，复为分别，（连百八句共）作二十章，列表如下：

一、总问略答直示佛心（一章）

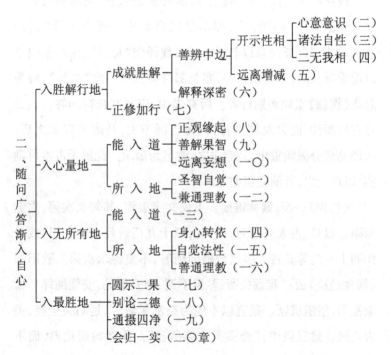

依上大科，《楞伽经》之修证次第，历然不乱，固未尝如或者所见之芜杂也。为易于受持、繁简适中计，就此四门、二十章，更分为五十一节，注明文段，以作解释所依。读者应时忆全经统系，勿为章节所拘，以免得义次而乖文段！更科列如下：

一、开宗明义门

　一、直示佛心章

　　1. 序起…………………"今世后世净"

　　　　　　　　　　　（经文至此，下例）

　　2. 百八句…………………"应当修学"

　二、心意意识章

　　3. 析妄见真…………………"作二见论"

　　4. 藏识妄现…………………"自觉之境界"

　三、诸法自性章

　　5. 离有无妄想…………………"自觉之境界"

　　6. 净自心现流…………………"应当除灭"

　　7. 辨真妄迷悟…………………"于彼应当修学"

　　8. 立种性差别…………………"一阐提不般涅槃"

　　9. 善五法自性…………………"摩诃萨应当修学"

　四、二无我相章

　　10. 二种无我…………………"摩诃萨应当修学"

　五、远离增减章

　　11. 离增减见…………………"神通自在成就"

　六、解释深密章

　　12. 性空非实…………………"莫著言说"（卷一讫）

一九、通摄四净章

46.自性清净…………"是则为成相"

47.生此境清净…………"是则佛正觉"

48.离垢清净…………"作刹那想"

49.得此道清净…………"视之若真实"

二〇、会归一实章

50.开迹显本…………"而为说常住"

51.植因向果…………"斯由不食肉"

余尝三讲《楞伽》，听者曾有记录，惟以时讲时辍，致文记零落，未能成书。项检得残篇，乃演培法师所记。《楞伽》是后期大乘论经，抉择当时内外诸学，近无著、世亲之学。然经标"如来藏藏识"为依，与无著、世亲学有所不同，盖承《阿毗达磨大乘经》依他"通二分"，进而贯通如来藏与阿赖耶二大思想系者。经云："心量地第七，第八无所有；二地名为住，佛地名最胜。"全经修入道次，经中随处宣说，固非如偏主无次第者所言。今略记经题解说及全经义理次第，以存多次讲说之迹。

一九七六年六月十四日，印顺记。

《辨法法性论》讲记

——一九六四年春讲于慧日讲堂

序

　　《辨法法性论》，系印顺导师在慧日讲堂讲说录音，由宏观依录音带笔记其讲说，距今已十余年矣。在此十余年中，历经不少人事离散，意兴阑珊，夜半梦回，思潮起伏。想年已八十矣，应急速完成未了之事，"今世事得今世毕"，庶得安心而去。辗转几时，蒙印顺导师取去笔记，修正鉴定，所谓佛法重时节因缘，时到缘熟，自然而成，诚不得不信！此论名《辨法法性论》，以辨明法与法性为主，而得以透彻了解佛法中之法性也。兹不多述，详情请阅本书，印顺导师所讲，如何乃可依法而修得！本书得以付印，实系印顺吾师之功德，及各位大德资力协助，圆满功德。愿同沾法喜，同登彼岸！略述始末因缘如是。

一九八二年宏观敬序

讲　记

　　这部《辨法法性论》,是法尊法师依据藏文翻译为汉文的。

　　法尊,河北人,少年出家。民国十一年秋,到武昌佛学院求学,从太虚大师修学佛法。十四年夏天,从(太虚大师弟子)大勇法师领导的留藏学法团西行;起初到西康,后来到西藏,在拉萨修学。太虚大师在四川北碚缙云山成立汉藏佛学苑,一再敦促他回来,法尊才于二十三年夏回来,主持汉藏佛学苑。法尊依据藏文,译出论典及宗喀巴等名著很多,在民国的佛教翻译界,是最值得推重的一位!这部《辨法法性论》,是他在民国二十五年所译的,汉藏教理苑刻版流通。

　　《辨法法性论》,传说是弥勒菩萨造的。弥勒菩萨是佛教界公认的未来佛,现住兜率陀天的内院,是大乘唯识学者所推崇的大祖。依唐玄奘所传,无著菩萨在阿瑜陀国时,夜晚上升兜率天,从弥勒菩萨听受《瑜伽师地论》;白天,在瑜遮那讲堂为大众说法。西藏传说,无著精进苦行十二年,才见到弥勒菩萨现身;然后上升兜率天,在六个月中,从弥勒菩萨学《瑜伽行地论》(即《瑜伽师地论》)。弥勒学,是依无著的弘传而大大流行的;传说的弥勒论,事实是无著所集出的。弥勒所造的论,西藏所传有五论：一、《现观庄严论》，二、《大乘经庄严论》，三、《辨中边论》，四、《辨法法性论》，五、《大乘最上要义论》。这五部论，都是偈颂，而长行的《瑜伽师地论》，却被作为无著造的。西藏的传说，是比较迟一些的传说。早一些，唐玄奘所传，《瑜伽师地论》，还有《显扬圣教论》（西藏缺），都是弥勒菩萨造的。西藏所传的《现观庄严论》（颂），是解说《大品般若经》的；世亲的弟子解脱军，开始为这部论作释，成为西藏般若学的要典；但在汉译中，从来不知道这部论。在汉译中，解说《般若经》的，有《金刚般若经论》（颂），魏菩提流支、唐义净译；所译出的本论颂是无著造，或说弥勒造，可是这部早期的《般若经论》，西藏译中是没有的。藏传的《大乘最上要义论》，就是汉译的《究竟一乘宝性论》（本颂），但汉译所传是坚慧所造的。在西藏所传的五论中，玄奘仅译出了《辨中边论》，没有提到《辨法法性论》，反而提到了弥勒造的《分别（"辨"）瑜伽论》，并引用了论颂。从论名来说，分别法法性、分别中边、分别瑜伽，倒是富有共同性的。

辨，是分别、辨别的意思。本论所要分别的是法与法性，所以名《辨法法性论》。佛法虽深广无边，但概括起来，不外乎现实的生死流转，理想的涅槃寂灭；学佛，只是怎样的从了解到实行，超越生死而证入涅槃。本论说：其中法所显，即是说生死；其法性所显，即三乘涅槃。所以本论的分别法与法性，就是生死与涅槃的分别。法，梵文的含义很多，如转法轮的法，归依佛法僧的法，不是生死，反而是近于法性、涅槃的。但现在依一般习用的，一切法（蕴、处、界所摄）的法，是虚妄生死法。法性，是法的本性、实性，法性是真如、法界等异名，是如实的涅槃。本论所说的法相与法性相是：虚妄分别所现，也就是唯识现的，似有实无，是法；虚妄分别所现的，能取所取不可得，是真如性、法性。这一体系，与《辨中边论》相近。《辨中边论》以九相显虚妄分别，五相明空性（真如的异名）；本论以六相显法相，六相明法性：这都是立生死与涅槃、虚妄分别与真如二大纲，然后分别说明怎样转虚妄而显真实的。本论又以客尘诸垢及真如性——二性，广明转依，在思想上，这是更近于心性本净说、如来藏说，但本论立"契经法界"，就是《摄大乘论》的法界等流闻熏习，与《究竟一乘宝性论》说不完全一致。后代的唯识宗，如《成唯识论》，着重唯识变现义，详于境相，可说是重于虚妄的；如来藏说，依如来藏说生死、说涅槃，是重于真实的。然从弥勒本论及《辨中边论》来看，立虚妄分别与真如而说转依，是重于行果的。传说的弥勒偈颂论与《瑜伽师地论》，有其重点的不同，所以本论为唯识学系，而立论有其独到处，这是讲说、研究本论所不可不知的！

以下，顺着论颂而次第解说。

序　论

由知何永断，有余所应证；欲辨彼等相，故我造此论。

印度造论，或用长行，或偈颂，此论用偈颂。

论有论的体裁，经有经的体裁。经典一般分三分：序分、正宗分、流通分。论典也有一般体裁，当然也有例外的，大概来说，一般论典以"归依三宝"及"造论所为"为序起的。为什么归依三宝？以佛说法，而法为僧宝所修所传的。造论先归依三宝，使人看后，知此是佛法的论。另一方面,有请三宝加被的意思,恐此论有一字之错,贻误后学。造论所为,是说明造论的目的是为了什么,造论之主要目的,先要说明。本论简略,所以归依三宝也略去了。

依太虚大师的科题,此论分成二部分:一、序论,二、正论。序论好像经典中的序文一样,序说为何造此论,即上面二句:由知何永断,有余所应证。

"由知何永断"的意思是:由于知道什么是应该要永久断除的,永断是不会再生起来了。"有余所应证",是除了永断以外,还有其他,是我们学佛者所应该证悟的。"欲辨彼等相",就是要分别彼等相,彼等相即指"永断"与"应证"的种种义相。由于为了辨明应证与永断的义相,"故我造此论"。我,是弥勒菩萨自称;换言之,弥勒菩萨造此论的主要目的是:为了说明什么是应该永断的,什么是应该证得的。此即是本论的主要意义,也就是造论的两大目的。

永断,断是什么意义? 断是前后不相续,前面的过去了,以后不再生起来,此即是断了。在佛法,从烦恼的断,到生死的永断,都是断。如我们所有的贪心、嗔恨心、骄慢、贡高心,种种烦恼,断了而不再起来,就称之为断。"断"和"不起",有些是不完全一致的,因为有的断了,却还要起来;有的虽然不起来,可是还没有断。以比喻来说:如杨柳树等,若把树根锯断了,放在地上,它还会发青,发芽生叶子,它还在生,实在已连根都锯断了。我们的烦恼,有的也是如此。另有一种,虽不再生起,可是还没有断。如地面上的草类,把它除得干干净净,可是一下雨又生起来了。因为它的根种深深地埋在土里,没有拔去。所以,佛法说断,有的断了而还再起来,有的不起来而还没有断。断了而还起来,当然是暂时的,在修行过程中的。烦恼与生死,彻底断了,决定不再生起,才名为永断。佛法中,断烦恼、了生死,都是要求永断。否则,暂时没有烦恼,过了若干时又来了,还是没有解决。佛法所说的永断,是彻底究竟地断了。

应证:证是证明、证实。如古代文物的考证,或诉讼的物证、人证,世间的证明、证实,都是外证,即从外面去求得证明。现在所说的证,是内证——"内自所证",是我们经修持以后,内心亲切的证实。佛法所说的内证、自证,正如佛法中说:"如人饮水,冷暖自知。"经自己的亲切证验,才证知真如、法性——绝对真理。所以,经修行而到达,亲亲切切,直接体验到的,名为证。

以这二种结合起来说,佛法依我们现实人生而开示,启发了我们一种正确认识:我们的现实人生,是不理想的,是苦难很多、不自在(即不自由)、变动大、没有永久性、不可靠、不彻底的。在世间所有现实人生中去观察,从自己身心事,一直到国家事、国际事,再说到太空星球,一切一切都可以证实了这一论题。中国人大都以为:我们做了人,就是做人,做好人就是了;世间,只好让他永久地苦恼下去。如此说来,似乎太悲观了。佛法以为不理想、不自在、不彻底、不清净、不永久的,可从因果的理解中,找出不理想、不彻底的原因,而给以彻底的解决。消除不正确的心理(烦恼)、不正当的行为,就能亲切体验到真理,达成圆满的理想。佛法对人生,充满光明的理想,所以不是悲观的。以国家大事来作比喻,"分久必合,合久必分",如果永久如此下去,那实在太恼人了,所以有"大同"思想而求其实现。我们也如此,

如人人生死无边地流转下去,不能永断,那如何是好？佛法的修
学,就是不让它永久无限止地延续下去,而求其永断。如生死永
断,即开展出无边光明,永远自在,永久清净,彻底究竟,证得真理
圆满实现的涅槃。生死永断而实现的究竟涅槃,佛法中或称之谓
"常、乐、我、净",也就是永远安乐、永久自由、永久清净的境地。

　　佛说法,不外乎开示我们这样的一回事,这可以说是从声闻
乘法到大乘法都是一样的。所以佛在初转法轮时说四谛法门,
说"知、断、证、修",就是知道是苦,应断其原因,断了能证入涅
槃,这要从修行的方法去实践。

　　现在综合起来说,学佛人都说要了生死,即是"永断"的意
思。可是如何断法？都不知道,所以说"由知何永断",先要知
道什么是要永远断的,找到应断的根本,给予彻底的断除。断以
外,还有其余是所应证的。永断与应证,包含了种种义相,应加
以分辨,所以弥勒菩萨说:"故我造此论"——《辨法法性论》。

正　论

一　辨法法性通明三乘义

甲　略　标

1　总摄二事

**当知此一切,略摄为二种:由法与法性,尽摄一切故。其中法
所显,即是说生死;其法性所显,即三乘涅槃。**

　　从此以下是正论,即对所永断的、所应证的作详细的分别。

依太虚大师,分为两大科:第一,"辨法法性,通明三乘义";第二,"特详转依,别彰大乘义"。就是先以法与法性的分别,通明三乘的法义。然后专论转依——转生死为涅槃,特别发挥大乘的胜义。

"辨法法性"中,分略标与广释。略标中又分为二目:一是总摄二事,二为别说三门。

一、总摄二事:就是将现在所要讨论的一切,用法与法性二事来统摄,一切依法与法性而显示出来。

"当知此一切":应当知道,所永断的事、所应证的事。好像只是二事,其实永断里面包括了很多问题;应证里面也包括了种种的修行,种种的过程,证得的境界。这二者,包括了一切的一切。可以说永断是世间法,应证是出世法;永断是生死法,应证是涅槃法。永断和应证,实包括了一切。

"略摄为二种":现在,把一切法统摄在二种中,"由法与法性,尽摄一切故"。一是"法",一是"法性"。弥勒菩萨以法与法性来统摄一切,因为法与法性可以将所应断、所应证的一切问题全部统摄在里面。

法与法性,是佛法中的名词。名词的含义,是随时代、随区域而有多少不同的。如中国古代的"仁",孔子和孟子以及后代的学者,对仁的意义,解说上多少就有些不同。佛法也是这样,不但法义深奥,名词的定义也是不完全一致的。不要以为某名词从辞典上找到了意义,就以为一切都可应用。因为有一派即有一派的定义,佛法中,小乘与大乘,宗派与宗派间,同一名词,定义每多少有些不同。正如现在世界上的哲学家,使用的术语也是各有各的意义，不会完全一致的。法与法性，此二词的意义，不一定要照本论的意思讲；不过弥勒菩萨本论所说的法与法性有着独到的解说。

法，凡是有一种特性，能使我们了解是什么的，叫做法。如《成唯识论》说："能持自性，轨生他解。"就是有它的特性，使我们依之而有特殊的认识，不会与其他混乱。世间现象界的一切都如此，所以一般生死界中所有的一切，都名为法。法性是法的本性、真性、实性。弥勒菩萨就把此法与法性二者，总摄一切，赅括一切。

摄，古代有自性摄与他性摄的解说不同。现在本论所说的摄，如领袖那样，是领导中心，统摄一切，这是约他性摄说的。如说"布施"不只是布施的行为，也可包括了布施的动机与结果。进一步说，布施同时相关连的持戒、忍辱等也可统摄在布施中。现在约这种意义，说一切的一切，都总摄在法与法性二词内。

法与法性，究竟讲的什么事？"其中法所显，即是说生死。"法所表显的，就是说生死方面的事。"其法性所显，即三乘涅槃。"佛法中，因修行人的发心不同、修行不同、智慧不同，向来分为三乘：声闻乘、缘觉乘、佛菩萨乘。三乘都可以证得涅槃，三乘的涅槃都是依法性而显示的。这可见，"辨法法性论"，就是"辨生死涅槃论"。法显示生死，法性显示三乘涅槃，以法与法性统摄了生死涅槃中的一切。

现在再把生死与涅槃二词略说一下：什么叫生死？中国人以自母胎出生时为生，断了气为死。依佛法说，在父母交合，男精女血结成一个新生命的开始，此是佛法所说的生。母生儿女的生,只是通俗的生育。人如此,动物也如此,升天、落地狱,都取新生命开始为生。死,说断气还不够,有人断了气还能活过来,可见实在还没有死。佛法以为,以人来说,呼吸断了,身上全冷了,一切精神活动都停止了,这才是死。

学佛的人,常常说"了生死",好像是只说生与死,其实并非此义。生死是一个新生命开始到这个生命的结束。一个生命,从新生到结束,中间一切都包括在生死之内。佛法详细说到生、老、病、死;在这生死过程中所有的一切事,都包括在内,所以经中每说:"生、老、病、死、忧、悲、苦、恼,甚大苦聚集。"在从生到死中,各式各样不如意、不自在事,一切境界,一切遭遇等等,都包括在里面。

这样说,不过说这一生中从生到死的一切事情。佛法说生死,还要进一步说:由生而死,又由死而生,生生死死,生生不已,"生死"包括了一切生死轮回;生死太广大了,所以比喻为生死大海。如果不这样说,我们活在世间,死了就完了,一切解决了,那就用不着佛法。只因为死了还要生,生了还要死,生生死死,永久不断,所以需要佛法,佛法才能彻底解脱。无限生死的一切,都用这法来统摄,说明生死。

什么是涅槃?涅槃,是印度话。涅槃的字义,有二种意义:一、含有消散的意思,一切苦难、障碍取消了;二、由消散而表显出来的,自由、清净、安宁的,这就是涅槃。

佛法常说生死是无常的、苦的、无我的。生死是生灭变化的,没有常住的;变化而不安定的无常,当然是苦的;苦迫而不得自在的,所以是无我。无常、苦都消散而不存在了,所以说涅槃是常(不生不灭)、乐、清净的,这就是学佛的究竟归宿、究竟的理想。假使我们要设想涅槃是什么样的,那一定不对的,因为我们现实经验到的,尽是些不理想、不自由的;凭我们有漏的思惟分别,是不能正确理解的。所以只有从一切苦痛消散中,以烘云托月的方式,反显出涅槃。但这不是不可体验的,所以与不可知论不同。

在本论,涅槃依法性而显出,法性是一切法的本性。佛在《阿含经》中说涅槃为"最上法",也就是最究竟的法。或称"无为法",无为是不生不灭、永恒不变的,不从烦恼业所造作(为)的。三乘学人修学,有一共同的目的,如《金刚经》说:"皆以无余涅槃而灭度之。"无余涅槃是最究竟的、最圆满的涅槃。《楞伽经》也说:涅槃是一切圣者的归趣。平常说"归依佛,归依法,归依僧",归依法就是归向于离欲清净的涅槃。

以众生的根性不同,所以有三乘:声闻,缘觉,大乘即佛、菩萨乘。声闻乘,听了佛的教法,依照佛说的去修行,到达究竟而证得涅槃。根据佛所说之法,才能依法修行,不能自发自觉的。举比喻说,佛如发明家,发明了电灯,教以如何的方法装置开关,一按可亮;声闻如一般人依此而行,电灯也能放亮一样。缘觉的特性是独觉,不适宜于团体生活,近于中国隐逸独居之士。缘觉人喜独住茅室,什么事都厌烦,吵吵闹闹的事当然更讨厌。从经、律看起来,缘觉人对说法也没有兴趣,乞食也会嫌麻烦。但这种人的根性比声闻为利,能由自己的智慧而觉悟。佛也是无师自悟,用自己的智慧,慢慢地磨练成。到自己大彻大悟,发明了这究竟的真理,实现究竟的涅槃。佛与独觉之不同,在于佛的福报大、智慧大。佛成就大悲大愿,可以广度众生;独觉无悲愿,所以只能自度,什么都怕麻烦。智慧不及佛,自然其他一切都不及佛了。佛法分三乘,要成佛的,应学菩萨,发菩提心,修菩萨行,这就是大乘行。虽然学佛的有根性的不同,所证的涅槃,原则地说,是不能说不同的。如说"三兽渡河,渡分深浅"。象、马、兔,共渡一条河,象的力量大,它是直流而过,而且踏到河底的。换言之,它是彻底的。马、兔也渡河,但是浮在水面中过去的;也在水中过去,可是它是浮在浅水面的。一是彻底的,一是浮面的,但在渡水来说,都在水里,也都渡过去了。所以三乘所同证的涅槃,在涅槃来说,很难说不同的。但修行者的智慧、悲愿的有大小,所以能力有种种不同,表现出大小乘涅槃的深浅。其实涅槃无二无别,不能说有差别的。

本论以法性来表显涅槃,或以无为法来表显,如《金刚经》说:"皆以无为法而有差别。"三乘同证得无为法,都证得涅槃,但是声闻是声闻,缘觉是缘觉,佛菩萨是佛菩萨,显出各各的不同。

2　别说三门

(一)相门

二、别说三门:由三方面来解说法与法性,先作一简明扼要的了解,到下面广释中,再详细地来讲。三门的第一是相门,相是什么意思? 相的意义很多:或是体相,体相就是体性的相;或是义相,法法的意义如何,是义理的相;或是相貌的相,就是形态相有种种不同。现在所说的相门的相,是义相,就是说明法的义相,及法性的义相。

此中法相者，谓虚妄分别，现二及名言。实无而现故，以是为虚妄；彼一切无义，惟计故分别。

　　先说"法相"，以唯识的意义来说明，唯识变现的主要意义，都包括在这七句中。现在简要地来说，法的义相就是"虚妄分别"。什么是虚妄分别？ 不实在的是虚，不真的是妄，分别就是心识的作用。在中国佛教界，有一个很熟悉的名词——"妄识"，虚妄分别就是妄识，虚妄即妄，分别即是识；也名为"妄心"。

　　"现二及名言"，就是虚妄分别的定义。什么叫现二？ 二是能取与所取，"现二"是现起能取、所取——两方面。如以手拿东西，叫取。佛法中，眼见、耳听也名取；但这里所说的取，专指我们的心识取境界相叫取。取，一定有二方面：一能取，一所取。我们的心识，能认识境相，有能取作用，叫能取。取得什么？ 如我见到一朵花，那是眼识的所取，就是所认识的对象。有认识，就有能取与所取。在常识中，我们感觉到、认识到的，不外乎色、声、香、味、触、法；种种复合体而为我们所认识的，如房屋、山、河、大地、草、木、丛林。无论是常识的认识，或研究所得的；不管是哲学、生理学、物理学、原子、电子，都好像是在外的，我们的心去分别它、了解它、研究它。我们的心识呢？ 是在内的。心内的，和心识以外的存在，好似两种不同的对立物。心与物，能取与所取的各别对立，是我们一般人的感觉。妄识的境界，就是如此。

　　大乘唯识学的见解与常识的意见不同，认为我们的心识生起时，就现起两方面。不认识就算了，什么都不知道。一起认识作用,就一定现起两方面。即使你不认识、不知道什么,但心上终有一认识的意象,也就有所取与能取。能取与所取,或名心与境,或名能分别与所分别。这是说,所认识的对象不是外在的,而是从内心所现起的。

只是这个识,但此识不起则已,一起就自然而然地显现为两方面,有主观和客观对立的倾向,这所以被称为虚妄。

“名言”:什么是名言? 我们的心识活动,不过是名言而已。如我们说话,或一个名词,或是一句话,是名言;而我们内心的认识什么,也好像讲话一样。所以有人说:我们的思想是没有声音的语言,语言是有声音的思想。所以,佛法称世俗心识为名言识。

现在我们认识到的圆的、红的,虽没有说出来,却与我们口说的一样。我们不要以为我的心,心能认识到了红的、圆的……,红的、圆的……是真实认识到了那个客观的东西,真实认到了外面的那个东西。其实,我们所认识的什么,只是我们心识的名言作用。

我们心识的认识活动,纯粹是一种名言作用。但在人们的感觉中并不是这样,以为红的实在是红的,物质实在是物质,声音也以为实有声音,样样都以为是实在的。其实,呈现在认识中的对象,一切都不外乎名言作用。以“现二”及“名言”——二义,说明了我们的心识实在是虚妄分别。佛法所说生死法,中心即是虚妄分别——妄识。为什么是虚妄分别? 因为一方面显现二取——能取、所取,一方面不外乎名言。

名言有二类,明确的与不明确的。以众生来分别,狗、猫与人就差多了。人有认识，猫、狗有认识么？当然有，如认识到主人回家了。又如猫嗅到了鱼味即走近来，要吃。不过它们的认识，名言的活动非常暗昧，简单而不大清楚，所以它们虽有这认识的名言作用，却不能清楚地表达出来。我们人就不同了，我们的认识非常清楚，名言作用很强，也能用语言表显出来。人类的语言多复杂，什么都能讲给别人听，使人听了可以理解。不但是口说，也能以手势或面部的表情代语言。试看哑巴，不是用手势来表显吗？这也是名言。名言是能表诠的，表示一种意义。凡能表示一种意义的，都是名言，不管口中所说，或是心中所想的，或是身体的一种表示。人类在进步中，中国有方块字，外国人用拼音字。直写、横写，各式各样不同，文字都与语言一样，能表示内心认识的内容。我们的方块字，一横一竖的，拆开来，什么意义都没有，可是结合起来，能表示出具体或抽象的一切。名言——内心的、声音的、形色的，就是这么个东西。人类的名言作用强，所以思想、语言、文字，也特别发达；而名言的根源，是心识所有的作用。猫、狗等动物，不能说完全没有，如在吃饭时，猫会走到身旁叫着要吃，这也是一种表示。狗见主人回家，摇尾表示欢迎。叫的声音也有分别，有经验的动物学家，听得出喜欢的叫声及忿怒的叫声，不过没有人类那样的微细、复杂、清楚而已。动物中，高高低低的名言活动不同，人类也是这样。刚生下来的小孩，什么不懂，不会做，也知哭，吃母亲喂的奶；渐渐地认识母亲及其他的人；以后会讲话了，先叫爸爸、妈妈，渐渐什么都会讲了，他的心上的名言就一天一天发达复杂起来。所以，心识的名言作用，是一切众生都有的，不过程度的不同而已。

　　要了解，我们的心识活动，是有表示作用的，称为名言，使我们知道是什么，其实是个符号。我们用方块字、拼音字，各式各样都可用以表示一切。或用声音表示，虽随地区、随时代而不同，语音不同，而表示什么，却是一样的。我们凭心识、语言、文字，以为这是什么、那是什么，以为确实是这样，不知这是符号的世界，名言的世界。不是真实是那样，而只是我们心识表现的法相。现二与名言，说明了虚妄分别的意义。

　　进一步说："实无而现故，以是为虚妄；彼一切无义，惟计故分别。"为什么是虚妄？"实无而现故"。实在没有这样的实在性，而却有能取与所取的现起。我们的心不起则已，一起即表现为主观与客观，也就是内心与外境的对立。直觉到有客观外在的东西为内心所认识，但此能取与所取，推究起来，实际是没有这二种对立的真实性。好像有主观、客观，心、境，内、外的对立，其实并不如此。如现起此二种是真实的，那就不是虚妄了。因为没有能取、所取，对立的真实性只是心识的表现，所以称之为是虚妄的。

　　一般人的想法：客观实在的境界，是存在于心外的，是实在。依唯识说，没有心外独存的实在物，只是心识的似现。那么，能取的心识总是实在的了！不是的，如有实在的境界，也许可说实有内心，而实际并不如此，心与境是不相离的，离所取是没有能取的。我们觉得心与境实在各别不同，所以认识到的客观境界不离错误，觉得那个主观实在的心也不离错误。境不离我们的心，心也不离境，所以呈现在我们心识中的什么客观主观，心境对立的，都是虚妄、颠倒、错乱的。因为实无别体的能取、所取的对立可得，所以说"彼一切无义"。"无义"，是说没有这能取与所取的实在的体性，或者没有实在的外境。

然而，我们不是觉得有实在的体性吗？这不过是我们心识的名言活动，种种的推度而已，所以说"惟计故分别"。佛法说"遍计所执性"，遍计，即以我们的分别心去作各式各样的推度执著，觉得这是这样，那是那样。也就是我们不知道是虚妄现的，取著能取所取而作种种的计执，以为是实在的。如除去了我们内心的计度以外，就没有我们所想像的一切实性了。所以一切都是无义的，惟是计度而已，所以只是"分别"。总结地说，如果这个现象界的种种，确是实在有能取、所取相对立，有客观那个东西实在的话，就不能说一切都是虚妄分别了。现在推究起来，没有实义，惟是我们自心，因心识表现为能取与所取，不知道这是虚妄的，所以起种种认识推度作用，以我们分别推度显现出一切，以为是如此如此的。所以除了分别，一切不可得。换句话说，这是一心识、名言的活动，就称之为分别。

众生所以有生死，由于无明，这是佛法所公认的。什么是无明？无明是蒙昧错误的认识。我们对宇宙人生没有体悟得到真理，所了解到的，都是虚妄错误，不实的。由于这样，我们常在错乱、颠倒中，起烦恼，造业，受生死，一生一生的生死不了。所说虚妄、颠倒、错误的根本，究竟是什么？唯识宗给我们指示出来：我们的无明——最根本的错误，就是觉到心物对立，好像心外有客观实在的世界，离外界而有内心。错误由于虚妄分别，成了生死的根本。我们每个人都觉得心在内，境在外，山水在外；外物是与心无关，自己就是这样的。大家都为无明所蔽，都有根本错误,所以谁也解决不了生死,谁也不得究竟解脱。

所以唯识宗要说:一切都是唯识所(表)现,惟是虚妄分别,从虚妄分别所显现的一切。依着这样的理解,去观察一切唯识所现,便能断除无明,证悟真理,解脱生死。就是大乘空宗,也还不是这样:我们在生死轮回中,颠倒错乱,生死不得解脱,由于无明。什么是无明根本?不知一切是空,而遍计执著实性的有。如能观一切法无自性,无自性故空,就能解脱生死,启悟真理而得涅槃。这就是说,真正的佛法,不管讲空,讲唯识,都是为了这个问题,都是为了要了解这生死,祛除无明而得到涅槃,成佛。佛法,有深广的理论,但为理论而理论,真正佛法中是没有的。现在弥勒菩萨所开示的论,是唯识大乘,所以首先说:法——生死,主要的就是虚妄分别,一般叫做妄识。妄心不起则已,起即能取所取相现,所以说:心生,种种法生;心灭,种种法灭。知道惟是自心所显,惟计故分别,所以破除遍计执,体悟法性得解脱,是唯识学的根本意趣。

复此法性相,无能取所取,能诠所诠别,即是真如性。

上来已略说法的相,以下明法性的相。法性是要依法而说明的,所以对所说法相,再简单叙述一下:法就是生死法;生死法是轮回不已。生死一切法,以虚妄分别为性,所以一切唯识。本论以现二及名言——二义,说明生死以虚妄分别为性,这是法相。现在依法相而遮显法性相,所以说:“复此法性相,无能取所取,能诠所诠别,即是真如性。”一般说,法性无相,法性有什么相可说!这话是对的,因为说到的相,不外乎名言分别。法性哪里可以分别?心思所不及,语言所不到,所以说法性无相。可是,没有相就不可说,不说如何能使人趣向法性?所以佛菩萨从不可说中作方便说,用不、非、无这些话来表示。或如《维摩诘经》中,维摩诘以默然不说来表示。这种方式,在我们佛法中,有人觉得是消极的,因为这也不是,那也不是,不是也不是;这是空,那也是空;这不可得,那也不可得,却不说是这样、是那样。因为肯定地说,就著相了,就与法性不相应,所以用一种遮遣的方法,用否定的字句来表示,这叫烘云托月法。画师要画一月亮,如勾一圆圈,人家见了都说这月亮画得不太像。如在旁画了许多乌云,中间留有一圆圆的地方,在这乌云中显出了月亮。其实他没有画月亮,不过是用衬托的方法表达出来,却非常神似。佛法说真如、法性、涅槃,都是用此法的。现在所说的"此法性相",是没有能取、所取,没有能诠、所诠的差别,这就是没有"现二"——能取、所取,也没有"名言"——能诠、所诠。上面说,生死法是虚妄分别所现起的能取、所取,似乎心境对立,这是世间法。现在法性是能取、所取不可得。上面所说虚妄分别是名言,口中说的是名言,心中思想的也是名言。名言是能表示某种意义的,所以名言必有能诠表与所诠表,但法性是超脱能诠、所诠的。法性是能取、所取不可得,能诠、所诠不可得,所以说:"无能取所取,能诠所诠别。""别"字连到上面解,没有能取、所取的差别;"无"字又连着下面解,没有能诠、所诠的差别。能取、所取,能诠、所诠都不可得,这是法性相。

　　这许多名词,大家听了似乎很生疏,如改用我们向来惯用的话就熟悉了。如说不可思议,没有能取、所取,所以不可思;没有能诠、所诠,所以不可议。法性超过了能取、所取,能诠、所诠,即是真如性。

什么是真如？真是表示它不是虚妄的，有现二就是虚妄，有能取、所取，能诠、所诠，就是虚妄。现在无能取、所取，能诠、所诠，这就是不虚妄，名为真。什么是如？如乃如如不二，一模一样，平等平等，没有变异，没有差别，名为如。如有心、有境的差别，是不如；有能诠、所诠的差别，是不如；有此、有彼，有多、有少，有这、有那，就是不如。总之，有二（落入相对界），就是不如。如真正的平等，超越相对的差别界，就是真真的如。法性没有能取、所取，能诠、所诠的差别，所以就是真如性。真如性是法性的别名。

（二）成立门

如上面所说的，为什么非如此不可？非如此不能成立生死的杂染，涅槃的清净，也可说佛法全部的重要意义，都要依这样的意义而成立。

无而现故乱，即是杂染因，如现幻象等，非有而现故。若无及现中，任随一非有，则乱与不乱，染净皆非理。

此二颂，先成立生死是杂染，是错乱的；次成立有染有净，有错乱与不错乱。我想提起一个问题：我们所了解的一切是否正确？我们知道的一切，连高深的哲学、科学知识在内，真能恰恰如此，与真理相契合吗？我们自以为这样、那样，其实连自己也不知道自己。如真能通达真理，那所作所为，都应合于真理的活动，合于真理的生活。如世间文明，真能渐进而接近真理，那世间也就不会如此：混乱、战争的规模越来越大，越来越厉害，什么比原子弹更凶的还要出来，使大家过着苦恼、紧张、不得平安的生活。佛法以为，世间是苦恼、不理想的，充满矛盾斗争的，没有真自由的。为什么这样？因为我们的认识上有错误，所以发而为思想，见之于行动，世间会愈搞愈糟，不能实现永久的和平。我们个人，在生死中，不得永久安乐，不自在、不得解脱；家庭、国家、国际，一切都在这样的不理想之中。人，一切众生，都在迷惑与错乱之中，这就是苦迫不自在的根源。

西方有一位大哲学家说：他好像在大海边上拾到了一小小蚌壳，他所知道的不过一点点。这位大哲学家比别人强一些，因为他知道自己无知，知道自己懂不了多少。

人生问题的不得解决，问题在无知，在佛法名为无明。无明就是不明，没有智慧，不能正见宇宙人生的真理。到底错误在什么地方？本论说："无而现故乱，即是杂染因"，根本没有心物的各别实性，而在我们的心识中有二取现起，这是错乱，就是生死杂染的因缘。杂染与恶不同，杂染是有漏的，不清净法。善的，恶的，非善非恶的，如没有离去颠倒错乱，没有断除烦恼，不是无漏的，就是杂染。

杂染有三：1. 惑杂染，2. 业杂染，3. 生杂染。惑杂染——惑是烦恼：是杂染、不干净，如布在染缸中染上了各种颜色，不再清净洁白了。业杂染——由烦恼而起的造作——行为名为业，善业、恶业，一切有漏的业，都叫业杂染，业是要感生死果报的。生杂染——由业感到生死果报，或是人，或入地狱，或升天，种种业报，是生杂染。此烦恼、业、果报，种种不清净的杂染法，从何根源而来？"无而现故乱"，是生起这种种杂染的原因。我们常说了生死,生死是什么事? 就是烦恼、业、果报。从哪里了起? 先得知道这杂染的根源在哪里。把此错乱的根本消除了,烦恼、业、生杂染才可以解决。

我们起贪、嗔、怖慢、贡高、嫉妒、斗争、障碍、残酷心,都是杂染的;我们即使做好事,存好心,如爱心、悲悯心,或无贪心,这些善心也还是不清净的杂染因。一般的恶心与善心,都还是杂染的。依善恶心所造出来的善业、恶业,也还是杂染。由善业、恶业所感到的果报,即使升天,也还是不清净的有漏之法。根本原因是无而现为杂染因。行为依于思想,思想依于一般的知识。当一念心起时,现起能取与所取,有对立的倾向。这一错乱的呈现,影响我们的认识与思想,也影响了我们的行为与成果。此乃无明,根本无明,就是我们的不明。现起的二取相,不是真实的,好像是心外有境,境外有心,心境对立,其实是不真实的错乱。不要以为我不执著就可以,如不经正确的观察,勘破这迷乱所在,心随境转,不执著也不成的。因为心起时,好像有一对立性的真实存在,有一种力量,会使你迷而更迷。非经过修持,引发真智慧,是没有办法改变的。

能取、所取是无而现起的,无而似乎是有,所以叫"乱",论文举一比喻"如现幻象等,非有而现故"来说明。佛法常说如幻如化,现在举如幻的比喻。幻,就是魔术。魔术师变现起一只象,根本没有这只象(印度时常见象,故以象做比喻),但幻现出来的,却是一只活生生的象。并没有此象,可是现起的象,叫你看了活像是真象。此比喻本无能取、所取,但心识现起的二取,在我们觉得的确有能取、所取对立存在。幻象,大家也许没有见过。但我们常见的魔术，拿一条毛巾扎成一小鼠，一跳一叫的，看的人就好像见到了真的老鼠。幻术的"非有而现"似实有，虽没有这回事，却有强大迷惑、欺诳的力量。虚妄分别的现起二取，实无其事，而严重地影响到思想上、行动上，使众生永久流转于杂染、苦恼中。

以下，说明非如此不可。"若无及现中，任随一非有，则乱与不乱，染净皆非理。"现，是明白地呈现，摆在我们的面前；无，是并非实有这回事。此二——现与无，平常是合不起来的；一般以为，没有就是没有此事，明明白白现起，那便是有此事。假使如一般的想法，现有就是有，无就什么都没有，那是不对的，不能成立真妄、染净的。虚妄分别性，说它无，不是什么都没有；说它现有，只是现象如此，并不说它就是真实。所以说无而是现有，现有而又是无；从现这方面讲是有，从无这方面讲是空。佛法中每用如幻、如化，如镜中影、如空花等比喻，只是说明好像这样，其实并不这样；虽并不这样，却又好像是这样。

佛法用幻、梦、化等比喻，说明无而现，现而无，无与现的统一。法——生死世间法，非如此不可。"若无及现中，任随一非有"，就不能成立真妄与染净。现与无，在这二义中，随便哪一方面没有的话，那么乱与不乱，杂染及清净，一切都不能成立。假使说是无，无就是没有，而不是似现，那与方广道人一样，也无所谓杂染了；确实是没有，也就说不上是乱了。如果说现，现起就是这样的实在，不是没有的，那怎么能说是乱？不错乱，即符合真理，那就也不是杂染了。所以，乱与杂染，是以无而现，现而无，才能成立的。

没有乱,就没有不乱;没有杂染,也就没有清净。依一般人的想法,似乎这是杂染,另外还有一清净的;这是错乱,另外有个不错乱的。这又不对了。在现实的人生世界中,佛依现实的观察,这是杂染与错乱的。清净与不乱,在虚妄分别中,是不可得的。要知道清净依杂染而能成立,有了这不清净的杂染,如遣除杂染法,才能有清净法。所以如没有杂染,清净也不能成立。错乱与不错乱,也是一样,勘破这虚妄错乱,不再错乱了,才是不乱,才是真如、涅槃。所以先要成立杂染法,转去杂染而有清净;先要成立乱,离去惑乱而显出不乱。所以,唯识宗以虚妄分别为所依。现而无,所以是惑乱的;是惑乱,所以成为杂染的。知道是惑乱的,就能离乱而达不乱。是杂染不清净的,才能离杂染而得清净的。如不是无而似现,现而实无,那么杂染与错乱不成立,清净与不错乱也不能成立了。所以说:"则乱与不乱,染净皆非理。"如杂染、清净,错乱、不错乱都不成立,那一切世出世法都被破坏了。但我们是人,知道是杂染的,因而寻求清净;知道惑乱,所以趣向不乱;知道虚妄,所以追求真理。这样,非承认有错乱、有杂染不可了。错乱、杂染从何而来?就是无而现,现而无。释迦牟尼佛开示佛法的方法论是这样的,后代佛法的方法论,不一定这样。有的说:众生本有清净的、不惑乱的,然后倒转来说,为什么成为杂染与惑乱,修行是返本还源,复归于净的。释迦牟尼佛说法,从生死说到涅槃,从杂染说到清净。杂染与生死惑乱,是世间现实的,这是现实人生所接触到的。肯定了惑乱与杂染,然后从杂染到清净,从生死到涅槃,从错乱到不错乱。不乱依错乱而成立,清净依杂染而成立;杂染与错乱,依无而现,现而无，才能成立。所以在我们心起时，现起能取、所取，虽无而现有，似乎各立存在，是错误的根源，而是非如此不可的。

（三）不一不异门

此二非即一，亦复非别异；以彼有无事，有别无别故。

虚妄分别是现而无，无而现的。无与现——二者，是一还是异呢？一般人的想法，不是一，就是二；不是二，就是一，怎么虚妄分别是现而又无、无而又现呢！现在说，这是不一不异的。现起能取、所取，是这个样子，这是现有；但能取、所取，不是真实有，这就是实无。这两者是非一非异的，所以说："此二非即一，亦复非别异。"无与现这二义，并不等于一，不能说完全同一的；但也不能说是各别的。一就一，二就二，为什么要说不一不异？"以彼有无事，有别无别故。"因为有是现，无即不可得，有与无二义中，有有别与无别的缘故。有与无所有不同的含义在哪里？有事——现起，有能取、所取的差别相；能诠、所诠的差别，宇宙人生一切差别相，都从有显出来的。无事是不可得，是无性，无性是平等一如的、无二无别的。有事有差别，无事无差别，别与无别不同，就不能说是一了。然而，凡是现有的，就是无自性的；无，并非离有以外，别有一无性。这样，有与无，是有差别而又无差别的。无差别，所以不能说是异。说一也不可，说异也不可，所以成立这现有与无性，是非一非异的。一般所说的性相，不一不异，也就是这样的。不过，有的人着重于不异，有的人也着重于不一。如专重不一，那就事相与理性对立了！如专重不异——无二，那以理性说事相，又不免事理儱侗了。总之，事与理，现相与无性（无性即实性），是不一不异的。以上是法与法性的略标。

弥勒菩萨另外有一部论,名《辨中边论》,或译作《中边分别论》。中道与二边,《辨中边论》也是从虚妄分别说起,如说:"虚妄分别有,于此二都无,此中惟有空,于彼亦有此,故知一切法,非空非不空,有无及有故,此即为中道。"《辨中边论》的颂文与本论的意思相合。依《中边论》说:虚妄分别是有的,就是现二及名言的识。在这虚妄分别性中,现起的二——能取、所取,实在是都无自性,不可得的。在虚妄分别中,都无能取所取,所以虚妄分别性中惟有空性(无性)。空无是不碍现有的,所以彼空性中也可有虚妄分别。此虚妄分别是能现的,空性是无。现起的有,与无性的空,不一不异,所以说"故此一切法,非空非不空",这就是中道了。

乙　广　释

1　辨　生　死

(一)标列

从此以下,对法与生死、法性与涅槃——两方面,作详细的解说。先辨生死,也就是法的分别。标列,是把要说的内容,总括地标列出来。

由六相悟入,诸法为无上:谓相与成立,及非一非异,所依共不共,悟入能所取,现似而非有。

有六种相,或可说从六方面,对于一切生死法,为悟入的无上方便。说到悟入,中国学佛的人,开口是开悟,闭口也是开悟,悟是悟入真如的意义。这里也说悟入,意义稍有不同。从理解法开始;理解以后,深深地思惟法;进一步从修持中通达究竟。所以"悟入"不单是开悟,是经闻、思、修而到达证见的。

本论以"六"种"相"说明此法,是通达法的"无上"方便。六种相:1."相";2."成立";3."非一非异";4."所依共";5.所依"不共";6."悟入能所取,现似而非有"。简略地说:1.相,是法相,如上颂说:"此中法相者,谓虚妄分别,现二及名言,实无而现故。以是为虚妄,彼一切无义,惟计故分别。"2.成立,如上颂说:"无而现故乱,即是杂染因;如现幻象等,非有而现故。若无及现中,任随一非有,则乱与不乱,染净皆非理。"3.非一非异,如上颂说:"此二非即一,亦复非别异,以彼有无事,有别无别故。"4.所依共;5.所依不共。所依,指生死流转,虚妄分别法所依。所依法中有共的,是众生彼此间所共同的,如所住的世界(地球)是人与人、人与畜生等所共同的。不共,如一个人、一个蚂蚁,都有个体,维持各自的生存。所依,有此共与不共二种。6.悟入相——"悟入能所取,现似而非有"。对识现起的能取、所取,不执著为实有,不执为心、物别体,悟入是现似而其实非有的。悟入一切法唯识所现,是修观悟入的必要胜解,这是六相中最重要的部分。

(二)别释

(1)略指前三

其中相成立,及非一非异,如略标中说。

分别地解释六相中,第一相;第二成立;第三非一非异,这三相都已在略标中说过了。

（2）所依共与不共

诸于何流转，说彼为所依？谓情界器界。器界即为共，如共同所了。

现在从所依说起。什么是所依？"诸于何流转，说彼为所依？谓情界器界。"这是所依的解说。诸，与"凡"字差不多。凡是于什么流转的，在什么处流转的，依什么法而流转的，就说它是所依。流转，或译作轮回。我们可以水的流动为比喻，如水流入了漩涡中，转来转去，转不出去，一直在这圈子里面转动，这就是流转。众生在生死中也是这样，升到天上，由天上又入人间，人间再入地狱，地狱出来到畜生，畜生又到地狱，地狱又到人间，尽管转来转去，却一直在生死中，因此称生死轮回为流转。众生无始以来，死了又生，生了又死，生死不已的是流转，到底依什么而流转？流转的所依法，是"情界、器界"，情界与器界，是流转的所依。

什么是情界、器界？界是界别，有界限的，彼此差别的。佛法总说二种界：一、有情界，二、器界。有情是有情爱的，有情识的，如人、畜生、天、地狱、饿鬼这五类都是有情界，都是有生命的，有心识作用的。古译众生；新译为有情，是有心识作用、情爱活动的生命体。有情分五类，名为五趣，或分六趣（六道），在天、人、地狱、畜生、饿鬼外，更立阿修罗为一趣。

什么是器界？器是器皿，是能容受物品的。现在所说的器界，如地球、星球等，是人类等所住的，所以地球等属于器界。佛法中所说的器界，有无量的大千世界、中千世界、小千世界。一小千世界，有四大部洲、八中洲；我们所住的，是南阎浮洲，属于器界。简单说，人类是有情界，动物等也是有情界。山、河、大地、草、木、丛林，这都是器界。器界中，例如我们所住的世界，在地上名五趣杂居地——地狱、畜生、饿鬼、人、天，都是的。向上还有空居的天；人天都有淫欲，所以名为欲界。欲界以上有色界、无色界，都是天趣。欲界、色界、无色界，总名为三界。

论有情，不出于五趣；论器界，不出于三界（九地）。生死流转的所依，以人类来说，身心是所依；我们住在这地球、山上、海里，也是我们的所依。

现在先说器界所依："器界即为共"，器世界是共的所依。这地球是谁的？不能说是个人的，是全人类（及畜生等）所共的。或者说，如空气，如大水，这都是共的。共是共同的，佛法说共业所感，就是大家的业共同所感到的。以唯识来讲，是唯心所现的。在我们心识中，现起来的时候，就现有内而身心，外有器界的相，各自各的显现出来，所以说唯识所现。以人类来说，每人都从自心识中现起这器界相，所现的器界相，在我、你、他间都有一个共同性：我现起这样的相，人人都现起这样的相，器界相现似共同性，不以个人的心识而有所改变，所以被想像为有一客观实在的物质世界。《成唯识论》举灯光的比喻：在这房子里点一盏灯，光由此灯放出，一灯放一光；如房内又有一盏灯，就又有一光；或有几十盏灯，几百盏灯，就放射几十几百光明。这几十、几百盏的灯光，综合融和，现出一片光明，这一光明，谁能分出此光彼光呢！而事实上，各各灯放各各灯的光明，虽综合如一大光明，而仍是属于各各灯的。如这盏灯熄了，这盏灯的光明就不见了，但大家所见的，还是一片光明，并不因一灯光明的熄灭而不见。这比喻说明了，我们所依住的器世界，器界的存在也是这样的。心识所现起的器界相，是各人心识所各别显现的。由于心识所现的器界相，彼此间有共同性，大家都见到同一的器界。见到的是同样的，好像与我们的心识是没有关系，其实是我们各各所变现的。是各人各各变现的，那么这个人死了，他所现起的器世界，应该就不见了，可是大家还觉得是同样的世界。一人死了，多人死了（又有人生了），这地球还是地球，这正如一灯熄了，几盏灯熄了，还是见到一大光明一样。器世界的共，是"如共同所了"。大家所了解的器界，一模一样，因此这一种所依，称之谓共。

如以五趣生死来说，五趣有情所见的器世界，不是一致的。你、我、他，都是人，人类所见的世界是一样的。假使有人所见不同的话，那是病态，器官有病，神经失常，心理变态了。但人以外，还有畜生、饿鬼、天。人类所见的人世界，虽然都是一模一样，但这个器世界，在饿鬼、天、畜生来看，就与我们有点不一样了。如我们常见红花、黄花，多彩多姿的花，有些动物，如牛，所见只是灰色的。如牛与牛能互相交换意见，那么一定以为这世界是灰色一片了。又如人世界所见到的水，水是人类器界所共的，可是饿鬼所见的是火焰、脓血。饿鬼不见清水，在人来说是错了，但饿鬼与饿鬼间，有他们的共同了解，都说是脓血、火焰，怎能说他是颠倒？

鱼类所见又不同，鱼游在水里，正像人在空气中一样，若无其事。如人在空气中，鱼游在水中，也是这样。鱼类住在水中，有对水的不同感觉，这是鱼的器界。如果是天的话，所见的是七宝庄严，这就大不同了。所以器界被称为共，是共业所感，共同所了。但约众生的类别不同来说，是随类而所见不同的。

有情界有共，复有诸不共：

现在来说有情界所依。"有情界"，"有"是"共"的，也"有"种种"不共"的；共有种种，不共也有种种。例如每个人，都保持个体生命的延续，各各的不同活动，各各的不同思想，都独立地存在与发展，这是不共的。可是有情与有情，彼此间也有种种关系。如人与人，人与畜生，畜生与畜生，彼此间都有相互关系。这种共同关系，就是共。所以器界——山、河、大地、草、木、丛林，都是共的。以有情界来说，就有共与不共的。《成唯识论》也说到共与不共，但所说的意义有些不同。总之，有情所有的个体活动，是不共的；而有情与有情，彼此间结成共同关系，就是共。"有情界有共，复有诸不共"，这二句是总标，下面分别地说明。先说所依有情界的八种共。

托胎生、名言，摄受与治罚，饶益及违害，功德并过失：由更互增上，互为因故共。

颂中先举八事，次说共的意义，就是末二句："由更互增上，互为因故共。"这是通于八事的，所以先解说后二句。共的意义是更互增上及互为因。什么是更互增上？增上，是有力的。这个对于那个，能给与一种影响，给与一种力量，这就叫增上。更互是展转的意义，如你对我，我对你，彼此间能互相给与一种力量，这就是更互增上。什么是互为因？增上也可说是因，但约疏远的说，因是比较亲近的。佛法说因果，如甲给与乙以一种力量,能使乙生起,甲就是乙的因;因力,也有相互的关系。由于增上及因的展转相关,所以形成有情界的共同关系。例如我骂你一句,这句话就是一种力量,刺激了你,使你听了,立刻脸色变青,有的两脚乱跳;再不忍,拳一伸,就打起来了。你打我,也许我也打你,结成了彼此间的严重关系,可能一直影响下去。不但是人,人与畜生,畜生与畜生,众生与众生间,都有一种相互的影响力,所以互相为因,也互相为果,这就是共的意义。

八种共中,一、"托胎生":新生命的开始叫生。以人来说,是父母和合,父精母血结合而开始一新生命的活动,名为生。佛法说众生有四种生:胎生、卵生、湿生、化生。化生,新生命的开始,全依业力而生起,没有与其他有情的共同关系。但人及猴、牛等高等动物,都是胎生的;鸡鸭等鸟类,是卵生的;其他先生一卵子,经一次、二次的变化才成为成虫这一类,称为湿生。胎、卵、湿生,就依赖其他的有情而生起。

佛法虽说四生,主要为人类说法,所以以人的胎生来说。一个人要出生,要具备三方面的事情:要有父亲;要有母亲;在父母和合,父精母血结合时,另有有情自己的业力引发,识来入胎。这是说,在父精母血正结合的时候,一念识依托而起,成为一新的生命开始。这样,胎生要有父、母,要依赖父母间的增上力。所以这样的生命开始——"托胎生",是有情所依的共事。

二、"名言",这里的名言,指我们的语言、文字而说。不管造的文字怎样合理,写得怎样好看,如只是自己了解,别人都不识,这失去了名言的作用,不能有所表示。如语言的音声流变,彼此间完全不能了解,也不能成为语言。要知道,语言也好,文字也好，都成立于人与人间，由于彼此互相了解，渐成为共同承认、共同应用的名言。如语言，一地区有一地区的语言，一时代有一时代的语言，在这同一地区、同一时间中，人与人间所说的，大家习俗相传，共同承认、了解这句话；你说我也懂，我说你也懂，成为一种表示意义的语言。语言——名言，是表达我心里所了解的，觉到什么，就说出来使你了解。这句话表示的意义，彼此间有共同感，所以能互相沟通感情，传达种种知识，可见语言——名言是共的。文字也是如此，不是圣人造好一批字，让大家去使用。文字是渐渐传出，孳生而日渐增多起来。文字的意义，大家公认了，在人类界应用起来。文字是不断演变的，字形与意义都在演变中。有时误写或误解了，习俗以讹传讹，被大家误认了，还是一样用。错就错了，只要大家公认就得。所以文字——名言，是有情界所共依的。古代文字，都出于人的偶然应用，渐被大众所接受。近代文明，或新发现一种元素，成立一种事实，都给以一个名词，后人照着使用，这名词就为大家所通用了。总之，名言要彼此间共同了解、承认，这不管中国、外国，古代、现在，都是一样。名言是成立于有情间的，所以是共的。

　　三、"摄受"：这是组织，也是领导。如老师教学，许多学生来跟他学，老师摄受学生，形成师生关系，这就是摄受。在佛法中，老师摄受弟子，是摄受的一种。如家庭，有家长领导，成为一个家庭。不论人少人多，在社会中，每一社团都有领导者在摄受。国家、佛教的僧团，都是一样。这是多数人能集合起来，中间有一种向心力——摄受的力量，使大家能联结于同一范围之内。彻底地说起来，畜生间也有摄受的。我在四川看到，老猴子在前来了,母猴、小猴子就跟着来。凡是群居的有情,都有摄受力,建立起彼此间的集体关系。这当然是有情界的共。

四、"治罚":是摄受,那就不是个人,而是彼此间的组合了。不管这组合是宽松的或严密的,既是组织,为了维持此团体的健全、发展,不论大小,都会有成规。所以有句话说:家有家法,校有校规,国有国法。如组织内的成员,所作所为而可能障碍破坏此组织,那就要受到组织的制裁——治罚。以国家说,即是法律,以法律来处罚。在佛教内,出家以后,加入僧团,成为僧团的一员。在僧团内,受到佛制戒律——学处的约束。如违犯了,就要受到僧团的治罚。有了摄受,就有治罚。家有家法,学校中有校规,宗教有教规,国家有法律;现在成立的世界性组织,国与国之间的联合组织,也就有国际的制裁。这是有情界的共同。

五、"饶益",六、"违害":这二事是相反的。什么是饶益?能给他一种利益,使他得到好处,是饶益。什么是违害?能够给他一种损害,使他感到苦恼,是违害。举例说:别人经济有困难的时候,能够帮助他或救济他,就是饶益。如赖了他的钱,或想尽不正当办法以取得别人的财物,这就是违害。饶益与违害,都建立在有情的共同关系上。凡是对他有利的,或是物质上的,或是精神上的,或是知识上的,或使他的身心健康,人格进步,只要是能使他得到利益的,这一切都是饶益。相反的,凡是使他困难的,引他堕落的,或杀他、打他、骗他、谤他,只要是使他受到损害的,一切都是违害。

七、"功德",八、"过失":这又是相反的。过失,不好的事情,错了就有罪过。反之,有了好的事情,有功可得,就名为功德。功德与过失，都是依有情与有情间的共同关系而成立的。什么是功德？如布施，或供养三宝，或救济贫穷，或办理社会文化事业，这都是功德。或说在家里孝养父母，受持净戒，这些好事都是功德。相反的就是过失，如不孝父母、刻薄剥削贫人等。

那么，这饶益与违害，功德与过失，有什么不同？饶益与违害，是约对他的意义上说的。使他得到好处，使他得到损害，是饶益与违害。如约自己说：做了好的事情，自己可得到功德；做了不好的，自己就有了过失。功德与过失，能使自己得到幸福与苦难的结果。饶益与违害，功德与过失，虽有约对他说、约自己说的不同，总之都是建立在有情与有情的共同关系上的。如果离开了其他有情，专讲个人的话，这功德与过失很难讲。一个人关起门来做，没有共同关系，没有共的意义，这功德与过失亦建立不起来。所以在佛法之中说的好事，如不杀、不盗、不淫、不妄语等，那都是与有情有关系的；说不好的，如杀、盗、淫、妄语，种种都是与有情有关系的。

上说八事，在有情彼此之间，都有"互"相"增上"、"互"相"为因"的力量，造成有情与有情的"共"同关系。如托胎生，在人类，构成了宗族生命的延续。名言，促成人类的感情与知识，相互交流。以此而摄受成为群体，有家庭、社会、国家等。为了维持团体，所以有法制治罚。彼此间有利有害，也就有功德与过失。这一切，成立于有情与有情的共同关系上，所以说是所依共。

依及诸了别，苦、乐、业、死、生，系缚与解脱，彼九不共故，名不共所依。

有情界的不共所依,有九种,多数是佛教的术语。

一、"依",依是依止。有情自体的依止,是业力所感的果报识,也是持有一切种子的种子识,形成有情的生命主体。依唯识学说,阿赖耶识就是依。《摄大乘论》中,第八阿赖耶识,名为所知依,是一切法的所依止性。本论没有明白说到七识、八识,但也提到一切种。关于心识,现在简单地说一下。大乘唯识学说,就我们的心识作用分别起来,是前六识及第七、第八识。前六识是:眼识、耳识、鼻识、舌识、身识、意识,是大家所容易了解的。如我的眼看到了什么色——形色、显色,引起的认识作用,就是眼识。耳根听到声音,引起的了别作用,能了解这声音的,就是耳识。鼻识了别香臭。舌识了别滋味。身识是身体接触到物体,感觉到硬、软、热、冷等,能够了别到这是什么,这就是身识。意识是忆念过去,想像未来,或了别现在;不只了别具体事相,还能推究法与法间的关系,法则义理等,都是意识的作用。这六种识,从小乘到大乘,是佛法所共说的。

大乘唯识学,更说到二类很微细的识,依现在的知识来说,是属于下意识或潜意识的。在自己能感觉得到的心理活动——六识以外,还有微细潜在而不易觉察的。二种细识中,第七识名末那识,是深细的自我执著,直觉得有自己存在。最深细的自我觉了,就是第七识。第八识名阿赖耶识,一切种子依阿赖耶识而存在,依阿赖耶识而显现。从阿赖耶识所有种子而显现的,是器界及一切识,所以成为一切法的依住。阿赖耶的意义是藏,如库藏一样,有东西就放进去,要用就向里面拿。所有一切的认识,都留下潜能,藏在里面,有缘再显发出来。藏入又发现出来,成为一切意识一切法的根源，所以名为阿赖耶识。

依唯识学说，依是阿赖耶识，是业力所感的果报识，现起一切的种子识，所知一切法的依住处，所以名所知依。不过照中国一般所了解的，唯识学一定说七识、八识，其实不一定如此。在印度，唯识有二大派：一派名随教行派，就是依经文怎么说，就怎么说；这依经说的一派，都是立第七识与第八识的。另一派名随理行派：以为经文所说，每有随机方便，不了义说。随理行派以理为宗，如世亲菩萨门下的陈那菩萨，是因明——佛教论理学的权威；陈那的弟子名法称。这一派说唯识，不立七识、八识，也还是一样的唯识学。不过在中国，这一派没有传来。如立第七识、第八识，依一切种、果报阿赖耶识为"依"；如不立第七识、第八识，那就依异熟——果报意识为依。在部派中，如说一切有部，立"命根"为有情依。

二、"诸了别"：了是明了，别是区别，了别是我们有认识作用的那个识的作用。为何名诸了别？了别识不止一种，如眼识、耳识、鼻识、舌识、身识、意识，这六识就是六种了别。立八识，七识与八识也是有了别作用的，不过阿赖耶识重在"依"，前六识的了别作用强，所以了别属前六识。心识的了别作用，都是不共的。我的意识不是你的意识，你的意识不是我的意识，眼识等也如此，彼此间各各不同，所以六识了别，是有情界各各不共的。

三、"苦"，四、"乐"：苦与乐，是情绪上的一种感受，受蕴所摄，是内心的情绪作用。我感觉到苦痛，别人不一定感到苦痛；我感到快乐，别人也不一定在快乐。如到了八月中秋，明月圆满的时候，大家去赏月，有人看到月亮，欢喜极了，又亮、又圆，心里说不出的欢喜。但有的却对着月亮在淌眼泪,心里难过得很。触对境界,各人的感受不同,情绪不同。看到月亮时,内心引生的苦乐,是有情彼此所不共的。又如上山,自己不想上山去,父母或师长的命令,"去! 非去不可!"不去不成,只好上山去,一面走,一面心里不欢喜,满心不快活。如自己要去上山,越走越有兴趣,即使腿酸,心里还是欢喜的。同样的环境,同样的了解,但所得的苦与乐,彼此间是不相同的。从业感得苦果,或得福乐的果报,在有情间也是不共的。

五、"业":业是什么意思? 业就是事业,作事。不过佛法里所说的作业,范围比较大:身体所作的是身业,口说的是语业(写出文章来,也是业),内心的动作是意业。总之,身心的一切动作,都是业。通泛地说,业与其他有情相关,但这里所说的是:自己怎么做了,引起一种力量,能影响自己——现在或未来,受苦或受乐;这种造作的力量,就是业。如布施、持戒、忍辱等,凡作善事,当下留下善的力量,潜藏在自己身心内,这就是善业。杀生等不善业,也是这样。身语意三业,是各人自己造作的;留下的业力,也是你是你的,我是我的,各各不同。有情所造的业,是彼此不共的。

六、"死",七、"生":各人生,各人死,生死是各人自己的事情。向来说,真正无常到了,到了要死的时候,什么人都代替不了你。自生自死,是各人自己的事,与别人无关,所以是不共的。

八、"系缚",九、"解脱":什么是系缚? 系缚如被绳索捆缚住了;系缚是解脱的反面,解脱如把绳结解开脱下一样。

如人生不自在,受束缚而不得自由,有一种力量把我束缚住了。在种种束缚之中,要生出来,就不能不生;生了以后,就受制约、受支配,终于又不得不死。如生在人中,就是一个人;当然人的能力有大小,知识有强弱,境遇有顺逆,可是总有个限度,怎么也超不过这人的限度。人生出来以后,就有一期的延续,经过老、病阶段,最后还是不能不死。死了以后还要生,永久是个生了又死、死了又生的局面,这就是系缚。被什么束缚住了?还是自己束缚自己,自己的迷妄,自己的烦恼,自己的错误行为,自己系缚自己而不得解脱。

解脱也是自己的事,谁也不能使你得到解脱。所以《楞严经》中说:佛的堂弟阿难说:我是佛的堂弟,佛很喜欢我,总想佛能帮助我解脱,可是事实上却不可能。所以学佛的人,向来有两句话:"各人吃饭各人饱,各人生死各人了。"系缚生死是自己的事,解脱涅槃也是自己的事,都属于有情的不共。

依与了别,是有情自己的心识问题。苦、乐,是情感的。造了业,所以有死,有生,或系缚而生死不了,或解脱而证得涅槃。这"九"事是"不共"的,所以"名不共所依"。

(3) 悟入二取似现非有

共现外所取,实即能取识。以离其内识,外境义非有,是共同性故。

六相中第六,悟入二取似现非有,为说明生死法为唯识所现的重要部分,共有六颂,次第地加以解说。先明所依共的不离内识:"共现外所取,实即能取识"等,是约共所依说。共是山、河、大地、草、木、丛林、星球,一般人所认定的客观物质世界;还有有情不共中的共,如胎生等八类,那主要是人类社会文明的事情。

　　以唯识学来说："共现外所取,实即能取识。"山、河、大地、草、木、丛林,种种星球,宇宙间的无边世界,这一切所依共的器世界,是有情内识共同所现起的。依小乘说,是共业所起的;依唯识说,是心识中业力所现起的。有情与有情间,"现"起"共"同相,"外"在相,成为心识"所取"的外境,觉得有一心外存在的世界。一般人都觉得这是在我们心以外的,所以说唯识不容易理解;如说这是在外的物质世界,大家都觉得是对的,因为每个人都是感觉到这样的。可是,依唯识说,这是"实即能取识"。一般所感觉到的外在境界,实在是我能取心识上所现的境界。换言之,所取的外境,实际是我们能取心识所表现的,就是我们的心识。

　　明明有所取的外境,为什么说就是内识呢?因为"以离其内识,外境义非有"。我们所见到的、听到的,我们所了解的所谓器世界,好像是在心外的,其实如离开了我们的内识,没有内识的活动作用,那外面所取的境界,就不可能成立。换言之,我们所以知道有这客观存在的器界,因为有心识作用而发现出来,如没有心识,根本不知道有什么外界的存在,所以说,离去了内识,外在境义是没有的。

　　弥勒的唯识学,是建立在"认识论"上的。譬如说:我们所认识的什么,不是直接得到那东西,是心识上现起的所取影像,这影像并没有离开了自己的心识。例如颜色,红的是红的,黄的是黄的,以为确有红、黄等色彩在外面。其实红的、黄的,都是我们的眼根引起眼识所现的。由于人类眼根的共同性,引起眼识所现也有共同性;我们就以为事物的本身,就是这样红的、黄的。

关于外境不离内识的唯识论,弥勒、无著、世亲等菩萨,都有严密的论证。本论下文也有很好的说明。但不要误会,现起所有的外境,唯识学并没有否定它,只是说这是不离心识而存在的。

器界等外境,是不离内识而存在的,这是唯识的定义。一般人总觉得:既如此,为什么你看到红的,我也看到红的?不能由个人主观、片面地来决定,所以是客观存在的。即使你不知道,没有见到,大家也还见到是红的。为了解释这一疑问,所以说"是共同性故"。共同,是我的心识现起来的印象如此,你的心识所现起来的印象也如此,大家现起来的印象都是这样,有一致的共同性,所以觉到不因个人的心识而改变,这才误解为客观实在的外界。

因为你是个人,我也是个人,中国与外国人都差不多,看起来样子不同一点,其实是差不多的。我们的眼睛有共同性,也不是一切有情共同的。人与人之间有共同性,畜生中一类一类都有其共同性,鬼与鬼,天与天,都有其同一类的共同性。所以同类共见的,似乎确实如此的器界,在不同类的有情中,因不同的识类而器界相有所变化了。共同性的随类而不同,也可以说明外所取非实的意义。

于余不共识,为所取等义,谓他心等法。

上文说:所依共的,是山、河、大地、草、木、丛林、星球等器界;所依不共的,是有情界。有情界中,有共义的,是托胎生等八类;不共的是依、诸了别、系缚、解脱等九类。器界及有情界的共义,能为其他的有情所了别,是唯识所现,已如上说。"余"如有情"不共"的心"识",也能"为"其他有情所取,成为他有情的

"所取""义"——境。他人的心,被别人知道如何如何,他心就成为所取的境界——义就是境界义。不共而成为所取的,不只是"他心",如他有情的生与死,烦恼的系缚,烦恼的解脱,苦与乐等,都可以为他有情所取。为所取的内容不少,所以说"为所取等义,谓他心等法"。谓他心,是别人的心。有情的心,是各各不共的。我知道你的心,或你知道我的心,难道我的心成为你心识上的境界吗? 又如意识能知道眼识、耳识、鼻识,六识是不同的心识作用,也不能说眼识、耳识、鼻识等,就是意识所取的内容。以心知心——甲有情知乙有情心,或意识知眼识,这能说唯是内识所现吗? 这一问题,依大乘唯识学说:每一有情,都有他的心识活动。说唯是有情各各有识,而在各人内心有所了别时,都是自识所见的,所以是唯识的。进一步说,他有情心,不是直知他心,而是在自己心中现起他的活动情形。所以知他心,是在自己的心识上现起他人的心象,自心所能取的,就是自心所现的,所以知他心等是唯识的。

诸能取识前,更互非境故;于非等引时,自分别现故;于诸等引前,三摩地行境,现彼影像故。

上面说明了所依共与所依不共的,不离内识,都是识所现的,所以生死一切法唯识。但所说唯识,不是唯一识所现,而是种种心识的种种现起,所以又说此二颂。现在先说明两个名词:"等引"、"非等引"。一、等引,印度梵语是三摩呬多,意译为等引。等是平等,引是前后的引续,引发功德,等引是殊胜的定。说到定,梵语名三摩地,简译为三昧,意义是等持。什么叫平等? 原来,一般的心是不平等的,不平衡的。心是散乱的,妄想纷飞,修定是精神集中,系念一境以息除妄念。但心是不平等的,平常是散乱,要它不散而归于一,又易于昏沉,什么都不解了,进一步就是睡眠。如将心提起,心又向上飞扬——掉举。不是掉举,就是昏沉;不是偏于这边,就是偏于那边。不能保持心的平等安和,就不能得定。学佛而要修定的,要修习到内心平等,不散乱,也不昏沉;不起种种分别,却又明明白白,这就是平等持心的等持。由于心的定——等持,引起平等的前后延续,引发定中的种种功德,所以名为等引。静虑(四禅)、等至(八定)、等持(三三摩地)、解脱(八解脱),这些胜定,都名为三摩呬多——等引。二、非等引,即一般的心,或是昏昧睡眠,或是散乱、掉举,凡没有达到等引境地的,都名非等引。唯识,不是一识所现的,不但自心与他心不同,眼识等与意识不同;在意识中,定心也与散心不同,不同心识上各现所取,所以一切是唯识。

　　现在来销释颂文。"诸能取识前,更互非境故。"能取心如上说,自心与他心,眼识等与意识,等引心与非等引心,是各各不同的。如等引的能取识现起的境界,在定心中,定心所取的境界,与非等引能取的境界——散心分别所取的境界,是彼此不同的。在定心不取散心的境界,散心也不取定心的境界。所以说等引境,非等引境,在不同的能取识前,彼此间是互不为境的。换言之,散境是散心的境,定境是定心的境,彼此不同的。例如我们的臂上,用针刺一下,一般人会觉得很痛,那是散心分别所取的境。如这人受了催眠,或是入了定,那针刺下去就不觉得痛,那是催眠状态的心境,这可见各各取境不同了。

　　再分别来说,等引的境与非等引的境,是怎样的唯心所现?

"于非等引时"，也就是散心分别的时候，所取境是"自分别现"的。自己分别心所现起的，是分别心所知道的境界。分别心所取的，离了分别心所现的境界，那就没有了。换言之，一切分别心所取的，不离分别心所现，这是说非等引境是唯识所现的。

上面说到，四禅是等引，八等至、三三摩地、八解脱也是等引。等引有种种，所以说"诸等引"。通俗地说，种种等引，就是种种定。定境与散心境是不同的，在诸等引心前，所取的是"三摩地行境"。三摩地——等持所行境，就是定心所行的境界。定心所行的境界与散心境不同，是从定心所现的，现起彼定心的影像。定心所现起的影像，如明镜当前，现起种种影像；影像，专指定心所现境说。现在举一个例子来说：有大乘经，名《般舟三昧经》，这是一心专念阿弥陀佛的法门。念，是心系一境；念佛，这里是专念阿弥陀佛，不是称名。专心系念阿弥陀佛相，念到般舟三昧成就时，十方一切佛现在前（所以名般舟三昧，般舟是在前立的意义），明白地见到，如夜晚见天空中的繁星一样。这不是开眼所见，而是定心所现的境界。依经中说，不但见佛，也与佛问答，他说：应发愿往生西方极乐世界。后来，得般舟三昧的，就于定中观察自己并没有到西方去，阿弥陀佛也并没有来，自己所见所闻的，只是唯心所现。我举这个例子，最容易明白。修定的，或修般舟三昧，念阿弥陀佛的，初修习时，系念的相现起，起初相是不分明的、动摇的，那是因为心不定；等到你心定了，眼睛也不再动的时候，相也明显、不动了。如阿弥陀佛，"相好光明无等伦，白毫宛转五须弥，绀目澄清四大海……"这境界太广大了，初学不易成就，可观阿弥陀佛像。如佛像——紫金色、白毫相等，一一分明，能放光，会说话，那是已到达定境。

佛法中有不净观，静观死尸的相，慢慢变色，青淤，腐化，流脓血，末后仅存白骨。像这种不净相，如修习到不净相现前，清清楚楚地见到相，甚至于见到处处是不净相，这就是依不净观而得定。

凡定心成就，都会现起定境（随定的差别而不同），名为影像。佛在《解深密经》中，给弥勒菩萨说得极清楚："由彼影像唯是识故。善男子！我说识所缘，唯识所现故。……此中无有少法，能见少法，然即此心如是生时，即有如是影像显现。……如是此心生时，相似有异三摩地所行影像显现。"所以诸等引前所现的，都是三摩地行境，"现彼影像故"。

定心所现境，是确实有作用的，如修得火光三昧，望去会有一片火光。修水三昧成就的，别人到他住处，会见到一房子的水。这种境界，都是三摩地行境，是从定心所现的影像。

散心分别的人，要使他知道唯心所现，好像很难，要用种种推理去了解。如修禅定而有成就的，观什么能在观心上现前。如修青一切处，见一切都是青的；黄一切处，见一切都是黄的。成就禅定的，容易悟入一切境界唯心所现，以一切是随心而转的。如禅定力深，心力强，更容易悟解此义。唯识学成立唯心所现的理证中，就有以瑜伽师修行境界随心而转，来证明唯心所现的。唯识学，不是为了学理，而是佛弟子的修习定、慧，从经验中发现来说明的。一切所取境，唯是心识所现，为了说明此理，所以特别以等引、非等引境界，来说明都是唯识所现。上来所说生死依止的共与不共，说明所取的境唯识所现，所以所取境义是非有、不可得的。现在要进一步说，能取也不可得，如颂所说：

以所取若无，亦无似能取。由此亦成立，无似能所取。

　　一切境界都是唯心所现的，一切境界离心不可得；一切境界不可得，那就唯是心识了，这个心总是实有的了！然依唯识说，"以所取若无，亦无似能取"。"所取"的境如不可得，"能取"识也就不可得了。一切境界，唯识所现，为什么没有所取境，能取心也不可得呢？其实，心与境，从来是不能分离而有的。要知道心识起来时，心里决定现起那境像，心识是不可能没有认识对象的。所以平常说我们什么都不想，这话是不通的。因为有心必有境像，觉得什么都不想，这什么都没有，就是心的境像了。否则，就是昏睡，分别心也不起了。换言之，有能取，一定有所取；如没有所取，那一定没有能取。所以说，心境从来是不能分离而有的。佛法中，小乘也是这样说的。当境界生起，一定有心缘于境界的；心生起时，境界是心的缘——所缘缘。所以，心与境，要起就一起起，不起就都不起。若依中观家说：心境是因缘所生的，也是"离心无境，离境无心"的。唯识学在方法上，有它的不同处。先说以虚妄分别有，有能取识，所取依能取而现，所以所取境不可得。进一步说，如没有所取的境，能取心也不可得。所以说："由此亦成立，无似能所取。"如没有似所取，也就没有似能取，能取、所取都只是虚妄显现。

　　空宗与唯识宗，有一根本不同处。唯识学一定要这么说：所取的境界不可得，因为一切都是内识所现的；有识无境（尘），正是唯识学的特色。然进一步说，如境界非实有，能取也不可得，这就进入能取、所取都不可得，显示无二、无别的真如法性。这一层次，真谛三藏解说为方便唯识与真实唯识。空宗依因缘所生法显平等空性：心是因缘所生，境也是因缘所生；如说空，心也空，境也空；如说有，心也有，境也有，保持心境同等的立场。可以说，这是菩萨们说法的方式不同，虽在胜义中，心境并冥，都不可得，而在世俗安立中，或出发于境依心立，或出发于心境更互缘起而有，引出宗派的各别。唯识学出发于依识有境的立场，所以说境空心有。到了能取所取都不可得时，也是说识寂、识不起、识不现，却不说心是空的。如说境空故心也空，就觉得这是恶取空，因为不能成立一切法了。

　　唯识宗成立唯识的层次，也就是修唯识观的次第，达到无二无别的平等真如法性。弥勒菩萨在《辨中边论》中说得还要清楚，如说："以识有所得，境无所得生。"那是说，由于虚妄分别识有，所以知道境是不可得的。"依境无所得，识无所得生"：那是说，由于境不可得，所以识也不可得了。"由识有得性，亦成无所得，故知二有得，无得性平等"：心不可得，境不可得，似有能取所取——心境二者，在无得平等性中，是无二无别的。上面所说的，就是悟入虚妄分别无相的方便。《楞伽经》立四种禅，也是这一意义。四种禅中，第一名愚夫所行禅，这是外道、小乘的禅观。第二名观察义禅，就是观一切境相（义）不可得。如观境不可得，心也不可得，现起平等空性相，是第三缘真如禅。因缘真如空无性相，有空相在，还不是真知真如，等到空相也不起了，超越能所一切相，才是真实悟入真如，就是第四如来禅。凡是说唯心（识）的，从初修到悟入，都有这样层次的。

然由无始来，等起而成立，二取悉非有，亦善成立故。

　　这里引起一问题,既然所取不可得,故能取也不可得,心境都非实有,为什么众生生出来就有心识作用,而且有心同时就有境,永久是心境相对而起呢? 依佛法说:"然由无始来,等起而成立。"先后引起,名为等起。先如此,后如此,如生死不得解脱,以后还是如此,这名为等起。我们前念起时,有心也有境,后念起时,还是有心、有境;死了以后再生时,还是有心、有境。永久是有心、有境。所以说,从无始以来,一向如此。心生时,自然而然的,似现能所二取,是由无始以来就这样的。佛说无始以来,始是开始,佛不是说最初如此。生活在虚妄分别之中,生活在一个时间观念中。我现在这样,前生还是这样,前前生还是这样。起初为什么会这样? 佛不说最初是怎样的,因为在时间观念中,求开始是不可得的。所以论到最初,释迦牟尼佛是"无记",不加答复的。无始以来,一向如此。现在应把握现实,去解决生死问题。如说最初如何如何,那是神教而不是佛法了。为什么我们现起能取所取? 简单说:无始以来一向如此,一向是不起则已,起则有心、有境,前后等起相续,所以现在也是如此。

　　我们心起时,有能取、所取,有心、有境,一向如此,怎么知道"二取悉非有"呢? 心起时,就有所取相现,由于不知境依心生,不知唯识所现,在能取所取关涉时,认为是心外有境的,起种种执著——遍计所执性。分别执著时,留下一种力量,就是能取、所取的潜能——遍计所执种子。这是从执著心外有境而来的,所以能取、所取种子,依缘而现起时,能取心中就有所取相现。这样的依现起而执著,依执著而熏习,引起后后的现行,从无始来一直到现在,生死轮回,永久如此如此。既是如此,解悟二取的非实有的道理,也能"善(巧)成立"了。因为我们心起时觉得这能取、所取是各别的实有性,所以会熏习为种子。虽然虚妄现起,却好像心、境都实在是有;如知道非实有的,就不起执著,不会熏成遍计所执种子。熏习的力量愈来愈微薄,终于到达二取都不现的实证。举例说,如知道自己在走路、坐下,或说话的态度不太好,能知道就会注意改正,过了一个时候,更正了,不再会有不好的态度了。所以,不知道,会一切一切的一直下去;如知道了所取、能取非实有的话,就可以达到解脱。能达到能取、所取不可得,就因为能取、所取是虚妄分别,实义是没有的。依唯识现,成立生死流转,也就依唯识现,所取非有,能取也非有,观二取都非有,而通达法性。

　　上来依生死法,明六相,了达虚妄分别,悟入法性。法性的意义,如下所说。

2　辨涅槃

（一）标列

由六相悟入,法性为无上:谓相与依处,抉择及触证,随念并悟入,到达彼自性。

　　已说生死、法事,以下说涅槃、法性。通达悟解法性,是依于正方便的,本论也以"六"种"相"为"悟入法性"的"无上"方便。六相为:一、相,二、依处,三、抉择,四、触证,五、随念,六、悟入到达彼自性。

　　一、"相"——是义相,法性的义相。

　　二、"依处"——依什么而能够渐渐地悟入法性? 如生死的流转不息,要有所依止,所依共,所依不共,就是这有情界、器世界,是生死流转的依处;悟入法性得涅槃,也同样的要有依处。

三、"抉择"——抉择是智慧的作用;般若悟入法性,般若——慧以抉择为性。择是选择、简择,如选择物品,这是好的、要的,那是不好的、不要的,这就是择。抉是抉发,将正确的事理抉发出来,显示出来,这是抉。抉择是般若——慧的观察作用。如七菩提分中有"择法",也就是抉择法。

四、"触证"——触是直接地接触到,证是证实。法性不是名言,不是听到、理解,而是般若的直接的触证。例如一杯蜜,要真的尝到了杯中的蜜味,才是触证了。这里说触证法性,触证的触,与色、声、香、味、触、法的触不同,这触是法性——真理的亲切体验,中国学者每称之为开悟或证悟。

五、"随念"——随念,依过去所得到的,随顺系念不忘。随念,是修行的方法。

六、"到达彼自性"——经修行而达到究竟。自性,就是法性,也就是涅槃。法性是胜义的自性,就是体验到这自性,究竟圆满的实性,唯识学名之为圆成实自性。

(二)别释

(1)相

相如略标说。

以下别说六相。法性的"相",在"略标"中已"说"过了。法性相是:没有能取、所取,没有能诠、所诠;不是语言可说明,不是思想可分别理解的。超越一切相对的名言、相对的能取、所取，是绝对的无二无别的真如性。

（2）依处

处谓一切法，及一切经等。

"处"，是依处。依于什么，才能悟入法性？论说有二：一、依"一切法"；二、依"一切经等"。什么是依一切法？法是形形色色的一切事。如山、河、大地，草、木、丛林，国家、社会、家庭、个人等，只是复合的假有。如分析一切法，凡有一一特性的，如色法有青、黄、赤、白等色，心有眼等识，贪、嗔等心所，这都名一切法。现在而外，过去、未来的也是法。《阿含经》曾说：如于一法不通达，就不会证悟的。这是说，要证悟，须证知一切法性。但一切法如此多，怎能一一都通达呢？一切法虽多，但法性是通相，是遍通一切的，能通达一法性，就通达一切法性。一法如此，法法如此，凡是证悟的，没有悟此法而不悟彼法的。悟一法，即悟一切法，约悟入法的实性说，并不如某些人所误解的，以为悟了什么都知道。现象界无限差别，怎能一切都知道呢？一切法的法性，平等法性，是无二、无别的，是依一切法而触证的。

小乘——声闻学者，急于解脱三界生死，如说："三界如火宅，生死如怨家。"佛给以简单扼要的方法。身心以外事不问，专从自己身心去观察自己。观自己身心为无常、苦、空、无我（这是生死法的通相），体验而得解脱。所以小乘学容易，简单而扼要，但身心也是一切法（身外法也不外于此），还是依一切法的。大乘广观一切法空，不生不灭。如《大般若经》说：色、受、想、行、识——五蕴，十二处，十八界，凡夫事，二乘事，菩萨事，成佛的事，一切一切都为般若慧所依。大乘唯识学所以说悟入法性,平等法性,要依于一切法。

第二是依一切经等。无论是身心以内的、以外的,一切法一直呈现在我们的心识之前,我们不知道法的真相,所以不能得到解脱。唯有依佛的开示,菩萨等圣者的开示,才能得到应遵循的正道。所以说依一切经等,不但是经,还有菩萨的论,经与论都是悟入法性所依止的。经是非常多的,如持一部经,能解脱生死,成佛,还简要容易,依一切经,那问题可大了! 小乘法虽可以简持而入,大乘却不能如此。菩萨发心,无量法门誓愿学,一切法门都是菩萨所要学的。因为佛所说的法是适应众生根机的:或是人、天世间法,或是为声闻、缘觉说的,或是为大乘菩萨说的。所说的法,或是通途大道,或是说迂曲的路,或是便道小径。佛说无量,有方便,有真实;有权教,有实教;有了义,有不了义。适应众生无边根性,说无边法门,菩萨要利益一切众生,众生根性不一,怎能专学一经、一佛、一咒? 如卖帽子的,如拿一顶帽子,要人人都适合戴上,那是不成的;如为大众着想,大小都得备有。学大乘法要依一切经典,理由就是这样。所以西藏黄教——达赖、班禅一派,依一切经论从五乘共法到三乘共法,再到大乘不共法,统贯一切教法,次第深入,正是依一切经等的好榜样!

依一切教典、一切法门,愿学无量法门,就是菩萨通达法性所依的方便。部分中国佛教的观念有些不同。以为证悟,证悟可说么? 不可说。可思惟么? 不可思惟。修学经论,是要分别的,那不是愈分别愈不对吗! 所以讥为"以水洗水"。如不可说,所以非文字相;非能取、所取,所以非心缘相,于是有直下不作分别去参证的方便，这是中国禅者的见解。唯识是印度佛学，不是这样说的。要悟入法性，须依一切法、一切经去闻思修学。这不是分别么？不是分别更多吗？依印度所传佛法，小乘、大乘，唯识与中观，都重视闻、思，依分别入无分别，依名言入离名言，依世俗入胜义。如一切不加分别，无知无见，怎能方便证悟法性呢？例如要去"总统"府，先要分别向东或是向南，向中正路呢，还是南京东路？左转或是右转。要知道路线，才能到达"总统"府。到了"总统"府，"总统"府自身没有东南西北可说，可是如没有东南西北的指示，怎么也不能到达的。"总统"府自身无所谓东南西北，却要依东南西北的指示才能到达，这就是方便。佛能化度众生，就有赖方便。法性是无能取、所取，无能诠、所诠，却说种种法门，从了解分别中引导趣入，这就是佛的伟大，不可思议的方便！

（3）抉择

其中抉择者，谓依大乘经，如理作意摄，一切加行道。

有人说：我会读经，我藏经看过一遍。看过几遍的也有，但不一定有用。要知道经是佛说的，是应机说法的，经义有着多样的应机性。如自己去阅读，或从师长那里去听，这都是闻。无论是读是听，经上这么说就以为这么说，这问题可大了！佛经中，佛说这部经是经中之王，那部经也说是经中之王，到底有多少王呢？有的经上说：这样理解，这样观察，才是正观，不作此观，就是邪观；可是其他经中，所说的邪观、正观又不相同，那又怎么理解呢？有的经说：一切圣人都从此来，非依此法门，不能解脱生死、不能成佛；同样的话，又在别的经中说。所以经上这么说，我就这么了解,那是不够的。学佛的,初学一部经,非常欢喜,肯定佛法就是这样。学了二部、三部……更多部以后,却反而弄不清楚了。所以佛说:修学一切经法,要进一步去思惟;思惟了还要修。思惟与修习,就是抉择。

说到"抉择",就是"依大乘经,如理作意摄,一切加行道"。悟入法性的抉择方便,含有"如理作意"与"加行"二义,这都是依大乘经的。经论所说作意,略有三类意义:一是注意,如作意心所。二、作意是修定时,内心的观想系念。三、这里的作意,是思惟、思考抉择的意思。平常说,学佛法有四条件:一、亲近善友(善知识);二、多闻正法(多多地听法);三、如理思惟(如理作意);四、法随法行,就是依法修行大乘经法,经如理思惟,然后依着作止观的修行,就是一切加行道。

如理作意是什么?经典有深有浅;有究竟说,不究竟说;有尽理说,不尽理说;了义说,不了义说。究竟说是彻底的,不究竟说是不彻底的。尽理是说得很彻底圆满的,不尽理是这么说,其实是不完全如此的。例如说,吃饭能滋养身体,这是对的,但是不彻底、不尽理的。如吃饭过饱,可能反而吃坏了。可见这句话是有相对的意义,却不是彻底的。又如有人头上生有一块黑疤,就名之为黑人,其实别处都是雪白的。世俗语言,大抵是不尽理的,经典随俗说法,有些也是如此。所以,对佛法要如理作意,要依彻底的义理来思惟,如依不彻底的义理来思惟,那就错了。不要以为经文如此说,就可以以此为标准!

佛的经典分二类:一是了义经,一是不了义经。了义经是究竟彻底的。如所说的还要再解说,再补充,这就是不了义的。所以如理作意，是依了义，不依不了义，以了义经义去如理作意，才能得到大乘法的究竟意义，也能解说不了义经。如理作意是思慧的作用，分别、观察，以获得佛法如理的正见。经法虽多，如依了义经为准绳，可得佛法深义与方便。摄持一切佛法，化繁为简，渐渐地脱略文句，而系念法义，然后可以实行，可以从观察中显现法义。抉择的如理作意，能成就思所成慧。思惟还是散心分别的，如能在定心中思惟，依定心分别观察，这就是修所成慧；依修所成慧，能得般若的现证法性。佛法从阿含、中观、瑜伽以来，都说止观，都说分别、抉择，从闻到思，到修，然后到证入。不过，不是什么分别都可引入证悟的。世俗的分别，止与观，即使有助于佛法的修持，也不能证悟法性。佛法有特殊的观察——胜义观，能遮遣我们的虚妄分别，这才能依分别而契入无分别。依唯识学说，这就是要观察所取无性，能取非有，所取、能取都不可得。如理作意，要从虚妄分别，现有能所取而实不可得去理解，了解决定，坚信不疑，成就深刻的信解，才依之而起修。

　　加行是什么意思？广义地说，加行就是一种功用，努力去做。依这一意义来说修行，修福、修慧都是加行。但加行有一特别意义，就是从凡入圣，所用思惟、观察；修止、修（胜义）观，在没有悟入以前的一切，就是加行道。从凡夫到成佛，唯识宗分成五道：一、资粮道：广集无边福德、智慧资粮，菩萨要自利利他，备一切功德，所以凡是福德、智慧，应尽量去修集。依唯识说，这要修行一大阿僧祇劫。二、加行道：分四位，暖、顶、忍、世第一法。四位时间不太长，就在一大阿僧祇劫的后期。三、见道：经加行道的修习，现证法性，如实地体见了真理，名为见道位。四、见道以后,随顺所悟而修习,名修道位,要经二大阿僧祇劫。修到究竟圆满了,究竟成佛,就是第五、究竟道。这里说的,是加行道,要依大乘经如理作意,再经暖、顶、忍、世第一法,渐观二取都无所得,所修的加行,就是唯识观。一般说,先观所取性空,再观能取也不可得。达到了能取、所取都无所得,但还有无所得的空相现前。等到空相也泯寂不现,那就证悟了。

依处与抉择,包括了闻、思、修;抉择是思、修二位。闻、思、修三阶段,古人譬喻为:如人学习游泳,起初要抱木棒习游,如闻慧要依文句。渐渐游了一时期,木棒可以有时放下,有时抱着,如思慧的依于文句,或可不依文句。最后不要木棒也会游泳了,如修慧的依义而不依文句。这三阶段,第一阶段是闻,一定要依佛所说的教典,或是菩萨所说的。第二阶段是思惟,依照经文,却慢慢地把经义原则化、简要化,把经文的要义渐渐提纲挈领,了然明白,当然还不能完全不依经论。到最后,依义而不依经论的文句,如法修习。加行道,到了从思入修的阶段。

法性现证,是要从闻、思、修而入的。说到这里,想到如理作意的不容易。因佛要适应众生根性,说种种法门,有时似乎有点矛盾。这里这样说,那里那样说,可是我们很少能依自己的能力,深入经藏,而得实义的。把经藏多读几遍,不一定就能深入,那么我们要用什么方法呢?可依古代大菩萨所开创的宗派。如走入深林,到处没有路的,要自己去摸索出一条路出来,不是不可以,不过不容易,也太危险了。如过去有人已走出了一条路,如依着这条路渐渐走去,即使迂曲些,到底是事半功倍。所以印度大乘的唯识宗、中观宗,都有这种见解:我们自己去读大乘经,不容易把握佛法的真实意义,可依古代圣者所开辟的大路,或依龙树所创开的中观,或依弥勒的唯识。印度大菩萨的论义,直接继承于印度,对印度的文字也较少望文生义,比中国学者依据译典更为亲切！印度论师所传也是有异义的,不过依此思惟观察,总是容易得多。这一观念,在印度,在藏地,都是这样的,所以在印度与藏地,对于论部特别地重视。以论通经,容易了解,容易把握经里的深义。还有论师们互相论辩,总是把握对方的要义而论辩的,每可以从不同的宗派中,了解自宗的要义。所以依唯识宗的,最好读读空宗,查查龙树菩萨的论典;学空宗的,也要了解唯识家的不同。从前唯识学者欧阳竟无说:他读了清辨菩萨的《大乘掌珍论》,对唯识宗的主要思想才正确地把握了。印度菩萨造论,辩论是不随便的,知道对方是这样说的,才扼要地加以批评。所以依某宗论为如理作意的准绳,对不同宗派的大乘论,也是可以参考的。

（4）触证

触为得正见,故以真见道,现前得真如,所以亲领受。

触证相的触是接触,证是证实。亲切地经验到法性,名为触证。中国的禅者欢喜说开悟,或说大彻大悟了,然证有一定的标准,悟的意义可浅可深。亲亲切切经验到了,真正地体验到了真如法性,才可叫证。而悟,无论以听闻所得来的智慧,以思惟所得的智慧,从修习所得的智慧,虽不是真正的般若现前,但也有一番领会。例如天台宗所说名字即佛,称为大开圆解,于佛法中豁然贯通,有一番体会。这不是证,不过是闻所成慧。悟是浅浅深深的,或在读经时,或在静坐时,内心都可能现起一种体验。

闻慧、思慧、修慧，都有内心体验的，但都不是证。修行者在证得法性以前，必有一层一层的经过，假使不了解，就以为证了，成为增上慢人。所以证是实证，特别名为"触证"，触是触到，而不是想到了。经上譬喻说：好像井中有水，望见了，可是没有触到；若把水拿起尝到了，才真的知道了水，触证就是那样。论文说："触"是"得"到了"正见"。正见即是般若，在八正道中称为正见。正见，不是一般所说的正确了解，而是正确的智见。那八正道的正见，是现证法性的般若。为何名为见？如以眼睛见物，看得很清楚。我们的智慧，直对真理，体验得明明白白，这样的智慧，所以又名为见——叫正见。

在修行的五位中，经资粮位到加行位，修到世第一法，下一刹那，真正的智慧现前了，正见现前，名为见道。见道有二：一为真见道，二为相见道。正见是真见道，如《般若经》说："慧眼于一切法都无所见。"真正的般若现前，一切的法都不现前。这就是毕竟空性，或名真如，或名法性。无能取、所取，无能诠、所诠，平等平等。禅宗有一句话："说似一物即不中"，说它是什么，就不是的，因为所认识的一切，所说的一切，都是名言，与法性不合的。真见道体验到法性是怎样的？那实在是不能说的。中国人说哑子吃黄连，有苦说不出；佛法的譬喻是，般若真见道，如哑子食蜜，甜得很，就是说不出。这不但常人不能说，菩萨不能说，佛也不能说。菩萨在定中真见道，一切法都不可得，从真见道出定后，从般若起方便，或名后得智。如在"总统"府，不能说"总统"府在南在北，等到离开"总统"府，那又可以说了。通达空性是什么样的，在后得智中，以世间语言、思想表达出来。法性是这样那样,其实这已不是真实的,因为有相可得,所以名相见道。真见道时,般若是无相的,没有一切相,空相也没有。当时是一切相不可得,唯识家如此说,中观家也如此说。真见道证得真如,真如就是法性。没有虚妄的,名真;这虚妄的有能取、所取的对立,能诠、所诠的差别,触证得无二无别的,所以名为如。

"现前得真如",现前的意义是:就是觌面相呈,当前的、直接的经验,不是间接的,雾里看花那样。智慧现前,或名为现观。现是直下的,当前的,不加思惟,不加分别,离能取所取而明明白白地现前,这就是触证的正见。此正见能体验到真如,"所以"是"亲领受"的。亲领受是亲切地体验到,这是一切文字、语言所不能安立的。心识起时,一定有能取、所取,而这是超越能所的。所以真见道是一切法相不现前的。《般若经》说:"一切法不生,则般若生",就是这个意义。

(5)随念

随念谓修道,为除诸垢故,于前所见义,菩提分所摄。

进一步,是"随念"的修道位。有的说:证到了,一了百了,什么都没有事了。然依《楞伽经》,或中观与唯识论,都不是如此。证是顿证,通达无二法性,是没有次第可说的,但证了以后,还要进修。菩萨在定中,通达真如,亲切体验到法性,但从定出来,能取、所取,能诠、所诠,一切又都起来了。虽现起一切,但与没有体证的人是不同的。证悟了的,是真能知道这一切相是虚妄如幻的。证悟,断了见道所断的烦恼,但还有修道所断的烦恼;有的烦恼虽断,还留有习气,所以证悟以后,正好修行。证悟以后的,名为真修,这就是随念。什么叫随念? 随是随顺,念是系念，随念是随顺那体验过的、见到证到的境界，系念观察，以此观察当前的身心世界，不断地随念观察。禅宗说悟了以后，随时照顾这一悟境，不时地提起来，不断地进步，意义有点相近。所以"随念"是证后起修，是"修道"位，是初地真见道以后，从初地、二地，到十地菩萨后心，共经二大阿僧祇劫。

随念是修道，所以证后要起修，"为除诸垢故"。生死众生是杂染的，无论是烦恼杂染、业杂染，或报得身心的生杂染，都是不清净的垢染。其中主要的是烦恼，除去烦恼，要在认识的心境上，除去执著为实有性的计执相，才能渐除烦恼而到达清净。

"于前所见义"：前是真见道，前所见到的义，是见道的证境，不断地随顺见道的证境去修。众生的烦恼有二大类：一为见解的、思想的错误，如我我所见等，名见所断烦恼。这些烦恼，是见解的、思想的错误，所以一旦见道——体证真如，这些烦恼就解决了。另一类是在生活行为中，属于情意的，如爱、慢等。众生无始来这种种的烦恼，不是一悟所可解决的，不过有了正见，属于情意的，有关生活行为的烦恼，可以正见去观察而渐渐消除的。见道以后，应时时将体见的境地在一切事上去体验。一方面，深修定慧，定中证到真见道的境界，一切相又不现了。等到从定起来，一切相又现了，把那个体验到的境界，了解一切如幻如化，随时在平常日用中去体会，一切修道所断的烦恼，渐渐地消除。

这里举一譬喻：如天上月，有时见月跑得很快，这是错乱、虚妄、颠倒的。经慢慢的观察，集中眼光去看，久而久之了解了，原来是乌云在动而月没动，这是见解的正确。虽知道了云动而月不动的真相，但如果不经意地以眼望去，月亮还是在动的。要经过不断的训练,久而久之,才能一望而知月并没有动。这可以譬说,能取、所取,能诠、所诠,虚妄分别相现,真见道时一切不现前了。虽体证了,但一出真见道,一切相又现,虽能知一切如幻如化,与从前的认识不完全相同,但到底还要现起妄相。这如心里明知月没有动,可是眼见月在动一样。这必须把那证悟到的毕竟空的境地,在平常日用中,见到的、听到的、想到的种种境界上去历练,到了念念常证真理,幻空不二,断尽一切烦恼,那就成佛了。从前达摩所开示的"一、理入,二、行入",理入是证入法性;证悟后,要在一切行为中去修,就是行入。西藏所传的大手印,我见到的,也是先发悟,悟入了法性后,说明遇到苦怎么样?遇到乐又怎样?病时怎么样?甚至死时怎么样?得意和失意时怎么样?总之,在人生一切经验中,处处以此悟入的境地去历练。所以见道以后的修行是随念前所行境,就是修道。修道位的修,要数数修,不断地修习,以到达究竟。

修道位所修的,"菩提分所摄"。菩提分,是三十七菩提分。菩提意译为觉,分是条件,就是因素。要成就大觉,就要具备这些支分。菩提分是:四念处,四正勤,四如意足,五根,五力,七菩提,八正道分,这都是完成大觉所要修的事。三十七菩提分是通于小乘的,大乘法也有三十七菩提分,主要是六或十波罗蜜多,种种三摩地,陀罗尼,一切修行法门。为了圆满究竟的大菩提,所以这所修的,都是菩提分所摄的。《十地经》等说"十地菩萨修十波罗蜜多",就是此义。在还没证悟以前,也是修菩提分的。依大乘经说:证悟以后,才是真正的波罗蜜多;证悟以前,叫远波罗蜜多、相似波罗蜜多,因为都是有漏的,还不能与法性相应的。证悟以后,无漏的、与法性相应的行,才是真正的菩提分所摄。依上来所说,可说依处是资粮位,抉择是加行位,触证是见道位,随念是修道位。

(6)到达自性

悟达彼自性,谓真如无垢,一切唯真如;显现彼即是,转依圆成实。

这五句,最后"悟"入到"达彼自性",就是成佛的究竟位。悟是或浅或深的,这里所说的悟,是成佛时的彻悟通达。自性,与平常所说无自性不同,这是胜义自性,是智慧所体悟的究竟真实。自性,或译本性,是本来如是的体性。众生、凡夫所见到的一切法,直觉到是这样的,以为这是一切法的真相,不知这是虚妄分别所现,如执为真实如此,那是颠倒的、错误的自性。这种妄执自性是毕竟不可得的;遍计所执自性,非彻底破除不可的。一切虚妄执著所显的一切法本性,禅宗称之为本来面目的,是一切法的如实相,也名为自性,就是胜义自性。

证悟通达一切法的自性,就是"真如无垢",就是离染的真如。世俗学者、有些学佛者,对于真如自性,每想像为万有以外的或万有之内的本体,意解为一实体。佛法所说的自性,是从一一法的自性,推究到、体悟到一一法的本体,这就是胜义自性。所以胜义自性,不是在一切法以外的,也不是在一切法内部或底里另有一微妙不可思议的自性,而是一一法的真相。如眼识有眼识自性,耳识有耳识自性……依世俗所见的不同特性而立。现象界的一一自性,都是唯心所现的,观一切法虚妄,通达一一法无所得,体悟一切法(胜义);从一一法上推究到究竟处,超越了能取、所取,能诠、所诠,到达的胜义,是一一法的本性,胜义法性的体悟,名为"自内所证",就是内证的一切法性,而不是在一一法外的什么。观一一法不可得,一切法相都不见了,称此自内所证的为"真如"(法性),因为虚妄相没有了,一切法无二无别,平等平等,所以名为真如。这不能想为万法以外或万法以内有个实体,再从这个生起一切;佛法是不说从自性生起一切的。无论唯识或中观,但说一切法真如、法性,无二无别,却不能想像为一,因多与一都是相对的,没有差别的多,一也不可说。佛法中常说不二、无二,怕众生听了会误解,所以很少是一的。

真如是一一法本性,众生为什么不得悟入? 众生在生死中,虚妄分别,烦恼、业、苦,流转不息。真如没有离一切法,因无始以来为无明所蒙蔽,如明镜面有灰尘在;或如虚空本来明净,而现有乌云一样,所见的虽还是虚空,但不见明净的,而是那么阴沉沉的晦暗,所以经说"客尘所染",这就是有垢。其实,真如不会有垢的,可是众生有垢,为客尘所障,妄相现而真相不现罢了! 为无明所障,名世俗谛。在梵文里,世俗有覆蔽的意义,所以说"无明覆真故世俗"。

当真见道时,一切虚妄相不现前,体证到一切法清净真如,但杂染没有消尽,出观时种种虚妄相又现。经修道位修习,虚妄渐渐消融,渐渐转化,到二障永尽,杂染彻底消失,名为最清净法界,也就是真如显现了最极清净,这才是真如无垢,唯识学或称为"出障圆明",离杂染障碍,显出真如的究竟清净,也就是圆显一切法的本性——胜义自性。究竟到达佛位,也就是悟达彼自性。在佛的境界中，一切法都是真如现前，所以说"一切唯真如"，再没有虚妄分别相了。虚妄分别尽净了，圆满"显现彼"真如，这就是"转依圆成实"。

转依与圆成实，在唯识学中是重要的术语。转依，向来说有二种依：一、持种依：阿赖耶识为杂染清净种子依，为染净法所依。无始以来有虚妄杂染种子，显现虚妄生死，生死不已；又由清净种子，引起圣道，舍染得净。转无始来的虚妄杂染为真实清净，都以阿赖耶识为依，这是约持种依说。二、迷悟依，迷是迷了这个，悟是悟了这个，这就是真如、法性，真如有垢而成为迷妄，真如无垢而成为清净，真如为迷悟依。约本论说，转依圆成实，是约迷悟依说的。

转依所显的，是圆成实性。圆成实的意义是：圆是圆满，圆满是无欠无余，不增不减。成是成就，与一般造作所成的成不同，与中国所说"成者自成也"的意义一样。实是真实，离虚妄名实。在唯识学的三性中，第三名圆成实性。圆成实性在唯识学中略有二种解说：一、圆成实是毕竟空性，法性，真如，约理性说，而佛果所有的无边功德等，不属圆成实性，它名为清净依他起性。唐玄奘所译唯识，多取此义。二、如《阿毗达摩大乘经》、《摄大乘论》等，圆成实有四种，即四种清净。依四清净说，佛果的一切清净功德，属于圆成实性。也就是佛的果德，一切是真如，圆成实所显。

以上法与法性，都以六相来分别解说，以下特说转依圆成实义。

二　特详转依别彰大乘义

甲　法　说

将转依特别提出来详细说明。这是着重于大乘的,从证悟真如,初地菩萨以上,到成佛的转依。法性的意义,虽是重于大乘的,如但约证悟法性来说,也通于二乘的果证。

1　总　标

由十相悟入,转依为无上:入性、物、数取,别、所为、依住,作意及加行,过患并功德。

先总标,转依的悟入,有十种相,为悟入转依无上方便。十相中,第一相"入性",入是悟入,入自性就是悟入自性。第二相入"物",悟入的对象。第三相入"数取",梵语补特伽罗,意译为数取趣,是众生的别名。众生为什么又叫数取趣呢?因为每一众生,都是无始生死以来,在人、天等五趣中,不断地生了又生。数是数数,是一次又一次的意思。不断地受取五趣,所以名数取趣。通俗地说,不但是五趣凡夫,声闻、缘觉、菩萨、佛圣者,也名数取趣。所以入数取,说明这转依是属于谁的。第四相入"别",别是差别,殊胜的意义。第五相入"所为",明为什么要悟入转依。第六相入"依住",明转依依住,这一科最重要,是说般若无分别智。第七相入"作意",是悟入的作意修习。第八相入"加行",悟入的加行。第九相入"过患",如不立转依,有什么过失。第十相入"功德",安立转依,有什么利益。总标十相,以下再一相一相的详说。

2　别　释

（一）悟入自性

其悟入自性：谓客尘诸垢，及与真如性；不现及现义，即无垢真如。

悟入，如上说"悟达彼自性"，悟入的自性究竟是怎么样的？上文说过，自性是真如、法性，但是要说明法性、真如的转依，先从二方面来说，"谓客尘诸垢，及与真如性"，一方面为客尘，一方面是真如性。不虚妄为真，如如无别为如。法性是法的本性，是本来如此的。本来如此，所以真如、法性是超越了时间观念的，但一般说起来，总是从时间观念去想，本性被看作从过去以来一向如此，于是问题丛生了！真如，法性，是超脱一切名言、时空，没有杂染与非杂染的，对生死杂染说，名为清净。

另一方面是诸垢，种种杂染不净的诸垢，也名客尘。尘是染污的，无始以来所有的染污。约心说，是虚妄分别心，是妄识相应的种种烦恼。如约心所现所取来说，是似现的错乱相，执著种种实有性。为什么叫客？真如法性是清净的，一向清净的；杂染、诸垢、无明，也是无始以来就有的。一向有真如，一向有无明，简直不能说谁前谁后，谁主谁客。可是虚妄杂染，可以因修行而灭去，消融而不再存在，所以染污的，如烦恼、戏论相等，称之为客。如客人在此住几天就走了，他终于要离开的，主人却一直住在此地。所以，客尘不过形容可以取消的；对真如本净，而名诸垢为客尘。

可是，如从时间上去说，还是先有真如？先有无明？还是同时而有？如同时而有，为什么有主客之分？假使说先有无明，后有真如，那真如不成其为真如，起初没有而后来才有，这是不符真如定义的。如先有真如，后有无明，这过失就大了，这是不能成立的！既然先有真如本净，为什么后来又起无明呢？有的说，真如本净，由于一念不觉，一动念而有无明。试问：有了无明才一念不觉呢？一念不觉才有无明呢？没有无明，为什么会一念不觉呢？假使真如本来清净，后来会忽然而有无明，那大家不用修行，因为修行是没有用的。你就是修到了成佛，完全清净了，说不定忽然一念，垢染又起来了。所以说先有真如，后有无明，这都是从时间观念去说本性，说客尘，这才陷入理窟，无法自拔。佛是从现实身心出发的，只说无明是无始以来如此的；由于无明等垢染可以除灭，不是永久如此的，所以称之为客。诸垢名为客尘，依唯识说，客尘是虚妄分别心，妄心所现能取、所取自性，种种执著所起种种烦恼。

"不现及现义"：在凡夫的众生位上，客尘显现，真如不显现；没有证悟以前，真如是从来不显现的。真如性不现，所以客尘现虚妄分别，能取、所取，修行就是要使客尘不现，真如性现前，把它倒转过来，向来显现的不现，向来不现的现在显现。不过，在修道的过程中，是进进退退的，最后才到达究竟的清净的。真见道时，一切相不现，真如法性现前了，但客尘没有尽，执障与习气都还在，所以一出见道，虚妄分别，能取、所取杂染又起来了。这样的不断修习，真如法性时时现前；到八地菩萨，自利方面，无相无功用，纯清净心，但还没有纯净，究竟清净真如显现，要到佛位，一切客尘永不现了，这才是"无垢真如"——离垢真如。真如是如是如是,没有变异,本来清净的,在众生位上也不受垢染。如真如受垢,也不成其为真如了。真如本净,但因众生虚妄显现,没有显出清净法性,不显并没有失却;到成佛,一切杂染消融,法性究竟现前,名离垢真如。古代禅师这样说:"修证即不无,污染即不得。"真如性是不会污染的,但要经修证而显出,所以要有修有证(约真如本如是说,也可说无修无证)。悟入自性是无垢真如,是转依的胜义自性;或约唯识说,名为无垢识。

(二)悟入物体

谓共器界识,真如性转依;及契经法界,真如性转依;并诸非所共,有情界内识,真如性转依。

转依,依什么而转化?如上文说,生死法为所依,是共所依,不共所依。涅槃法性为依处,是一切法、一切经等。转依,是依这种种的物体,转显真如清净。

平常说,唯识宗"转八识,成四智"。众生有八识:眼、耳、鼻、舌、身、意——六识,第七末那识,第八阿赖耶识,都是有漏的。等到究竟成佛,八识都转成四种智:转阿赖耶识成大圆镜智,转末那识成平等性智,转意识成妙观察智,转前五识成成所作智。转有漏识成无漏智,就是转依。然唯识宗所说转依,不一定依八识说,如《庄严大乘经论》从种种方面说转依:众生有种种方面的虚妄杂染,都可依之而说转依,如我们有贪欲,转依了成什么;有烦恼,有五根,有器界,转依了成什么。总之众生所有一切,都转化为究竟清净。

本论所说转依,是依上文所说而立的。上面说:"诸于何流转,说彼为所依",所依是器世界与有情界。器界是共的,就是山、河、大地等。有情界有共与不共:托胎生、名言、摄受、治罚、饶益、违害、功德、过失——八事,众生与众生间是有彼此展转相互关系的是共。有情界的依、了别、苦、乐、业、死、生、系缚、解脱——九事,是不共。器世界与有情界,是生死流转所依,现在就依此来说转依。

"谓共器界识,真如性转依":器世界是共的,虚妄杂染共相识所现。依此说转依,就是转杂染世界为清净世界,就是净土。世亲菩萨的《净土论》,是无量寿佛的优波提舍,说到佛的清净土,是第一义境界,胜义的境界,也就是这里所说的真如性。众生器世界,是虚妄分别所现,到转依时,就是真如性显现。清净佛土的无边清净庄严,一一以真如性为体;虚妄不现而真如性显现,名真如性转依。

本论所说转依,分为三类:一是共器世界识;有情界有共,有不共,总为三类。有情界的共,是托胎生等八事,其中名言是极重要的。因为人与人间,以名言——语言文字来表达思想、感情,彼此间心意相通,主要是以语言为媒介的。如来救度众生,主要依于说法。佛与众生发生关系,虽也有现神通的,但主要是说法。佛所说的法,把它结集下来,就是经(律的根本,也是名为经的),所以说"及契经法界,真如性转依"。梵语修多罗,意译为契经,因为佛所说法,一方面契合真理,一方面契合众生的根性,契机、契理,所以译为契经。现在要问:契经是妄还是真呢?众生听闻、了解、忆持、思考,只是名言,名言是虚妄所现,那么佛怎么能以虚妄分别所现的语言文字,化我们趣向真如呢?

众生的名言，是虚妄分别所现的，能取、所取，能诠、所诠，听闻佛所说的，虽还是能诠、所诠，但有一不同，佛所说的契经，是属于法界等流的。法界的意义很多，这里是圣法之因。一切圣法、圣道，因此、依此而生起，所以名为法界，界就是因义。法界是真如异名，与真如相应，才有无漏圣法，所以又名为法界。佛说的一切经法，是法界等流。这是说，佛证悟了清净真如——法界，悲愿熏心，起方便善巧，将自己所修、所证得的说出来。佛为众生方便开示、演说，是从证悟法界而来的，称法界性，平等流出，所以叫法界等流。我们从佛闻法，所以能够发心、修行、解脱生死、成佛、转虚妄而显真如，都因为佛说是法界等流而有可能的。佛的言教，在我们听起来，不外乎语言文字，能诠、所诠，也不外乎虚妄分别，但从佛说的内容说，有众生生死虚妄所没有的成分，这是证悟了真如，以善巧方便宣说，有着导迷启悟、转妄成真的作用。

譬如说：日月潭怎样好，我们不知道，所以我们也不想去观赏。有人去了日月潭，照了好多风景片，拿来给我们看，这当然不是真实的日月潭。可是从所摄的照片，使我们了解日月潭是如何的，而引起去日月潭旅行的动机，我们依那人告诉我们的路线，就可以发心前往，到达日月潭。这样，佛证悟了平等法界，真如法界是离言不可说的，但佛有慈悲方便，从自证法界流出言教。在佛来说，这是真如性显现，不过到众生心中，成为一般的语言文字。佛经与世界所有的各种学术有什么不同？佛是从证悟真理而宣扬出来，有引导众生、转迷向悟的功能。听到了法界等流的契经，就在众生虚妄识中熏习成一种出世的种子，名为闻熏习，成为出世心的种子。闻而思，思而修，出世种子力愈来愈强，终于引发现行的无漏智慧现前。契经是语言文字，不离虚妄分别，却可以破名言，使这虚妄分别转化。依法界等流的契经而闻思修习，等到究竟成佛，这是"契经法界，真如性转依"。佛的言教，在圆成实性四种清净中，名生此境清净。经典的法义，能生起无二智慧等，为智慧的境，虽是名言，而属于清净法——圆成实性。

"并诸非所共，有情界内识，真如性转依。"有情界的不共，是依、了别、苦、乐、业、死、生等等九事。不共的有情界，以有情的内识为主，如依、了别等。依或是五根，或是阿赖耶识；了别是眼识、耳识、鼻识、舌识、身识、意识等。末那识、阿赖耶识，与眼、耳等六识，这种种能取的识转，转显真如性，都是圆成实性。

（三）悟入数取趣

初二谓诸佛，及诸菩萨众，真如性转依；后亦通声闻，及诸独觉者。

第三相悟入数取趣，是说转依的是些什么人。通俗地说，约修行得转依的有情来分别："初二"是上面三类转依中，共器界识，及契经法界的转依；这是"诸佛"与诸大"菩萨众"的真如性转依。上面说过，证得涅槃的，有三乘差别。声闻与缘觉圣者是没有净土的；净土是佛菩萨乘的特法。二乘人的修行，着重在断烦恼，得解脱，专于自己身心的义利，不大注意外界，也没有要使外界清净的动机，所以不发愿，功德少，到了证得声闻、缘觉的圣果，是没有净土的。释迦佛在世的时候，诸大阿罗汉所见的世界是杂染的秽土，如《维摩诘经》里舍利弗尊者说：他所见到的释迦牟尼佛的国土,秽恶充满,种种荆棘土石,是不清净的,与凡夫所见到的一样,所以二乘是没有净土的。但诸佛与菩萨,有器世界转依,就有净土。佛有究竟净土,这是不用说的。菩萨到了初地以上,也有一分净土,因为到了初地菩萨,是已经证悟真如法性了,无分别智现前;断除一分不净,能见到佛的他受用净土。在佛方面,是他受用净土;在菩萨方面,是菩萨自身的庄严清净土。所以共器界识,转杂染世界为净土的,是佛与菩萨(那样的数取趣)。"契经法界"的真如性转依,也是佛菩萨的。佛与菩萨都证悟了法界,方便流布的语言文字,在佛菩萨的觉悟境界,是法界等流,圆成实为性,所以也是真如性转依。在声闻、独觉乘,这些语言文字终究是虚妄世俗法;所以契经的真如性转依,也是属于佛与菩萨的。

"后亦通声闻,及诸独觉者。"在三类转依的后一种,就是"有情界内识,真如性转依"。这是说,可通于声闻、独觉,当然佛菩萨也在其内。声闻、独觉,可以说内识得到了转依的。声闻与独觉,能解脱生死,有这真正的般若现前,依唯识宗说:声闻与独觉,有生空智,通达我空真如,生空无漏智现前,有漏识不起,悟入法性。我们的心识,圆满转依,真如性显现,声闻、缘觉是达不到的,但声闻与缘觉未入涅槃以前,有清净无漏智慧现前,悟入法性,有转依的意义。等到入般涅槃,有漏身心永灭,所以生死究竟解脱,证涅槃是(生空)真如性显现,所以有情界内识的真如性转依,声闻、独觉也是能得到的。如声闻与独觉不能得到内识界的真如转依,那怎么能了生死、解脱成涅槃?声闻、独觉是通于这一分涅槃的,所以《华严经·十地品》说:八地菩萨时,依无分别智，证得无分别法性，也是声闻、独觉所能契入的。

（四）悟入差别

悟入差别者：谓诸佛菩萨，严净土差别，及得智法身，报身并化身，能普见、教授，自在成差别。

"悟入差别"，是转依的差别。声闻有转依，独觉也有转依，佛菩萨也有转依；菩萨是分证，佛是圆证。佛菩萨所证的转依，比二乘有什么差别？差别，是佛菩萨与二乘不同。差别可译为殊胜，有特殊超胜的意思。悟入差别，是说佛菩萨的转依与二乘不同，比二乘的转依殊胜得多。佛菩萨转依，有哪些不共二乘呢？一、"谓诸佛菩萨，严净土差别"：佛菩萨净土的庄严胜过了小乘，这已在上面说过了。二、"及得智法身，报身并化身"：究竟转依的佛果，有法身、报身、化身三身（菩萨分得），这是与二乘完全不同的。依此三身而起妙用：能普见、教授、自在，显出大乘转依胜过了二乘。

平常说佛具三身：法身、报身、化身。唯识宗更严密地分别，分报身为自受用身、他受用身，所以成四身，不过三身是一般大乘经的通义。本论称法身为智法身，经说法身的意义不一，如但约法性为法身，那是一切众生本来如此的，也可说人人成就法身的。法身是无彼无此，无差别性，不但佛与佛可共证，一切众生都可说有这法身。佛（菩萨）圆证的法身，是以无分别智证悟显现了法性。清净法性圆满显现，是智慧圆证所能得的，就是无垢真如，所以称为智法身。经说："如如，如如智，名为法身"，就是这样的法身。约法身无差别，与一切众生不二，这是如如义；但佛法身是以智而圆满体现的，非众生所有，所以佛法身名为智法身。

报身，约佛来说：菩萨初发菩提心，修菩萨行，积集广大资粮，六波罗蜜多，四摄，三昧门，陀罗尼门，修习到究竟圆满，名为佛。佛是无边清净功德所庄严的，是菩萨发心修行所成就的。约这一意义说，名为报身，报是修所成的，是修得的果报。报身约功德圆满成就说，所以名圆满报身。佛的圆满报身，约佛说，是修行圆满，佛自受用甚深法乐，名自受用身；但在初地到十地菩萨所见到的佛身，教授甚深法，菩萨从佛而受用法乐，所以又名他受用身。

化身，是适应众生而起的种种变化身。出现于婆婆秽土的释迦牟尼佛，在大乘法中属于化身。不过化身不一定这样，名为随类化身。应以什么身化度，佛就化现什么身。所以所化的身相，不一定是比丘相，不一定是佛相；救度你，化导你，现起各样的身相出来，受化者也不一定知道是佛。如人在种种危险急难时，在黑暗中因遇到光明而脱险，这光明可能也是佛所化的。有佛化丈六身，如释迦佛那样，是凡夫或小乘根性成熟所见的化身。如十住、十行、十回向菩萨，虽还没有证悟，不见佛报身，但功德广大，所见的化身，现天人相，身体高大，或如须弥山。所以化身中，是种种不同的。

佛的三身，与心识的转依有关。阿赖耶识转依，就是法身。意识转依，妙观察智成身，是报身。化身起种种利他事业，是转前五识，名成所作事智所现。古代唯识学，也多少有不同的分别。以内识界转依成智，名智法身、报身、化身。三身的差别殊胜，是二乘所没有的。

依三身而起妙用来说：一、"能普见"，是智法身的作用。普见的意义是：遍一切处，遍一切事，遍一切法，刹那刹那间，无所不知，无所不见。普见也可说普现，念念顿现一切，这是智法身的妙用。约转识成智说，这就是大圆镜智，如大圆镜内，一切一切都影现出来。

二、"教授"，是报身的妙用。佛成报身，在清净净土中教化十地菩萨，所以《八识规矩颂》说："十地菩萨所被机。"十地菩萨能见报身佛，报身佛为十地菩萨说法，教授十地菩萨。佛教授菩萨甚深法，所以菩萨能领受甚深法乐。

三、"得自在"，化身妙用。现种种身，说种种法，应现什么身就现什么身，应说什么法就说什么法，一切自在，作种种利济事业，是化身的妙用。

这样，得智法身，能普见一切；得报身，能教授十地大菩萨；得化身，能起种种自在事业。佛（菩萨得一分）与二乘的转依是完全不同，显出佛菩萨转依的殊胜。

（五）悟入所为

悟入所为者：谓宿愿差别；宣说大乘法，即所缘差别；十地加行别。

"所为"，是菩萨修行，到能得究竟转依，在进修过程中的所作所为。这是与二乘所为不同的，主要有三种差别：一、宿愿差别，二、所缘差别，三、十地加行差别。

"宿愿差别"：菩萨最初发心时所立的菩提大愿与二乘不同。宿愿，经中或称本愿。初发心所发的大愿，简单地说，是上求佛道，下化众生。具体地说，菩萨发愿，要求得究竟圆满的佛道,要度尽一切众生。或说:要庄严一切国土,见一切佛,听一切佛说法,修学一切法门,利益一切众生,圆满佛所有的一切功德:一切都是遍法界的一切一切。这样的宿愿与二乘完全不同。二乘专为己利,急求解脱生死,不为众生着想,从没有成就一切功德的希望。二乘的发心,但求己利,与菩萨初愿不同,是宿愿差别。

"所缘差别":二乘听佛说法,少闻为足,不求佛说的无量法门。闻法少,思惟、修习也少,闻、思、修慧的所缘法义,都是狭少的。菩萨遍学一切法,遍观一切法,所谓无量法门誓愿学。听闻、思惟、修习,依一切法为所缘境,这是菩萨的所缘差别。

"加行差别":上面说到的加行道,是真见道以前的,暖、顶、忍、世第一法,名为四加行,这是狭义的加行;约广义说,从菩萨发心起,所有一切修行都可名为加行。不过,这里所说加行,专约十地菩萨所修的加行。声闻、独觉所修的是戒、定、慧——三无漏学,这戒、定、慧学,也不是圆满的。菩萨的加行广大,自初地到十地菩萨,修十波罗蜜多:初地修布施波罗蜜多圆满,二地修持戒波罗蜜多圆满,布施,持戒,忍辱,精进,禅定,智慧;从方便智别出的,是方便、愿、力、智波罗蜜多。菩萨在十地所修的加行,一切都究竟圆满,显出大乘加行的特胜。悟入所为的三差别,也可说是愿大、境大、加行大。

(六)悟入所依住

(1)标列

悟入所依住,谓由六种相,入无分别智:即悟入所缘,离相、正加行,性相与胜利,及悟入遍知。

　　第六相,"悟入所依住",正说无漏般若,也名无分别智,是能得转依的枢纽所在。平常学佛者说,不要分别,一念不起,无分别,但无分别是什么意义? 怎么样才可得到无分别? 修得无分别智所包含的一切意义,这里来广为说明。真如法性的圆满开显,是依无分别智而成就的。依无分别智而真如法性转依,所以无分别智为所依住。本论以"六种"义"相",明悟"入无分别智":甲、"悟入所缘",无分别智以什么为所缘? 乙、悟入"离相",无分别智离什么相? 丙、悟入"正加行",无分别智以什么加行而得? 丁、悟入"性相",无分别智的性相。戊、"胜利",得到无分别智的殊胜义利。胜利与功德的意义差不多。己、"悟入遍知",无分别智的遍通达一切。遍知,在佛法中,是一特殊术语,遍知不只是一一法的了解,而是由于真理的通达,能断除烦恼。证真与离惑是相关的,遍知谛理就能够断烦恼。这六相,是标列悟入所依住的,下面再分别来解说。

(2)别释

(甲)悟入无分别智所缘

当知有四相,初悟入所缘:谓于大乘法,说、胜解、决定,及圆满资粮。

　　初相是悟入所缘。"悟入"无分别智的"所缘",有"四"种"相",无分别智以此四相为所缘而成就。四种是:听闻所说、胜解、决定、圆满资粮,这四种都是依大乘法而起的。在上面"悟入所为"中,曾说过:"宣说大乘法,即所缘差别",大乘法为所缘,是菩萨智慧的特性。依大乘法为所缘,依次第深入说,就有此四相。

"说",是佛菩萨所说的大乘法。佛世多用言教,多用耳闻,所以名为说。菩萨无分别,不是什么都不去分别,先要听闻大乘法教。如从人听说大乘法,或阅读文字记录的大乘经,都称为闻法,所闻的就是说。如不听闻大乘教说,不阅读大乘经典,想得菩萨无分别智,那是根本不可能的。有人说:我什么都不分别,以为这样修学就能得无分别,那是误解了!所以要得无分别智,先要听法。本来,趣入佛法的初步,就是要亲近善友,从善知识那里多多去听闻大乘教说。说,起闻慧,依听闻教说为所缘,能成闻所成慧。

"胜解":从听闻大乘法,经如理思惟,渐渐地得到了殊胜的见解。这是很坚定很明确的见解,名为胜解。得了胜解,不再是人怎么说,自己也怎么说,毫无定见了。如理思惟大乘法义,所得坚强不变的见解是胜解,这是坚固不动摇的。如达到胜解的阶段,不管旁人怎么说,都不能改变;即使他能现神通,也不会变动自己的见解。胜解不是从听闻而来的,要经过如理思惟,确定为非此不可,所以胜解是思所成慧。

"决定":胜解也是决定的,但这里的决定有抉择的意思。依思惟所得,进而起观察慧,观慧以简择为相。这不是散心分别,而是定中观察大乘法义,能于定心中安住不动,这是决定,所以决定是修所成慧。要得到无分别智,必定以大乘法义为所缘,从闻而思,从思而修,才有引起无分别智的可能。

"圆满资粮":在佛法中,无分别智当然是智慧,但菩萨无分别智的引发,不是二乘智慧那样,专修智慧就可以了,菩萨的无

分别智，一定要有福德庄严，福德助成智慧。福德要从大慈大
悲、利益众生中来，所以菩萨无分别智一定与慈悲相应。有慈悲
心，能利益众生，悲行福业的修集，是福德资粮；闻、思、修慧的修
集，是智慧资粮。二种资粮圆满，名为圆满资粮。资粮是成佛所
应具备的条件。如要去什么地方，要预备路费及途中应用的东
西，名为资粮；要得无分别智，也有应该具备的条件，具备了就是
资粮圆满。所以，经中说无分别智，一定与慈悲相应，而且要定
慧均等，这才能生起菩萨无分别智。有的学佛者以为什么都不
需要，只要修得无分别智就可以了，那是误解的。龙树菩萨说：
般若，不是凡夫的智慧，不是外道的智慧，不是二乘的智慧。与
二乘智慧的差别，就因为菩萨的般若与慈悲相应。所以圆满
（福德）资粮，才能得无分别智。

　　四相的前三种，约修智慧说：听闻佛说，于大乘法义得胜解，
得决定，这都是属于智慧资粮的。第四圆满资粮，要与慈悲相
应，定慧均等，是福德资粮。般若无分别智，要这样的修学，才能
现起。

　（乙）悟入无分别智离相

**第二能悟入，离相亦四种：谓由离所治，能治及真如，并能证
智相。此四如次第，即所永远离，粗、中与微细，及常随逐相。**

　　凡所有相，皆是虚妄，一切相都是要离的，能离一切相，才能
得无分别智；因为有了相，即有分别，所以要离一切相。泛说离
一切相，而在修行的过程中，次第"离相"，也以"四种"相来说：
一、所治相，二、能治相，三、真如相，四、能证智相。

　　一、"所治"相：智慧所对治的是烦恼，烦恼是所对治相。然

以唯识观来说,虚妄分别现能取、所取二相,是错乱杂染的因,这是要离去的。修唯识观时,观唯识所现的所取境,是离识无所得的;所取相为智慧所对治,修习到所取了不可得,是为第一离所治相。

二、"能治"相:有所治,就有能对治的。通泛地说,修三十七菩提分、六波罗蜜多等,都是能对治烦恼,都可说是能治的。然约唯识观行说,上观所取相不可得,离心以外的所取相是所治相。这是观为唯心所现,能除心外所有的执著。观唯心所现,不离能取,就是以有识为能治。然所治的所取相不可得,能治的能取相也就不能成立,所以要进一步离去能治的能取相。

三、"真如"相:真如是无相可得的,然从唯识观行的过程来说,修到所取相不可得、能取相也不可得时,有二取都不可得相现前。无二无差别,是真如相;一切法不可得是空性相。有此空相、真如相,还不能证入真如,这种似现的真如相,也是要远离的,这是离真如相。

四、"能证智相":修观时,总有一能观相;到观心现起二取不可得——真如相时,就有一能证真如智相,也就是自觉得能证真如。这也是相,是无分别智所远离的。

将四相综合起来:所治、能治、真如、能证智,是修唯识观行到达无分别智现前所应远离的。先要离所治相,观唯识所现,识外所有一切相不可得,对治所取相——心外所有一切相。一切不离能取心识,是能对治所取相的;如离去了所取相,这能治的能取心相也不可得,名为离能治相。所取相、能取相都不现前时,有真如相现前,空相现前,这真如相也是要离去的,因为真如是没有一切相的。所证的真如相既不可得,那能证的智慧相也不可得,所以说"无智亦无得"。修唯识观,对于这四种相,要一层一层地次第远离,四相都远离了,那才是真正的无分别智。

颂文承上说:"此四如次第",这四相——所治、能治、真如、能证智,如四相的次第,就是"所永远离"的"粗、中与微细,及常随逐相"。这四种相,是修行者所应该永远远离的。其中,所治相是粗的,识外的一切所取相,是最先远离的。能治相,是能取相,比较上要细一点,也就是次一层远离的,所以是中。能取、所取相不可得,真如相是最微细的,也是最后远离的。所治相是粗,能治相是中,真如相是微细,而能证智相是常随逐相,因为只要修唯识观,无论是离所治相,离能治相,离真如相,总有一离相观智的自觉。离相观智的自觉是与观行不相离的,所以说是常随逐,这也还是相。直到有证有得的证智相也离了,才是无分别智现前。四相彻底永离,是无分别智离相的全部意义。

（丙）悟入无分别智加行

悟入正加行,亦有四种相:谓有得加行,及无得加行,有得无得行,无得有得行。

"正加行",不是广泛的加行,而是资粮圆满,正修唯识观行,在真正证悟以前所修的四加行位。暖、顶、忍、世第一法,名四加行位,是正修唯识观的。要得到无分别智,真正的般若现前,证悟法性,非要经过正加行的修习不可,如不修加行,无分别智是决不会现起的。佛法中一向说:没有天生的弥勒,也没有自然的释迦。弥勒佛、释迦佛,无论哪一位佛,都是经修持得来的。唯识大乘所说的正加行有四:一、有得加行;二、无得加行;三、有得无得加行；四、无得有得加行。四加行的意义是这样的：

"有得加行"：究极的目的是无所得，但修行方便，第一要先修有得加行。什么有得？虚妄分别性可得，依虚妄分别性是有，作唯识观。如说：能取、所取，能诠、所诠，一切都不可得，种种执著都不可得。一切一切既都不可得，那又从何起修？所以尽管说能取、所取种种执著，可以是没有的，而虚妄分别却不能说没有的，这就是唯识宗与空宗差别的地方。先要确信虚妄分别心是有的，这才灭除这虚妄分别，能得解脱。如《辨中边论》说："非实有全无，许灭解脱故。"依他起性的虚妄分别，当然不是实有的，可不能说是无，因为不是完全没有，所以要以修行来灭除它。许，是许可、承认，灭除虚妄分别而得解脱，是佛法所公认的；如虚妄分别什么也没有，等于无，那也不用修行了！一般人不太理解，有宗、空宗所论诤的重点所在，所论诤的，重在虚妄分别——依他起性。空宗以为，这是毕竟空的；唯识宗说：这不能说是空的，虚妄分别是有的。

为什么一定要观虚妄分别为有，修有得加行？因为依虚妄分别有得，才能观察起"无得加行"。依唯识说：虚妄分别是有的，但从虚妄分别心（心所法）生起时，我们不能了解虚妄分别性是唯识的，现有能取、所取相，而能取、所取似乎心境对立，主观与客观对立，这是错误的，根本没有的。能取、所取——二取相是不可得，是空的；这样的观察，名无得加行。把初二加行综合起来，就是有心无境：虚妄分别心是有的，心识现起的心境各别对立的——二取是无的。如《辨中边论》说："虚妄分别有，于此二都无。"修唯识观，是依虚妄心识，而显二取是无的，这也如

《辨中边论》说："依识有所得，境无所得生"，唯识学是特重虚妄分别有的。一切法中，心为一切法的主导，为一切法的中心，无始以来有这虚妄分别心，所以在生死轮回之中不得解脱。在生死流转中，起烦恼、造业、受果，都是依妄识——虚妄分别心而有的。虚妄分别心是不能没有的，没有就无所谓解脱；但也不是实有，实有是不可灭、不可破的，这是唯识宗所说的幻有。唯识学立虚妄分别心是有，依虚妄分别识，明能取、所取二相现前，心境对立是没有的。依虚妄分别有，观能取、所取相无，就是有得加行、无得加行的意义。

"有得无得行"的意义是：虚妄分别是有得，所以心外所取不可得，所取境不可得时，能取心也不可得了。这样，虚妄分别有得，也就成为无得了。

"无得有得行"：无得，就是上面的二取都无所得。二取都不可得，不是什么也没有了，因二取不可得，显出的二取空性是有的，这是有得。在唯识观行过程中，以二取不可得，而有空性在。这是加行，还没有证悟，但要肯定空性是有的。唯识学立虚妄分别是有（得），这才能安立生死与解脱，才能依妄识有而明二取无。唯识学又立空性是有（得），这才能明有所证得。所以，以唯识宗来看，一切空者是不对的！这也没有，那也没有，什么都是空的，那怎么安立生死与解脱，何必起修求证！生死与涅槃都不能安立，那就落在断见。在正修观行时，观空性是有的；无所得空是有的，所以名无得有得加行。

唯识说虚妄分别是有，能取、所取的空性是有，所以或称有宗。这如弥勒菩萨《辨中边论》颂说："虚妄分别有"，先肯定虚妄分别是有的;"于此二都无",于虚妄分别所现的二取,是不可得的;"此中唯有空",此虚妄分别心中,唯有空性;"于彼亦有此",于彼空性中,众生位上,是有虚妄分别的。虚妄分别及空性是有,是唯识宗的根本见解。说空性是有,就是说真如是有,法性是有,涅槃是可证得的。说虚妄分别心是有,所以生死是有,灭除以后,可以得到解脱。这样,"故知一切法,非空非不空",一切法不只是空的,也不只是不空的,这就是中道。"有无及有故,是则契中道",虚妄分别是有;能取、所取是无;及有故是:虚妄分别心中有空性,空性中有虚妄分别,这样,才契合于佛说的中道。

上来所说的,是悟入无分别智的加行,要得到般若无分别智,要依此修行:有得加行;无得加行;进而有得无得加行;再进而无得有得加行。依这样的现观次第,可以证悟真理,无分别智现前。中国的唯识学者成立五重唯识观,在唯识经论中,可说从来没有此说。一切唯识经论,从弥勒到无著、世亲,说到唯识观,都如本论所说的。

(丁)悟入无分别智性相

悟入于性相,当知由三种:谓由住法性,依住无二取,离言法性故。第二由无现,二取及言说,根、境、识、器世,悉皆不见故。以是此即明:无所观、无对,无住、无所现,无了、无依处。无分别智相。如经所宣说:由现一切法,见如虚空故;及一切诸行,见如幻等故。

性是自体,相是相状或义相。任何存在的,不能有言无实,一定要以相知性,有这样的相,可知有这样的法,如说"了别为性相"、"思量为性相"，就从了别与思量的相，知有了别性、思量性的存在。那么，怎样理解无分别智的性相呢？约三种说，因为无分别智，根本虽是现证的无分别智，但从加行到现证，现证以后，都有无分别的意义，所以无分别智有三种：加行无分别智，根本无分别智，后得无分别智。

第一种，"由住法性"：无分别智所证悟的，是法性、真如。在说明上，智慧与法性好像是相对的，智慧是能证的，法性、真如是所证的。这是方便说，为众生是不能不这么说的。众生界是相对界，语言、思惟，没有不是相对的；为众生说法，也不能不说相对的智与法性。在说明中，好像智慧是智慧，法性是法性，智慧能证真如，然与证悟的意义，这是不亲切的。要知道，无分别智不是一般的智慧，一般的智慧是虚妄分别的，是有能见、所见，能知、所知的。无分别智是无分别的，是没有能所的，换言之，没有主观、客观，能知、所知的对立意义。本论说是"由住法性"，无分别智安住在法性中。住，是安住，有深深契合法性、融然如一的意义。法性是无相的，无能取、所取，无能诠、所诠，真如法性是这样的；真正的无分别智现前，就安住法性中，也就是这样的。"依住无二取，离言法性故"，这两句应读为：依住无二取法性，依住离言法性。依住，是依住于法性；无二取是离能取、所取的法性；离言是离能诠、所诠的法性。所以真正无分别智现前，安住在法性中，法性是无二取、离名言，无分别智也是无二取、离名言；法性是这样，无分别智也是这样，无二无别。依安住法性，显示无分别智的性相，这是第一种。

第二，"由无现"：无分别智相，由六种相不现来说明。真正的无分别智现前,有六种相不现,总括了一切法不现,无现就是不现的意思。"二取及言说,根、境、识、器世,悉皆不见"。这六相不现了,即一切法相不现。二取不现,言说不现,如上依住法性所说,法性离能取、所取——二取,离能诠、所诠,所以无分别智现前,这二种相是不现起的。下面四种是:无根、无境、无识、无器世界相。一般的心识活动一定有三方面:有根、有境、有识。例如以眼见来说,一定有眼根,眼根不坏。依佛法说,在眼睛瞳人内,有一种很微细很精妙的物质,名为净色根,近于现代所说的视神经;依此而能见的,名为眼根。眼根见色,一定有青、黄、赤、白、长的、短的、圆的、方的色境,为眼根所取(境相影现在眼瞳人中)。如没有境界,眼根无所取,也就不会见了。眼根是生理作用,色境似乎是在外面的对象,依眼见色而引起眼识的了别,是心理的作用。根、境、识这三种互相交涉,才能成为认识,所以说:(根、境)二和生识,(根、境、识)三和合触,这是一般人的认识。无分别智是不是心?上说:说它是心,与一般的心理活动不同;说不是,又好像是心,从修习观行所引起的,有点近于心。一般的心,是不离根、境、识的作用;但无分别智现前时,根、境、识,都不起作用,不现起根、境、识相。所以,真正的般若现前,决不是见到什么,听到什么,想像到什么,一切相、一切法不现,唯是安住法性的自证。器世,是我们的依住处,也就是所处的自然环境。我们住在地球上;缩小说,我们住在台湾;再缩小些,现在住在讲堂内。无论如何,总有个依住的器界。但无分别智现前,器界相也不现前,所以说:虚空粉碎,大陆平沉。无分别智现前,真正的证悟,是一切不现,一切法不可得的。

本论所说的无现，六种相不现，是依大乘经所说的，所以颂说："以是此即明，无所观、无对，无住、无所现，无了、无依处。"依上面所说的六种无现，即解明了经里所说的无所观……无依处。无所观等六种无，《般若经》、《宝积经》等都有说到。但经说不一定是六无，这可能是经说的详略不同，或是翻译者的简略。本论所说的六种无，配合经说的六种无，这是说：无所观是二取不现前。没有所取相，没有能取相，没有能观、所观，叫无所观。无对是无言说，一切语言文字都是相对而立的，如离相对，一切语言文字是不可得的，所以无对是无言说。无住是无根，根不现的意思。心识是依根而起的，似乎依根而住、依根而发生一样；所以根不现起，经内称为无住。无所现是无境，没有所现的境相。无了是无识，识的定义是了别。无依处是无器世界，器世界是众生所依住的，所以器世界不现，经中名为无依处。本论约六种不现：二取、言说、根、境、识、器世不现，解说经中的：无所观、无对、无住、无所现、无了、无依处。以六种无现，说明无分别智性相。

无分别智的第三相，是引经说的，如以说："无分别智相，如经所宣说。"无分别智，主要是证悟法性的证智，但依经立论，有三种无分别智：一、加行无分别智，二、根本无分别智，三、后得无分别智。什么是加行无分别智？这是在没有证悟，得根本无分别智以前，修唯识观行。如有得加行、无得加行、有得无得加行、无得有得加行，其中所取相不可得，能取相不可得，真如相不可得，那种观察慧是无分别的观察，名无分别观。没有得到证悟的无分别智，但依无分别的观慧为加行，能引起这真正的无分别智,所以这种智慧名为加行无分别智。众生一向是虚妄分别,处处分别,所以流转生死。要离分别,却不可能一下无分别,佛法的方便善巧就是用分别来破除分别。无分别观察,观察能取、所取,能诠、所诠不可得,这种观察慧,也是一种分别,但不是随顺世俗的分别,虽还是分别,而是随顺胜义、向于胜义的分别,有破坏分别、破坏种种妄识的功能。所以修唯识无分别观,无分别观也是分别抉择;依无分别的分别,渐次深入,达到虚妄分别的彻底除遣,证入无分别法性,以分别观智遣除虚妄分别,譬喻很多,例如以小楔出大楔。如竹管里本来是空的,但有木楔塞在里面,有什么办法恢复竹管的中空呢? 可以另取一根小木楔,对准大的木楔,用力推击它,等到大木楔出来了,小木楔也跟着出来了,恢复了竹管中空的本相。分别抉择的无分别观慧,是分别而遣除分别,所以名为加行无分别智。本论没有谈到,因为已在正加行中说过了。

根本无分别智,是证悟法性的无分别智,于一切法都无所见。以中国佛学来说,这是但空(偏空),或是但中了。其实,菩萨现证法性是超越了一切相对界,体证真如,是超越的绝对,而不是拟议的圆融。菩萨在定中证悟了,出定以后,起二种心:一是一般的有漏世俗心,一是无漏的分别心。无漏的分别心,依无分别智证悟而起的,所以名为后得无分别智。后得无分别智也有二类:一、离二取相,离名言相的真如,但不是亲证真如的。后得无分别智的体悟真如空性,如从梦中醒来时,觉到方才梦境是这样的,其实那时的心境,知道梦境而与梦里的境界不一样。根本无分别智是离相的,后得无分别智是有相的,所以是带相观空的。二、后得无分别智能了解一切法如幻如化。我们口说如幻如化，认识到的一切法，都是计执为实有的，哪里能知道如幻如化？证悟真如以后，起后得无分别智，才能了解世间一切法都是如幻如化。

现在说第三无分别智性相，是依经所说的。经上这样说：一、"由现一切法，见如虚空故"，这可以解说根本无分别智，而主要是后得无分别智。现前的一切法，见一切法犹如虚空。云气不是虚空，光明不是虚空，日、月和星都不是虚空，蔚蓝色也不是虚空；只可说虚空是毕竟清净，无著无碍，无二无别。唯识学以虚空譬喻圆成实性，所以这可能是根本无分别智，但这是依现起的一切法，见如虚空，不是一切不现，所以是后得智的带相观空。二、"及一切诸行，见如幻等故"，这是后得无分别智的达有。诸行的行，是迁流造作的意义。迁流所以是有生有灭的，变化不息的世间一切法，哪一样不是行？后得智见一切诸行都是如幻的；如幻法虽非实有，却确有如幻相现起，所以后得无分别智见一切法如幻，虽见一切法，与凡夫、二乘所见到的不同。

中国天台宗、华严宗，称为圆教。在最初证悟时，以为就能证悟事理无碍，事事无碍，即空即假即中。如说菩萨先以根本智通达空性，次以后得智通达一切有如幻，就认为不圆满、不究竟。可是印度的大乘，无论是龙树菩萨的中观，弥勒、无著、世亲菩萨的唯识，都与中国的圆教不同。当然，究竟成佛时，是空有一如，理事无碍，法法更互涉入，但菩萨修行悟入是有次第的。先要证悟一切法不现前，通达空性。然后起如幻智，通达一切有。起初是彼此出没,有前后的,久久才能二谛圆融无碍。唯识宗对于无分别智,分别为根本智、后得智,就表示先后的意义。《密严经》说:"非不见真如,而能了诸行,皆如幻事等,虽有而非真。"这可见没有通过真如的证悟,是不能通达诸行如幻的。龙树菩萨也说:"般若将入毕竟空,绝诸戏论;方便将出毕竟空,严土化生。"般若就是根本无分别智,使我们证入毕竟空,那时是没有一切戏论相的。从般若起方便,就是后得无分别智。起方便智,才能达有——庄严净土,利益众生,起种种如幻如化的事业。所以印度大乘经论对于修行证悟的历程,都是先证得一切法性,再起后得无分别智,了一切法如幻如化。

无分别智的性相有三种:一、是住法性,二、是无现,是依根本无分别智说的,三、依经说,明后得无分别智,观一切相如虚空,了一切是幻有。从这样的智相,显出无分别智的自性。

(戊)悟入无分别智胜利

悟入胜利四:得圆满法身,得无上安乐,得知见自在,得说法自在。

无分别智,有什么"胜利"、功德? 有"四"种功德胜利,都是依无分别智的证悟而得到的。初地菩萨最初得无分别智,证得真如空性;起后得智,通达诸行如幻。初地菩萨的智慧甚深,有广大神通。可是初地的智慧是有出入的:证空的根本无分别智时,不能了达一切如幻如化;等到后得智了达一切法如幻,又不能亲证法性,所以二种智慧是有出没的,不同时的。修行到第五地,才能二智并观,一念中通达一切法空,同时能了达一切法如幻。一是无相的,一是有相的,要从同一无相中并观理事,这是极不容易到达的,所以第五地名难胜地。五地菩萨的二智一念并观,不能常常如此。有时又起根本智,不起后得智;或后得智,又不起根本智,一直要到八地菩萨,才能任运并观,这二种智慧会自然而然地并观,打成一片似的。八地菩萨的任运并观,还只是自利方面如此,如起利他事业,还不能自然而然的,不能完全没有功用。证悟空性与了达诸行,直到成佛,才能究竟,所以或说见中道成佛。菩萨初证时,得无分别智,又起后得无分别智,到成佛才是究竟圆满的无分别智。无分别智这一名词,浅一些,四加行位修唯识观,名加行无分别智;切实地说,初地菩萨才是无分别智;以后一直到成佛,究竟圆满。这一切智慧,所以名无分别智,因为无分别法性相契应。现在说无分别智慧的胜利,约一分说,可通于初地菩萨以上;约究竟圆满说,就是佛地,佛果位的智慧,佛的菩提所有的功德。

一、"得圆满法身":法身,如约法性本来清净说,一切众生都是如此。但要经累劫修行,从无分别智现前,到究竟最清净法界,无边白法所成,一切功德所成身,才是圆满法身。功德圆满的法身依无分别智而成就,所以是无分别智所得的胜利,法身也名为智法身。菩萨修行成佛,是依无分别智为根本、为主导的,所以《大般若经》说:五度等一切功德,如瞎子一样,只有般若才是有眼目的;般若摄导六度等一切功德,趣向萨婆若(一切智),直到佛位。

二、"得无上安乐":无上安乐是究竟的涅槃。涅槃的意义,一方面是种种障碍苦恼的消散,一方面是离苦所得的安乐。不过,安乐是各式各样的,世间也有世间的安乐,但这是有系缚的安乐,安乐会引起以后的苦痛;有时候,快乐和苦痛,简直分辨不出,到底是快乐还是苦痛。出世的安乐,是离妄执的安乐,在佛法中名为离系乐。没有执著的、没有系缚的乐,是无漏的安乐,与世间的安乐不同。二乘也能得离系乐,如证得阿罗汉的,究竟涅槃,乐是消极的,只是从没有苦痛来说。但大乘菩萨,修行到成佛,具足了永恒的安乐、究竟的安乐。所以在涅槃中,安立常、乐、我、净,乐是四德之一。这是常乐,永恒的乐,也就是无上的安乐。

三、"得知见自在":无分别智修行到成佛,一切功德圆满而得法身,法身是不离开知见的。知与见,都是智慧,智慧的功用。本来眼也是见,不是知,知乃心识的作用。知不一定是见,如或是听来的,或是推论出来的,假想得来的,这样的知都不是见,因为不是直接的、明确的。现在综合知见为一词,这是知得非常深刻、明了,如见到一样。所以佛法中,都以眼来代表智慧,如五眼中,除肉眼、天眼外,慧眼、法眼、佛眼,都是智慧的别名。佛果所有的一切智慧,都是最亲切的直接的现量智,如眼见一样。佛的一切知见,无论是证空、达有,自利、利他,都是无障碍的自在,念念遍知一切,任运自然,所以说一切知见自在。

四、"得说法自在":一般说法师,那是不要说了,就是大菩萨说法也不能自在。经说九地菩萨得四无碍辩,说法无碍,但这话是有限的。九地菩萨为九地菩萨说,能一切自在吗? 如对方是十地菩萨,能无碍吗? 当然不会的。所以真能说法自在无碍的,唯有佛。说法,与说话、作文一样,一般都是要思考的。如出席会议,请你说几句话,得心里想一想,今天讲些什么。即使没有定腹稿的，到了那地方，也得看看情形，或听别人讲些什么。如什么都不想，一下子跑上去，怕说不上来，说也说得不合理想。作文也是这样，总是要考虑一下的。但是佛的究竟无分别智，是不加功用的，不用思虑，自然能任运自在，应什么机说什么，说得恰到好处，名为说法自在。

（己）悟入无分别智遍知

Ⅰ　标列

悟入遍知者，当知有四相：谓对治遍知，及自相遍知，诸差别遍知，五作业遍知。

对于转依，本论以十种相来说明。第六相——悟入所依住，也以六相悟入，现在是第六相，悟入无分别智"遍知"。遍知是于一切法而莫不通达的，无分别智是遍知。证悟真理的智，断种种的障，去种种妄执，起种种妙用，这都是遍知相。遍知的含义很广，所以又标列"四相"，然后分别解释。标列四相是：一、"对治遍知"，约对治妄执以显示遍知；二、"自相遍知"，显无分别智的自相；三、"诸差别遍知"，对小乘以显无分别的殊胜——差别；四、"五作业遍知"，无分别智所起妙用，能作种种自利、利他的一切事业。

Ⅱ　别释

（Ⅰ）对治遍知

其对治遍知，谓无分别智，对治五妄执：即妄执有法、数取趣、变坏，异及损减性。

"对治遍知"，明对治种种妄执的遍知相。"无分别"智遍破一切妄执，不是暂时的"对治"，而是彻底的克服，消解一切妄执。换言之，只有真正的般若，才能断一切妄执。所以譬喻说："般若如大火聚，四边不可触。"这是说般若——无分别智，如大火聚，各式各样的执著，一触到般若，都不能存在。般若能够遍破一切妄执，断息一切戏论，本论扼要地举出"五"种"妄执"，为无分别遍智所对治。

一、对治"妄执有法"，这是法执。法字的意义，如《辨法法性论》，法是生死的一切。但这里，法与数取趣相对。数取趣——补特伽罗我执，是于自己或其他有情身心上，看作一独立自体，有一实在的生命主体，就是实有补特伽罗，名补特伽罗（我）执。如眼所见的青、黄、赤、白等，耳所听到种种声音等，六根、六境、六识，都是法。有情界的血、肉、筋、脉等，器世界的山、河、大地，草、木、丛林等，以及年、月、星宿等，六识所得到的一切，都名为法。众生是没有不执取法为实有的，如唯心所现的能取、所取，能取是心，所取是境，我们终觉得心和境都是实有的。地球、太阳、无边星宿，是想为实有的；如说极微，即是小到不是眼耳所能经验的，如原子、电子等，听到了也觉得它是实有的。这六识的境界，了别到什么，都好像实有性；就是能了别的识，也觉得是实有的。这种妄执有法，是无分别智所能对治遣除的，所以第一种就是叫妄执有法。

二、对治妄执"数取趣"：上面已说过，梵语补特伽罗是不断的受生死（趣）者，一生又一生地不断受生。于生死轮回中，执有生命自体，从今生到来生，从人间到天上，来来去去，就是这补特伽罗的来去。佛教徒信轮回——流转吗？确信作善业的死了生于人间、天上了；作了恶，要堕落到地狱去。但一般人，听说生来死去，总好像有个生命自体，生到天上，堕入地狱。于是说恶人下生到畜生趣去，就说变畜生，好像人变了猪、羊一样，这都是由于妄执实有补特伽罗我执所引起的妄执。自我的妄执是普遍的，凡夫是没有人能远离的。依唯识宗说：我执，小乘学者以无常、苦、空、无我的正观，观身心中我不可得，得无我正见，就能断我见得解脱了。通达我空的智慧，名为我空（或作生空）智。大乘菩萨修行断执，与小乘不一样。菩萨要正观一切唯心所现，离能取、所取，一切法不现，体悟清净法性。那时，能断我执，也能断法执；从初地菩萨，到成佛才究竟断尽。所以平常说：小乘断我执，大乘断我法二执。虽然中观宗不一定这样说，但唯识宗确是这样说的。上面所断二种妄执，小乘智慧能破实有数取趣我执，能破我见；大乘菩萨以无分别智，通达我法二空，断我法实有性的妄执。法执与数取趣我执，实包括了一切的妄执，我执、法执外，还有什么执呢！

下面约另一意义，又别出三种妄执。

三、对治"变坏"妄执：平常说，一切是无常的，无常所以都是要坏的。这种通俗的话，佛弟子也是在这样说的。但进一步推求，变坏是怎样的变坏？如执著有实法，慢慢地变化，到最后坏尽，那是妄执。佛法说变坏，推论到刹那刹那，即生即灭，不承认有暂住而渐渐变坏的。进一步说，我们所见到的一切，似乎生灭变化，其实一切法本性不生不灭。所以如执有实在法，渐渐地变坏，那是一种妄执。如幻如化、即生即灭的坏相，看作实在了，而想像为渐渐地变坏,是与真实事理不相应的。以变坏为妄执,无论中观宗、唯识宗,都是一样的。一切法性本不生灭,无分别智现证法性,能对治对于生灭变坏的妄执。《楞伽经》上说,有好多外道,说种种意义的变坏,依大乘唯识,都属于妄执。就是小乘部派中,如执实有生灭,也是妄执。当然,佛说无常,也说变坏,但佛说的意义,是与世俗的变坏见不同的。

四、对治"异"妄执:异即差别。在这生死世界里,相对界是无限的差别,可说都是差别相。这种差别观念,习以成性,觉得一切都是差别的。即使听到说法与法性,生死与涅槃,烦恼与菩提,有为与无为,也觉得是各各差别的。无往而不差别的妄执,无分别智现前,就能对治,因为无分别智也名无差别智,现证法性、真如是无二无别、平等平等的。所以一切差别相都是虚妄所现,而众生随而妄执,唯有现证这无分别智,能对治这别异相。

五、对治"损减性"妄执:什么是损减性妄执? 这在唯识学中是有重要意义的。没有的东西,我们以为它是有的;不是这样的,而我们觉得它是这样的,这叫增益妄执。它本不是这样,我们给它附加了什么上去,如执有法,执有我,执有差别,执有变异,都是增益的妄执。另有损减妄执,那是应该有的,的确有的,而我们以为没有,是有而执为没有,就是损减性妄执。例如不承认有轮回,以为死了什么都没有了,这是损减性妄执。唯识宗所说的损减性妄执,最要紧的是:如以为一切法都是空的,就是损减性的妄执。因为,虚妄分别有,虽不是真实有的,却不能说没有,如说没有,那一切能取、所取等,一切从哪里来呢? 所以唯识宗与中观宗——空宗的重要诤论,就是说一切皆空(经所说)是不了义,应该依三性来解说,依他起性——虚妄分别是有的,不能说是空的;圆成实空性是空所显性,也不是空的。无分别智,能对治损减性的妄执。至于空宗怎样的答复,这里且不加讨论。中观以如幻如梦等喻,说一切法空。唯识宗说:梦境是没有的,但梦境也可发生作用。有人梦醒时,觉得好辛苦;有人在梦中,身体上会起一种变化。所以如幻如化也不能说是空的,什么都没有的。所以世间法,唯识宗分为二类:一、虽妄执为有,其实是没有的;二、虽在法性中不可得,但在世俗谛中不可说没有的。应该有而以为没有,就是损减性妄执。

　　无分别智能对治、除遣这五种妄执,就是对治遍知。

（Ⅱ）自相遍知

自相遍知者:远离不作意,超寻伺、寂静,自性、执息念,五种为自相。

　　“遍知”——无分别智的“自相”,不容易正面说明,所以从远离世俗的五种无分别,来表示这证悟法性的无分别智自性。因为,多少人听到无分别,都误会以为这就是无分别,佛法所说的无分别智,其实可能错了。《楞伽经》说:“分别是识,无分别是智。”禅宗也常说这二句话。弥勒菩萨所开示的,真能证悟法性的无分别智,与一般所说这样那样的无分别是不同的。不相干的、错误的无分别,应把它清理出去,所以说到这遍知自相,就是说五种的无分别都不是的。佛弟子应该多想一想,怕自以为然的无分别,正是五种中的一种!

　　一、“远离不作意”的无分别:远离二字,是通贯下文的:远离不作意的无分别,远离超寻伺的无分别,远离寂静的无分别,远离自性的无分别,远离执息念的无分别。远离这五种无分别,才是真正的无分别智。所以,无分别智是离这五种不正确的无分别。不作意,与不注意的意义相近。在根、境相关涉而起识时,一定有作意,作意有引发识趣境的作用,如没有作意,那就视而不见,听而不闻,食而不知其味。眼前的境界过去,却不知道是什么;耳中似有声音,但也没有听进去,这就是不作意。如不起作意,就视而不见,嗅而不闻,似乎触对境界而心无分别。如禅宗的神会,劝人不作意修,以为是无分别(敦煌本《坛经》,六祖慧能是彻底否定不作意修的)。菩萨的无分别智,在修加行无分别智时,到任运现前,也是不作意的,但与直下就不作意,不作意而觉得什么都无分别,是大大不同的。不要以为是修行时,什么都不观察,什么都不分别,以为就是无分别。静坐中一切不作意,也能引发一些类似的定境,不知道这不是无分别智,而是心识萎缩,精神呆住,引起恍恍惚惚的幻境。

二、远离"超寻伺"的无分别,比上一类要深一些。什么是超寻伺? 寻与伺,是两种心所作用。以寻伺二字的世间解释:寻是东找西找的寻求,伺是伺察。伺也是在寻找,但方法不同。如猫找老鼠,跑东跑西地找,是寻;如发现鼠洞,猫就等在洞口,静静地等着老鼠出来,这就是伺。现在寻与伺的心所作用,都有推求分别的意义,但有粗有细:粗的分别名为寻,细的分别就是伺。人的说话是依于寻伺的,如没有寻伺,就不会引发语言。在众生来讲,我们所处的是欲界,欲界众生一定是有寻、有伺的。修定而得初禅定的,定心中还是有寻有伺,所以初禅名有寻有伺三摩地。向上进修,在初禅与二禅间,名中间禅,中间禅名无寻有伺三摩地；那时，粗的分别没有了，细的分别还是有的。等到修得二禅，名无寻无伺三摩地，那时寻与伺都没有了，所以二禅以上是超过寻伺的。如没有寻伺就是无分别智，那么得二禅定，生二禅天的，都是得无分别智了！然二禅是定而不是慧，二禅天人还是凡夫，所以超寻伺的无分别不是无分别智。在禅定心境中，到了二禅以上，像镜子照东西一样，来个什么，就现个什么，分别明了，可是没有寻伺的分别。在安静的定心中，了了分明，而没有寻伺的分别，也是很好的定了！但这样的无分别，不是无分别智。

三、远离"寂静"的无分别：二禅已经是无寻无伺了，经三禅到四禅，或四禅以上，那时的定心，最寂静，最安静，没有些微激动，所以四禅以上名为不动。人都是会激动的，为什么会激动？喜、乐、忧、苦，这是会引起激动的。到了四禅，忧与苦早已没有了；喜与乐也不再现起，唯是舍受。忧、苦、喜、乐——情绪的激动都没有了，所以四禅以上是最寂静的。上面所说二禅的无寻伺，虽好像无分别，还有冲动的心情，到此时，一些激动的心情也没有了，佛法中名为寂静，如中夜无声一样。大家不要误会！这不是佛法所说的涅槃寂静，只是定境的寂静。表示证悟境界的术语，有些也应用于定境，如不动、寂静、无分别等。如误以定境的寂静为无分别智，那么四禅以上都是大菩萨了！其实，四禅以上还是共世间的禅定，所以这样的寂静也不是无分别智。

四、远离"自性"的无分别：什么是自性无分别？自体本来就是没有分别的。如桌子、板凳，从来就是没有分别的。这样，土、石、树木、花草等物，都是自性无分别，不是经修行而达到的

无分别。这种自性无分别,不是无分别智,否则,石头、泥土等都
成了圣智了。所以成佛,是凡夫修行所得的;无分别智,是分别
心经修行而得无分别的。中国佛学所说"无情有性"、"无情成
佛",实是违反佛法的戏论!

　　五、远离"执息念"的无分别:这是外道定。生死轮回不已,
病根在什么地方? 因有分别心,刹那刹那的念念不息。那有什
么办法呢? 如生灭心不起,意念不起,就可以得涅槃了。外道不
知妄念的因缘,不知离妄念分别的正道,以为只要没有念就好
了。所以执著息念,以息念法门而修行。不知这样的修行,即使
修到了无念,还是外道禅。外道中有二:一为无想天,是属于四
禅天的。外道以为,我们的妄念依想而起,所以用灭想为方便。
想是心所法,与一切心识相应,有心识就一定有想。外道修无想
为方便,得定时,想没有了,六识也不起了,是无心定之一。依唯
识学,得无想定的,没有六识,第七、第八识还是有的。外道如修
成无想定,死后上升无想天,受五百劫无心的果报。修得了定,
有些是会失掉的,可是得了无想定的,因为没有(六识)心,所以
不会退失,一定要受长期无心的果报。二、是非想非非想定,是
属于世间最高的禅定。有的外道以为:心念生起时,一定有受与
想相应。想,所以多起分别;受,所以有苦乐等情绪的不稳定,所
以以止息受想为方便,将受与想止息下去,使它不起;受与想不
起时,一切心心所都不起了。佛法名之为非想非非想定,是心识
微细到似有似无的境地。无想定与非想非非想定,外道修得了,
就以为是涅槃,无有分别。佛法认为这只是息念为先的定境,不
是涅槃,当然也不是无分别智。我们知道,无分别智是要以分别

力,修观行而成就的,不是不分别就是了,更不是把念压下而无心就是了。不作意、离寻伺、寂静不动、一切心识不起的定境,不离虚妄分别所摄,离不了唯心所现。所以说到无分别智,不要误会了,以为没有分别就是了。

学佛的道友们,每为佛法的名词所误解。听说空,以为空是什么都没有了。听说无分别的,以为不作意、不寻伺,兀兀腾腾的什么都不问,以为能达到最高的无分别;也有以为少分别,少烦恼,如以为离想受可以得涅槃。佛法所说现证法性的无分别智,是要修加行的。要亲近善知识,听闻大乘法,如理作意,勤修止观。依唯识学,要理解唯心所现,修有得加行、无得加行、有得无得加行、无得有得加行,才能实现无分别智,体悟法性、真如。印度的大乘佛法,唯识与中观,都是闻、思、修;要修习止观,依止观得定慧。佛法是以慧为先导,以戒为基础,以定为方便,才能悟入。从前释迦牟尼佛出家修行,起初跟二人修学,所修的就是定——无所有定、非想非非想定。释迦不满意,才到菩提树下,深观缘起法,通达法性而成佛的。这就是佛法与外道的不同处。佛法的证悟,从观慧而来,不是但依深定的。有的以观慧为分别,而专从禅定去达无分别,可说是根本颠倒了!

　　（Ⅲ）差别遍知

差别遍知者,谓不分别性,及非少分性,无住与毕竟,并其无上相,是五种差别。

　　"差别",是不同的意思。菩萨"遍知"——无分别智,与二乘不同,胜于二乘的,也有五种。一、"不分别性":菩萨根本无分别智现前,是不分别性的,也就是不是分别性的。众生的心识有能分别,有所分别,没有不分别的。二乘圣者的无漏智,由于执法有实性,所以是有分别性的。不分别性,显出了菩萨遍知的差别。

二、"非少分性":二乘能通达少分法性,于有情身心,通达无我空性;菩萨遍于一切法无分别证悟法性。菩萨智尽虚空、遍法界,于一切法无分别,不是二乘那样的少分性,所以说:二乘空如毛孔空,菩萨空如太虚空。

三、"无住":菩萨的无分别智是无住的,无所住著。住是安住,有定住而不动的意思。众生是有所住的,住于生死,住在生死中,安定地、牢靠地住在生死中,不能出离生死。凡夫住生死,二乘住涅槃。住涅槃,就落在涅槃中。凡夫住生死,声闻、缘觉住涅槃。住是住著,住著就局限定了。住涅槃有什么不好? 如住涅槃,就远离生死,不能化度众生。如自己的生活好了,沉醉在舒服享受中,就忽略了别人的苦难一样。声闻、缘觉住在涅槃,依大乘法说,想发愿回心向大,也是很不容易的。但菩萨不住生死,不住涅槃,生死与涅槃,无二无分别,所以都无所住(或称为无住涅槃)。菩萨无分别智,离生死而证涅槃;虽契入涅槃,而悲愿熏心,不离生死,历劫化度众生。小乘与大乘无分别智,是这样的不同。

四、"毕竟":众生、二乘圣者,什么都是有局限性的。大乘无分别智,体悟一切法空性,这是超越时空性、超越数量的。所以,时间、空间、功德、化度众生等,一切是一切的一切,无穷无尽的。菩萨一直到成佛,成佛以后,是尽未来际度众生,这是无分别智的毕竟相,非凡夫、二乘所有。

五、"无上相"：最究竟、最圆满的无分别智，是佛智。佛的无分别智，唯佛与佛，乃得究竟。佛佛平等，无上无等，再没有比这再高再上的，是无分别智的无上相。

大乘的无分别智，从不分别性、非少分性、无住、毕竟、无上相——"五"相中，显出了无分别智的超越于二乘的"差别"相。

(Ⅳ)作业遍知

最后业遍知：谓离诸分别；给无上安乐；令远离烦恼，无所知二障。其后所得智，而能正悟入，一切所知相，严净诸佛土，成熟诸有情；并能令生起，一切相智性。五种业差别。

菩萨遍知中，"最后"是"遍知""业"，是无分别智的业用。作业是(事)业用，也就是无分别智所起的大用。事业有五种，根本无分别智有三；后得无分别智有二，以下分别地解说。

先以根本无分别智来说，一、"离诸分别"：离诸分别，一切分别不起，是无分别智的妙用，是无分别智中最主要的。

二、"给无上安乐"：离一切分别，证得涅槃，涅槃是无上安乐。不是灰身泯智的二乘涅槃，是备有常、乐、我、净四德的大般涅槃。无上安乐，依无分别智离一切分别系缚而得。

三、能离障："远离烦恼"、"所知二障"。离烦恼障，没有所知障，是无分别智的作用。无分别智，上面已说能对治种种的妄执。能对治一切妄执，所以能离二障。障是障碍，烦恼障能碍涅槃，所知障能障大菩提，非离障是不能证涅槃、得大菩提佛果的。

什么叫烦恼？烦恼本是种种不良心所法的通称。生起来的时候，使心识烦动恼乱，情绪不安定了，是非不明白了。烦恼很多，或是属于情感方面的，或是属于知识方面的，或是属于意志方面的。凡一切不如理的、不正常的不良的心理因素,都是烦恼。唯识宗分烦恼为二大类:一、烦恼障:根本烦恼有十种;随烦恼,又有大随、中随、小随等烦恼。一切烦恼,是以萨迦耶见——我见为主的。萨迦耶见是自我见,使我们以自我为中心而营为一切,起善、作恶,将来能得人天等乐报、地狱等苦报,在生死中流转。烦恼障能使我们感生死果,不能得涅槃,障碍涅槃。这种烦恼障,是二乘所共断的,断了烦恼障,才能了生死、得涅槃。烦恼障中,有见道所断的烦恼、修道所断的烦恼,古译或称为见、思烦恼。二、所知障:也还是种种烦恼,以萨迦耶见为中心的,但比烦恼障更微细。其重心是什么? 所知障于一切所知法中,由于不悟法空性,对一切事理有所著、有所碍。如一切实有性等法执,就是所知障。我们不能了解如幻如化,就是有所知障在那里。所知是我们所知的一切法,我们不能恰恰好地去如实悟解,执著一切,而起错误的认识。那么,所知障是由于内心有微细烦恼,所以不能如实了解一切。有了这样的所知障,就不能成佛了,所以说所知障障大菩提。唯识宗有一句话说:“所知本非障,被障障所知。”所知的境界自身不能说是障,由于自己心理的执障,才障蔽了所知的真相。如戴了红色的眼镜,看来什么都是红色的;戴了凹凸眼镜,看出来都是弯弯曲曲、歪歪斜斜的。其实,所见的并没有变了样,只要除去红色或凹凸的眼镜,就见到真相了。如一切是唯心所现的,现起能取、所取,由于不知唯心所现,以为心是心,境是境,心境各有自性,这就是所知障所起。远离这所知障、烦恼障,是根本无分别智的妙用。能彻底地离障,才能得大菩提、大涅槃,圆满佛果。

以下是后得智的业用。根本智证真以后所生起来的智慧，是后得无分别智。后得，就是证真以后所得的。后得智的业用有二：一、"能正悟入，一切所知相"：通达一切所知相，是通达一切法的如幻如化，种种无尽的，一切一切的所知法相。所以说：根本无分别智是平等智，后得智是差别智。佛菩萨不但通达平等真性，也依后得智，善巧一切，于一切无所不知。

有了这悟入一切所知相，所以能完成二大工作："严净诸佛土，成熟诸有情。"龙树菩萨也说：菩萨得了无生法忍（般若证悟法性）以后，就没有别的事了，专于方便利他，严净佛土，成熟众生。严净佛土，是菩萨遍到十方佛土，种种供养庄严，见佛，闻法；广修种种功德，庄严佛土。等到修行圆满成佛，就实现了最清净最圆满的佛土，不但庄严法身佛净土，还能引摄菩萨，于诸佛法会中受用法乐：这就是严净诸佛土。成熟有情，只是应一切根机，现身说法。有人天善根的，以人天法而成熟之；有声闻、缘觉善根的，以声闻、缘觉法门而成熟之；有大乘善根的，以大乘法门成熟他——使他发菩提心，修菩萨行，广度众生，究竟成佛。成熟，或译成就，就是使他成法器，善根成熟而能解脱。菩萨后得无分别智的利他，不外乎救度众生与庄严佛土；在利他中，完成佛果。小乘与大乘，这就是根本不同处：小乘以"自利"为主，以解脱自身的生死为唯一大事。对于众生，只是随缘摄化。有时往来出入，见到了人，多少说几句佛法，要他归依三宝，或劝他布施、持戒；有智慧善根的人，为说四谛法门，不能说不救度众生。但声闻的化度众生是随缘的，缺少主动的大愿，所以不能为人作"不请之友"。菩萨就不同了，菩萨以悲愿方便，利他为先，从根本无分别智起后得智,起无方妙用的时候,能与众生以不同程度的救度,尽未来际为众生。而且,声闻但重视有情的净化,菩萨更重视环境,也要净化国土。如阿弥陀佛完成了庄严清净的极乐世界,能摄受无数人到那边去,净土中容易修学,容易成就,容易不退转。大乘法一定会说到净土的,这就是菩萨后得智所起业用的特胜。

后得智的第二业用,是"能令生起一切相智性"。佛智的名称很多,如一切智、一切智智、一切种智、一切相智。一切种智是一切法门通达一切法的佛智;一切相智,是通达一切法的一切相。所以一切相智与一切种智,意义相近,都是通达无尽一切法的佛智。这是菩萨的后得智,到了究极圆满,就成为佛的一切相智,所以是后得智所起的。

菩萨遍知——无分别智的"业"用"差别",共有"五种":前三种属于根本无分别智的业用,后二种属后得无分别智的业用。无分别智的遍知,以对治、自相、诸差别、五作业来说明,已说完了。以六相悟入所依住,广明无分别智,也到此为止。

(七)悟入作意

悟入作意者,谓若诸菩萨,发心欲悟入,无分别智者,当作如是意:由不知真如,起虚妄分别,名曰一切种,为现二取因,依此起异识;故彼因及果,虽现而实无,彼现法性隐,彼没法性现。若如是作意,菩萨即能入,无分别正智。

"悟入作意",是说要悟入转依,得无上大般涅槃,应该如何作意。这里,作意是意解,是观想。可以分为二段:一、作唯识理解;二、修唯识观行。假使菩萨"发心",想"悟入无分别智"而得转依，那就应该起这样的意解，也就是这样的理解、思惟。这就是要知道：众生无始以来，"由不知真如，起虚妄分别，名曰一切种，为现二取因"。众生从来不曾知道真如、法性，因没有能通达法性，所以就起虚妄分别心。虚妄分别，是一切妄识的别名。虚妄分别的心心所法中，根本识名为一切种，一切种子识就是阿赖耶识的异名。阿赖耶识摄藏一切种子，从种子起现行，所以虚妄分别种子识，能变现而起能取、所取，为现起二取的因缘。到底为什么有虚妄分别呢？虚妄分别的所以生起，就因为不通达平等法性、真，不通达真如，就起虚妄分别。这样说，有人要解说为迷真起妄了，好像真如本来清净，由于不了，以后才生起虚妄分别。其实，这是论理的前后，并不是时间的先后。什么是论理的前后？在理论上，平等法性是本来如此的，因为不通达法性，所以就有虚妄分别，所以说虚妄分别因不知真如而起，虚妄分别可灭而真如常住，可说虚妄分别是后起的。但这不是时间上的先后，决不能想像先有个真如，后来因为不悟真如，才生起虚妄分别。真如常住，是超越时间性，所以想像有时间的先后是颠倒见。应该说，从无始以来就是这样的，不悟真如而起虚妄分别。一切种，在唯识学上，是阿赖耶识，一切种子为生起一切的根源。一切种是虚妄分别的生死根源，一切种起虚妄分别，虚妄分别能摄持一切种，虚妄分别与一切种是不一不异的。无始以来为恶习所熏成的虚妄分别，就是一切种阿赖耶识，为现起二取的因。"依"于能取、所取的变现，"起"种种别"异识"。什么是别异识？能取、所取——二取，就是别异。在能取中，眼识、耳识、鼻识、舌识、身识、意识、末那识，一一都是别异；在所取中，色、声、香、味、触等，山河、大地、草木、丛林，一切是唯识所现的差别相，一切唯识为性，可以称为识的。

这样，一切种是因，虚妄分别是果；虚妄分别是因，能取所取是果。"故彼因及果，虽现而实无。"依因有果，因果的种种差别，其实都是不可得的，只是虚妄分别所现——唯识现而已。虚妄分别如乌云一样，真如如虚空一样。"彼现法性隐，彼没法性现"，这就是虚妄分别种子现起时，就不知法性、真如，如乌云聚集，明净的虚空就隐而不见了。如虚妄分别的一切种子没有的话，法性就显现清净，如乌云消散而显出明净的虚空一样。迷悟、染净的转依，应这样的理解！

"若如是作意，菩萨即能入，无分别正智。"这是结说。菩萨发心要悟入无分别智，证入法性而得转依，要有上面所说那样的作意。众生无始以来，不悟真如，起虚妄分别，有一切种子阿赖耶识。有了一切种子识，自然地现起能取所取，因果展转，起种种异识，在生死流转中，不能解脱。这唯有了解虚妄分别所现，虽现而无实去求解决。这样的作意，菩萨就要入唯识法门，读大乘经论，理解唯心所现的道理，起唯识的决定胜解。有了这样的唯识正理的闻、思，进一步可以修观了。

从缘知唯识，观识不得境；由境无得故，亦不得唯识。由此无得故，入二取无别，二别无所得，即无分别智。无境无所得，以是一切相，无得所显故。

上来理解到，生死到涅槃——转依的正理，就是依唯识所现，而明迷悟、染净的正理。有了这样的理解，就要进一步修唯识观，观也就是作意。被称为方便唯识观的，是"从缘知唯识，观识不得境"。缘是所缘,了解到心识所缘的,一切唯识。根本是虚妄分别——妄识。依虚妄分别而显起一切,这一切当然以妄识为自性。在虚妄分别心所缘境界,似乎是存在于心外的,知道了一切都是唯识所现,所以观一切唯识而不得外境的实性。离了识以外,所取的境不可得,就是所取空。唯是识所现前,离心的所取境不可得,是唯识无境的正观。

"由境无得故,亦不得唯识",被称为真实唯识观。识与境是相对的,有境就有识,有识就有境,有漏的心识活动确是如此的。现在,既观所取的境不可得,与境相对的识也不可得,所以说亦不得唯识。依空宗说,这妄识也是空的;但唯识宗说,因外境空无,能取的内识也不能现起了,所以说不得唯识。

"由此无得故,入二取无别",由于观所取无所得,能取也无所得;境不可得,唯识也不可得,所以能悟入二取无别。能取不可得,所取不可得,同样的无得,无二无别。"二别"——能取所取的差别都"无所得",能从观而悟入无得,"即无分别智"现前。妄识与分别智,有这样的根本不同:妄识一定有所取、所缘境相,如没有境,妄识是不能生起的。有心一定有境,所以《密严经》说:"众生心二性,内外一切分。"众生心有二性,就是现有内外,内是能取,外是所取。有能取、所取,相互关涉,所以种种贪爱,种种执著,种种分别,都起来了。无分别智,决不是我不分别、不想就是了。一定要破除所取,因所取空而能取也不起,无分别智才能现前。无分别智与妄识不同,是没有所缘相的。无分别智证悟真如,真如无相,所以无分别智不是妄识那样,有真如相可得。一般心识的缘了境界,心内一定有所缘的影像;没有影像相,就不可能知道。无分别智是没有影像相的,所以叫无所取、无能取,能所双忘,也就是无分别智,是超越主观客观的自证。

总结地说:"无境无所得",境是没有的,由无境而能取、所取都无所得。这样,"以是一切相,无得所显故"。在无分别智证中,一切相都是以无所得而显出真如。如《般若波罗蜜多心经》说"以无所得故",一切法都无所得,就是般若,也就是无分别智。在无分别智证悟中,一切相不可得。所以,如以为证悟是这样那样的,是不可信的。从前,香港有一位禅师劝人参禅,他的方法特别快,几天就可以开悟。他对他的弟子说:"你看,你看,你找啊!"有弟子问他:"师父! 你到底找到了什么东西?"他说:"我好不容易才找到了,头颈后面亮亮的。"那是笑话! 真正的证悟,哪里是这样的相? 证悟无分别智现前,一切法都无所得,佛也不能说是什么的。

依悟入作意说,要这样的理解唯识所现,除二取而灭虚妄分别,才是唯识法门的主题。

(八)悟入地

加行悟入地,于四相当知:由胜解加行,于胜解行地,是顺抉择位。各别证加行,即于初地中,是触真实位。由修习加行,于未净六地,及三清净地,是为随念位。由究竟加行,任运佛事业,相续不断故,此即是达到,彼智体性位。

"加行"一词,上面说过,含义是有宽有狭的。现在所说加行位,是广义的。在修行历程中,一切的功用、努力都叫加行。进一步说,佛的无方妙用,从十地菩萨进修到成佛,成佛的利生大用,也还是加行。所以这里所说的"加行"是广义的。修行到成佛,一步步的前进,用"四相"来说,也就是四种不同的阶段。唯识宗立五位:资粮位,加行位,见道位,修道位,究竟位。从菩萨发心到成佛,分成五个阶段。现在所说加行的四位,没有说第一资粮位。资粮位虽修福德、智慧资粮,还没有修唯识正观,对于悟证转依,差得太远,所以不说。从加行位说起,就只有四位了。

一、"胜解加行":胜解是深刻的理解,达到坚定不拔的阶段。胜解不是真实的体验,不过也不是一般平常的了解。依唯识说,这是深解一切唯识而修唯识观的。"胜解行地",就是暖、顶、忍、世第一法——四加行位;地是经历的地位,修胜解行的地位,名胜解行地。这是初地菩萨以前的,修唯识而到初地证悟的阶段,那一不长的时期,名胜解行地。胜解行地,"是顺抉择位";那时候的智慧,又名顺抉择分善根。什么叫顺抉择?真正能抉择真理,那是证悟了。修暖、顶、忍、世第一法——四加行,观所取空,观能取不可得,观所取、能取——二取都无所得,这种观察慧,是顺于抉择的。换言之,是倾向抉择,引到真正的抉择、证悟的,所以叫顺抉择位。暖、顶、忍、世第一法,修顺于抉择、证悟的观慧,就是上面所说的:有得加行,无得加行,有得无得加行,无得有得加行;修这四种加行的阶段,是胜解行地。胜解行地,一般说,可通于初地以前的十住、十行、十回向,不过本论专指十回向末了,起四加行时,名胜解行地。

二、"各别证加行":菩萨初证真如——见道位,初地菩萨所起加行,名各别证加行。证悟真如、法性的加行,为什么名为各别证加行?各别证是各别自证,证得一一法的本性——自性。

真如法性是一切法的通相,但不是抽象的普遍的理性,而是一一法的法性;一一法的法性,无二无别,所以或说为通相——共相。是一一法的本性,所以说各别证,但又不是一法一法去体认,而是一证一切证的。前面曾说到自内证,正就是这各别证。中国人欢喜说一,如说一真法界,其实真如、法性无二无别,无二而又是不著一的。各别证加行在"初地"菩萨见道位,就"是触真实位"。触是直接体验到的,真如的亲切证悟,名触真实位。各别证加行与胜解行的加行不同,胜解行是加行无分别智,各别证是根本无分别智。

三、"修习加行":由修习加行,"于未净六地,及三清净地,是为随念位"。随念,是随顺根本无分别智,依证悟的法性清净,于一一法不断地体验、修习,趣向圆满。随念位是修道位,名"修习加行"。依菩萨十地说:初地归入触真实位;二地、三地、四地、五地、六地、七地,名为未清净六地;八地、九地、十地,是三清净地。也可以说:从初地到六地,是未净六地;七地、八地、九地,是清净三地。未净与清净的差别在哪里?菩萨地中,从初地到六地,名有相有功用地;七地名无相有功用地;八地到十地,名无相无功用地。前有相,所以初地到六地菩萨,无分别智悟入真如,一切相都不现,当然清净了;但后得无分别智起,相又现起,有相与无相间杂,一下子有相,一下子无相,所以名未净六地。八地菩萨以上,无相无功用,二谛并观,真俗无碍。七地菩萨以上,才是纯无相观,八地、九地、十地,名三清净地。第七地无相而有功用,在清净与未净之间,如在两国中间一样。可说清净;约有功用,也可说未净。修道位菩萨的地地加行,是修习加行。

四、"究竟加行"：从十地菩萨后心到成佛，所起的名究竟加行。十地菩萨的时间很长，到了十地菩萨的最后心，一念圆证中道，也可说真俗无碍，事事无碍，到了最究竟最彻底的阶位。虚妄分别习气一些也没有了，所以说烦恼、所知二障的粗重习气全部断除之时。十地圆满的最后一念，进入佛位的加行，名究竟加行。由究竟加行，圆成佛道，能"任运"——自然而然地施为一切"佛事业"。佛的身业、语业、意业，都有自利利他的一切妙用，都是自然而然的，名为任运。任运的佛事业，"相续不断"地尽未来际，所以名为常。以究竟加行，到达成佛，才是真正到达了，"彼智体性位"。佛以无分别智证真如，真如最清净，无分别智最究竟为体性。如如、如如智无二无别，名为法身；法身是智法身，是以无分别智圆满显发清净法性为体。经中或名为法界体性智，法界体性智就是佛的体性智。上来所说四加行，各各不同，一步一步地深入，也一步一步地圆满。究竟圆满成佛，是究竟转依，大菩提与大般涅槃圆满成就。

下面说转依有二种相：一为过患相、一为功德相，这是一正一反的。什么是过患相、功德相？意思说，如没有转依，有一切的过失，佛法的一切功德都不能成立；反之，有了转依，一切功德能成立，一切都没有过失。这说明了，为什么要说转依，转依是后期大乘——唯识与如来藏学所说的。转依的自性，是无垢真如。迷真如法性，有虚妄分别，现二取相；悟真如法性，能断惑、修道，得涅槃、菩提，成就智法身。转迷启悟的佛法，都不离真如法性而成立。

（九）悟入过患

悟入过患者,谓若无转依,有四种过患:无断惑依过;无修道依过;无诸涅槃者,施设依处过;三菩提差别,施设无依过。

如没有转依,"有四种过患":一、"无断惑依过",就是断惑没有着落,断烦恼就没有依止。二、"无修道依过",修道——以悟入真如,没有依处,没有着落。三、"无诸涅槃者,施设依处过"。什么是涅槃?涅槃依什么而说?如没有转依,也没有施设涅槃的依处了。四、"三菩提差别,施设无依过"。三菩提是声闻、缘觉、佛的菩提,这三种菩提如没有转依,那三种菩提也无从施设了。所以,修行断烦恼,要转依;修道证真,也要转依;涅槃要转依;菩提、阿耨多罗三藐三菩提,也都要转依。如没有转依,断惑、证真、涅槃、菩提,都无从安立,这就是后期大乘特明转依的理由所在。

一、无断惑依过:断惑(烦恼障、所知障)与证真是相应的,证悟的一念无分别智现前,就断除了见道所断的惑障。证真如光明的显现,断惑如黑暗的消散。本论上文说到转依的自性,是:"谓客尘诸垢,及与真如性,不现及现义,即无垢真如。"真如是转依自性,无始以来为客尘诸垢——惑障所蒙蔽,不得显现无垢清净;转依就是转灭客尘诸垢,转显真如清净。客尘诸垢等虚妄法是依附真如的,但真如不受惑染,而终究可以转去的。在断惑中,如断惑证真时,眼、耳、鼻、舌、身、意等识没有了,烦恼也没有了,一切相都不现前。但惑障并没有断尽,见道证真以后,从真出俗,二取相又现前了,还有烦恼障习气,所知障现行习气,所以并没有成佛。真见道时,一切相不现,毕竟清净,怎么还有未断的惑障,惑障保留在什么处呢? 当然不在无分别智中。因为无始以来,法性本来清净,而为这虚妄习气所熏染。虚妄分别习气与真如,虽真妄不一,而虚妄却依于真如。所以无分别智现证,虽一切不可得,而虚妄分别的二取习气还在——依于真如。所以要经长期修行,二取习气彻底断了,虚妄分别彻底不起才是纯无相行,圆成佛道。中国佛教有一句话:"一念清净一念佛",那是不知道惑障次第尽的实际情形了! 虚妄分别的习气依于真如法性,如乌云依于虚空。乌云依于虚空,但不能说是从虚空生的,虚空不生乌云,乌云却依虚空而有。所以说断惑而得转依,是以真如法性为依而说转的。经中说到:如来藏为依、为住,为建立故,有生死,有涅槃。虚妄杂染法依附如来藏,而不是如来藏,是离、是异,真如法性在虚妄隐覆中,名为如来藏。惑障依于真如,真如离惑障,无垢真如是转依自性,所以说,假使没有转依,就没有断惑的依止,断惑障就不能成立了。

　　二、无修道依过:修道也是以清净真如为依。修道,从听闻佛法、知有佛法开始,修布施、供养、持戒,修定,修观察慧。这样的修行,都是虚妄分别,都是有漏,这有什么用? 以真如法性为依,所以修道是有用的。听闻佛法,所听闻的是法界等流,是从佛证悟法性所流出的圣教。从佛或佛弟子听法,能熏习成出世心种子。这是虚妄分别的,是世间有漏的,却发生向于真如法性的作用。能破坏虚妄分别,达到证悟真如,成为无漏圣道。那时,戒、定、慧一切功德,都与法性相应,与真如不离、不异。这样,修道才有了意义。无漏圣道,一得永得,菩萨的展转进修,功德也愈修愈大,修到究竟圆满而成佛。所以说修道必有转依,自性——真如为依止，否则，没有清净真如为依止，修道也不能成立了。

三、无诸涅槃者，施设依处过：涅槃，为三乘圣者所归趣，究竟依什么施设——安立？没有苦恼，没有忧愁，种种虚妄颠倒都没有，什么都没有，就是涅槃吗？不是的！不能说什么都没有就是涅槃。涅槃是依转依而施设的；一切虚妄杂染都没有了，清净法性就显现，也就依清净法性而安立为涅槃。如不说转依，无有无垢真如的转依自性，那涅槃是施设无依了。

四、三菩提差别施设无依过：声闻菩提，独觉菩提，成佛的阿耨多罗三藐三菩提；菩提的意义是觉，觉是以清净法性转依而建立的。如以生空智慧，通达生空无分别性；通达生空真如的，是声闻菩提、独觉菩提。如以圆满的无分别智，通达我、法空性、真如，修到圆显最清净法界；圆满无分别智性，就是阿耨多罗三藐三菩提——无上正等正觉。这样，声闻、独觉、佛的菩提，都是依真如、法性而建立的，所以《金刚经》说："一切贤圣，皆以无为法而有差别。"如没有转依自性——无垢真如，那三乘菩提都有无依的过失，三乘菩提也成为不可能了。没有转依，断惑、修道、涅槃、菩提，都不能成立，也就没有佛法，过患可太大了！

（十）悟入功德

当知彼相违，四相入功德。

知道了没有转依的四种过患，就知道与上面相违反的，也有"四相"悟"入"有转依的"功德"。有了转依，断惑到究竟清净，一切都能成立了。有转依自性，从有漏修行到无漏修行，经十地菩萨圣道而达究竟圆满，也可以成立了。三乘的涅槃、三乘的菩提，有转依自性而可以施设了。佛法修证成圣的事，一切都依之成立，这就是功德。这就是唯识学特别重视转依的理由。

乙　喻　说

广说转依，有法说，有喻说，上以十种相法说转依。以下以譬喻来说明。

于无而现有，喻如梦、幻等。转依则喻如：虚空、金、水等。

在本论的最后，举二种譬喻来总结本论的论义。

一、虚妄分别喻：从虚妄分别现起能取、所取，各各差别境界，是"于无而现有"的。实在是没有自体的，但现起而在我们的认识中，好像是真实有的。于无而现有所举的譬喻，是"如梦、幻"。梦境，好像是有的，见到这样、那样，或喜笑，或啼哭；有时梦境非常明白，但梦不是真实的。幻，上面已说过，如以手巾结成兔子，会跳，会叫，可是只是手巾，哪里有兔子！于无而现有的譬喻，譬虚妄分别，一切有为法。经中所举的很多，或说如梦、幻、泡、影等六喻，或说九喻，或说十喻，本论略举梦、幻二喻，以等其他的譬喻，譬说"于无而现有"的有为诸行。

二、转依喻：转依自性，无垢真如，从虚妄分别所染，转化到显现究竟清净。"转依"的譬"喻"，本论举"虚空、金、水"三喻。可以譬喻转依的是不止此三喻的，所以末有"等"字。经中、论中说到这三种譬喻的极为普遍。虚空本来明净，或为乌云所遮，或是大雾，或是风沙大作，天昏地黑，虚空清净相就不显现了。如乌云散了，雾散了，风沙停止了，虚空明净就显出来了。这转依自性,有二种清净:一、本性清净,二、离垢清净。本性清净,如乌云遮着虚空时,看起来不清净,其实虚空还是那样的,本来是清净的。等到没有乌云时,那时的虚空清净,譬如真如的离垢清净。转依自性是真如,转依是从客尘诸垢所染,转为离垢的毕竟清净。

金喻,如开采金矿,金与矿内的沙、石、土等混在一起,当然是不清净了,也没有见到黄金。将金矿加以冶炼,成为纯金,那时最清净的金子显出来了,可用金来作成庄严具。当虚妄分别现前时,如矿中的金砂一样,见它不清净,有的还不知道是金呢!经过冶炼,炼成十足真金,可以做种种器具,种种庄严具。正如我们经修行,消融虚空分别,无垢真如就转依而成佛了。大用无方,法身、报身、化身,起自利、利他一切功德业。

水喻,如下大雨时,流水,污浊得很。水为什么不清净?因为尘土和水混在一起,所以成为浑水。如水澄静一下,尘土下沉,把尘土抽去,就成清水了。如加热使水成为水蒸气,冷后成为蒸馏水,那是最清净了。其实,水质本来是清的。真如法性转依也是这样。虚妄分别时,不见真如清净,一切是烦恼、业、生死杂染。经修行而显现真如清净,就像浑水的转为清水一样。水的功用极大,一切生物都依水而滋长;如佛德广大,一切众生都蒙佛的恩德。

学大乘人,应观虚妄分别,似有无实,是如梦如幻的。应观转依自性——清净真如,如虚空、金、水那样。似有而实无的,可以消解灭去,所以能出生死。真如本性清净,依之而可以断惑,可以修道;涅槃与菩提果德,也依之而成立。本论辨

法法性:法——生死法,可以从前面二譬喻来了解;法性——涅槃,可以从后三譬喻去了解。这二类譬喻,作为全部论义的总结。

（宏观记）

《往生净土论》讲记

——一九六三年冬讲于台北慧日讲堂

悬　论

一　释　题

　　此论全名《无量寿经优婆提舍》，或称《往生净土论》，或简称《净土论》。我国净土宗依三经一论立宗。三经者，一为《佛说阿弥陀经》（小本）；二者亦名《阿弥陀经》（大本），有多种译本，王龙舒居士会编为一种文字较易懂者，是为通用之大本；第三为《观无量寿经》。其一论即本论，根据《阿弥陀经》造论，故称之为"阿弥陀经论"。时人有谓念阿弥陀佛仅中国有之，印度人并不念阿弥陀佛。此说不确。实际上，印度，尤其是西北印至伊朗（古称安息）一带，念阿弥陀佛者甚众（今已绝迹），但不若国人之立宗专念耳。且马鸣菩萨《大乘起信论》、龙树菩萨《十住毗婆沙论》中，均曾附带提及此一法门，而世亲菩萨本论，尤为专门提倡此法门者。故知念佛在印度古已有之，到华为甚，但华印念佛方便略有不同耳。

　　今释题分二段：（一）无量寿经，（二）优波提舍。

　　无量寿经：无量即阿弥陀义。无量寿，梵文为 Amitayus。世人寿命皆有限量，故为不彻底、不究竟。如学佛达最究竟圆满之境界，即得常乐我净。常为佛德之一：佛寿无限。此经即系指各本《阿弥陀经》而言。

优波提舍——为十二部之一，为顺经义解释之论。印度论有二种：一者，同于中国之注疏，逐句解释文义，谓之释经论；一者，为宗经论，依经义为宗，予以发挥，不重文句。本论为宗经论。

关于本论须注意者：本论并不讲解《阿弥陀经》，亦不阐明《阿弥陀经》之义理，而是根据该经，提出一种修行法门。故全论所说明者，皆为如何念佛，如何发愿往生，所以是以修行为主之论。

二　阿弥陀佛与极乐国土

念佛非只口中念佛，须念念不忘佛及佛之净土，并发愿求生该净土。今先讲阿弥陀佛。

阿弥陀佛即无量佛。说无量须先知何为量。量者，大小、久暂、轻重、长短，彼此可以衡量者之谓。世间万物无不可量、可思、可议、可以文句诠释，但究竟圆满佛果之佛，则其境界不可衡量，不可思议，故为无量。喻如众水入海，即失其名诠，总为一水，平等平等，不可分别，不可诠解。如众生福报智慧，等等差别，但至成佛，则法身平等平等，等无差异，即成无量。虽在众生眼中，仍有无数佛，其实在佛境界，一佛即一切佛，一切佛即一佛，如《华严经》说。《般舟三昧经》说：修行念阿弥陀佛，成就般舟三昧时，即得见佛，而所见者为阿弥陀佛，亦见一切佛现前，故阿弥陀佛可说即一切佛之总代表。此为阿弥陀佛之根本意义。阿弥陀佛与《华严经》渊源极深，如本论所称，发愿往生阿弥陀佛"莲华藏世界"。此华藏世界，即《华严经》之华严世界。又"八十八佛忏悔文"，依《华严经》最后一品《普贤行愿品》而来。净土宗同人皆知"普贤十大愿王导归极乐"，故阿弥陀佛法门与《华严经》关系极深。莲池大师之解释《阿弥陀经》，即以华严宗义解释。

无量者以无量光、无量寿为尤著。阿弥陀婆耶为无量光，阿弥陀廋斯为无量寿。光有二种：一者，佛身光，表佛身清净；二者，智光，表智慧无边，皆为众生所求对象，而于佛得究竟。又阿弥唎多 Amrta，甘露义。印人所谓甘露，通俗义乃不死之药，其实（不生）不死即佛之常义。往生咒中之阿弥唎多，即此义。故甘露王佛亦即阿弥陀佛。经题标无量寿，似为顺应世俗；依下论义，固以无量光为主也。

以上为阿弥陀本义。但今所称之阿弥陀佛，既称前身为法藏比丘，今成佛在西方说法；其后佛灭，由观世音菩萨继续佛位；而极乐世界在西方，亦有方位，故其寿命、领域，均非无量。此又何以解说？此乃因众生心量有限，故作此说。如《维摩诘经》中，舍利弗以佛感秽土为疑，不知视为秽土者，乃舍利弗之眼见如此，非佛土本来如是也。今阿弥陀佛土本是无量，为有量众生方便，故说为在西方，如是如是耳。此乃无量中现有量，使众生得从有量达无量也。

再讲极乐国土。先辨净土之有无，因如无净土，则何往生之有？今讲净土有无，有二说：一者，普通人武断地认为迷信，因信者既未见过，又未去过，不能证其有。二者，信佛之人认为必有，因信经说如此。今就常理判断，不必亲身经历，亦不必全赖经说，亦可认定必有，兹申论如下：

一、如今科学昌明，已证实我此世界，只是无量星球中一行星，是可知此世界外尚有其他世界。

二、再问各种世界有否优劣之别？但看世间各地均有优劣，可推知各种世界必有优劣。

三、如世界有优劣，则我今世界是否即为最佳者，当知不然。然则，可知更优世界之存在，当无可疑。即如近日科学界因有飞碟之谜，亦认为其他星球可能有智慧较我为高之生物存在。

从上知净土不但有，而且极多，且有殊胜各别。佛教界又有言唯心净土者，认为净土唯在人心中，心外实无净土。如是说法，大违佛意。须知世界唯心所现，是说固是，但既如是说，须知秽土亦是唯心所现。今承认唯心所现之秽土为现前实有，何以又不承认唯心所现之净土为实有？故既信净土，必信其实有，不可执理废事。

又关于极乐世界，向有小小论诤。即此净土究为佛之报土抑化土（即佛应化之世界）？向来言佛（姑约二身说），有法身、应化身。法身之土为实报土，应化身之土为化土。今此净土如为报土，则罪恶众生何能到达？如为化土，则未断烦恼众生，亦可仗自愿力及佛愿力得以往生，但此土似又不甚究竟。今此问题，虽不必深究，但如从各本《阿弥陀经》看，此土似专为化导秽土众生，而现为摄引者。若依《般舟三昧经》言，修成者得阿弥陀佛现身为之说法,而行者是时起念作观:"佛宁有来?我宁有去?不去不来,而佛现前,知由心现。是心念佛,是心作佛。佛即是心,心即是佛。"如此观法,从而悟入诸法实相,如此往生极乐,则极乐世界即非应化土。彼花开见佛,悟无生忍时,其净土不在东方,不在西方,乃遍一切处,而为报土矣。大藏经中有关极乐净土者极多,非止今一般所说三种而已。其各经所述净土,有叙为佛之报土者,有为应化土者,故引起古人种种诤辩。如云"念佛即生极乐",一种人解释为念佛必定往生,如所谓带业往生;另一种人则认为此乃"别时意趣",即说为往生,非即往生,乃累世展转进修,终必往生之义,非指现生即往,如俗言一本万利,乃逐渐营生,攒积而得,非投一文即可得万利也。此种异解,当然皆从对佛身土之不同了解而生。其实净土只一,而见为报土、化土,全视众生修行程度而定。而修行功深,仍可在化土得法身,则此化土亦不离报土也。

三　往生极乐之意趣

何故欲往生极乐耶?何故发是愿耶?须知净土法门乃大乘法门,小乘无十方净土,故求往生净土为大乘特色。而大乘要义在上求佛道,下化众生。如念佛不离此大乘心境,则与生极乐意义相符。如只为离苦得乐,则是小乘根性矣。但发大乘心,何故求生极乐?因秽土因缘不具足,学佛不易,虽发菩提心,而障碍特多。生老病死,毫无把握,故须往生极乐。"诸上善人俱会一处",决不致退失大心。马鸣菩萨在《大乘起信论》说:如来有胜方便,勿令退转（退失菩提心）,即此之谓。可见往生之究竟意趣,乃在不失菩提心。至于八地菩萨马鸣与初地菩萨龙树之生净土,与凡夫求生,大不相同。登地菩萨之已悟无生忍者,随愿往生净土,如水之趋壑,乃势之所必至,与发心求生者不同也。故众生无高下,悉可生之,惟不发菩提心者不预焉。

四　作者与译者

论,在印度为大乘菩萨或小乘阿罗汉作,造者即著作义。菩萨者,发菩提心,上求佛道,下化众生,极觉有情者为菩萨。婆薮槃豆,旧译天亲,玄奘法师改译为世亲,其实二译均不甚妥。因天在印语为提婆,婆薮为神名,而又无世义。该神为世人所亲,求子者求之即得子,故名世亲（天）。此大菩萨极为有名,为唯识法相宗二大菩萨之一,在印度有大名声,称为千部论师。小乘之聪明论（《俱舍论》）,即彼所造。大乘论中之《三十唯识论》（后人加以注解成《成唯识论》）,为唯识宗所依,此论亦彼所著。因彼对全体佛法有极深刻之认识,故对此念佛法门之看法、修法,亦有独到之见解。兹略谈菩萨生平:菩萨生于佛灭九百年顷（中国西晋时代）之西北印。兄弟三人,兄无著,弟师子觉,均为出家佛弟子。时印人出家,均在小乘教团出家。彼于有部出家,先习小乘,成《俱舍论》。其兄无著面见弥勒,得唯识观。知弟迷于小乘,称病,函召来见,为说大乘义。世亲觉悟,拟自割舌,无著劝以回小向大,以此舌宏扬大乘,遂承余绪。其所著论,无所不及,凡大乘经,无不阐扬。此论即本于全体大乘经要义,以解释《阿弥陀经》之名著。

译者，元魏天竺三藏菩提流支。元魏即拓跋魏。天竺，印度也。三藏者，精通经律论。菩提流支，菩提，觉义；流支，希求、爱好义，为喜求觉悟之义。此师在佛教史上地位极高，关系极大。彼于元魏时，从印度到魏京，所译经论甚多，主要皆无著、世亲之论著，如《金刚经》、《法华经》、《十地经》等皆有论，其尤要者为《十地经论》。此论译本，一时风行，成地论宗。后又演为华严宗，其影响中国佛教至深。但彼所译唯识，与后玄奘法师所明略有不同。其所提倡之"真心"，尤合本国人脾胃。彼所译本论，对于国人念佛亦有重大启示。今人但知庐山慧远法师为净土宗始祖，不知净土法门，初未专宗弘扬，其真正专门弘扬者，实为昙鸾法师，而昙鸾之弘净土，亦有一番特殊因缘。原来昙鸾体弱，恐不及弘法而夭，遂至南方，向道士陶弘景学服饵之方，及归北魏，与菩提流支相遇，告以访道经过。菩提流支斥之为妄。昙鸾请示佛教长生之术，菩提流支示以本论，昙鸾习之大悟，乃着力弘扬，著有《无量寿经优婆提舍愿生偈注》。其后道绰继之，再传至唐善导而大行，故净土之风靡一世，实以菩提流支此论之功为大也。

正　释

一　偈颂总说

愿生偈：

此论文，先以偈颂总说，次以长行解释。偈名"愿生偈"，即发往生净土愿，以求生佛土之偈也。偈者梵语，每句四字、五字至八字，以四句为一偈，与华诗相近。愿生偈，乃下偈颂之总名；宋藏本等均列愿生偈于偈颂之前。丽藏本在题目下，全题作《无量寿经优波提舍愿生偈》，以愿生偈为全论题名，误也。愿生偈，共二十四偈。初二偈，归敬述意，说明弘扬赞叹者，非己见，乃是佛说，己并无功，表示对佛之恭敬，并示所得全从佛来而已。故凡佛弟子作论，皆采此种态度，归敬三宝。本论仅归敬佛宝。

世尊，我一心归命，尽十方无碍光如来，愿生安乐国。

"世尊"——梵文为婆伽婆，亦作薄伽梵，为世出世间一切所尊义。"我一心归命"——一心者，专心一志，归信世尊。如非一心，即信心不切。归命，即是梵文之"南无"，如"将此身心奉尘刹，此则名为报佛恩"之意。归信必须完全无保留之信仰归依。如只信一部分,其他不信,则不得谓为归信。此并非愚信之意,当然仍须理智抉择,但一旦归信,便须一心信仰,不存己见。此为宗教所共,无分大小乘,莫不如是。"尽十方无碍光如来"——无碍光如来即是无量光如来,即阿弥陀婆耶佛,为一心归命之处。无碍光者,光光无碍,不若他物,亦不若声音之有碍。独光可以融合为一,但仍可为物所障。今此阿弥陀佛之光——身光、智光,则可遍照十方,不受物障。如来乃佛十号之一,梵名为多陀阿伽陀。如者,相同平等之义,即绝对而无分别之义。来,梵文亦可作去,动义。如体会真如,得此佛道,谓之如来。"愿生安乐国"——国者,世界义。安乐国,亦称安养,亦称极乐国。愿生极乐国,即所以归命阿弥陀佛之意也。

我依修多罗,真实功德相。说愿偈总持,与佛教相应。

此颂述造论之意。修多罗,契经也;契理契机之谓。佛之无漏功德,及极乐世界佛土之种种功德,为佛究竟、圆满、无漏,与真理相应之真实功德。今说愿生偈,总持(一切均包在内)以上所述各种真实功德,以与佛之教诚相应。此非依一经,或一片一段经文而说,乃总核各《阿弥陀经》所说西方世界之功德相,而说为愿生偈。

观彼世界相,胜过三界道。究竟如虚空,广大无边际。
正道大慈悲,出世善根生。净光明满足,如镜日月轮。
备诸珍宝性,具足妙庄严。无垢光焰炽,明净曜世间。
宝性功德草,柔软左右旋,触者生胜乐,过迦旃邻陀。
宝华千万种,弥覆池流泉,微风动华叶,交错光乱转。

宫殿诸楼阁，观十方无碍，杂树异光色，宝栏遍围绕。

无量宝交络，罗网遍虚空，种种铃发响，宣吐妙法音。

雨华衣庄严，无量香普熏。佛慧明净日，除世痴暗冥。

梵声语深远，微妙闻十方。正觉阿弥陀，法王善住持。

如来净华众，正觉华化生。爱乐佛法味，禅三昧为食。

永离身心恼，受乐常无间。大乘善根界，等无讥嫌名，

女人及根缺，二乘种不生。众生所愿乐，一切能满足，

故我愿往生，阿弥陀佛国。无量大宝王，微妙净花台。

相好光一寻，色像超群生。如来微妙声，梵响闻十方。

同地水火风，虚空无分别。天人不动众，清净智海生。

如须弥山王，胜妙无过者。天人丈夫众，恭敬绕瞻仰。

观佛本愿力，遇无空过者，能令速满足，功德大宝海。

安乐国清净，常转无垢轮，化佛菩萨日，如须弥住持。

无垢庄严光，一念及一时，普照诸佛会，利益诸群生。

雨天乐花衣，妙香等供养，赞佛诸功德，无有分别心。

何等世界无，佛法功德宝，我皆愿往生，示佛法如佛。

　　上来二十一偈，广明功德庄严。如下长行解释中详释。

我作论说偈，愿见弥陀佛；普共诸众生，往生安乐国。

　　末颂乃回向流通。见阿弥陀佛，除命终见佛外，亦可即生见，如梦中见、定中见等。莲宗初祖慧远大师，曾于三昧中数见弥陀佛，但此处世亲菩萨所愿，为命终往生见佛。其悲心大故，除自见外，更愿与其他众生共见。世亲以造论功德，回向自己与众生，能因此而往生极乐。回向者，回此向彼，将此功德作彼用

之意。

无量寿修多罗章句,我以偈颂总说竟。

二　长行解释

1　标宗略释

论曰:此愿偈明何义? 观安乐世界,见阿弥陀佛,愿生彼国土故。

　　论者依"愿生偈"而广为分别,使纲举目张,条理分明。印度菩萨造论,多为宗经,不重文句解释。以上"愿偈"所"明"者"何义"耶? 曰:"观"想极"乐世界"如在目前,使其殊胜,历历分明,并得亲"见阿弥陀佛",使信心坚定,发"愿生彼国土"也。念佛有多门,慧远所提倡者,为持名念佛。世亲菩萨此论,为观想念佛;其实世亲亦不专主观想,下文自见,但以观想为中心耳。《金刚经》所明,则为实相念佛。有谓实相念佛为上品上生,须根器极利者方可。而末法众生,心粗而散,观想亦不易成,故以持名念佛为对机。上来所说,固是事实,但如有妥善方法及专家指导,仍可修持,由浅而深,由小而大,无不成就。例如先观白毫,使其历历分明;再扩而大之,倏忽便见全身。今人有以华严境界为玄谈者,其实能修者皆能修而成就。修时先须"安立",即系念一相,但浮动不实,及后稳定,即名"安住"。如是修持,可以成功。

云何观? 云何生信心? 若善男子,善女人,修五念门成就者,毕竟得生安乐国土,见彼阿弥陀佛。

修五念门者，修五种念佛法门也。信乃信愿，观乃智慧。"佛法大海，信为能入，智为能度。"修此"五念门"，乃修"观"与"生信心"之方便也。但须修得成就，乃得生彼，非一修即生也。念佛者以心念，今有作念字者误。念者，心在一境上转之谓。如念佛时时心在佛，念法时时不忘"一切法不生不灭"等之谓；系念不忘也。净土宗有三时系念法门，即此意也。能念到一心不乱，即得禅定，成就智慧，别无他法。念念相继，不离此一念；能如是，即能往生见阿弥陀佛。

何等五念门？一者、礼拜门，二者、赞叹门，三者、作愿门，四者、观察门，五者、回向门。

以上略举五门之名。一者身业，二者口业，三、四、五者意业。作愿门，可得定。观察门，可得慧。回向门，得大悲功德。五者由浅入深，如五者总持，必得往生。又此五门，论主乃依"愿生偈"而安立：依初二偈，立"礼拜门"、"赞叹门"、"作愿门"。依次二十一偈，立"观察门"。依末偈，立"回向门"。以下略释五门。

云何礼拜？身业礼拜阿弥陀如来应供正遍知，为生彼国意故。

以"身"敬"礼"，或合十，或问讯，或顶礼。但礼佛应如佛在。"应供"即阿罗汉，应受人天供养。"正遍知"即三藐三菩提，或三藐三佛陀，正知而遍知之谓。如来、应供、正遍知，为佛之三种德号。以"身业敬礼如来"，为一心愿"生彼国"之"意"。

云何赞叹？称彼如来名，如彼如来光明智相，如彼名义，欲如

实修行相应故。

普通以口持名念佛，即属赞叹门。何以故？如稚子呼母乎？非也。因佛名为万德洪名，称名即同"赞叹"其功德。如阿弥陀婆耶，即无量光，表"如来光明智相"。顾名思义，为赞叹之真实义。因佛名无量，其功德亦无量，不可思议，故称名即为以口业称颂此佛功德。犹世人之崇拜某人物者，称其名，必须先知此名所代表人物之伟大处，否则即谈不上崇拜。如是称名，即同赞叹。修行者，凡在学佛过程中之一切皆为修行，或修福，或修慧。而"如实修行"，乃与定慧"相应"之修行。对佛名有深刻了解，如是持名，能依念而进修定慧，从而感得佛力加被，往生极乐。至于求定，方便多门，如持咒、系心脐下等，虽得定，但不能生极乐。惟于念佛时，对阿弥陀佛功德深切了解，信愿具足，乃能相应而生彼国。

云何作愿？心常作愿：一心专念毕竟往生安乐国土，欲如实修行奢摩他故。

"作愿"者，发愿也。"心常作愿"者，必须常常作愿，"一心专念"，决定"往生"安养。如是作愿者，因欲如实修行奢摩他故。奢摩他，华言止。凡夫之心，散乱奔腾。止者，止心一境，勿令飞扬也。念与止者，念如绳，系不令动，及心静止，是为止，故又名住心。故修定实即修念。如能念念相继，正念分明，即能得止。得止即为真实修行。

云何观察？智慧观察，正念观彼，欲如实修行毗婆舍那故。

一般观察，只是听人说说，散心分别事理，非此处所谓观察。

真正"观察"，必须得定。依定方能成观，否则，多多观察，会头昏脑胀，失眠怔忡。如能得止再观，乃能得智慧。故《大学》曰："静而后能安，安而后能虑"，盖同此理。犹风中烛，飘摇不定，何能照物？但观慧与止不同，"智慧观察"，亦即分别、寻求、抉择。若人观一红花，视之不已，能因观而成于止。如观其红色意义为何等，深入分别抉择，乃能于止中修成观。如不净观，观事相变化，求其实相（体性作用形相），是则为观。今所观者，为阿弥陀佛、国土、菩萨。"正念"者，系心一境，不旁骛，谓之念。念之能净我心、开我慧、减我烦恼者，谓之正念。"毗婆舍那"，即观之梵语也。修止而不修观，则止于定，不得成就智慧。必须修观，方得进步。

彼观察有三种。何等三种？一者、观察彼佛国土功德庄严，二者、观察阿弥陀佛功德庄严，三者、观察彼诸菩萨功德庄严。

依经"观察"，可别为"三"：一者，佛之依报，是"佛国土"。二者，佛之正报，是"阿弥陀佛"。三者，佛之伴侣，是"诸"大"菩萨"。何谓"功德"？功者，用力；德者，善业。如用功力而得善成就者，谓之功德。今极乐世界一切庄严境界从何而来，无非从佛所作善业所成，故为佛精进修行之成果，谓之功德。"庄严"者，微妙庄饰也。主、伴、国土，有无边功德庄严，均应一一观察。

云何回向？不舍一切苦恼众生，心常作愿，回向为首，成就大悲心故。

"不舍一切苦恼众生"，犹于火宅不舍眷属。此乃菩萨发心,故常愿以"回向为首",务愿一切众生皆生极乐,如是乃能"成就大悲心"。所谓花开见佛,得无生忍,再倒驾慈航,拯救众生也。

2 广明观察

A 观彼佛国土功德庄严

云何观察彼佛国土功德庄严者?成就不可思议力故,如彼摩尼如意宝性,相似相对法故。

以下,广明观察,即五念门之第四门。先"观佛国土功德庄严"。"摩尼",即梵文如意义。"摩尼如意",是华梵并举。"不可思议力",即不可思议之作用。"相似相对法故",为纯粹梵文句法,意为佛国庄严,不可思议,犹如摩尼宝珠相似。两者可作一对比,故曰相似相对法。此段意义如下:佛法中之摩尼宝珠为一小珠,极为明净,能使人满足一切愿望,故曰"如意";且可避灾免难,百病不生。今以喻极乐世界,亦复如是,平安、自由、快乐、无灾无难,黄金铺地,七宝庄严,一切如意,来去自如。而以如意为要义,故不可思议也。

观察彼佛国土功德庄严者,有十七种事应知。何者十七?一者、清净功德成就,二者、量功德成就,三者、性功德成就,四者、形相功德成就,五者、种种事功德成就,六者、妙色功德成就,七者、触功德成就,八者、庄严功德成就,九者、雨功德成就,十者、光明功德成就,十一者、声功德成就,十二者、主功德成就,十三者、眷属功德成就,十四者、受用功德成就,十五者、无诸难功德成就,十六者、大义门功德成就,十七者、一切

所求功德成就。

观佛国土功德，共分十七事，先列举名目。

清净功德成就者，偈言：“观彼世界相，胜过三界道”故。

此论法门，到此应从定中起观。今不能修定者，对此偈论，只能生一了解。但亦有作用，因后修止时，有此了解即能于得定后起观。而观极乐世界之清净功德，须观其相状，胜过色界、欲界、无色界——三界。欲界有男女之欲、功利之欲等，欲界六天共之。无欲者为色界四禅十八天。其上为无色界，亦为四天。三界共二十八天，轮转生死，染缚不净。至于阿罗汉如目犍连等，则已超出三界。出三界，非谓身离三界，乃不为三界之烦恼所系缚。凡夫不得出离故，为三界所系，故称烦恼为杂染。既有烦恼，则无论一切善恶业，均为不清净，所感果亦不清净；不但正报不净，依报亦然。故极乐世界既为阿弥陀佛无漏功德所成，自无杂染，故超胜三界也。所称出世，亦即超过三界之谓也。

量功德成就者，偈言：“究竟如虚空，广大无边际”故。

《阿弥陀经》并不谓西方极乐世界广大如虚空，无边无际。其作此说，只是为凡夫方便。若依彼佛自所住处，以契入真理、事理无碍故，自无边际可说。

性功德成就者，偈言：“正道大慈悲，出世善根生”故。

“性”字梵文与“界”字意义略同，即因素义，故十八界亦有译为十八性者。性功德成就者，即依何因而有义。今释：由无漏功德（出世善根）生，已断烦恼之善根生。但究为何种出世善根生耶？曰：一者正道，二者慈悲。正道者，八正道也，正见、正思、正语、正业、正命、正精进、正念、正定等是。正道与小乘共。大慈悲为大乘不共，而为佛果之因也。

形相功德成就者，偈言："净光明满足，如镜日月轮"故。

形相，形色相貌也，以光明为体，清净光明圆满为其体性，如镜、如日、如月。如镜，喻其清净圆满，日月喻其光明；但佛国之光相清凉，不若日光之伤人肌肤也。

种种事功德成就者，偈言："备诸珍宝性，具足妙庄严"故。

备诸珍宝，谓不止七宝也。以具足一切珍宝，故能具足微妙庄严。

妙色功德成就者，偈言："无垢光焰炽，明净曜世间"故。

色分显色（青黄赤白）、形色（大小方圆）、表色（身口之动态）等。今妙色功德包括此三者，但最基本者为显色。故今妙色，亦以可见之光色（显色）为主。此为无垢明净焰芒炽烈之光，明耀世间，最为清净。

触功德成就者，偈言："宝性功德草，柔软左右旋，触者生胜乐，过迦旃邻陀"故。

触者，身所感觉，粗、细、滑、涩等等皆是。极乐世界，所触皆妙，今只举宝性功德草，乃以一概余，为代表性之举例耳。宝性功德草者，以七宝功德所成之草，但此七宝不若世间七宝坚硬，乃柔软宝性所成，触手回旋，生胜妙乐，较之迦旃邻陀，尤有过之。迦旃邻陀为印度最柔软滑腻之衣料，如此土之绸缎。

庄严功德成就者，有三种应知。何等为三？一者、水，二者、地，三者、虚空。

　　此处所谓庄严，非佛前之香花幡幢等之谓。今庄严极乐世界者有三种：一、水中，二、地上，三、虚空中，皆有殊胜之处。

庄严水者，偈言："宝华千万种，弥覆池流泉，微风动华叶，交错光乱转"故。

　　池泉之中，皆满宝花，风动花叶，色光交错。

庄严地者，偈言："宫殿诸楼阁，观十方无碍，杂树异光色，宝栏遍围绕"故。

　　极乐世界地上之宫殿，各不相碍，故可观十方如虚空。复多杂树栏楯，周匝围绕。

庄严虚空者，偈言："无量宝交络，罗网遍虚空，种种铃发响，宣吐妙法音"故。

　　虚空中有众宝交络之罗网，网上有铃，发诸声音。极乐世界到处皆有法音，不若五浊世间，闻法艰难。

雨功德成就者，偈言："雨华衣庄严，无量香普熏"故。

　　雨者，从天而降义。雨华衣庄严者，天降香花、衣裓及装饰品，谓之雨华衣等庄严。庄严中有无量香，不论顺逆风，无不普熏。

光明功德成就者，偈言："佛慧明净日，除世痴暗冥"故。

　　以上所述光明，系物质世界之色光明。今乃指佛之慧光，光明清净,一如朗日,可破除世间愚痴、昏暗、冥昧故。系心理界之光明。

妙声功德成就者,偈言:"梵声语深远,微妙闻十方"故。

印人自称其语言系梵天所传,称梵声。极乐国之梵声可及远处,不须高声而能远达,其声和雅微妙,闻于十方,听者起清净心。

主功德成就者,偈言:"正觉阿弥陀,法王善住持"故。

极乐世界既为国土,自然有主,但不若人间之君主,以统治为事,此主为正觉阿弥陀,即阿弥陀佛(正觉为佛义)。法王者,于法得自在义。阿弥陀佛于法得自在。住持者,住者,安居不动;持者,支持不坠,能安住佛法,不令坠失者为住持,如一寺之方丈。善住持者,勿令变质也。佛法已达究竟地步,自无所谓再进步。故所畏者,乃掺杂失正,故须善为住持,使勿变堕。

眷属功德成就者,偈言:"如来净华众,正觉华化生"故。

生极乐世界系以花生(化生)。但化生多类,诸天、地狱俱是。今此化生乃托莲胎而生。莲有异德,出泥不染。极乐眷属,如此化生,喻从五浊恶世生彼而不染义,故称如来净华众。因无论有罪者,如带业往生,其烦恼病毒,一时压伏,犹疟疾之为药物所镇。故安养之净,乃烦恼已伏而非断,业之带往者,亦不起作用。今净华众从何而来?如何方得入莲胎?乃正觉(佛)之儿女,从莲花化生者,犹众生乃父母生也,故皆成阿弥陀佛之眷属。

受用功德成就者,偈言:"爱乐佛法味,禅三昧为食"故。

极乐世界亦有受用，但不若俗世饮食。食者，营养品之用以维持生命者。如毒物，不得谓之食。佛法味即法喜，禅三昧即禅悦，二者皆为法食。禅者，静虑，有定有慧。三昧者，等持，即定义，所谓平等持心，亦不散乱，亦不掉举之谓。极乐大众之慧命，以定慧而长养，故以定慧为受用。

无诸难功德成就者，偈言：“永离身心恼，受乐常无间”故。

无论身心困恼，极乐世界均无之。因其身为化生，即无肉身所有之苦；而烦恼不起，故无心恼。常受诸乐，亦无人事问题。

大义门功德成就者，偈言：“大乘善根界，等无讥嫌名，女人及根缺，二乘种不生”故。净土果报，离二种讥嫌过应知：一者、体，二者、名。体有三种：一者、二乘人，二者、女人，三者、诸根不具人；无此三过者，名离体讥嫌。名亦三种：非但无三体，乃至不闻二乘、女人、诸根不具三种名故，名离名讥嫌。等者，平等一相故。

大义门，大乘义门也。生安养者，皆以大乘善根为因（界），平等而无讥嫌之名。所谓可讥嫌者，即指女人、根缺及二乘——声闻与缘觉。极乐世界不但无此三种人，抑且无此三种名，因皆平等一相故。依此，极乐世界所有之声闻，乃以声闻身回心大乘而来生；或是佛所示现，以庄严净土，非谓极乐国犹有二乘也。

一切所求功德满足成就者，偈言：“众生所愿乐，一切能满足”故。

此为极乐世界最大成就，以其能满众生一切愿求，如摩尼

珠。极乐虽好，如一切香花庄严，七宝铺地，不合众生愿求，亦即
无所用矣。故此句为最要。以其充分表现阿弥陀佛自利利他功
德圆满也。

**略说彼阿弥陀佛国土庄严十七种功德，示现如来自身利益大
功德力成就，利益他功德成就故。彼无量寿佛土庄严，第一
义谛妙境界。十六句及一句，次第说应知。**

极乐世界妙好庄严，为佛自利利他功德成就。其境界非俗
谛所能了知。如言青、黄、赤、白、柔软，均非如世所知，因世间境
界乃妄识所了别。谛者，众所共认。俗谛虽为俗所共认，但非真
知。若第一义谛（亦作胜义谛），乃离烦恼圣人所证之特殊境
界。所见实相虽是无二无别，而种种异相仍是差别罗列。如极
乐世界所现之种种事相，乃即理而事、事理无碍之境界，非俗人
妄识所了知，乃菩萨般若之所观也。十六句及一句者，前十六句
自利功德，最后一句利他功德成就，上来依次第说之。

B　观佛功德庄严

**云何观佛功德庄严成就？观佛功德庄严成就者，有八种应
知。何等八种？一者、座庄严，二者、身庄严，三者、口庄严，
四者、心庄严，五者、众庄严，六者、上首庄严，七者、主庄严，
八者、不虚作住持庄严。**

先列举观佛八种功德庄严，以下别释。

何者座庄严？偈言："无量大宝王，微妙净花台"故。

今观佛，先从座观起。小乘佛座，只是吉祥草，佛作老比丘

相。大乘不若是。其座七宝庄严,种种不同,因众生境界各异之故。今观佛座,为无量大宝所成之微妙清净莲花台。此台为十地菩萨成佛所坐。座何以为莲花？一者,莲出污泥而不染;二者,莲有实。花为因,实为果。以清净修行因(花)结成佛果。此花座,他经谓系一大红宝莲花王,象征人心,佛因修心而成。此心虽为虚妄心,而修行仍不离此妄心,离妄心即显真心,现成佛道,故《般舟三昧经》说:是心作佛,是心即佛。

何者身庄严？偈言:"相好光一寻,色像超群生"故。

相者,身上特征之显而易见者,如眉间白毫相等。好者,相之细微者,所谓三十二相、八十种好,乃化身佛之相好。若真身佛(如《华严经》说),则有无量相、无量好。今举根本三十二相中之一相,名为常光相,因此相常在,非若神通时或说法时之特别放光。一寻者,八尺,实即一丈。佛光普照十方界,何以称仅一寻？喻如烛火,光源一点,而光被全室,其义如是。色像者,有形有色之身像也。色像微妙,出一切众生之上。

何者口庄严？偈言:"如来微妙声,梵响闻十方"故。

如来音声微妙,藏经中专有一经赞叹如来三密微妙者,谓闻者不分远近,其声皆历历分明,如在耳际。其秘密不可思议！又能随人听法,随机各异。或听说空,或听说有,非仅音声柔软可听也。

何者心庄严？偈言:"同地、水、火、风、虚空无分别"故。无分别者,无分别心故。

佛心如地，无分净秽轻重，一体承担，如水、火、风、虚空，等无分别。众生起心即分别，佛则无论毁誉均不分别。但如是了解，仍只是在事相上了解如来。其实佛心岂无了别，何能与地、水、火、风、虚空相比？故以镜喻，则佛心易明。来则了了分明，去则不留微痕；亦无欲照之心，只是无时不照，无物不照，非若木石之为无分别也。今佛何以臻此？原来无分别心有二种：一者定心，一者慧心。凡夫不知定境。得定者，因精神集中，妄念停歇，初时尚偶有妄念来袭，及后粗分别止，细分别尚存，再修则细分别亦无，遂自以为已得无分别，其实非是。佛之无分别，系从定中修观，通达一切法无自性，得无分别智而来。如是无分别而无所不知，经中有喻之为天鼓自鸣者，即是。

何者众庄严？偈言：“天、人、不动众，清净智海生”故。

不动众为一种高级天，系由不动业感生。不动业即定业，修四禅、八定者得之。初生此天，亦有散心，临终亦然。但中间一段，常处定中，非若六欲天，此之谓不动众。凡修行众生，未成佛前，总在天人之间来往，故虽生极乐，仍具人天相，但系由清净智海所生。此在“眷属功德成就”一节中已说过。若一般凡夫，自是正觉华（佛之清净智海）化生，而大菩萨辈则已得清净智，自是由其本身清净智海转生。

何者上首庄严？偈言：“如须弥山王，胜妙无过者”故。

上首者，有学有德之人，无论行住坐卧均居首席地位者，谓之上首。弟子中之大弟子，如释迦佛之上首为舍利弗、目犍连。毗卢遮那佛之上首为文殊、普贤。极乐世界为观世音、大势至。

上首者,犹如助教,助佛教化者。此上首如妙高山,胜妙无比。以山喻者,一则高大,二则不动。

何者主庄严? 偈言:"天人丈夫众,恭敬绕瞻仰"故。

丈夫众,极乐无女人也。绕者,绕佛,或乙匝,或三匝,为印度礼节,示恭敬也。

何者不虚作住持庄严? 偈言:"观佛本愿力,遇无空过者,能令速满足,功德大宝海"故。

说法不能动众,即虚作住持。佛本愿力,最为要紧。无是愿力,虽众生有愿,亦不得往生。因佛愿众生往生彼国,即得不退转故。非虚作住持,因究竟成佛故。佛本愿为成立一最清净最庄严之世界,以利乐众生。其实上求佛道,下化众生,为一切菩萨本愿。其菩提心,佛佛道同。其所不同,在于细节。如阿弥陀佛之四十八愿,与药师佛者,即有所不同。此四十八愿,简言之有两重点:一者,到极乐世界者,人人皆当如是如是。一者,其欲来时,只须念佛;即得佛于临终往迎,甚至十念亦生,故能不分众生净秽,皆可摄受,否则众生心浊,何得仗自念佛之力得生净土?但仗佛力始得如是,故不虚作住持也。众生见化身佛,有空过者。如释迦之世,随佛出家,甚至有堕地狱者。但如见实报庄严佛,如阿弥陀,则决无空过,必得成就。

即见彼佛,未证净心菩萨,毕竟得平等法身,与净心菩萨无异;净心菩萨与上地诸菩萨,毕竟同得寂灭平等故。

初地菩萨得无漏净心。地前十住、十行、十回向菩萨,均未得净心。得平等法身者,通达一切诸法究竟真理,般若现前,与真理相应之谓。今言法身,人人有份,固是。但未到证悟,即为未得,如父母产业,诸子人人有份,但未承嗣,究未得到。今言未证净心(开悟)菩萨,见佛得平等法身,与净心菩萨无异者,喻如他人财产,虽非己有,如荷主人邀请,则享用与主人无异。佛力无边,即释迦佛经中亦多有此种事迹。佛力加被,则凡夫可得天眼。今生净土者,虽未净心,到彼即同净心菩萨。而初地之净心菩萨,亦与其他上地——二至十地菩萨平等,以毕竟同得寂灭故。

略说八句,示现如来自利利他、功德庄严、次第成就应知。

此略结。前七句为自利,后一句为利他。

C　观菩萨功德庄严

云何观菩萨功德庄严?观菩萨功德庄严者,观彼菩萨,有四种正修行功德成就应知。

此处所谓菩萨,系指已有修为之大菩萨,非指初心菩萨而言。

何等为四?一者、于一佛土,身不动摇而遍十方,种种应化。如实修行,常作佛事。偈言:"安乐国清净,常转无垢轮,化佛菩萨日,如须弥住持"故,开诸众生淤泥华故。

诸大菩萨不离佛土而得应化十方,可以太阳为喻。太阳不动,而光被大千,各地众生,普见日在。菩萨从利他以自利,故须如实修行。常转清净法轮,教化众生,即是佛事。众生如淤泥中之莲花，今得化为佛身之菩萨日朗照，乃得开放。

二者、彼应化身一切时不前不后，一心一念放大光明，悉能遍至十方世界，教化众生，种种方便，修行所作，灭除一切众生苦故。偈言："无垢庄严光，一念及一时，普照诸佛会，利益诸群生"故。

　　此段言菩萨化佛身应世，非有先后，乃同时遍临十方，普放光明。故不动者为菩萨真身，其在外宏化者为应化身。今言佛身有三：法、报、化身，化身即应化身，但亦有称法身、应身、化身者。应身即同报身，今以前者为主。又有一种分类：一者真身，一者应化身。真身者，除有限寿命之化身外，有一无量寿之真身。但若要讲得清楚，则应如唯识宗，分为法身、自受用身、他受用身及化身四者。除人人具有之法身外，佛更有一清净圆满、智慧功德所庄严之自受用身，亦称圆满报身。此即佛之真身，为凡夫所不能见。又为大菩萨等所见之佛之他受用身，无量相好，亦为凡夫、二乘及初心菩萨所不能见。未证悟菩萨及凡夫所见者，则不过化身而已。化身或大如须弥山王，或寿八万四千岁，仍是化身。他受用身已是遍一切处，遑论真身？但此诸身，均不离法身，故亦有称一切身为法身者。今言菩萨：一切众生均有法身，但未庄严，称素法身。菩萨一旦登地，般若现前，可见佛之他受用身，本人亦分证法身，慈悲般若亦有少分，故亦已有实报庄严之法身，能起应化身。一心一念放大光明者，一念心中放大光明也。凡夫在一念心中，成就一事，作种种事，盖绝不可能。须多念、长时乃能少分成就。而菩萨则能于起心动念之际，即放大光明，遍至十方何所作为？教化众生，以种种方便，除一切众生苦厄也。但菩萨救苦，不限教化，有以神力使地狱转清凉者，犹如世间人王，可有权力使牢狱囚犯，暂令苏息者然。

三者、彼于一切世界无余，照诸佛会大众无余，广大无量供养、恭敬、赞叹诸佛如来。偈言："雨天乐、花、衣、妙香等，供养，赞佛诸功德，无有分别心"故。

此化身菩萨于一切世界无有遗漏（无余），以光普照佛会大众无遗，以广大无量供养、恭敬、赞叹一切世界诸佛。

四者、彼于十方一切世界无三宝处，住持庄严佛法僧宝功德大海，遍示令解，如实修行。偈言："何等世界无，佛法功德宝，我皆愿往生，示佛法如佛"故。

四种菩萨功德，一乃如实修行，助佛说法；二乃放光灭众生苦；三乃供养十方诸佛；此第四乃至无佛法处建立三宝。菩萨应化，于无佛法处作佛、说法、度僧。住持三宝功德如大海，令众生得以修行。又不只一处，何等世界无佛法，菩萨即乘愿往化也。

D　功德庄严摄归清净

又向说佛国土功德庄严成就，佛功德庄严成就，菩萨功德庄严成就，此三种成就愿心庄严，略说入一法句故。一法句者，谓清净句；清净句者，谓真实智慧无为法身故。

向说——以上所说三种成就，即是阿弥陀佛愿心庄严，如无此愿，则不得成。但徒有愿，如无行，亦究不得成。此愿即四十八愿，或一大菩提愿。此愿心庄严三种成就，以一法句综括言之，可谓即清净二字。而所谓清净，即真实智慧无为法身，亦即出世无漏般若，以别于世间之有为有漏妄识。三种庄严，一切清净，并此无为法身所显现也。论有为无为法之区别：中国人说有为无为，多受道、儒影响。佛法中之有为无为甚为简单。为者，造作义，凡有生、有灭、有作、有为、有果、有因，种种因缘和合而生者，皆是有为法。准此，即佛菩萨一切说法、度世等等，无非有为。而无为法者，则一切法空性也。即佛之四智菩提为种子所生者，仍是有为。无漏法中亦仍有有为法。另一界说：有为为烦恼业所为，换言之，生死杂染，皆是有为。如是解说，则无漏业果，应是无为。此二种界说，在《阿含经》中即有。但约前一种界说，则有为范围广，即佛无漏戒定慧果，亦为有为法。今依后一说，与真实相应之无漏智慧，皆无为法身所摄也。

此清净有二种应知，何等二种？一者、器世间清净，二者、众生世间清净。器世间清净者，向说十七种佛国土功德庄严成就，是名器世间清净。众生世间清净者，如向说八种佛功德庄严成就，四种菩萨功德庄严成就，是名众生世间清净。如是一法句，摄二种清净应知。

　　一切无非清净，清净不外乎器世间清净——佛国土功德庄严；有情世间清净——佛与菩萨功德庄严。故清净一句，总摄智慧观察彼土之一切功德也。

3　广明回向

如是菩萨奢摩他、毗婆舍那广略修行，成就柔软心，如实知广略诸法，如是成就方便回向。

　　柔软心者，心性调柔，禅定功深，故能心得自在。若心不调柔,不得定,即不能如实观察了知广略诸法。故必先修奢摩他——止,心乃得柔软;修毗婆舍那——观,乃能如实知诸法。何谓止?何谓观?止者,摄心一境,安住不动之谓。依本论,则念念发愿而得定。如心于境,起推求分别观察,即谓之观。修止观所生影像——现于心中之相,有二种:一者,有分别影像;二者,无分别影像。前者为一般止观,如数息、白骨观等,皆有分别。如修空,则为无分别影像。所谓广略修行者,略即止修,广即观修。知广略诸法者,广指以上所述,观佛座功德、佛土清净功德等;略则最后一句,清净二字,即总观一切清净。如是修行,乃能成就巧方便回向。离烦恼、业、苦,即为清净。龙树在《大智度论》中说:清净即空义。因空性清净,遍一切法,毕竟寂灭故。如是修行,心得调柔,如实观察而得悟入(或虽未悟入,已能如实知广略诸法,达于相似证境)。依止能成观,依观慧乃能成就巧方便回向,盖方便要依般若而起也。回向有巧方便及无方便二类(详见《大般若经》)。巧方便回向者,无我法执之回向也。不著有能回向之人,了解一切法平等空寂,我法两执均破,与空相应,如是回向,谓之巧方便。大乘《般若经》说:各种功德,如不能与无所得空相应,即不能到达佛功德海,不能为成佛资粮,回向亦如是。故《般若经》曰:以无所得故,乃能动能出,出三界到一切智海。

何者菩萨巧方便回向?菩萨巧方便回向者,谓说礼拜等五种修行所集一切功德善根,不求自身住持之乐,欲拔一切众生苦故,作愿摄取一切众生共同生彼安乐佛国,是名菩萨巧方便回向成就。

功德善根，即同一物，因由功得德，称为功德。此一功德，即发为善果之根。如稻为耕耘功德，明春可赖之发新稻，即为善根。所谓功德善根，即前所修礼拜门、赞叹门等五念门功德。以此功德，不为自身利益，但为众生：拔一切众生苦，发愿摄取一切众生同生极乐。回自行功德以向利乐众生，故谓之为回向也。

菩萨如是善知回向成就，远离三种菩提门相违法。何等三种？一者、依智慧门，不求自乐，远离我心贪著自身故。二者、慈悲门，拔一切众生苦，远离无安众生心故。三者、依方便门，怜愍一切众生心，远离供养恭敬自身心故。是名远离三种菩提门相违法故。

至此，五念法门圆满，以下乃总摄其要，以明必能随愿往生也。菩萨能如是巧方便回向，即可远离三种与菩提（大乘觉）相违之法。一者，智慧：我心贪著自身，梵名萨迦耶见，即是我我所执。有分别所生之粗执，及无始以来之细执。欲破此见，惟赖智慧，因此见以情执为本，与生俱来，故必依智慧门，乃能不求自乐。因佛法般若，即以通达一切法无我为目的也。二者，慈悲：无安众生心者，无欲令众生得安乐之心也。能远离此心，即慈悲心也。凡夫之爱，只限于一家一姓，不能普爱众生，拔一切众生之苦。三者，方便：以一切方便利益众生。若念念欲拔众生苦，则不起供养恭敬自身之心。能如是，即远离与菩提门相违之心。所作所为与菩提门相违，即不得成佛。故仅知礼拜、赞叹，而无智慧、慈悲、方便、回向者，即与菩提门相违，成佛仍非易事也。

菩萨远离如是三种菩提门相违法，得三种随顺菩提门法满足

故。何等三种？一者、无染清净心，以不为自身求诸乐故。二者、安清净心，以拔一切众生苦故。三者、乐清净心，以令一切众生得大菩提故，以摄取众生生彼国土故。是名三种随顺菩提门法满足应知。

与上相反，即得三种随顺菩提门。三者是：因无我执，故其心清净，不为自身染著诸乐。安清净心者，能拔众生苦，能安一切众生之清净心也。乐清净心者，令众生得大菩提乐，得生净土乐之心也。

向说智慧、慈悲、方便三种门，摄取般若，般若摄取方便应知。

上所说智慧、慈悲、方便三门，总摄为般若、方便——二智。般若要义在无我，照一切法性空。不破我我所执，终非智慧。方便中以巧方便回向为最上方便。方便即善巧妙用，从般若来，经称先得般若，后得方便。如炼沙得金，喻般若；以金制成庄严具，即喻方便。今总摄为般若、方便两门，其慈悲一门，即为方便所摄。因慈悲由般若生，与方便同也。

向说远离我心不贪著自身，远离无安众生心，远离供养恭敬自身心，此三种法远离障菩提心应知。

依智慧、方便而论三门，依远离边，即为离（三种）障菩提心。无障之菩提心，即二智离障之菩提心也。

向说无染清净心，安清净心，乐清净心，此三种心略一处，成就妙乐胜真心应知。

依无染障而显之清净边，即三种清净心。此三种心略一处者,综合一处也。综此三清净心则成就妙乐胜真心。胜者,殊胜,超越一切世俗之义,通达空无我真如法性之义,如言胜义谛、真如等。故胜、真,即无染、不虚妄、一切法本相。妙乐者,无染清净之乐,即离系乐。

如是菩萨智慧心,方便心,无障心,胜真心,能生清净佛国土应知。

无障心者,无障菩提心也。菩萨具此四心,故能生于阿弥陀佛之清净佛土。

是名菩萨摩诃萨随顺五种法门,所作随意自在成就。如向所说,身业、口业、意业、智业、方便智业,随顺法门。

总结上来五念门。作愿门为意业,观察门为智业,方便回向门为方便智业。是五种随顺法门,如能具足,修行圆满,则生西如操左券。

至此,有一问题发生,即综观以上佛国固是庄严,但生西亦非容易。众生心识,本有矛盾,又想佛国至极圆满,又望生西容易,不可得兼,乃有研究极乐究为何种世界者。有谓乃阿弥陀佛报身所居之报土。众生如不能修五念门圆满,即不能随意往生,故有念佛往生系别时意趣之说。但另有一说,则认为系化佛之化土,如大小《阿弥陀经》所言。该国有时、有地、有二乘,应为化身土。但如为化土,则极乐似非最极理想之地。今世亲菩萨所见较为圆通,认为是报土,因其中无二乘、根缺及女人,故须具足五门,方得往生,不是易事。但约一切学众说,世亲菩萨别有渐次成就之法门,如下文所说。

4　渐次成就

复有五种门,渐次成就五种功德应知。何者五门? 一者、近门,二者、大会众门,三者、宅门,四者、屋门,五者、园林游戏地门。此五种门,初四种门成就入功德;第五门成就出功德。

今此五门,仍不离礼拜、赞叹等五门。但此所说,修一门有一门之成就,或浅或深,均得往生极乐国也。亦是次第深入:近门者,至安乐国境。大会众门者,得预大法会。宅门者,如登堂。屋门者,如入室。园林游戏地门者,随意度化众生也。到极乐国,目的在成佛道,化导众生,岂入室安居而已,故须外出园林也。今依此论,不依专念定位次上下,而以发心修行渐入渐深为次第。

入第一门者,以礼拜阿弥陀佛,为生彼国故,得生安乐世界,是名入第一门。

何故礼拜阿弥陀佛? 唯为愿生彼佛国土。如信敬恳切,六时礼拜虔诚,必得生于安乐国土。

入第二门者,以赞叹阿弥陀佛,随顺名义称如来名,依如来光明想修行故,得入大会众数,是名入第二门。

随顺名义称如来名者,称名须知此名所有之意义,故称佛名即是赞佛功德。口称阿弥陀佛名号,心想无碍光如来,身光、智光,十方无碍。如此持名念佛,必得至佛土大会众处,预闻法大众之数。

入第三门者,以一心专念作愿生彼,修奢摩他寂静三昧行故,

得入莲华藏世界，是名入第三门。

定中唯有意识，余识一概不起，故眼不见色，耳不闻声，乃至身不觉触。意识一念等流相续，安住，寂静。定心必有轻安，起定则有身心精进也。今以一心专念作愿生彼为方便，是念念发愿往生，修成念佛三昧。得入莲华藏世界，则能见阿弥陀佛住处，极乐世界之真相矣。前二为散心，此为定心。依此门，可见前二门所见，乃应化之身土耳。

入第四门者，以专念观察彼妙庄严，修毗婆舍那故，得到彼处，受用种种法味乐，是名入第四门。

定中起观察慧，专念观察佛国土、佛、菩萨一切功德庄严。观慧成就，证入净心地，能受用大乘法味之乐。此则是他受用土（报土），菩萨已分证法身矣。见阿弥陀佛之崇高目的，于是达成。上三门以信愿为主，此门为般若慧。故论初云："云何观？云何生信心？"依此而安立五门也。

出第五门者，以大慈悲，观察一切苦恼众生，示应化身，回入生死园烦恼林中，游戏神通，至教化地，以本愿力回向故，是名出第五门。

菩萨已证法身，即应以大悲心，悯念苦众生，起应化身——佛身、菩萨身、种种众生身，回入生死园烦恼林中。菩萨应化身，与众生同事，现有生死烦恼之相。游戏神通，起种种佛事，度脱众生。游戏，自在之义。游戏神通，即神通自在也。前四是自利，向上进修，故是入；此为利他，回入生死，故名出。

菩萨入四种门，自利行成就应知。菩萨出第五门，利益他回向行成就。菩萨如是修五门行，自利利他，速得成就阿耨多罗三藐三菩提故。

　　上来总结。自利利他是菩萨行，修菩萨行，能成就阿耨多罗三藐三菩提——无上正等觉，即是成佛。速得成就者，以依阿弥陀佛本愿力而修行，如稚子依长者扶持而行，无迷途倾跌之虞，必能有所至。此念佛法门之所以名为速得成就也。

　　上来出入五门，试举喻以明之。北平旧称北京，乃历代帝都。欲至北京觐见皇帝者，如来至外城，即是北京城，如第一近门也。进至内城，见街衢宽长，人众往来，如第二大会众门也。更进抵紫禁城，遥见宫庙之富，如第三宅门也。进入殿宇官院，见富丽堂皇，莫可名状；帝与大臣等论事其间，如第四屋门也。既觐见皇帝，然后自在游观，一切城内园苑名胜，贫户陋宅，如第五园林游戏地门也。此五门，约多人说，随修行功德不同，浅深有异。虽曰不同，而同是极乐国，如同是北京城也。约一人说，则初由礼拜，渐修渐深，终于圆成佛道。最初身业礼拜，即生极乐，必得成佛，可谓易行矣！

　　此论总摄一切《阿弥陀经》义，弘扬大净土法门。真正三根普被，能浅能深，闻此论者，不可等闲视之也！

（顾法严记）

精校敦煌本《坛经》

敦煌本《坛经》校刊记

　　敦煌本《坛经》，是大英博物馆所藏，斯坦因本五四七五号，为现存《坛经》的最古本。这部写本，不但字迹拙劣，错字多得几乎读不下去。如"诳"字写作"诳"，"顿"字写作"顿"，"五祖"一再地写作"五褐"，可见写者不但对佛法毫无常识，识字也是不太多的。"敦煌本"是"坛经传宗"本，是荷泽门下传授一部《坛经》，以证明学有禀承，是南宗弟子的。在当时，《坛经》从南方传来，是手写本，知道的人还不太多。也许是荷泽门下怕外人知道内容，失去秘密传授的意义，所以找不通文墨的人照本誊写。原本有行书、草字，不通文墨而照本誊写，再加上脱落、衍文、倒乱，这才成为这样的错讹连篇了！

　　《坛经》敦煌本的整理校订，从四方面着手。一、"坛经"与"坛经附录"的分别：《坛经》，本从慧能大师于韶州大梵寺开法传禅，法坛施法得名，弟子法海所记，应成立于六祖生前。"坛经附录"，是慧能接引弟子的机缘，临终付嘱，及临终与身后的情形。有人次第地集录出来，附编于《坛经》之后，后来也就被看作《坛经》了。现在分别为"坛经"与"坛经附录"二部分，以免读者误会（参考拙作《中国禅宗史》二三七——二四六页，本版二二五——二三四页）。

二、原本与增补的分别：《坛经》敦煌本，是现存《坛经》的最古本，不是《坛经》的最古本。《坛经》演变到"敦煌本"，至少经过了三个阶段，就是"曹溪原本"、"南方宗旨本"、"坛经传宗本"。《坛经》的演变为"南方宗旨本"、"坛经传宗本"，不是重写，而是在"原本"上，一段一段地增补，或插几句进去。好在禅师们是不重文字的，虽然添糅补充，却没有注意到文字的统一性，所以有文意不衔接、重复或文笔前后不一致的现象。凭这些，可以理解出增补的部分出来（"明本"，曾经宋代契嵩他们的整理，所以就不易分别了）。

有关"坛经传宗"及"南方宗旨"，可依文义而分别出来。"南方宗旨本"的特征，是身（心）无常而性是常。"坛经传宗本"的特征是：为了传授一卷《坛经》，以证明学有禀承，是南宗弟子，所以处处说明《坛经》传承的重要，法统，及暗示神会的得到正法。这都是增补后起的，从《坛经》的称呼上，也可看出先后的差别。如大梵寺说法部分，对于慧能，集记者称之为"慧能大师"、"能大师"、"大师"。慧能自称为"慧能"、"能"；大众称慧能为"和尚"；慧能称大众为"善知识"，称刺史为"使君"。这种称呼，是吻合当时实情的。偶有二处例外——"六祖言"，见于"释疑"部分，正是后来增补的部分。附录的弟子机缘部分，对于慧能，编集者也称之为"大师"、"能大师"、"慧能大师"。学人称慧能为"和尚"；慧能自称为"吾"；称学人为"汝"、"汝等"，或直呼名字。除三处例外——"六祖言"以外，也与当时的实际称呼相合。临终部分，也合于上述的体例。而临终前告别部分,多数是"坛经传宗"。编集者称慧能为"六祖",弟子称慧能为"大师",都与实际的称呼不合。又如说"上座法海向前言",更可看出是后人增附的了。不过,经过不断的增补,糅合已经久了,要从文义、文字作精确的区别,实在是不容易的,只能表示大概而已。不过发见了称呼上的差别,到底多了一层客观的标准,依之区别原本及增补,也就不致太离谱了(参考拙作《中国禅宗史》第六章第二节)。

现在依据文义与文字的特征,将"坛经"及"坛经附录",可推定为"曹溪原本"的,用宋体字;推定为"南方宗旨本"的,文末加一[南]字;推定为"坛经传宗本"的,文末加一[传]字;推定为"南方宗旨"后或"坛经传宗"后附入的,不同写本而写者综合一处成为重复的,文末加一[附]字。这都改用楷体字。这样的分别排列,相信"曹溪原本",可以明显地表示出来。

三、章节的分别:铃木大拙分"敦煌本"全部为五十七节。宇井伯寿采用五十七节的分类,除去他所认为是后人附加的部分,如南顿北渐、神秀作偈等,保留了三十七节。其实,这都是弟子的集记,即使是原始的,也不免有弟子的意见。南北、顿渐等传说,是东山门下的事实,决非神会个人所造出的。如"曹溪原本",提到《坛经》已三传到悟真,如完成于慧能去世后二十年——西元七三〇顷,那么这些问题,都被注意而集出,不用假想为神会或神会门下的。又如慧能的得法缘由,从身世孤贫说起,一气呵成,也不应将作偈部分除去。又梁武帝与达磨的问答,因为神会的《南宗定是非论》同样的说到,也就把它除去。其实,"敦煌本"有关"坛经传宗"部分,一律写作"菩提达摩",

与《南宗定是非论》相合。而有关达磨与梁武帝的问答，"敦煌本"是写作"菩提达磨"的。这一用字的差别，可证明此事与神会门下无关。梁武帝与达磨相见的传说，比神会的时代要早些。《坛经》的成立，也是比"坛经传宗本"早得多。现在以文义及文字的差别为主，原本与增补部分，每每是夹杂在一起的，所以不能说那几节是《坛经》原本。由于分别为"坛经"及"坛经附录"二部分，所以现在分"坛经"为十七章，"坛经附录"为十章。章又分节，以便检查。

　　四、文字的校正：用作校正的底本，是《大正藏》本（编号二〇七），今简称为"原本"。不过，有些字，《大正藏》本已经改正了。如"敦煌本"的㣔，已改正为修；頓，已改正为顿等。通行的《六祖大师法宝坛经》（《大正藏》编号二〇八），本为"明藏本"，文字通顺，虽修订的时代迟一些，次第、广略不同，然相同的部分，仍可以用来改正"敦煌本"之脱误的。校正的有四：一、脱落的，或是脱落，或是文意不完全，增补一二字，并注明依"明本"补，或今补。不过"坛经原本"，并非出于通人的手笔，每有文意不全的；有的似乎是抄写而有了脱落。不能确定的，也不敢臆改。二、讹误的，或是音声相近而误的，如名、明，迷，五、吾、伍，悟、俉，与、汝，之、知、智等；或是字形相近而误的，如须、顺，傳、缚，元、无（旡）等，都依据意义，改为常用的正字，注明依"明本"改，或今改。在同一章内，同一错字的改正，以下的在字下加卐，不再注明。三、倒乱的，并注明依"明本"改正，或今改正。四、衍文，一概删去，并注明依"明本"删，或今删。

南宗顿教最上大乘摩诃般若波罗蜜经

六祖慧①能大师于韶州大梵寺施法坛经一卷

兼受无相戒②　　　　弘法弟子法海集记

---

① 慧,"原本"作惠,唐人通写,今一律改正为慧。

② 依"敦煌写本",经题排列形式如此。说摩诃般若波罗蜜,受无相戒,为《坛经》主要内容,故列为别题,附写于经题前后。惟"敦煌写本","戒"字在"弘法弟子"之上,距离不远,致《大正藏》本误刊为"兼受无相戒弘法弟子",今改正。

上编 坛经

一——

一

　　慧能大师于大梵寺讲堂中,升高座,说摩诃般若波罗蜜法。其时,座下僧尼、道俗一千①余人,韶州刺史韦据②,及诸官寮三十余人,儒士三十③余人,同请大师说摩诃般若波罗蜜法。

二

　　刺史遂令门人僧法海集记,流行后代,与学道者,承此宗旨,递相传授,有所依④约,以为禀承,说此《坛经》。[传]

二——

一

　　能大师言:善知识! 净心,念摩诃般若波罗蜜法。大师不

---

① "一千","原本"作"一万",依《景德传灯录》等改。
② "韦据","原本"作"等据",依《宋高僧传》等改。"明本"作"韦璩"。
③ "三十","原本"脱落,依"明本"补。
④ "依","原本"作"于",今改。

语,自净心神,良久乃言:

二

善知识! 净心①听! 慧能慈父,本官②范阳,左降迁流岭③南,作④新州百姓。慧能幼小,父又⑤早亡,老母孤遗,移来南⑥海。艰辛贫乏,于市卖⑦柴。忽有一客买柴,遂领慧能至于客⑧店。客将柴去,慧能得钱,却向门前。

三

忽见一客读《金刚经》,慧能一闻,心迷⑨便悟。乃问⑩客曰⑪:从何处来持此经典? 客答曰:我于蕲州黄梅县⑫东凭墓山,礼拜五祖弘忍和尚,见今⑬在彼门人有千余众。我于彼听,见大师劝道俗,但持《金刚经》一卷,即得见性,直了成佛。

四

慧能闻说,宿业有缘,便即辞亲,往黄梅凭墓山,礼拜五祖弘忍和尚。弘忍和尚问慧能曰:汝何方人,来此山礼拜吾? 汝今向

---

① "心","原本"无,今补。
② "官",《宋高僧传》等作"贯"。
③ "岭","原本"缺,依"明本"补。
④ "作","原本"缺,依"明本"补。
⑤ "又","原本"作"小",依"明本"改。
⑥ "南","原本"缺,依"明本"补。
⑦ "卖","原本"作"买",依"明本"改。
⑧ "客","原本"作"官",依"明本"改。
⑨ "迷","原本"作"名",今改。
⑩ "问","原本"作"闻",今改。
⑪ "曰","原本"作"日",今改。
⑫ "县","原本"作"悬",依"明本"改。
⑬ "今","原本"作"令",今改。

吾边，复求何物？慧能答曰：弟子是岭①南人，新州百姓。今故远来礼拜和尚，不求余物，但求法作佛②。大师遂责慧能曰：汝是岭卍南人，又是獦獠，若为堪作佛！慧能答曰：人即有南北，佛性③即无南北；獦獠身与和尚不同，佛性卍有何差别？

五

大师欲更共议，见左右在傍边，大师更不言。遂发遣慧能，令随众作务。时有一行者，遂差慧能于碓坊，踏碓八个余月。

六

五祖忽于一日，唤门人尽来。门人集讫④，五祖曰：吾向汝⑤说世人生死事大，汝等门人终日供养，只求福田，不求出离生死苦海。汝等自性卍迷，福田⑥何可救汝！汝总⑦且归房，自看有智⑧慧者，自取般若本性卍之智⑨，各作一偈呈吾。吾看汝偈，若悟⑩大意者，付汝衣法，禀为六代。火急急！

七

门人得处分，却来各至自房，递相谓言：我等不须呈心，用意

---

① “岭”，“原本”作“领”，依“明本”改。
② “求法作佛”，“原本”作“求佛法作”，依“明本”改正。
③ “性”，“原本”作“姓”，依“明本”改。
④ “讫”，“原本”作“记”，今改。
⑤ “汝”，“原本”作“与”，依“明本”改。
⑥ “田”，“原本”作“门”，今改。
⑦ “总”，“原本”作“惣”，今改。
⑧ “智”，“原本”作“知”，依“明本”改。
⑨ “之智”，“原本”作“知之”，今改。“明本”作“之性”。
⑩ “悟”，“原本”作“吾”，依“明本”改。

作偈,将呈和尚。神秀上座是教授师,秀上座得法后,自可依①止,请不用作。诸人息心,尽不敢呈偈。

八

时大师堂前有三间房廊,于此廊下,供奉②欲画楞伽变相,并画五祖大师传授衣法,流行后代为记。画人卢玲③看壁了,明日下手。

九

上座神秀思惟:诸人不呈心偈,缘我为教授师。我若不呈心偈,五祖如何得见我心中见解深浅。吾将心偈上呈五祖,求法意即善④,觅祖不善,却同凡心夺其圣位。若不呈心,终⑤不得法。良久思惟,甚难甚难! 甚难甚难! 夜至三更,不令人见,遂向南廊下中间壁上,题作呈心偈,欲求于法。

一〇

若五祖见偈,言此偈悟⑥,若访觅我。我宿业障重,不合得法。圣意难测,我心自息。秀上座三更于南廊下中间壁上,秉烛题作偈,人尽不知⑦。[附]偈曰:

―――――――――

① "依","原本"作"于",依"明本"改。
② "奉","原本"作"养",今改。
③ "玲","明本"作"珍"。
④ "上呈五祖,求法意即善","原本"作"上五祖呈意即善求法",今参照"明本"意改之。
⑤ "终","原本"作"修",依"明本"改。
⑥ "悟","原本"作"语",今改。
⑦ "知","原本"作"和",依"明本"改。此节与上节,语意重复,疑是别本,抄录者集于一处。

身是菩提树,心如明镜台,

时时勤拂①拭,莫使有尘埃!

神秀上座题此偈毕,归房卧,并无人见。

一一

五祖平旦遂唤②卢供奉来,南廊下画楞伽变。五祖忽见此偈语已③,乃谓供奉曰:弘忍与供奉钱三十千,深劳远来,不画变相也。《金刚经》云:凡所有相,皆是虚妄。不如留④此偈,令迷人诵。依此修行,不堕三恶;依此修行人,有大利益。

一二

大师遂唤门人尽来,焚香偈前。人众入见,皆生敬心。汝等尽诵此偈者,方得见性卍;依卍此修行,即不堕落。门人尽诵,皆生敬心,唤言:善哉!

一三

五祖遂唤秀上座于堂内,问⑤:是汝作偈否? 若是汝作,应得我法⑥。[附]秀上座言:罪过! 实是神秀作。不敢求祖,愿和尚慈悲,看弟子有小智慧识大意否? 五祖⑦曰:汝作此偈,见即来到,只到门前,尚未得入。凡夫依卍此偈修行,即不堕落。作

---

① "拂","原本"作"佛",依"明本"改。
② "唤","原本"作"换",依"明本"改。
③ "语已","原本"作"请记",今改。
④ "留","原本"作"流",依"明本"改。
⑤ "问","原本"作"门",今改。
⑥ "若是汝作,应得我法"——二句,与下文义不合。
⑦ "祖","原本"作"褐",今改。

此见解,若觅无上菩提,即未可得;须入得门,见自本性卐。汝且去,一两日来思惟,更作一偈来呈吾。若入得门,见自本性卐,当付汝衣法。秀上座去,数日作不得。

一四

有一童子于碓坊边过,唱诵此偈。慧能一闻,知未见性卐,即识大意。能问童子:适来诵者,是何言偈? 童子答能曰:你①不知! 大师言生死事②大,欲传衣③法,令门人等各作一偈来呈看,悟大意即传衣法,禀为六代祖卐。有一上座名神秀,忽于南廊下书无相偈一首,五祖令诸门人尽诵。悟此偈者,即见自性卐;依此修行,即得出离。

一五

慧能④曰:我此踏碓八个余月,未至堂前。望上人引慧能至南廊下,见此偈礼拜;亦愿诵取结来生缘,愿生佛地。童子引能至南廊下,能即礼拜此偈。为不识字,请一人读。慧能闻⑤已,即识大意。慧能亦作一偈,又请得一解书人,于西间壁上题⑥著,呈自本心。不识本心,学法无益;识心见性卐,即悟⑦大意。[附]慧能偈曰:

　　菩提本无树,明镜亦无台,

---

① "你","原本"作"作",今改。
② "事","原本"作"是",依"明本"改。
③ "衣","原本"作"于",今改。
④ "能"下,"原本"有"答"字,今删。
⑤ "慧能闻","原本"脱误作"慧问",今改补。
⑥ "题","原本"作"提",今改。
⑦ "悟","原本"作"吾",今改。此一段,文意不顺。

佛性卍常清①净,何处有尘埃!

又偈曰:

心是菩提树,身为明镜台,

明镜本清净,何处染尘埃②![附]

院内徒③众,见能作此偈,尽怪。慧能却入碓房。

一六

五祖卍忽见慧能偈④,即⑤知识大意。恐众人知,五祖乃谓众人曰:此亦未得了。五祖夜至⑥三更,唤慧能于⑦堂内,说《金刚经》。慧能一闻,言下便悟⑧。其夜受法,人尽不知,便传顿法及衣。汝为六代祖,衣将为信。禀代代相传法,以心传心,当令自悟。

一七

五祖言:慧能! 自古传法,气如悬丝。若住此间,有人害汝,汝即须速去! 能得衣法,三更发去。五祖自送能于九江驿。登船⑨

----

① "清","原本"作"青",今改。

② "又偈曰"一段,与上文"作一偈"不合。疑为不同写本,抄写者并录于此,致成重复。

③ "徒","原本"作"从",依"明本"改。

④ "偈","原本"作"但",今改。

⑤ "即"下,"原本"有"善"字,今删。

⑥ "至","原本"作"知",今改。

⑦ "于","原本"无,今补。

⑧ "悟","原本"作"伍",依"明本"改。

⑨ "船","原本"缺,今补。

时,便五①祖处分:汝去努力! 将法向南,三年勿弘此法。难去,在后弘化,善诱迷人,若得心开,汝悟无别。辞违已了,便发向南。

一八

两月中间,至大庾②岭。不知向后有数百人来,欲拟殴③慧能,夺衣④法。来至半路,尽总却回。唯有一僧,姓陈名慧明⑤,先是三品将军,性行粗恶,直至岭上,来趁犯著。慧能即还法衣,又不肯取。我故远来求法,不要其衣。能于岭上,便传法慧明卍。慧明卍得闻,言下心开。能使慧明卍即却向北化人来。

一九

慧能来依⑥此地,与诸官寮⑦道俗,亦有累劫之因。教是先圣⑧所传,不是慧能自知。愿闻先圣卍教者,各须净心。闻了,愿自除⑨迷,如⑩先代悟。〔下是法〕

三——

一

慧能大师唤言:善知识! 菩提般若之智⑪,世人本自有之。

---

① “五”,“原本”作“悟”,今改。
② “庾”,“原本”作“庚”,依“明本”改。
③ “殴”,“原本”作“头”,今改。
④ “衣”,“原本”作“依”,今改。
⑤ “明”,“原本”作“顺”,依“明本”等改。
⑥ “依”,“原本”作“衣”,依“明本”改。
⑦ “寮”,“原本”作“夺”,依“明本”改。
⑧ “圣”,“原本”作“性”,依“明本”改。
⑨ “除”,“原本”作“余”,依“明本”改。
⑩ “如”,“原本”作“于”,依“明本”改。
⑪ “智”,“原本”作“知”,依“明本”改。

即缘心迷,不能自悟,须求大善知识示道见性。善知识! 愚人智人,佛性本亦无差别,只缘迷悟:迷即为愚,悟即成智①。

二

善知识! 我此法门,以定慧为本,第一勿迷言慧定别。定慧体一不二,即定是慧体,即慧是定用;即慧之时定在慧,即定之时慧在定。

三

善知识! 此义即是定②慧等。学道之人作意,莫言先定发慧,先慧发定,定慧各别。作此见者,法有二相。口说善,心不善,慧定不等。心口俱善,内外一种③,定慧即等。自悟修行,不在口诤,若诤先后,即是迷④人。不断胜负,却生我法⑤,不离四相。

四

一行三昧者,于一切时中,行、住、坐⑥、卧,常直⑦心是。《净名经》云:直卍心是道场;直卍心是净土。莫心行谄曲⑧,口说法直。口说一行三昧,不行直卍心,非佛弟子。但行直卍心,于一

---

① "愚人智人"下二十三字,"原本"作"遇悟即成智",今依敦煌县博物馆本改正。
② "定","原本"缺,依"明本"补。
③ "种"上,"原本"有"众"字,今删。
④ "迷","原本"所无,依"明本"补。
⑤ "我法","原本"作"法我",依"明本"改。
⑥ "坐","原本"作"座",依"明本"改。
⑦ "直","原本"作"真",并衍一"真"字,依"明本"删改。
⑧ "曲","原本"作"典",依"明本"改。

切法上无有执著，名一行三昧。

五

迷人著法相，执一行三昧：直卍心坐卍不动，除妄不起心，即是一行三昧。若如是，此法同无情①，却是障道因缘。道须②通流，何以却滞？心不住③即通流，住即被④缚。若坐卍不动是，维摩诘不合呵舍利弗宴坐卍林中！

六

善知识！又见有人教人坐卍，看心、看净、不动不起，从此置功。迷人不悟，便执成颠，即有数百般⑤，如此教道者，故知⑥大错。

七

善知识！定慧犹如何等？如灯光，有灯即有光，无灯即无光。灯是光之⑦体，光是灯之用，名⑧即有二，体无两般。此定慧法，亦复如是。

四——

一

善知识！法无顿渐，人有利钝。迷⑨即渐劝，悟人顿修。识

---

① "情"，"原本"作"清"，依"明本"改。
② "须"，"原本"作"顺"，依"明本"改。
③ "不住"，"原本"作"住在"，依"明本"改正。
④ "被"，"原本"作"彼"，今改。
⑤ "般"，"原本"作"盘"，今改。
⑥ "知"，"原本"作"之"，依"明本"改。
⑦ "之"，"原本"作"知"，依"明本"改。
⑧ "名"，"原本"缺，依"明本"补。
⑨ "迷"，"原本"作"明"，依"明本"改。

自本心①，见自②本性。悟即元无差别，不悟即长劫轮回。

二

善知识！我此③法门，从上已来，顿渐皆立无念为④宗，无相为卍体，无住⑤为本。何名为⑥无相？于相而离相。无念者，于念而不念。无住者，为人本性念念不住，前念今⑦念后念，念念相续⑧，无有断绝。若一念断绝，法身即是离色身。[南]念念时中，于一切法上无住。一念若住，念念即住，名系缚。于一切法上念念不住，即无缚也，是⑨以无住为本。

三

善知识！外离一切相，是无相。但能离相，性体清净，是⑩以无相为体。

四

于一切境⑪上不染，名为无念。于自念上离境卍，不⑫于法上念生。莫百物不思，念尽除却。一念断即死⑬，别处受生。[南]

---

① "心"，"原本"作"是"，依"明本"改。
② "自"，"原本"缺，依"明本"补。
③ "此"，"原本"作"自"，依"明本"改。
④ "为"，"原本"作"无"，依"明本"改。
⑤ "住"下，"原本"有"无"字，依"明本"删。
⑥ "名为"，"原本"作"明为相"，今删改。
⑦ "今"，"原本"作"念"，依"明本"改。
⑧ "续"，"原本"作"读"，依"明本"改。
⑨ "是"，"原本"缺，依"明本"补。
⑩ "是"下，"原本"衍"是"字，依"明本"删。
⑪ "境"，"原本"作"镜"，依"明本"改。
⑫ "原本"衍一"不"字，依"明本"删。
⑬ "死"，"原本"作"无"，依"明本"改。

学道者用心，若不识①法意，自错尚可，更劝他人迷；不自见迷，又谤经法。是以立无念为宗。

五

即缘迷②人于境卍上有念，念上便起③邪见，一切尘劳妄念从此而生。然此教门立无念为宗，世人离见，不起于念；若无有念，无念亦不立。

六

无者无何事？念者何物？无者，离二相诸尘劳。真如是念之体，念是真如之用。性④起念，虽即见闻觉知⑤，不染万境而常自在。《维摩经》云：外能善分别诸法相，内于第一义而不动。

五——

一

善知⑥识！此法门中，坐⑦禅元不看⑧心，亦不看卍净，亦不言不⑨动。若言看心，心元是妄，妄如幻故，无所看也。若言看净，人性⑩本净，为妄想故覆盖真如，离妄念，本性卍净。不见自

---

①　"若不识"，"原本"作"莫不悉"，依"明本"改。
②　"迷"，"原本"作"名"，依"明本"改。
③　"起"，"原本"作"去"，依"明本"改。
④　"性"，"原本"作"姓"，依"明本"改。
⑤　"知"，"原本"作"之"，依"明本"改。
⑥　"知"，"原本"作"诸"，今改。
⑦　"坐"，"原本"作"座"，依"明本"改。
⑧　"看"，"原本"作"著"，今改。
⑨　"不"，"原本"缺，依"明本"补。
⑩　"性"，"原本"作"姓"，依"明本"改。

性卍本净,心起看净,却生净妄;妄无处所,故知看者①却是妄也。净无形相,却立净相,言是功夫。作此见者,障②自本性卍,却被净缚。若不动者,不③见一切人过患,自④性不动。迷人自身不动,开口即说人是非,与道违背。看心、看净,却是障道因缘,今说汝知⑤。

二

此法门中,何名坐卍禅? 此法门中,一切无碍,外于一切境界上念不起⑥为坐卍,见本性卍不乱为禅。何名为禅定? 外离⑦相曰禅,内不乱曰定。外若离⑧相,内性卍不乱,本自净自定。只缘境触,触即乱,离相不乱即定。外离相即禅,内⑨不乱即定,外禅内定,故名禅定。《维摩经》云:即时⑩豁然,还得本心。《菩萨戒》云:本源⑪自性卍清净。

三

善知识! 见自性卍清净,自修自作;自性卍法身,自行佛行,自作自成佛道。

------

① “者”下,“原本”有“看”字,今删。
② “障”,“原本”作“章”,依“明本”改。
③ “不”,“原本”缺,依“明本”补。
④ “自”,“原本”作“是”,今改。
⑤ “今说汝知”,“原本”作“今记汝是”,今改。
⑥ “起”,“原本”作“去”,依“明本”改。
⑦ “离”,“原本”作“杂”,依“明本”改。
⑧ “离”,“原本”作“有”,依“明本”改。
⑨ “内”下,“原本”有“外”字,依“明本”删。
⑩ “时”,“原本”作“是”,依《维摩经》改。
⑪ “源”,“原本”作“须”,依《梵网经》改。“明本”作“元”。

六——

一

善知识！总须自体①与受无相戒，一时逐慧能口道，令善知识见自三身佛。于自色身，归依②清净法身佛；于自色身，归依卍千百亿化身佛；于自色身，归依卍当来圆满报身佛。〔已上三唱〕

二

色身是舍宅，不可言归。〔南〕向者三身在自法性，世人尽有，为迷③不见，外觅三如来，不见自色身中三身④佛。善知识！听汝善知识说，令善知识依卍自色身，见自法性有三身⑤佛，此三身佛从性上生。

三

何名清净法⑥身佛？善知识！世人性自本净，万法在自性⑦。思量一切恶⑧事，即行于⑨恶；思量一切善事，便修于善行。知如是一切法尽在自性卍，自性卍常清净。

---

① 此句，"明本"作"此事须从自性中起"。
② "依"，"原本"作"衣"，依"明本"改。
③ "迷"，"原本"作"名"，依"明本"改。
④ "身"，"原本"作"性"，依"明本"改。
⑤ "身"，"原本"作"世"，依"明本"改。
⑥ "法"，"原本"缺，依"明本"补。
⑦ "性"，"原本"作"姓"，依"明本"改。
⑧ "恶"，"原本"缺，依"明本"补。
⑨ "于"，"原本"作"衣"，依"明本"改。

四

日月常明①，只为云覆盖，上明卍下暗，不能了见日月星②辰。忽遇惠风吹散，卷尽云雾，万象参罗，一时皆现。世人性净，犹如青③天。慧如日，智如月，智慧常明卍。于外著境④，妄念浮云覆盖自性卍，不能明彻⑤。遇善知识，闻⑥真法，吹却迷卍妄，内外明卍彻，于自性卍中万法皆见。一切法在自⑦性卍，名为清净法身。自归依卍者，除不善行，是名归依卍。

五

何名为千百亿化身佛？不思量，性即空寂，思量即是变⑧化。思量恶法，化为地狱；思量善法，化为天堂。毒害化为畜生，慈悲化为菩萨。智慧化为上界，愚痴化为下方。自性卍变化甚明卍，迷人自不知见。

六

一念善，智慧即生；一灯能除千年暗，一智能灭万年愚。莫思向前，常思于后，常后念善，名为报身。一念恶，报却千年善心；一念善，报却千年恶。灭无常已来，后念善，名为报身⑨。［附］

①　"明"，"原本"作"名"，依"明本"改。
②　"星"，"原本"作"西"，依"明本"改。
③　"青"，"原本"作"清"，今改。
④　"著境"，"原本"作"看敬"，依"明本"改。
⑤　"彻"，"原本"作"故"，今准下文改。
⑥　"闻"，"原本"作"开"，依"明本"改。
⑦　"在自"，"原本"作"自在"，今改正。
⑧　"变"，"原本"作"自"，依"明本"改。
⑨　"一念恶"以下，念恶报却善，念善报却恶，善恶同等，与上文"一灯能除千年暗"说不合。文以"后念善，名为报身"作结，与前文相同。疑此为别本异说，抄写者附录于此。

七

从法身思量，即是化身。念念善，即是报身。自悟自修，即名归依卍也。皮肉是色身，是舍宅，不任①归依也。［南］但悟三身，即识大意②。

七——

一

今既自归依三身佛已，与善知识发四弘大愿。善知识！一时逐慧能道：众生无边誓愿度，烦恼无边誓愿断，法门无边誓愿学，无上佛道誓愿成。［三唱］

二

善知识！众生无边誓愿度，不是慧能度。善知识！心中众生，各于自身自性③自度。何名自性卍自度？自色身中邪见愚痴迷④妄，自有本觉性，将正见度。既悟正见，般若之智除却愚痴迷卍妄众生，各各自度。邪来⑤正度，迷来悟度，愚来智度，恶来善度，烦恼来菩提⑥度。如是度者，是名真度。

三

烦恼无边誓愿断，自心除虚妄。法门无边誓愿学，学无上正

---

① "任"，"原本"作"在"，今改。
② "意"，"原本"作"亿"，今改。
③ "性"，"原本"作"姓"，依"明本"改。
④ "迷"，"原本"作"名"，依"明本"改。
⑤ "来"，"原本"作"见"，依"明本"改。
⑥ "提"，"原本"作"萨"，依"明本"改。

法。无上佛道誓愿成,常下心行,恭敬一切,远离迷执,觉知生般若。除却迷妄,即自悟佛道成行誓愿力。

八——

一

今既发四弘誓愿讫,与善知识无相忏悔三世罪障。大师言:善知识! 前念后念及今念,念①念不被愚迷染,从前恶行一时悔②,自性③若除即是忏。前念后念及今念,念念不④被矫诳⑤染,除却从前矫诳心,永⑥断名为自性忏。前念后念及今念⑦,念念不被嫉妒⑧染,除却从前嫉妒⑨心,自性若除即是忏。[已上三唱]

二

善知识! 何名忏悔? 忏⑩者终身不作,悔者知于前非。恶业恒不离心,诸佛前口说无益。我此法门中,永断不作,名为忏悔。

---

① "念"下,"原本"脱一"念"字,依"明本"补。
② "悔"字,"原本"在下句"忏"下,今改正。
③ "性","原本"作"姓",依"明本"改。
④ "不","原本"脱落,依"明本"补。
⑤ "矫诳","原本"作"愚痴",依下文改。
⑥ "永","原本"作"承",今改。
⑦ "今念","原本"脱落,依"明本"补。
⑧ "嫉妒","原本"作"痓疾",依"明本"改。
⑨ "嫉妒","原本"作"疾妒",依"明本"改。
⑩ "忏","原本"脱落,今补。

九——

一

今既忏悔已，与善知识受无相三归依戒。大师言：善知①识！归依②觉，两足尊。归依卍正，离欲尊③。归依卍净，众中尊。从今已后，称佛为师，更不归依卍余邪迷④外道，愿自三宝慈悲证明⑤。

二

善知识！慧能劝善⑥知识归依三宝。佛者觉也，法者正也，僧者净也。自心归依觉，邪迷卍不生。少欲知足，离财离色，名两足尊。自心归正，念念无邪故即无爱著，以无爱著，名离欲尊。自心归净，一切尘劳妄念，虽在自性⑦，自性卍不染著，名众中尊。

三

凡夫不⑧解，从日至日，受三归依卍戒。若言归佛，佛在何处？若不见佛，即无所归。既无所归，言却是妄。善知识！各自观察，莫错用意！经中只⑨言自归依佛，不言归他佛，自性卍不归，无所归⑩处。

---

① "知"，"原本"作"智"，今改。
② "依"，"原本"作"衣"，依"明本"改。
③ "欲"下，"原本"脱"尊"字，依"明本"补。
④ "迷"，"原本"作"名"，依"明本"改。
⑤ "证明"，"原本"作"灯名"，依"明本"改。
⑥ "善"，"原本"作"善善"，今删一字。
⑦ "性"，"原本"作"姓"，依"明本"改。
⑧ "不"，"原本"脱落，依"明本"补。
⑨ "只"下，"原本"有"即"字，今删。
⑩ "归"，"原本"脱落，依"明本"补。

一○——

一

今既自归依①三宝，总各各至心，与善知识说摩诃般若波罗蜜法。善知识虽念不解，慧能与说，各各听！摩诃般若波罗蜜者，西国梵语，唐言大智慧彼岸到。此法须行，不在口念②，口念不行，如幻③如化。修行者，法身与佛等也。

二

何名摩诃？摩诃者是大。心量广大，犹如虚空。若空心坐④，即落无记⑤。空能含日月星辰，大地山河，一切草木，恶人善人，恶法善法，天堂地狱，尽在空中。世人性空，亦复如是。

三

性含万法是大，万法尽在自性⑥。见一切人及非人，恶之⑦与善，恶法善法，尽皆不舍，不可染著。犹⑧如虚空，名之为大，此是摩诃⑨。迷人口念，智者心行⑩。又有迷⑪人，空心不思，名

---

① "依"，"原本"作"衣"，依"明本"改。
② "念"，"原本"缺，依"明本"补。
③ "幻"，"原本"缺，依"明本"补。
④ "若空心坐"，"原本"作"莫定心座"，依"明本"改。
⑤ "记"，"原本"作"既"，依"明本"改。
⑥ "在自性"，"原本"作"是自姓"，依"明本"改。
⑦ "之"，"原本"作"知"，依"明本"改。
⑧ "犹"，"原本"作"由"，今改。
⑨ "诃"下，"原本"衍"行"字，今删。
⑩ "行"，"原本"脱落，依"明本"补。
⑪ "迷"，"原本"作"名"，依"明本"改。

之为大,此亦不是。心量大,不行是少。莫口空说,不修此行,非我弟子。

四

何名般若? 般若是智慧。一切①时中念念不愚,常行智慧,即名般若行。一念愚即般若绝,一念智即般若生。心中常愚,自言②我修。般若无形相,智慧性即是。

五

何名波罗蜜? 此是西国梵音,唐③言彼岸到。解义离生灭,著境④生灭起⑤,如水有波浪,即是于此岸。离境无生灭,如水永⑥长流,即⑦名到彼岸,故名波罗蜜。

六

迷人口念,智者心行。当念时有妄,有妄即非真性⑧;念念若行,是名真性卍。悟此法者,悟般若法,修般若行。不修即凡,一念修行,法身等佛。善知识! 即烦恼是菩提⑨,前念迷即凡,后念悟即佛。

---

① "切",依"明本"补。
② "自言",依"明本"补。
③ "唐",依"明本"补。
④ "境","原本"作"竟",依"明本"改。
⑤ "起","原本"作"去",依"明本"改。
⑥ "永","原本"作"承",依"明本"改。
⑦ "即"上,"原本"有"故"字,今删。
⑧ "性","原本"作"有",依"明本"改。
⑨ "提"下,"原本"有"捉"字,今删。

七

善知识！摩诃般若波罗蜜,最尊最上第一！无住无去无来,三世诸佛从中出。将大智①慧到彼岸,打破五阴烦恼尘劳。最尊最上第一,赞最上②乘法,修行定成佛。无去无住无来③,是定慧等,不染一切法。三世诸佛从中,变三毒为戒定慧。善知识！我此法门,从中出④八万四千智慧。何以故？为世有八万四千尘劳,若无尘劳,般若常在,不离自性⑤。

八

悟此法者,即是无念无忆⑥无著,莫起卍诳⑦妄,即自是真如性卍。用智卍慧观照,于一切法不取不舍,即见性卍成佛道。

一一一

一

善知识！若欲入甚深法界,入般若三昧者,直修般若波罗蜜行。但持《金刚般若波罗蜜经》一卷,即得见性,入般若三昧。当知此人功德无量,经中分明⑧赞叹,不能具说。

---

① "智","原本"作"知",依"明本"改。
② "上"下,"原本"衍"最上"二字,今删。
③ "来"下,"原本"有"往"字,今删。
④ "中出","原本"无,今补。"明本"作"一般若生"。
⑤ "性","原本"作"姓",今改。
⑥ "忆","原本"作"亿",依"明本"改。
⑦ "诳","原本"作"谁",依"明本"改。
⑧ "明","原本"作"名",依"明本"改。

二

此是最上乘法，为大智上根人说。小①根智人若闻法，心不生信。何以故？譬如大龙，若下大雨，雨于②阎浮提，如漂草叶；若下大雨，雨放大海，不增不减。若大乘者闻说《金刚经》，心开悟解。故知本性自有般若之智，自用智③慧观照，不假文字。

三

譬如其雨水，不从无有，元是龙王于江海中，将身引此水，令一切众生，一切草木，一切有情无情，悉皆蒙④润。诸水众流却入大海，海纳众水，合为一体。众生本性般若之智，亦复如是。

四

小卐根之人，闻说此顿教，犹如草木根性自小卐者，若被大雨一沃，悉皆自倒⑤，不能增长。小卐根之人，亦复如是，有般若之智⑥，与大智之人亦无差别，因何闻法即不悟？缘邪见障重，烦恼根深。犹如大云覆盖于日，不得风吹，日无能现。

五

般若之智，亦无大小。为一切众生自有迷心，外修觅佛，未⑦悟自性，即是小根人。闻其顿教，不信外修，但于自心令自

---

① "小"，"原本"作"少"，依"明本"改。
② "于"，"原本"作"衣"，依"明本"改。
③ "智"，"原本"作"知"，依"明本"改。
④ "蒙"，"原本"作"像"，依"明本"改。
⑤ "倒"，"原本"作"到"，依"明本"改。
⑥ "智"下，"原本"有"之"字，今删。
⑦ "未"，"原本"作"来"，依"明本"改。

本性常起正见；烦恼尘劳众生，当时尽悟。犹如大海纳于众流，小水、大水合为一体，即是见性，内外不住，来去自由，能除执心，通达无碍。

六

心修此行，即与《般若波罗蜜经》本无差别。一切经书及文字，小大二乘，十二部经，皆因人①置。因智慧性，故能建立②。若无世③人，一切万法本无不有，故知万法本从人兴，一切经书因人说有。缘在人中有愚有智，愚为小卍故，智为大人。迷人问④于智者，智人与愚人说法，令使愚者悟解心⑤开。迷人若悟心开，与大智人无别。

七

故知不悟，即⑥佛是众生；一念若悟，即众生⑦是佛。故知一切万法尽在自身心中，何不从于自心，顿现真如本性⑧！《菩萨戒经》云：戒本源⑨自性卍清净。识心见性，自成佛道。即时豁然，还得本心。

---

① "人"，"原本"缺，依"明本"补。
② "故能建立"，"原本"作"故故然能建立我"，"故然"即"故能"衍误，今删正。
③ "世"，"原本"作"智"，依"明本"改。
④ "迷人问"，"原本"作"问迷人"，今改正。
⑤ "心"，"原本"作"深"，依"明本"改。
⑥ "即"下，"原本"有"是"字，依"明本"删。
⑦ "生"下，"原本"有"不"字，依"明本"删。
⑧ "性"，"原本"作"姓"，依"明本"改。
⑨ "戒本源"，"原本"作"我本愿"，依《梵网经》改。

一二一一

一

善知识！我于忍和尚处，一闻言下大悟①，顿见真如本性，是故与②教法流行后代，令③学道者顿悟④菩提。

二

各自观心，令自本性顿悟。若不⑤能自悟者，须⑥觅大善知识示⑦道见性⑧。何名大善知识⑨？解最上乘法，直示⑩正路。是大善知识。是大因缘，所谓⑪化导⑫令得见佛；一切善法，皆因大善知识能发起故。

三

三世诸佛，十二部经，在⑬人性中本自具有。不能自⑭悟，须得善知识示道见性；若自悟者，不假外善知识。若取外求善知

---

① “悟”，“原本”作“伍”，依“明本”改。
② “与”，“原本”作“汝”，今改。
③ “令”，“原本”作“今”，依“明本”改。
④ “悟”，“原本”作“唔”，依“明本”改。
⑤ “不”，“原本”无，依“明本”补。
⑥ “须”，“原本”作“顿”，依“明本”改。
⑦ “示”，“原本”作“亦”，今改。
⑧ “性”，“原本”作“姓”，今改。
⑨ “知识”，“原本”作“智”，今改补。
⑩ “示”，“原本”作“是”，依“明本”改。
⑪ “谓”，“原本”作“为”，依“明本”改。
⑫ “导”，“原本”作“道”，依“明本”改。
⑬ “在”上，“原本”有“云”字，今删。
⑭ “自”下，“原本”有“姓”字，依“明本”删。

识,望得解脱①,无有是处。识自心内善知识,即得解脱②。若自心邪迷,妄念颠倒,外善知识即有教授,不得自悟③。汝若不得自悟,当起般若观照,刹那间妄念俱灭,即是自真正善知识,一悟即如④佛也。

四

自性心地,以智慧观照,内外明⑤彻,识自本心。若识本心,即是解脱;既得解脱,即是般若三昧;悟般若三昧,即是无念。何名无念? 无念法者,见一切法不著一切法,遍一切处不著一切处。常净自性,使六贼从六门走出,于六尘中不离不染,来去自由,即是般若三昧,自在解脱,名无念行。莫百物不思! 当令念绝,即是法缚⑥,即名边见。悟无念法者,万法尽通。悟无念法者,见诸佛境界。悟无念顿法者,至佛位地。

一三——

一

善知识! 后代得吾⑦法者,常见吾法身,不离汝左右。善知识! 将此顿教法门,同见同行,发愿受持,如事⑧佛故;终身受持

---

① "脱","原本"作"说",依"明本"改。
② "原本"缺"脱"字,今补。
③ "不得自悟",今补。
④ "如","原本"作"知",今改。
⑤ "明","原本"作"名",依"明本"改。
⑥ "缚","原本"作"傳",依"明本"改。
⑦ "吾","原本"作"悟",依"明本"改。
⑧ "事","原本"作"是",依"明本"改。

而不退者,定①入圣位。

二

然须傳②受时,从上已来,默然而付于法。发大誓愿,不退菩提,即须分付。若不同见解,无有志愿,在在处处,勿妄宣传;损彼前人,究竟无益。若愚③人不解,谩此法门,百劫万劫千生断佛种性。

一四——

一

大师言:善知识!听吾④说无相颂⑤,令汝迷⑥者罪灭,亦名灭罪颂。

二

颂曰:

愚人修福不修道,谓言修福而是道⑦,
布施供养福无边,心中三恶元来造⑧。
若将修福欲灭罪,后世得福罪还在⑨;

---

① “定”,“原本”作“欲”,依“明本”改。
② “傳”,“原本”作“缚”,依“明本”改。
③ “愚”,“原本”作“遇”,依“明本”改。
④ “吾”,“原本”作“悟”,依“明本”改。
⑤ “颂”,“原本”作“讼”,依“明本”改。
⑥ “迷”,“原本”作“名”,依“明本”改。
⑦ “道”,“原本”脱落,依“明本”补。
⑧ “造”,“原本”作“在”,依“明本”改。
⑨ “还在”,“原本”作“无造”,依“明本”改。

若解心中除罪缘，名自性①中真忏悔。

若悟大乘真忏悔②，除邪行正即③无罪；

学道之人能自观，即与悟人同一类④。

大师今传此顿教，愿学之人同一体；

若欲当来觅本身，三毒恶缘心中洗。

努力修道莫悠悠，忽然虚度一世休；

若遇大乘顿教法，虔诚合掌志心求。

三

　　大师说法了，韦使君、官寮、僧众、道俗，赞言无尽，昔所未闻。

一五——

一

　　使君礼拜白⑤言：和尚说法，实不思议！弟子尚⑥有少疑，欲问⑦和尚，望⑧和尚大慈大悲为弟子说！大师言：有疑⑨即问卍，何须再三！

----

① "名自性"，"原本"作"各自世"，依"明本"改。
② "悔"，"原本"作"海"，依"明本"改。
③ "即"，"原本"作"造"，依"明本"改。
④ "类"，"原本"作"例"，依"明本"改。
⑤ "白"，"原本"作"自"，今改。
⑥ "尚"，"原本"作"当"，今改。
⑦ "问"，"原本"作"闻"，依"明本"改。
⑧ "望"下，"原本"有"意"字，今删。
⑨ "疑"，"原本"作"议"，依"明本"改。

二

使君问卍:法可不①是西国第一祖达磨祖师宗旨？大师言：是。弟子见说达磨大师化②梁武帝③，问达磨：朕一生来④造寺布施供养，有⑤功德否？达磨答言：并无功德。武帝惆怅，遂遣达磨出境。未审此言，请和尚说！

三

六祖言：实无功德，使君⑥勿疑达磨大师言。武帝著邪道，不识正法。使君问：何以无功德？〔附〕

四

和尚言：造寺布施供养，只是修福，不可将福以为功德；功德⑦在法身，非在于福田。自法性有功⑧，平直是德。佛性外行恭敬，若轻一切人，吾⑨我不断，即自无功德。自性虚妄，法身无功德。念念德行，平等直⑩心，德即不轻，常行于敬。自修身即功，自修心⑪即德，功德自心作，福与功德别。武帝不识正理，非祖大师有过。

---

① "不"下，"原本"衍"不"字，依"明本"删。
② "化"，"原本"作"代"，依"明本"改。
③ "帝"，"原本"作"谛"，依"明本"改。
④ "来"上，"原本"有"未"字，今删。
⑤ "有"下，"原本"衍"有"字，今删。
⑥ "君"下，"原本"有"朕"字，今删。
⑦ "功德"，"原本"脱落，依"明本"补。
⑧ "功"下，"原本"有"德"字，依"明本"删。
⑨ "吾"，"原本"作"悟"，依"明本"改。
⑩ "直"，"原本"作"真"，今改。
⑪ "心"下，"原本"有"身"字，依"明本"删。

一六——

一

使君礼拜，又问：弟子见僧众①道俗，常念阿弥陀②佛，愿往生西方。请和尚说，得③生彼否？望为破疑。

二

大师言：使君听，慧能与说。世尊在舍卫国，说西方引化，经文分明，去此不远。只为下根说远，说近④只为上智。人自两种⑤，法无不同⑥。迷⑦悟有殊，见有迟疾。迷人念佛生彼，悟者自净其心，所以佛言⑧：随其心净，则佛土净。

三

使君！东方但净心无罪，西方心不净有愆。迷人愿生东方、西方⑨，所在处并皆一种。心但无不净，西方去此不远；心起不净之心，念佛往生难到。除十⑩恶即行十万，无八邪即过八千，但行直⑪心，到如弹⑫指。使君！但行十善，何须更愿往生！不断十恶之心，何佛即来迎请！若悟无生顿法，见西方只在刹那。

---

① "众"，"原本"缺，今补。
② "陀"，"原本"作"大"，依"明本"改。
③ "得"，"原本"作"德"，依"明本"改。
④ "说远说近"，"原本"作"说近说远"，依"明本"意改正。
⑤ "种"，"原本"作"重"，依"明本"改。
⑥ "同"，"原本"无，今补。
⑦ "迷"，"原本"作"名"，依"明本"改。
⑧ "佛言"，"原本"作"言佛"，依"明本"改正。
⑨ "方"，"原本"作"者"，依"明本"改。
⑩ "十"，"原本"脱落，依"明本"补。
⑪ "直"，"原本"作"真"，依"明本"改。
⑫ "弹"，"原本"作"禅"，依"明本"改。

不悟顿教大乘,念佛往生路遥,如何得达!

四

六祖言:慧能与使君移西方,刹那间目①前便见,使君愿见否?使君礼拜,若此得见,何须往生!愿和尚慈悲,为现西方,大善!大师言:唐见西方,无疑即散。大众愕然,莫知何是。

五

大师曰:大众②作意听!世人自色身是城,眼、耳、鼻、舌、身即是城门。外有五③门,内有意门。心即是地,性即是王。性在王在,性去王无;性在身心存,性去身坏。

六

佛是自性作,莫向身外④求。自性迷佛即众生,自性悟众生即是佛。慈悲即是观音,喜舍名为势至。能净是释迦,平直卍是弥勒。人我是须弥,邪心是大海,烦恼是波浪,毒心是恶龙,尘劳是鱼鳖。虚妄即是神鬼,三毒即是地狱,愚痴即是畜生,十善即⑤是天堂。无人我⑥,须弥⑦倒;除邪心,海水竭;烦恼无,波浪灭;毒害除,鱼龙绝。自心地上觉性如来,放⑧大智慧光明,照曜

---

① "间目","原本"作"问曰",依"明本"改。
② "众"下,"原本"衍"大众"二字,今删。
③ "五","原本"作"六",依"明本"改。
④ "外","原本"缺,可通,今依"明本"改。
⑤ "即","原本"缺,今补。
⑥ "无人我","原本"作"我无人",依"明本"改正。
⑦ "弥"下,"原本"衍"自"字,今删。
⑧ "放","原本"作"施",依"明本"改。

六门清净,照破①六欲诸天;下照三毒若除,地狱一时消灭。内外明彻,不异西方,不作此修,如何到彼? 座下闻②说,赞声彻天,应是迷人了③然便见。［南］

七

使君礼拜赞言:善哉! 善哉! 普愿法界众生,闻者一时悟解!

一七——

一

大师言:善知识! 若欲修行,在家亦得,不由在寺。在寺不修,如西方心恶之人;在家若修行,如东方人修善。但愿在家修行④,清净即是西⑤方。

二

使君问:和尚⑥! 在家如何修,愿为指授! 大师言:善知⑦识! 慧能与道俗作无相颂,尽诵取;依⑧此修行,常与慧能⑨一处无别。

---

① "破","原本"作"波",依"明本"改。
② "闻","原本"作"问",依"明本"改。
③ "了","原本"作"人",依"明本"改。
④ "在家修行","原本"作"自家修",今改补。
⑤ "西","原本"作"恶",依"明本"改。
⑥ "尚","原本"缺,今补。
⑦ "知","原本"作"智",依"明本"改。
⑧ "依","原本"作"衣",依"明本"改。
⑨ "能"下,"原本"衍"说"字,今删。

三

颂曰：

说通及心通，如日处①虚空。惟传顿教法，出世破邪宗。

教即无顿渐，迷悟有迟疾。若学顿教法，愚人不可迷。

说即须万般，合理②还归一。烦恼暗宅中，常须生慧日。

邪来因烦恼，正来烦恼除，邪正俱③不用，清净至无余。

菩提本清净，起心即是妄，净性于妄中，但正除三障。

世间若修道，一切尽不妨；常见自④己过，与道即相当。

色类⑤自有道，离道别觅道，觅道不见道，到头还自懊。

若欲探⑥觅道，行正即是道。自若无正心，暗行不见道。

若真修道人，不见世间过⑦，若见世间非，自非却是左。

他非我有罪，我非自有罪，但自去非心，打破烦恼碎。

若欲化愚人，是须有方便，勿令破彼疑，即是菩提见。

法元⑧在世间，于世出世间，勿离世间上，外求出世间。

邪见是⑨世间，正见出世间，邪正悉打却，菩提性宛然⑩。

---

① “处”，“原本”作“至”，依“明本”改。
② “理”，“原本”作“离”，依“明本”改。
③ “俱”，“原本”作“疾”，依“明本”改。
④ “见自”，“原本”作“现在”，依“明本”改。
⑤ “类”，“原本”作“貌”，依“明本”改。
⑥ “探”，“原本”作“贪”，今改。
⑦ “过”，“原本”作“愚”，依“明本”改。
⑧ “元”，“原本”作“无”，今改。
⑨ “是”，“原本”作“出”，依“明本”改。
⑩ “菩提性宛然”，“原本”脱落此句，依“明本”补足。

此偈①是顿教，亦名为大乘，迷来经累劫，悟则刹那间。

四

大师言：善知卐识！汝等尽诵取此偈，依偈修行，去慧能千里，常在能边。此不修，对面千里。各各自修，法不相待②。众人且散，慧能归曹③溪山，众人④若有大疑，来彼山间，为汝破疑，同见佛性⑤。

五

合座官寮、道俗，礼拜和尚，无不嗟叹：善哉大悟，昔所未闻！岭南有福，生佛在此，谁能得知卐！一时尽散。

---

① "偈"，"原本"作"但"，今改。
② "待"，"原本"作"持"，依"明本"改。
③ "曹"，"原本"作"漕"，今改。
④ "人"，"原本"作"生"，今改。
⑤ "性"，"原本"作"世"，今改。

下编 《坛经》附录

一

一

　　大师往曹①溪山，韶、广二州行化，四十余年。若论门人，僧之与俗，三五千人说不尽。

二

　　若论宗旨②，传授《坛经》，以此为依③约；若不得《坛经》，即无禀受。须知法处、年月日、姓④名，递⑤相付嘱。无《坛经》禀承，非南宗弟⑥子也。未得禀承者，虽说顿教法，未知根本，终⑦不免诤。但得法者，只劝修行。诤是胜负之心，与道违背。
　　[传]

---

① "曹"，"原本"作"漕"，依"明本"改。
② "旨"，"原本"作"指"，今改。
③ "依"，"原本"作"衣"，今改。
④ "姓"，"原本"作"性"，今改。
⑤ "递"，"原本"作"遍"，今改。
⑥ "弟"，"原本"作"定"，今改。
⑦ "终"，"原本"作"修"，今改。

三

世人尽传南宗能,北宗①秀,未知根本事由。且秀禅师于南荆府当②阳县玉泉寺,住持③修行;慧能大师于韶州城东三十五里曹卐溪山住。法即一宗,人有南北④,因此便立南北。何以渐顿? 法即一种,见有迟疾,见迟即渐,见疾即顿。法无渐顿,人有利钝,故名渐顿。

四

神秀师常见人说,慧能法疾直指⑤路。秀师遂唤⑥门人僧志诚曰:汝聪明多智! 汝与吾至曹卐溪山,到慧能所礼拜。但听,莫言我使汝来! 所听意旨,记起却来与吾说,看慧能见解与吾谁疾迟! 汝第⑦一早来,勿令吾怪!

五

志诚奉使欢喜,遂半月中间,即至曹卐溪山。见慧能和尚,礼拜入即听,不言来处。志诚⑧闻法,言下便悟,即契本心。起立即礼拜,白⑨言:和尚! 弟子从玉泉寺来。秀师处不得⑩契悟,

---

① "北宗","原本"作"比",今改补。
② "当","原本"作"堂",今改。
③ "持","原本"作"时",今改。
④ "北","原本"作"比",依"明本"改。
⑤ "指","原本"作"旨",今改。
⑥ "唤","原本"作"换",今改。
⑦ "第","原本"作"弟",今改。
⑧ "诚","原本"作"城",依"明本"改。
⑨ "白","原本"作"自",今改。
⑩ "得","原本"作"德",今改。

闻和尚说，便契本心。和尚慈悲，愿当教①示！

六

慧能大师曰：汝从彼②来，应是细③作。志诚曰：未说时即是，说了即不④是。六祖言：烦恼即是菩提，亦复如是。[附]

七

大师谓志诚曰：吾闻汝⑤禅师教人，唯传戒定慧；汝卍和尚教人戒定慧如何，当为吾说！志诚卍曰：秀和尚言戒定慧，诸恶不作名为戒，诸善奉行名为慧，自净其意名为定，此即名为戒定慧。彼作如是说，不知和尚所见如何？

八

慧能和尚答曰：此说不可思议，慧能所见有别。志诚卍问：何以别？慧能答曰：见有迟疾。志诚卍请和尚说所见戒定慧。[附]

九

大师言：汝⑥听吾⑦说，看吾卍所见处。心地无非⑧，自性⑨是⑩戒；心地无乱，自性卍是⑪定；心地无痴，自性卍是慧。

———————————

① "教"，"原本"作"散"，依"明本"改。
② "彼"，"原本"作"被"，今改。
③ "细"，"原本"作"绌"，依"明本"改。
④ "了即不"，"原本"作"乃了即"，今改。"明本"作"了不"。
⑤ "汝"，"原本"作"与"，依"明本"改。
⑥ "汝"上，"原本"有"如"字，今删。
⑦ "吾"，"原本"作"悟"，依"明本"改。
⑧ "非"上，"原本"有"疑"字，依"明本"删。
⑨ "性"，"原本"作"姓"，依"明本"改。
⑩ "是"，"原本"缺，今补。
⑪ "自性是"，"原本"作"是自性"，今依上下文改正。

一〇

能大师言：汝戒定慧，劝小根之①人；吾戒定慧，劝上根②人。得悟自性③，亦不立戒定慧。志诚卍言：请大师说不立如何？大师言：自性卍无非、无乱、无痴，念念般若观照，当离法相，有何可立？自性卍顿修，立有渐次，所④以不立。志诚礼拜，便不离曹卍溪山，即为门人，不离大师左右。

二一

一

又有一僧，名法达，常诵《法华经》七年，心迷不知正法之处。经上有疑，大师智慧广大，愿为除⑤疑！大师言：法即甚达，汝心不达。经上无疑⑥，汝心自邪而求正法。吾心正定，即是持经。吾一生已来，不识文字，汝将《法华经》，对吾读一遍，吾闻即知⑦。法达取经到，对大师读一遍。

二

六祖闻⑧已，即识佛意。便与⑨法达说《法华经》。六祖言：

---

① "之"，"原本"作"诸"，今改。
② "根"，"原本"缺，今补。
③ "悟自性"，"原本"作"吾自"，依"明本"改补。
④ "次所"，"原本"作"此契"，依"明本"改。
⑤ "除"，"原本"作"时"，今改。
⑥ "疑"，"原本"作"痴"，依"明本"改。
⑦ "闻即知"，"原本"作"问即之"，今改。
⑧ "闻"，"原本"作"问"，今改。
⑨ "与"，"原本"作"汝"，今改。

法达！《法华经》无多语，七卷经尽是譬喻因①缘。如来广说三乘，只为世人根钝。经文分②明，无有余乘，唯一佛乘。[附]

三

大师言③：法达！汝听一佛乘，莫求二佛乘，迷却汝性④。经中何处是一佛乘？汝与说经云：诸佛世尊，唯以⑤一大事因缘故，出现于世。[已上十六字⑥是正法]法，如何解？此法如何修？汝听吾说。

四

人心不思，本源空寂，离却邪见，即一大事⑦因缘。内外不迷，即离两边。外迷著⑧相，内迷著空；于相离相，于空离空，即是不⑨迷。悟⑩此法，一念心开，出现于世。心开何物？开佛知见。佛犹如觉也，分为四门：开觉知见，示觉知见，悟觉知见，入觉知见。开示悟入上一处入，即觉知见，见自本性，即得出世。

五

大师言：法达！吾⑪常愿一切世人心地，常自开佛知见，莫

---

① "因"，"原本"作"内"，依"明本"改。
② "文分"，"原本"作"闻公"，今改。
③ "言"，"原本"脱落，今补。
④ "性"，"原本"作"圣"，今改。
⑤ "以"，"原本"作"汝"，依《法华经》改。
⑥ "字"，"原本"作"家"，今改。
⑦ "事"，"原本"作"是"，今改。
⑧ "著"，"原本"作"看"，依"明本"改。
⑨ "不"下，"原本"有"空"字，今删。
⑩ "悟"，"原本"作"吾"，今改。
⑪ "吾"，"原本"作"悟"，今改。

开众生知见。世人心愚迷造恶,自开众生知见;世人心正,起智慧观照,自开佛知①见。莫开众生知卍见,开佛知卍见即出世。大师言:法达! 此是《法华②经》一乘法,向下分三,为迷③人故;汝但依④一佛乘。

六

大师言:法达! 心行转《法华》,不行《法华》转。心正转《法华》,心邪⑤《法华》转。开佛知卍见转《法华》,开众生知卍见被《法华》转。大师言:努力依法修行,即是转经。

七

法达一闻,言下大悟,涕泪悲泣,白⑥言:和尚! 实未曾⑦转《法华》,七年被《法华》转;已后转《法华》,念念修行佛行。大师言:即佛行是佛。其时听者⑧,无不悟入⑨。

三——

一

时有一僧,名智常,来曹⑩溪山,礼拜和尚,问⑪四乘法义。

---

① "知","原本"作"智",依"明本"改。
② "华","原本"作"达",今改。
③ "迷","原本"作"名",今改。
④ "依","原本"作"于",今改。
⑤ "邪","原本"作"耶",今改。
⑥ "白","原本"作"自",今改。
⑦ "曾","原本"作"僧",依"明本"改。
⑧ "者","原本"作"入",今改。
⑨ "入","原本"作"者",今改。
⑩ "曹","原本"作"漕",今改。
⑪ "问","原本"作"闻",依"明本"改。

智常问卐和尚曰:佛说三乘,又言最上乘,弟子不解,望为教①示!慧能大师曰:汝自身心见,莫著外法相。元无四乘法,人心量②四等,法有四乘。见闻读诵是小乘;悟解义是中乘;依③法修行是大乘;万法尽通,万行④俱备,一切无离,但离法相,住⑤无所得⑥,是最上乘。乘是⑦行义,不在口诤。汝须自修,莫问吾⑧也。

四————

一

又有一僧名神会,南阳人也。至曹⑨溪山礼拜,问言:和尚坐⑩禅,见亦不见? 大师起,把杖⑪打神会三下,却问神会:吾打汝痛不痛? 神会答言:亦痛亦不痛。

二

六祖言曰:吾亦见亦不见。神会又问大师:何以亦见亦不见? 大师言:吾亦见,常见自过患,故云亦见。亦不见者,不见天

---

① "教","原本"作"敬",依"明本"改。
② "量"上,"原本"有"不"字,今删。
③ "依","原本"作"衣",依"明本"改。
④ "行","原本"作"幸",今改。
⑤ "住","原本"作"作",今改。
⑥ "得","原本"作"德",依"明本"改。
⑦ "是"下,"原本"衍"最上"二字,依"明本"删。
⑧ "吾","原本"作"悟",依"明本"改。
⑨ "曹","原本"作"漕",今改。
⑩ "坐","原本"作"座",依"明本"改。
⑪ "杖","原本"缺,依"明本"补。

地人过患,所以亦不见①也。汝亦痛亦不痛如何? 神会答曰:若不痛即同无情木石;若痛即同凡夫②,即起于恨。[附]

三

大师言:神会! 向前见不见是两边,痛不痛③是生灭。汝自性且不见,敢来弄人! 礼拜,礼拜,更不言。

四

大师言:汝心迷不见,问善知识觅路;汝④心悟自见,依法修行。汝自迷⑤不见自心,却来问慧能见否! 吾不自知,代汝迷不得;汝若自见,代不⑥得吾迷。何不自修,问吾见否! 神会作礼,便为门人,不离曹卍溪山中,常在左右。

五──

一

大师遂唤门人,法海、志诚、法达、智常、志通、志彻、志道、法珍、法如、神会。大师言:汝等拾弟子近前,汝等不同余人。吾灭度后,汝各为一方头。

二

吾教汝说法,不失本宗。举三⑦科法门,动用⑧三十六对,出

----

① "亦不见","原本"作"亦见亦不",依"明本"改正。
② "夫","原本"缺,依"明本"补。
③ "不痛","原本"脱落,依"明本"补。
④ "汝","原本"作"以",依"明本"改。
⑤ "迷","原本"作"名",依"明本"改。
⑥ "不","原本"缺,依"明本"补。
⑦ "三","原本"脱落,依"明本"补。
⑧ "用","原本"缺,依"明本"补。

没即离两边。说一切法莫离于性相，若有人问法，出语尽双，皆取对法①，来去相因，究竟二法尽除，更无去处。

三

三科法门者，阴②、界、入。阴卍是五阴卍；界是③十八界；入④是十二入。何名五阴卍？色阴卍、受阴卍、想⑤阴卍、行阴卍、识阴卍是。何名十八界？六尘、六门、六识。何名十二入？外六尘，中六门。何名六尘？色、声、香、味、触⑥、法是。何名六门？眼、耳、鼻、舌、身、意是。法性起六识——眼识、耳识、鼻识、舌识、身识、意识；六门；六尘。自性含万法，名为含藏识；思量即转识。生六识，出六门，见⑦六尘，是三六十八。由自性邪，起十八邪含；自性正，起⑧十八正含。恶用即众生，善用即佛。

四

用由⑨何等？由卍自性起有⑩对，外境无情对有五：天与地对，日与月对，暗与明对，阴与阳对，水与火对。语言与法相对⑪有十二对：有为无为对⑫，有色无色对，有相无相对，有漏无漏

① "对法"，"原本"作"法对"，依"明本"改正。
② "阴"，"原本"作"荫"，依"明本"改。
③ "是"，"原本"缺，今补。
④ "入"，"原本"缺，今补。
⑤ "想"，"原本"作"相"，依"明本"改。
⑥ "味触"，"原本"作"未独"，依"明本"改。
⑦ "见"，"原本"缺，依"明本"改。
⑧ "正起"，"原本"缺，依"明本"补。
⑨ "由"，"原本"作"油"，依"明本"改。
⑩ "有"，"原本"缺，依"明本"补。
⑪ "语言与法相对"，"原本"作"语与言对，法与相对"，依"明本"改正。
⑫ "对"，"原本"缺，今补。

对,色与空对,动与静①对,清与浊对,凡与圣②对,僧与俗对,老与少对,大大与小小③对,长与短对④,高与下对。自性⑤起用对有十九对：邪与正对,痴与慧对,愚与智对,乱与定对,戒与非对,直与曲⑥对,实与虚对,险与平对,烦恼与菩提对,慈与毒对,悲与害对⑦,喜与嗔⑧对,舍与悭对,进与退对,生与灭对,常与无常对,法身与色身对,化身与报身对,体与用对。性与相有十九⑨对,言语与法相有十二对,外境无情有⑩五对⑪,都合成三十六对法也。

五

此三十六对法,解用通一切经,出入即离两边。如何自性起用三十六对？共人言语,出外于相⑫离相,入内于空离空。著空即惟长无明⑬,著相惟邪见谤法。直言不用文字,既云不用文

----

① "静","原本"作"净",依"明本"改。
② "圣","原本"作"性",依"明本"改。
③ "小小","原本"作"少少",依"明本"改。
④ "长与短对","明本"在第三类。今本共十三对,与"十二对"说不合。疑古本无此长短一对。
⑤ "性"下,"原本"有"居"字,依"明本"删。
⑥ "曲","原本"作"典",依"明本"改。
⑦ "慈与毒对,悲与害对","原本"作"慈与空对","空",即"害"字之误,今改。
⑧ "嗔","原本"作"须",依"明本"改。
⑨ "十九","原本"作"清无亲",义不可通,依上分类改。
⑩ "外境无情有","原本"作"内外境无情有无",今删改。
⑪ "五对"下,"原本"有"三身有三对"一句,文义不合,今删。
⑫ "相","原本"缺,今补。
⑬ "明","原本"作"名",依"明本"改。

字,人①不合言语,言语即是文字。自性上说空,正是②语言。本性不空,迷人③自惑语言际④故。暗不自暗,以明卍故暗,以明变暗,以暗现明,来去相因,三十六对亦复如是。

六

大师言:十弟子! 已后传法,递⑤相教授一卷《坛⑥经》,不失本宗。不禀受《坛经》,非我宗旨。如今得了,递卍代流行。得遇《坛经》者,如见吾亲授。拾僧得教授已,写为《坛经》,递卍代流行,得者必当见性。[传]

六——

一

大师先天二年八月三日灭度,七月八日唤门人告别。大师先天⑦元⑧年,于新⑨州国恩寺造塔,至先天二年七月告别。

二

大师言:汝众近前! 吾⑩至八月欲离世间,汝等有疑早问,

---

① “人”,“原本”作“大”,依“明本”改。
② “是”,“原本”缺,今补。
③ “人”,“原本”缺,今补。
④ “际”,“原本”作“除”,今改。
⑤ “递”,“原本”作“迎”,今改。
⑥ “坛”,“原本”作“檀”,今改。
⑦ “天”上,“原本”脱“先”字,今补。
⑧ “元”,“原本”作“无”,今改。
⑨ “新”,“原本”作“樺”,依“明本”改。
⑩ “吾”,“原本”作“五”,依“明本”改。

为汝①破疑,当令迷者尽使与安乐。吾若去后,无人教汝②。法海等众僧闻已,涕泪悲泣。

三

惟有神会不动,亦不悲泣。六祖言:神会小僧,却得善不善③等,毁誉不动! 余④者不得。数年山中更修何道! [传]大师言⑤:汝今悲泣,更忧⑥阿谁? 忧吾不知去处在! 若不知去处,终不别汝。汝等悲泣,即不知吾去⑦处;若知去处,即不悲泣。

四

性⑧无生无灭,无去无来。汝等尽坐⑨,吾与汝⑩一偈——真假动静⑪偈,汝卍等尽诵取。见此偈意,汝与⑫吾同,于此修行,不失宗旨。众僧礼拜,请大师留偈,敬心受持。

五

偈曰:

---

① "汝","原本"作"外",依"明本"改。
② "汝","原本"作"与",今改。
③ "不善","原本"脱落,依"明本"补。
④ "余","原本"作"除",依"明本"改。
⑤ "大师言","原本"缺,今补。
⑥ "忧","原本"作"有",依"明本"改。
⑦ "去","原本"缺,依"明本"补。
⑧ "性"下,"原本"有"听"字,依"明本"删。
⑨ "坐","原本"作"座",依"明本"改。
⑩ "汝","原本"作"如",依"明本"改。
⑪ "静","原本"作"净",依"明本"改。
⑫ "与","原本"缺,今补。

一切无有真，不以见于真，若见于①真者，是见尽非真。

若能自有真，离假即心真，自心不离假，无真何处真！

有情②即解动，无情卍即不动，若修不动行，同无情不动。

若见真不动，动上有不动；不动是不动，无情无佛种③。

能善分别相，第一义不动，若悟作此见，则是真如用，

报诸学道者，努力须用意，莫于大乘门，却执生死智！

前头人相应，即共论佛语；若实不相应，合掌令欢喜④。

此教本无净，净即⑤失道意，执迷净法门，自性入生死。

六

众僧既闻，识大师意，更不敢净，依法修行。一时礼拜，即知⑥大师不久⑦住世。

七——

一

上座法海向前言：大师！大师去后，衣法当付何人？大师言：法即付了，汝不须问。吾灭后二十余年，邪法缭⑧乱，惑吾宗旨。有人出来，不惜身命，定⑨佛教是非，竖立宗旨，即是吾

---

① "于"，"原本"作"衣"，依"明本"改。
② "情"，"原本"作"性"，依"明本"改。
③ "种"，"原本"作"众"，依"明本"改。
④ "欢喜"，"原本"作"劝善"，依"明本"改。
⑤ "净即"，"原本"作"无净"，依"明本"改。
⑥ "知"，"原本"作"之"，依"明本"改。
⑦ "久"，"原本"作"求"，依"明本"改。
⑧ "缭"，"原本"作"辽"，今改。
⑨ "定"，"原本"作"弟"，今改。

正法。

二

衣不合传①。汝不信,吾与诵先代五祖传衣付法颂②。若据第一祖达磨颂意,即不合传衣。

三

听吾③与汝颂④,第一祖达磨和尚颂曰:

吾来大⑤唐国,传教救迷情⑥,

一花开五叶,结果自然成。

第二祖慧可和尚颂曰:

本来缘有地,从地种花生,

当本元⑦无地,花从何处生?

第三祖僧璨和尚颂曰:

花种虽因地,地上种花⑧生,

花种无生性⑨,于地亦无生。

---

① "传","原本"作"转",依"明本"改。
② "颂","原本"作"诵",今改。
③ "吾","原本"作"五",今改。
④ "颂"下,有"颂曰"二字,今删。
⑤ "来大","原本"作"大来",今改正。
⑥ "迷情","原本"作"名清",依"明本"改。
⑦ "元","原本"作"愿",今改。
⑧ "花","原本"作"化",今改。
⑨ "生性","原本"作"性生",今改正。

第四祖道信和尚颂曰：

　　　　花种有生性，因地种花生，
　　　　光①缘不和合，一切尽无生。

第五祖弘忍和尚颂曰：

　　　　有情来下种，无情花即生，
　　　　无情又无种，心地亦无生。

第六祖慧能和尚颂曰：

　　　　心地含情种，法雨即花生，
　　　　自悟②花情种，菩提果自成。

四

能大师言：汝等听吾作二偈，取达磨和尚颂意。汝迷人依此颂修行，必当见性。第一颂曰：

　　　　心地邪花放，五叶逐根随，
　　　　共造无明业③，见被业卍风吹。

第二颂曰：

　　　　心地正花放，五叶逐根④随，

---

① "光"，"原本"作"先"，今改。
② "悟"，"原本"作"吾"，依"明本"改。
③ "业"，"原本"作"叶"，今改。
④ "根"，"原本"作"恨"，今改。

共修般若慧，当来佛菩提。

五

六祖说偈已了，放众人①散。门人出外思惟，即知大师不久住世。〔传〕

八——

一

六祖后至八月三日食后，大师言：汝等依位坐②，吾③今共汝④等别。

二

法海问⑤言：此顿教法传受，从上已来，至今几代？六祖言：初传受七佛，释迦牟尼佛第七。大迦叶第八，阿难第九，末田地第十，商那和修第十一，优婆鞠多第十二，提多迦第十三，佛陀难提第十四，佛陀密多第十五，胁比丘第十六，富那奢第十七，马鸣第十八，毗罗尊者第十九，龙树第二十，迦那提婆第二十一，罗睺罗第二十二，僧迦那提第二十三，僧迦耶⑥舍第二十四，鸠摩罗驮第二十五，阇耶多第二十六，婆修盘多第二十七，摩拏罗第二十八，鹤勒那第二十九，师子比丘第三十，舍那婆斯第三十一，优

---

① “人”，“原本”作“生”，今改。
② “依位坐”，“原本”作“善位座”，今改。
③ “吾”，“原本”作“五”，今改。
④ “汝”，“原本”作“与”，依“明本”改。
⑤ “问”，“原本”作“闻”，依“明本”改。
⑥ “耶”，“原本”作“那”，依《付法藏因缘传》改。

婆堀第三十二，僧伽①罗第三十三，婆须②蜜多第三十四。南天
竺③国王子第三子菩提达摩第三十五。唐国僧慧可第三十六，
僧璨第三十七，道信第三十八，弘忍第三十九，慧能自身当今受
法第四十④。大师言：今日已后，递⑤相传受，须有依约，莫失
宗旨！

三

法海又白：大师今去，留付何法？令⑥后代人如何见佛？六
祖言：汝听！后代迷人，但识众生，即能见佛。若不识众生，觅佛
万劫不得见也。吾卍今教汝识众生见佛，更留见真佛解脱颂。
迷即不见佛，悟者即见。法海愿闻，代代流传，世世不绝。

四

六祖言：汝听！吾与汝⑦说，后代世人，若欲觅佛，但识佛心
众生，即能识佛。即缘有众生⑧，离众生无佛。心迷即佛众生，
悟即众生佛。愚痴佛众生，智慧众生佛。心崄⑨佛众生，平等众
生佛。一生心若崄卍，佛在众生中；一念悟即⑩平，即众生是⑪

---

① "伽"，"原本"作"迦"，今改。
② "婆须"，"原本"作"须婆"，依"明本"改。
③ "竺"，"原本"作"竹"，今改。
④ "四十"，"原本"作"十四"，今改正。
⑤ "递"，"原本"作"迎"，今改。
⑥ "令"，"原本"作"今"，今改。
⑦ "与汝"，"原本"作"汝与"，依"明本"改。
⑧ "缘有众生"，"原本"作"像有众"，今改补。
⑨ "崄"，"原本"作"剑"，依"明本"改。
⑩ "悟即"，"原本"作"吾若"，今改。
⑪ "是"，"原本"作"自"，今改。

佛。我心自有佛,自佛是真佛。自若无佛心,向何处求佛!
[传]

五

大师言:汝等门人好住。吾留一颂,名自性佛真解脱颂。后代迷人①,闻②此颂意③,即见自心自性真佛。与④汝此颂,吾共汝别。颂曰:

真如自性是真佛,邪见三毒是真魔⑤,
邪见之人魔卍在舍,正见之⑥人佛则遇。
性中⑦邪见三毒生,即是魔卍王来住舍;
正见忽除⑧三毒心⑨,魔卍变成佛真无假。
化身报身及净身,三身元⑩本是一身,
若向身中觅自性⑪,即是成⑫佛菩提因。
本从化⑬身生净性,净性常在化卍身中,

---

① “人”,“原本”缺,依“明本”补。
② “闻”,“原本”作“门”,依“明本”改。
③ “意”下,“原本”衍“意”字,今删。
④ “与”,“原本”作“焉”,今改。
⑤ “魔”,“原本”作“摩”,依“明本”改。
⑥ “之”,“原本”作“知”,依“明本”改。
⑦ “中”,“原本”作“众”,依“明本”改。
⑧ “除”,“原本”作“则”,依“明本”改。
⑨ “心”,“原本”作“生”,依“明本”改。
⑩ “元”,“原本”作“无”,今改。
⑪ “性”,“原本”作“见”,今改。
⑫ “成”,“原本”脱落,依“明本”补。
⑬ “化”,“原本”作“花”,依“明本”改。

性使化卍身行正道，当来圆满①最真净②。

淫③性本是④清净因，除淫卍即⑤无净性身，

性中但自离五⑥欲，见性刹那即是真。

今生若悟⑦顿教门，悟即眼前见世⑧尊。

若欲修行去⑨觅佛，不知何处欲求真！

若能身中自有真，有真即是成佛因；

自不求真外觅佛，去觅总是大痴人！

顿教法者是西流，求度世人须自修，

今报⑩世间学道者，不于此事⑪大悠悠！

九——

一

大师说偈已了，遂告门人曰：汝等好住，今共汝别。吾去已后，莫作世情悲泣，而受人吊问⑫、钱帛，着孝衣，即非圣法，非我弟子。

---

① "圆满"，"原本"作"员漏"，依"明本"改。
② "最真净"，"原本"作"最真无"，今改。"明本"作"真无穷"。
③ "淫"，"原本"作"媱"，今改。
④ "是"，"原本"作"身"，依"明本"改。
⑤ "淫即"，"原本"作"即媱"，依"明本"改正。
⑥ "五"，"原本"作"吾"，依"明本"改。
⑦ "悟"，"原本"作"吾"，今改。
⑧ "世"，"原本"作"性"，依"明本"改。
⑨ "去"，"原本"作"云"，今改。
⑩ "报"，"原本"作"保"，依"明本"改。
⑪ "事"，"原本"作"是"，今改。
⑫ "吊问"，"原本"作"予门"，依"明本"改。

二

如吾在日一种，一时端坐，但无动无静①，无生无灭，无去无来，无是无非，无住，坦②然寂静卍，即是大道。吾去已后，但依③法修行，共吾在日一种。吾若在世，汝违教法，吾住无益。

三

大师云此语已，夜至三更，奄然迁化。大师春秋七十有六。大师灭度之④日，寺内异香氛⑤氲，经数日不散。山崩⑥地动，林木变白，日月无光，风云失色。八月三日灭度，至十一月，迎和尚神座于曹⑦溪山，葬在龙龛之内。白光出现，直上冲天，三日⑧始散。韶州刺史⑨韦据⑩立碑，至今供养。

一〇——

一

此《坛经》，法海上座集。上座无常，付同学道漈。道漈无常，付门人悟真。悟真在岭南曹溪⑪山法兴寺，见今传授此法。

---

① "静"，"原本"作"净"，依"明本"改。
② "坦"，"原本"作"但"，今改。
③ "依"，"原本"作"衣"，依"明本"改。
④ "之"，"原本"作"诸"，今改。
⑤ "氛"，"原本"作"氲"，今改。
⑥ "崩"，"原本"作"用"，今改。
⑦ "曹"，"原本"作"漕"，今改。
⑧ "三日"，"原本"作"旨"，依"明本"改。
⑨ "史"，"原本"作"使"，今改。
⑩ "据"，"原本"作"处"，今改。
⑪ "曹溪"，"原本"作"溪漕"，今改。

如付此①法,须德厚②上根③,知心信佛法,立大悲,持此经以为依④承,于今不绝。

二

和尚本是韶州曲江县⑤人也。如来入涅槃⑥,法教流东土,共传无住,即我心无住。此真菩萨说,直⑦示行实喻⑧,唯教大智人。是旨,依卍凡广⑨誓修行⑩,遭难不退,遇苦能忍,福德深厚,方授此法。如根性不堪,称⑪量不得,须求此法,违立不德者,不得妄付《坛经》。告诸同道,令知密⑫意。[传]

南宗顿教最上大乘坛经法一卷⑬

---

① "此","原本"作"山",今改。
② "厚","原本"作"座",今改。
③ "根","原本"作"恨",今改。
④ "依","原本"作"衣",今改。
⑤ "县","原本"作"悬",今改。
⑥ "槃","原本"作"盘",今改。
⑦ "直","原本"作"真",今改。
⑧ "行实喻",文义不明。
⑨ "广","原本"作"度",今改。
⑩ "修行"下,"原本"衍"修行"二字,今删。
⑪ "称","原本"作"林",今改。
⑫ "令知密","原本"作"今诸蜜",今改。
⑬ 此下,有"大乘志"等七十二字,与《坛经》无关,今删去。

华雨集（二）

目　　录

方便之道

方便之道

绪　言

　　二千五百多年前,释迦牟尼佛(以下简称释迦佛或释尊)诞生于中印度。出家,修行,在菩提伽耶成佛。成佛后,四十五(或作九)年间,游行于恒河两岸,为大众说法,佛(的)法才流行于人间。佛法是世界性的,本没有种族与国界的局限,但佛法是出现于印度,流传于印度,由印度而传到世界各地区的,所以虽有部分教典,传说从天上来,从龙宫来,从他方世界来,而一切教典的原本,都是使用印度人的语文,经传诵、记录而流传下来的。因此,佛法可以说到鬼神,说到他方世界,说到超越人间的事理,却不可忘记了,一切佛法是出现于印度人间,因释尊在印度成佛说法而开始的。

　　佛法在印度的长期(约一千六百年)流传,分化、嬗变,先后间有显著的不同。从不同的特征,可以区别为三类:一、“佛法”;二、“大乘佛法”;三、“秘密大乘佛法”①。一、“佛法”:释尊

---

　　① 《摄行炬论》分三行:离欲行,波罗蜜多行,具贪行。《三理炬论》作:“谛性义,波罗蜜多义,广大密咒义。”见法尊译宗喀巴所造《密宗道次第广论》卷一(北京菩提学会印本,五——六),与本书所分三类相同。《大乘理趣六波罗蜜多经》卷一,总摄“法宝”为素呾缆(经)藏、毗奈耶(律)藏、阿毗达磨(论)藏,及大乘般若波罗蜜多藏、陀罗尼藏(大正八·八六八下),与此三类大同。

为弟子说法、制戒,以悟入正法而实现生死的解脱为宗。弟子们继承了释尊的(经)法与(戒)律,修习宏传。西元前三〇〇年前后,弟子们因戒律(与法)的见地不同而开始分派。其后一再分化,有十八部及更多部派的传说。如现在流行于斯里兰卡(即锡兰)等地区的佛教,就是其中的赤铜鍱部。二、"大乘佛法":西元前一世纪,有称为大方广或大乘者兴起,次第传出数量众多的教典;以发菩提心(因),修六度等菩萨行(道),圆成佛果为宗。这一时期,论义非常的发达;初期"佛法"的论义,也达到精严的阶段。从西元二世纪起,到八世纪中(延续到十一世纪初),译传于我国的华文教典,就是以"大乘佛法"为主的。三、"秘密大乘佛法":西元五、六世纪起,三密相应,修天瑜伽,迅速成佛的愿望流行起来,密典也就不断地次第传出。传入藏地的佛法,"大乘佛法"以外,主要是属于这一类的。佛法有此三大类型,也就是印度佛教史上的三大时期。这一切,从出现于印度来说,都是流传于印度人间的佛法。

佛法在印度的不断演化,原因是非常错综复杂的。我在《初期大乘佛教之起源与开展》(一一,本版一〇)中,曾这样说:

> "从佛法而演进到大乘佛法的过程中,有一项是可以看作根本原因的,那就是佛般涅槃所引起的,佛弟子对佛的永恒怀念。"

"大乘佛法"如此,从"大乘佛法"而演进到"秘密大乘佛法",也不离这一原因,不过离释迦佛的时代远了,对佛的理念也多少远了些。佛的弟子,有在家的,有出家的,依法修行求解脱,没有什么不同,但佛法的住持与宏扬,从释尊以来,无疑的是以出家(主要是比丘)众为中心的。佛法的住持宏扬,是多方面的;比丘众的个性与特长,也不尽相同。佛弟子从事的法务,各有所重,比丘也就有了持法者、持律者、论法者、诵经者、呗嘄者、瑜伽者等不同名目。持法者与持律者,是(阿含)经法与戒律的集成者、诵持者。"佛法"在僧团中的护持延续,持律者——律师是有重大贡献的! 戒律,是道德的轨范,生活的准则,僧团的规制。这一切,"毗尼(律)是世界中实",释尊是适应当时当地的情形而制定的。初期的结集者,为了护持佛教的统一性,决定为:"若佛所不制,不应妄制;若已制,不得有违:如佛所教,应谨学之。"①但也由于这一规定,律制受到了限制,不能随时代、地区不同而作正确的适应。失去"世界中实"的意义,窒碍难行,有的就精进修行,对律制是一切随宜了②。这一僧伽制度,虽一直(其实还是多少变通)延续下去,但在"大乘佛法"兴起时,已不为大乘行者所重视,所以"大乘佛法"以后的开展,几乎都是"法"的开展。

经法的住持宏传,出现了诵经者与论法者,也就是经师与论师。大概地说,大众部系是重经的,上座部系是重律而又重论的。经法的诵持者,多作对外的一般教化,依经而宣扬经的要义,又举事例来比喻说明。在佛法的宏扬中,传出了众多的譬

---

①　《弥沙塞部和醯五分律》卷三〇(大正二二·一九一下)。各部广律,都有此说。

②　《三论玄义》说:"灰山住部(即鸡胤部)……引经偈云:随宜覆身,随宜饮食,随宜住处,疾断烦恼。"(大正四五·九上)这对于衣、食随宜,住处可结界也可不结界,律制几乎一切可以通融了(道德轨范,当然仍受尊重)。

喻、本生、因缘，是佛与弟子们今生及过去生中的事迹。这是佛教界共传共信的，不过传说得多少差别些。在宣扬经法时，讲说这些事例，使听众容易信受。如阿育王派到各地区的宏法者，大多是讲说有譬喻、本生、因缘的经法。说一切有部中，有"持经譬喻者"一系，上座部系的其他部派，也应有持经而重一般教化的比丘。持经譬喻者的一般教化，从传记、故事而又艺术化，与重声音佛事的呗匿者相结合。如《法华经》所说的法师——受持、读、诵、解说、书写，法师是 dharma-bhāṇaka 的对译，也就是法的呗匿者。呗匿者也与建筑寺塔等有关①。"大乘佛法"兴起，有更多的佛与菩萨的本生、譬喻、因缘流传出来。传说每与一般信众心理相呼应，与民间神话、古事等相结合。如过分重视这些传说，很可能偏向适应世俗的低级信行。

论法者，是僧众内部对法义的论究者。起初是摩呾理迦——本母，对每一论题（一一法门，其后演化为一一经）的明确解说，如《法集》、《法蕴》等论②，佛教就有了持母者。有的对一一法的"自相"、"共相"、"相摄"、"相应"、"因缘"等，作深入广泛的论究，名为阿毗达磨——对法，也就有了持阿毗达磨者。阿毗达磨论非常发达，成为论书的代表，取得了与经、律的同等地位，总称为三藏。论义，从修行的项目，扩展到佛法全体。对于佛的应机说法，或广或略，或同或异，或浅或深，加以分别、抉择、条理，使佛法的义解与修行次第，有一完整而合理的体系，所

① 以上参阅拙作《说一切有部为主的论书与论师之研究》第八章第一节第二项；《初期大乘佛教之起源与开展》第四章第二节第六项。

② 《根本说一切有部毗奈耶杂事》卷四〇（大正二四·四〇八中）。

以佛法是宗教而又富于学术性的。但论者的思想方式各有所长，不同的传承发展，论义也就有部派的异义。等到"大乘佛法"兴起，又依大乘经造论。如龙树论，是南方经师及北方论学的综合者。无著、世亲等论书，渊源于说一切有部的经师及论师，更接近阿毗达磨论者。论是经过分别、抉择，不是依文解义的。如龙树依据"四阿含经"的不同宗趣，立"四悉檀"以解说一切经义①；无著论立"四意趣"与"四秘密"，用来解释经义②。这是说：对于经典，不能依文解义，望文生义，而要把握佛法的真实意趣，去解说一切，贯通一切。"大乘佛法"时代，论义特别发达，在论究抉择法义外，也有面对梵文学的兴盛，印度教教义发达，而负起评破外学、成立佛法自宗的任务。

瑜伽者，即一般所说的禅师。佛是觉者，佛法是觉者的法。法是本来如此的，佛出世如此，佛不出世也如此。但佛的教法，是由于释尊的觉证正法，然后适应时机，开示宣说，教导弟子们修持，也能证入正法而得大解脱。所以佛法是"从证出教"的，本着自身的修验来教人的。也就因此，佛弟子尤其是出家的佛弟子，从原始的经、律看来，都是过着修行生活的。说到修行，主要是戒、定、慧——三学。出家众依戒而住，过着洁身自好、守法、于大众中和乐共住的集团生活（在家众生活方式不同，但有关道德的戒行，还是大致相同的）。定与慧的修习，就是瑜伽行；专于修习定慧的，被称为瑜伽者。瑜伽者大抵住于适宜于专

① 《大智度论》卷一（大正二五・五九中）。
② 《摄大乘论本》卷中（大正三一・一四一上——中）。《大乘阿毗达磨集论》卷六（大正三一・六八八上）。

修的阿兰若处，但为了法义与持行方法，还是要到大众住处来请益的。僧事（出家众的共同事务）多了，佛弟子有了偏重与特长，但并非经师们不修行，瑜伽者不知法义。虽然传习久了，不免彼此间的风格不同，但在同一的佛教来说，这应该不是对立的。说到定慧熏修，传授者要识别来学者的根机，授以应机的修持法门，如《杂阿含经》说："有比丘，修不净观断贪欲，修慈心断嗔恚，修无常想断我慢，修安那般那念断觉想。"①修不净观，可以对治贪欲，如"九想"等。修慈心，可以对治嗔恚。修无常想，可以对治我慢。修安那般那念，也就是修数息观的，可以对治觉想寻思，多种多样的杂想。这些烦恼，是人人都有的，但人的根性不同，某类烦恼特别重的，就应修不同的法门来对治。后代所传的"五停心"、"五种净行所缘"，就是由此而来的。对初学者，要"应病与药"，如修法与根性不适合，精进修行也是难得利益的。瑜伽者的根性不一，大抵以自己修持而有成就的教人。这样的传习下去，瑜伽者也就各有所重了。同样的修习方法，流传久了也会多少有差别，如数息观，虽大致相同，而四门或六门，数入或数出，就不一致，瑜伽者又随地区、部派、师承而分流了。不但如此，瑜伽者观行成就，呈现于自心的境界，瑜伽者是深切自信的。这可能引起义解上的歧异，如《阿毗达磨大毗婆沙论》卷九（大正二七·四五上）说：

> "随有经证，或无经证，然决定有缘一切法非我行相，谓瑜伽师于修观地起此行相。"

----

① 《杂阿含经》卷二九（大正二·二〇九下——二一〇上）。《增支部》"九集"（南传二二上·一一——一二）。

依修持经验而成为教义的,如法救说"二声(语与名)无有差别,二事相行别",是"入三昧乃知"①。瑜伽者的修持经验,影响到论师的义学;论义也会影响瑜伽者,如《修行道地瑜伽行地经》的长行,是以论义解说瑜伽本颂,内容就多少变化了②。经师教化者的传说,也会影响论师与瑜伽师。总之,佛法在"佛弟子对佛的永恒怀念"中,诵经者、呗噇者、论义者、瑜伽者,彼此不断地相互影响,而从"佛法"到"大乘佛法",又从"大乘佛法"演进到"秘密大乘佛法"。虽说彼此间相互影响,但发展到出现新的阶段,除适应时地而外,瑜伽者是有最重要的关系。修行者本着自身的修验,传授流通,渐渐地成为大流,进入新的阶段;佛法的宗派,大多是从证(修持经验)出教的。

修行,是佛法最重要的一环。不过,"佛法"是解脱道,"大乘佛法"是菩提道;解脱道是甚深的,菩提道是难行的。为了宏法利生,无论是摄引初学,种植出世善根,或是适应当时当地的一般根机,不能不善巧地施设方便。佛法展开的修行方便,是重"信"的,浅近容易一些,也就能普及一些。"佛法如大海,渐入渐深",所以由浅而深,由易入难,不能不说是善巧的方便。不过古代的方便,有些是适应神教的低级信行,有些是适应不务实际的信行,如过分地重视方便,以为是究竟无上的,那不免"买椟还珠"了!本书想从一般的方便道,来说明印度佛法的流变,表示印度佛教史的一面。

---

① 《尊婆须蜜菩萨所集论》卷一(大正二八·七二三下)。
② 参阅拙作《说一切有部为主的论书与论师之研究》第八章(四〇三——四〇四,本版三四四——三四六)。

上编　“佛法”

第一章　中道正法

第一节　佛法甚深

　　释尊修证而得究竟解脱的,名为法。佛是正法的圆满体证者,教法由佛而传出,所以名为佛法。佛法出现于印度,与印度的(及一切)神教,有根本的不同处,是一般人所不容易信受契入的,所以说佛法甚深。说佛法甚深,并非说教典与著述繁多,"法海汪洋",不容易充分了达,也不是说佛法是神秘莫测的,或法义圆融无碍而博大精深的,那为什么说佛法甚深呢? 如实地说,佛法本来如是,是无所谓深不深、难不难的。如果说是深是难,那是难在众生自己,深在众生自己。如过去善根到了成熟阶段,佛法可说是并不太深太难的。如释尊在王舍城,异学删阇耶的上首弟子舍利弗,见五比丘之一的阿说示威仪具足,诸根澄净,就问他老师是谁,学什么法? 阿说示简要地说:"诸法从缘起,如来说是因,彼法因缘尽,是大沙门说。"舍利弗听了,当下见。若我为众生说法，不能解了，徒自疲劳、困惑。"

缘起是为缘能起的依缘性，涅槃是生死苦迫的彻底止息。缘起与涅槃，是一切众生所难以通达的。众生没有不是爱乐、欣、喜阿赖耶的，是不能通达甚深法（也就不能解脱）的原因所在。佛说生死的原因——集谛的内容是："后有爱，贪喜俱行，彼彼乐著。"可见爱乐、欣、喜阿赖耶，正是生死的症结所在了。阿赖耶译为"藏"，或译作"窟宅"、"巢穴"，如幽深的窟穴一样。众生的向外延伸扩展，"我所"是无限的，但还可以收敛、放弃，放弃外在的一切（当然不会彻底的）；内在的自我爱著，深闭固拒，如潜藏在幽深的洞窟一样，是难以放弃的。众生是太难以解脱了！传说：梵天知道佛不想说法，特地从天上下来，请佛说法。众生的确不容易受化，但到底也有烦恼薄而根性利的。如莲花那样，也有长在水面上的，如经日光照射，就会开敷；众生极难化度，但到底也有可以度脱的。这样，佛才决定为众生说法。这一传说，表示了一切神教，神教中最高的创造神，所有的宗教行，都不能解决生死（世间）的苦迫，而惟有仰赖佛法。佛法是不共世间的，与印度婆罗门教、东方新起的沙门文化，有根本不同的特质。也表示了释尊的悲心，明知众生刚强难化，而终于展开了觉世度人的法门。

第二节　如实的解脱道

释尊本着自证的解脱境地，为众生说法，众生也能像佛那样的得大解脱，这就名为转法轮。佛说的解脱道，就是中道，如《铜鍱律·大品》（南传三·一八——一九）说：

　　"诸比丘！世有二边，出家者不应亲近。何等为二？于诸欲爱欲贪著事，是下劣、卑贱，凡夫所行而非圣贤，无义相应。自烦苦事，是苦非圣贤法，无义相应。如来舍此二边，依中道而现等觉，眼生、智生，寂静、证智、正觉、涅槃所资。"

　　"诸比丘！何谓如来现等觉，眼生、智生，寂静、证智、正觉、涅槃所资之中道？即八圣道，谓正见，正思惟，正语，正业，正命，正精进，正念，正定。"①

　　当时的印度，有的贪著欲乐，从事外向的物欲追求，这主要是一般在家的。有的过着苦行生活，是多数的出家人，如尼犍若提子。从世间苦迫的彻底解脱来说，专于物欲追求、极端苦行——二边，都不是圣贤法，是没有义利、没有价值的。释尊舍弃二边，依中道行而得现等觉。中是正确的，没有偏颇而恰到好处的；中道是正行，依之进行而能到达——现等正觉及涅槃的。中道就是八（支）圣正道，八正道是一切圣者所共由的，所以经中称为"古仙人道"。释尊临涅槃时，化度须跋陀罗，还是这样说："若诸法中无八圣道者，则无第一沙门果，第二、第三、第四沙门果。"②圣者的果证，现等觉与涅槃，离了八正道是不可能的。八正道的内容是：正见是正确的知见，正思惟是正确的思考，正语是正当的语言文字，正业是正当的身体行为，正命是正当的经济生活，正精进是止恶行善的正当努力，正念是纯正的专心一

---

　　① 《弥沙塞部和醯五分律》卷一五（大正二二・一〇四中）等。
　　② 《长阿含经》（二）《游行经》（大正一・二五上）。《长部》（一六）《大般涅槃经》（南传七・一三八——一三九）。

意,正定是纯正的禅定。这八者就是法,所以说:"正见是法,乃至……正定是法。"①释尊依八正道而现等正觉,为弟子们宣说,弟子依法修行,八正道也就出现于弟子心中。从佛心而转入弟子心中,所以名为转法轮;法轮是以八圣道为体的②。

中道——八支圣道,是修学的圣道内容,也表示了道的修学次第。归纳圣道为三学:戒、心、慧。依三学来说:正见、正思惟是慧;正语、正业、正命是戒;正念、正定是心,心是定的异名;正精进是通于三学的。三学是道,修道所证的是解脱,道与解脱合说为四法,如《长阿含经》(二)《游行经》(大正一·一三上)说:

> "诸比丘! 有四深法:一曰圣戒,二曰圣定,三曰圣慧,四曰圣解脱。"③

戒、定、慧、解脱——四法,与四清净相当,如《杂阿含经》卷二一(大正二·一四八下——一四九上)说:

> "如来应等正觉说四种清净:戒清净,心清净,见清净,解脱清净。"

依《增支部》说,这是"四清净精勤支"④。《杂阿含经》解说为"戒净断"、"心净断"等,断就是精勤的异译,如"四正勤"即"四正断"。见清净的见,是如实知见,是慧的异名。从如实知见到究竟解脱,在修学上还有层次,所以又立七清净,如《中部》

---

① 《杂阿含经》卷二八(大正二·二〇二下)。
② 《阿毗达磨大毗婆沙论》卷一八二(大正二七·九一一中)。
③ 《长部》(一六)《大般涅槃经》(南传七·九七——九八)等。
④ 《增支部》"四集"(南传一八·三四二——三四四)。

(二四)《传车经》(南传九·二七三)说：

> "唯戒清净至心清净，唯心清净至见清净，唯见清净至
> 断疑清净，唯断疑清净至道非道知见清净，唯道非道知见
> 清净至方途行道知见清净，唯方途知见清净至知见清净，唯知
> 见清净至无取著般涅槃。"

七清净在修道得果上，有依前起后的次第意义，终点是解脱
涅槃。《中阿含·七车经》译七清净为：戒净，心净，见净，疑盖
净，道非道知见净，道迹知见净，道迹断智净①。见清净以下，都
是慧学。依戒而定，依定而慧，依慧得解脱：这一修行次第，是完
全正确的。如戒行不清净，言行不如法，那即使修得定，也是邪
定。七清净的修行次第，依《瑜伽论》说：依无我正见断萨迦耶
见，是见清净。于三宝、四谛的疑惑，永远超越，是度疑清净。八
正道是道，世间苦行等是非道计道，戒禁取永断，所以是道非道
智见清净。断萨迦耶见、疑、戒禁取——三结，就是依初果向得
初果。依初果到四果的，佛说有四通行，或译四事行迹，就是行
智见清净。依阿罗汉道智，断一切烦恼，名行断智见清净。断尽
一切烦恼，得阿罗汉果，就得究竟解脱的涅槃了②。这一道的进
修次第的解说，与《中阿含经》意相合。

八支圣道，在圣者是具足的；如从修学来说，八圣道也有次
第的意义。修学而求解脱的，一定要依善知识(后代也通于经
论)听闻正法，经如理作意，才能引生出世的正见。所以说："二

---

① 《中阿含经》(九)《七车经》(大正一·四三○中——四三一中)。
② 《瑜伽师地论》卷九四(大正三○·八三八上——下)。

因二缘,起于正见。"①圣道如日轮,正见如日出前的明相,如《杂阿含经》卷二八(大正二·一九八中)说:

> "如日出前相,谓明相初光。如是比丘正尽苦边,究竟苦边前相者,所谓正见。彼正见者,能起正志、正语、正业、正命、正方便、正念、正定。"

正见能引起正志正思惟等,正见是先导的,也是正道所不能离的。如依修学次第说,闻正法而起:(一)正见,是闻所成慧。(二)正思惟,不是单纯的义理思惟,而是正思惟要从实行以达成理想,古人译为正志或正欲,表示了行践的趣向。因此,依正思惟而起的,对外事就有(三)正语,(四)正业,(五)正命,(六)离恶行善的正精进,这就是戒清净。那时的正见,就是思所成慧。进而在内心方面,依正精进而修(七)正念,(八)正定,就是心清净。那时的正见,是与定相应的修所成慧。如定慧相应,引发无漏圣慧,那就是见清净了。从见清净进修到断智见清净,都是圣慧。《相应部》(四七)"念处相应"(南传一六上·三九一)说:

> "何为善法之初?谓善清净戒,正直见。郁低迦!汝善清净戒,得正直见。郁低迦!汝依戒、住戒修四念处。"②

依经说,应该先修清净戒与正直见,然后依(正见正)戒而修四念处,这是符合八支正道的次第进修的。如以五根与八正

---

① 《增一阿含经》(一五)《有无品》(大正二·五七八上)。
② 《杂阿含经》卷二四(大正二·一七五上)。

道对论,那么,(一)信是依胜解而来的,所以正见能成就信根。
(二)精进根是止恶行善的,与正语、正业、正命、正精进相当。
(三)念根与(四)定根,就是正念与正定。(五)慧根,约次第
说,就是无漏慧了。八正道以正见为先,五根以慧根为后,其实,
慧是在先的,也与一切正道不相离的,如《杂阿含经》卷二六(大
正二·一八三中)说:

> "此五根,一切皆为慧根所摄受。譬如堂阁众材,栋为
> 其首,皆依于栋,以摄持故。"①

八正道为圣道的总纲,试列表如下:

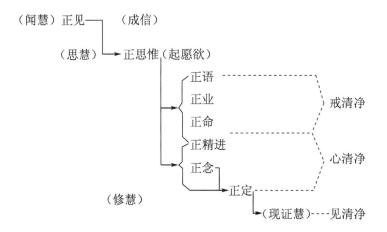

佛法以圣道的笃行为主,而行是理性的行,所以以正见为先
("大乘佛法"就是以般若为导)。正见所知见的,是世间生死苦
迫的何以集起? 世间生死苦迫的如何止息? 这一问题,本是当

---

① 《相应部》(四八)"根相应"(南传一六下·五六——五七)。

时印度宗教界的思想主流,释尊是怎样的去理解、去解决? 佛法是不共世间的,正见为先的特质到底是什么? 扼要地说:佛是以因缘即缘起来通达一切的。《相应部》与《杂阿含经》一致地说:释尊与过去六佛——七佛,都是观缘起的集与灭而成佛的①。佛依此正觉成佛,也就以此教弟子,如经说"苦乐(是当前的感受,也是此生果报)从缘起生";"我论因说因"②。因缘——缘起观是佛法的胜义所在,是不容怀疑的。当时的印度,传统的婆罗门以外,还有东方新兴的沙门团——六师。行为上,有乐欲行与自苦行的二边,释尊离此二边说中道。在思想上,更是异说纷纭:执一、执异,执常、执断,执有、执无……都是偏蔽而不符正理的。如论究世间,在时间上,是常住还是无常? 在空间上,是有边还是无边? 这些异说,说得玄妙高深,而对现实世间生死苦迫的解脱来说,都是毫无意义的戏论。释尊否定这些二边的见解,提出了正确的见解,就是因缘说。因缘即缘起,被称为"处于中道而说法"③,在佛法流传中,缘起说也就称为中道。正见的中道,如《杂阿含经》卷一二(大正二·八五下)说:

　　"云何世尊施设正见? 佛告蹝陀迦旃延:世间有二种依(著),若有、若无。"

---

　　①　《相应部》(一二)"因缘相应"(南传一三·六——一五、一五一——一五五)。《杂阿含经》卷一五(大正二·一〇一上——中),卷一二(大正二·八〇中——八一上)。

　　②　《杂阿含经》卷一四(大正二·九三下)。《相应部》(一二)"因缘相应"(南传一三·五五)。《杂阿含经》卷二(大正二·一二下)。

　　③　《杂阿含经》卷一二(大正二·八五下)。《相应部》(一二)"因缘相应"(南传一三·一一二)。

"世间集如实正知见,若世间无者不有。世间灭如实正知见,若世间有者无有。是名离于二边,说于中道,所谓此有故彼有,此起故彼起,谓缘无明行,乃至纯大苦聚集。(此无故彼无,此灭故彼灭,谓)无明灭故行灭,乃至纯大苦聚灭。"①

正见是正见缘起的集与灭,也是离二边的中道。释尊的正见,不是神教那样的从神说起,也不是形而上学者那样,说本体,说真我,而是从众生现实身心去观察,发见缘起法性而大觉解脱的。人世间的苦迫——解决不了的无边问题,是由于众生触对自然界、社会界、自己身心而引起的,所以直从自己——每个人的自己身心去观察。释尊常说五蕴、六处、六界,都是依众生身心,或重于心理,或重于生理,或重于物理的不同观察。众生身心的一切,都是依因缘而存在,依因缘而消失,所以说:"此有故彼有,此起故彼起……如是纯大苦聚集。""此无故彼无,此灭故彼灭……如是纯大苦聚灭。"众生的现实身心,是苦聚,苦是依因缘而有的。构成苦聚的因缘名为集;由于构成苦聚的因缘不断,所以众生的生死,生而死、死而生,一直生生不已地延续下去。既由因缘而有苦,那么苦聚的因缘消失了,"此无故彼无,此灭故彼灭",纯大苦聚——生死也就彻底地解脱。生死与涅槃,都依缘起而有可能②。正见及正见所起的正思惟等道,圣者是从"修道"中,达到"知苦"、"断集"而"证灭"的,这就是苦、

―――――――――

① 《相应部》(一二)"因缘相应"(南传一三·二四——二五)。
② 生死依缘起之生而相续,涅槃依缘起之灭而显示。但在说明上,缘起偏重于十二支的别别说明,于是缘起被局限于有为,与涅槃对立。

集、灭、道——四(圣)谛法门。

　　四谛是要——了知的,而"苦"却是要遍知的。遍知是彻底的普遍的知。众生的身心自体,称为苦聚蕴。"诸受皆苦",不是与乐受相对的,而是深一层次的苦。佛法观五蕴、六处、六界为:无常、苦、空、无我;或作无常、苦、无我、无我所,是深彻的遍观。众生身心自体的存在有与生起,是依于因缘的,主要为爱著,一切烦恼及依烦恼而起的业(其实,烦恼与业也是身心自体所摄的)。凡是依因缘(因缘也是依于因缘)而有而起的,是非常(无常)法,不可能常恒不变的。现实身心世间的一切,在不息的流变中生起了又灭,成了又坏,兴盛了又衰落,得到了又失去,这是没有安定的,不可信赖的。现实世间的一切,在永不安定的不息流变中,爱著这无可奈何的现实,不能不说是苦了。《杂阿含经》说:"我以一切行无常故,一切诸行变易法故,说诸所有受悉皆是苦。"①苦是不得自在(自主、自由)的,不自在就是无我,如《杂阿含经》卷二(大正二·七下)说:

　　　　"世尊告余五比丘:色(等五蕴,下例)非有我。若色有我者,于色不应病苦生;亦不得于色欲令如是,不令如是。以色无我故,于色有病有苦生;亦得于色欲令如是,不令如是。"②

　　我是主宰的意思。印度的神教,都想像身心中有一常恒、妙乐(自在)的"自我"(与一般所说的灵性相近),或说与身心一,

----

　　①　《杂阿含经》卷一七(大正二·一二一上)。
　　②　《相应部》(二二)"蕴相应"(南传一四·一〇四)。

或说与身心异。有了我，为生死流转中的主体，也就是解脱者的主体。依佛法说，在现实身心世间中，那样的"我"是没有的。我是自主而宰（支配）他的，没有我，还有什么是属于我——（我所），受我支配的呢？无我无我所，就是空的本义。在圣道的修行中，能这样的知苦（集也在苦聚中，不过空与无我，是通于圣道及涅槃的），就能断（以爱著为主的）集而证灭了。佛依无我的缘起，成立非常而又不断的生死流转观；也就依缘起的（无常、苦）无我观，达成生死的解脱：这就是不共世间的、如实的中道。依无常、苦变易法，通达无我我所，断萨迦耶见，也就突破了爱著自我的生死根源——爱乐、欣、喜阿赖耶。断我我见，能灭我我所爱，进而灭除我我所慢，就能得究竟解脱，所以《杂阿含经》卷一〇（大正二·七一上）说：

> "无常想者，能建立无我想。圣弟子住无我想，心离我慢，顺得涅槃。"

佛与圣弟子达到究竟解脱的，称为阿罗汉，有慧解脱、俱解脱二类。依慧得解脱，名慧解脱；心离烦恼而得解脱，名心解脱：这二者，本是一切阿罗汉所共通的。由于心是定的异名，所以分为慧解脱及（心与慧）俱解脱二类。佛为须深说：慧解脱阿罗汉，不得四禅，也没有（五）神通，是以法住智通达缘起而得解脱的①。俱解脱得四禅、无色定、灭尽定，依禅而引发神通，见法涅槃。如从离烦恼、得漏尽智而解脱来说，慧解脱与俱解脱是平等

---

① 《杂阿含经》卷一四（大正二·九七上——中）。《相应部》（一二）"因缘相应"（南传一三·一八〇）。

而没有差别的。然慧解脱者,没有根本定;眼见、耳闻都与常人一样;老病所起的身苦也一样(但不引起心苦)。俱解脱阿罗汉有深的禅定;引发神通——见、闻、觉、知都有超常的能力;老病所生的身苦,因定力而大为轻微。在阿罗汉中,俱解脱者是少数,受到佛弟子的钦仰。但得深定、发五神通、依定力而身苦轻微,是共世间的,神教徒也有人能修得这样的。所以,佛弟子应以般若自证得解脱为要务,而以般若得解脱,是要从如实知见缘起中,对众生——自己身心(五蕴、六处、六界)的行动,了解为什么会起爱著,为什么会引生苦痛,要怎样才能解脱,依正见缘起的无常、无我,才能达成解脱生死的目的。如不了解道要,一心专修禅定,或者求神通,那是要滑入歧途的。

第三节　人间的正行

中道以正见为先,修证以定慧为主,然对于个人修持、佛法的久住世间,戒却是无比重要的。戒是人间的正行、善行,如在家弟子五戒中的杀(人)、盗、邪淫、妄语(作假见证等),也正是善良风俗所不容,国家法律所要制裁的。"佛出人间",为众生说法,是依人间的正行——"诸恶莫作,众善奉行",而引向"内净其意"的定慧熏修,正行是与解脱道相应的。所以,如说修说证,而不知身在人间,所行的却是放辟、淫乱,或者类似颠狂,那不是知见不正,就是修持上出了毛病。如狂妄的自以为是,那不是释迦弟子。佛为弟子制戒,而出家戒的内涵更为深广。出家,是离家而入僧伽。构成僧伽的每一成员,人人是平等的;僧伽是法治的;僧伽事务,由大众会议来决定,所以是民主的。在僧团中,彼此互相勉励,互相警策,互相教导,也互相举发别人的过失,经忏悔而保持清净。这是"见(解)和同解"、"利(经济)和同均"、"戒(法制)和同遵"的僧团。律典说:这样和、乐、清净健全的僧团,才能达成"正法久住"、"梵行久住"的理想①。当时印度宗教的风尚,远离、独处,受到世人的尊敬,但释尊却渐渐引导,使出家者纳入有轨律的僧团。所以佛曾劝优波离、大迦叶住在僧团内,并给"常乐独住"以有实质意义的新解说②。

当时印度的神职人员,依信施而生活的婆罗门及(六师)沙门,流行低级的迷妄行为。《梵网经》列为"中戒"、"大戒",《四分律》总名为"大小持戒犍度"。现在依《长阿含经》(二一)《梵动经》,录"大戒"如下③:

> "瞻相男女、吉凶、好丑,及相畜生。"
>
> "召唤鬼神,或复驱遣(鬼神)。种种厌祷,无数方道恐热于人。"
>
> "能为人安胎、出(胎)衣,亦能咒人使作驴马,亦能使人聋盲瘖痖。"
>
> "现诸伎术,叉手向日、月(天),作诸苦行。"
>
> "为人咒病,或诵恶咒,或诵善咒;或为医方、针灸、药石、疗治众疾。"

---

① 参阅拙作《原始佛教圣典之集成》第四章第二节第一、二项。

② 《杂阿含经》卷九(大正二·五七上)。《相应部》(三五)"六处相应"(南传一五·二一八)。《杂阿含经》卷三八(大正二·二七八上——中)。

③ 《长阿含经》(二一)《梵动经》(大正一·八九中——下)。《长部》(一)《梵网经》(南传六·一一——一四)。《四分律》卷五三"大小持戒犍度"(大正二二·九六二下——九六三下)。

"或咒水、火,或为鬼咒,或诵刹利咒,或诵鸟咒,或支节咒,或安宅符咒,或火烧、鼠啮能为解咒。"

"或诵知死生书,或诵(解)梦书,或相手、面(书),或诵天文书,或诵一切(鸟兽)音书。"

"瞻相天时:言雨不雨、谷贵谷贱、多病少病、恐怖安稳。或说地动、彗星(现)、月蚀、日蚀,或言星蚀,或言不蚀。"

"或言此国当胜,彼国不如;或言彼国当胜,此国不如:瞻相吉凶,说其盛衰。"

在《长部》(一)《梵网经》中,更有:

火、杓子、壳、粉、米、熟酥、油、口、血——护摩。

问镜,问童女,问天(神),拜太阳,供养大梵天,请吉祥天。净地,嗽口,沐浴,举行供牺牲的祭祀。

这类迷妄的低级宗教行为在印度盛行,但释尊"无如是事",也从不称赞这类行为。《梵网经》所说的"小戒",是十善、十戒,及某些物品不得接受等。"中戒"是种植,贮畜享受,歌舞等娱乐,赌博,卧室香油等奢侈,闲谈世事,净论义理,为国王奔走等。"大戒"是占卜,预言,推算,咒术,护摩,供神,治病。医药古代与巫术相关联①;纯正的医药是世间正事,也无关于宗教的信行。这些低级的宗教行为,称为"大戒",是佛教出家僧团

---

① 《论语》说"巫医";中国医学,古有"祝由科"。世俗每以"医、卜、星、相"为一类。

所严重关切的。这些宗教行为是否有效，为另一事，"佛法"是决不采用的。如印度盛行的咒术，是"佛法"所鄙弃的，如《中阿含经》（一八一）《多界经》（大正一·七二四上）说：

> "若见谛人，生极苦甚重苦，不可爱、不可乐、不可思、不可念，乃至断命。舍离此内佛法，更从外求，或有沙门、梵志，或持一句咒、二句、三句、四句、多句、百千句咒，令脱我苦……终无是处。"

见谛人，是证见四谛的（初果以上）圣者。佛教的圣者，如因病而引生极大苦痛，面临死亡威胁，也不可能去从哪位沙门、婆罗门求诵咒语以延续生命的。可见咒语是凡愚的事，是真正佛弟子所鄙弃的。又如出家戒中，不知四谛而说"我知"四谛的；没有见到天、龙、夜叉等鬼神，而说"我见"，这不是为了"名闻"，就是为了"利养"，虚诳的说神说鬼，在僧伽中是"大妄语戒"，要逐出僧团，取消比丘资格的①。因为采用咒语等行为，妄说见神见鬼，会增长社会的迷妄；有些人会夸谈灵异，惑乱人心，终将造成僧伽内部及社会文化的祸害。释尊一律严格地禁止，对印度宗教来说，树立了理性的觉者的形象，这才是正见、正行、正觉者的"佛法"！

---

① 《根本说一切有部毗奈耶》卷一〇（大正二三·六七六下——六七七上）。

第二章　方便道之施设

第一节　四不坏净（四证净）

　　中道——八支圣道的修行，是以正见为先导的。从众生身心自体去观察，通达缘起："此有故彼有，此生故彼生"而苦蕴集；"此无故彼无，此灭故彼灭"而苦蕴灭。苦蕴集是生死流转，苦蕴灭是解脱涅槃。如实知缘起的集、灭而修行，达到悟入真谛，就成为圣者。圣者的悟入，是"远离尘垢，法眼生，谓所有集法皆是灭法"①，或说"于四谛如实知"，"知见四谛得漏尽"，"于四谛如实现等觉"②。总之，于缘起、四谛的体悟，是初果的预入圣流到阿罗汉究竟解脱、如来现正等正觉的不二法门。

　　中道正行的修证，对一般根性来说，到底是难了一些。因为众生无始以来，一直系缚在"乐阿赖耶，欣阿赖耶，喜阿赖耶"中，成为众生——人的特性。核心是自我，表现为（情感的）"我我所爱"；在知识开展中，成为"我我所见"；而更根深柢固的，是（意志的）"我我所慢"。要彻悟缘起无我，离见、爱、慢而究竟解脱，不能不说是"甚深"了。释尊大慈悲心，不舍众生，所以有方便道的施设。契入甚深法的初果，名为须陀洹——预流，意思是

---

　　①　《相应部》（五六）"谛相应"（南传一六下·三四二）。
　　②　《相应部》（五六）"谛相应"（南传一六下·三二九），《杂阿含经》卷一六（大正二·一一二上）；又"谛相应"（南传一六下·三六〇），《杂阿含经》卷一五（大正二·一〇四下）；又"谛相应"（南传一六下·三五八——三五九），《杂阿含经》卷一五（大正二·一〇七下）。

预入圣道之流,成为圣者。佛弟子中,确有"言下顿悟"的,但约一般根性来说,总是次第渐入的。入预流位,有必备的条件,名为四预流支。经中有两类四预流支,有属于如实道的,正见为先的预流支,如《相应部》(五五)"预流相应"(南传一六下·三一四)说:

> "诸比丘! 有四预流支,何等为四? 亲近善士,听闻正法,如理作意,法随法行。"①

预流支是证入预流果的支分。先要亲近善士:佛及圣弟子是善士;佛弟子而有正见、正行的,也是善士。从善士——佛及弟子听闻正法,不外乎四谛(一切法门可统摄于四谛中)。这是古代情形,等到有了书写(印刷)的圣典,也可以从经典中了知佛法,与听闻一样,所以龙树说:"佛法从三处闻:从佛闻,从弟子闻,从经典闻。"无倒地听闻正法,能成就"闻慧"。如所闻的正法而审正思惟,如理作意,能成就"思慧"。如法随顺法义而精勤修习,法随法行,能成就"修慧"。闻、思、修——三慧的进修,能见谛而得预流果。这是般若——慧为先导的,为上一章"中道正法"的修行阶梯。

经中说到另一预流支,就是四证净,如《相应部》(五五)"预流相应"(南传一六下·二五三——二五四)说:

> "诸比丘! 汝等当劝彼等(亲族、朋友)修习安住四预流支。何等为四? 谓于佛证净劝导修习安住……于法(证

---

① 《杂阿含经》卷三○(大正二·二一五中),又卷四一(大正二·二九八下)。

净)……于僧(证净)……圣者所乐……能发三摩地之戒劝
导修习安住。"

证净,在《杂阿含经》中译为不坏净,这是胁尊者所传,如
《阿毗达磨大毗婆沙论》卷一〇三(大正二七·五三四下)说:

> "胁尊者曰:此应名不坏净。言不坏者,不为不信及诸
> 恶戒所破坏故。净谓清净,信是心之清净相故,戒是大种清
> 净相故。"

佛,法,僧伽——三宝,是佛法开展中形成的全体佛法。信
是以"心净为性"的①;对三宝的证净,是对三宝坚定不变的信
心。圣者所爱乐戒,是佛弟子必不可缺的,如法的正常戒行。有
信与戒为基础,能深入佛法。本来这是对三宝的净信,及"圣
(所爱)戒成就",以后才合名证净。名为四证净,那是证智相
应的信与戒;不坏净可通于深浅——圣者的证净(即证预流
果),还没有证入者的净信。这是以信为主,能由浅易而深入
的法门。

预入圣流,一定是有慧有信,缺一不可。经说以信为先或以
慧为先,只是适应根性的方便不同,所以佛法所说的两类预流
支,都可以依之而成为圣者。经上说:佛弟子的根性利钝不同,
有随法行与随信行二类,如《杂阿含经》卷三三(大正二·二
四〇上——中)说:

> "圣弟子信于佛言说清净,信法、信僧言说清净,于五

---

① 心净与信,如《阿毗达磨大毗婆沙论》卷一〇三(大正二七·五三四下)。

法增上智慧,审谛堪忍,谓信、精进、念、定、慧,是名圣弟子不堕恶趣,乃至随法行。"

"圣弟子信于佛言说清净,信法、信僧言说清净,乃至五法少慧,审谛堪忍,谓信、精进、念、定、慧,是名圣弟子不堕恶趣,乃至随信行。"①

随法行人,于信等五法中,智慧增上,是慧力特强,以慧为主而信等为助的。随信行人,于五法中是"少慧",慧力差一些,是以信为主而慧等为助的。信等五根,因根性而可能有所偏重,而其实五根都是具足的。甚深法是智慧所觉证的,以闻思修而入的预流支,是利根随法行人。在佛法的开展中,方便适应,又成立证净(重信)的预流支,那是钝根随信行人所修学了。

"法",是"若佛出世,若不出世,法住法界"的。释尊在菩提树下彻悟正法而被尊称为"佛"。释尊说法教化,出家与在家的,很多人从佛修行。佛为弟子们制立戒法,出家者依戒律而成立僧伽。在家与出家弟子中,有预流、一来、不还、阿罗汉——四果、四向的圣者,称出家圣者为圣僧。佛法流布人间,佛、法、僧——三宝,就出现于世间②。佛法与一般神教有本质上的差异,但三宝住世,就有类似一般神教的情形。佛,如一般宗教的(最高神或)教主。法,如一般宗教的教义与教规。僧,如一般宗教的教会、教团。佛弟子归依时说:"归依佛,两足尊。"佛是

---

① 参阅《相应部》(五五)"预流相应"(南传一六下·二六九)。

② 三宝的次第成立,大乘经也有说到的,如《维摩诘所说经》卷上(大正一四·五三七下)说:"始在佛树力降魔,得甘露灭觉道成。已无心意无受行,而悉摧伏诸外道,三转法轮于大千,其轮本来常清净。天人得道此为证,三宝于是现世间。"

人类(两足的)中最伟大、最可尊的圣者。"归依法,离欲尊。"在离烦恼、离罪恶的教义中,佛的法是最彻底、最可尊的。"归依僧,众中尊。"佛弟子的僧伽,在一切教团中是最可尊敬的。"归依三宝",表示出对三宝的无限信敬。这种(不离智慧的)信,清净的、纯洁的信心,类似一般宗教的信仰。在佛教中开展起来,成为一般通俗易行的法门。对三宝的崇敬,是信;真正有信心的,一定有戒。戒,不是外道的种种邪戒,是人类的德行,构成人与人之间和谐安乐的行为与生活,这是圣者所爱乐(离此是不能成为圣者的)戒。四不坏净,就是依此(不离慧的)深信,及完善的戒行,而能契入圣法流的。这是"佛法"时期,适应随信行人的方便,近于一般宗教,所以是通俗的易行道,为出家的钝根初学说,更多的为一般在家的信众说。如《杂阿含经》说:四不坏净成就,"于此命终,生于天上"①,"若堕地狱、畜生、饿鬼者,无有是处"②。如是"福德润泽,(善润泽,)为安乐食"③,"四种福德润泽,善法润泽,摄受称量功德不可称量"④。是四种"诸天天道,未净众生令净,已净者重令净"⑤。修四不坏净而深入的,能得预流果;但重视福德、善法,不堕恶趣而生于天上,表示了趣

---

① 《杂阿含经》卷三〇(大正二·二一四上)。参阅《相应部》(五五)"预流相应"(南传一六下·二九〇)。

② 《杂阿含经》卷三〇(大正二·二一四中)。《相应部》(五五)"预流相应"(南传一六下·二五三——二五四)。

③ 《杂阿含经》卷三〇(大正二·二一四下)。

④ 《杂阿含经》卷三〇(大正二·二一五上)。《相应部》(五五)"预流相应"(南传一六下·三〇五——三〇九)。

⑤ 《杂阿含经》卷三〇(大正二·二一六中)。《相应部》(五五)"预流相应"(南传一六下·二九五)。

向解脱，而又通于没有成圣的善道①。

第二节 六念法门

释尊安立的方便道，是四预流支：佛不坏净，法不坏净，僧不坏净，圣所爱戒成就。然经中还有二说：一、佛证净，法证净，僧证净，施舍②。二、佛证净，法证净，僧证净，智慧③。这二类都名为四预流支，可见（方便道的）四预流支，是以佛、法、僧——三宝的净信为本的；在三宝的净信外，加入施舍，或者戒，或者智慧，而后来是以加入"圣所爱戒成就"为定论的。以信为基本的修行系列，是在佛法开展中次第形成的。或重在忆念不忘，有"六（随）念"。六念是：念佛，念法，念僧，念戒，念（施）舍，念天。法门的次第增多，是初修与四不坏净相关的四念：念佛，念法，念僧，念戒④；其次念五事：念佛，念法，念僧，念戒，念施舍⑤；末后再加入念天，就是六念了⑥。如综合佛不坏净、法不坏净、僧不坏净为净信而修行，那就有信、戒、施、慧——四法⑦；信、

① 拙作《初期大乘佛教之起源与开展》第五章（三〇七——三〇八，本版二六四——二六六）。二类四预流支，参阅舟桥一哉《原始佛教思想之研究》（一九四——一九五）。

② 《相应部》（五五）"预流相应"（南传一六下·三〇一、三〇八）。

③ 《相应部》（五五）"预流相应"（南传一六下·三〇九）。

④ 《杂阿含经》卷三〇（大正二·二一六中——下）。参阅《相应部》（五五）"预流相应"（南传一六下·二九六）。

⑤ 《杂阿含经》卷三〇（大正二·二一八中）。

⑥ 《杂阿含经》卷二〇（大正二·一四三中——一四四上），又卷三〇（大正二·二一八中——二一九上）。《增支部》"六集"（南传二〇·四六——五二）等。

⑦ 《相应部》（五五）"预流相应"（南传一六下·二九九）。《杂阿含经》卷四（大正二·二三中——下）。

戒、闻、施、慧——五法的施设①。四法与五法,是为在家弟子说的,可说是三类(方便道)预流支的综合。

六(随)念法门,也是以信为先导的方便。说到念,是忆念,明记不忘,是修行特别是修习定慧所必要的。依"念"的专心忆念,能趣入定境,所以说"念为定依"(依定才能发慧)。六念的修习:系念三宝而信心清净,如昏夜的明灯,荒漠中发见甘泉一样,内心清净,充满了幸福、平安的充实感。忆念(重自利的)所持的戒行清净,忆念(重利他的)如法施舍的功德。有信心,有善行,无论是成为预流(圣者),或还是凡夫,都会上升天国,享受福乐。所以能"于诸世间,若怖若安,不起嗔恚,我当受持纯一满净诸天天道"②。在《增一阿含》中,六念以外,增列念身、念休息(寂止)、念安般、念死,共为十念③。但后四念的性质,与六念是不同的。

六念的内容,如《杂阿含经》卷二〇(大正二·一四五中)说:

> "当念佛功德:此如来,应,等正觉,明行足,善逝,世间解,无上士,调御丈夫,天人师,佛,世尊。"

> "念法功德:于世尊正法律,现法,离诸热恼,非时,通达,缘自觉悟。"

---

① 《相应部》(五五)"预流相应"(南传一六下·二五九——二六〇)。《杂阿含经》卷三三(大正二·二三六中——下、二三七下)。

② 《杂阿含经》卷三〇(大正二·二一六下)。《相应部》(五五)"预流相应"(南传一六下·二九六)。

③ 《增一阿含经》(二)《十念品》(大正二·五五二下——五五三下)。《增支部》"一集"(南传一七·四四、六二——六三)。

"念僧功德：善向，正向，直向，等向，修随顺行，谓向须陀洹，得须陀洹，向斯陀含，得斯陀含，向阿那含，得阿那含，向阿罗汉，得阿罗汉。如是四双八士，是名世尊弟子僧。具足戒、定、慧、解脱、解脱知见，供养、恭敬、尊重之处，堪为世间无上福田。"

"念戒功德：自持正戒，不毁、不缺、不断、不坏，非盗取戒，究竟戒，可赞叹戒，梵行戒，不憎恶戒。"

"念施功德：自念布施，心自欣庆舍除悭贪，虽在居家，解脱心施，常施，乐施，具足施，平等施。"

"念天功德：念四王天，三十三天，炎摩天，兜率陀天，化乐天，他化自在天。清净信戒（闻施慧），于此命终，生彼天中，我亦如是清净信、戒、施、闻、慧，生彼天中。"①

六念的前三念，是三宝功德的忆念。如不了解三宝的内容，佛、法、僧所以值得尊敬的所在，那就徒有三宝的忆念，并不能增长正信的。依经上说：念佛，是忆念佛的十号。这些名号，从多方面表示了佛的功德。如"如来"，是真理的体现者，如实的宣说者。"应"（阿罗诃），是离一切烦恼，值得尊敬供养者。"等正觉"，是正确而普遍的觉悟者。这样的顾名思义，从佛的名号而忆念佛的功德。念法，是忆念八圣道（甚深法，依八圣道而如实知见与证得）。如"现法"，佛说的正法，依圣道而可以现见。"离诸热恼"，是离一切烦恼。"非时"或作"不待时节"，是说依法修行，随时都可以成就。"通达"，是说依圣道而引导而契入。

---

① 参阅《增支部》"六集"（南传二〇·四六——五二）。

念僧,是忆念圣僧——从预流(须陀洹)向到阿罗汉果,四向、四果的功德。这些圣者,"善向,正向,直向,等向,修随顺行",或译为"妙行,质直行,如理行,法随法行,和敬行,随法行"。表示圣者的持行,有戒、定、慧等功德,所以是应受恭敬供养的无上福田(施僧得大果)。念戒,是忆念自己的戒行清净,没有缺失(如有所违犯,依法忏悔,就回复清净),是圣者所称誉爱乐的。念施,是忆念自己的施舍。"虽在居家,解脱心施",是在家弟子,不求世间福乐果报的清净施(如出家,行不求名闻利养的法施)。念天,是念六欲天。有信、有施、戒功德的能生天;得预流果的,死后也上生欲界天。

"六念","四不坏净","念佛法僧","念佛",这一类的行法,是适应随信行人,特别是在家弟子的方便道。有一般宗教的共通性,有安定内心、除忧怖的作用。一、病而到死亡边缘,身体大多数是"苦痛逼切",而眷属、物欲、自我的爱恋,会引起内心的焦急、忧伤、恐怖,比身苦更严重得多。对在家弟子,劝他不要恋念眷属、恋念物欲①,应该修六念②、四不坏净③。如平常念佛、念法、念僧的,不论什么情况下去世,决定上升而不会堕落,所以不用为此担忧④。二、离别,即使与释迦佛别离,也不用忧

---

①　《杂阿含经》卷四一(大正二・二九八上)。《相应部》(五五)"预流相应"(南传一六下・三二一——三二三)。

②　《杂阿含经》卷二〇(大正二・一四五中——下)。

③　《杂阿含经》卷三七(大正二・二六九中——下)。《相应部》(五五)"预流相应"(南传一六下・二八二——二八五)。

④　《杂阿含经》卷三三(大正二・二三七中——下)。《相应部》(五五)"预流相应"(南传一六下・二五八——二六〇)。

悲。修六念,就等于与佛及圣弟子同在了①。三、修六念的,"处凶崄众生中无诸罣碍"②。四、贾客远行,"于旷野中有诸恐怖,心惊毛竖"的,应念佛、念法、念僧③。"比丘住于空闲、树下、空舍,有时恐怖心惊毛竖"的,应当念佛,并举一譬喻,如《杂阿含经》卷三五(大正二·二五五中)说:

> "帝释语诸三十三天言:诸仁者! 诸天与阿修罗共斗战时,若生恐怖,心惊毛竖者,汝当念我伏敌之幢! 念彼幢时,恐怖即除。"

> "如是比丘! 若于空闲、树下、空舍,而生恐怖心惊毛竖者,当念如来:如来、应、等正觉,乃至佛、世尊! 彼当念时,恐怖即除。"④

这一譬喻,似乎是神话,而其实是的确有此情形的。"伏敌之幢",是军旗。在古代,如帅旗屹立,军队望见了奋勇作战。如帅旗倒下,那不是主帅被杀、被俘,就是逃走。部队不见了帅旗,当下会士气丧失而溃败的。如战斗中的军士,想到了主将的才能,武器精良,那部队会士气高昂,不会惊怖而奋战。依外在事物而增强自身的心力,是确实存在的("怕鬼唱山歌",也是这种作用,虽然听到外来的声音,其实是出于自己

---

① 《杂阿含经》卷三〇(大正二·二一八上——下)。《相应部》(五五)"预流相应"(南传一六下·二二九——二三四)。《杂阿含经》卷三三(大正二·二三八中——下)。《增支部》"一一集"(南传二二下·三〇三——三一〇)。

② 《杂阿含经》卷三三(大正二·二三八中)。《增支部》"六集"(南传二〇·一〇——一四)。

③ 《杂阿含经》卷三五(大正二·二五四下——二五五上)。

④ 《相应部》(一一)"帝释相应"(南传一二·三八二——三八六)。

的）。"六念"……"念佛"，不外乎应用这一意义（如能导入预流，那就性质不同）。原则地说，这是一般神教所共有的。六念等有安定内心、除忧怖的作用，经文大抵属于（九分教中）"记说"部。

第三章　方便道之发展趋向

第一节　六念法门的演化

四不坏净与六随念，是适应随信行，特别适应在家弟子的法门。这是重信、重福德的，在信与福德的修行中，导向菩提，与般若相应。以方便道而通甚深行，佛法还是一味的。与甚深法相通的六随念，是"自力"的修持，如《杂阿含经》卷三三（大正二·二三七下）说：

> "圣弟子念如来事……如是念时，不起贪欲缠，不起嗔恚、愚痴心。其心正直，得如来义，得如来正法。（于如来正法——衍文。）于如来所得随喜心，随喜心已欢悦，欢悦已身猗息轻安，身猗息已觉受乐，觉受乐已其心定。心定已，彼圣弟子于凶崄众生中，无诸罣碍，入法流水，乃至涅槃。"

六随念所念境——念佛、法、僧，是三宝的功德；念戒与舍，是自己所有的功德；念天，是当来果报的殊胜庄严。念境各不相同，而修随念所起的喜、悦、安、乐、定，得预法流，六念是一样的。

《杂阿含经》所说,与《增支部》说相同①。《法蕴足论》解说喜觉
支,说到六随念,内容也完全一样②。因念得定,所以《清净道
论》,六念属于定学中③。这是圣者所修,也是通于凡夫的。如
病重时、别离时、恐怖时,念三宝的功德等,在一般信众心目中,
无疑的会引起"他力"的感觉。还有,佛法在通俗宏传中,遇着
新的情况(如佛入涅槃了),也就会引起新的问题,新的解说,影
响到修行者,"随念"的内容也会有多少不同了。适于信行人的
法门,易于通俗普及,但也容易适应低级趣味而俗化神化,这应
该是关心佛教者所应该注意与反省的! 由于"随念"内容的所
有演化,对佛教的发展起着重要作用,所以分别地加以叙述。

一、佛随念,简称"念佛"。佛法本是正法中心的,法是圣
道,依圣道而觉证。法是佛出世如此,佛不出世也如此:本来如
是。释尊的大觉成佛,只是体悟了而不是发明了正法,所以佛也
是依法而住的④。释尊圆满地觉证了,以世间的语文表达出来,
使多数的在家、出家众,也能实现正法的觉证,得到解脱自在;随
佛修行者,是依法而行的。这样,佛法是"依法不依人",佛与随
佛修学者,是先觉觉后觉,老师与弟子的关系。直到现在,我们
还自称为佛弟子(或三宝弟子);大家的心目中,也还觉得释迦
佛是我们的"本师"。佛教的学众,有"七众弟子",释尊被称为
"大师"、"导师"、"天人师"。佛弟子的依法而行,如《长阿含

① 《增支部》"六集"(南传二〇·九——一四)。
② 《阿毗达磨法蕴足论》卷八(大正二六·四九二下——四九三中)。
③ 《清净道论》(南传六二·三九三——四五〇)。
④ 《杂阿含经》卷四四(大正二·三二一下——三二二上)。《相应部》(六)
"梵天相应"(南传一二·二三八——二四〇)。

经》（二）《游行经》（大正一·一五上——中）说：

> "如来不言我持于众，我摄于众，岂当于众有教令乎？
>
> 阿难！……当自归依，归依于法，勿他归依。"①

对出家的比丘僧众，佛是"依法摄僧"，并不以统摄者自居。所以佛要入涅槃，比丘们不应该有失去领导者而莫知所从的感觉，只要依自己的精进，依法而行就得了。在传记中，释尊起初是与比丘僧一起布萨的。佛姨母以新衣施佛，佛对她说："持此衣施比丘众，施比丘众已，便供养我，亦供养大众。"②佛是在僧中的。频婆沙罗王以竹园布施，《五分律》说："但以施僧，我在僧中。"《赤铜鍱律》说："以竹园施佛为上首比丘僧。"《四分律》说："汝今持此竹园，施佛及四方僧。"③从施僧，施佛为上首的比丘僧，到施佛及比丘僧，表示了佛与僧伽关系的演化情形。佛在比丘僧中（当然是比丘众的上首），是佛教的早期形态，所以后来有主张"佛在僧中"的学派。到了释尊晚年，一、"依法摄僧"，制定戒律，成为有组织的僧伽（教团）。依律而行，半月布萨说"威德波罗提木叉"，释尊不再参预了。二、在佛弟子，特别是有所证悟的圣弟子，崇仰佛功德的伟大；"法乳恩深"，深感佛的慈悲，越来越觉得佛是远超于一般出家圣弟子的。佛本来也称为

---

① 《长部》（一六）《大般涅槃经》（南传七·六七——六八）。

② 《中阿含经》（一八〇）《瞿昙弥经》（大正一·七二一下）。参阅《中部》（一四二）《施分别经》（南传一一下·三五六）。《弥沙塞部和醯五分律》卷二九（大正二二·一八五中）。

③ 《弥沙塞部和醯五分律》卷一六（大正二二·一一〇中）。《赤铜鍱律·大品》（南传三·七一）。《四分律》卷三三（大正二二·七九八中）。

"阿罗汉",圣弟子(阿罗汉)也被称为"如来",而现在,佛不再只是(圣弟子)"正觉",而更进称为"无上等正觉"了。佛、法、僧鼎立——别体,应起于释尊晚年;四不坏净、六念等法门,也依此成立。后起的部派佛教,大都是主张"佛在僧外"、"三宝别体"的。佛物(或"塔物")与僧物的严格分别,就是受了"三宝别体"思想的影响。"佛在僧中"或"佛在僧外",成为部派的诤论所在。其实是不用诤论的,这是佛法流布中的先后阶段。

释尊的涅槃,引起佛弟子内心无比的怀念。对佛的忆念,深深地存在于内心,表现于事相方面的,是佛陀遗体、遗迹、遗物的崇敬。佛的遗体——舍利,经火化而遗留下来的,起初是八王平分舍利,建塔供养。塔是高显的意思,与中国的"坟"义相同。佛涅槃以后,人间的佛是见不到了,见佛的舍利与见佛一样。由于佛法的发展,教区不断扩大,西元三世纪中,阿育王将佛舍利分布到各方,建塔供养。舍利塔是代表佛的,与僧众及传诵、修持中的法,合为三宝,表彰人间佛教的具体形相。从此,因佛教发展而舍利塔的建筑更多,塔也越建而越是高大。佛牙也是佛的遗体,所以也受到尊敬。佛舍利的崇敬供养,因信、施而有福德,并非"神"那样的崇拜。《小品般若经》也还这样说:"诸佛舍利亦如是,从般若波罗蜜生,萨婆若所依止,故得供养。"①念佛,信敬佛,应信念佛的功德。佛所有的无边功德,都是依此舍利(遗体)而成就的,所以恭敬供养舍利,无非借此事相来表示佛,作为佛弟子信念的对象,启发增进佛弟子内心的忆念而已。佛

---

① 《小品般若波罗蜜经》卷二(大正八·五四五中)。

的遗迹,如诞生处、成佛处(菩提树也受到尊敬)、转法轮处、入涅槃处,四大圣迹(其后增多为八大圣地)都建塔纪念,受到佛弟子的巡礼供养。还有佛的遗物,最受人重视的,是佛(所用过的)钵,也建筑高台,恭敬供养。对舍利塔等的供养:"一切花、香、伎乐、种种衣服、饮食,尽得供养。"①还有幡、幢、盖等,也有供养金钱的。佛弟子对佛(遗体、遗迹、遗物)的信敬供养,可说采取当时民间祭祀天神的方式,在一般人的心目中,多少有点神的意识了。不过在部派佛教中,似乎还没有向舍利等祈求保庇的意义,这因为佛入涅槃,不再对人世间有关系了②。

　　念佛不能只是事相的纪念,应念佛的功德。在佛教的发展中,佛的功德,远远地超过了佛的声闻弟子。如大天的五事论诤,前四事说明了声闻弟子功德不圆满,也就反证了佛德的究竟圆满。佛德的所以究竟圆满,由于释尊未成佛以前——菩萨长时间的广修(自利)利他功德。未成佛以前的菩萨,多数是传说中的古人,也可能是民间传说中的天(神)、鬼、畜生。菩萨故事,纷纷在"譬喻"(意思是"光辉的事迹")、"本生"教典中流传出来。这些菩萨故事,或从内容而类别为六波罗蜜,或类别为四波罗蜜、十波罗蜜,成为菩萨与声闻弟子的不同方便。如《妙法莲华经》卷一(大正九·八下)说:

_____

　　①　《摩诃僧祇律》卷三三(大正二二·四九八下)。《四分律》卷五二也说:"若世尊听我等上美饮食供养塔者,我当送。……佛言:听供养。"(大正二二·九五六下)以饮食供舍利塔,那是完全祭祀化了。
　　②　对佛事相的纪念,参阅拙作《初期大乘佛教之起源与开展》第二章。

> "又诸大圣主,知一切世间,天人群生类,深心之所欲,
> 更以异方便,助显第一义。"

"异方便",是特殊的方便,或殊胜的方便。这是适应"天人"(有神教信仰)的欲求,而是"佛法"本来没有的方便。什么是"异方便"?依经文所说,是:修(菩萨行的)六波罗蜜;佛灭后造佛舍利塔,造严饰的佛像,彩画佛像;以花、香、幡、盖、音乐供养佛塔与佛像;歌赞佛的功德;向佛塔、佛像,礼拜、合掌、举手、低头;称南无佛。这些就是成佛的"异方便",是释尊涅槃以后,佛弟子怀念佛,在神教化的气运中发展起来的。怀念佛,佛是越来越伟大,是声闻弟子所万万不及的了。佛的身相,在旧传的"三十二相"外,又有"八十种好"说。佛的功德,在"十力"、"四无所畏"外,又有"十八佛不共法"说。对于佛的观念,佛教界分化了。上座部系,虽也有近于神话的传说,而始终以人间的释尊为对象而念佛的功德。佛出人间,与人一样的身体,是业力所感的,是有漏的,终归于无常灭坏。念佛应念佛的功德,佛之所以为佛的功德法身。如《遗教经》说:"我诸弟子展转行之,则是如来法身常在而不灭也。"①大众部系,对于佛传中的事实,如释尊有病、寿八十岁等,认为佛果不可能有这种事,所以说:"诸佛世尊皆是出世,一切如来无有漏法。"佛传中有病等事,只是佛的方便。倾向大众系的法藏部也说:"今于双树间,灭我无漏身。"②譬喻者矩摩罗多,也以为佛的色身及功德,总为佛体③。

---

① 《佛遗教经》(大正一二·一一一二中)。
② 《长阿含经》(二)《游行经》(大正一·二〇下)。
③ 《阿毗达磨顺正理论》卷三八(大正二八·五五七上)。

的论题了。《大智度论》说：五百位入海的商人，遭遇到摩伽罗鱼王的厄难。有一位佛弟子，教大众称念"南无佛"，才脱离了鱼王的厄难①。这是因"佛"声而引起鱼王的悔心，免除厄难，并非依赖佛力的救济。念佛脱鱼王的厄难，念佛而不堕地狱，并非由于不思议佛力的护持。这是不忘佛法的本义，论师们的见解；在通俗的一般人心中，怕已想像为佛力的护持了。

二、法随念——念法。念法，本是念法（八正道、缘起、四谛等）的功德。法是佛所说的，由弟子忆持在心，展转传诵，佛法是这样流传起来。佛涅槃后，弟子们将忆持传诵的佛说，经大众集会，共同审定，分类而编为次第，名为结集。以后，各方面都不断地传出佛说，所以又一再地共同结集。但各处传来的，到底是否佛说，以什么为取舍标准？起初是"依经，依律"，后来法藏部（等）说："依经，依律，依法。"这就是"佛语具三相"：一、修多罗相应；二、不越毗尼；三、不违法相性。前二是与原始集出的经、律，相顺而不相违的；第三是不违论究与体悟的法相。各派所传的圣典都有出入，这是部派分化的原因之一。圣典的不断传出，说不出来历，不为各派所公认，就说是在天上说的，从天上来的。如南传的七部阿毗达磨，除《论事》以外，传说是佛在忉利天上说的②。《顺正理论》说："尊者迦多衍尼子等，于诸法相无间思求，冥感天仙，现来授与，如天授与筏第遮经。"③不断传出的佛

①　《大智度论》卷七（大正二五·一〇九上）。《杂譬喻经》（大正四·五二九上——中）。

②　《论事》引注（南传五七·一）。

③　《阿毗达磨顺正理论》卷一五（大正二九·四一六中）。

典,仰推从天上传来,部派佛教间就大抵如此了。佛的时代,印度早已有了文字,而圣典却一直在忆持中(印度教的教典也如此)。专凭忆持传诵,圣典就不免多变化了。古称阿难为"多闻第一",就是称赞阿难忆念受持的经法最多。圣典越来越多,所以比丘中有"持(经)法者"、"持律者"、"持(论)母者",就是分类的专业忆持者。《分别功德论》说:"上者持(经、律、论)三藏,其次(持)四阿含(经),或能受(持)律藏,即是如来宝!"①这可见佛弟子重视圣典的忆持了。佛弟子念法(经、律、论)而重视记忆——念力,是必然的,但经典浩繁,记忆不易,怎样能增强记忆的念力呢?增强"念力",也就是增强记忆力的训练,达到"过耳不忘",这就是三藏所没有而新出现于佛教中的陀罗尼了。《大智度论》说:"是陀罗尼多种:一名闻持陀罗尼,得是陀罗尼者,一切语言诸法耳所闻者,皆不忘失。""有小陀罗尼,如转轮圣王、仙人等所得闻持陀罗尼,分别(知)众生陀罗尼,归命救护不舍陀罗尼。如是等小陀罗尼,余人亦有。"②陀罗尼,是印度人所旧有的,意译为能持或总持。依佛法说,陀罗尼是一种潜在的念力,得到了能历久不忘,《智度论》并传有闻持陀罗尼的方便③。一般的"咒陀罗尼",也只是一种达成"念念不忘"、"历历分明"的训练法而已。"佛法"中本没有说到陀罗尼,采取印度旧有的而引入佛法,无疑的与忆持教法有关。

三、念僧。忆念四向、四果的圣德,确信是值得恭敬、供养的

---

① 《分别功德论》卷二(大正二五·三四下)。
② 《大智度论》卷五(大正二五·九六上、九七下)。
③ 《大智度论》卷二八(大正二五·二六八上)。

圣者,是念僧的本义。然从住持佛法的僧伽来说,凡是出家受具足戒的,成为僧伽的一员。僧伽是比丘、比丘尼组成的僧团。僧团中,虽不一定是圣者,而四向、四果的圣者,在这僧伽以内。功德圆满的佛,涅槃以后,存在于世间佛弟子的怀念中。佛所说的法(与律),依僧伽的忆持、宣说,身体力行而存在于世间。所以三宝住世,重在僧伽。佛"依法摄僧",为了十种义利而制戒律,目的在组成一"和合"、"喜乐"、"清净"——健全的僧团。健全的僧团,对内能促成修证,贤圣辈出;对外能增进社会一般的信仰。这样,能达成正法久住人间的目的①,所以念僧是"世间无上福田",施僧的功德最大! 佛灭以后的佛法,依僧伽而住持宏传,僧伽受到特别的尊重。但佛功德的崇高,在佛弟子的心目中正不断昂扬。主张"佛在僧中"的化地部说:"僧中有佛,故施僧者便获大果,非别施佛。"法藏部说:"佛虽在僧中所摄,然别施佛,果大非僧。"②"佛在僧外"的部派,当然施佛的功德大于施僧了。僧伽中有圣者,不只是事相的清净,如事相僧渐渐地不如法,那信者更要敬念佛的功德了。中国佛教有一句话,说"不看僧面看佛面",正意味着僧众品质的没落!

四、念戒。前三者因信三宝而念,与信相应的念,而念戒是忆念自己持行的净戒。依在家、出家、男、女,成年、未成年等不同,佛施设了五戒、八戒、十戒、学法女戒、具足戒等不同的戒。这是适应不同的性别、年龄、环境,而戒的实质是一样的(力有大小、强弱),所以戒类虽然不同,而都可以依之修定。《大智度

---

① 参阅《原始佛教圣典之集成》第四章第二节第一项。
② 《异部宗轮论》(大正四九·一七上)。

论》卷一三(大正二五·一五三中)说:

> "尸罗,(此言性善。)好行善道,不自放逸,是名尸罗。
> 或受戒行善,或不受戒行善,皆名尸罗。"

尸罗,译为戒,是一种离恶行善的力量。戒与一般的善行是不同的,是"好行善道,不自放逸"、习性所成、不断行善的内在力量。一般人,总不免想行善而缺乏力量。如经父母、师长的教导,宗教的启发,或从自身处事中发觉,内心经一度的感动、激发,引发勇于为善、防护过失的潜力。这是通于一般人、异教徒(所以一般人也可得人天福报)的,但佛法却基于这种淑世利群的戒善,而趣向于出世。佛弟子受戒,就是为了得到这一离恶行善的潜力,一般称为"得戒"。如戒行偶有违失,应如法忏悔,回复清净。没有缺失、没有污染的清净戒,可以引发禅定,所以说是"圣者所乐戒"。有了戒善,就不会堕落了,这是通于世间与出世间的①。

五、念施。施是施舍,念自己所作施舍的福报。施舍,要离悭吝心而施,常施,亲手施,平等施,欢喜心施。众生所有物质的享有,都是施舍的福报。在施、戒、修(慈悲心定)——三种福业中,施是重于利他的。如《杂阿含经》卷三六(大正二·二六一中)说:

> "种植园果故,林树荫清凉,桥船以济度,造作福德舍,穿

---

① 参阅拙作《初期大乘佛教之起源与开展》第五章第五节第一项。

井供渴乏,客舍给行旅:如此之功德福德,日夜常增长。"①

　　这是适应印度古代最有意义的布施。印度气候炎热,所以广植林树的园苑,供人休憩,也提供荫凉爽适的场所。印度的出家众,中食以后,大抵在附近林园的树荫下禅坐。造桥与渡船,使河流两岸的住众得到往来的便利。穿井取水,供应渴乏的旅行者。福德舍建在远离村邑、行人往来的大路旁,行人晚上可以在这里住宿。佛教的僧众游行,如当地没有僧寺,也就住在福德舍里。这些都是社会的公共福利,地方有力人士所应该做的,被称赞为"功德日夜常增长"。《摩诃僧祇律》与《四分律》,也提到这一偈颂②。对布施个人来说,供养父母、师长、沙门、婆罗门(宗教师),贫病,都是当时社会一般的布施。自佛法兴起,施佛与施僧,日渐重视起来。在十四种个人施中,施佛的功德最为第一。重视施僧,所以列七种施僧的功德③。《中阿含经》的《世间福经》说:"有七世间福,得大福祐,得大果报,得大名誉,得大功德。"七福的内容是:施僧房舍堂阁,床座卧具,新衣,朝食,中食,园民,风雨寒雪时增加供养④。《须达哆经》论布施功德,以"作房舍施四方比丘众"为最上⑤。称扬施僧的大功德,表示了

　　────────

　　①　《相应部》(一)"诸天相应"(南传一二·四六)。

　　②　《摩诃僧祇律》卷四(大正二二·二六一上)。《四分律》卷三三(大正二二·七九八中)。

　　③　《中阿含经》(一八〇)《瞿昙弥经》(大正一·七二二上──中)。《中部》(一四二)《施分别经》(南传一一下·三五八──三六一)。

　　④　《中阿含经》(七)《世间福经》(大正一·四二八上)。

　　⑤　《中阿含经》(一五五)《须达哆经》(大正一·六七八上)。《增支部》"九集"(南传二二上·六五)。

寺院佛教、世界性佛教的发展。

六、念天。天在印度语中是光明的意思。古人依空中光明而意感到神的存在，所以称神为天。天比人间好得多——身体、寿命、享受、世界，都比人间好，所以求生天界（天堂、天国），是一般宗教大致相同的愿望。念天法门，是念天界的安乐庄严，是布施、持戒（修定）者的生处。在佛法中，这是对三宝有信心，有施舍、持戒的德行，才能生天界；如具足信、戒、施、慧，那就能得预流果，生于天上。念天的庄严安乐，善因善果，而得到内心的安宁、喜乐与满足。天（神）是一般宗教所共同的，佛否定神教中偏邪迷妄的信行，但随顺世俗，容认神——天（善因善报）的存在，而作进一步的超越解脱。经中常说"天魔梵"，是印度神教当时的看法。梵是梵天，是永恒究竟的；人如解脱生死，即梵我不二，或说复归于梵。魔也是天，是障碍人向上向善的恶者。不能达到梵我合一的，不论天报怎样好，不能脱出魔的控制。天，泛称魔以下的种种神。这一"天魔梵"的次第，合于印度神教的层次，但依佛法，以最高创造神自居的梵天，还在生死流转中，佛与佛的圣弟子要超越于"天魔梵"的境界。佛普入八众，天有四众：四大王众天，忉利——三十三天众，魔众，梵天众①。梵天，依佛法说，属于色界；魔天（即他化自在天）以下，一向类别为欲界六天，次第如下：

---

① 《长部》(一六)《大般涅槃经》(南传七・七九)。《长阿含经》(二)《游行经》(大正一・一六中)。

天					魔	梵
四大王众天	忉利天众				魔众	梵天众
四王天	忉利天	兜率天	夜摩天	化乐天	他化自在天	梵天

在佛典中，与创造神相当的梵天，请转法轮，恭敬赞叹，负起领导天人信佛法的作用。魔天极力障碍佛与弟子宏传正法，而终于不能破坏。兜率天是释尊前生的住处。与佛教（原是印度民间）关系最密切的，是忉利天与四大王众天。忉利天在这世界中心，须弥山顶；四王天在须弥山四方的高山上。这都是"地居天"，与我们共住在这个世界上。忉利天主，名帝释——释提桓因，可说是多神王国的主。帝释在享受天国的物欲外，是一位鼓吹和平忍辱、反对斗争、信敬三宝的大神。大梵天与帝释，是佛天上弟子的上首。四大王众天的天主，即著名的四大天王：东方的持国——提头赖吒，南方的增长——毗楼勒叉，西方的增广——毗楼博叉，北方的多闻——毗沙门。这四位天主，提头赖吒是犍闼婆，毗楼勒叉是龙，毗楼博叉是鸠槃荼，毗沙门是夜叉。龙是畜生，夜叉等是鬼。传说的"天龙八部"，还有阿修罗，迦楼罗，紧那罗，摩睺罗伽。迦楼罗是妙翅的鸟，与中国传说的凤鸟相近；摩睺罗伽是大蟒神；这二类与龙，都是畜生，夜叉等是鬼趣。四天王所统摄的，还有众多的鬼神。这些高等畜生、上等鬼王（多财鬼），称为天而其实是鬼、畜。帝释也是夜叉；忉利天城的守护者，也是夜叉。所以这地居的二天，含摄了高等的畜生与鬼，等于中国所传的（死后有功德的为）神，与狐、蛇等妖，是低级的多神教，品格良莠不齐。在这些鬼天、畜天中，夜叉与龙对

佛教有着较重要的地位。

念天是忆念欲界六天的福报。与一般民间信仰特别密切的,是忉利天与四大王众天。这二天众,有善良的,也有暴恶的。良善的是佛法的信仰者,僧伽的护持者,如《长部》的《大会经》与《阿吒曩胝经》说①。暴恶的,以佛法感化他,使转化为良善的,如佛化鬼子母,不再食人的幼儿②。这是佛法对良莠不一的天众所采取的根本原则。印度神教的某些宗教行为,如杀害牺牲的祭祀,火供养护摩,水中洗浴得清净,向六方礼拜,祈求祷告生天,这些都加以否定。观察星宿,占卜,瞻相,召唤鬼神或复驱遣,厌祷,咒术,这些与鬼畜天(神)相结合的迷妄行为,是出家弟子所绝对禁止的。对在家信众,似乎没有严格地禁止,所以在佛法普及过程中,这些迷妄行为,有通过在家弟子而渗入佛法的可能。还有,修慈悲喜舍无量(这可说是博爱)定的,能生于梵天。梵天没有男女性别(称为"梵行"),所以梵天的德性是相当高尚纯洁的,佛弟子也有方便劝人修梵行而生梵天的③。但梵天的生死未了,慢性根深,所以会有自称常恒不变,为人类之父的邪见,这是佛法所明确予以破斥的。忉利天与四王天——鬼畜天,虽有善良的,而充满忿怒暴恶的也不少,尤其是毒龙、罗刹与夜叉。欲界天是有男女性别的,忉利天与四大王众天,与人类一样的两性交合而成淫事,所以传有贪欲恋爱的故事。梵天慢

---

① 《长部》(二○)《大会经》。《长阿含经》(一九)《大会经》。《长部》(三二)《阿吒曩胝经》。

② 鬼子母事,如《根本说一切有部毗奈耶杂事》卷三一(大正二四·三六二上——中)等。这是古代以幼儿为牺牲的佛化传说。

③ 《中阿含经》(二七)《梵志陀然经》(大正一·四五八中)。《中部》(九七)《陀然经》(南传一一上·二五六)。

与欲天的忿怒、贪欲,所以不能解脱生死,佛法是要断除这些烦恼的。如眩惑于传说中的天威,而取崇拜的倾向,那佛法怕不免要渐渐地变质了!

适应信强慧弱的中下根性,传出了四不坏净、六念等法门。六念中,念佛是对佛遗体、遗迹等事相的忆念,或是对佛因(菩萨)行与果德等理想的忆念;佛弟子对佛的永恒怀念,使念佛法门特别发达,这不是念法……念施等所可及的。惟有与形而上实体相结合的梵天,及鬼畜天的信仰,在一般民间,有悠久与广泛的影响,所以念天法门,从佛教思想史看来,也是非常发达的。这本是通俗的方便,但发展到念佛与念天合流,那是佛的神化、神的佛化,形成高深、神秘、庸俗的大统一,也就演进到与"佛法"相反的方向。

第二节　通俗化与神化

佛法流行人间,成为佛教,一天天发展起来。佛教是以出家僧伽为中心的。出家,是离眷属,离财物、名位的爱著,而过着为求解脱而精进的生活。早期佛教的形象,是恬淡的、朴质的、安详的。没有一般神教的迷妄行为——祭神、咒术、占卜等;也不与神教徒诤论;重在实行,也不为佛法而自相诤论;不许眩惑神奇,贪求利养。释尊涅槃后,特别是阿育王以后,佛教与寺塔大大地发展。寺塔建筑的庄严,寺塔经济的富裕,艺术——图画、雕刻、音乐歌舞也与佛教相结合,而佛教出现了新的境界,那是部派佛教时代就已如此了①。佛塔,是供奉佛舍利的。建塔,起

---

① 　参阅拙作《初期大乘佛教之起源与开展》第二章第三节。

初是在家弟子的事,后来渐移转为僧伽所管理。进一步,塔与洞窟的修建工程,通俗宏化的呗嘭者,也热心地来参加①。出家众为修建寺塔等而发心服务,如《根本说一切有部毗奈耶》卷四(大正二三·六四二中)说:

> "时诸苾刍既闻斯说('若能作福者,今世后世乐'),多行乞丐,于佛、法、僧广兴供养,时佛教法渐更增广。"

在这段文字中,看到了比丘们到处去乞求(中国名为"化缘"),用来供养佛(建塔、供养塔)、法、僧(建僧坊、供僧衣食),这样佛教越来越兴盛了。比丘们不但为修建作福而到处化缘,也发心为修建而工作,如《十诵律》说:"诸比丘作新佛图塔,担土,持泥、墼砖、草等,粗泥、细泥、黑、白涂治。"《四分律》说:"为僧、为佛图塔、讲堂、草庵、叶庵、小容身屋,为多人作屋,不犯。"②比丘为修建而作工,是各部派所共许的。如《十诵律》说:阿罗毗的"房舍比丘,在屋上作,手中失墼,堕木师木工上"。《铜鍱律》也有此事,并分为好几则③。寺塔的增多兴建,可以摄引部分人来信佛,可说佛法兴盛了;但重于修福,求今生来生的幸福,与佛法出世的主旨反而远了!修福也是好事,但出家众总是赞扬供养三宝的功德,信众的物力有限,用在社会福利事业,怕反要减少了!佛教以出家众为中心,出家到底为了什么?出家

---

① 静谷正雄《初期大乘佛教之成立过程》(一八———一九)。

② 《十诵律》卷一六(大正二三·一一〇中)。《四分律》卷三(大正二二·五八七上)。

③ 《十诵律》卷二(大正二三·一〇下)。《铜鍱律》(南传一·一三三——一三五)。

要受具足戒,取得僧伽成员的资格。受了戒,戒师要勉励几句,如《四分律》卷三五(大正二二·八一六上)说:

> "汝当善受教法,应当劝化,作福、治塔,供养佛法众僧。……应学问、诵经,勤求方便,于佛法中得……阿罗汉果。"

比丘出家受戒,怎么首先教他劝化,作福、治塔呢?《十诵律》这样说:"精勤行三业,佛法无量种,汝常忆念法,逮诸无碍智! 如莲花在水,渐渐日增长。汝亦如是信,戒、闻、定、慧增。"《五分律》说:"汝当早得具足学戒! 学三戒,灭三火,离三界,无复诸垢,成阿罗汉。"①这是更适合于训勉初出家比丘的(《四分律》在后)。《四分律》重视修福、治塔,因为《四分律》是法藏部律,法藏部是主张:"于窣堵波塔兴供养业,获广大果。"②大果是究竟解脱,成就佛道,为极力赞扬舍利塔的部派,所以在《四分律》戒经中,增多了有关敬塔的戒条。这样,佛弟子半月半月布萨终了,《五分戒本》说:"诸佛及弟子,恭敬是戒经。恭敬戒经已,各各相恭敬,惭愧得具足,能得无为道。"《僧祇戒本》也如此③。《四分律比丘戒本》却这样说:"我今说戒经,所说诸功德,施一切众生,皆共成佛道。"④说一切有部旧律——《十诵戒本》,

---

① 《十诵律》卷二一(大正二三·一五七下)。《弥沙塞部和醯五分律》卷一七(大正二二·一二〇中)。

② 《异部宗轮论》(大正四九·一七上)。

③ 《弥沙塞五分戒本》(大正二二·二〇〇中)。《摩诃僧祇律大比丘戒本》(大正二二·五五六上)。

④ 《四分律比丘戒本》(大正二二·一〇二三上)。

与《五分戒本》等相同,而新律的《根本说一切有部戒经》也追随《四分律》,而说"皆共成佛道"了①。寺塔的兴建,高广庄严,部分的出家比丘倾向于福德,也就自然同情大乘的"共成佛道"了。

释尊对传统的婆罗门、东方新兴的沙门——这类宗教的信仰、思想、行为,采取宽和的态度。对种种思想,如身与命是一、是异等,释尊总是不予答复——无记,而提出自悟的缘起说。如《长部》(一)《梵网经》,类集异见为"六十二见",以为异教所说的,有他定境的经验,"事出有因"而论断错误,可说是宽容的批评。对一般信仰的天、龙、鬼神,也采取同样的态度:鬼、神是有的,但是生死流转的可怜悯者,值不得归信。所以出家众不得祀祠鬼神(不得供天),不得作鬼神塔②。高级的梵天,是请佛说法者;忉利天的帝释——释提桓因,来人间听佛说法:成为佛的两大(天)弟子。善良的鬼神、龙,都赞叹佛,成为佛教的护持者。佛法中早就有了通俗、化导鬼神的法门,如四部《阿含》有不同的宗趣,觉音的《长部》注,名吉祥悦意,也就是龙树所说的"世界悉檀"③。如《长部》的《阇尼沙经》、《大典尊经》、《大会经》、《帝释所问经》、《阿吒囊胝经》等,是通俗的适应天神信仰的佛法。特别是《阿吒囊胝经》,是毗沙门天王与信心夜叉所奉献,

---

① 《十诵比丘波罗提木叉戒本》(大正二三·四七九上)。《根本说一切有部戒经》(大正二四·五〇八上)。

② 《弥沙塞部和醯五分律》卷二六(大正二二·一七六下)。《根本说一切有部尼陀那目得迦》卷三(大正二四·四二五中)。

③ 拙作《原始佛教圣典之集成》第七章第三节第二项。

有守护佛弟子得安乐的作用①。其实,与《杂阿含经》相当的《相应部》,"有偈品"中的"天相应"、"天子相应"、"夜叉相应"、"林神相应"、"魔相应"、"帝释相应"、"梵天相应",都是以佛陀超越天、魔、梵的立场,而又融摄印度的民间信仰。释尊对印度鬼、神的态度,是温和的革新者。在出家僧团内部,隔离这些神教的信行,以纯正的、理性的信心,而对固有神教,起着"潜移默化"的作用。这一态度,对当时的佛法来说,可以减少异教徒抗拒的困扰,而顺利地流行于当时。神教的天、魔、梵,不足归信,但容许是有的;有,就会引发一些想不到的问题。如《赤铜鍱部律》说:"一比丘与龙女行不净淫行。……夜叉……饿鬼……与黄门行不净行。"②《四分律》说到"若天子,若龙子,阿须罗子,犍闼婆子、夜叉、饿鬼"的杀罪③。僧众与天、龙、鬼等,有实际的关涉,是一致肯定的。如受比丘戒,先要审查资格问遮难,有一项问题:"是人不?"或作:"汝非是非人鬼神? 非是畜生耶?"这是说:如是鬼神、或畜生(如龙)变化作人形,那是不准受戒的。这表示了僧伽内部的出家众,有鬼神与畜生来受比丘戒的传说。又如咒术,是僧众所不准信学的,但同样地承认它的某种作用。《铜鍱律》说到咒断鬼命④;以咒术杀人,也是《五分律》、《僧祇律》、《十诵律》等所记载的⑤。世间咒术是不准学的,但渐渐有

---

① 《长部》(三二)《阿吒曩胝经》(南传八·二五九——二八二)。

② 《铜鍱律》(南传一·五八)。

③ 《四分律》卷二(大正二二·五七七上)。

④ 《铜鍱律》(南传一·一三九)。

⑤ 《弥沙塞部和醯五分律》卷二(大正二二·八下)。《摩诃僧祇律》卷四(大正二二·二五六上)。《十诵律》卷二(大正二三·九中——下)。《根本说一切有部毗奈耶》卷七(大正二三·六六二上——下)。

限度地解禁了。"为守护而学咒文",不犯;"若诵治腹内虫病咒,若诵治宿食不消咒,若学书,若诵世俗降伏外道咒,若诵治毒咒,以护身故无犯"①。总之,为了护(自己)身,世俗咒术是可以学习了。本来是对外的方便,容忍异教的民间信仰,而重事相的律师们不能坚持原则,反而让它渗透到僧伽内部中来渐渐地扩大,佛法将迅速地变了。

佛教流传到哪里,就有释尊到过哪里,在那里降伏夜叉与龙等传说,如《岛史》(南传六〇·六三)说:

"(佛陀)成正觉第九月,破夜叉军;胜者成正觉第五年,调伏诸龙;成正觉第八年,入三摩地:如来三次来(楞伽岛)。"②

据《岛史》说:释尊初次来楞伽岛时,岛上有夜叉、部多、罗刹,排斥佛的教法,所以佛将他们驱逐到 Giri 岛去住。第二次,岛上有大腹龙与小腹龙互斗不已,释尊偕三弥提比丘去楞伽,降伏二龙。第三次,释尊与五百比丘到楞伽岛的 Kalyāṇī 河口,在那里入定,教化群龙③。西元前三世纪阿育王时,佛法传入锡兰,而释尊当时竟已来过三次了:这是南传赤铜镍部的传说。同样的传说出现于北方,如《根本说一切有部毗奈耶药事》(大正二四·四〇上——四一中)说:

"世尊告金刚手药叉曰:汝可共我往北天竺,调伏阿钵

---

① 《铜镍律》(南传二·四九三)。《四分律》卷二七(大正二二·七五四中)。
② 《善见律毗婆沙》卷三(大正二四·六九一上)。
③ 《岛史》(南传六〇·一——一七)。

罗龙王!"

"世尊游行至积集聚落,时彼聚落有住药叉,名曰觉力,心怀暴恶。……药叉答曰:我今舍恶,更不为害。"

"世尊复至泥德勒迦聚落,复有药叉,名曰法力,世尊便即调伏。"

"世尊复至信度河边,……调伏鹿叠药叉。"

"世尊复至仙人住处,于此调伏杖灌仙人。"

"如来与金刚手药叉,到(无稻芊)龙王(即阿钵罗龙王)宫中。……(金刚手威伏龙王)……无稻芊龙王及诸眷属皆悉调伏。"

"世尊又到足炉聚落已,调伏仙人及不发作药叉。"

"于揵陀聚落,调伏女药叉。"

"世尊复到乃(及?)理逸多城,……摄化陶师。"

"世尊次至绿莎城,于其城中,为步多药叉及其眷属说微妙法。"

"于护积城中,调伏牧牛人,及苏遮龙王。"

"世尊次至增喜城,……调伏旃茶梨七子,并护池药叉。"

"城侧有一大池,阿湿缚迦及布捺婆素,于此池中俱受龙身。……世尊于其池所,便留其影。"

"世尊至军底城,于其城中有女药叉,名曰军底,常住此城。心怀暴恶而无畏难,一切人民所生男女,常被食啖。……调伏此女药叉并眷属已,便舍而去。"

佛法传入北天竺,比传入锡兰要早些,据说释尊与金刚手药叉,早已乘空而来,调伏药叉夜叉与暴龙了。这些传说,可能有两种意义:一、释尊游化的地区,名为"中国";没有去游化的,就是"边地"。佛教的"中国",本指恒河两岸。佛法传入锡兰,传到北印度,佛法相当的兴盛,比之恒河两岸并不逊色。这应该是佛曾来过,可说是广义的"中国"了。佛法传到了西域的(今新疆省)于阗,为"大乘佛法"重镇,《日藏经》也说:"以阎浮提内,于阗国中水河岸上,……近河岸侧,瞿摩娑罗香大圣人支提住处,付嘱吃祇利呵婆达多龙王,守护供养。……佛告龙王:我今不久往瞿摩沙罗牟尼住处,结跏七日,受解脱乐。"①这样,释尊也曾到过于阗了。二、古代任何地区,人民都有鬼神的信仰,也就有种种神话。有些神,与当地民族有亲缘关系。佛法的传布,要在当地人民心中,建立起佛陀超越于旧有神灵以上,转移低级信仰为佛法的正信,这就是调伏各处暴恶龙与夜叉的意义。锡兰、北天竺、于阗等地,民间信仰的鬼神不一定称为夜叉、那伽(龙)、毕舍遮等,等到佛法传来,固有低级的鬼神,也就佛化,其实是印度化了。又如阿育王时,去各地宏法的传教师中,末阐提到犍陀罗与罽宾,降伏阿罗婆楼,也就是北方所传的无稻芉龙王。末示摩等在雪山边降伏夜叉。须那迦与郁多罗到金地国降伏食人小儿的女夜叉②。佛法传到哪里,就有降伏该地区固有鬼神的传说,只是表示了佛法的信行取代了旧有低级的信行。这是"世界悉檀"、"吉祥悦意"而已;但这些低级的鬼、龙,转化为佛法的护持者,增多了佛教神化的内容。

---

① 《大方等大集经》(一四)《日藏经》(大正一三・二九四中、下)。
② 《一切善见律注序》(南传六五・八〇——八七)。《善见律毗婆沙》卷二(大正二四・六八四下——六八六中)。

中编 "大乘佛法"

第一章 泛论普及而又深入的大乘

第一节 崇高的佛陀与菩萨僧

西元前一世纪中，"大乘佛法"以新的姿态出现于印度。"大乘佛法"是以发菩提心、修菩提行、成就佛果为宗的。发心、修行的，名为菩提萨埵，简称菩萨；修行到究竟圆满的，名为佛。菩萨与佛，有不即不离的因果关系，佛果的无边功德庄严，是依菩萨行而圆满成就的。由于众生的根性不同，"大乘佛法"从多方传出来，也就有适应智增上的、信增上的、悲增上的不同。但从"佛法"而演进到"大乘佛法"，主要还是"佛般涅槃所引起的，佛弟子对佛的永恒怀念"。也就因此，"大乘佛法"比起"佛法"来，有更多的仰信与情感成分。这样，"佛法"中以信为本的方便道，普及而又能引入甚深的，如六随念的一部分，当然会有更多的开展。就是继承甚深行而来的，广明菩萨发心、修行、证入，甚深也就是难行道的众多教典，也有不少的方便成分,所以是甚深而又能普及的法门。充满理想而能普及的"大乘佛法",在旧有的"佛法"传统中脱颖而出,佛法进入了一新的阶段。

释尊涅槃了,引起佛弟子无限的怀念。部分佛弟子的怀念,倾向于形而上的、理想化的,引出了"大乘佛法"的新境界。涅槃,"佛法"以为是:超脱了无休止的生死流转,佛与声闻弟子是没有差别的。涅槃是生死苦的止息,不生不灭,无量无数,不能再以"有"、"无"来表示。彻底地说,世间的思想与语文,什么都是无法表示的。在世俗说明上,涅槃也可以说是有的、实有的,但不能想像为人、天那样的个体。对一般人的世间心识来说,涅槃了的佛(与阿罗汉),不再与世间相关,除传诵中的法与律外,仅留佛的遗体——舍利,为人供养作福,是不能满足人心需要的。但也就由于这样,涅槃了的佛(与阿罗汉),不是佛弟子祈求的对象,不会附上迷妄的神教行为,"佛法"仍然保持了理性的宗教新形象。

佛法甚深,这样的涅槃,连阐陀都难以信受①,何况佛涅槃后的一般信众呢!不能满足人心,在对佛的怀念中,大众部等以为:"一切如来无有漏法,……如来色身实无边际,如来威力亦无边际,诸佛寿量亦无边际。"②佛的涅槃,不只是寂灭,可说"超脱一切而不离一切",永远的(大慈大悲)利益众生。方广部说:

---

① 《相应部》(二二)"蕴相应"(南传一四·二〇八——二一〇)。《杂阿含经》卷一〇(大正二·六六中——下)。

② 《异部宗轮论》(大正四九·一五中——下)。

释迦佛住兜率天成佛,现生人间的是化身①。后来大乘经进一步地说:"住色究竟天,……于彼成正觉。"②那是与印度教的最高神——大自在天同一住处了。说到释尊的寿命,或说"七百阿僧祇劫";或说:"我成佛以来,甚大久远,寿命无量阿僧祇劫,常住不灭。"③起初,大乘经还以阿罗汉的涅槃比喻菩萨的自证,也有"同入无余涅槃而灭度之"的经说。其实阿罗汉的涅槃,不是真涅槃,只是佛的方便化导而已。总之,佛智不可思议,佛涅槃不可思议,只能以信心来领受;能生信心,也是难得的了!经中说七佛,原只是随顺世间(七世),其实过去已成的佛,是无量数的。"佛法"没有说到现在还有其他的佛名,大众部却说十方世界有佛④。佛说世界无量,众生无数;与释尊同时,十方世界有多佛出世,应该是合理的。他方世界不一定是清净庄严的,但大乘经所说的他方世界,似乎总是比我们这个世界好些。这个世界的佛——释尊已涅槃了,而世界又这么不理想,以信为先的大乘佛子,渐从现实人间而倾向理想的他方。菩萨与菩萨道,是从"譬喻"、"本生"等来的。释尊在过去生中,曾经历长期的修行,被称为菩萨,意思是求"觉"的"众生"。从"本生"等所传说的菩萨行,一般归纳为:修六波罗蜜、四摄,经历十地而后成佛。菩萨自己还没有解脱,修种种的难行苦行,主要为了利人,不惜

---

① 《论事》(南传五八·三三七)。

② 《大乘入楞伽经》卷六(大正一六·六二五下)。《华严经·十地品》也有此义。

③ 《首楞严三昧经》卷下(大正一五·六四四下——六四五上)。《妙法莲华经》卷五(大正九·四二下)。

④ 参阅拙作《初期大乘佛教之起源与开展》第三章(一五五——一五六,本版一三四——一三七)。

牺牲一切,甚至献出自己的生命。依大乘法说:菩萨要广集福德
与智慧资粮,"五事具足",才能得无生法忍,与阿罗汉的涅槃相
等。但菩萨的广大悲愿,不入涅槃,"留惑润生",愿意在长期的
生死中,度脱苦难的众生。这种不急于自求解脱,伟大的利他精
神,在世间人心中,当然是无限的尊重赞叹。"见贤思齐",学菩
萨而求成佛的"大乘佛法",为佛弟子所乐意信受奉行,这是一
项最有意义的重要因素(当然还有其他原因)。菩萨的大
行——波罗蜜行,主要是以慧——般若为先导的。大乘经所说
甚深智与广大行,是继承"佛法"的甚深行。如《般若经》所说:
得无生法忍的不退转——阿毗跋致菩萨,都是依人身进修而悟
入的①。得无生忍以上的,是大菩萨(俗称"法身大士"),以方
便力,现种种身,利济众生,那就不是常人的境界,成为大乘佛弟
子的信仰对象。从初发心到法身大士,没有僧伽组织,却成为菩
萨僧,比起四向、四果的圣僧,及一般出家众,似乎要伟大得多。
"大乘佛法"兴起,佛与菩萨的伟大庄严,存在于现实人间,更多
的存在于信念理想之中。从此,代表"佛法"的现实僧伽——出
家众,虽依旧地游化人间,还是"归依僧",而不再重视四向、四
果的圣僧,更不要说人间凡僧了。如《大宝积经》(一九)《郁伽
长者会》(大正一一·四七三上)说:

　　　"菩萨见须陀洹、斯陀含、阿那含、阿罗汉及与凡夫:若
　　见声闻乘,皆悉敬顺,速起承迎,好语善音,右绕彼人。应当
　　如是思念:我等得无上正真道时,为成声闻功德利故而演说

①　《小品般若波罗蜜经》卷六(大正八·五六四上——五六五下)。

法,虽生恭敬,心不住中。长者! 是名在家菩萨归依
于僧。"

"若有未定入声闻乘,劝令发于一切智心;若以财摄,
若以法摄;依于不退菩萨之僧,不依声闻僧;求声闻德,心不
住中。长者! 是名在家菩萨成就四法,归依于僧。"

"以此布施,回向无上道,是名归依僧。"

大乘佛教界,尽管照样地说声闻法(原始的"佛法"),照样
地供养一般出家众,而心不在焉。释尊为出家者和乐共处而制
立的僧律,也不受大乘行者的尊重。可以念佛——过去佛、他方
佛,念菩萨——可能是人、是天、是魔,也可能是鬼、畜,而不再念
传统的僧伽功德。佛法将顺着这一方向而发展下去。

第二节 佛·菩萨·天的融和

"佛法"中,高级天与低级的鬼天、畜生天,对释尊与出家弟
子,只是赞仰、归敬、听法而求安乐与解脱,又自动地表示护法的
虔诚。虽说天上也有圣者,但都不及人间的阿罗汉。在佛弟子
的归依信仰中,没有"天"的地位,天反而是仰望佛、法、(出家)
僧——三宝救度的。容忍印度民间信仰的群神,怜愍愚痴而超
脱群神,是"佛法"的根本立场。由于佛教界传出的菩萨"本
生谈",菩萨多数是人,但也有是天、神、鬼与畜生,所以经律中
所见的天,有些在大乘经中成为大菩萨了。经律中说,释尊的
二位天上大弟子,大梵天得阿那含果,帝释得须陀洹果。这二
位天弟子,在《华严经》中,与人间的二大弟子——舍利弗、大
目犍连合化,成为(与梵天相当的)文殊师利、(与帝释相当的)

普贤菩萨①。这与色究竟天圆满究竟菩提的佛，综合起来看，表示了佛法与印度天神的沟通。"娑伽度龙王十住地菩萨，阿那婆达多龙王七住菩萨"②，与这两位龙菩萨有关的，有《海龙王经》与《弘道广显三昧经》。《法华经》说：八岁龙女，立刻转男子身，于南方无垢世界成佛③。《大树紧那罗王所问经》的当机者，是一位现紧那罗身的大菩萨。《维摩诘所说经》说："十方无量阿僧祇世界中作魔王者，多是住不可思议解脱菩萨。"④属于四大王众天的鬼、畜天，是菩萨而蒙佛授记的，着实不少。最重要的，要算夜叉了。经中有金刚手，也名执金刚，或译密迹金刚力士，是从手执金刚杵得名的，本是一切夜叉的通称，如帝释手执金刚杵，也是夜叉之一。经律中说，有一位经常护持释尊的金刚力士。这位经常护持佛的金刚手，在《密迹金刚力士经》中，是发愿护持千兄——贤劫千佛的大菩萨⑤。经常随侍释尊，所以被解说为：一般人所不知的佛事，一般人没有听说过的佛法，这位护法金刚知道得很多，于是"菩萨三密"、"如来三密"，都由这位金刚手而传说出来。后来的"秘密大乘佛法"，都由此传出，理由就在这里。印度人信仰的夜叉极多，帝释在中间（约忉利天也可说有五方），四王天在四方，都有夜叉群，所以传有五（部）族金刚神，《大品般若经》就已说到了⑥。夜叉身的大菩萨，受到

---

① 参阅拙作《初期大乘佛教之起源与开展》第八章第一节第二项。
② 《大智度论》卷四（大正二五·九二中）。
③ 《妙法莲华经》卷四（大正九·三五中——下）。
④ 《维摩诘所说经》卷中（大正一四·五四七上）。
⑤ 《大宝积经》（三）《密迹金刚力士会》（大正一一·五二下——五三上）。
⑥ 《摩诃般若波罗蜜经》卷一七（大正八·三四二上）。

《华严经》的尊重。法会开始，十方菩萨以外，从大自在天到执金刚，一切天众（菩萨）来参加。善财童子所参访的，也有众多的女性天神，都是夜叉。围绕师子嚬呻比丘尼的，在十地菩萨以上，有"执金刚神"，与"坐菩提道场菩萨"（也就是"普贤地"）相当①。夜叉身相的菩萨，地位非常崇高，与"秘密大乘佛法"是一脉相通的，只是程度不同而已。天神——鬼天、畜天的地位，随"大乘佛法"而重要起来，一向与鬼神信仰相结合的咒术等，也当然要渐渐地渗合进来。不过在"大乘佛法"中，菩萨化的鬼畜天菩萨，所说的还是菩萨道的深智大行，佛果的功德庄严，与后起的适应鬼、畜天的法门，精神还是不大同的。在一般人心目中，天、鬼天（神）、畜天（俗称"妖精"），比人要厉害得多，所以在信仰中，渐渐地胜过了人间的贤圣僧。

"大乘佛法"，重在印度群神的菩萨化。西元四、五世纪间传出的《楞伽经》，进一步地佛化群神。如《入楞伽经》卷六（大正一六·五五一上——中）说：

> "大慧！我亦如是，于娑婆世界中，三阿僧祇百千名号，凡夫虽说而不知是如来异名。大慧！或有众生知如来者，有知自在者，……有知仙人者，有知梵者，有知那罗延者，有知胜者，有知迦毗罗者，有知究竟者，有知阿利咤尼弥者，有知月者，有知日者，有知婆罗那者，有知毗耶娑者，有知帝释者，……有知意生身者。大慧！如是等种种名号，如来应正遍知于娑婆世界及余世界中，三阿僧祇百千名

---

① 《大方广佛华严经》卷六七（大正一〇·三六四上——中）。

号,……而诸凡夫不觉不知,以堕二边相续法中,然悉恭敬供养于我。"①

《楞伽经》的意思是:如来(佛,不一定是释尊)的名号,是非常多的。梵天、帝释以外,如自在是湿婆天;那罗延异译作毗纽,毗纽是那罗延天的异名;日是日天;月是月天;婆楼那异译作明星,即太白星:这都是印度神教所崇拜的。迦毗罗是数论派传说中的开创者;毗耶婆——广博仙人,传说为吠陀的编集者:这都是印度神教传说的古仙人。印度的群神与古仙,其实是如来异名。一般人虽不知道就是如来,但还是恭敬供养梵天等。这种思想,比《楞伽经》集出还早些的《大集经》,已明白地表示了,如《大方等大集经》(九)《宝幢分》(大正一三·一三八中)说:

> "世尊入王舍城。尔时,心游首楞严定,示现微妙八十种好。若事(奉)象者,即见象像。事师子者,见师子像。有事牛者,即见牛像。事命命鸟,见命命(鸟)像。有事兔者,即见兔像。有事鱼、龙、龟、鳖、梵天、自在(天)、建陀(天)、八臂(天)、帝释、阿修罗、迦楼罗、虎、狼、猪、鹿、水(神)、火(神)、风神、日、月、星、宿、国王、大臣、男、女、大(人)、小(人)、沙门、婆罗门、四(天)王、夜叉、菩萨、如来,各随所事而得见之。见已,皆称南无,南无无上世尊,合掌、恭敬、礼拜、供养。尔时,雪山光味仙人……睹见佛身是仙人像。"②

---

① 《楞伽阿跋多罗宝经》卷四(大正一六·五〇六中)。《大乘入楞伽经》卷五(大正一六·六一五中——下)。

② 《宝星陀罗尼经》卷四(大正一三·五五五上——中)。

　　《楞伽经》说:世间不同宗教的不同信仰,其实所信仰的就是"如来",只是他们不知道而已。这是说:随地区、生活,人类不同意识而形成不同的信仰,其实神的本质是一,就是如来。这是泛神的,也就是一切神即一神的。《宝幢分》从佛出发,不同信仰的人,他们所见的佛,就是他们平时所信奉的神。这是大乘行者从"法性平等"的立场,消解了神与佛之间的对立(免受印度传统宗教的歧视与排斥),而达到"天佛不二"的境地。这一思想的开展,可能与如来普入八众有关,如《长阿含经》(二)《游行经》(大正一·一六中)说:

　　　"佛告阿难:世有八众。何谓八? 一曰刹利众,二曰婆罗门众,三曰居士众,四曰沙门众,五曰四天王众,六曰忉利天众,七曰魔众,八曰梵天众。我自忆念:昔者往来与刹利众,坐起、言语,不可称数;以精进定力,在所能现。彼有好色,我色胜彼;彼有妙声,我声胜彼。彼辞我退,我不辞彼。彼所能说,我亦能说;彼所不能,我亦能说。阿难! 我广为说法,示教利喜已,即于彼没,彼不知我是天是人。如是(乃)至梵天众,往反无数,广为说法,而莫知我(是)谁。"①

　　"八众",有人四众与天四众。天四众是:梵天众;魔众;忉利天众,帝释是忉利天主;四天王天,(应译为四大王众天)众。忉利天众与四大王众天众,都是低级天——高等的鬼天、畜天。佛分别到八众中去,是神通示现的。无论到哪一众去,就与他们

────────────

　　① 《长部》(一六)《大般涅槃经》(南传七·七八——七九)。

一样,但音声、容色、论说,什么都比他们要高超得多。这还是容忍印度神教的信仰,而表示胜过一切人与天神的伟大。不过,到底是佛还是天(神),在一般人心中,多少会模糊起来。《长阿含经》是"世界悉檀",随顺众生的乐欲而说。如经师们不能把握经说的意趣所在,依文解义;进而从无二无别的意境去解说,表示为"佛天不二",这在现实的一般人心中,不免要神佛不分了!"大乘佛法"后期,这一趋势是越来越严重了!

第三节　造像与写经

"大乘佛法"兴起前后,佛教界有两大事情,对于佛法的通俗化,给以广泛的影响。一、与法有关的圣典的书写:经、律、论——三藏,虽经过结集,但一向依诵习而流传下来。锡兰传说:在毗多伽摩尼王时,因多年战乱而造成大饥荒。比丘们到处流离,忧虑忆持口诵的三藏会因动乱而有所遗忘,所以西元前四二——二九年间,集合在中部摩多利的阿卢精舍,诵出三藏及注释,书写在贝叶上,以便保存①。这虽是局部地区的书写记录,但佛教界声气相通,印度本土的书写经典,距离是不会太远的。锡兰的书写三藏,可能是最早的。《慈恩传》说:迦湿弥罗结集《大毗婆沙论》,"王以赤铜为鍱,镂写论文"②。赤铜鍱是锡兰岛的古名,所以赤铜鍱镂写论文,可能由于锡兰书写三藏的传闻而来。那时,大乘初兴,在成立较早的《小品般若经》中,已重视

---

① W. Rahula: *History of Buddhism in Ceylon*, p.81.

② 《大慈恩寺三藏法师传》卷二(大正五〇·二三一下)。《大唐西域记》卷三(大正五一·八八七上)。

经典的书写了。二、与佛有关的佛像流行：将佛的遗体——舍利，建塔供养，表示了对释尊的崇敬。至于佛像，起初是不许的。"若以色量我，以音声寻我，欲贪所执持，彼不能知我。"①释尊之所以称为佛，是不能在色声等相好中见到的；也许这正是供养（佛的）舍利而没有造像的原因。所以《阿含经》说"念佛"，也是不念色相的。当时没有佛像，仅有菩提树、法轮、足迹，以象征佛的成佛、说法与游行。现存西元前的佛教建筑，有浮雕的本生谈——菩萨相，也没有佛像。《十诵律》也说："如佛身像不应作，愿佛听我作菩萨侍像。"②足以证明"佛法"本是不许造佛像的。大众部系以为：佛的色身也是无漏的，色身也是所归敬处，这可能是可以造佛像的理论依据。西元前后，犍陀罗式、摩偷罗式的佛像——画像、雕刻像，渐渐流行起来。早期流行佛像的地方，当时都在西方来的异族统治下，受到了异族文化的影响。东汉支娄迦谶于桓帝光和二年（西元一七九）译出的《道行般若经》卷一〇（大正八·四七六中）说：

> "佛般泥洹涅槃后，有人作佛形像。人见佛形像，无不跪拜供养者。其像端正姝好，如佛无有异，人见莫不称叹，莫不持花香缯彩供养者。贤者！呼谓佛神在像中耶？萨陀波伦菩萨报言：不在像中。所以作佛像者，但欲使人得其福耳。……佛般泥洹后，念佛故作像，欲使世间人供养得其福。"

---

① 《瑜伽师地论》卷一九（大正三〇·三八二中）。《金刚般若波罗蜜经》引颂大同。

② 《十诵律》卷四八（大正二三·三五二上）。

这段文字,除支谦(依支谶本而再译)的《大明度经》外,其他的《般若经》本都是没有的,所以这可能是支谶本所增附的。支谶的另一译本——《般舟三昧经》,也说到:"一者,作佛形像,用成是(般舟)三昧故。"①那个时代,在月氏(贵霜)王朝统治下的西北印度,显然佛像已相当盛行了。"佛法"中,舍利塔是表示"佛"的,建在僧寺旁,形成三宝的具体形象。但佛法传布到各方,教区越来越广,僧寺越来越多,要以佛舍利建塔,应该有事实的困难。佛像的兴起,渐取代佛舍利塔的地位(起初,佛像是供在塔中的)。寺中供奉佛像处,印度称为"香室",与我国的"大雄宝殿"相当。佛像以外,又有菩萨像、天神像的造作,对于佛教通俗化的普及发达,是有重要影响力的。不过,佛像的出现发达,在一般信众心目中,似乎更类似神像的崇信了。另一方面,"大乘佛法"的瑜伽行者,念佛见佛,念佛(进而念菩萨、念天)三昧更开拓出佛法的新境界。

第二章　大乘"念法"法门

第一节　十法行

方便道的六随念法门,大乘经中分别论述的,有《摩诃般若经》、《大般涅槃经》、《虚空藏经》等,可说并不太多。然分别阐扬的,如"念佛"法门,就是"大乘佛法"中非常重要的修行了。

————————

① 《般舟三昧经》(大正一三·八九九下)。

念是忆念,明记不忘,是修习定慧所必不可缺的。其实,任何修行,即使是初学,也要忆念不忘,如忆念而称佛的,名为(持名)"念佛"。同样的意义,持诵经典,名为"念经";持诵咒语,名为"念咒"。有念诵一词,就是口诵心念的意思。现在先说念法,在"佛法"中,重于圣道的忆念。"大乘佛法"是"依于胜义","依于法界","依法性为定量",也就是重在契证的正法——一切法本不生,一切法本清净,一切法本性空,所以以甚深广大行为主的《般若经》这样说"念法":"菩萨摩诃萨应修念法,于是(善法、不善法、……有为法、无为法)法中,乃至无少许念,何况念法?"①这是以一切法无所念为"念法"了。然修学甚深法,从"佛法"以来,就有四预流支:"亲近善士,听闻正法,如理思惟,法随法行"——如实道的方便。在听闻、思惟、修行时,都是不能没有"念"的。"大乘佛法"兴起,当然也是这样。起初,智证的法,是脱落名相,本来如此的;流传世间的教法,是佛所说,多闻圣弟子所传的。依佛及僧而传布,所以法比佛与僧是要抽象些,一般信众多数是念佛、念僧,供养佛及僧。由于佛教界出现了书写的圣典,"念法"法门得到了重大的开展,这是初期大乘——《般若经》等所明白昭示了的。如《摩诃般若波罗蜜经》这样说②:

> 1."是般若波罗蜜,若闻、受持、亲近、读、诵、为他说、正忆念。"

---

① 《摩诃般若波罗蜜经》卷二三(大正八・三八五下)。
② 《摩诃般若波罗蜜经》:1.卷八(大正八・二八〇下)。2.卷九(大正八・二八四下)。3.卷一〇(大正八・二九三中)。4.卷一〇(大正八・二九四下)。

2."应闻般若波罗蜜,应受持、亲近、读、诵、(为他)说、正忆念。受持、亲近、读、诵、说、正忆念已,应书经卷,恭敬、供养、尊重、赞叹:花、香、璎珞乃至伎乐。"

3."书般若波罗蜜经卷,供养、恭敬:花、香乃至幡、盖。……书般若波罗蜜经卷,与他人令学。"

4."受持般若波罗蜜,亲近、读、诵、说、正忆念;亦为他人,种种因缘演说般若波罗蜜义,开示、分别令易解。"

般若波罗蜜是智证的甚深法门。菩萨修学般若,摄导施、戒等(六度、四摄)大行,自利利他而到达佛地。般若是甚深的,修学的方便,当然是"亲近善士"等,以闻、思、修而契入正法。所引第一则中:听"闻"般若法门;"受持"是信受忆持在心;"亲近"是"常来(善士处),承奉谘受";"读"是口受(后来是依经文),一句句地学习;"诵"是熟习了的背诵。以上,是"亲近善士,多闻正法"的详细说明。"为他说",是"宣传未闻",使别人也能信受奉行(为他说,也能增进自己的熟习与理解)。"正忆念",是"如理思惟"的异译。依《智论》,此下有"修",那就是"法随法行"了①。第一则的修学次第,与"佛法"中"亲近善士"等"预流支"一样,只是说得更详细些。第二则,多了书写经卷与供养。大乘兴起时期,恰好书写经卷流行;般若法门甚深而又通俗化,写经是重要因素。写成一部一部的经典,"法"有了具体的形象,于是受到恭敬供养。用花、香(香有烧香、末香、涂香等多类)、璎珞、幡、盖来供养,还有"伎乐",那是歌舞(进一步就

---

① 《大智度论》卷五六(大正二五·四六一上)。

是戏剧)了。对经典的供养,与供养佛的舍利是完全相同的。第三则,不但自己如此,还书写经典,布施给别人,使别人也能受持、读、诵、供养。第四则,以经卷布施虽是功德无量,但般若到底是重于智证的,智证要先得如理的正见,所以为他演说、开示、分别,是更重要的。“正忆念”以前的“为他说”,只是照本宣扬,而“演说般若波罗蜜义、开示、分别”,是深一层的开示、抉择,重于胜解深义。以法为中心的般若法门,自修与利他,采取了这样的方便:甚深而又通俗化,通俗而又方便地引入深义的修证。在法的学习、法的流通上,有着不同于初期“佛法”的内容。

听闻、受持、亲近、读、诵、为他说、正忆念,书写、供养、施与他人:在“亲近善士”等固有方便外,增多了书写等通俗易行的方便,这是大乘兴起时,因教界书写圣典而展开的。《大品经》中,自(三〇)《三叹品》到(三八)《法施品》,共九品,二卷多,广说这一系列方便的功德①。其他初期大乘经,也有这种情形,如《大宝积经》的《不动如来会》,末品说到:“应当受持、读诵通利,为他广说。”并说:“或于他人有是经卷,应可诣彼而书写之。……若于彼村求不能得,应诣邻境,书写、受持、读诵通利,复为他人开示演说。”②旧译的《阿閦佛国经》,也说到供养经卷③。《法华经》的《法师品》,极力赞扬听闻、受持、书写、供养的功德,与《般若经》相同,如说:“若有人闻妙法华经,乃至一偈一句”;“有人

---

① 《摩诃般若波罗蜜经》卷八·九·一〇(大正八·二八〇上——二九七中)。

② 《大宝积经》(六)《不动如来会》(大正一一·一一一下——一一二上)。

③ 《阿閦佛国经》卷下(大正一一·七六四上)。

受持、读、诵、解说、书写妙法华经，乃至一偈。于此经卷，敬视如佛，种种供养：花、香、璎珞、末香、涂香、烧香、缯盖、幢幡、衣服、伎乐，乃至合掌恭敬"①。《法师功德品》说到"受持是法华经，若读，若诵，若解说，若书写"，能得六根的种种功德②。天台智者大师依此《法师功德品》，立五品法师③。等到书写经典盛行了，对于书写、供养（经卷）等功德，经中也就淡了下来。读、诵等方便，经中所说的，或多或少，后起的《无上依经》，总合为持经的十种法（行），如说："一者书写，二者供养，三者传流施他，四者谛听，五者自读，六者忆持，七者广说，八者自诵，九者思惟，十者修行。"④十法以"书写"为第一，可见那时的受持、读、诵，可依书写的经典，不一定非从人口受不可了。所以《大智度论》说："若从佛闻，若从弟子闻，若于经中闻。"⑤依经文而了解义趣，也就等于从人受学了。

　　大乘的智行是"念法"为主的，以受持、读、诵等为方便，因经法的"书写"而流行；信行是"念佛"为主的，以称名、礼拜、忏悔等为方便，因"佛像"的兴起而盛行。尤其是经典的"书写"，信行念佛者也赞叹读、诵的功德，如《般舟三昧经》说："闻是三昧已，书、学、诵、持，为他人说，须臾间，是菩萨功德不可复计。"⑥

①　《妙法莲华经》卷四（大正九・三〇下）。
②　《妙法莲华经》卷六（大正九・四七下——五〇中）。
③　《妙法莲华经文句》卷八上（大正三四・一〇七下——一〇八上）。
④　《无上依经》卷下（大正一六・四七七中）。《大般若波罗蜜多经》（六会——"最胜天王问般若"）卷五七三（大正七・九六三上）。
⑤　《大智度论》卷一八（大正二五・一九六上）。
⑥　《般舟三昧经》卷上（大正一三・九〇八上）。《大方等大集经・贤护分》卷二（大正一三・八七九中）。

《念佛三昧分》说:"但能耳闻此三昧名,假令不读、不诵,……皆当次第成就阿耨多罗三藐三菩提。……能听受斯念佛三昧,若读、诵……所得功德,望前布施,不可喻比;……何况有能具足听受修行,演说是功德聚而可校量耶?"①"十法行"已成为一切法门的共通方便了。

第二节 书写·供养与读诵功德

"佛法"重智证而又出重信的方便。般若是甚深法,重智证的,也传出了重信的方便,那就是书写、供养等了。《大智度论》卷五八(大正二五·四七二下)说:

> "是般若有种种门入:若闻、持乃至正忆念者,智慧精进门入;书写、供养者,信及精进门入。若一心深信,则供养经卷胜(于闻、持等);若不一心,虽受持而不如(闻、持等)。"

从智慧入门,从信入门,都可以深入般若,智与信到底是不容许别行的。初入般若,适应不同根性,可以有此二门,而最重要的,还是真诚一心;如不能一心,都是不能得真实功德的。在正法中心的般若法门中,重信的书写、供养、施他,是"大乘佛法"时代的特色。由于般若法门的容受通俗的方便,读、诵也就有了不同的意义,这不妨一一地说明。

一、书写。起初,佛说法虽然结集了,还是口口传诵下来。

---

① 《大方等大集经菩萨念佛三昧分》卷九(大正一三·八六四中)。

传诵容易误失,也可能遗忘、失传。书写经典兴起,这是保存、弘布佛法的好办法,所以在"法"的修学中,书写与读、诵、解说等,受到了同样的尊重。以《般若经》来说,为了不致中途停顿,鼓励限期的精进完成。如说:"若能一月书成,应当勤书;若二月、三月、四月、五月、六月、七月,若一岁书成,亦当勤书。读、诵、思惟、说、正忆念、修行,若一月得成就,乃至一岁得成就,应当勤成就。"①书写等应当精勤地完成,书写的功德是很大的。所以《不动如来会》劝人精勤设法去求法写经。写经,一向受到尊重,我国敦煌石室的藏书,有些是唐、宋间的写经,不过写经是为了功德,忽略了传布佛法的原始意义。自我国印刷发达后,书写经典来传布佛法,已没有必要了,仅有极少数出发于虔敬的写经,或刺舌出血来写经。对宏传佛法来说,写经的时代是过去了!

二、供养。写成的经典,尊重供养,表示了对"法"的尊敬,也能引发佛弟子书写、读、诵经文的热心。供养经典,《般若经》有一传说的事实:在众香城——犍陀罗城中,"有七宝台,赤牛头栴檀以为庄严。真珠罗网以覆台上,四角皆悬摩尼宝珠以为灯明,及四宝香炉常烧名香,为供养般若波罗蜜故。其台中有七宝大床,四宝小床重敷其上,以黄金镙书般若波罗蜜(经),置小床上,种种幡盖庄严垂覆其上"②。在高台上供养经典,与供养佛牙、佛钵的方式相同。这是西元二世纪的传说。供养经典,在印度北方应该是有事实的。《历代三宝纪》说:"崛多三藏口每

① 《摩诃般若波罗蜜经》卷一三(大正八·三一六下)。
② 《摩诃般若波罗蜜经》卷二七(大正八·四二〇中——下)。

说云:于阗东南二千余里,有遮拘迦国。……王宫自有摩诃般若、大集、华严——三部大经,并十万偈。王躬受持,亲执键钥,转读则开,香花供养。又道场内种种庄严,众宝备具,兼悬诸杂花,时非时果。"①传来中国,如南岳慧思"以道俗福施,造金字般若二十七卷,金字法华,琉璃宝函,庄严炫曜,功德杰异,大发众心"②,也是供养经卷的实例。一直到近代,供奉在藏经楼中的"大藏经",也还是重于供养的。书写经典,"法"才有了具体的实体,受到佛弟子的恭敬供养。佛入涅槃,佛弟子怀念佛而恭敬佛的遗体——舍利,建塔供养。供养佛舍利塔,只能生信作福,而书写的经典,更可以读、诵、解说,依法修行,比佛舍利更有意义些。所以《摩诃般若波罗蜜经》卷一〇(大正八·二九〇中)说:

> "憍尸迦!若满阎浮提(乃至如恒河沙等世界)佛舍利作一分,复有人书般若波罗蜜经卷作一分,二分之中,汝取何所?释提桓因白佛言:……我宁取般若波罗蜜经卷。何以故?世尊!我于佛舍利,非不恭敬,非不尊重。世尊!以舍利从般若波罗蜜中生,般若波罗蜜(所)修熏故,是舍利得供养、恭敬、尊重、赞叹。"

舍利是佛的遗体。舍利的所以受人尊敬供养,因为依此色身而成佛、说法。成佛、说法,都是依般若波罗蜜,甚深法的修证而来。这可见《般若经》胜于佛的遗体,所以在二分中,宁可选

---

① 《历代三宝纪》卷一二(大正四九·一〇三上)。
② 《续高僧传》卷一七(大正五〇·五六三上——中)。

取《般若经》这一分了。在佛弟子的心目中，大乘（成佛法门）经卷，可说是与佛一样的（可以依经而知法），至少也与舍利塔一样。如《金刚般若波罗蜜经》说："若是经典所在之处，则为有佛，若尊重弟子。""若有此经，一切世间天、人、阿修罗所应供养，当知此处则为是塔，皆应恭敬作礼围绕，以诸华香而散其处。"①《法华经》也说："有人受持、读、诵、解说、书写《妙法华经》，乃至一偈，于此经卷，敬视如佛。"②在佛像还没有盛行时，重于智证的大乘，以经卷代替了舍利，达成圣典的广泛流布。

三、施他。书写经典，将经典布施——赠送给他人，使他人也能供养、受持、读、诵等。施他的本是书写的经典，自印刷术发明，经典也都是印刷的，于是改为印经赠送了。为什么要"施他"？施者深深信解法门的希有，受者因此而能受持、读、诵、思惟、修行，佛法因此而流布，这所以要"施他"。如施者不知经义，受者搁放一边，如现前佛教界的一般情形，那是失去"施他功德"的意义了！书写、供养、施他，是虔信尊敬而修法的布施，使法门广大流行；在行者自身，是信施福德。菩萨道以般若为主，而更要有利他（为法为人）的德行，所以对修学大乘法来说，重智而又赞扬信施福德，确是相助相成的。这所以"般若"等重智证的大乘，兼有信施等通俗的法门。

四、读、诵。般若法门的修学、书写、供养、施他以外，是听闻、受持、亲近、读、诵、为他说、正忆念、如说而行。这样的修学，《般若经》为初学者——善男子、善女人，广赞听闻、受持等功

---

① 《金刚般若波罗蜜经》（大正八·七五〇上、下）。
② 《妙法莲华经》卷四（大正九·三〇下）。

德——今世、后世的功德。今世功德,是现生所能得的,正是一般人希望得到的现世福乐。从(三〇)《三叹品》起,经文所说的极多,比较起来,与初期"佛法"所说得慈心定者的功德,大致相同。慈心功德,《杂阿含经》(祇夜)说:"不为诸恶鬼神所欺。"①《智度论》与《大毗婆沙论》,说慈心五功德②。《增一阿含经》说十一功德;《增支部》说八功德与十一功德③。内容是:

> 睡眠安乐·醒觉时安乐
>
> 不见恶梦
>
> 为人神所爱乐·天神拥护·盗贼不侵
>
> 刀兵、水、火、毒所不能害·不横死·不蒙昧命终
>
> 速入定
>
> 颜色光润

得慈心定的,有上说的种种功德,那是由于自力修持所得的。《般若经》说,于般若波罗蜜,能修听闻、受持等"十种法行"的,也有这些功德。还说到,"若在空舍,若在旷野,若人住处,终不怖畏"④,那是从"念佛"离恐怖来的。没有恶梦,反而能得

---

① 《杂阿含经》卷四七(大正二·三四四中——三四五上)。《相应部》(二〇)"譬喻相应"(南传一三·三九〇——三九三)。

② 《大智度论》卷二〇(大正二五·二一一中)。《阿毗达磨大毗婆沙论》卷八三(大正二七·四二七上)。

③ 《增一阿含经》(四九)《放牛品》(大正二·八〇六上)。《增支部》"八集"(南传二一·二——三),又"一一集"(南传二二下·三二二——三二三)。

④ 《摩诃般若波罗蜜经》卷八(大正八·二八〇中)。

见佛等善梦①。如因事而"往至官所，官不谴责"②，也就是不会受官非之累。依《大毗婆沙论》，也是慈心功德的一项传说③。不但不会横死，也是"四百四病所不能中"，这当然要"除其宿命业报"所感的疾病，那是不能不受的④。在《般若经》中，这都是听闻般若波罗蜜，受持、读、诵等功德。经中说听闻、受持……正忆念时，到处说"不离萨婆若心"。萨婆若是一切智的音译；不离萨婆若心，就是不离菩提心。依菩提心而修学般若波罗蜜，能得种种今世的福乐，那与慈心功德一样，是自力修持所得的现世福德。然在广说受持等现世乐时，适应民间的神秘信仰，表示出般若波罗蜜的威神力，如经上赞叹"般若波罗蜜是大明咒、无上明咒、无等等明咒"。唐译《大般若经》作："是大神咒，是大明咒，是无上咒，是无等等咒，是一切咒王。"⑤咒——明咒，似为梵语的语译，与"秘密大乘"的漫怛罗，意义是相通的。《大智度论》卷五七（大正二五·四六四中）说：

> "如外道神仙咒术力故，入水不溺，入火不热，毒虫不螫，何况般若波罗蜜？"

以"咒"来比喻般若波罗蜜——法，般若是咒中至高无上的咒王，比一切咒术的神用更伟大。这显然是适应民间的咒术信

---

① 《摩诃般若波罗蜜经》卷九（大正八·二八九下——二九〇上）。
② 《摩诃般若波罗蜜经》卷九（大正八·二八七上）。
③ 《阿毗达磨大毗婆沙论》卷八三（大正二七·四二七上——中）。
④ 《摩诃般若波罗蜜经》卷九（大正八·二八七上）。
⑤ 《摩诃般若波罗蜜经》卷九（大正八·二八六下）。《大般若波罗蜜多经》（第二分）卷四二九（大正七·一五六上）。

仰,使般若俗化(书写、供养等)而又神化,容易为一般人所信受。经中举"有药名摩祇"的比喻,"药气力故,蛇不能前,即自还去",也是称叹"般若波罗蜜威力"①。经中又举譬喻说"如负债人,亲近国王,供给左右,债主反更供养恭敬是人,是人不复畏怖。何以故? 世尊! 此人依近于王,凭恃有力故"②,这是依仗"他力"的功德了。依此来观察,经中说有魔王与外道想到般若法会上来娆乱,释提桓因"即诵般若波罗蜜;是时诸外道、梵志,遥绕佛,复道还去";"即时诵念般若波罗蜜,恶魔闻其所诵,渐渐复道还去"③。就是"往至官所,官不遣责",也是"读诵是般若波罗蜜故"④。般若波罗蜜这样的神效,真可说是一切咒中的咒王了!

般若是甚深的智证法门,直示一切法不生,一切法空,一切法本净的深义,而却说读诵《般若经》有种种的现生利益,并能降伏魔王、外道的娆乱,这在读者也许会感到意外的。般若法门兴起于南方,大成于北印度,可能与当地的部派佛教有关。诵经而有护持佛弟子的作用,《长部》(三二)《阿吒曩胝经》已经说到了;南传的赤铜鍱部也已诵持"护经"以求平安幸福了。《十诵律》所说的"多识多知诸大经"中,有"阿吒那剑晋言鬼神成经"⑤,就是《阿吒曩胝经》。盛行于北印度的说一切有部,不但有这部经,还有诵经而降伏敌人的传说,如《根本说一切有部律》说:边地的兵势很盛,王师一再败落。法与比丘尼教他们:

---

① 《摩诃般若波罗蜜经》卷八(大正八·二八一中)。
② 《摩诃般若波罗蜜经》卷一〇(大正八·二九一中)。
③ 《摩诃般若波罗蜜经》卷九(大正八·二八七上——下)。
④ 《摩诃般若波罗蜜经》卷九(大正八·二八七上)。
⑤ 《十诵律》卷二四(大正二三·一七四中)。

"每于宿处,诵三启经,……称天等名而为咒愿。愿以此福,资及梵天此世界主,帝释天王并四护世四大天王,及十八种大药叉王,般支迦药叉大将,执杖神王所有眷属,难陀、邬波难陀大龙王等。"般支迦药叉"即便去斯不远,化作军众:象如大山,马形如象,车如楼阁,人等药叉"。这样,敌人望见就恐惧降伏了①。此外,有"诵三启经"以遣除树神的记录②。"三启经"是经分三分:前是赞诵佛德,后是发愿回向,中间是诵经③。如人死亡了,读诵"三启经",中间所诵的是《无常经》。如降伏敌人,遣除树神,中间诵经部分,应该是诵《阿吒那剑》等经了。北方的部派佛教,流行这种"诵经"以求平安、降伏敌人等行为,《般若经》在北方集成,也就以读诵《般若经》代替世俗的一切法术、咒语。然从作用来说,读与诵念《般若波罗蜜经》,与世俗信仰的作法、持咒,到底有多少差别!智证的般若法门,融摄了"佛法"通俗的信、施,更咒术化而赞扬读诵功德。甚深而又通俗化,"大乘佛法"得到了广大的流行。然而神秘化的融摄,比之"佛法","大乘佛法"是深一层的神秘化了,以后将更深刻地神化下去。

第三章　大乘"念佛"法门

第一节　信方便的易行道

"佛法",有适应慧强信弱的,有适应信强慧弱的,根性不

---

① 《根本说一切有部毗奈耶》卷二三(大正二三·七五三下——七五四上)。
② 《根本说一切有部毗奈耶》卷二七(大正二三·七七六上)。
③ 参阅拙作《说一切有部为主的论书与论师之研究》(三三〇,本版二八五)。

同,适应的修行方便也就多少不同。"大乘佛法",理想与信仰的成分增多,以信为先的方便,也就越来越重要。然"大乘佛法"主流,仍是重慧的甚深广大的菩萨道。修菩萨行,是"大乘佛法"所共的,而慧与信的适应,不同而又相通。如重慧而以"法"为主的,闻、思、修、证,而又有书写、供养、读诵功德的方便,如上一章所说。重信而以"佛"(菩萨、天)为主的,以称名、忏悔等为方便,然也有念佛实相的深行。说到"大乘佛法"的念佛,内容异常的广大,先从"易行道"说起。

"大乘佛法"以无上圆满的佛为究极理想,而从菩萨的广大修行中去完成。菩萨的发心:"自未得度先度他,是故我礼初发心"①,先人后己的精神,是希有难得的! 发心修行,从释尊过去生中的修行事迹来说,特别是布施,为了慈济众生,不惜牺牲一切,甚至奉献自己的生命。菩萨要修行三大阿僧祇劫,这是随顺说一切有部说的,其实,"佛言无量阿僧祇劫作功德,欲度众生,何以故言三阿僧祇劫? 三阿僧祇劫有量有限"②。在无量时劫中修行,"任重道远",没有比菩萨更伟大了! 菩萨的广大修行,惟有胜解一切法空,才有可能,如《瑜伽师地论》卷三六(大正三〇·四八七中)说:

"若能如实了知生死,即无染心流转生死;若于生死不以无常等行深心厌离,即不速疾入般涅槃。若于涅槃不深怖畏,即能圆满涅槃资粮;虽于涅槃见有微妙胜利功德,而

① 《大般涅槃经》卷三九(大正一二·五九〇上)。
② 《大智度论》卷四(大正二五·九二中)。

　　不深愿速证涅槃。是诸菩萨于证无上正等菩提有大方便，是大方便依止最胜空性胜解，是故菩萨修习学道所摄最胜空性胜解，名为能证如来妙智广大方便。"

　　《瑜伽论》所说空义，与《中论》有所不同，然上求佛道、下化众生的菩萨道，非有"空性胜解"不可，是一致的见解。佛果究竟圆满，菩萨的广大修行，当然不是"急功近利"者所能成办的。在修行过程中，有的中途退失，名为"败坏菩萨"；有的久劫修行，到不退转——阿惟越致地，再进修到圆成佛果。修菩萨行到不转地，"是法甚深，久乃可得"，对一般人来说，这样的甚深难行道，可能会中途退失的，正如《般若经》所说："无量阿僧祇众生发阿耨多罗三藐三菩提心，行菩萨道，……若一若二住阿惟越致地。"①行菩萨道成佛的法门，广大甚深，不是简易的事；说老实话，这不是人人所能修学的。所以释尊成佛，一般弟子都是求证阿罗汉而入涅槃的，传说仅弥勒一人未来成佛。菩萨道难行苦行，"大乘佛法"也是这样而出现于印度的。不过，究竟圆满的佛果，广大甚深的菩萨行，应该是见闻者所有心向往的；如此的深妙大法，也总希望能长住世间，利益众生，所以适应一般根性，(继承"佛法"的"念佛"，)有易行道的安立，易行而又能成为难行道的方便。这与智证的正法甚深，而又安立书写、供养、施他、读诵功德等方便，意趣可说是同一的。

　　现在来说"大乘佛法"中，以"念佛"为主的易行道，如龙树《十住毗婆沙论》卷五(大正二六・四一上——中)说：

①　《摩诃般若波罗蜜经》卷九(大正八・二八四下)。

"诸佛所说,有易行道,疾得至阿惟越致地方便者,愿为说之!"

"汝言阿惟越致地,是法甚难,久乃可得,若有易行道,疾得至阿惟越致地者,是乃怯弱下劣之言,非是大人志干之说!汝若必欲闻此方便,今当说之。佛法有无量门,如世间道,有难有易;陆道步行则苦,水道乘船则乐。菩萨道亦如是,或有勤行精进;或有以信方便易行,疾至阿惟越致。"

《十住毗婆沙论》是《华严经·十地品》偈颂的广分别。《十住毗婆沙论》所说的易行道,先说称念佛(及菩萨)名、忆念、礼拜,进一步如《论》卷五(大正二六·四五上)说:

"求阿惟越致地者,非但忆念、称名、礼敬而已,复应于诸佛所,忏悔、劝请、随喜、回向。"

原则地说,易行道是广义的念佛法门。对于佛,称(佛)名是语业,礼拜是身业,忆念是意业:这是对佛敬信而起的清净三业。在佛前,修忏悔行、劝请行、随喜行,以回向佛道作结。这一念佛法门,在龙树(西元二、三世纪间)时代,大乘行者,主要是在家的善男子、善女人,很多是这样修行的,如《大智度论》卷六一(大正二五·四九五中)说:

"菩萨礼佛有三品:一者、悔过品,二者、随喜回向品,三者、劝请诸佛品。"

三品修行的内容,《智度论》作了简要的介绍:"菩萨法,昼三时,夜三时,常行三事:一者、清旦偏袒右肩,合掌礼十方佛言:

我某甲,若今世,若过(去)世,无量劫身、口、意恶业罪,于十方现在佛前忏悔,愿令灭除,不复更作。中、暮,夜三亦如是。二者、念十方三世诸佛所行功德,及弟子众所有功德,随喜劝助。三者、劝请现在十方诸佛初转法轮;及请诸佛久住世间无量劫,度脱一切。菩萨行此三事,功德无量,转近得佛。"[1]日夜六时,菩萨于佛前行此三事,与中国佛教的早、晚课诵相近。易行道的功德无量,主要能保持大乘信心,不致于退失。《十住毗婆沙论》说:"佛法有无量门,……或有勤行精进;或有以信方便易行,疾至阿惟越致。"[2]这是二类根性,也就是重智与重信的不同。《智度论》也说:"若闻、持乃至正忆念者,智慧精进门入;书写、供养者,信及精进门入";"菩萨有二种:一者、有慈悲心,多为众生;二者、多集诸佛功德"[3]。所说略有差别,总不外乎在甚深难行的正常道外,别说菩萨初学的通俗法门。然重智(及慈悲)与重信,只是初入门者的偏重,不是截然不同的法门,所以《十住毗婆沙论》卷六(大正二六·四九中——下)说:

> "是菩萨以忏悔、劝请、随喜、回向故,福力转增,心调柔软,于诸佛无量功德清净第一,凡夫所不信而能信受;及诸大菩萨清净大行,希有难事,亦能信受。"

> "信诸佛菩萨无量甚深清净第一功德已,愍伤诸众生无此功德,但以诸邪见,受种种苦恼,故深生悲心。……以

---

① 《大智度论》卷七(大正二五·一一〇上)。
② 《十住毗婆沙论》卷五(大正二六·四一中)。
③ 《大智度论》卷五八(大正二五·四七二下),又卷三八(大正二五·三四二中)。

悲心故,为求随意使得安乐,则名慈心。……随所能作,利
益众生,发坚固施心。"

依《论》所说,修易行道而能成就信心的,就能引生慈悲心,
能进修施等六波罗蜜。这可见菩萨道是一贯的,重信的易行道,
重悲智的难行道,并不是对立,而只是入门有些偏重而已。

《大智度论》所说的"礼佛三品",是出于汉安世高所译的
《舍利弗悔过经》。舍利弗启问:"前世为恶,当何用悔之乎?"佛
答分三段:悔过,助其欢喜随喜,劝请。舍利弗再问:"欲求佛道
者,当何以愿为得之?"佛答说:"取诸学道以来所得福德,皆集
聚合会,以持好心施与回向天下十方人民、父母、蜎飞蠕动之
类。"末后说:种种福德,"不如持悔过经,昼夜各三过读一日"①。
《舍利弗悔过经》的内容,是在十方如来前,忏悔、随喜、劝请、回
向,与《十住毗婆沙论》所引的经说相合。这部经,有梁僧伽婆
罗异译的《菩萨藏经》;隋阇那崛多共达多等译的《大乘三聚忏
悔经》(西藏译名《圣大乘灭业障经》)。异译的组织小异,分为
忏悔及三聚——随喜功德聚,劝请功德聚,回向功德聚。忏悔
中,说到罪业随心、空不可得的深义。这部经,古代每称之为
《三品经》,如汉安玄所译的《法镜经》说:"昼三夜亦三,以诵三
品经事";晋竺法护的《离垢施女经》说:"三品诸佛经典","昼
夜奉行三品法"②。说到这三品内容的经典很多,可见这是初期
大乘盛行的易行道。"三品",或作"修行三分,诵三分经",或作

① 《舍利弗悔过经》(大正二四·一〇九〇上——一〇九一中)。
② 《法镜经》(大正一二·一八下)。《离垢施女经》(大正一二·九五下)。

"三支经"。这可能"品"是 pākṣikā 的意译，如"三十七菩提分"，或译"三十七觉品"、"三十七觉支"。但晚期的异译，转化为"三聚"或"三蕴"（"三阴"）；蕴，那是 skandha 了。经名"三品"，而实际有四分："忏悔"、"随喜"、"劝请"、"回向"，这是值得注意的！依个人的意见，三分、四分是次第集成的。原始是"忏悔"部分，所以经末称此为"悔过经"；异译名为"三聚忏悔"、"灭业障"。异译《菩萨藏经》说，"此经名灭业障碍，……亦名菩萨藏，……亦名断一切疑。"①"菩萨藏"与"断一切疑"，是一部分大乘经的通称，"灭业障碍"才是主题。所以推定这是该经的原始部分。《摩诃般若波罗蜜经》，自三〇到三八品，为善男子、善女人，广说听闻、受持……书写、供养、施他的功德，三九品名"随喜品"，明无相的随喜回向。《大智度论》说"礼佛三品"，以"随喜回向"为一品，是随顺《般若经》而说的。回向，不只是随喜回向，修一切行，末后都是要回向的。忏悔回向，与《般若经》的随喜回向相结合，成为二品行。如《弥勒菩萨所问本愿经》说："我悔一切过，劝助随喜众道德，归命礼诸佛，令得无上慧。"②弥勒菩萨"不持耳、鼻、头、目、手、足、身命、珍宝、城邑、妻子及以国土，布施与人以成佛道，但以善权方便安乐之行，得致无上正真之道"③。这是忏悔、随喜的易行道，净土行④。在这二品上，加劝请行，成为三品法门。至于回向，无论是一行、二

---

① 《菩萨藏经》（大正二四·一〇八九下）。
② 《弥勒菩萨所问本愿经》（大正一二·一八八下）。
③ 《弥勒菩萨所问本愿经》（大正一二·一八八下）。
④ 静谷正雄《初期大乘佛教之成立过程》，推论在三品行以前，有忏悔、随喜——二品行的可能（一三七——一三八）。

行、三行,都是以回向作结。如以回向为一行,那就成为四分行了①。

在佛前修忏悔、随喜、劝请、回向,在"初期大乘"时代,非常的流行。如《贤劫经》说:"念佛法,勤悔过,乐助随喜功德,施众生因回向,劝诸佛。"②《思益梵天所问经》说:"有四法善知方便,何等四? 一者、顺众生意;二者、于他功德起随喜心;三者、悔过除罪;四者、劝请诸佛。"③这一通俗易行的方便,与文殊师利及普贤有关。文殊与普贤二大士,是《华严经》中佛的二大辅弼,所以也与《华严》有关。先提到两部经:一、晋聂道真所译的《三曼陀跋陀罗菩萨经》。三曼陀跋陀罗,是普贤梵语的音译。这部经是"佛在摩竭提国,清净法处,自然金刚座,光影甚明",也就是《华严经·初会》的说处,是普贤为文殊说的。经的内容是:悔过,礼,愿乐助其欢喜随喜,劝请诸佛——转法轮与住世,施与回向。末后总结说:"是善男子、善女人,昼夜各三劝乐法行:所当悔者悔之,所当忍者忍之,所当礼者礼之,所当愿乐随喜者愿乐之,所当请劝者请劝之,所当施与者施与之。"④"悔"是自说罪过;"忍"是容忍,是忏摩的意译:合起来就是忏悔。经文正宗分,分《悔过品》、《愿乐品》、《请劝品》,与"三品法行"相同。但在《愿乐品》中,多了礼敬"一切诸佛、一切诸菩萨、诸迦罗蜜善知识、父母、及阿罗汉、辟支佛",凡是有功德而可敬的,都作

---

① 以上参阅拙作《初期大乘佛教之起源与开展》第九章第二节第四项。
② 《贤劫经》卷一(大正一四·二中)。
③ 《思益梵天所问经》卷一(大正一五·三五下)。
④ 《三曼陀跋陀罗菩萨经》(大正一四·六六八下)。

礼，这是从随喜一切功德而来的。"三品"本是"礼佛三品"，是在佛前礼敬而修行的。这部经说到"般若波罗蜜，兜沙陀比罗经"。《兜沙陀比罗经》，意译为《如来藏箧经》，为华严法门最初集成的经名。这部经的成立，《般若》与《华严经》已开始流传了。二、竺法护译的《佛说文殊悔过经》，是文殊为如来齐光照耀菩萨说的。经文不分品，内容是：礼佛，悔过，劝助随喜众德，劝转法轮，诸佛住世，供养诸佛，（回向）我及众生成佛道。对于礼佛——五体投地，作了"表法"的解说①。经上说："或问上界悔过之处，十地，十忍，十分别事，十瑞，十持，十印，十三昧"②，显然的与《华严》内容相通。这两部重于忏悔的经，文殊说，或普贤为文殊说，与华严法门有关，比起《三品经》来，虽同样的是通俗的易行道，而又通于深义了③。

　　《六十华严》的传译者——佛陀跋陀罗，于晋元熙二年（西元四二〇）译出《文殊师利发愿经》，共四十四颂，与《三曼陀跋陀罗菩萨经》、《文殊悔过经》非常接近。唐不空所译的《普贤行愿赞》六十二颂，与《四十华严》末卷偈颂相同，都是《文殊师利发愿经》的增广本。依《文殊师利发愿经记》说："晋元熙二年，岁在庚申，于扬州斗场寺，（佛陀跋陀罗）禅师新出。云：外国四部众礼佛时，多诵此经以发愿求佛道。"④大抵《舍利弗悔过经》、《文殊悔过经》等，文字长了些，要昼夜三时——一日诵念六次，

---

　　①　《佛说文殊悔过经》（大正一四·四四二上——中）。

　　②　《佛说文殊悔过经》（大正一四·四四一下）。

　　③　以上参阅拙作《初期大乘佛教之起源与开展》第十三章（一一三四——一一三五，本版九六六——九六八）。

　　④　《出三藏记集》卷九（大正五五·六七下）。

不太方便,所以编为简要的偈颂。如龙树的《宝行王正论》说:
"为此因及果,现前佛支提(即佛舍利塔),日夜各三遍,愿诵二
十偈。"二十偈的内容,也就是礼敬,离恶(忏罪),随喜,请转法
轮,"穷生死后际"是常住世间,回向发愿①。《文殊师利发愿
经》,是日常持诵的诵本,与《普贤行愿赞》等,内容都是七分:礼
佛(赞佛),供养佛,忏悔,随喜,请转法轮,请佛住世,回向。这
是《六十华严》、《八十华严》所没有的,《四十华严》把偈颂编入
《华严经·普贤行愿品》的末了,长行为了满足"十"数,加上"恒
顺众生"与"常随佛学",这是偈颂所没有的。《三曼陀跋陀罗菩
萨经》说:"持是功德,令一切(众生)与某自己名字,……生有佛
处,有菩萨处,皆令生须呵摩提阿弥陀佛刹。"②这一法门,是易
行道,净土方便道,发愿往生,是不限于某一净土的,但经文却
提到了须呵摩提阿弥陀佛刹。须呵摩提是极乐或安乐的音
译。《文殊师利发愿经》说:"愿我命终时,灭除诸障碍,面见
阿弥陀,往生安乐刹。"③易行方便与往生极乐,有了更密切的
关系。

在佛前忏悔、随喜、劝请,本是为初学者开示的通俗易行法
门。文殊与劝发菩提心有关,"为一切师",如《濡首菩萨清净分
卫经》等说。文殊又与忏罪有关,如《阿阇世王经》、《如幻三昧
经》说。悔过等三品法门,终于与文殊、因文殊而与普贤有关
了,也就与华严法门有关,如《十住毗婆沙论》,将《十地经》所没

① 《宝行王正论》(大正三二·五〇四中——下)。
② 《三曼陀跋陀罗菩萨经》(大正一四·六六八上)。
③ 《文殊师利发愿经》(大正一〇·八七九下)。

有说的称名、忆念、礼拜、忏悔、随喜、劝请，附入初地中。西元三、四世纪间，竺法护与聂道真译出与文殊（更与普贤）有关的《文殊悔过经》、《三曼陀跋陀罗菩萨经》；西元五世纪初译出的《文殊师利发愿经》，已是当时印度日常持诵的法门了。通俗易行而又与深义相通，到《四十华严》而充分明了出来。这是重信的、易行的广义念佛法门①。

三支法门，名为三支而其实有六支。三支是礼敬现在十方佛（"礼敬诸佛"而后修的）；忏悔；劝请中有"请佛说法"、"请佛住世"；随喜；末后又有回向。或加入"供养"（供养也本是对佛的礼敬），如《文殊师利发愿颂》所说。宗喀巴所造《菩提道次第广论》，也依《华严经》颂而说七支，作为积集顺道资粮、净治业障逆缘的加行②。迟一些译出的，还有唐那提译《离垢慧菩萨所问礼佛法经》，内容为七支：礼敬，归依，忏悔，劝请（转正法轮，不般涅槃），随喜，回向，发愿③。唐义净译《金光明最胜王经》（五）《灭业障品》，以"四种对治业障"：于十方世界一切如来前"说一切罪"（忏悔）、劝请（说法及久住世间）、随喜、回向，与《三品经》相合④。赵宋施护译《佛说法集名数经》，说"七种最上供养"，内容为：礼拜，供养，忏悔，随喜，劝请，发愿，回向⑤。

---

① 以上参阅拙作《初期大乘佛教之起源与开展》第十三章（一一三六——一三八，本版九六八——九七〇）。

② 《菩提道次第广论》卷二（汉藏教理院刊本·二三——二四）。

③ 《离垢慧菩萨所问礼佛法经》（大正一四·六九九中——七〇〇上）。

④ 《金光明最胜王经》卷三（大正一六·四一四下——四一六上）。《合部金光明经》卷二（大正一六·三六九中——三七〇下）。

⑤ 《佛说法集名数经》（大正一七·六六〇中）。

先后的开合、增减,总列而比对如下①:

	A	B	C	D	E	F	G	H	I
礼敬诸佛			1.	1.	1.	1.	1.	1.	1.
称赞如来							2.	2.	
广修供养				2.		6.	3.	3.	2.
忏悔业障	1.	3.	3.	3.	2.	2.	4.	4.	3.
随喜功德	2.	2.	5.	4.	3.	3.	5.	5.	4.
请转法轮	3.	4.	4.	5.	4.	4.	6.	6.	5.
请佛住世					5.	5.	7.	7.	6.
常随佛学								8.	
恒顺众生		1.						9.	
普皆回向	4.		6.	7.	6.		8.	10.	7.
发广大愿			7.	6.					
归依三宝			2.						

第二节 易行道支略说

"念佛"为主的易行道,是以信为方便的,作用是多方面的,名称也就不一。如《思益梵天所问经》,名善知"方便"。《离垢慧菩萨所问礼佛法经》,以"礼佛"为名,也就是礼佛与佛前的修行。《金光明最胜王经》集为《灭业障品》,这正如智者大师的集为"五悔法"了。《佛说法集名数经》,称为最上"供养"。《华严

---

① A.《佛说舍利弗悔过经》;《金光明最胜王经》。B.《思益梵天所问经》。C.《离垢慧菩萨所问礼佛法经》。D.《佛说法集名数经》。E.《三曼陀跋陀罗菩萨经》。F.《佛说文殊悔过经》。G.《文殊师利发愿经》。H.《大方广佛华严经》。I.《菩提道次第广论》。

经·普贤行愿品》,名为十大愿;《文殊师利发愿经》,也是名为
"发愿"的。《大宝积经》的《善臂菩萨会》,菩萨于三时中,扫塔
(礼佛),劝请,忏悔,念善根[随喜],愿得无上菩提回向,都是"戒
波罗蜜"所摄①。易行道的内容,或多或少,到《普贤行愿品》的
十大愿,虽多少超越了这一原则,但不失为集易行道的大成。以
下,一一地略加解说:

一、"礼敬诸佛",二、"称赞如来":佛在世时,弟子们见了
佛,一定是虔诚敬礼。印度古代,见了国王,每赞颂以表示敬意
(如我国古时的相见赋诗,不过赋诗是相对的)。在《杂阿含经》
("祇夜")中,鹏耆舍就已作偈赞佛了。大乘佛教盛行赞叹如
来,如《佛一百八名赞》、《一百五十赞佛颂》等。西元七世纪,印
度佛教的赞佛情形,如《南海寄归内法传》所说②。对于佛,因崇
敬信念而有所表示,那是当然的。在大乘法中,礼佛是礼十方
佛,通于身语意三业,如《普贤行愿品》说:"我以清净身语意,一
切遍礼尽无余。"③这就是《十住毗婆沙论》的"称名、忆念、礼
拜"。称名是语业的礼敬,如说"南无佛"、"南无释迦牟尼佛"、
"南无阿弥陀佛"。忆念是意业的礼敬。礼拜是身业的礼敬,如
合掌、稽首佛足、五体投地。传说释尊在因地,见燃灯佛时,五体
投地,可说是最敬的身礼。三业的礼敬,以内心的忆念为主,依
内心敬念而表现于身业、语业。如内心没有诚信忆念,那称名如
鹦鹉学语,礼拜要被禅者讥笑为如碓上下了。所以三业礼敬,主

① 《大宝积经》(二六)《善臂菩萨会》(大正一一·五三〇中——下)。
② 《南海寄归内法传》卷四(大正五四·二二七上——下)。
③ 《大方广佛华严经》卷四〇(大正一〇·八四七上)。

要是虔诚的"念佛"。称佛名号,其实就是赞叹,如《佛一百八名赞》。世亲所造的《无量寿经优波提舍》(一般称为《往生净土论》),立"五念门"说:"云何赞叹? 口业赞叹,称彼如来名。"①这样,礼佛就是念佛;本来"称名、忆念、礼拜"就可以了,为了适应佛教界的赞佛偈,《普贤行愿品》别立"称赞如来"一门。礼佛、念佛,"大乘佛法"中法门众多,当别为叙说。

三、"广修供养":这是对于佛的供养。佛在世时,衣、食、住、药等,一切是信众恭敬供养的。佛涅槃以后,佛舍利(遗体)建塔,渐渐庄严起来。对于佛塔,也就以"花、香、璎珞、伎乐、幢、幡、灯油";"花鬘、灯明、幢、幡、伞、盖供养"②。一般重视的,是财物的供养,出家众又怎样供养呢? 佛在世时,如阿难为佛侍者,为佛服务,就是供养。最上的供养,是弟子依佛所说的,精进修行,得到究竟解脱的阿罗汉,能满足佛为弟子说法的最大愿望,就是对佛最上的供养。重法的大乘经,也说到法供养,如《维摩诘所说经》说:"若善男子、善女人,受持、读、诵、供养是经者,即为供养去来今佛";"若闻如是等经,信解、受持、读、诵,以方便力,为诸众生分别、解说、显示、分明,守护法故,是名法之供养";"又于诸法如说修行,随顺十二因缘,离诸邪见,得无生忍,……是名最上法之供养"③。从信解受持,到得无生忍,如法供养,是通于浅深的。重信的易行道,《文殊悔过经》才提到财

---

① 《无量寿经优波提舍》(大正二六·二三一中)。
② 《四分律》卷五二(大正二二·九五七上)。《根本说一切有部毗奈耶药事》卷一二(大正二四·五三中)。
③ 《维摩诘所说经》卷下(大正一四·五五六上、下)。

物的供养诸佛："十方世界无所系属"的无主物，"持以贡上诸世光耀佛天中天"①。《普贤行愿品》说："以诸最胜妙华鬘、伎乐、涂香及伞、盖，如是最胜庄严具，我以供养诸如来。最胜衣服、最胜香，末香、烧香与灯、烛。……我以广大胜解心，……普遍供养诸如来。"②这些都是财供养。一切是"最胜"的，"一一皆如妙高（须弥山）聚"的。这样的广大供养，是由于广大的胜解心。胜解是假想观，依定所起的假想观（或以假想观而得定），观成广大供品来供佛，这不是一般人所能的。《普贤行愿品》所说，本是"大愿"，发愿能这样供佛，如修行深了，能以胜解所成作广大供养，那已不是易行道了。《大智度论》说："供养者，若见若闻诸佛功德，心敬尊重，迎逆侍送，旋绕礼拜，曲躬合手（掌）而住。避坐安处，劝进饮食，华、香、珍宝等，种种称赞持戒、禅定、智慧诸功德。有所说法，信受教诲。如是善身口意业，是为供养。"③依此可见，供养实只是礼敬的一部分，所以初期的《三品经》是没有说供养的。

四、"忏悔业障"：忏悔能达成佛弟子三业的清净，在出家僧团中，是时常举行的。人非大圣，不可能没有过失，有过失就要知过能改，如有罪过而隐藏在内心，会影响内心，障碍圣道的进修，不得解脱。"大乘佛法"的忏悔，是在十方一切佛前，忏悔无始以来的一切罪业。《普贤行愿品》所说，还只是忏悔业障，但有的却扩大为忏悔三障——烦恼障，业障，报障等。在"大乘佛

①　《佛说文殊悔过经》（大正一四・四四五中）。
②　《大方广佛华严经》卷四〇（大正一〇・八四七上）。
③　《大智度论》卷三〇（大正二五・二七六下——二七七上）。

法"中,忏悔有了不寻常的意义,而忏悔的方法更多,这留在下面作专章来叙说。

五、"随喜功德":随喜,是对于他人的所作所为,内心随顺欢喜,认可为行得好,合于自己的意思,所以"随喜"是通于善恶的。简略地说,佛法是浅深不等的离恶行善,这是要自己身体力行的,但不只是自己行就够了。任何一种离恶行善的善行,可分四类:一、"自行",自己去做;二、"劝他行",还要劝别人去做;三、"随喜行",知道别人做了,起认可欢喜心;四、"赞叹行",赞叹这一善行,赞扬行此善行的人,以激励大众。大家都向于离恶行善,才是佛教的理想。善行如此,恶行也有"自行"、"劝他行"、"随喜行"、"赞叹行";如恶行而具足四行,那可是恶性深重了①。这里,约随喜功德说。一切善行,不外乎一般人的人、天福德;声闻与缘觉乘——有学、无学功德;菩萨发大心,广修福慧,自利利他的功德;如来圆满大菩提,现成佛、说法、入涅槃等最胜功德。对于这一切功德,都"心生欢喜",如《普贤行愿品》说:"十方一切诸众生,二乘有学及无学,一切如来与菩萨,所有功德皆随喜。"②《般若经·随喜品》也是这样,不过与般若相应,无相无著(是难行道)而已。《法华经·随喜功德品》,听闻随喜而转化他人。"随喜功德",是一切大乘法门所重视的。《大智度论》说:"随喜福德者,不劳身口业作诸功德,但以心方便,见他修福,随而欢喜。"这不是说,不需要身语的实际善行,是说见

---

① 《杂阿含经》卷三七(大正二·二七五下)。《增支部》"十集"(南传二二下·二七〇——二七一)。

② 《大方广佛华严经》卷四〇(大正一〇·八四七上)。

他修福而心生随喜,是有很大功德的。依《智度论》说:随喜功德之所以有大福德,一、确信福德因果,"得正见故,随而欢喜"。二、"我应与一切众生乐,而众生能自行福德。"作福的一定能得安乐,那就与自己行善一样。三、"众生行善,与我相似,是我同伴,是故随喜。"①众生是自我中心的,虽明知行善是应该的,但从自我而起颠倒,每对他人的善行善事、福德慧德,会引起嫉妒、障碍或破坏,这是修菩萨行的大障。如能修随喜行,时时随喜一切功德,那一定能慈心普利,趣入菩提的大道。随喜是"礼佛三品"之一,是在佛前修的,佛菩萨的功德,当然是随喜的主要内容,但如来化导众生,不弃人、天、声闻、缘觉功德,所以一切功德,都是发菩提心者所随喜的。

六、"请转法轮",七、"请佛住世":在"三品法门"中,这二者是合为"劝请品"的。这二者,出于各部派的共同传说。一、释尊成佛以后,感到了佛法甚深,众生不容易教化,曾有"我宁不说法,疾入于涅槃"的意境。梵天知道了,特来请佛说法,这才受请而大转法轮②。佛法是不共世间的! 世间的神教、哲学等学行,不是一无足取,而是对于彻悟人生的真义,实现人生的究竟归宿,是无能为力的,惟有佛法才能达成这一目的。梵天是印度的最高神,自称是宇宙、人类、万物的创造者。梵天来恳请说法,表示了神教的无能为力,有待佛法的救济。佛转法轮,是世间出现了新的希望,如昏暗中的明灯一样,那是多难得呀!

---

① 《大智度论》卷六一(大正二五・四八七下)。
② 《相应部》(六)"梵天相应"(南传一二・二三四——二三七)。经律都有记载。

二、佛曾三次对阿难说:"佛四神足已多修习行,专念不忘,在意所欲,如来可止一劫有余,为世除冥,多所饶益,天人获安。"阿难听了,当时没有说什么,释尊这才答应了魔的请求,三月后入涅槃①。这表示了:虽然说佛涅槃后,"自依止,法依止",如法修行,与佛在世一样。实际上,佛涅槃后,虽然佛法在开展,教区在扩大,而佛法的真意义——究竟解脱的,却大大的低落了。这所以有"正法"与"像法"(后来又有"末法")的分别,不免想到了佛法从世间灭失的悲哀②。这二项传说,在部派佛教中,没有引起什么问题。"初期大乘"兴起,"劝请"成为"礼佛三品"之一。昼夜六时,对十方佛初成佛道的,"请转法轮";佛要入涅槃的,"请佛住世"。这是愿望佛法的出现世间,佛法永远存在于世间,为苦难众生作依怙:这是真诚的护法心。西元前后,印度的政局非常混乱,佛法在传布中,不免要受到破坏、障碍。圣弟子面对当前的佛教,从内心激发护法的热心,而将"请转法轮"、"请佛住世"作为礼佛要行,时时忆念,以激发佛弟子为法的热忱!

一〇、"普皆回向":回向是回转趣向。回向功德,是将所有功德,转向于某一目的。《普贤行愿品》的回向是:"所有礼赞、供养福,请佛住世、转法轮,随喜、忏悔诸善根,回向众生及佛道。"③依偈说,回向是将上来所说的"礼敬功德"、"赞叹功德"、

---

① 《长阿含经》(二)《游行经》(大正一·一五中——下)。《长部》(一六)《大般涅槃经》(南传七·七一——七五)。

② 如来可住一劫余,因阿难不知请求住世,八十岁就入涅槃的传说,意味着佛寿可能很长的。

③ 《大方广佛华严经》卷四〇(大正一〇·八四七上)。《文殊师利发愿经》(大正一〇·八七九上)。《普贤菩萨行愿赞》(大正一〇·八八〇中)。

"供养功德"、"忏悔功德"、"随喜功德"、"劝请功德"，一切回向于众生，与众生同成佛道。依偈文，可见重佛、重信的易行道（《三品经》也如此），本没有"恒顺众生"与"常随佛学"的。回向众生及佛道，如《舍利弗悔过经》说："学道以来所得（一切）福德，皆集聚合会，以持好心施与回向天下十方人民、父母、蜎飞蠕动之类，皆令得其福；有余少所，令某得之，令某等作佛道。"①异译《菩萨藏经》说得更明白："一切和合回施与一切众生，……一切和合回向阿耨多罗三藐三菩提。以此善根，愿令一切众生亦得阿耨多罗三藐三菩提。"②菩萨修易行道所得的功德，回向众生，就是将自己的功德转而布施给众生，使众生离苦得乐，发心修行成佛。菩萨的功德，真能施与众生，使众生受福乐吗？这里面含有重大问题，也就是"自力"与"他力"。一般神教都是重"他力"的，佛法说善恶因果，修因证果，一向是"自力"的；"大乘佛法"的"回向功德"，不违反佛法的特质吗？《大智度论》卷六一（大正二五·四八七下——四八八上）说：

> "共一切众生者，是福德不可得与一切众生，而果报可与。菩萨既得福德果报，衣服、饮食等世间乐具，以利益众生。菩萨以福德清净，（所有）身口，人所信受；为众生说法，令得十善，……末后成佛。……是果报可与一切众生，以果中说因，故言福德与众生共。若福德可以与人者，诸佛从初发心所集福德，尽可与人！"

①　《佛说舍利弗悔过经》（大正二四·一○九一上）。
②　《菩萨藏经》（大正二四·一○八九上）。

经上说福德回向施与众生,这是果中说因,是不了义说。菩萨的福德,是不能转施与别人的。但菩萨发愿化度众生,所以依此福德善根,未来福慧具足,就能以财物、佛法施与众生,使众生得财物,能依法修行,成就佛道。如自己的福德而可以回施众生,那是违反"自力"原则的。佛菩萨的功德无量,如可以回施众生,那世间应该没有苦恼众生,都是佛菩萨那样,也不用佛菩萨来化度了!《十住毗婆沙论》这样说:"我所有福德,一切皆和合,为诸众生故,正回向佛道。"①菩萨发菩提心,求成佛道,主要是为了救度一切众生。所以"回向众生及佛道",是说"为诸众生故",以一切功德,回向阿耨多罗三藐三菩提,并非以福德善根施与众生。《普贤菩萨行愿赞》但说"悉皆回向于菩提",没有说回向众生,也许是为了避免读者的误解吧!

"大乘佛法"的易行道,主要是忏悔、随喜、劝请——三品。这是在十方佛前进行的,所以从"礼佛"而分出:礼敬、赞叹、供养——三事。修行终了,这一切功德,为一切众生而回向于佛道。所以易行道的主体,到此为止。《华严经·十回向品》二处说到:一、忏悔,礼敬,劝请,随喜——"悉以回向";二、忏悔,随喜,礼敬,劝请——回向②。《离世间品》说:"四行是菩萨道:忏除罪障,随喜福德,恭敬尊重,劝请如来。"③易行道的本义,就是这些。大乘行者,对佛礼敬、供养,坚定了清净的大乘信心;忏

① 《十住毗婆沙论》卷五(大正二六·四六中)。
② 《大方广佛华严经》卷二五(大正一〇·一三三上),又卷三一(大正一〇·一六五中)。
③ 《大方广佛华严经》卷五七(大正一〇·三〇〇中)。

悔,使内心没有疑悔,不碍修行;随喜佛菩萨等的功德,养成乐人
为善的无私心,劝请能激发护持佛法的热忱;并以一切功德,为
众生而回向佛道(不为一切众生,就会趣入涅槃)。易行道是以
佛为中心的进修,能成就这样的菩萨心行,也就能不退阿耨多罗
三藐三菩提了!

八、"常随佛学",九、"恒顺众生":为了符合《华严经》的体
裁,满足"十"数,《普贤行愿品》长行,才加入此二愿。约意义
说,这二者是菩萨道所应有的。在修学过程中,生生世世见佛闻
法,是向上不退的最佳保证! 到底应该怎样修学? 也只有学习
诸佛那样的(因中)修学,才能圆成佛道。"恒顺众生",是于众
生"随顺而转":尊重众生,救助众生,利益众生。《思益梵天所
问经》说:"菩萨有四法善知方便",在随喜、忏悔、劝请外,"顺众
生意",也确是方便之一①。

上来的解说,是依易行道的十支,作一般的解说,并非专依
《普贤行愿品》说的。

第四章　忏悔业障

第一节　"佛法"的忏悔说

在"佛法"中,"忏悔"是进修的方便,与"戒学"有关。到了
"大乘佛法","忏悔罪业"为日常修持的方便。从大乘经去看,

---

① 《思益梵天所问经》卷一(大正一五·三五下)。

几乎重"信"的经典,说到"念佛"(不一定念阿弥陀佛),都会说到消除生死重罪的。中国佛教流行的种种忏法,就由此而来。忏,是梵语 kṣama——忏摩的音略,意义为容忍。如有了过失,请求对方(个人或团体)容忍、宽恕,是忏的本义。悔是 deśanā 的意译,直译为"说":犯了过失,应该向对方承认过失;不只是认错,要明白说出自己所犯的罪过,这才是"悔"了。《三曼陀跋陀罗菩萨经》说:"所当悔者悔之,所当忍者忍之。"[1]悔与忍合说,就是忏悔,成为中国佛教的习惯用语。此外,kaukṛtya 也译为悔,或译恶作。对自己的所作所为,觉得不对而起反悔心,就是 kaukṛtya。这种悔——恶作,或是善的,或是恶的,但无论是善悔、恶悔,有了悔意,心绪就不得安定,成为修定的障碍。悔——恶作,与忏悔的悔——"说",意义完全不同,这是应该知道分别的。

古人称"佛法"戒律中的忏悔为"作法忏"。中国佛教是以"大乘佛法"为主的,对"作法忏"似乎不太重视。释尊"依法摄僧",将出家人组合起来,名为僧伽,使出家众过着和、乐、清净的僧团生活。维持僧伽大众的清净,就是佛所制的戒律,内容包含了道德的(如杀、盗等)轨范,生活的(衣、食、住等)准则,团体的(如受具、布萨、安居等)规制。僧伽的和、乐、清净,能使社会大众增长信心,内部僧众精进而易于解脱。达成"正法久住"世间的目的,就依赖这如法清净的僧伽[2]。僧伽的戒律,如国家的法律,人人有尊重与遵守的义务。如违犯了,如极其严重,是不

---

① 《三曼陀跋陀罗菩萨经》(大正一四·六六八下)。
② 参阅拙作《原始佛教圣典之集成》第四章(一九四——二〇二,本版一六〇——一六八)。

容许忏悔的，逐出僧团（如世间的"死刑"），不再是僧伽的一员。如不太严重的，准予依律忏悔。如不承认过失，不肯忏悔的，那就摈出去，大家不再与他往来、谈论（如世间的"流刑"）。但还是出家弟子，什么时候真心悔悟，请求忏悔，就为他依法忏悔出罪。犯过失而可以忏悔的，也轻重不等。犯重的是僧残：如犯重而没有覆藏，自己知道过错，当日请求忏悔的，要接受六（日）夜摩那埵的处分。处分的内容，主要是褫夺部分的权利（如世间的"褫夺公权"）；坐卧到旁边、下位去；尊敬比丘众，并为大众服务。如六夜中诚意地接受处分，就可以举行出罪（阿婆呵那）。如犯重而怕人知道，覆藏起来，或经同住者的举发，或后来省悟到非法，请求准予忏悔，那就要加重处分了。覆藏多少天，先要受别住——波利婆沙多少天的处分。别住以后，再经六夜的摩那埵，然后可以出罪。别住的处分，与摩那埵相同。犯僧残罪的，要在二十比丘僧前，举行出罪手续，然后回复了固有的清净比丘（没有罪了）身份。犯过失而比较轻的，或在（四人以上）僧中，向一比丘说罪（悔）；或但向一比丘说；也有所犯极轻的，自心呵责悔悟就可以了。释尊为比丘众制定的忏悔法，是在道德感化中所作的法律处分。如经过合法的出罪手续，就回复清净比丘身份，正如受了世间的法律处分——徒刑、罚锾等，就不再有罪一样。在僧伽制度中，举发别人的过失，是出于慈悲心，因为唯有这样，才能使他清净，如法修行。除极轻的"心悔"外，犯者都要在大众或一人之前，陈说自己所犯的过失（以诚意知罪为要）。忏悔以后，人人有平等自新的机会，旁人不得再提起别人从前的过失，讽刺或歧视。如讽刺歧视已忏悔的人，那就是犯了过失。僧伽中没有特权,实行真正的平等、民主与法治;依此而维护个人的清净、僧伽的清净。"佛法"中忏悔的原始意义,如佛教而是在人间的,相信这是最理想的忏法!

出家的应依律制而行,有所违犯的,犯或译为罪①,是应该忏悔的。如一般的十不善业,那是罪恶的,不论你受戒与不受戒,在家或者是出家,这是损他的,就是不善业。但释尊所制的戒律,不只是这类不道德的不善业,还有违犯生活准则、团体规律的;有些是为了避免引起当时社会的误会——"息世讥嫌"而制定的。为了维护和、乐、清净的僧伽(对外增进一般人的信仰,对内能安心地修证,达成"正法久住"世间的目标),制定了种种戒律,凡出家"受具"而入僧的,有遵守律制的当然义务,如人民对国家颁布的法律有遵守的义务一样。在佛法中出家修行,是难保没有违犯的。如犯了而覆藏过失,没有忏悔,那无惭无愧的,可以不用说他;有惭愧心而真心出家修行的,会引起内心的忧悔、不安,如古人所说的"内心负疚"、"良心不安"那样。这不但是罪,更是障碍修行的。所以僧制的忏悔,向大众或一人,陈说自己的过失,请求忏悔(就是请求给予自新的机会)。如法忏悔出罪,就消除了内心的障碍,安定喜乐,能顺利地修行。所以说:"有罪当忏悔,忏悔则安乐。"律制的忏悔,不是一般想像的忏悔宿业,而是比丘对现行违犯的忏悔。为解脱而真心出家修行的,有了过失,就如法忏悔——向人陈说自己的违犯。在僧伽内,做到心地质直、清净,真可说"事无不可对人言"。如法

① 犯,译为罪,但汉译经律而译为"罪"的,梵语有多种不同。

精进修行，即使出家以前罪恶累累，也不妨道业增进，达到悟入正法，得究竟解脱。这是"佛法"中"作法忏"的真意义。

"忏悔业障"的业，梵语羯磨，是造作（也是作用）的意思。依"佛法"说：身体与语言（文字）的行为，是思心所所引发的。对于当前接触的事物，怎样去适应、应付？由意识相应的思（心所），审虑、决定，然后发动身体与语言的动作去应付，这就是身业与语业；内在思心所的动作，名为意业。身业、语业与意业，总名为"三业"。这种内心与表现于身、语的行为，佛也还是一样，如"十八佛不共法"中，有"身业随智慧行"、"语业随智慧行"、"意业随智慧行"，三业与智慧相应，一切是如法的善行。在这三业的造作中，如内心与贪、嗔、邪见等相应，损他或有损于自他的，表现于外的身业、语业，是不善业——恶业。如与无贪、无嗔、惭、愧等相应，利他或自他都有利的，表现于外的身业、语业，就是善业。这样的善业与不善业的身语动作，为内心所表现的，所以名为表业。这种善恶业的行为，影响于他人——家庭、社会、国家（所以恶行要受国法的制裁），更深深地影响自己，在自己的身心活动中留下潜在的力量。这种善恶的潜力，在"缘起"法中，名为"有"——存在的；也名为"行"——动作的。潜存于内在的善恶业，名为无表业。无表业在生死相续中，可以暂时不受"报"（新译异熟），但是在受报以前，永远是存在的，所以说"业力不失"。众生没有真实智慧，一切受自我染著的影响而动作，善业与不善业，都是要感果报——异熟果的。善业感得人、天的乐报，不善业感地狱、畜生、饿鬼——三恶趣的苦报。众生无始以来，不断地造业，或轻或重，或善或不善。过去的无边业力,感报而消失的是少数,现在又在不断地造业。众生无始以来所造的业,实在是多得无数无量。好在善恶业力在彼此消长中,强有力者感得未来的果报("强者先牵"),所以大可不用耽心过去的多少恶业,重要的是现在的多作善业;善业增长了,那就恶消善长,自会感到未来的乐报。不过,过去的业力无量无边,现在又不断地造作,即使是来生生在人间、天上,报尽了还有退堕恶趣的可能,要怎样才能彻底地解脱生死流转呢? 这是说到佛法的主题了。招感生死果报的业力,为什么会造作? 如来与阿罗汉等,也有身语意业,为什么不会感报? 原来业力是从因缘生的,如没有萨迦耶见为本的烦恼,就不会造成感生死报的业;已有的业,如没有烦恼的助成,也不会招感生死的果报。烦恼对于善恶业,有"发业"、"润生"的作用,所以如烦恼断了,就不会再造新业;过去旧有的无边业力,也就失去了感报的可能性。在"佛法"中,当然教弟子不可造恶业,但对过去无量无边的善不善业,是从来不用担心的;值得佛弟子注意的,是怎样修行以断除烦恼,体见真谛。见真谛,断烦恼,生死苦也就解脱了,如《杂阿含经》卷三一(大正二·二二四中)说:

> "正见具足世尊弟子,见真谛果,正无间等现观,彼于尔时,已断已知,断其根本,如截多罗树头,更不复生。所断诸苦(报),甚多无量,如大湖水;所余之苦,如毛端渧水。"[1]

过去所造能感生死苦报的业,多得是难以数量的。具足正

---

[1] 《相应部》(一三)"现观相应"(南传一三·二〇一)。

见的佛弟子,如能现观真谛（如四真谛）,就断萨迦耶见（或译"身见"）等而截断了生死的根本。过去无量无边的业,因烦恼断而失去了感果的可能性,仅剩七番人天往来（生死）。如大湖水干了,仅剩一毛端的水滴。依经说,最多七番生死（如继续进修,现生就可得究竟阿罗汉果）,一定要究竟解脱的。如经说:"如实观察已,于三结断知。何等为三？谓身见、戒（禁）取、疑。是名须陀洹（果）,不堕恶趣,决定正向三菩提,七有天人往生,究竟苦边。"①

　　比丘众犯了戒,如覆藏而没有忏悔（说罪）,内心会忧悔不安,罪过更深,如臭秽物而密藏在瓮中,得不到太阳空气,那会越来越臭的。所以犯戒的发露忏悔,出罪清净,就不致障碍圣道的进修,但不是说罪业已消失了。出家弟子在修学过程中,对于恶业,除了谨慎不犯外,犯了就要忏悔,努力于圣道的进修就是。如颂说:"若人造重罪,修善以灭除,彼能照世间,如月出云翳。"②这是初期"佛法"对于恶业的态度。在恶业中,有极重的恶业,被称为业障。《大毗婆沙论》引经说:"若诸有情成就六法,虽闻如来所证所说法毗奈耶,而不堪任远尘离垢,于诸法中,生净法眼。何等为六？一、烦恼障,二、业障,三、异熟（报）障,四、不信,五、不乐（欲）,六、恶慧。"③所引经文,与《增支部》"六集"相同④。依据这一经文,后来有烦恼障、业障、异熟障——三

①　《杂阿含经》卷二六（大正二・一八二下）。
②　《阿毗达磨大毗婆沙论》卷九九（大正二七・五一一上）。
③　《阿毗达磨大毗婆沙论》卷一一五（大正二七・五九九中——下）。
④　《增支部》"六集"（南传二〇・二〇六——二〇七）。

障的名目。有了这三障中哪一障,虽然听闻正法、修行,不可能悟入正法,离尘垢(烦恼)而得解脱。业障的内容,是五种无间罪业,通俗地称为"五逆罪":一、害母,二、害父,三、害阿罗汉,四、破僧,五、恶心出佛身血。杀害父、母,是世间法中最重罪。杀害阿罗汉,阿罗汉是究竟解脱的圣者。破僧,如提婆达多那样,不但使僧伽分裂破坏,还是叛教。恶心出佛身血,如提婆达多的推石压佛,伤到了佛的足趾而流血。害阿罗汉、破僧、出佛身血,是出世法中的最重罪。有了业障的任何一种,等到此生终了,没有可以避免的,决定堕入地狱,所以名为无间业。业力在善恶消长中,来生不一定受报的(不是消失了),但无间罪是决定的。这里有一实例,是在家弟子的无间业,如《沙门果经》说:阿阇世王曾犯杀父夺位的逆罪,内心忧悔不安。晚上来见佛,佛为王说法,王悔过归依。佛对阿阇世王说:"汝迷于五欲,乃害父王,今于贤圣法中能悔过者,即自饶益。吾愍汝故,受汝悔过。"阿阇世王回去后,佛对比丘们说:"若阿阇世王不杀父者,即当于此坐上得法眼净;而阿阇世王今自悔过,罪咎损减,已拔重咎。"①阿阇世王没有能悟入正法,就是受到杀父重业的障碍。业障——"障"的本义,如此。然有业障而能悔过,到底是好事,阿阇世王听佛说法,还是有所得的。大众部的《摩诃僧祇律》说:"世尊记王舍城韦提希子阿阇世王,于声闻优婆塞无根信中,最为第一。"②与大众部有关的《增一阿含经》、说一切有部的

① 《长阿含经》(二七)《沙门果经》(大正一·一〇九中)。《长部》(二)《沙门果经》(南传六·一二七——一二八)。
② 《摩诃僧祇律》卷三二(大正二二·四九〇中——下)。

《毗奈耶》,都说到阿阇世王闻法得无根信①。无根信,可能是有信心而还不怎么坚固的。犯极重恶业,听法、忏悔,还是有利益的。无间业的力量削弱了,来生是否还要堕地狱?《阿阇世王问五逆经》说:"摩竭国王虽杀父王,彼作恶命终已,当生地狱,如拍毱球;从彼命终,当生四天王宫。"②这是说:虽已悔过,地狱还是要堕的。不过堕到地狱,很快就脱离地狱,如拍球一样,着地就跳了起来。大乘的《阿阇世王经》说:"阿阇世所作罪而得轻微";"阿阇世虽入泥犁地狱,还上生天"③。这可见(无间)业障的堕地狱,是决定的,不过忏悔以后,业力轻微了,很快会从地狱中出来。业障的忏悔,佛法中起初是这样说的。

第二节　　"大乘佛法"的忏悔说

在重信的大乘教典中,"忏悔业障"已成为修行的方便;"大乘佛法"所说的忏悔,有了不少的特色,如:

一、向现在十方佛忏悔:上节已说明了,僧伽内部所遵行的忏悔;在家众又应怎样的忏悔呢?一般在家人,如所作所为而属于罪过的,有国家法律的制裁、(社会及)宗族惯例的处分,佛教是无权过问的。如归依三宝,成为佛的弟子,就应受佛教的约

①　《增一阿含经》(六)《清信士品》(大正二·五六〇上),异译《阿罗汉具德经》(大正二·八三四上)。《增一阿含经》(四三)《马血天子品》(大正二·七六四中)。《根本说一切有部毗奈耶破僧事》卷一〇(大正二四·一四七下)。

②　《阿阇世王问五逆经》(大正一四·七七六中)。

③　《佛说阿阇世王经》卷下(大正一五·四〇四上——中),异译《文殊支利普超三昧经》卷下,所说相同(大正一五·四二四中——下)。赵宋法天所译《未曾有正法经》卷六说"业障皆悉灭尽,无余可得"(大正一五·四四六上)。晚期的传译,显然强化了忏悔的力量,已经不再堕地狱了。

束。归依三宝是信,有正信就应有良好的行为,这就是近事的五戒。这是说:在归依三宝的当下,就是受了五戒(起初可能还没有制立五戒,但受三归的,自然会有合理的行为)。五戒是:"不杀生",以不杀人为主。"不偷盗"。"不邪淫",凡国法及民俗所不容许的男女性行为,一律禁止。"不妄语",主要是不作假见证。违犯这四戒的,也必然违反国法与民俗的习惯。佛弟子正信三宝,当然不可违犯,不过更严格些。佛法是以智慧为本的,所以"不得饮酒",养成清明的理性,以免情意昏乱而丧失理智。但在佛法的流传中,可能为了佛教的推广,受戒的尺度显然地放宽了(也可说佛弟子的品质降低了),这就是归依三宝的,可以不受戒;受戒的,可以受一戒、二戒,到具足五戒。这是大众部所传的,如《摩诃僧祇律》、《增一阿含经》说①;佛教也就分为归依了就受五戒、归依可随意受戒的两大流②。五戒是"尽形寿"——终身受持的,如违犯了,又怎样忏悔呢? 在家弟子中,又有近住的八支斋戒,一日一夜中近僧伽而住,过着近于出家的清净生活。近住戒虽是短期的,也不能说决定不会违犯,如犯了又怎样的忏悔?

释尊的在家弟子,虽名为优婆塞众、优婆夷众,是自由地信奉佛法,没有出家众那样的独立组织,也不像西方神教那样的将信众纳入组织。在家弟子犯戒的,忏悔是自动自发的忏悔;所犯

---

① 《摩诃僧祇律》卷九(大正二二·三〇六上)。《增一阿含经》(二八)《声闻品》(大正二·六四九下——六五〇上)。

② 《阿毗达磨大毗婆沙论》卷一二四(大正二七·六四五下——六四六上)。《阿毗达磨俱舍论》卷一四(大正二九·七五下——七六上)。

虽有轻有重，但没有僧伽内部那样的不同忏悔法。《杂阿含经》说，有尼犍弟子，想难破释尊的佛法，经释尊解答，尼犍弟子就向佛悔过："世尊！我今悔过！如愚如痴，不善不辩，于瞿昙所不实欺诳，虚说妄语。"①如上所说，阿阇世王向佛忏悔杀父的罪恶。这都是如来在世时，向佛忏悔的实例。向佛忏悔，没有佛就向出家众忏悔，应该是没有问题的。依经论所说，三归当下就是受戒，所以说三归、五戒时，忏悔的意义不明显。但受近住——八支斋戒的，与忏悔有密切关系。佛教有布萨制度，半月、半月，僧众举行集会，布萨、说波罗提木叉。其实，半月、半月，断食而住于清净行，名为优波沙他（即布萨），源于印度吠陀的祭法。释尊时，印度一般神教都有于"月八日、十四日、十五日"（半月、半月，即六斋日），举行布萨集会的宗教活动；佛教适应世俗，也采取了布萨制。起初，释尊成佛十二年内，只说"善护于身口"偈，名为布萨②。后来渐渐分别了，大抵在六斋日，信众们来会，为信众们说法，信众们受八支斋戒（就是布萨）③；半月、半月晚上，僧众自行集会布萨，说波罗提木叉（俗名"诵戒"）。布萨，玄奘意译为"长养"，义净意译为"长养净"。《萨婆多部律摄》解释为："长养善法，持自心故"；"增长善法，净除不善"，与《毗尼母经》的"断名布萨"、"清净名布萨"，大意相同④。古人意译为

---

① 《杂阿含经》卷三二（大正二·二三〇下、二三一中——下）。

② 成佛十二年内，如《四分戒本》说（大正二二·一〇二二下）。依《善见律毗婆沙》卷五，为成佛二十年内（大正二四·七〇八上）。

③ 《中阿含经》（二〇二）《持斋经》（大正一·七七〇中——七七一上）。《增支部》"八集"（南传二一·一五〇——一五七）。

④ 《根本萨婆多部律摄》卷一（大正二四·五二九上）。《毗尼母经》卷三（大正二四·八一四中）。

"斋",最为适当;"洗心曰斋",布萨本为净化自心的宗教生活。八支斋戒的授受,《增一阿含经》这样说①:

> 1."善男子、善女人,于八日、十四日、十五日,往诣沙门,若长老比丘所,自称名字,从朝至暮,如阿罗汉持心不移。"

> 2."若有善男子、善女人,于月(八日)十四日、十五日,说戒持斋时,到四部众中,当作是语:我今斋日,欲持八关斋法,唯愿尊者当与我说之! 是时四部之众,当教与说八关斋法。"

布萨(斋)日,到"沙门若长老比丘所",或说"到四部众中",事实是一样的。在家弟子受八关斋法,是在在家二众、出家二众——"四部众"(即"七众")中举行的;但教说戒的,是"比丘"、"尊者"。这如出家受具足戒,虽由戒师(三人)传授,而实"戒从大众得"(是大众部义),戒是在坛诸师授与的。同样的,在家受八支斋戒,虽由"比丘"、"尊者"教说,而在四众中举行,也就是从四部众得来的。在会的四部众,一定是受尽形寿戒的(五戒也是尽形寿持);《大毗婆沙论》说:"从七众受皆得",就是这个意义②。《增一阿含经》说:受八关斋戒的,教授者("尊者")先教他忏悔,然后为他说八关斋戒③。依《智度论》,先受三归依,其次忏悔,然后说八戒及"不过中食"。《论》上说:

---

① 1.《增一阿含经》(四三)《马血天子品》(大正二·七五六下)。2.(二四)《高幢品》(大正二·六二五上——中)。

② 《阿毗达磨大毗婆沙论》卷一二四(大正二七·六四七中)。

③ 《增一阿含经》(二四)《高幢品》(大正二·六二五中——下)。

"我某甲,若身业不善,若口业不善,若意业不善;……若今世,若过(去)世,有如是罪,今日诚心忏悔。身清净,口清净,心清净,受行八戒,是则布萨。"①失译的《受十善戒经》,所说的受八戒法,也是先归依,次忏悔,后受戒。戒是在"大德"、"和上"前受的,而忏悔是:"今于三世诸佛、阿罗汉前,和上僧前,至诚发露,五体投地,忏悔诸罪,是名行布萨法"②,已有大乘忏悔的意义。在家弟子的忏悔与受(八)戒,通常是六斋日在四部众中,由出家大德来教说的。但近住(八)戒的流布,显然演变到可以从受尽形寿戒的在家弟子受,所以《大毗婆沙论》说:"从七众受皆得。"西元三、四世纪间造的《成实论》,竟说"若无人(可作师)时,但心念、口言:我持八戒",就是受戒了③。这一摄化在家弟子的八戒,在佛教传宏中,某些部派是相当宽的,达到可以离出家众而忏悔受戒的地步(可说是"在家佛教"的先声)。这一演变,应该是由于事实上的困难。例如年纪老了,想受近住戒,却不能到寺院中去,那就变通为:从受尽形寿(五)戒的在家弟子,或"心念、口言"的受持八戒,也就不必向僧众忏悔了。在十方佛现在的信仰流行中,大乘就向十方佛忏悔:这是一项最可能的原因。出家众方面,一向是在僧团中依法忏悔,但也有困难的情形发生。如犯僧残罪的,不敢覆藏,意愿发露忏悔。但犯僧残的,要有二十位清净比丘,如法举行出罪羯磨,才能回复清净。

---

① 《大智度论》卷一三(大正二五·一五九中——下)。
② 《受十善戒经》(大正二四·一〇二三下)。
③ 《成实论》卷八(大正三二·三〇三下)。以上,参考拙作《初期大乘佛教之起源与开展》第四章第二节第五项。

可是,有些地方出家众不多,无法举行出罪。尤其是教团在流行中,有些是品质越来越有问题,要集合二十位清净比丘,也真是不太容易。在"律"中,也说到可以暂时搁置,等因缘和合时,再举行出罪。但僧团可以暂时搁置,而犯戒者内心的罪恶感是无法消除的,这不是有心忏悔而忏悔无门吗?出家众舍僧团而向佛——十方佛忏悔,这是最可能的原因了!《法镜经》(大正一二·一八下)说:

> "时世无佛,无见经者,不与圣众相遭遇,是以当稽首十方诸佛。"①

《法镜经》在说"三品法"——忏悔、随喜、劝请时,说到礼十方佛。为什么礼敬十方佛?因为,"时世无佛",佛已涅槃了;虽有佛(遗体)舍利塔,但只能使人供养作福。"无见经者",没有通达经义而为人宣说的。"不与圣众相遭遇",没有遇到四双、八辈的圣僧。在这佛灭以后,正法衰微,出家众徒有形仪的情形下,恰好十方佛现在说流行,也就自然向十方佛礼敬而修忏悔等行了。

二、忏悔今生与过去生中的恶业:忏悔的本义,是对自己这一生所作恶业,知道错了,请求忏悔。出家与在家的忏法,虽略有不同,但无论是"制教"——律,化教——(阿含)经,都是忏悔这一生——现生所作的恶业。"大乘佛法"的忏悔,不只是今

---

① 《大宝积经》(一九)《郁伽长者会》(大正一一·四七五下)。《郁迦罗越问菩萨行经》(大正一二·二六下)。

生,忏悔到无始以来所作的恶业①。一般熟悉的《普贤菩萨行愿赞》(大正一〇·八八〇上、中)说:

> "我曾所作众罪业,皆由贪欲、嗔恚、痴,由身、口、意亦如是,我皆陈说于一切。"
>
> "礼拜、供养及陈罪,随喜功德及劝请,我所积集诸功德,悉皆回向于菩提。"

《普贤行愿赞》是唐不空所译的。在《四十华严》中,"我曾所作"译为"我昔所造",长行作"我于过去无始劫中";"陈说"与"陈罪",都译作"忏悔"或"忏除"②。可见《华严经》十大愿中的忏悔,是忏悔到无始以来的恶业;"陈罪"与"陈说",还是"说"罪——发露不敢覆藏的古义。无始以来,每一生中都曾造作恶业(也造有善业),在佛法中是公认的。但过去到底造了些什么罪? 一般人是谁也不会知道的。不知道造些什么罪,那又怎样忏悔呢?《普贤行愿赞》总括地说:一切恶业,不外乎贪、嗔、痴(总摄一切)烦恼所引发,依身、语、意而造作,所以在十方佛前,就这样的发露陈说——忏悔了。初期的大乘忏悔法,如《佛说舍利弗悔过经》,忏悔法,是在十方佛前陈说的。先说犯罪的原因是:为贪、嗔、痴烦恼所逼,就是烦恼所发动;不知道佛、

---

① 《增一阿含经》(二四)《高幢品》说:"诸有恶行,已作、当(来)作。或能以贪欲故所造,……或能今身后身无数身,……我今自忏悔,不自覆藏。"(大正二·六二五中)《大宝积经》(二三)《摩诃迦叶会》说:"我当忏悔过去、未来一切诸罪,现在不作。"(大正一一·五〇六中)这二部经,说到忏悔未来的罪业,似乎有点过分了! 未来还没有造作,怎么能忏悔呢?

② 《大方广佛华严经》卷四〇(大正一〇·八四五上、八四七上)。

法、僧;不知道是善是不善。其次,发露陈说自己无始以来的恶业,内容为①:

    1. 恶心出佛身血·谤正法·破僧·杀阿罗汉·杀父·杀母

    2. 十不善业道——自作·教他作·见作随喜

    3. 骂詈诽谤·斗秤欺诳·恼乱众生·不孝父母

    4. 盗塔物·盗僧物·毁佛经戒·违逆和尚与阿阇黎

    5. 毁辱三乘人·恶口毁佛·法说非法·非法说法

    1. 是最重的五无间罪,"大乘佛法"多一毁谤经法的重罪。如《智度论》说:"声闻道中,作五逆罪人,佛说受地狱一劫。菩萨道中,破佛法人,(佛)说此间劫尽,复至他方(地狱)受无量罪"②,如《大品般若经》(四一)《信毁品》所说。2. 十不善业道,是世间最一般的恶行。3. 是世间的恶行。4. 是出家人在佛教内所犯的恶业。5. 一般人对佛、法、僧的毁谤破坏。这些无始以来所作的恶业,其实就是当时大乘佛教所面对的(教内教外的)种种罪恶。现在十方世界有佛,所以向十方佛发露忏悔。自己虽见不到十方佛,十方佛是知者见者,知道自己的罪恶,自己的发露,也能受自己的忏悔。忏悔是希望"净除业障"(经名"灭业障碍"),"愿以此罪,今生轻受";以后不堕三恶道,不生八难(应译为"八无暇"),能在人间(天上)修学

---

① 《十住毗婆沙论》卷五(大正二六·四五中——下)。《佛说舍利弗悔过经》(大正二四·一〇九〇上——中)。《菩萨藏经》(大正二四·一〇八七中)。《大乘三聚忏悔经》小异(大正二四·一〇九一下——一〇九二上)。

② 《大智度论》卷七(大正二五·一〇八下)。

佛道。

大乘忏法，是日三时、夜三时——每天六次在十方佛前忏悔。"佛法"的本义，只忏悔现生所作的恶业，随犯随忏，勿使障碍圣道的修行（僧伽内部，更有维护僧伽清净的意义）。过去生中所作的恶业，可说是不加理会的。重要的是现生的离恶行善，降伏、断除烦恼，如烦恼不起、降伏、断除，身、语、意三业一定清净，能修善以趣入圣道；趣入圣道，那过去的无边业力，一时失却了感报的可能性。"大乘佛法"的易行道，特重忏悔无始以来的恶业（主张离烦恼根本的我法二执的，是智证的大乘），与"佛法"有着非常不同的意义。虽然能真诚忏悔的，时时忏悔的，改往修来，也有离恶行善的作用，然从佛法思想发展来说，这是值得重视的。可能是，佛教界业报说的发达。本来，"四谛"说中，集谛是生死（流转）苦的因缘，内容是"爱"，或说是"无明"与"爱"，这都是以烦恼为生死苦的因素。"缘起"说也是这样；被解说为业的，是"行"（福行、非福行、不动行）与"有"。《杂阿含经》（修多罗）只说到"十善业"与"十不善业"。《中阿含经》与《增一阿含经》，已大大地分别解说了。如《中阿含》的《鹦鹉经》、《分别大业经》，不但说业感总异熟（报）——生人、生天等，还论到同样的人间，有贫富、寿夭等，都是由于业报的不同①。《杂阿含经》（"祇夜"）说到：摩诃男前生悭吝无比，布施了又后

---

① 《中阿含经》（一七〇）《鹦鹉经》（大正一·七〇四下——七〇六上），《中部》（一三五）《小业分别经》（南传一一下·二七五——二八一）。《中阿含经》（一七一）《分别大业经》（大正一·七〇六中——七〇八下），《中部》（一三六）《大业分别经》（南传一一下·二八二——二九五）。

悔；杀异母弟而夺他的财产。所以今生富有而不能受用；没有儿子，死后产业归公；还要堕落地狱①。又如《杂阿含经》（"记说"）中，勒叉那见到种种不同的鬼，说到他们前生所作的恶业②。这种业报故事，非常流行；通俗传布的"本生"与"譬喻"，也多说到前生与今生的业报关系。业报说，可说是印度文化主流的婆罗门教、东方的耆那教所公认的（与佛法的解说不同）。在业报说通俗流布中，一般信众，可能带一些宿命论的倾向。如西元二世纪来中国的安世高，自己说：前生晚年，"当往广州毕宿世之对"；到了广州，路逢一少年，就不明不白的被杀了。这一生中，"吾犹有余报，今当往会稽毕对"。到了会稽，市上有乱，世高又被误杀了③。像这类业报故事，多少有点宿命论倾向。面对世间的人际关系、经济生活、身心病变等，如认为一切由过去业力来决定（忽略了现生因缘的影响），那就会感到自己的无能为力，但又想要去改善它。在"佛法"固有的忏悔制，及或说"一切业皆可转故，乃至无间业亦可令转"④的启发下，就会意想到过去恶业的怎样消解净除，这应该是忏悔宿生恶业的思想来源。

　　"大乘佛法"的六时忏悔，是世俗迷妄行为的净化：业，净除恶业，是印度神教所共信的。有被称为"水净婆罗门"的，以为

---

① 《杂阿含经》卷四六（大正二·三三七上——中）。《相应部》（三）"拘萨罗相应"（南传一二·一五三——一五五）。

② 《杂阿含经》卷一九（大正二·一三五上——一三九上）。《相应部》（一九）"勒叉那相应"（南传一三·三七七——三八七）。《赤铜鍱部·经分别》（南传一·一七五——一八〇）。

③ 《高僧传》卷一（大正五〇·三二三中——下）。

④ 《阿毗达磨大毗婆沙论》卷一一四（大正二七·五九三中）。

在(特定的)水中洗浴,可以使自己的众恶清净,如《瑜伽师地论》说:"妄计清净论者……起如是见,立如是论:若有众生,于孙陀利迦河沐浴支体,所有诸恶皆悉除灭。如于孙陀利迦河,如是于婆湖陀河、伽耶河、萨伐底(沙)河、殑伽河等中,沐浴支体,应知亦尔第一清净。"①《论》义是依据《杂阿含经》、《中阿含经》的。水净婆罗门以为:"孙陀利迦河是济度(得解脱)之数,是吉祥(得福德)之数,是清净之数。若有于中洗浴者,悉能除人一切诸恶。"佛告诉他:"若人心真净,具戒常布萨。……不杀及不盗,不淫、不妄语,能信罪福者,终不嫉于他。法水澡尘垢,宜于是处洗。……若入净戒河,洗除众尘劳,虽不除外秽,能祛于内垢。"②"佛法"是以信三宝、持戒(布萨)、布施、修定等来清净自心,洗净秽心(二十一心秽)与恶业的。从水中洗净罪恶,得生天、解脱,是印度神教的一流。后代,似乎特重殑伽——恒河,如《大唐西域记》说:"殑伽河……彼俗书记,谓之福水。罪咎虽积,沐浴便除。轻命自沉,生天受福。死而投骸,不堕恶趣。扬波激流,亡魂获济。"③"水净"的末流,真是迷信得到家了!净除罪恶,不只净除今生所作的,也是净除与生俱来的罪恶。如犹太教以为:人的老祖宗犯了罪,从此子子孙孙,生下来就有罪恶。耶稣以前,就有呼吁人"悔改"而从水得清净的。耶稣从施浸者约翰,在约旦河浸浴,而得到宗教的经验。所以后来的基督教,

---

① 《瑜伽师地论》卷七(大正三〇·三一二中)。

② 《杂阿含经》卷四四(大正二·三二一上——中)。《别译杂阿含经》卷五(大正二·四〇八中——下)。《中阿含经》(九三)《水净梵志经》(大正一·五七五下——五七六上)。《中部》(七)《布喻经》(南传九·五九——六一)。

③ 《大唐西域记》卷四(大正五一·八九一中)。

信徒的悔改信神,要受"浸礼";多数改用象征的"洗礼",以表示原罪的净除。"浸礼"只一次(平时从祈祷中悔改),而印度的"水净"者,却是时常洗浴求净的。如《方广大庄严经》说:"或一日一浴,一日二浴,乃至七浴。"①每天多次洗浴,是为了净除诸恶而达到解脱。《别译杂阿含经》说:"具戒常布萨……法水澡尘垢。"②以善法来净除内心垢秽,不是沐浴那样吗!受戒、布萨,是不离忏悔的,那么六时忏悔,净除无始以来的恶业,不是与一日多次沐浴求清净有同样的意义吗?当然,大乘的六时忏悔,没有那种从沐浴求净的古老迷信了。向十方佛六时忏悔,净除业障,可以解决业报说通俗发展所引起的问题,也适应、净化了世俗"水净"的迷妄行为,在"大乘佛法"兴起中发展起来。

三、忏悔罪过涵义的扩大:业障,本是指五无间罪说的。犯了五无间罪,即使忏悔,现生也不可能悟入正法,所以名为业障。没有归信三宝以前,犯杀、盗等重罪;归依或出家的,如违犯佛所制的戒律,对修行也是有障碍的。所以《普贤行愿品》所说的"忏悔业障",不限于五无间罪,而是广义的,通于一切不善业。忏悔是犯罪——造作不善业者的发露忏悔,所以忏悔是对不善业而说的。但在六时忏悔的流行中,忏悔有了进一步的扩张,不再限于业障了,如隋阇那崛多共笈多译的《大乘三聚忏悔经》(大正二四·一〇九一下)说:

> "是众生等有诸业障,云何忏悔?云何发露?谓烦恼

---

① 《方广大庄严经》卷七(大正三·五八一上)。
② 《别译杂阿含经》卷五(大正二·四〇八下)。

障、诸众生障、法障、转后世障，云何忏悔？云何发露？"

这是忏悔五种障——业障，烦恼障，众生障，法障，转后世障。同本异译的，安世高所译《舍利弗悔过经》，没有说到。梁僧伽婆罗译的《菩萨藏经》也没有说到，只说："从无始生死以来所造恶业，为一切众生障碍"；"欲得于一切诸法清净无有障碍，应当如是忏悔诸恶业障"①。但五种障说，古来就已有了，如西晋竺法护译的《文殊悔过经》说："以此功德，自然弃除五盖之蔽。"②同时的聂道真所译《三曼陀跋陀罗菩萨经》，立"五盖品第一"。经文说："一切诸罪盖、诸垢盖、诸法盖悉除也。"③盖，显然是障的异译。罪盖是业障，垢盖是烦恼障，法盖是法障，虽只说三种，而法盖与五障中的法障，无疑是相同的。与阇那崛多同时的那连提耶舍译出《日藏经》与《月藏经》，有四障说④：

> 1."彼人所有无量生死恒沙业障、众生障、法障、烦恼障，能障一切善根，未受、未尽、未吐者，如是等业皆悉灭尽。"

> 2."一切业障、烦恼障、法障——罪业皆尽，惟除五逆、破毁正法、毁谤圣人。"

> 3."彼诸天、龙乃至迦吒富单那，向彼菩萨摩诃萨边，

①　《菩萨藏经》（大正二四·一〇八七中、下）。
②　《佛说文殊悔过经》（大正一四·四四二上）。
③　《三曼陀跋陀罗菩萨经》（大正一四·六六六下）。
④　1.《大方等大集经》卷三五《日藏分》（大正一三·二四三上）。2.《大方等大集经》卷四三《日藏分》（大正一三·二八六上）。3.《大方等大集经》卷四八《月藏分》（大正一三·三一五下）。

忏悔业障、众生障、法障、烦恼障。"

在以上三文中,除第二外,都说忏悔四种障;四障就是五种障中的四障。五障与四障的意义,可能众生障是异熟(报)障,法障指修学大乘法的障碍。虽意义不明显,但有烦恼障在内,是确然无疑的。烦恼,怎么也可以忏悔呢?我以为,这是西域变了质的佛法。竺法护与聂道真,是西元三世纪后半世纪的译师。法护世居敦煌,"随师至西域,游历诸国。……大赍胡经,还归中夏"①;护公所译的经本,是从西域来的。阇那崛多与那连提黎耶舍,是西元六世纪中后的译师,所译的经本,是"齐僧宝暹、道邃、僧昙等十人,以武平六年,相结同行,采经西域。往返七载,将事东归,凡获梵本二百六十部"②,也是从西域来的。从西元三世纪到六世纪,从西域来的经本,都有忏悔四障、五障说,所以四障、五障说,决非偶然的误译。佛经从北印度而传入西域,西域的文化低,对佛法的法义缺少精确的认识,如佛法初传我国,汉、魏、晋初期,对佛法的误解很多。西域流行的佛法,强调通俗的忏悔,因误传误,演化出忏悔三障、四障、五障的异说。印度所传的正统论义,是没有这种见解的。经本从西域来,推定为西域佛教的异说,应该是可以采信的。后魏北印度三藏菩提流支,译出《佛名经》十二卷。有人扩编为三十卷,也就是叙列一段佛名(加上经名、菩萨名),插入一段文字;每卷末,附入伪经《大乘莲华宝达问答报应沙门经》一段。插入的忏悔文,文章写

---

① 《高僧传》卷一(大正五〇·三二六下)。
② 《续高僧传》卷二(大正五〇·四三三下——四三四上)。

得相当好,如说:"然其罪相,虽复无量,大而为语,不出有三。何等为三? 一者烦恼障,二者是业障,三者是果报障。此三种法,能障圣道及以人天胜妙好事,是故经中目为三障。所以诸佛菩萨教作方便忏悔,除灭此三障。""如此忏悔,亦何罪而不灭,亦何障而不消! ……经中道言:凡夫之人,举足动步,无非是罪。……此三种(障)法,更相由籍,因烦恼故所以起恶业,恶业因缘故得苦果,……第一先应忏悔烦恼障。"①这不是译出的经,是中国人纂集编写的忏法。丽藏本附记说:"心知伪妄,力不能正,末法之弊,一至于此,伤哉!"②忏悔三障,是这部《佛名经》所明说的。西域流行的妄说,影响中国佛教,极其深远!

　　以上是所忏悔法的扩大。还有能忏悔法的扩大,如智者大师《摩诃止观》的"五悔"。五悔是:忏悔,劝请,随喜,回向,发愿。前四事,如《舍利弗悔过经》,也就是《十住毗婆沙论》所引的经说。易行道的四事,加发愿而称之为五悔。忏悔只是一事,智者以为"忏名陈露先恶,悔名改往修来"(中国自己的解说,与原义不合),所以总名为五悔:"行此忏悔,破大恶业罪;劝请破谤法罪;随喜破嫉妒罪;回向破为诸有罪"(没有说发愿破什么罪)③。"悔"的本义是"说",是陈说已罪;智者解说为"改往修来",意义通泛不切。修行善法的,一定会对治(破)不善;如称为"悔",那一切善行都是悔了。在习惯用语中,悔就是忏悔,于是易行道的方便,除念佛往生净土外,几乎都统一于忏悔了。近

① 《佛名经》卷一(大正一四·一八八中),又卷一(大正一四·一八九上)。
② 《佛名经》卷一(大正一四·一九一中)。
③ 《摩诃止观》卷七下(大正四六·九八上——下)。

代中国的通俗佛教,难怪以经忏佛事为代表了。

罪业——不善业,真的可依忏悔而除灭吗?龙树有明确的说明,如《十住毗婆沙论》卷六(大正二六·四八下——四九上)说:

> "我不言忏悔则罪业灭尽,无有报(异熟)果;我言忏悔罪则轻薄,于少时受。是故忏悔偈中说:若应堕三恶道,愿人身中受。……又如阿阇世害得道父王,以佛及文殊师利因缘故,重罪轻受。"

依《十住毗婆沙论》意,忏悔业障,并不能使罪消灭了,只是使罪业力减轻,"重罪轻受"。本来是要在来生,或后后生中受重报的,由于忏悔善,现在人中轻受,重罪业就过去了。《金刚般若经》说:"善男子、善女人受持读诵此经,若为人轻贱,是人先世罪业应堕恶道,以今世人轻贱故,先世罪业则为消灭。"[1]读诵经典而能消(重)罪业,与《毗婆沙论》意义相同。不过,后起的经典极多,取意不同,有些是不能这样解说的。

第三节 称名念佛除业障

"念佛三品",是昼夜六时,在十方佛前进修的。对佛的称名、忆念、礼拜,就是念佛。信佛念佛,以佛为理想,净除一切业障,随喜,劝请,回向于佛道,是广义的念佛法门,容易往生净土,不退菩提心而决定成佛。在流传中,念佛是通俗化(及深化)

---

① 《金刚般若波罗蜜经》(大正八·七五〇下)。

的,除业障是重要的一项,这里略为叙述。

"念佛三品",泛说十方现在一切佛。在一般信众心目中,虽确信十方有佛,偶尔说到某方某某佛,对十方佛现在来说,不免抽象而缺乏亲切感。所以大乘经中,举出十方十佛的名字,作为称名、忆念、礼拜的对象,可以除业障而得不退等功德,如《十住毗婆沙论》卷五(大正二六·四一中)说:

> "或有以信方便易行疾至阿惟越致不退转者,如偈说:东方善德佛,……上方广众德(佛),如是诸世尊,今现在十方。若人疾欲至,不退转地者,应以恭敬心,执持称名号。"

这是现在十方一切佛中,每一方举出一佛的名号。善德等十方十佛,虽然后来不太受佛教界的注意,但在"大乘佛法"开展中,这可能是最早出现的十方十佛,受到重信行的大乘所尊重。如龙树《十住毗婆沙论》,论到称名忆念,首先说到了善德等十方十佛。东晋佛陀跋陀罗所译的《观佛三昧海经》,说到东方善德佛等的本行——一师九弟子,以"往诣佛塔,礼拜佛像,……说偈赞叹"因缘,现在十方成佛;又说观十方佛——东方善德佛等。刘宋昙摩蜜多所译《观普贤菩萨行法经》,也说到"东方善德佛,……南方有佛名栴檀德"。梁僧伽婆罗所译的《菩萨藏经》(《三品经》的异译),也列有善德等十方十佛的名字(译名略异)①。这可见善德等十方十佛,在初期的信行大乘中的重要

---

① 《观佛三昧海经》卷九(大正一五·六八八中——下),又卷一〇(大正一五·六九四上——下)。《佛说观普贤菩萨行法经》(大正九·三九二中)。《菩萨藏经》(大正二四·一〇八七上)。

了。这是出于《宝月童子所问经》的,如赵宋施护所译《大乘宝月童子问法经》说:"若有众生,经刹那间,至须臾之间,闻我十佛名号,闻已恭敬受持、书写、读诵、广为人说,所有五逆等一切罪业悉皆消除;亦不堕地狱、旁生、焰魔罗界鬼趣;于无上正等正觉,速得不退";"闻此十佛名号,恭敬受持、书写、读、诵,信乐修行,所有无量无边福德悉得具足,三业之罪亦不能生"①。闻十方佛而"执持称名号",受持、读、诵、为人说,五逆在内的一切罪业都可以消灭,一切福报都可以具足,速得不退。这样的"念佛灭罪",与佛前的忏悔罪业,多少不同。依经说,这是十方佛于过去为菩萨时"发愿"如此。

闻佛名号而灭罪的经典不少,如元魏吉迦夜所译《佛说称扬诸佛功德经》,广说六方诸佛的名号与功德,例如说②:

1."其有得闻宝海如来名号者,执持、讽诵,欢喜信乐,其人当得七觉意宝,皆当得立不退转地,疾成无上正真之道,却六十劫生死之罪。"

2."其有得闻宝成如来名号者,执持、讽诵,以清净心欢喜信乐,却五百劫生死之罪。"

3."其有得闻宝光明如来名者,(执)持、讽诵、读,欢喜信乐,五体投地而为作礼,却二十万劫生死之罪。"

这一类文句,经中着实不少,都是闻佛名号,以信心清净,去执持、读、诵的功德。原则地说,都"住不退转,必得无上正真之

---

① 《大乘宝月童子问法经》(大正一四·一〇八下、一〇九中)。
② 《佛说称扬诸佛功德经》卷上(大正一四·八七上、中、下)。

道"的。所说"却××劫生死之罪",意思是说:在修行成佛的过程中,可以少经多少劫生死。这如释尊在过去生中,七日七夜,以一偈赞底沙佛,超越了九劫。所以"生死之罪",不一定是恶业,而是泛称能感生死果报的有漏业。这部经特别称赞阿閦佛,魔波旬说:"宁使捉持余千佛名,亦劝他人令使学之,不使捉持阿閦佛名。其有捉持阿閦如来名号者,我终不能毁坏其人无上道心。"①其实,一切佛功德是一致的。姚秦鸠摩罗什所译《千佛因缘经》,与《称扬诸佛功德经》有同样的意趣,如说:"时千圣王闻千佛名,欢喜敬礼,以是因缘,超越九亿那由他恒河沙劫生死之罪";"若有善男子、善女人,闻是佛名,恒得值佛,于菩提心得不退转,即得超越十二亿劫极重恶业"②。晋竺法护译《佛说宝网经》,说六方诸佛的功德,也说:"闻彼佛名,信乐不疑,……越若干百千亿姟生死之难,立在初学,疾逮无上正真之道。"③唐义净译《受持七佛名号所生功德经》也这样说:"若有得闻彼佛名者,便超百千俱胝大劫生死长夜流转剧苦。"④唐菩提流志编译的《大宝积经》(三四)《功德宝花敷菩萨会》,说十方十佛,东方名"无量功德宝庄严威德王如来,……受持彼佛名者,即能灭除六十千劫生死之罪"⑤。赵宋施护所译《佛说大乘大方广佛冠经》,说六方佛及六方佛的上首菩萨,也处处说到:"能称念受持

---

① 《佛说称扬诸佛功德经》卷上(大正一四·八七下)。
② 《千佛因缘经》(大正一四·六八中、七〇中)。
③ 《佛说宝网经》(大正一四·八四上)。
④ 《受持七佛名号所生功德经》(大正一四·一〇七中)。
⑤ 《大宝积经》(三四)《功德宝花敷菩萨会》(大正一一·五六五上)。

者，……当得不退转于阿耨多罗三藐三菩提，三十千劫中背于生死。"①宋昙无竭译《观世音菩萨授记经》说："得闻过去金光师子游戏如来，善住功德宝王如来名者，皆转女身，却四十亿劫生死之罪。"②上来所引经文，所说的"却"、"背"、"超"、"越"、"超越"，或者说"灭"生死罪业，意义是一样的，都是由于听闻佛的名号，信心清净，受（执）持名号、读、诵，因而发菩提心，"恒得值佛"，闻法修行，所以能不为生死业力所障碍，能决定不退转于无上菩提。"却生死业"与"不退菩提"，与念佛法门有着重要的关系。"大乘佛法"时代，甚深的、难行的法门以外，重信的易行法门相当的流行，所以专说佛名的经典不断地传出，所出的佛名非常多。竺法护译出的《贤劫经》，就说了贤劫千佛的名字与因缘，因缘都是从见佛、供养、发心而来的，并说到："若有闻（佛）名百一，斯等不久成佛正觉。"③不知是谁译（或集）出的《过去庄严劫千佛名经》、《现在贤劫千佛名经》、《未来星宿劫千佛名经》。现在有两种本子：一本以说佛名为主；一本于佛名中，夹入忏悔词，这显然是经过中国佛弟子的增补。元魏菩提流支译出的《佛说佛名经》十二卷，可说集佛名的大成。这是从各种经中集出来的，所以也偶尔（依经）这样说："若人受持、读、诵是佛名，超越世间不可数劫"；"若善男子、善女人，十日礼拜、读、诵是诸佛名，远离一切业障，永灭诸罪"④。三十卷本的《佛名经》，

①　《佛说大乘大方广佛冠经》卷上（大正一四·一一〇中）。
②　《观世音菩萨授记经》（大正一二·三五七中）。
③　《贤劫经》卷七·八（大正一四·五〇中——六三中）。
④　《佛说佛名经》卷六（大正一四·一四四上），卷三（大正一四·一二九中）。

是依据这部经,中国人编成的忏仪。隋阇那崛多译的《五千五百佛名神咒除障灭罪经》,八卷,说"四千七百二十五如来"。约在千五百五十佛,到千七百五十佛间,说佛名与咒语。这应该本是《佛名经》,只是传来的时代迟了些,在流传中,为秘密行者附入了咒语,所以体例不能一致。诸佛名号的广泛传出,虽未必为甚深智证行者所重视,但重信的、易行的方便,在普及一般的信众中,显然是受到尊重信受的。从翻译者来看,这主要是北印度与西域传来的。

众多如来名号的传出,可以满足十方三世诸佛的信念。但忏悔也好,除业障也好,得不退转菩提也好,佛太多了,会使一般信众无所适从的,于是有举出特定的部分佛名,作为受持、忏悔对象的必要。如《大宝积经》(二四)《优波离会》(大正一一·五一五下——五一六中)说:

> "舍利弗! 若有菩萨犯波罗夷者,应对清净十比丘前,以质直心殷重忏悔。犯僧残者,对五净僧殷重忏悔。若为女人染心所触,及因相顾而生爱著,应对一、二清净僧前殷重忏悔。"

> "舍利弗! 若诸菩萨成就五无间罪,犯波罗夷,或犯僧残戒,犯塔,犯僧及犯余罪,菩萨应当于三十五佛前,昼夜独处,殷重忏悔。……众罪皆忏悔,诸福尽随喜,及请佛功德,愿成无上智。"

> "舍利弗! 菩萨应当一心观此三十五佛而为上首,复应顶礼一切如来,应作如是清净忏悔。菩萨若能灭除此罪,尔时诸佛即现其身,为度一切诸众生故,示现如是种

种之相。"①

《优波离会》是阐明大乘律——毗尼的,竺法护初译,名《佛说决定毗尼经》。唐不空也译出《佛说三十五佛名礼忏文》部分。戒律是与忏悔有关的,所以说到菩萨的忏悔。菩萨在僧中的忏悔,与"佛法"的律制不同。如犯波罗夷的,律制是逐出僧团,不可忏悔的②;而现在在十清净比丘前,就可以忏悔出罪了。犯僧残的,律制从二十清净比丘出罪,现在有五清净比丘就可以了。这是大乘的宽容精神,其实也是犯重戒的(菩萨)比丘越来越多,清净比丘越来越少,不得不降低标准。如说一切有部的律师们,也说犯波罗夷的一部分,不失僧格了③。对于菩萨——出家或在家的所犯一切罪,别制大乘忏悔法:称念三十五佛名字,"南无释迦牟尼佛,……南无宝莲花善住娑罗树王佛";于佛前忏悔、随喜、劝请(回向),与《三品经》相近,而且也是为舍利弗说的。三十五佛中,以释尊为首,初期的大乘行者,还没有忽视这一世界的佛法根源。经说"菩萨若能灭除此罪"的,诸佛现身,现种种相,这所以被称为"取相忏"。这不是称佛名号,照本诵一遍就可以,这是要"一心观此三十五佛","昼夜独处,殷勤忏悔",以诸佛现种种相,证明罪业的清净。这是从"称名"而引入"观相",也不太容易(但不能说是甚深法门)了。但世间总是引向通俗的,如《佛说三十五佛名礼忏文》末说:"五天竺国修行

① 《佛说决定毗尼经》(大正一二·三八下——三九中)。
② 犯淫戒的,如当下不覆藏,准予例外的忏悔,但只能以"与学沙弥"身份出家。
③ 《阿毗达磨俱舍论》卷一五(大正二九·七九上——下)。

大乘人，常于六时礼忏不阙，功德广多，文烦不能尽录，但依天竺所行者略记之。"①这与《文殊发愿经》等，为大乘行者所日常持诵，情形是一样的。

宋畺良耶舍所译《观药王药上二菩萨经》，主要是说药王、药上二位菩萨的功德与观法。说到过去世的五十三佛，普光佛……一切法常满王佛。听闻五十三佛名的，百千万亿劫不堕恶道；称五十三佛名的，生生世世见佛；至心礼敬五十三佛的，能"除灭四重、五逆及谤方等（经），皆悉清净，以是诸佛本誓愿故，于念念中即得除灭如上诸罪"。经上（大正二〇·六六四上——中）说：

> "若有众生欲得除灭四重禁罪，欲得忏悔五逆、十恶，欲得除灭无根谤法极重之罪，当勤诵上（文所说）药王、药上二菩萨咒；亦当敬礼上（文所说须弥灯光明等）十方佛；复当敬礼过去七佛；后当敬礼五十三佛；亦当敬礼贤劫千佛；复当敬礼三十五佛；然后遍礼十方无量一切诸佛。昼夜六时，心想观想明利，犹如流水（念念相续），行忏悔法，然后系念念药王、药上二菩萨清净色身。"

五十三佛，是过去佛，由于佛的"本愿"，所以至心敬礼五十三佛的，有除灭罪业的功德。经上说到了出于《优波离会》的三十五佛，又有咒语，比《优波离会》的传出，显然要迟一些。虽说"忏悔"，实与三十五佛的忏悔法不同。"闻汝等二菩萨名，及闻

---

① 《佛说三十五佛名礼忏文》（大正一二·四三中）。

我等十方佛名,即得除灭百千万劫生死之罪";"敬礼诸佛因缘功德力故,即得超越无数亿劫生死之罪"①。这是闻名、礼拜而能除灭生死罪,与忏悔的意义不切。五十三佛是过去佛,与《三品经》在现在十方佛前忏悔不同。经中广明观二位菩萨的清净身相;一再说临命终时,随意往生诸净土,与畺良耶舍(禅师)的另一译籍——《观无量寿经》,性质相同。但中国古德,将三十五佛与五十三佛,综合为同一"忏悔文",一直流传到现在。此外,还有二十五佛说,如《佛名经》中,佛为舍利弗说的,东方二十五佛名号:"诵念此二十五佛名,日夜六时,忏悔满二十五日,灭四重、八禁等罪。"②不知这是依什么经集出的,意义与上二部大同。说到"念佛灭罪"的教典极多,这里略举重要的而已。

在十方佛前,称名、忆念、礼拜、修忏悔、随喜等,是"信方便易行道"。从对僧伽的忏悔演化而来,是"自力"的广义"念佛"法门。在过去或现在的十方佛前,礼拜、称名、观想等,能却多少劫的生死罪业,都由于佛的"本愿"力,虽须要自己的礼拜、称名、观想,而实含有"他力"——佛力加持的意义。称佛名号,如人的"呼天"、"叫娘"一样,在一般人心中,极容易存有请求援助的意味。念佛的从"自力"而向"他力"发展,举一例就可明白。上面曾引《智度论》,由于大家称念佛名,免除摩竭鱼王的险难。理由是:鱼王前生是佛弟子,所以听见了"南无佛"的声音,就闭口而免了一船人的被吞没③。这一传说,没有"佛力救护"的意

---

① 《佛说观药王药上二菩萨经》(大正二〇·六六二上、六六四上)。
② 《佛说佛名经》卷八(大正一四·一五九下——一六一下)。
③ 《大智度论》卷七(大正二五·一〇九上)。

义。然对免难的故事来说，理由是不太圆满的，如鱼王前生不是佛弟子，那称念"南无佛"，不是就无效了吗？这一佛教界的传说，应有"他力"的意义，如高齐那连提耶舍所译《大悲经》卷三（大正一二·九五七中——下）说：

> "过去有大商主，将诸商人入于大海。到彼海已，其船卒为摩竭大鱼欲来吞噬。……商主偏袒右肩，右膝着地住于船上，一心念佛，合掌礼拜，高声唱言：南无诸佛！得大无畏者，大慈悲者，怜悯一切众生者！如是三称。时诸商人，亦复同时合掌礼拜，……如是三称。尔时，彼摩竭鱼闻佛名号，礼拜音声，生大爱敬（心），得不杀心，时摩竭鱼闻即闭口。阿难！尔时商主及诸商人，皆悉安隐，得免鱼难。"

鱼王闻佛名号，起不杀心，商人们免于死亡，这是佛力。《思惟要略法》说得更明确："念佛者，令无量劫重罪微薄，得至禅定。至心念佛，佛亦念之。如人为王所念，怨家、债主，不敢侵近。"①人念佛，佛也念人，就凭佛力的庇护而得到平安。这是明确的"他力"说，如以此义来解说念佛而免鱼王之难的故事，不是更合理吗？在"大乘佛法"的开展中，易行方便几乎都"他力"化了。不只是念佛，也念菩萨，如《十住毗婆沙论》叙述念十方十佛后，接着说："阿弥陀等佛，及诸大菩萨，称名一心念，亦得不退转。"②大菩萨③是得无生法忍以上的，大乘经所说大菩萨，

---

① 《思惟要略法》（大正一五·二九九上）。
② 《十住毗婆沙论》卷五（大正二六·四二下）。
③ 《十住毗婆沙论》卷五所说的大菩萨，从善眼菩萨到睒菩萨，都是释尊"本生"中的菩萨（大正二六·四四下）。

多数是他方世界来的；如是这一世界的，也是不可思议，信仰中的菩萨。菩萨未必有僧伽组织，但念菩萨就是念菩萨僧，也可说念未来佛。吴支谦译《八吉祥神咒经》与竺法护异译的《八阳神咒经》，都附有八大菩萨①。失译附《后汉录》的《六菩萨名亦当诵持经》、赵宋法贤译的《八大菩萨经》②，都是念菩萨的短篇。

第五章 往生极乐净土

第一节 弥陀净土与三辈往生

菩萨在发心修行的过程中，不退菩提心是最重要的。于菩提心得不退转，才能不断进修，成就佛道。如退失了菩提心，那就是退转——退入二乘，或退在五趣生死，那就不能成佛了。可是菩萨道广大难行，容易退失，非怯劣众生所能成办，所以经说"往生净土"的易行道。中国佛教界说到"净土"，似乎就是西方极乐世界；说到"往生"，就是往生西方：这表示了中国佛教界对往生西方极乐净土信仰的普遍、深远。如依"大乘佛法"来说：十方的清净国土，是无量无数的。"往生"是死此往彼的一般用语，如往生天上、往生地狱。以"往生净土"来说，"十方净土，随愿往生"，所以也并不等于往生西方极乐国土。然往生西方极

---

① 《佛说八吉祥神咒经》（大正一四·七三上）。《佛说八阳神咒经》（大正一四·七四上）。

② 《六菩萨名亦当诵持经》（大正一四·七五二上——中）。《佛说八大菩萨经》（大正一四·七五一下——七五二上）。

乐,在大乘经中有它独到的意义,这才会形成中国净土宗那样的
盛况。

　十方的净土虽多,然专说净土的经典并不太多。主要是东
方不动——阿閦佛的妙喜净土,西方阿弥陀佛的极乐净土。大
乘经中,说到这东西二佛与二净土的非常多,可说二净土是旗鼓
相当。但说东方阿閦佛土的,仅有《阿閦佛国经》一部(二种译
本),而说西方阿弥陀佛净土的,有三部经,更多的译本。差别
的理由何在? 阿閦佛净土是重智证的甚深行,阿弥陀佛净土是
重信的易行道;在通俗普及的情况下,念阿弥陀佛,往生极乐净
土的法门,当然要比阿閦佛净土法门盛行得多了。其实,在中国
佛教界,阿閦净土法门,可说已经忘失了。

　专明阿弥陀佛净土的经典,汉译的有三部。一、大本《阿弥
陀经》,共存五种译本,经考定为:1.《阿弥陀三耶三佛萨楼佛檀
过度人道经》,二卷,(传为吴支谦译,)后汉支娄迦谶译。2.《无
量清净平等觉经》,四卷,(传为支娄迦谶译,或作曹魏白延译,)
吴支谦译。这二部,是二十四愿的古本。3.《无量寿经》,二卷,
(传为曹魏康僧铠译,)晋竺法护译。4.编入《大宝积经》的《无
量寿如来会》,二卷,唐菩提流志译。这二部,是四十八愿本。
《无量寿经》保存了"五大善"(五戒)及乞丐与国王的譬喻,可
说是从二十四愿到四十八愿间的经本。5.《大乘无量寿庄严
经》,三卷,赵宋法贤译,是三十六愿本①。二、小本《阿弥陀经》,
有两种译本:1.《佛说阿弥陀经》,一卷,姚秦鸠摩罗什译。

────────────

　① 参阅拙作《初期大乘佛教之起源与开展》第十一章(七五九——七六二,本
版六四七——六五○)。

2.《称赞净土佛摄受经》,一卷,唐玄奘译。小本虽不说阿弥陀佛的本愿,也没有说到三辈(九品)往生,然叙述极乐国土的依正庄严,而劝人念佛往生,简要而容易持诵,所以最为流通。三、《佛说观无量寿经》,一卷,宋畺良耶舍译。立十六观,九品往生,是属于观相念佛的。

在十方佛净土中,阿弥陀佛与极乐净土的特胜是:在弥陀净土法门集出时,表示了一项信念:一切佛中的阿弥陀佛,一切佛土中的极乐国土,是最殊胜的。阿弥陀佛初发心时,是世自在王门下的出家弟子——法藏。法藏菩萨愿求佛道,希望成佛时的国土,在一切佛国土中是最理想的。世自在王如来为他显示了二百一十亿佛国土(唐译作"二十一亿",宋译作"八十四百千俱胝")。在这么多的佛国土中,选取最理想的,综合为一,从菩萨大行中,成就圆满庄严的净土。换言之,这不是某一净土所可及的,这是集一切净土庄严的大成,所以"令我为世雄,国土最第一"了。依菩萨大行而庄严佛土,成佛也就胜过一切佛,如初发大心时说:"于八方上下诸无央数佛中最尊。"①如来智慧光的殊胜,表示身光明第一,如说:"阿弥陀佛光明最尊,第一无比,诸佛光明皆所不及也。""阿弥陀佛光明姝好,胜于日月之明,百千亿万倍。诸佛光明中之极明也!光明中之极好也!光明中之极雄杰也!光明中之快善也!诸佛中之王也!"②经中广说诸佛的

---

① 《佛说阿弥陀三耶三佛萨楼佛檀过度人道经》卷上(大正一二·三〇〇下)。

② 《佛说阿弥陀三耶三佛萨楼佛檀过度人道经》卷上(大正一二·三〇二中——三〇三上)。

光明差别,极力赞扬阿弥陀佛为"诸佛中之王",表示了阿弥陀佛第一的意境。依"佛法"说:诸佛的法身是平等的,而年寿、身光、国土等,是有差别的。依"大乘佛法"说:佛与佛是平等的,但适应众生的示现方便,是可能不同的。这样,阿弥陀佛与极乐净土的最胜第一,虽不是究竟了义说,而适应世间(印度)——多神中最高神的世俗心境,在"为人生善"意趣中,引发众生的信向佛道,易行方便,是有其特殊作用的! 这可以说到佛的名号:阿弥陀,是"无量"的意思。无数无量,"佛法"是形容涅槃的。与阿弥陀音声相近的阿弥利哆,意译为甘露,也是表示涅槃的。涅槃——现实生死的"彼岸","佛法"是究竟寂灭;"大乘佛法"是毕竟寂灭中,起不思议的妙用。据大本的古译本,阿弥陀(在一切无量中)特重于光明的无量,所以也名阿弥陀婆,也就是无量光佛。如《往生咒》作"南无阿弥多婆耶,哆他伽多夜"(南无无量光如来)。《楞严咒》作"南无阿弥多婆耶,跢他伽多耶,阿啰诃帝,三藐三菩陀耶"(南无无量光如来、应、正遍知)。《普贤行愿品》也说:"速见如来无量光。"[1]光明与清净的音相近,所以古译经名为《无量清净平等觉经》。这都可以看出,无量光是阿弥陀——无量佛的主要意义。这使我们想起了东西二大净土:东方阿閦佛土,如旭日东升,象征了菩萨的初发大心,广修六度万行,长劫在生死世间度众生,而归于成佛、入涅槃,是重智的。西方阿弥陀佛土,如落日潜晖,不是消失了,而是佛光辉耀于那边——彼土(彼岸,也就是涅槃异名),重于佛德的摄受,

---

① 《大方广佛华严经》卷四〇(大正一〇·八四八上)。《普贤菩萨行愿赞》(大正一〇·八八一上)。

重于信行。这所以极乐世界在西方。佛告阿难："西向拜,当日
所没处,为阿弥陀佛作礼。"①十六观中,初观落日,"见日欲没,
状如悬鼓"②。阿弥陀佛起初是重于无量光的,应有适应崇拜光
明善神的世俗意义,但晋竺法护译本以下,都作无量寿佛了。生
命的永恒,是世间众生所仰望的,所以有"长生成仙"、"永生天
国"的宗教。无量光明——慧光普照与慈光的摄受,对一般信
众来说,不如无量寿,所以后代都改为"无量寿"了。小本《佛说
阿弥陀经》(大正一二·三四七上)说:

> "彼佛何故号阿弥陀?舍利弗!彼佛光明无量,照十
> 方国,无所障碍,是故号为阿弥陀。又,舍利弗!彼佛寿命,
> 及其人民,无量无边阿僧祇劫,故名阿弥陀。"

鸠摩罗什的译本,以阿弥陀——无量佛为本,综合了无量光
明与无量寿命,还是无量光在先。玄奘译本及现存梵本,以无量
寿在先而无量光在后,这是适应世俗所起的转化。

阿弥陀佛因地,发二十四大愿(或三十六愿,或四十八愿),建
立清净庄严的佛土。生在这佛国中的,有种种功德,特别是:十方
世界众生,发愿往生阿弥陀佛国的,一定能往生极乐,当然是有条
件的,也是有高低的。经有三辈往生说,各本略有出入,如下③:

---

① 《佛说阿弥陀三耶三佛萨楼佛檀过度人道经》卷下(大正一二·三一六中)。
② 《佛说观无量寿佛经》(大正一二·三四二上)。
③ A.《佛说阿弥陀三耶三佛萨楼佛檀过度人道经》卷下(大正一二·三〇九
下——三一一上);《佛说无量清净平等觉经》卷三(大正一二·二九一下——二九
三上)。B.《佛说无量寿经》卷下(大正一二·二七二中——下)。C.《大宝积经》
(五)《无量寿如来会》(大正一一·九七下——九八上)。D.《佛说大乘无量寿庄严
经》卷上(大正一二·三二三中——下)。

A.		B.		C.	D.
上	去家作沙门·作菩萨道·奉行六度·慈心精进·不嗔不贪·常念至心不断绝	上	舍家作沙门·发菩提心·修诸功德·一向专念无量寿佛	发菩提心·专念无量寿佛·恒殖众多善根·发心回向愿生彼国	闻此经典受持读诵书写供养·昼夜相续求生彼刹
中	在家布施·深信佛语·饭沙门·起寺塔供养·慈心精进·斋戒清净·不嗔断爱·一日一夜不断绝	中	发无上菩提心·一向专念·多少修善·饭沙门·起塔像供养·奉持斋戒	发菩提心·不能专念·不种众多善根·随己修行诸善功德·回向愿欲往生	发菩提心·持戒不犯·饶益有情·所作善根回向·忆念无量寿佛及彼国土
下	断爱欲·不嗔怒·慈心精进·斋戒清净·念欲往生·昼夜十日不断绝	下	发无上菩提心·一向专意乃至十念·闻深法信乐不疑·乃至一念念于彼佛	住大乘·清净心向无量寿佛乃至十念·闻深法信乐不疑·乃至一念净心念无量寿佛	发十种心——十善·昼夜思惟极乐国依正庄严·志心归依·顶礼供养

　　上表所列的，A. 是汉、吴的古译——二十四愿本；B. 是晋译，C. 是唐译，都是四十八愿本；D. 是赵宋译的三十六愿本。念阿弥陀佛而往生极乐世界的，A. B. 分上、中、下——三辈人；C. D. 没有说“三辈”，但显然也有高下的三类差别。依 A. 本说：上辈是出家的，修菩萨道的；中辈是在家的，广修供僧、建寺、起（佛）塔等供养功德，斋戒（五戒及八关斋戒）清净的；下辈也是（在家）斋戒清净的。三辈往生的，都是不贪不嗔、慈心精进的。

所以分上中下三辈,在乎生前的智慧、福德不同,而戒行清净,却是一致的。B. 本大致与 A. 本相同,但三辈都是发菩提心的。C. 本没有说到出家与在家。三类人中,初是发菩提心而广殖众多善根的;中是多少修善根的;后是心住大乘,闻深法而信乐不疑的。依初后来说,中类也应是心住大乘,与 B. 本相同。三类的差别,是广殖善根、不广殖善根、少少殖善根的不同。D. 本:初是对《阿弥陀经》的受持、读、诵、书写、供养,与“念法”的易行方便相同;中是发菩提心,持戒,饶益有情的;后是行十善的。晚出的经本,出入很大! 但总之,三辈的高下,虽与念佛有关,而主要是由于生前的施、戒、慈、慧等德行的不同。小本《阿弥陀经》说“不可以少善根福德因缘得生彼国”①,可说是简化大本所说的金句! 对于“念佛”(及极乐国土),A. 本上辈是“常念至心不断绝”,中辈是“一日一夜不断绝”,下辈是“一心清净昼夜常念⋯⋯十日十夜不断绝”。中辈一日一夜不断绝,下辈却是十日十夜不断绝,可能是译文的不善巧! B. 本都是一向专念,而下辈说“一向专念,乃至十念”。C. 本三类是:专念;不专念;“以清净心向无量寿如来,乃至十念”,与 B. 本相同。从三辈的次第来说,下辈的“十念乃至一念”,比 A. 本十昼夜说要合理些。D. 本通泛地说“昼夜相续”,“忆念”,“昼夜思惟”。事实上,往生净土品位的高下,由于生前的施、戒、慈、慧等功德的不同;而念佛多少能往生阿弥陀佛土,论理是不能限定时间的。如《佛说阿弥陀经》(大正一二·三四七中)说:

---

① 《佛说阿弥陀经》(大正一二·三四七中)。

> "善男子、善女人,闻说阿弥陀佛(净土的依正庄严),
> 执持名号,若一日,若二日,若三日,若四日,若五日,若六
> 日,若七日,一心不乱,其人临命终时,……即得往生阿弥陀
> 佛极乐国土。"

念佛而能往生极乐净土,是要"专念"、"系念"的,而时间不一定。"若"是不定词,也许一日(夜),或者二日、三日,能念到"一心不乱"(心不散乱的意思),就能临终往生。事实上,有的一日、半日就可以,有的一年、十年了,还是不能"心不散乱"。总之,以念得"心不散乱"为往生西方极乐国土的主要条件;而往生品位的高下,以生前的德行而差别。念是忆念、系念,念为定所依;"心不散乱",虽还不是达到禅定,但念到心无二用,净念相续,心中唯有阿弥陀佛极乐国土的一念了。念是内心的忆念、系念(可通于称名、观相),并不等于我国佛弟子所想像的口念(因而造了个"唸"字)。然口称佛名,内心同时忆念,依称名而导入"心不散乱",那就是"称名念佛"而可以往生极乐了。大本《阿弥陀经》的专念、忆念,是不限于称名念佛的。小本《阿弥陀经》说"执持名号",名号的梵语为 nāmadheya,所以是重于"称名念佛"的。不知为什么,玄奘译 nāmadheya 为"思惟",也许是不满当时提倡的口头散心念佛,而故意改为"思惟"吧! 依上来所说,可见"一心念乃至十念",是内心不散乱的念。王日休编写的《大阿弥陀经》,说下辈"每日十声念佛"①,专在称名的数目上着想,那是中国佛教的习俗,与印度的"大乘佛法"不合!

---

① 《佛说大阿弥陀经》卷下(大正一二・三三七中)。

第二节 往生净土的抉择

这里要论究几个问题。一、往生极乐国土的,有没有声闻与缘觉——二乘?世亲的《无量寿优波提舍愿生偈》说:"女人及根缺,二乘种不生。"①这是依三十六愿本说的,如说:"我得菩提成正觉已,所有众生令生我刹,虽住声闻、缘觉之位,往百千俱胝那由他宝刹之内,遍作佛事,悉皆令得阿耨多罗三藐三菩提。"②这是说:极乐国土中,现住声闻、缘觉位的,到处去作佛事,是一定要成佛的。然四十八愿本中,虽说到没有女人与六根残缺不全的,却明白说:极乐世界的声闻与缘觉,数量是多得难以了知的③。在古译二本中,处处说到"诸菩萨阿罗汉"。经说出入不同,是净土思想的先后不同。早期的大乘经,说大乘法而含容二乘,如《般若经》,"为诸菩萨摩诃萨宣示般若波罗蜜多",又说:"或声闻地,或独觉地,或菩萨地,皆于般若波罗蜜多,应常听闻,……如说修行。"④《佛说舍利弗悔过经》是大乘的易行道,而经上说:"欲求阿罗汉道者,欲求辟支佛道者,欲求佛道者",都应日夜六时,向十方佛忏悔、随喜、劝请,而回向众生成佛道⑤。发愿往生极乐净土,是大乘法,却又说极乐国有无量无数阿罗汉。从佛法发展史来说,这是"大乘佛法"初兴,传统的声闻教

---

① 《无量寿优波提舍愿生偈》(大正二六・二三一上)。

② 《大乘无量寿庄严经》卷上(大正一二・三一九中)。

③ 《佛说无量寿经》卷上(大正一二・二六八上)。《大宝积经》(五)《无量寿如来会》(大正一一・九三下)。

④ 《大般若波罗蜜多经》(第五分)卷五五六(大正七・八六六上)。

⑤ 《佛说舍利弗悔过经》(大正二四・一〇九〇上——一〇九一上)。

团强固,所以采取含容二乘的立场:阿罗汉是究竟的,但也应学习大乘,净土中也有阿罗汉。等到大乘佛法兴盛,信众增多,那就要说二乘不究竟,二乘不生净土,再就二乘也要回心成佛了。对于净土中的阿罗汉,要解说为佛、菩萨的示现了。这样,迟出些的四十八愿本,说三辈往生,都是发菩提心的;《阿弥陀经》说,"欲生阿弥陀佛国者,是诸人等皆得不退转于阿耨多罗三藐三菩提"①,是合于大乘净土法门发展倾向的。

第二问题是:有罪业的,能不能往生净土? 约现生说,从少到老,人哪里会没有过失呢! 善业与不善业,一直是不善业强就堕落,善业强就上升,在此消彼长,此长彼消的状况中。古译二本,似乎没有提到这一问题,只是通泛地说五戒、十善,说要有怎样净善功德,依功德而分三辈往生的高下。"佛法"一向说有业障,是障碍佛法进修的,所以四十八愿的晋译本说:"至心信乐,欲生我国,乃至十念,若不生者,不取正觉;唯除五逆、诽谤正法。"唐译本作:"唯除造无间恶业,诽谤正法及诸圣人。"②五逆即五无间罪,是"佛法"所称为业障的。"大乘佛法"兴起,说诽谤大乘正法的罪业极重极重。隋、唐所译经本,每增列诽谤圣者。依四十八愿本说:造五无间罪及诽毁大乘的,即使发心念佛,也为恶业所碍而不能往生。但《观无量寿经》,说三品、九生,下品三生都是造有恶业的。下品上生是:"作众恶业"而不谤大乘的;下品中生是:"毁犯五戒、八戒及具足戒。如此愚人,

---

① 《佛说阿弥陀经》(大正一二·三四八上)。
② 《佛说无量寿经》卷上(大正一二·二六八上)。《大宝积经》(五)《无量寿如来会》(大正一一·九三下)。

偷僧祇物,盗现前僧物,不净说法,无有惭愧,以诸恶业而自庄严";下品下生是:"作不善业,五逆、十恶,具诸不善"①。这样的恶业重大,也有往生净土的可能。从所犯的罪业来说,是声闻佛教所说的罪业,就是一向不知或不信佛法,或知有佛法而不知有大乘佛法者所作的恶业。所以"命欲终时,遇善知识",在最迫切的重要关头,知道大乘净土法门,就能至心归向,不堕落而往生极乐。"佛法"不是也说,滥杀行人的恶贼鸯掘魔罗,一闻佛法,就证入圣果吗?如平时知道阿弥陀佛,知道往生极乐,以为只要信仰,不分持戒犯戒、作善作恶,依阿弥陀佛的悲愿,都可以往生极乐,那是颠倒解义,自误误人了!

　三、念佛能否即生往生?如《称扬诸佛功德经》说:"其有执持斯佛名者,复劝他人令使诵持,增益功德,必当得往生此佛国,求最正觉,立不退转,疾成不久。"②执持佛名号的易行法门,主要能:忏除罪业;得陀罗尼,往生清净佛土;不退转于无上菩提。念佛名号而求生净土,在"大乘佛法"中,可说是十方一切佛所共的。重信心的大乘易行道,经典不少,流通极广,到底为了什么?"大乘佛法"主流,是甚深广大的菩萨道。菩萨发大菩提心,凡是有利于众生的,没有不能施舍的,没有不能忍受的;菩萨行难行大行,而能历劫在生死中,利益众生。菩萨实在太伟大了!但由于法门是"甚深难行",众生的根性又是怯劣的多,所以向往有心,而苦于修行不易,深感自己的业障深重。即使发心修行,也容易退失。这所以有念佛方便的易行道,如《十住毗婆

---

① 《佛说观无量寿经》(大正一二·三四五下——三四六上)。
② 《佛说称扬诸佛功德经》卷上(大正一四·九〇下)。

沙论》所说《宝月童子所问经》的十方佛名，还有"阿弥陀等佛，及诸大菩萨，称名一心念，亦得不退转"①。这样的"称（十方佛及菩萨）名一心念"，就能得不退转吗？"求阿惟越致不退转地者，非但忆念、称名、礼敬而已。复应于诸佛所，忏悔、劝请、随喜、回向。""能行如是忏悔、劝请、随喜、回向，福德力转增，心亦益柔软，即信佛功德，及菩萨大行。"由此能引发悲心、慈心，进而能修行施、戒等波罗蜜——菩萨的大行难行②。龙树的《十住毗婆沙论》立难行与易行二道，然所说的易行道，是通于诸佛菩萨的，有二行差别，而终归于菩萨道的正方便、六度等难行大行。无著的《摄大乘论》立四种意趣，解说经说的意趣所在。第"二、别时意趣。谓如说言：若诵多宝如来名者，便于无上正等菩提已得决定。又如说言：由唯发愿，便得往生极乐世界"③。世亲解说别时意趣为："谓此意趣，令懒惰者，由彼彼因，于彼彼法精勤修习，彼彼善根皆得增长。此中意趣，显诵多宝如来名因是升进因，非唯诵名，便于无上正等菩提已得决定。如有说言：由一金钱，得千金钱。岂于一日？意在别时。由一金钱是得千因，故作此说，此亦如是。由唯发愿，便得往生极乐世界，当知亦尔。"④这是说：由称名、发愿，能得不退转，能往生极乐国，是说由此为因，展转增长，才能达到，而不是说称名、发愿，就已得决定，已能往生。这一解说，与龙树《十住毗婆沙论》所说易行道，展转引

---

① 《十住毗婆沙论》卷五（大正二六·四一上——中、四二下）。

② 《十住毗婆沙论》卷五、六（大正二六·四五上、四九中——下）。

③ 《摄大乘论本》卷中（大正三一·一四一上）。

④ 《摄大乘论释》卷五（大正三一·三四六中）。

入六度大行的菩萨道,意趣相合。不过,《十住毗婆沙论》说:"佛法有无量门,如世间道,有难有易,陆道步行则苦,水道乘船则乐。菩萨道亦如是,或有勤行精进(的难行),或有以信方便易行,疾至阿惟越致。"①分明地说有二道差别。《大智度论》也说:"菩萨有二种:一者、有慈悲心,多为众生;二者、多集诸佛功德。乐多集诸佛功德者,至一乘清净无量寿世界;好多为众生者,至无佛法众处,赞叹三宝之音。"②这也分明说菩萨有二类:一是慈悲心多为众生的,多去没有佛法处化导(成佛也就愿意在秽土);一是乐集佛功德的,就如往生极乐,见阿弥陀佛的一类。所以,易行道应有通别二类,在通泛的称十方佛(阿弥陀等)名外,更有特殊的易行道,就是念佛发愿,往生极乐的法门。《大乘起信论》(大正三二·五八二上、五八三上)也这样说:

> "若人虽修行信心,以从先世来多有重罪恶业障故,……有如是等众多障碍,是故应当勇猛精勤,昼夜六时,礼拜诸佛,诚信忏悔、劝请、随喜、回向菩提。"

> "众生初学是法,欲求正信,其心怯弱,以住于此娑婆世界,自畏不能常值诸佛,亲承供养,惧谓信心难可成就,意欲退者,当知如来有胜方便摄护信心,谓以专意念佛因缘,随愿得生他方佛土,常见于佛,永离恶道。如修多罗说:若人专念西方极乐世界阿弥陀佛,所修善根,回向愿求生彼世界,即得往生,常见佛故,终无有退。"

---

① 《十住毗婆沙论》卷五(大正二六·四一中)。
② 《大智度论》卷三八(大正二五·三四二中)。

　　所引《起信论》文的前一段,为了消除修行过程中的障碍,修礼佛、忏悔、随喜、劝请、回向,合于念佛等能消多少劫罪业的经说。依此而能信心成就,进修六度等,与《十住毗婆沙论》的易行道,完全同一意趣。但在佛前忏悔等,也可为往生极乐国的方便,如《普贤行愿品》的十大愿,导归极乐。这是一般大乘经义,通于念一切佛(也通于念阿弥陀佛)。依大乘通义,《大品般若经》说:"十方如恒河沙等世界中众生,闻我佛名者,必得阿耨多罗三藐三菩提,欲得如是等功德者,当学般若波罗蜜。"①《广博严净不退转轮经》说:"若有众生,已闻、今闻、当闻释迦牟尼佛名者,是诸众生,皆于阿耨多罗三藐三菩提不退转。"②所说的不退转,是"彼诸众生,种菩提种子,渐次增长,当成阿耨多罗三藐三菩提,而不腐败,不可毁坏"③。与《摄论》的别时意趣相合,也就是念佛不退转的一般意义。《起信论》文的后一段,念阿弥陀佛,往生极乐世界,与从易行而引入难行菩萨道不同,是特殊的易行道。阿弥陀佛因地发愿:"令我为世雄,国土最第一,其众殊妙好,道场逾诸刹。"④极乐的国土,可以适应"其心怯弱,……惧谓信心难可成就"的众生,因为生到极乐,一定不退阿耨多罗三藐三菩提心。依此,世亲造《无量寿优波提舍愿生偈》,立五念门,往生极乐而浅深不同。第三"作愿门",是"一心

---

　　① 《摩诃般若波罗蜜经》卷一(大正八·二二一上)。
　　② 《广博严净不退转轮经》卷四(大正九·二七四中——下)。
　　③ 《不退转法轮经》卷三(大正九·二四三下)。
　　④ 《佛说无量清净平等觉经》卷一(大正一二·二八〇下)。《佛说阿弥陀三耶三佛萨楼佛檀过度人道经》卷上(大正一二·三〇〇下——三〇一上)。《佛说无量寿经》卷上(大正一二·二六七中)。

专念,作愿生彼,修奢摩他寂静三昧行",那是与定相应的念佛。第二"赞叹门",是"称如来名,依如来光明想修行",与第一"礼拜门",虽没有得定,也一定"心不散乱",如"赞叹门"已修如来光明想——胜解观了。第四"观察门"是智慧相应的,从事相观到"第一义谛妙境界"。由于修行不同,往生极乐也浅深不同,《愿生偈》比喻为:"近门","大会众门","宅门","屋门","园林游戏地门"①。试为比喻,如从前帝都的北京,到北京是一样的,而境地大大不同。进了"外城",就是到了北京,但比城外好不了多少。进了"内城",只见街市繁盛,到处是官署,官员的住宅。再进入"紫禁城",才见到皇帝,大臣们在这里朝仪。帝皇的住处,还在内宫。往生极乐也这样,生极乐国是一样的,而境界不同,所以有三辈等差别。二十四愿古本,在中辈与下辈,有念佛而信心不大坚定的,如临终悔过,那么在"阿弥陀佛国界边,自然七宝城中","于七宝水池莲花中化生"②;要经五百岁(不知极乐的一岁,等于人间的多少时劫),才到极乐国见佛。四十八愿本说:信心不大坚定而悔过的,是胎生的;三十六愿本,否定净土有胎生的存在③。这是经典在流传中的演变,是不必要会通的。《菩萨处胎经》称之为"懈慢国":"欲生阿弥陀佛国者,皆染著懈慢国土,不能前进生阿弥陀佛国;亿千万众(中),

---

① 《无量寿优波提舍愿生偈》(大正二六·二三三上)。
② 《佛说阿弥陀三耶三佛萨楼佛檀过度人道经》卷下(大正一二·三一〇中——下)。《佛说无量清净平等觉经》卷三(大正一二·二九二上——中)。
③ 《佛说无量寿经》卷下(大正一二·二七八上——中)。《佛说大乘无量寿庄严经》卷下(大正一二·三二五中)。

时有一人能生阿弥陀佛国。"①往生极乐竟是那样的难！这是为一般厌恶秽土、想在净土中享乐的懈慢众生，作当头棒喝。往生极乐国，是殊胜的易行道，不是为了享受安乐，而是修习佛道。在那边修行，不会退落，一定能得不退。如阿弥陀佛，为大众"广说道智大经"②。"诸菩萨皆悉却坐听经，听经竟，即悉讽诵通（利），重知经道，益明智慧"③，不断地上进。《阿弥陀佛经》说："昼夜六时，出和雅音，其音演畅五根、五力、七菩提分、八圣道分，如是等法。其土众生闻是音已，皆悉念佛、念法、念僧。"④往生极乐国土，是为了精进修菩萨道；净土中没有障碍而容易修行，所以是易行道。如以为：往生极乐就永远享福；或以为一生极乐，生死已了；或者想像为往生即是成佛。以往生极乐为目的，而不知从此正好修行。这些误解往生极乐的，还能说是大乘的巧方便吗？

第六章　念佛（及菩萨）三昧

第一节　通三乘的念佛观

"六随念"之一的念佛，是"佛法"中重信的方便道。在"佛

---

① 《菩萨处胎经》卷三（大正一二·一〇二八上）。

② 《佛说阿弥陀三耶三佛萨楼佛檀过度人道经》卷上（大正一二·三〇七上）。《佛说无量清净平等觉经》卷二（大正一二·二八七中）。

③ 《佛说阿弥陀三耶三佛萨楼佛檀过度人道经》卷上（大正一二·三〇六下）。《佛说无量清净平等觉经》卷二（大正一二·二八七上）。

④ 《佛说阿弥陀经》（大正一二·三四七上）。

弟子对佛的永恒怀念"中,适应信众崇敬的心理,特别发达起来。如念佛灭罪,念佛往生净土,念佛不退菩提心;经典纷纷传出,念佛功德不断地强化。然念佛法门,不限于信,也不限于持名,本可以引向甚深智证的,这就是修念佛三昧。所以《观佛三昧海经》说:"欲系念者,欲思惟者,欲行禅者,欲得三昧正受者"①,都要观佛;念佛是系念佛而得三昧定的修行。为了说明念佛三昧,先要说到:学佛法而解脱生死,或修菩萨道而成佛,都不离般若——慧的证悟法性;没有胜义观慧的修证,是决不能成就的。修学位名般若,证果时名菩提,这是佛法的心要,但慧是不离禅定的。释尊所开示的正定,主要是四禅。禅定与生理有关,是世间所共的,这是修行者所应该知道的!

初学者修定(依此而进观胜义)的方便,释尊初说不净念——不净观。出家众首制淫欲,从对治制伏贪欲烦恼来说,不净观是最有力的方便。但世间是缘所起法,有相对性,如不能适当地应用,会引起副作用的,不净观也不例外。经、律一致地说到:释尊赞叹不净观,比丘们依着修行,引起了严重的厌恶自身;结果,有六十位比丘都自愿被杀而死。这样,释尊才为比丘们别说安那般那念——数息观②。从一切依缘起来说,修息而不能恰如其分,当然不会厌身自杀,但也会有副作用的。不净观与数息观,古称入道的"二甘露门";或加(四或六)界差别念——界

---

① 《佛说观佛三昧海经》卷一(大正一五·六四七下)。

② 《杂阿含经》卷二九(大正二·二〇七中——二〇八上)。《相应部》(五四)"入出息相应"(南传一六下·一九三——一九六)。各部广律的杀戒,载说到这一因缘。

分别观，名为"三度门"。其实，由于众生的根机不一，烦恼各有偏重，《杂阿含经》已说到四类："有比丘，修不净观断贪欲，修慈心断嗔恚，修（身）无常想断我慢，修安那般那念断觉想寻思。"①《修行道地经》综合为五种对治，如说："行者情欲炽盛，为说人身不净。……嗔怒而炽多者，为说慈心。……设多愚痴，当观十二因缘。……设多想念寻思，则为解说出入数息。……设多憍慢，为说此义……"②为憍慢者所说的，就是界差别。《达摩多罗禅经》说"安（那）般（那），不净，界，又附说（慈等）四无量心三昧等"。《修行道地经》所说的五种对治，也就是《瑜伽论》的五种净行所缘③。鸠摩罗什于西元五世纪初来华，传出的《坐禅三昧经》卷上（大正一五·二七一下）说：

> "若多淫欲人，不净法门治。若多嗔恚人，慈心法门治。若多愚痴人，思惟观因缘法门治。若多思觉寻思人，念息法门治。若多等分人，念佛法门治。"

宋昙摩蜜多，元嘉年间来华，传出的《五门禅经要用法》也列举《坐禅三昧经》的五门，但说"若心没者，教以念佛"④。五门禅与《修行道地经》的差别，是以念佛代界分别，这已进入"大乘佛法"，而还没有忘失"佛法"固有的方便。

不净观引起了副作用，释尊别说数息观，但不净观有对治贪

---

① 《杂阿含经》卷二九（大正二·二〇九下——二一〇上）。《增支部》"九集"（南传二二上·一一一——一二）。

② 《修行道地经》卷二（大正一五·一九一下——一九二中）。

③ 《瑜伽师地论》卷二六（大正三〇·四二八下）。

④ 《五门禅经要用法》（大正一五·三二五下）。

欲的作用,仍为佛弟子所修习,只是别出方便,就是从不净观而转入净观,如八解脱,八胜处,十遍处①:

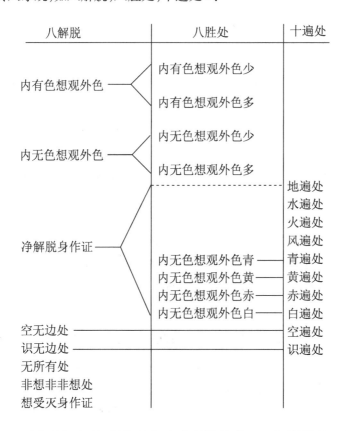

八解脱	八胜处	十遍处
内有色想观外色	内有色想观外色少	
	内有色想观外色多	
内无色想观外色	内无色想观外色少	
	内无色想观外色多	
		地遍处
		水遍处
		火遍处
净解脱身作证		风遍处
	内无色想观外色青	青遍处
	内无色想观外色黄	黄遍处
	内无色想观外色赤	赤遍处
	内无色想观外色白	白遍处
空无边处		空遍处
识无边处		识遍处
无所有处		
非想非非想处		
想受灭身作证		

　　不净观与净观,都是以色法为所缘境的。八解脱的前二解脱是不净观,第三净解脱是净观。八胜处的前四胜处,与八解脱的前二解脱相当,是不净观;后四胜处——观青、黄、赤、白,是净

观。后二是无色处,是《阿含经》所说的①。不净观,主要是青瘀、脓烂等九想(或作十想),末后是骨镇。从骸骨不净而转起净观,是从"白骨流光"而转净的,如《达摩多罗禅经》卷下(大正一五·三一六中——下)说:

> "于身起净想,不净观对治。不求止贪欲,思惟习厌患,更有净对治,不作厌患想;方便净解脱,智者开慧眼。谓于不净缘,白骨流光出。从是次第起:青色妙宝树,黄、赤若鲜白,枝叶花亦然。上服珠璎珞,种种微妙色。是则名修行,净解方便相。于彼不净身,种种庄严现……此则净解脱,方便不净观。"

有的修不净观,不着意于离贪欲,只是厌患自身,这就是观不净而自杀的问题所在,所以修净观来对治。从白骨流光,观器世间(青、黄、赤、白)与自身,清净庄严,就是净解脱。从不净而转起净观,名为(改)"易观",如《禅秘要法经》说:"不净想成时,慎莫弃身自杀,当教易观。易观法者,想诸(骨)节间白光流出,其明炽盛,犹如雪山。见此事已,前不净聚,夜叉吸去。""见此事时,心大惊怖,求易观法。易观法者,先观佛像。"②《思惟要略法》也说:"若极厌恶其身,当进(修)白骨观,亦可入初禅。"③从不净观而起净观的方便,是白骨流光,依正庄严;或观佛像。这是"佛法"禅观而渐向"大乘佛法"禅观的重要关键。

---

① 觉音的《清净道论》,为了以十遍处为净观,改后二为光明遍与限定虚空遍,这大概是赤铜镇部瑜伽行者所修改的。
② 《禅秘要法经》卷上(大正一五·二四四中——下·二四八下)。
③ 《思惟要略法》(大正一五·二九八下)。

禅定的五方便,本是"佛法"而流行于西北印度的禅法,"念佛"取代"界差别"而为五门的一门,可见"念佛"在这一地区的盛行,也可见"佛法"与"大乘佛法"的关涉。传于中国的禅法,起初是大瑜伽师僧伽罗叉的禅集——《修行道地(瑜伽行地的古译)经》①。西元四〇三——四五五年间,译师们传译了好多部,如:

《坐禅三昧经》	二卷	姚秦鸠摩罗什译
《禅法要解》	二卷	姚秦鸠摩罗什译
《思惟略要法》	一卷	姚秦鸠摩罗什译
《禅秘要法经》	三卷	姚秦鸠摩罗什译?
《达摩多罗禅经》	二卷	东晋佛陀跋陀罗译
《佛说观佛三昧海经》	一〇卷	东晋佛陀跋陀罗译
《五门禅经要用法》	一卷	刘宋昙摩蜜多译
《治禅病秘要经》	二卷	刘宋沮渠京声译

这几部,是部派"佛法"禅观,而含有"大乘佛法"禅观的成分;或是大乘禅观而通于"佛法":代表了西元二、三世纪来的西北印度的禅法。鸠摩罗什所译的,一、《坐禅三昧经》,如僧睿《关中出禅经序》说:"初四十三偈,是鸠摩罗罗陀童受法师所造;后二十偈,是马鸣菩萨之所造也;其中五门,是婆须蜜世友、僧伽罗叉众护、沤波崛近护、僧伽斯那众军、勒胁比丘、马鸣、(鸠摩罗)罗陀禅要之中,抄集之所出也。……菩萨习禅法中,后更依持世

---

① 参阅拙作《说一切有部为主的论书与论师之研究》第八章第三节。

经,益十二因缘一卷。要解二卷,别时撰出。"①僧睿序的内容,正是《坐禅三昧经》,这是集各家的禅要,而附入"菩萨习禅法"。二、《禅法要解》,是说一切有部的禅法;末后的"五神通",依大乘法说。三、《思惟要略法》,先举五门,特明菩萨求佛道的大乘观法。四、《禅秘要法经》,内容为:"如来初为迦絺罗难陀说不净门,为禅难提比丘说数息法,为阿祇达说四大观。"②这还是不净、数息、界——三度门,但内容繁重(风格与《观佛三昧海经》相近)。数息观前有"念佛三昧",四大观有点杂乱。所说的数息——"一数二随,三数四随"等,与罗什所传的数息不合:这可能是昙摩蜜多失传的《禅秘要》。佛陀跋陀罗是著名的禅师,所译的有:一、《达摩多罗禅经》。题名不妥当,应作《修行方便禅经》③,为说一切有部的禅法。本是(安般、不净、界)偈颂集,在后附的长行中,观缘起见佛,已通于大乘了。二、《观佛三昧海经》。观佛的相好,取《华严经》意。"观像品第九"、"观七佛品第十",通于声闻的念佛观。昙摩蜜多所译《五门禅经要用法》,传为"大禅师佛陀蜜多撰",佛陀蜜多传说是世亲的师长④。然这部禅经,性质是纂集所成的;佛陀蜜多撰的,可能指"观佛"三十事、"慈心观"二十事说的。沮渠京声译的《治禅病秘要经》,是对治禅病的方便。

在这几部禅法中,念佛是以念佛色身为主的,如《观佛三昧

①　《出三藏记集》卷九(大正五五·六五上——中)。
②　《禅秘要法经》卷下(大正一五·二六七下)
③　参阅拙作《说一切有部为主的论书与论师之研究》第十二章(六二二,本版五二六——五二七)。
④　《婆薮槃豆法师传》(大正五〇·一八九下——一九〇上)。

海经》说:"得此观者,名佛现前三昧,亦名念佛三昧,亦名观佛色身三昧。"①观佛色身相好,可说是"大乘佛法"的特色。但在部派佛教中,大众部说"佛身无漏",有念佛色身的可能。《增一阿含经》卷二(大正二·五五四上——中)说:

1."比丘正身正意,结跏趺坐,系念在前,无有他想,专精念佛:观如来形,未曾离目;已不离目,便念如来功德。"

2."如来体者,金刚所成;十力具足,四无所畏,在众勇健。"

3."如来颜貌,端正无双,视之无厌。戒德成就,犹如金刚而不可毁,清净无瑕,亦如琉璃;如来三昧……;如来慧身……;如来身者解脱成就……;如来身者度知见城,……有解脱者、无解脱者,皆具知之。"

《增一阿含经》,属于大众部的末派所传②。经中所说的念佛:1.是总说佛身与功德;2.是金刚身与十力、四无所畏;3.是佛相端严与戒、定、慧、解脱、解脱知见——功德法身。这样的念佛,比起"大乘佛法"的念佛色身,还相当的古朴。也就因此,禅法中的念佛,也还有通于声闻的意义。如《达摩多罗禅经》,观缘而入正受等至,见佛光明普照的境界,有声闻境界、辟支佛境界、菩萨境界、诸佛境界的浅深不同③。《五门禅经要用法》,一心念佛,从额上出现佛像,去而复还的远与近;见

① 《佛说观佛三昧海经》卷九(大正一五·六九二下)。
② 参阅拙作《原始佛教圣典之集成》第二章(九一——九四,本版七六——八〇)。
③ 《达摩多罗禅经》卷下(大正一五·三二四上——中)。

诸佛从心而出，出而还入的不同，分别是声闻人、是辟支佛人或大乘人①。当然，禅法中的念佛色身三昧，是"大乘佛法"的。

各部禅经所说的念佛三昧，多少有些不同，这是广略不一，修行（瑜伽）者的修验与传承不一，然从修行的次第来说，仍有一致性。鸠摩罗什的《思惟要略法》，分为"观佛三昧法"（这实是总名）、"生身观法"、"法身观法"、"十方诸佛观法"。《坐禅三昧经》中，"治等分"的念佛法门，虽广略不同，而内容与次第是一致的②。《五门禅经要用法》，将《思惟要略法》的这一部分，全部纂集进去③。依此来观察，《禅秘要法经》的"念佛三昧"，《观佛三昧海经》所说，也不外乎这一次第。念佛三昧的修习次第，依《思惟要略法》，先观佛像。佛涅槃以后，不见佛的色身，经上虽说佛有三十二相，但不容易忆念到明明了了的见佛形相。自绘画的，木、石等造的佛像流行，有佛的具体形相可以忆念思惟，念佛观就盛行起来。所以修念佛法门，要先观（佛）像："先从肉髻，眉间白毫，下至于足；从足复至肉髻"——三十二相（及八十种好）。如印象明了，然后一心观佛，"闭目思惟，系心在像"。观像而心得安住，能开目闭目，"坐卧行步，常得见佛"。进一步观"生身"："当因于像，以念生身"。念佛在菩提树下成佛，鹿野苑转法轮等，"随用一处，系念在缘"。这与观像不同，生身观是观释尊在世的具体活动，所以《坐禅三昧经》作："初

①　《五门禅经要用法》（大正一五·三二五下——三二六上）。

②　《思惟要略法》（大正一五·二九九上——下）。《坐禅三昧经》卷上（大正一五·二七六上——二七七中）。

③　《五门禅经要用法》（大正一五·三二七上——下）。

生……;出家;勤苦行;菩提树下……成等正觉……;观视道树;
初转法轮。"再进而念"法身":"已于空中见佛生身,当因生身观
内法身:十力,四无所畏,大慈大悲,无量善业。如人先念金瓶,
后观瓶内摩尼宝珠"。功德法身是不离色身的,与说一切有部
等,生身以外说佛无漏功德法身,是不同的(没有说法性为法
身)。佛像观、生身观、法身观,都是依释尊而起的忆念思惟。
再进观"十方诸佛":这要从东方的一佛、二佛,渐渐增多到无量
佛;然后观东南方、南方,一直到现见十方诸佛。从观像到观十
方佛,是念佛三昧的次第进修。依《坐禅三昧经》,生身观时,就
进念十方佛生身;念佛功德法身后,再念诸佛功德法身。《禅秘
要法经》分为观像佛与真佛。观像佛,从一佛像,增多到铁围山
内充满佛像;从坐像到行像、卧像,到释尊入大涅槃。这可见
《禅秘要法经》的观像,是通于像佛及生身的。真佛是不离色身
而内有金刚(功德法身)①。《观佛三昧海经》篇幅很长。"观相
品第三"起,"观四无量心品第五"止,是观佛相的观像。"观四
威仪品第六"中,舍卫城度老母;上忉利天为母说法;下忉利天
见金(佛)像;至旷野泽降伏散脂鬼大将;到那乾诃罗化毒龙,留
影;到拘尸那降力士;如来卧(入涅槃),与"生身观"的性质相
同。"观马五藏相品第七",那是因为佛像没有马阴藏相,所以
特立这一品。"本行品第八",明一切佛的身相功德,都是依观
佛相好而来的。《观佛三昧经》(多采取传说)主题,到此可说已
告结束。此下的"观像品第九","念七佛品第十","念十方佛品

---

①　《禅秘要法经》卷中(大正一五·二五五上——二五六中)。

第十一",及"观佛密行品第十四",可说是扼要的重说,便于一般人的实际修持。

像观,先要用眼去审细地观佛形相,如《思惟要略法》(大正一五·一九九上)说:

> "人之自信,无过于眼。当观好像,便如真佛(无异)。先从肉髻、眉间白毫,下至于足;从足复至肉髻。如是相相谛取,还于静处。"①

《坐禅三昧经》也这样说:"至佛像所,……谛观佛像相好,相相明了。一心取持,还至静处。"②谛观佛像相好明了,是用眼来审细观察,留下极深刻的印象。其他禅经虽没有说到,但这是必要的。如《观佛三昧海经》说:"观白毫光,暗黑不现,应当入塔,观像眉间,一日至三日";"若坐不见(佛)眼,当入塔观";"若不见(佛耳)者,如前入塔,谛观像耳,一日至十四日";"若不能见胸相分明者,入塔观之"③。这样的一再说到入塔观像,那时的佛像,多数是供奉在佛塔中的④。先以眼取佛像相好,然后到静处去闭目忆念观像;如不见,也就是不能明见像相,那么再到塔里去观佛像相。《大宝积经》的《摩诃迦叶会》说:"若于毡上、墙壁之下,造如来像";大精进菩萨"持画毡像入于深

---

① 《五门禅经要用法》(大正一五·三二七上)。
② 《坐禅三昧经》卷上(大正一五·二七六上)。
③ 《佛说观佛三昧海经》卷二(大正一五·六五五中·六五六中),卷三(大正一五·六五六中),卷四(大正一五·六六五中)。
④ 参阅拙作《初期大乘佛教之起源与开展》第十一章(八六二,本版七三六——七三七)。

山。……在画像前,结跏趺坐,正身、正念观于如来"①。这都是用眼来谛观佛像的明证;特别在"墙壁之下"造像,是为了适合静坐平视观佛的。谛观像相明了以后,要观佛像了,如《坐禅三昧经》说:"还至静处,心眼观佛像,令意不转,系念在像,不令他念。"②"心眼观",是心如眼那样的观像,是闭目的观念。依《佛说观佛三昧海经》卷九(大正一五·六九〇下)说:

> "结跏趺坐,系念一处。随前众生系心鼻端,(或)系心额上,(或)系心足指。如是种种随意系念,专置一处,勿令驰散,使心动摇。心若动摇,举舌拄腭,闭口闭目,叉手端坐,一日至七日,令身安隐。身安隐已,然后想像。"③

依此,在观像前,先要静坐,使身心安隐。如平常静坐而身心安定的,当然不必用这一准备了。说到正观佛像,有逆观与顺观:"逆观者,从足逆观乃至顶髻;顺观者,从顶至足。"④《观佛三昧海经》也这样说:"如是(逆观顺观)往返,凡十四遍,谛观一样,极令了了。观一(像)成已,出定、入定,恒见立佛在(修)行者前。"然后观二像、三像等⑤。一直要观到"心眼见佛像(三十二)相光明,如眼所见,无有异也;如是心住";"是为得

---

① 《大宝积经》(二三)《摩诃迦叶会》(大正一一·五一二中·五一三中——下)。
② 《坐禅三昧经》卷上(大正一五·二七六上)。《思惟要略法》(大正一五·二九九上)。
③ 《禅秘要法经》卷中(大正一五·二五五上)。
④ 《禅秘要法经》卷中(大正一五·二五五下)。
⑤ 《佛说观佛三昧海经》卷九(大正一五·六九一上)。

观像定"①。观（念）佛三昧，要先修像观；像观成就，再进修"生身"、"法身"、"十方佛"。古代的进修次第如此。

念佛三昧的修习，与不净观、地遍处等相同，都是先以眼取相分明，然后闭目垂帘忆念观想。起初是先观一相，然后扩大，如从一骨到骨骸处处，从一佛到佛像遍满等。这是胜解作意，也就是平常说的假想观。胜解作意的念佛，达到："能见一佛作十方佛，能见十方佛作一佛"；"见一切诸佛来入一佛身中"；"正遍知诸佛心智无有限碍，我今礼一佛即礼一切佛，若思惟一佛即见一切佛"②。从脐出一一佛，还入人脐③。这是从观念中，达到一切佛即一佛，一佛即一切佛，从自身出佛，佛入自身的境界。这不只是理论化的玄谈，在印度是修胜解观而呈现于自心的。

念佛三昧的修习，是与"易行道"——忏悔等相结合的，如《佛说观佛三昧海经》卷九（大正一五·六九一上）说：

> "至心求大乘者，当行忏悔。行忏悔已，次行请佛（说法、住世）。行请佛已，次行随喜。行随喜已，次行回向。行回向已，次行发愿。行发愿已，正身端坐，系念在前，观佛境界令渐广大。"

在观佛像达到"一室内满中佛像"时，就要行忏悔、请佛、随喜、回向、发愿，也就是天台家所说的"五悔法"。其实，以忏悔

---

① 《坐禅三昧经》卷上（大正一五·二七六上）。《思惟要略法》（大正一五·二九九上）。

② 《坐禅三昧经》卷上（大正一五·二七七上）。《五门禅经要用法》（大正一五·三三〇上）。《佛说观佛三昧海经》卷一〇（大正一五·六九五上）。

③ 《五门禅经要用法》（大正一五·三二六上）。

为中心的"念佛三品"的行法,与念佛观深切相关,在开始,"欲观像者,先入佛塔。以好香泥及诸瓦(?)土,涂地令净。随其力能,烧香、散花,供养佛像。说己过恶,礼佛忏悔。如是伏心经一七日,复至众中,涂扫僧地,除诸粪秽,向僧忏悔,礼众僧足,复经七日"①,然后静坐。如观佛不明了,或光色不显,不说是自己的烦恼、散乱,修持不善巧,而认为自己的过去罪业,就诚恳地礼佛、忏悔。《思惟要略法》也说:"若宿罪因缘不见诸佛者,当一日一夜,六时忏悔、随喜、劝请,渐自得见。"《禅秘要法经》说:"昼夜六时,忏悔诸罪。"②念佛三昧与"易行道"的"念佛三品"相结合,与重信的"六念"法门,也见到了关系,如《佛说观佛三昧海经》卷六(大正一五·六七四中、六七五上)说:

> "诸佛心者,是大慈也。"
>
> "一一化佛赞说不杀;赞叹念佛,赞叹念法,赞叹念僧,赞叹念戒,赞叹念施,赞叹念天;赞六和敬,赞慈三昧。如此六念,能生善法;此六念者,是诸佛因。佛心者是六念心,因六和敬而得此法;欲成佛道,当学佛心。"

从观佛身相而观佛心,佛心是以大慈为本的,而慈心又是从"六念"为因而生起的。这样,成佛应学佛心,学佛心应学"六念",六念是以念佛为先的。所以,"菩萨法者,唯有四法。何等为四? 一者、昼夜六时,说罪忏悔;二者、常修念佛,不诳众生;三

---

① 《佛说观佛三昧海经》卷九(大正一五·六九〇下)。

② 《思惟要略法》(大正一五·二九九下)。《五门禅经要用法》(大正一五·三二七下)。《禅秘要法经》卷中(大正一五·二五二上)。

者、修六和敬，心不恚慢；四者、修行六念，如救头然"①。这些，就是重信菩萨所修行的。

上文说过，念佛能灭罪，"称名"以外，主要是观佛相好的念佛三昧。如《禅秘要法经》说，"未来众生罪业多者，为除罪故，教使念佛"；"此名观像三昧，亦名念佛定，复名除诸罪"；"贪淫多者，先教观佛，令离诸罪，然后方当更教……数息"②。鸠摩罗什所传的五门，念佛是治（贪、嗔、痴、寻思）等分的，但末了也说："是名念佛三昧，除灭等分及余重罪。"③在观佛的种种相中，观"白毫"相的功德最大，如《观佛三昧海经》说，"能须臾间念佛白毫，令心了了，……除却九十六亿那由他恒河沙微尘数劫生死之罪"；"设复有人但闻白毫，心不惊疑，欢喜信受，此人亦除却八十亿劫生死之罪"④。众生的罪业真重，观佛见佛的功德真大！

观佛色身的念佛三昧，成为"大乘佛法"的一大方便。这本从大众部系而来，传入西北印度（及各地），显然的受到部派佛教者所采用，成为五门禅法之一。五门禅是初学禅法者的对治方便，所以《坐禅三昧经》说："行者（修五门）虽得一心，定力未成，犹为欲界烦恼所乱，当作方便，进学初禅。"⑤"念佛者，令无量劫重罪微薄，得至禅定。"⑥念佛三昧是可通于声闻乘的，如

----

① 《佛说观佛三昧海经》卷七（大正一五・六八二中——下）。
② 《禅秘要法经》卷中（大正一五・二五五上、二五六下、二五八中）。
③ 《坐禅三昧经》卷上（大正一五・二七七中）。
④ 《佛说观佛三昧海经》卷二（大正一五・六五五中）。
⑤ 《坐禅三昧经》卷下（大正一五・二七七中）。
⑥ 《思惟要略法》（大正一五・二九九上）。《五门禅经要用法》（大正一五・三二七上）。

《禅秘要法经》说:"闻佛说此观佛三昧,……成阿罗汉。"①《观佛三昧海经》也有成阿罗汉的记录:"悉于毛端了了得见,见已欢喜,有发无上菩提心者,有发声闻、缘觉心者。"②

第二节 大乘的念佛三昧

上文所说的念佛三昧,从佛像观、生身观、功德法身观,到十方佛观,是从释尊的(像与)生身观开始的。部分的声闻瑜伽者,作为"五门禅"的一门,那只是修禅的方便。所以上文所说的,是在"大乘佛法"流行中,部派佛教采用大乘念佛的意义。如专依"大乘佛法"来说念佛三昧,那就应重于念(过去)现在十方佛,及大菩萨的三昧。

"大乘佛法"中,经典众多,内容真可说广大无边。但扼要地来说,"甚深极甚深,难通达极难通达"的,是智证的"甚深行";菩萨的悲愿无限,无数亿劫在生死中利益众生,是"难行苦行";适应一般信增上的,施设的易行道,是方便行。适应不同的菩萨根性,法门的风格也就不同,但佛是"无所不在"、"无所不知"、"无所不能";究竟寂灭而德相无边,大用无方,却是"大乘佛法"所共通的。重于现在十方佛;多数经典仍说释迦佛,但佛的德相,也多胜过人间的释迦。如《般若经》说:"世尊在师子座上坐,于三千大千国土中其德特尊,光明色像威德巍巍,遍至十方如恒河沙等诸佛国土;譬如须弥山王,光色殊特,众山无能

---

① 《禅秘要法经》卷中(大正一五·二五六下)。
② 《佛说观佛三昧海经》卷三(大正一五·六六一上),卷二(大正一五·六五四下)。

及者。"①理想的佛陀观,成为"大乘佛法"的通义,所以甚深,广大的菩萨道,也要说到超越的佛陀观,而不只是信愿增上的大乘行。如大本《阿弥陀经》说:"阿难……西向拜,当日所没处,为阿弥陀佛作礼,以头脑着地言:南无阿弥陀三耶三佛檀! 阿难未起,阿弥陀佛便大放光明威神,则遍八方上下诸无央数佛国。……即时,阿难、诸菩萨、阿罗汉等,诸天、帝王人民,悉皆见阿弥陀佛,及诸菩萨、阿罗汉,国土七宝(庄严)。"②《道行般若经》说:"持释迦文佛威神,一切(大众)悉见阿閦佛,及见诸比丘不可计,皆阿罗汉,诸菩萨亦无央数。"③重信的《阿弥陀经》,大众现见西方的阿弥陀佛、菩萨等及国土的庄严。重智证的《般若经》,大众见到东方的阿閦佛与菩萨等。这二部是西元一世纪传出的圣典,虽用意不同,而都现见了他方世界的现在佛与菩萨。《法华经》中,过去的多宝佛塔,涌现在空中。多宝佛的"全身不散",并出声赞叹:"释迦牟尼佛快说是法华经! 我为听是经故而来至此。"④《华严经·入法界品》中,安住——毗瑟底罗居士,常供养栴檀佛塔。开塔时,得佛性三昧,见过去以来的一切佛⑤。《法华》与《华严经》,都说到开塔见过去佛,意味着佛寿无量,不是二乘那样毕竟涅槃的。无论是重信的,重智的;见现在佛,或开塔见过去以来的佛:初期大乘经的现见佛陀,是一

---

①　《摩诃般若波罗蜜经》卷一(大正八·二一七下——二一八上)。

②　《佛说阿弥陀三耶三佛萨楼佛檀过度人道经》卷下(大正一二·三一六中——下)。

③　《道行般若经》卷九(大正八·四六九上)。

④　《妙法莲华经》卷四(大正九·三三中——下)。

⑤　《大方广佛华严经》卷五〇(大正九·七一七中——下)。

致的。

"大乘佛法"的念佛见佛，主要是般舟三昧。般舟三昧的意义是，"现在佛悉立在前（的）三昧"，是专念现在佛而佛现前的三昧。专明般舟三昧的《般舟三昧经》，汉译的现存四部：一、《般舟三昧经》的三卷本，十六品；二、一卷本，八品。这二部，都题为"后汉支娄迦谶译"（应与竺佛朔有关）。三、古代失译的《拔陂菩萨经》，一卷。四、隋阇那崛多译的《大方等大集经贤护分》，五卷，十七品。汉光和二年（西元一七九）译出的《般舟三昧经》，受到初期大乘的非常重视，如龙树的《大智度论》，再三地提到般舟三昧；《十住毗婆沙论》，自"念佛品第二十"到"助念佛三昧品第二十五"，就是依《般舟三昧经》而说的。这部经，也有（先后）不同本的糅合情形，如"一心念若一昼夜，若七日七夜，过七日以后，见阿弥陀佛"①，与《阿弥陀经》说相近。又说："不得卧出三月，如指相弹顷；三者、经行不得休息，不得坐三月，除其饭食左右"，能疾得般舟三昧②，为后世三月修般舟三昧的依据。般舟三昧的修习，如《十住毗婆沙论》卷一二（大正二六·八六上——中）说：

> "新发意菩萨，应以三十二相、八十种好念（生身）佛，如先说。转深入，得中势力，应以（功德）法身念佛。心转深入，得上势力，应以实相念佛而不贪著。"

> "未得天眼故，念他方世界佛，则有诸山障碍，是故新

---

① 《般舟三昧经》卷上（大正一三·九〇五上）。
② 《般舟三昧经》卷上（大正一三·九〇六上）。

发意菩萨,应以十号妙相念佛。……以缘名号,增长禅
法,……当知得成般舟三昧。……菩萨成此三昧已,如净明
镜,自见面像;如清澄水中,见其身相。初时,随先所念佛,
见其色像;见是像已后,若欲见他方诸佛,随所念方,得见诸
佛无所障碍。"

《论》文所说的念佛生身、法身,与五门禅中的念佛相同。
修习大乘的念佛三昧,主要是"念诸佛三十二相、八十种好庄严
其身,比丘亲近,诸天供养,为诸大众恭敬围绕;专心忆念,取诸
佛相"①。但初学者没有天眼,是不能见他方佛的,也就不容易
取相修习,所以初学者念"如来、应、正等觉"等十号,也就与"佛
法"六念中的念佛相同。这样,念佛三昧的修习,有念佛(十种)
德号、念佛生身、念佛法身、念佛实相——四类,也可说是次第的
增进。《大智度论》说到(六念中的)念佛有二:一、念如来等十
号;念佛三十二相、八十随形好;念佛戒具足,……解脱知见具
足;念佛一切知……十八不共法等功德②。这与念佛的十号、生
身、法身相同。二、般若的实相念佛,"无忆思惟故,是为念佛"。
而无忆无念的念佛,是色等五阴;三十二相及随形好;戒众……
解脱知见众;十力,四无所畏,四无碍智,十八不共法,大慈大悲;
十二因缘法。这一切都无自性,自性无所有,所以"无所念,是
为念佛"③。佛的生身,以五阴和合为体,所以观五阴无所有。经

---

① 《十住毗婆沙论》卷九(大正二六·六八下)。
② 《大智度论》卷二一(大正二五·二一九中——二二一中)。
③ 《大智度论》卷八七(大正二五·六六七中)。

说"见缘起即见法","见法即见我（佛）"①，所以观缘起因缘。惟有般若的离相无所有，才真能见佛之所以佛。但实相念佛，是于生身、法身等而无念无思惟的，所以般若的"无所念是为念佛"，与念色身、法身等是不相碍的，如"中本般若"（《大品》）的菩萨般若，已说到"念无量国土诸佛三昧常现在前"了②。

修般舟三昧的历程，如《大方等大集经贤护分》卷二（大正一三・八七六上——中）说：

"善男子、善女人等，若欲成就菩萨摩诃萨思惟一切诸佛现前般舟三昧，亦复如是。其身常住此世界中，暂得闻彼阿弥陀如来、应供、等正觉名号，而能系心相续思惟，次第不乱，分明睹彼阿弥陀佛，是为菩萨思惟具足成就诸佛现前三昧。因此三昧得见佛故，遂请问彼阿弥陀佛言：世尊！诸菩萨等成就何法，而得生此佛刹中耶？尔时，阿弥陀佛语是菩萨言：若人发心求生此者，常当系心正念相续阿弥陀佛，便得生也。"

"时彼菩萨复白阿弥陀佛言：世尊！是中云何念佛世尊，精勤修习，发广大心得生此刹耶？贤护！时彼阿弥陀佛复告彼言：诸善男子！汝若今欲正念佛者，当如是念！今者阿弥陀，如来、应（供）、等正觉、明行足、善逝、世间解、无上士、调御丈夫、天人师、佛、世尊（以上德号）。具有如是三十二相、八十随形好（以上色身）。身色光明，如融金聚，具足成

----

① 《中部》（二八）《象迹喻大经》（南传九・三四○）。《中阿含经》三○《象迹喻经》（大正一・四六七上）。《小部・如是语经》"三集"（南传二三・三四三）。

② 《摩诃般若波罗蜜经》卷一（大正八・二一七上）。

就众宝辇舆(以上法身)。放大光明,坐师子座,沙门众中说如斯法。其所说者,谓一切法本来不坏,亦无坏者,……乃至不念彼如来,亦不得彼如来。彼作如是念如来已。如是次第得空三昧(以上实相)。善男子! 是名正念诸佛现前三昧也。"①

无论在家的、出家的,听说西方阿弥陀佛,就一心念,念到现见阿弥陀佛。见到了阿弥陀佛,就问:怎样才能往生阿弥陀佛国土? 应怎样的念佛? 经文含有四种念佛,与《十住毗婆沙论》说相合。念十号,是称名忆德的念佛。三十二相等是念色身佛。"色身光明如融金聚,具足成就众宝辇舆",是念佛法身。鸠摩罗什的《思惟要略法》说:"当因生身观内法身,十力、四无所畏、大慈大悲、无量善业,如人先念金瓶,后观瓶内摩尼宝珠。所以(法身)尊妙神智无比,无远无近,无难无易,无限世界悉如目前,无有一人在于外者,一切诸法无所不了。"②《拔陂菩萨经》也这样说:"紫磨金色身,如净明月水精珠身,譬如众宝所璎珞。"③念功德法身,大乘是不离色身的,只是无量功德所庄严,色相光明、清净、广大、无碍,显出佛身的无所不在,佛智的无所不了,不是声闻行者那样,离色身而念佛功德法的。所说"一切法本来不坏"等,是念佛实相。在念佛三昧中,能见佛,与佛问答,这种瑜伽行者的修验,是"佛法"到"秘密大乘佛法"所一致的。修行者从三昧起出定,对于定中境界,进一步观察,如《大智度论》卷

---

①　《般舟三昧经》卷上(大正一三·九〇五中)。
②　《思惟要略法》(大正一五·二九九中)。
③　《拔陂菩萨经》(大正一三·九二二中)。

二九,依经文(大正二五·二七六中——下)说:

> "从三昧起,作是念言:佛从何所来?我身亦不去。即时便知诸佛无所从来,我亦无所去。复作是念:三界所有,皆心所作。何以故?随心所念,悉皆得见。以心见佛,以心作佛,心即是佛,心即我身。心不自知,亦不自见。若取心相,悉皆无智;心亦虚诳,皆从无明出。因是心相,即入诸法实相,所谓常空。"

这段经文,为瑜伽行者的"三界唯心"、"万法唯识"说所本。定中见到了佛,听到佛的说法,但修行者并没有到佛国去,佛也没有到这里来。见佛与听佛说法,都只是自己定心所现的。对于定中见佛,与佛问答,《般舟三昧经》列举了梦喻、不净想喻;正与从水、油、明镜、水精(四喻)所见自身的影子那样。后来,《解深密经》说"我说识所缘,唯识所现故",也是依三摩地定影像说的;并以明镜为喻①。无著造《摄大乘论》,成立唯识,也以梦等、不净想为喻来说明;并引颂说:"诸瑜伽师于一物,种种胜解各不同,种种所见皆得成,故知所取唯有识。"②这可见,念佛德号、色身、法身,于定心中所见的,听到的,都是胜解观想所成就的。《华严经·入法界品》,善财所参访的解脱长者也说:"一切诸佛,随意即见。彼诸如来不来至此,我不往彼,知一切佛无所从来,我无所至。知一切佛及与我心,皆悉如梦。"③从念佛见

---

① 《解深密经》卷三(大正一六·六九八中)。
② 《摄大乘论本》卷上(大正三一·一三七中)。
③ 《大方广佛华严经》卷四六(大正九·六九五上)。

佛所引发的唯心观,成为"大乘佛法"的重要内容。在了解"以心见佛,心即是佛"后,《般舟三昧经》卷上(大正一三·九〇六上)进一步说:

> "心有想为痴,心无想是泥洹涅槃。是法无可乐者,皆念所为,设使念为空耳,设有念者亦了无所有。"

这是从"唯心所现",趣入空三昧;从有想念而向离想念的涅槃(以涅槃为趣向,显见为大乘初期的圣典)。定心所现见的,只是观想所成,没有真实性,所以有念是空无所有的。《大智度论》立三种空:一、分破空(天台家称为析法空),二、观空,三、十八空——缘起的无自性空①。前二者是方便说,不了义的。《般舟三昧经》自心所见为空,是观空;"一切法不坏"的空,是境空心也空的,与无性空相同。当时还没有中观与瑜伽学派,而学派是依行者所重而分化出来的。

般舟三昧是现在(十方)诸佛现前的三昧,不是限定于某一佛的,如《贤护分》说:"独处空闲,如是思惟,于一切处,随何方所,即若西方阿弥陀如来、应供、等正觉,是人尔时如所闻已……"②《般舟三昧经》也说:"菩萨(随)其所向方,闻现在佛,常念所向方(佛),欲见佛。"③般舟三昧所念的,是随所听闻的他方现在佛而发心念佛见佛的。经上特举西方阿弥陀佛名,应该是般舟三昧是在北天竺传出的,而这里恰好流行念阿弥陀佛、往

---

① 《大智度论》卷一二(大正二五·一四七下——一四八上)。
② 《大方等大集经贤护分》卷一(大正一三·八七五中)。
③ 《般舟三昧经》卷上(大正一三·九〇五中)。

生西方的法门,所以就以阿弥陀佛为例。初修一定要专念一佛,等三昧成就,佛身现前,再渐见东方……十方一切佛,展转增多。遍虚空中见无数佛,如"明眼人,夜半视星宿,见星其(甚?)众多"一样①。般舟三昧是念十方现在一切佛的法门;念佛法门的广大流行,念他方佛经典的不断传出,表示了"大乘佛法"界的一项重要意义。根本原因是佛弟子对佛的永恒怀念。释尊在世,佛弟子见佛,闻法、如说修行。佛涅槃后,虽还是闻法、修行,在一般佛弟子的心目中,到底没有佛那样的应机开示,鞭辟入里。从释尊入灭到弥勒成佛,要经一段漫长(而没有佛法)的时期。修学佛法的,如还没有见谛,得须陀洹果,虽凭善业而往来人间天上,但长期不逢佛法,是有误失堕落可能的,这该是佛弟子永恒怀念的重要因素。现在十方有佛,胜解念佛而三昧成就的,能见佛,听闻佛法,还能与佛问答,那真是太理想了!念佛的能往生佛国,可以不离见佛闻法;能满足佛弟子的愿望,是一切念佛法门盛行的原因。如《大方等大集经贤护分》卷一(大正一三·八七四中)说:

> "世尊!譬如今时圣者阿难,于世尊前亲闻法已,皆悉受持,如说奉行。彼诸菩萨身居此土,不至彼(佛世)界,而能遍睹诸佛世尊,听闻法已,悉能受持,如说修行,亦复如是。从是已后,一切生处,常不远离诸佛世尊,听闻正法。"

"彼诸菩萨",是修般舟三昧的菩萨。能见佛、闻法,更能

---

① 《般舟三昧经》卷上(大正一三·九〇六中)。

"一切生处常不远离诸佛"。《般舟三昧经》也说:"行是(三昧)比丘已见我,常为随佛不远离。"①《论》中也说:"菩萨念佛故,得入佛道中。……念佛三昧,能除种种烦恼及先世罪";"菩萨常爱乐念佛故,舍身受身,恒得值佛。"②"于无上道得不退转报。"③念佛能消罪业,生生世世见佛闻法,得不退转,是一切念佛法门所共同的。往生西方净土,也不外乎这一意义。有些净土行者,厌娑婆而求生净土,不免消极了一点! 日本部分净土行者,以为"生净土即成佛",那真是无稽之谈了!

般舟三昧所见的佛(及菩萨等),是由观想所成的,如《大智度论》说:"般舟三昧,忆想分别,常修常习故见(佛)。"④经文以梦中所见、不净想等为譬喻,这是唯心所现,虚妄不实的。那么,所见的佛,与佛问答,听佛说法,都虚妄而不足信吗? 那又不然,定心所现的,与错觉、幻想不同,名"定自在所生色",在世俗谛中是实有的。修般舟三昧成就:"幽冥之处,悉为开辟,无所蔽碍。是菩萨不持天眼彻视,不持天耳彻听,不持神足到其佛刹,不于此间终(往)生彼间,便于此坐(三昧)见之。"⑤般舟三昧能见能闻他方世界事,却不是天眼等神通力,与《法华经》六根清

---

① 《般舟三昧经》(大正一三・九〇〇下)。《般舟三昧经》卷上(大正一三・九〇八中)。

② 《大智度论》卷七(大正二五・一〇九上),又卷二九(大正二五・二七六上)。

③ 《十住毗婆沙论》卷一二(大正二六・八七下)。

④ 《大智度论》卷三三(大正二五・三〇六上)。

⑤ 《般舟三昧经》(大正一三・八九九上)。《般舟三昧经》卷上(大正一三・九〇五上)。《大方等大集经贤护分》卷一(大正一三・八七五下——八七六上)。

净说相近。"常修习是三昧故,得见十方真实诸佛。"①三昧力有浅深,所见闻的也就有优劣,但约佛与法来说,那是真实的。般舟三昧是自力念佛,现生就能见佛、闻法,其中也有他力的因素,如《大方等大集经贤护分》卷二(大正一三·八七七上)说:

> "得见彼(世界)佛,有三因缘。何者为三? 一者、缘此(般舟)三昧;二者、彼佛加持;三者、自善根熟。具足如是三因缘故,即得明见彼诸如来。"②

于三昧中见佛闻法,不只是般舟三昧力,也有佛的加持力。"自善根熟",异译作"本功德力",指过去生中积集的功德,今生"持戒完具"。含有他力因素,"他力"不断地强化起来,那是以后的事了!

梁天监年间,曼陀罗仙译的《文殊师利所说摩诃般若波罗蜜经》,传出念佛的一行三昧,如卷下(大正八·七三一上——中)说:

> "佛言:法界一相,系缘法界,是名一行三昧。"
> "善男子、善女人欲入一行三昧,应处空闲,舍诸乱意,不取相貌,系心一佛,专称名字。随佛方所,端身正向,能于一佛念念相续;即是念中,能见过去未来现在诸佛。……入一行三昧者,尽知恒沙诸佛法界无差别相。"

---

① 《十住毗婆沙论》卷一二(大正二六·八六中)。
② 《般舟三昧经》(大正一三·八九九中)。《般舟三昧经》卷上(大正一三·九〇五下)。《拔陂菩萨经》(大正一三·九二二下)。

　　僧伽婆罗是曼陀罗仙同时人,依据曼陀罗传来的原本,再译的《文殊所说般若波罗蜜经》,却没有这一段。但唐玄奘所译的《大般若经》(第七)《曼殊室利分》,也有这段经文。玄奘所译,译"一行三昧"为"一相庄严三摩地";译"不取相貌"为"善想容仪"①。一行三昧与一(相)庄严三昧,都是《般若经》中百八三昧之一。一行三昧是:"不见诸三昧此岸彼岸";龙树解说为:不见禅定的入相、出相、得相、(失)灭相;一相庄严三昧是:"观诸法皆一(相)。"②《文殊说般若经》,释一行三昧为系缘法界一相,是法界无差别的甚深三昧;而从专心系念一佛入手,见三世诸佛法界无差别相。与般舟三昧同样的是念佛三昧,而这是与通达甚深法相结合的。所以,般舟三昧的念佛,是由浅而深的,一行三昧是直下见三世(般舟作"十方")佛,通达诸佛无差别。曼陀罗仙译为"不取相貌",所以禅宗(四祖)道信以下的禅门,都说忆念佛名入手,而不取佛身相好的。然依玄奘所译,念佛是"善想容仪",那是观佛相好而通达法界了。鸠摩罗什所译《千佛因缘经》说:"念佛三昧庄严心故,渐渐于空法中心得开解";"思空义功德力故,即于空中得见百千佛,于诸佛所得念佛三昧"③。念佛三昧与空慧,是这样的相助相成了。罗什所译《华手经》,立一相三昧与众相三昧。缘念一佛而成就的,是一相三昧;缘念多佛而成就的,是众相三昧。经上又说:一相三昧见一

---

① 《大般若波罗蜜多经》卷五七五(第七)《曼殊室利分》(大正七·九七二上)。

② 《大智度论》卷四七(大正二五·四〇一中)。

③ 《佛说千佛因缘经》(大正一四·七〇下、七一中)。

切法等相,众相三昧了达一切法一相无相①。等相,是法法平
等;无相,也是法法平等;似乎方便不同,而其实都是归于实相
的。在“大乘佛法”中,念佛执持名号,固然是适应信行人的易
行道,但念佛而修三昧,能从“观相”、“唯心”而深入实相;易行
道本是甚深难行道的方便,是诱导行者深入的。法界无差别中,
毕竟寂灭而化用无尽,正是“大乘佛法”共同的佛陀观。以上所
说的,都是通于现在一切佛的②。或以阿弥陀佛为例,那不过是
经典流通处,恰好流行阿弥陀佛的信仰,也就举例说明,使人容
易信受罢了。

第三节　念佛菩萨的观法

经,是劝人(或浅或深)依法修行的。大乘经中,说十方十
佛,六方六佛,广说佛名的着实不少,也有专明某佛某菩萨的
(全经或其中一品)。这显示了某佛某菩萨的特殊功德,也就有
专修某佛某菩萨的法门。在“秘密大乘佛法”中,如毗卢遮那、
阿閦、阿弥陀等佛;文殊师利、普贤、观世音、地藏等菩萨的修持
法,大量集出流传。这一风气,“大乘佛法”已经开始了。在西
元五世纪上半,就已译出了:

《观无量寿佛经》	一卷	宋畺良耶舍译
《观药王药上二菩萨经》	一卷	宋畺良耶舍译
《观普贤菩萨行法经》	一卷	宋昙摩蜜多译

---

① 《佛说华手经》卷一〇(大正一六·二〇三下——二〇四中)。
② 以上参阅拙作《初期大乘佛教之起源与开展》第十一章第三节。

《观虚空藏菩萨经》	一卷	宋昙摩蜜多译
《观弥勒菩萨上生兜率陀天经》	一卷	宋沮渠京声译
《观世音观经》	一卷	宋沮渠京声译
《佛说文殊师利般涅槃经》	一卷	西晋聂道真译

　　畺良耶舍、昙摩蜜多、沮渠京声，都是有名的罽宾与西域的禅师（瑜伽者），与鸠摩罗什及佛陀跋陀罗，时代与地区相近，这可以想见当时的罽宾及西域，念佛及菩萨的禅观是相当兴盛的。沮渠京声所译的《观世音观经》已经佚失。聂道真所译《佛说文殊师利般涅槃经》，也是“观经”的一类，是西元四世纪初译出的。

　　这几部“观经”，概略地说明它的内容：一、《观无量寿佛经》：是依《无量寿佛经》所出的观法，十六观。从观想西方落日起，次第观净土庄严，无量寿佛、观世音、大势至菩萨的相好庄严。观想净土的依正庄严，死后能往生西方极乐国土，共十三观。后三观，明九品往生，是《无量寿佛经》“三辈往生”的分别，配合“十六”这一成数而已①。《观无量寿佛经》的缘起是：阿阇世王逼害生母韦提希，韦提希对佛说：“我宿何罪生此恶子？……唯愿世尊为我广说无忧恼处，我当往生，不乐阎浮提浊恶世也。”②这是充满了不满现实的厌离情绪，不是为了容易修菩萨行而求生净土。从此，厌娑婆苦，求生极乐，成为中国一般净土行者的心声。还有，《观无量寿佛经》传出的时代，流行念佛灭

---

① 《佛说观无量寿佛经》（大正一二·三四〇下——三四六中）。
② 《佛说观无量寿佛经》（大正一二·三四一中）。

除罪业的思想,所以经中一再说到,"此(座)想成者,灭除五百
亿劫生死之罪";"作是(菩萨像)观者,除无量亿劫生死之罪";
"下品下生"的,是"五逆十恶"人,由于"称佛名故,于念念中除
八十亿劫生死之罪"①。"消业往生",因时代不同,与古本大
《阿弥陀经》多少有差别了。二、《观普贤菩萨行法经》:《法华
经》中,有《普贤菩萨劝发品》,说到五浊恶世,有受持、读诵、思
惟、修习《法华经》的,普贤菩萨会乘六牙白象而来,"而自现身,
供养守护,安慰其心。……现其人前而为说法,示教利喜"②。
依此而成的"观普贤菩萨行法",先观普贤菩萨,再进而见十方
佛、十方净土,见释迦牟尼佛十方分身佛,见多宝佛塔。十方佛
说六根忏悔,于佛菩萨前,受菩萨戒法。这是以普贤菩萨为出发
的"法华观法"③。在鸠摩罗什的《思惟要略法》中,已有"观无
量寿佛法"、"法华三昧观法"④。无量寿佛的观法,钝根先作白
骨观,再观从白骨放白光明,于光明中见无量寿佛;利根直从光
明观起修。罗什的修学,也在罽宾与西域,比罽良耶舍等要早半
世纪,而以不同的佛菩萨(及净土)为主,修不同的观法,已经开
始流行了。但罗什所传的大乘佛菩萨观法,还相当的简略,罽良
耶舍等所传,完善得多了。三、《观药王药上二菩萨经》:药王与
药上二位菩萨,也见于《法华经·药王菩萨本事品》。依此而成
立的观法,分别说观二菩萨的身相,所应修及得的功德;药上菩

---

① 《佛说观无量寿佛经》(大正一二·三四三上、中、三四六上)。
② 《妙法莲华经》卷七(大正九·六一上——下)。
③ 《佛说观普贤菩萨行法经》(大正九·三八九下——三九四中)。
④ 《思惟要略法》(大正一五·二九九下——三〇〇下)。

萨开示了过去五十三佛的忏悔法①。四、《观虚空藏菩萨经》：姚秦佛陀耶舍译出的《虚空藏菩萨经》，先后共有四种译本。经中说忏除罪业——国王五根本罪，大臣五根本罪，声闻五根本罪，初学菩萨的八根本罪。并说称名、礼拜、供养虚空藏菩萨所得的现世利益②。依此而成立的"观虚空菩萨法"，就是罪业的忏悔法。如说："先于功德经中，说虚空藏菩萨摩诃萨名，能除一切恶不善业。"又依《大宝积经》（二四）《优波离会》（竺法护所译，名《佛说决定毗尼经》）说："于深功德经说治罪法，名决定毗尼，有三十五佛。"这样，礼敬称三十五佛名，观虚空藏菩萨，见菩萨的身相而灭除罪业③。五、《观弥勒菩萨上生兜率陀天经》：弥勒是继释迦佛未来成佛的菩萨。说"弥勒菩萨下生成佛"的，有好几部经，都依《阿含经》说，增入释尊付嘱大迦叶，迦叶待弥勒成佛相见而后入灭的传说。弥勒是释尊唯一的菩萨弟子，入灭后上生兜率陀天，佛教界有"上升兜率见弥勒"的多种传说。这部经说弥勒菩萨的上生兜率陀天，天宫与菩萨身心的功德庄严。经文所开示的，主要为"不厌生死乐生天者，爱敬无上菩提心者，欲为弥勒作弟子者"，应该"一一思惟兜率陀天上上妙快乐"，"应当系念念佛形像，称弥勒名"。这就能除罪业而往生天上，未来遇见弥勒成佛，闻法得益④。这部经的意趣，近于大乘初兴时期，与前四部经有所不同。六、《文殊师利般涅槃经》：说

---

①　《佛说观药王药上二菩萨经》（大正二〇·六六〇下——六六六上）。

②　《虚空藏菩萨经》（大正一三·六五一下——六五六上）。

③　《观虚空藏菩萨经》（大正一三·六七七中——六七八上）。

④　《佛说观弥勒菩萨上生兜率陀天经》（大正一四·四一八中——四二〇下）。

文殊的身世,涅槃时的相好,劝众生"当勤系念,念文殊像,念文殊像法",见文殊身相的功德。经上也说,"作此观者,名为正观,若他观者,名为邪观"①,显然是"观经"的一类。以上六部,是释迦牟尼即毗卢遮那佛②、阿弥陀佛——二佛;弥勒、文殊、普贤、观世音、大势至、药王、药上、虚空藏——八大菩萨的观法。不同佛菩萨的不同修法,正不断地发展起来。

念佛、念菩萨,能净除罪业,得生净土,得陀罗尼,不退阿耨多罗三藐三菩提心,为"大乘佛法"的重要行门。这一修行,与"易行道"的佛前忏悔,关系极深。易行的"三品法门",是一般的昼夜六时的经常修持,而在念佛与菩萨的观想中,是不断地为修行而忏悔。修持中的不断忏悔,是与罪业观有关的,如《观普贤菩萨行法经》说:"诸佛世尊……常在世间,色中上色,我有何罪而不得见?"③《宝积经》的《发胜志乐会》说:"今为业障之所缠覆,于诸善法不能修行。"④《善住意天子会》说:禅定中,"自见往昔所行恶业,……深生忧悔,常不离心,于其深法不能证入。"⑤《谤佛经》说:"求陀罗尼而不能得,何以故? 以彼往世恶业障故。"⑥这样,众生之所以不能见佛,不能得陀罗尼,不能修行,不能证入,一切都是过去生中的罪业在障碍了。也就因为这样,在念佛、念菩萨的观行过程中,不断地忏悔,才能不断地向上

① 《佛说文殊师利般涅槃经》(大正一四·四八〇中——四八一中)。
② 《佛说观普贤菩萨行法经》(大正九·三九二下)。
③ 《佛说观普贤菩萨行法经》(大正九·三九〇下)。
④ 《大宝积经》(二五)《发胜志乐会》(大正一一·五一九下)。
⑤ 《大宝积经》(三六)《善住意天子会》(大正一一·五九〇中)。
⑥ 《谤佛经》(大正一七·八七六下)。

进修，如《观佛三昧海经》、《观普贤菩萨行法经》，叙说得最为明白。《观药王药上二菩萨经》，也就扼要地说："净除业障、报障、烦恼障，速得除灭，于现在身修诸三昧，念念之中见佛色身，终不忘失阿耨多罗三藐三菩提心，……随意往生他方净土。"①《观虚空藏菩萨经》，就是以念佛忏悔为主的观行。早期传出的大乘经，如《小品般若》，二十四愿本的《阿弥陀经》，《阿閦佛国经》等，还没有重视过去生罪业的忏悔。《金刚般若经》已说持经而"先世罪业则为消灭"②；《观无量寿佛经》就一再说到：消除多少劫生死之罪，必定当生极乐世界③。念佛、念法（持经）、念僧（菩萨），与"三品法门"的忏悔相关联而发展起来。念佛主要是观想念佛，忏悔也就是古德所说的"取相忏"。《法华经·法师功德品》说六根清净功德，是由于"受持是法华经，若读，若诵，若解说，若书写"，没有说忏悔。依《法华经》而有的《观普贤菩萨行法经》，说六根忏悔法，得六根清净。所说的忏悔，是念法的忏悔，如说："昼夜六时，礼十方佛，行忏悔法：诵大乘经，读大乘经，思大乘义，念大乘事，恭敬供养持大乘者，视一切人犹如佛想"；"若有忏悔恶不善业，但当读诵大乘经典"④。所以忏悔六根，是"一切业障海，皆从妄想生，若欲忏悔者，端坐念实相"⑤，也就是古德所说的"实相忏"。

念佛（菩萨）见佛，称为念佛三昧。依《鸠摩罗什法师大义》

①　《佛说观药王药上二菩萨经》（大正二〇·六六一中）。
②　《金刚般若波罗蜜经》（大正八·七五〇下）。
③　《佛说观无量寿佛经》（大正一二·三四三上）等。
④　《佛说观普贤菩萨行法经》（大正九·三九〇中、三九三上）。
⑤　《佛说观普贤菩萨行法经》（大正九·三九三中）。

卷中(大正四五·一三四中)说：

> "见佛三昧有三种：一者，菩萨或得天眼、天耳，或飞到
> 十方佛所，见佛、难问，断诸疑网。二者，虽无神通，常修念
> 阿弥陀等现在诸佛，心住一处，即得见佛，请问所疑。三者，
> 学习念佛，或以已离欲，或未离欲，或见佛像，或见生身，或
> 见过去未来现在诸佛。是三种定，皆名念佛三昧。"

三类见佛人中，一、是依禅得五通的。二、是常修念佛，没有
神通而能见佛，这应该是离欲得定的。三、初学念佛，或已离欲，
或没有离欲，也能见佛。三类都名为"念佛三昧"，而浅深大有
差别。依此说，《观普贤菩萨行法经》所说："云何不失无上菩提
之心？云何复当不断烦恼，不离五欲(即'离欲')，得净诸根，灭
除诸罪，父母所生清净常眼，不断五欲而能得见诸障外事？……
此观功德，除诸障碍，见上妙色，不入三昧，但诵持故，专心修习，
心心相次，不离大乘，一日至三七日，得见普贤……"①不入三
昧，专心修习，心心相次，这是定前的"一心不乱"的境界，这就
能见佛、菩萨，当然这是低层次的。一心诵持到心不散乱，如隋
智颉的"诵至药王品，心缘苦行，至是真精进句……见共(慧)思
师，处灵鹫山七宝净土，听佛说法"②。《法华经》所说的六根清
净，是受持、读、诵等"法师"的功德。父母所生的眼耳，能见闻
障(如铁围山等障)外的佛与净土，与智颉所得的境地相当。
《般舟三昧经》说："闻西方阿弥陀佛刹，当念彼方佛，不得缺戒。

---

① 《佛说观普贤菩萨行法经》(大正九·三八九下)。
② 《续高僧传》卷一七(大正五〇·五六四中)。

一心念，若一昼夜，若七日七夜，过七日以后，见阿弥陀佛。于觉（醒时）不见，于梦中见之。"这也是"不持天眼彻视，不持天耳彻听"的①。《观普贤菩萨行法经》所说"普贤菩萨复更现前，行住坐卧不离其侧，乃至梦中常为说法"②，那是深一层次了。

第七章　护持佛法与利乐众生

第一节　人间的现世利益

　　佛法在世间，信修者能得现生利乐，来生生人间、天上的利乐，佛法不只是"了生死"而已。现实的人世间，无论是自然界、社会、家庭以及自己的身心，都有众多不如意的苦患。"佛法"的信念，要得现生利乐，惟有"依法而行"，使自己的身心健全，与人和乐共处，安分守法，向上向善。如有疾病的，释尊自己也是延医服药③；医药不一定能治疗全愈，但医药到底是治病的正途。关于经济生活，佛说要："方便具足"——从事合法的职业，获得经济来源；"守护具足"——能合理保存所得，不致损失；"善知识具足"——结交善友，不交懒惰、凶险、虚伪等恶友；"正命具足"——经济的多少出入，作合理的支配。这样，"俗人在家，得现法安现法乐"④。一切依法而行，即使遇到不幸或伤亡，

----

①　《般舟三昧经》卷上（大正一三・九〇五上）。
②　《佛说观普贤菩萨行法经》（大正九・三九〇下）。
③　《弥沙塞部和醯五分律》卷二〇（大正二二・一三四上）。《铜鍱律・大品》（南传三・四八七——四八九）。
④　《杂阿含经》卷四（大正二・二三上——中）。

那是宿业所限,寄望于未来的善报。如是解脱者,那更无动于心了。大体说,与儒家"尽人事而听天命"的精神相近,不过业由自己所造,不是天命——神意所决定的。现生的安乐,释尊从不教人向神秘的力量去求解决;适应当时社会情况所作的教化,"佛法"是那么理性而没有迷妄的成分!"佛法"真是超越神教的宗教。

"大乘佛法"兴起,极力赞扬称念佛(菩萨)名号,进而观想佛菩萨的庄严,可以忏悔过去的业障,也能改善现生的缺陷。能得无病等利益,"佛法"说是入慈定者的功德。"大乘佛法"中,重智证的《般若经》说:"是大神咒,是大明咒,是无上咒,是无等等咒,是一切咒王。"①读、诵《般若经》,能得现世的种种利益,这是通俗化,"念法"而有一般咒术的作用。重信的"念佛"(及菩萨)法门,更能适应低级民间信仰,有类似咒术的神秘意义。佛法是更普及了,而"佛出人间",学佛的意义,不免渐渐地迷糊了!

《八吉祥神咒经》,现存五种译本:一、《佛说八吉祥神咒经》,吴支谦译。二、《佛说八阳神咒经》,晋竺法护译。"八阳"可能是"八祥"的讹写。三、《佛说八部佛名经》,元魏瞿昙般若流支译。这是流传中的错误,因为经初说"闻如是",呼佛为"天中天"②,这是西晋以前,不知是谁译出的古译。依《大唐内典录》,般若流支的确译有《八佛名经》;宋求那跋陀罗也译有《八

---

① 《大般若波罗蜜多经》(第二分)卷四二九(大正七·一五六上)。
② 《佛说八部佛名经》(大正一四·七四中)。

吉祥经》①,但都已佚失了。四、《八吉祥经》,梁僧伽婆罗译。五、《八佛名号经》,隋阇那崛多译。这部经,说东方世界的八佛名号,称念持诵的功德,除不堕三恶趣、不退菩提等外,重在现生的种种利益,如《佛说八吉祥神咒经》(大正一四·七二下)说:

> "若有善男子、善女人,闻此八佛及国土名,受持奉行、讽诵、广为他人解说其义者,……四天王常拥护之:不为县官所拘录,不为盗贼所中伤,不为天、龙、鬼神所触娆;阅叉夜叉、鬼神、蛊道(鬼神)、若人若非人,皆不能害杀得其便也,除其宿命不请(?)之罪。若有疾病、水、火、(恶)鸟鸣、恶梦,诸魔所娆,恐怖衣毛竖时,常当读是八吉祥神咒经咒之,即得除愈。"

经文中并没有咒语,而称经为《八吉祥神咒经》,说"读是八吉祥神咒经咒之","持是八佛名,咒之即除愈",可见古代的传译者,对于持八佛名号、读诵八佛名经,看作持咒那样的。为什么持诵八佛名号、读诵八佛名经,能现生逢凶化吉,不为灾祸所侵害呢? 这当然是"佛力"。前二部译文,说到"四天王常拥护之"②。《八吉祥经》说:"八部诸善神,日夜常守护。"③这是在"佛力"加被下,受到四天王(统率天龙八部)等善神的拥护。"佛力"与(善)"天力",取着同一的立场。

　同样是东方世界的,一佛或说七佛的功德,是《药师经》。

---

　① 《大唐内典录》卷四(大正五五·二五九上、二六九下)。
　② 《佛说八吉祥神咒经》(大正一四·七二下、七三上)。《佛说八阳神咒经》(大正一四·七三下)。
　③ 《八吉祥经》(大正一四·七五下)。

共有四种译本：一、《拔除过罪业障生死得度经》，东晋帛尸梨蜜多罗译，编入《佛说灌顶神咒经》卷一二①。二、《佛说药师如来本愿经》，隋达摩笈多译。三、《药师琉璃光如来本愿功德经》，唐玄奘译。四、《药师琉璃光七佛本愿功德经》，唐义净译。这四译中，二、三——两种译本是没有咒语的；初译有（短）咒，在全经的末后；义净译有咒而插入中间。经与咒，应该是别行的，在流传中结合在一起，所以在后或在中间不同。经说东方世界的药师琉璃光如来，因中发十二大愿，成就净琉璃国土。"大乘佛法"中净土极多，而药师净土的本愿，不只是出世圣善，更注意到残废、疾病与医药，官非与饮食问题，气候的冷热。有人间净土现实感的，弥勒净土以外，就是药师净土与阿閦佛净土了。但在"佛力"加持思想下，重于佛力救护。"念彼如来本愿功德"，"称名礼赞恭敬供养彼如来者"，能得到②：

长寿・富饶・官位・男女——所求皆得

恶梦・恶相・怪鸟来集・百怪出现——不能为患

水・火・刀・毒・悬险・恶兽・毒蛇・毒虫——离诸怖畏

女人临产无有众苦

延寿——离诸横死

人众疾疫难・他国侵逼难・自界（国内）叛逆难・星宿变怪难・日月薄蚀难・非时风雨难・过时不雨难

---

① 《佛说灌顶经》卷一二（大正二一・五三二中——五三六中）。
② 如《药师琉璃光如来本愿功德经》（大正一四・四〇六下——四〇七下）。

求长寿等,都是个人的现生福乐。末后"人众疾疫难"等,是有关国家治乱,影响全民的大问题。经上说:这些苦难,都可从对药师佛的称念、礼拜、供养、读诵中,得到"佛力"的救护。这一类佛力救护说,此外也还有不少经典说到。晋竺法护译的《佛说灭十方冥经》,与《八吉祥神咒经》的性质相同,只要归依礼敬十方佛,"则无恐惧,不遇患难"①。魏菩提流支的《佛名经》说:"现世安隐,远离诸难";"一切诸恶病不及其身。"②唐菩提流志所译《大宝积经·功德宝花敷菩萨会》,说十方佛;西方佛名一切法殊胜辩才庄严如来:"受持彼佛名者,毒不能害,刀不能伤,火不能烧,水不能溺。"③梁失译的《阿弥陀鼓音声王陀罗尼经》也说:"受持、读、诵彼佛名号,乃至无有水、火、毒药、刀杖之怖,亦复无有夜叉等怖。"④北凉昙无谶译《无想经》说:"顶戴受持诸佛名号,若中兵、毒、水、火、盗贼,无有是处,除其宿业";"若有众生闻彼佛名,敬信不疑,无诸怖畏,所谓王怖、人怖、鬼怖,无诸疾病,常为……诸佛所念"⑤。以上略举"佛力"救护的部分经说,这样的救护,与一般祈求神助的宗教,意义是完全相同的。

大菩萨的慈悲救护,如《法华经》的《观世音菩萨普门品》。本经有三译:晋竺法护译的,名《正法华经》,十卷。姚秦鸠摩罗什译的,名《妙法莲华经》,七卷。隋阇那崛多与(达摩)笈多,依

---

①　《佛说灭十方冥经》(大正一四·一〇五下)。

②　《佛说佛名经》卷一(大正一四·一一四下、一一七上)。

③　《大宝积经》(三四)《功德宝花敷菩萨会》(大正一一·五六五中)。

④　《阿弥陀鼓音声王陀罗尼经》(大正一二·三五三上)。

⑤　《大方等无想经》卷四(大正一二·一〇九八中、一〇九八下)。

据罗什译本,有所增补,次第也有所修改,成为《添品妙法莲华经》,七卷。观世音或译观自在,是被称为"大慈大悲救苦救难"的大菩萨。慈悲救护的内容,经说是①:

"称是观世音名者":大火不能烧·大水不能没·航海不堕罗刹鬼国·刀杖所不能害·夜叉、罗刹不能害·有罪无罪不受系·过险道不为怨贼所害

"常念恭敬观世音菩萨":离贪欲·离嗔恚·离愚痴

"礼拜、供养观世音菩萨":求男得男,求女得女

偈颂说:高处堕落不伤·咒诅、毒药不能害·恶兽、毒蛇、毒虫不能伤·雷电雨雹消散

在这种种的慈悲救护中,离贪、嗔、痴是内心的清净,求男求女是世间的安乐事外,其他都是有关生死存亡的险难的救护,也就是重于"救苦救难"的。其中,"若有百千万亿众生,为求金、银、琉璃、车渠、马瑙、珊瑚、琥珀、真珠等宝,入于大海,假使黑风吹其船舫,飘堕罗刹鬼国,其中若有乃至一人称观世音菩萨名者,是诸人等皆得解脱罗刹之难"②一项,在佛教界是有悠久传说的。传说是:商人们航海去采宝,因风而漂流到僧伽罗,也就是锡兰,现在的斯里兰卡。那时,岛上所住的,是美丽的女罗刹。商人们就分别与罗刹斯成婚,生育儿女。如有新的人漂来,就会将旧的商人吃了。一位商主知道了内幕,知道惟有婆罗天马从空中经过时,哪怕捉住马王的一毛,就能渡海而脱离被杀的命

---

① 《妙法莲华经》卷七(大正九·五六下——五八上)。
② 《妙法莲华经》卷七(大正九·五六下)。

运。于是暗中通知商人们,有人相信的,就依马王的神力而逃出罗刹鬼国。这一传说,极为普遍。如巴利藏中《本生》的"云马本生";康僧会译的《六度集经》;《说一切有部毗奈耶》;《佛本行集经》;《大唐西域记》,也说马王是释尊的本生①。这一传说,是部派佛教所公认的。到"大乘佛法"时代,转化为观自在菩萨神力救难之一,所以在"秘密大乘佛法"中,观自在菩萨示现,有马头观音,为六观音、八大明王之一。传说与锡兰——古代的罗刹鬼国有关,所以观自在菩萨离锡兰不远。如《西域记》说:"秣刺耶山东,有布呾洛迦山,……观自在菩萨往来游舍。……山东北海畔有城,是往南海僧伽罗国路。"②不过,观自在菩萨的圣德,有复杂的内容,如善财童子参访善知识,观自在菩萨也在南方,也说"若称我名,若见我身,皆得免离一切怖畏"③,与《法华经》说相同。但南方的观自在菩萨,与从空而来的正趣菩萨,又出现于西方极乐世界,就是观自在与大势至两大菩萨了④。这是释尊本生而转化为观世音菩萨的,与我曾说过的,观世音与释尊有关,恰好相合。观世音所住的布补呾洛迦,与释族过去所住的,东方阿湿婆——马国首邑的布多罗相合⑤。传说与印度东南沿海地区有关,所以观世音菩萨的救苦救难,特别受到航海

---

① 《小部·本生》(南传三〇·二一一——二一六)。《六度集经》卷六(大正三·三三中——下)。《根本说一切有部毗奈耶》卷四七、四八(大正二三·八八七中——八八九中)。《佛本行集经》卷四九(大正三·八七九上——八八二中)。《大唐西域记》卷一一(大正五一·九三三上——九三四上)。

② 《大唐西域记》卷一〇(大正五一·九三二上)。

③ 《大方广佛华严经》卷六八(大正一〇·三六七上——中)。

④ 拙作《初期大乘佛教之起源与开展》第十三章(一一二七——一一二八,本版一〇四四——一〇四五)。

⑤ 拙作《初期大乘佛教之起源与开展》第八章第一节第四项。

者、沿海渔民的崇信。那位类似观音救护海难的妈祖,可说是观世音菩萨的中国化了。

关于地藏菩萨,一般人重视传说不一的《地藏菩萨本愿功德经》,所以着重地狱、鬼魂与度亡。然依《地藏十轮经》说:"有能至心称名、念诵、归敬、供养地藏菩萨摩诃萨者,一切皆得。"一切皆得,就是"解脱种种忧苦,及令一切如法所求意愿满足"。解脱种种的苦迫,是:"种种希求,忧苦迫切";"饥渴所逼";"乏少种种衣服、宝饰、医药、床敷及诸资具";"爱乐别离,怨憎合会";"身心忧苦,众病所恼";"互相乖违,兴诸斗诤";"闭在牢狱,具受众苦";"鞭挞拷楚,临当被害";"身心疲倦,气力羸惙";"诸根不具";"颠狂心乱,鬼魅所著";"烦恼炽盛,恼乱身心";"为火所焚,为水所溺,为风所飘,山崖(等)……堕落";"毒蛇毒虫所螫,或被种种毒药所中";"恶鬼所持,成诸疟病,……或令狂乱";"为诸药叉、罗刹、……吸精气鬼,及诸虎、狼、师子、恶兽、蛊毒、厌祷诸恶咒术、怨贼、军阵,……惧失身命"①。称念地藏菩萨名号,能解免这种种苦恼;救苦救难,不是与称念观音菩萨的功德相等吗!

依佛、经法、菩萨(大乘僧)的慈悲威力,使一般人能得现生的种种利益,为佛教普及人间的方便。现生利益是一般信者所最关切的,但专从信仰中去求得,会引起副作用,这是现代佛弟子所不能不知道的! 人类从蒙昧而日渐开化,宗教就应运而生,这是一切民族所共同的。初民在生活中,一切都充满了神秘感,

---

① 《大乘大集地藏十轮经》卷一(大正一三·七二四中——七二五中)。

一切都是自己那样的（有生命的），进步到有神在主持支配这一切。"人类在环境中，感觉外在的力量异常强大。……如自然界的台风、豪雨、地震、海啸，以及大旱、久雨等；还有寒来暑往，日起月落，也非人力所能改变，深刻地影响人类。此外，社会的关系——社会法制，人事牵缠，以及贫富寿夭，都是不能轻易改变的。还有自己的身心，也使自己作不得主。……这种约制我们、影响我们的力量，是宗教的主要来源，引起人类的信顺。……顺从，可以得神的庇祐而安乐，否则会招来祸殃。……顺从虽是宗教的一大特性，而宗教的真实（意趣），却是趣向解脱：是将那拘缚自己，不得不顺从的力量，设法去超脱它，实现自由。""神教……对于自然界、社会界，或者自己身心的障碍困难，或祈求神的宽宥，祈求神的庇护、援助；或祈求另一大力者（神），折伏造成障碍苦难的神力。或者以种种物件，种种咒术，种种仪式，种种祭祀，求得一大力者的干涉、保护，或增加自己的力量。或者索性控制那捣乱的力量，或者利用那力量。这一切，无非为了达成解除苦难，打开束缚，而得超脱自由的目的。"①在人类知识的发达中，这类低级的宗教行为，被超越而进入高等的宗教，重于社会的和乐、人心的革新净化。但低级宗教，会多少留存下来。如耶稣也曾赶鬼、治病；到现代，还有生了病，祈祷而不服药的极端分子。在中国，如《荀子》的《天论》说："君子以为文，而百姓以为神。"《礼论》说："其在君子，以为人道也；其在百姓，以为鬼事也。"儒者利用它而并不否弃它，这才一直演化而

---

① 　拙作《我之宗教观》（《我之宗教观》六——一二，本版四——八）。

流传在民间。在"佛法",是出家人所不取用的。印度神教虽有"梵我一如"等崇高理念,而低级的迷妄行为,还是流行着。"大乘佛法"的信行者,适应神教而发展起来。求佛、菩萨的护佑,成为一般信者的佛教。自作自受的、自力解脱的佛法真谛,不免被蒙蔽而减失了光辉!

第二节　从人护法到龙天护法

"佛法"是不共世间的,依法修行,能得究竟解脱。佛法的流行人间,如暗夜的明灯一样,佛与佛弟子们,当然是愿望"正法久住"世间的。但人世间充满了矛盾、苦迫、动乱,流行世间的佛法,也不免遭遇困扰,于是佛教界出现了"护法"。说到护法,可分为人的护法、天(鬼神)的护法。佛法久住世间,主要是依赖于人的护持。佛教界,不论南传与北传,都有"五师相承"的传说。如《阿育王传》中,摩诃迦叶对阿难说:"长老阿难! 佛以法藏付嘱于我,我今欲入涅槃,以法付汝,汝善守护!"①古代的付法护法,是一代大师,护持集成的经律(论)——"法藏",流传世间,不遗忘也不谬误,保持佛法的正确知见——"法眼",维护(即"住持")佛法的纯正性,所以《阿育王传》等付嘱护持的,是"正法"、"法眼"、"法藏"。传说中的华氏城第三结集,在目犍连子帝须的领导下,息灭净执,驱斥滥入僧团的邪见异说,也是护法的实例②。不过,佛法中部派分化,都自以为根本、正统,

---

① 《阿育王传》卷四(大正五〇·一一四中)。《阿育王经》卷七(大正五〇·一五三上)。《付法藏因缘传》卷二(大正五〇·三〇一上)。

② 《岛史》(南传六〇·五五——五六)。《大王统史》(南传六〇·一九七)。

护法也就变得复杂了！切实地说，护持正法，主要是佛弟子自己；佛弟子的诚信三宝，依法修行，才是护持佛法的最佳保证。如魏菩提流支所译《佛说法集经》卷五（大正一七·六三九下）说：

> "诸菩萨护持妙正法，于诸业中最为殊胜。世尊！菩萨若能修行护持妙法，随顺菩提及诸佛如来。何以故？诸佛如来尊重法故。世尊！云何是护持妙法？所谓菩萨能说诸佛一切甚深修多罗，能读，能诵，思惟，修习，是名菩萨护持妙法。复次，世尊！若菩萨摄受、修行，名为护持妙法。"

《法集经》是大乘经，对于护持正法，可说正确地把握着正确的方针，与"佛法"的见地是吻合的。

印度的婆罗门文化，是民族的传统的文化（后来称为印度教），与政治关系极深，受到政治（王族）上的尊敬。后起的各种出家沙门，也受到政界的尊重，政治不顾问沙门团内部的事务，可说是政教分离而又相互尊重的。佛教——释沙门团，称为僧伽，也是"僧事僧决"，不容外人顾问的；这是传教、信教完全自由的地区。但"佛法"在印度文化中，有反传统（否认创造神及真我）的特性，所以多少要受到政教结合的、传统的婆罗门教的反对，或严重到破坏摧残。如西元前二世纪中，弗沙密多罗的破坏佛教①。《阿育王传》说："未来之世，当有三恶王出：一名释

---

① 《阿育王传》卷三（大正五〇·一一一中）。《阿育王经》卷五（大正五〇·一四九上——中）。

拘,二名阁无那,三名钵罗。扰害百姓,破坏佛法。"①三恶王,就是赊迦人、臾那人、波斯人,从西元前三世纪末起,到西元一世纪,先后侵入西北印度,进而侵入中印度。外来民族的侵扰,当地佛教是不免要受到干扰的。佛弟子想起了阿育王时代,阿育王信佛而佛法传布四方的事实,而感觉到人王(及大臣)护法的重要,《阿育王传》就是在这一意境下编集出来的。"佛法"与"大乘佛法",在西北印度相当发达,赊迦人等多数接受了佛法;佛法又从西北印而传到西域等地区。这些地区,民族复杂,政局多变,佛教深受影响。如姚秦佛陀耶舍所译的《虚空藏菩萨经》,举国王及大臣所犯的五根本罪,前三罪是:"取兜婆塔物及四方僧物,或教人取";"毁谤正法,……又制他人不令修学";对出家人,"脱其袈裟,逼令还俗,或加杖捶,或复系缚,或截手足乃至断命,自作、使他,造如此恶"。犯这类重罪的,"失人天乐,堕于恶趣"②。又如《地藏十轮经》说:"刹帝利旃荼罗,宰官旃荼罗,居士旃荼罗,长者旃荼罗,(外道)沙门旃荼罗,婆罗门旃荼罗。"旃荼罗是印度的贱族,这里是暴恶者。他们所作的"十种恶轮",都是伤害到僧伽住持的佛法,所以是"定生无间地狱"的③。《日藏经》的《护持正法品》,也说到刹帝利、婆罗门、毗舍、首陀等,"以不信故,夺他所受"④。这几部经,与北印度有关。这一地区,显然没有中印度那样的尊重宗教,而有掠夺僧寺

① 《阿育王传》卷六(大正五〇·一二六下)。
② 《虚空藏菩萨经》(大正一三·六五一下、六五二上)。
③ 《大乘大集地藏十轮经》卷四(大正一三·七四〇中——七四五上)。《大方广十轮经》卷四(大正一三·六九六下——六九九下)。
④ 《大方等大集经》(一四)《日藏分》(大正一三·二三五下)。

财物、伤害比丘、逼令还俗、妨害自由信仰的情形。“大乘佛法”，推重在家菩萨，而实际上，大乘佛教还是以出家比丘为主流的。如西元三世纪的龙树、提婆，四世纪的无著、世亲，“大乘佛法”的宏传者，都是“菩萨比丘”身份。这几部经所叙述的，该是西元三——五世纪间的情形吧！出家中犯戒的“非法比丘”，显然相当的多。“护持正法”，当然是尊敬、供养、护持“如法比丘”，而不是护持“非法比丘”的。然没有遗忘“僧事僧决”的立场，僧伽内部事务，不受外力的干涉，所以北凉(西元三九七——四三九)失译的《大方广十轮经》卷四(大正一三·六九七下)说：

> “如是恶行诸比丘等，我亦不听刑罚、鞭杖、系闭乃至断命。……若有比丘，于性重罪中若犯一罪者，虽犯重罪，……所受之戒犹有余势。譬如妙香，虽无香质，余分芬馨，不可轻蔑。破戒比丘亦复如是，无戒白衣不应轻慢。”①

破戒比丘，应由僧伽自行处理，与在家人无关，这是佛法的原则(政教分离)。但说犯一重戒的比丘，“所受之戒，犹有余势”，近于说一切有部的见解：在四根本罪中，犯一罪到三罪，还是比丘。出家比丘的资格，竟降低到只要没有全部(四重罪)违犯，还承认他是比丘。这也许是当地出家众的品质低落，不得已而降低标准吧！这等于“姑息养奸”，会引起副作用的；护法——护持清净比丘，将越来越艰难了！西元四、五世纪，吠哒

① 《大乘大集地藏十轮经》卷四(大正一三·七四一中——下)。

侵入西北印度,这一地区的佛教急剧地衰落了。

人的护法而类似天神护法的,有佛命宾头罗颇罗堕阿罗汉"若汝当留住(世),后须弥勒佛出,乃般泥洹去耳"的传说①。《阿育王传》也说:见佛而没有涅槃的宾头卢来应供②。《舍利弗问经》说:佛嘱摩诃迦叶、宾头卢、君徒钵叹、罗睺罗——"四大比丘,住(世)不泥洹,流通我(佛)法"③。其后,更发展为十六大阿罗汉住世护法说,如玄奘所译《大阿罗汉难提蜜多罗所说法住记》。难提蜜多罗,是佛灭八百年,锡兰——执师子国的阿罗汉。这是由于部派分化,付嘱护持正法眼藏说,不能获得佛教界的公认,所以转化为付嘱佛世比丘——大阿罗汉,常住在世间,护持佛法。但这与佛世阿罗汉的游化人间不同,这是随机应现的,"为现佛像,僧像,若空中言(声),若作光明,乃至(于)梦想"中所见的④,从神秘现象,使佛弟子坚固信心的。这是部派佛教时代的情形,与"大乘佛法"的菩萨示现、天神护法,性质是非常的接近了。

大乘经早期传出的,如篇幅较长,末后大抵有"嘱累品"。佛将所说的经法,付嘱阿难,及出现于经中的(修学大乘,宏扬大乘的)菩萨们,要大家好好地受持、护持,使佛法流通久远。如《般若经》、《法华经》⑤、《贤劫经》、《持世经》、《华手经》、《佛

---

① 《佛说三摩竭经》(大正二·八四五上)。
② 《阿育王传》卷二(大正五〇·一〇五中)。《阿育王经》卷三(大正五〇·一三九下)。《杂阿含经》卷二三(大正二·一六九中——一七〇上)。
③ 《舍利弗问经》(大正二四·九〇二上)。参阅《佛说弥勒下生经》(大正一四·四二二中)。
④ 《舍利弗问经》(大正二四·九〇二上——中)。
⑤ 《妙法莲华经》,以《嘱累品》为止。以下各品,为次第续集。

藏经》、《维摩诘经》等。不过以天神为当机者的经典，如《思益梵天所问经》、《密迹金刚力士经》、《海龙王经》等，都有了天神护持的咒语。本来，"佛法"容忍印度固有的天与鬼神，但被尊为最高的创造神，在佛法中，也还是流转生死的苦难众生，需要佛法的化度，何况低级的鬼神！《阿含经》中所见到的，是向善的天神们，来礼佛，赞佛，尊敬三宝，请问佛法。佛、法、僧是可尊敬的三宝，向善的天神们会自动地来护持。如《长部》（三二）《阿吒曩胝经》：毗沙门等四大天王及统属的鬼神，愿意护持佛弟子——比丘、比丘尼、优婆塞、优婆夷，不为恶鬼所妨害，而能安乐地修行。这是被称为护经的；佛接受了，嘱比丘们学习，保护平安。天神们愿意护法，为什么要诵习"护经"？如《阿育王传》说："若付嘱天，法亦不得久住。何以故？诸天放逸故。"①诸天虽自愿护法，但长在天处享受福乐，可能会放逸而遗忘的，所以诵"护经"，唤起天神的忆念护持。《大集经·海慧菩萨品》也说："汝等四王当深护助，无为欲乐而作放逸！吾今出世，为坏放逸、护正法故而说咒。"②

　　护法的大神，是大梵天、帝释、四大王众天。四王天的天主，东方持国——提头赖吒天王，是犍达婆；南方增长——毗楼勒叉天王，是龙；西方广目——毗楼博叉天王，是鸠槃茶；北方多闻——毗沙门天王，是夜叉。四王的眷属，当然也就是犍达婆与夜叉等，更统率着其他的神，如阿修罗、迦楼罗、紧那罗、摩睺罗

---

① 《阿育王传》卷六（大正五〇·一二六中）。
② 《大方等大集经》（五）《海慧菩萨品》（大正一三·七三中）。《佛说海意菩萨所问净印法门经》卷一七（大正一三·五一九中）。

迦、毗舍阇、薜荔多、富单那等。一切地居的鬼神,都是在帝释
(如王)、四大天王(如辅臣)的统率下,成为佛法的护法神群。
大乘经中,大梵、帝释、四天王的说咒护持,是一般的,更扩大到
菩萨与其他,大抵与印度民间信仰的神,及天上的星宿(也是被
想像为神的)有关。一、《大集经·虚空目分》说有菩萨现畜生
身,住在四方的山窟中修慈心。南方是蛇,马,羊;西方是猴,鸡,
犬;北方是猪,鼠,牛;东方是狮子,兔,龙。这十二位兽菩萨,依
十二日、十二月、十二年,分别次第地游行,教化众生。如能修法
诵咒,"见十二兽,见已,所愿(求的)随意即得"①。这与中国所
传的十二兽或十二肖说相同,只是以狮子代虎而已。后汉支曜
译的《成具光明定意经》,有护法十二神:"有神名大护,……神
名普济。"②东晋帛尸梨蜜多罗初译的《药师经》,名《拔除过罪
生死得度经》,末有十二神王——十二药叉大将:"金毗罗,……
毗伽罗。"③《月藏经》所说的十二辰:"一名弥沙,……十二名弥
那。"④这些以十二为数的护法神,都可能是印度天文学上,黄道
带内十二宫的各式神化。二、光味——殊致阿罗沙仙人,广说
"二十八宿,日、月随行,一切众生日、月、年岁悉皆系属"⑤。佛
于《大方等大集经》(九)《宝幢分》(大正一三·一四〇上)呵
责说:

---

① 《大方等大集经》(一〇)《虚空目分》(大正一三·一六七中——一六八
中)。
② 《成具光明定意经》(大正一五·四五八上)。
③ 《佛说灌顶拔除过罪生死得度经》卷一二(大正二一·五三六上)。
④ 《大方等大集经》(一五)《月藏分》(大正一三·三七三上)。
⑤ 《大方等大集经》(九)《宝幢分》(大正一三·一三八下——一四〇上)。

　　"众生暗(愚痴)行,著于颠倒,烦恼系缚,随逐如是星宿
书籍……同属一星生者,而有贫贱富贵参差。是故我知是
不定法。"①

　　论星宿善恶,穷通寿夭,实是愚痴众生的颠倒妄说,是值不
得信赖的。经中虽加以呵责,大概为了适应世俗,却又编在经
中。《日藏分》中,光味仙人说日、月、星宿,推为过去驴唇——
佉卢虱吒仙人说二十八宿②。星宿命运占卜,就这样的成为"大
乘佛法"! 星宿推算吉凶,本是古代的天文学与民间神秘信仰
结合的产物,有些佛弟子,认为也是佛弟子所应该知道的③。如
吴竺律炎共支谦译的《摩登伽经》,二卷;西晋竺法护译的《舍头
谏太子二十八宿经》,一卷。广说宿曜吉凶,与《日藏》、《月藏》
的意义相同。天竺三藏若罗严在于阗译出的《时非时经》,一
卷,说明十二月中,哪些时日是"时"是"非时"④。这些,显然的
还是世俗信仰而附入佛法。唐不空所译的《文殊师利菩萨及诸
仙所说吉凶时日善恶宿曜经》,二卷,性质相同,却与文殊师利
菩萨拉上了关系。最希奇的,赵宋施护译的《十二缘生祥瑞
经》,二卷,竟然以"无明……老死"等十二支,配日月,论吉凶!
部分佛弟子,不自觉地沉迷于神秘的低级信仰,牵强附会,"佛
法"时代的理性精神,似乎存在的非常有限了!

　　护法神群,从四大天王、四大比丘以来,都是分别护持四大

---

① 《宝星陀罗尼经》卷四(大正一三·五五六中)。
② 《大方等大集经》(一四)《日藏分》(大正一三·二七四下——二八二中)。
③ 《十诵律》卷五七(大正二三·四一九下——四二〇上)。
④ 参阅拙作《初期大乘佛教之起源与开展》第九章(五四〇,本版四六三)。

部洲的一洲。当然,佛法流行的现实人间,从印度、(广义的)西域到震旦——中国,经中是特别重视的。《日藏经》中,佛以四洲的二十大支提塔圣人住处(有在于阗的,也有在震旦的),付嘱诸大龙王。由于龙王贪睡,又好淫欲,为了免得误事,所以又付嘱二十八夜叉大将,协助护持①。《月藏经》的付嘱更多:一、欲界的空居四天,四大天王,(天仙)二十八宿,七曜,十二童女,分别的以一天、一天王、七宿、三曜、三天童女护持一洲②。二、四大天王又分别护持南阎浮提洲的十六大国。又以阎浮提洲的东、南、西、北,分别付嘱四大天王与他的眷属③,这是不局限于印度的十六国,而扩大到阎浮提洲全部了。三、波罗奈国:付嘱善发乾闼婆,阿尼罗夜叉,须质多罗阿修罗,德叉迦龙王,大黑天女,及他们的眷属;……震旦国:付嘱毗首羯磨天子,迦毗罗夜叉,法护夜叉,坚目夜叉,大目夜叉,勇健军夜叉,摩尼跋陀夜叉,贤满夜叉,持威德夜叉,阿荼薄拘夜叉,般支迦夜叉,婆修吉龙王,须摩那果龙王,弗沙毗摩龙王,阿梨帝鬼子母,伊罗婆雌大天女,双瞳目大天女,及他们的眷属④。震旦就是中国,比起其他国家,护法神特别多,这是值得注意的! 还有没有被分配的,如娑伽罗等一百八十万大龙王,箭毛等八频婆罗夜叉大将,罗睺罗等六万那由他阿修罗王,歇等六十二百千大天女,凡是“不得分

---

① 《大方等大集经》(一四)《日藏分》(大正一三·二九三中——二九五中)。

② 《大方等大集经》(一五)《月藏分》(大正一三·三四一下——三四二中)。

③ 《大方等大集经》(一五)《月藏分》(大正一三·三四二中、三四六中——三五一上)。

④ 《大方等大集经》(一五)《月藏分》(大正一三·三六四中——三六八下)。

（配）者，应当容忍"，也要在所住处护持佛法①。二十八宿，也分别地付嘱各国；七曜与十二辰，也应该"摄护国土、城邑、聚落，养育众生"②。《日藏》与《月藏经》，这样的广列龙王、夜叉等名字，付嘱护法，与梁僧伽婆罗初译的《孔雀王咒经》有同样的情形。如说"钩留孙陀夜叉，住弗（衍文）波多利弗国；……常在阿多盘多城"的大力夜叉③。"二十八夜叉大军主名，守护十方国土。"④还有十二大女鬼，……五大女鬼；八大罗刹女，……七十一大罗刹女；佛世尊龙王，……两小白龙王⑤。辛头河王，……毗摩罗河王河神；……须弥山王，……摩醯斗山王山神；蔼沙多哿摩诃里史大仙人，……阿已里米虏大仙人⑥。这都是罗列夜叉等鬼神，分布各方，能护持佛法的。虽然《孔雀王咒经》属于密典，而罗列鬼神群，从鬼神得到护持，与《日藏》、《月藏》的精神相符。这都应该是西元四世纪集成的，论师们正从事于深细严密的论究，而一分通俗的教化者，正加速进行佛法依赖鬼神护持的方向。

佛法要依赖鬼神护持的理由，如《大方等大集经》（一〇）《虚空目分》（大正一三·一七二上——中）说：

> "我今以此正法，付嘱四大天王，功德天女，四大龙王，诚实语天，四阿修罗王，具天，大自在天，八臂天地神女等。

---

① 《大方等大集经》（一五）《月藏分》（大正一三·三六八下——三六九下）。
② 《大方等大集经》（一五）《月藏分》（大正一三·三七一上——三七三上）。
③ 《孔雀王咒经》卷上（大正一九·四五〇上——四五一下）。
④ 《孔雀王咒经》卷下（大正一九·四五二上——中）。
⑤ 《孔雀王咒经》卷下（大正一九·四五二下——四五五上）。
⑥ 《孔雀王咒经》卷下（大正一九·四五六下——四五七下）。

何以故？善男子！或有众生，其性弊恶，有大势力，多造重
业，不受是经。是人死已，受恶鬼身、恶龙之身，是恶鬼、龙
欲坏佛法，降注恶雨恶风，……如是恶鬼（龙），复令如来所
有弟子：刹利、婆罗门、毗舍、首陀、大臣、长者，悉生恶心。
恶心既生，互相残贼，……谁当流布如是经典？是故我今不
以是经付嘱菩萨、比丘、比丘尼、优婆塞、优婆夷及诸国主，
以付四王乃至地神，如是天神至心护持。"

"大乘佛法"要依天（鬼）神护法，才能久住世间，这可说是
离奇的，然从苦难的现实人间来说，也是可以理解的。这一倾
向，表示了政治与宗教的相关性，也表示了"衣食足而后知礼
义"的意义。佛法虽进入大乘时代，而传统"佛法"——声闻乘
与大乘，主要还是依出家众来住持宏通的。出家众的经济生活，
以及塔寺的兴建，都依赖于在家信众的布施。将来弥勒出世成
佛，当时有轮王的仁慈治世，社会和平繁荣与佛法昌明同时，是
佛弟子理想的现实人间。反之，如政治衰乱，佛法也要蒙受损
害。佛法在西北印度，扩展到现在的巴基斯坦，及阿富汗，俄属
中亚细亚的一部分，并通过 Wakhan 山谷，到达西域的于阗等地
方。从西元前三世纪后期起，臾那人、波斯（即安息）人、赊迦
人，先后进入西北印度。西元一世纪，大月氏——贵霜王朝，又
统治西北印度，并侵入中印度。到西元四世纪中，呋哒人又侵入
北印度。虽说这些民族渐受佛法的教化，特别是被指为释迦族
后裔的赊迦人，都信奉"大乘佛法"，但西北印度及以外的西北
地区，在异民族的不断兴起，也就是在不断的动乱苦难中，佛法
也受到了伤害，所以说："将有三恶王，……由于是之故，正法有

弃亡。"①在民族复杂，政局动乱过程中，佛教为了适应生存，僧品不免渐渐低落，所以有"乃至（佛灭）千岁，正法衰灭"的预言，也就是"末法"思想的来源。依此去理解上面所引的经文："恶鬼恶龙欲坏佛法，降注恶雨、恶风、尘坌，为诸修行三业比丘而作重病。……吹吐恶气置饮食中，故令食者得大重病"，这是风雨不调，疫病流行。又说恶鬼令一切人"悉生恶心，恶心既生，互相残贼"，弄到"国土城邑空荒无人"，这是不断战争所造成的现象。在这种情形下，人的力量太小了！虽不是没有少数杰出的修行者，但对和合僧伽（代表佛教）的流布佛法，不免有"谁当流布如是经典"的感慨。恰好西元四世纪初，笈多王朝在中印度兴起，梵文学复兴，传统的宗教——印度教也兴盛起来；印度群神的信仰，在民间也增强起来（唯识等论师，也是兴于中印度的）。面对这一情势，佛法要在社会安定繁荣下发展，北方的佛教人士，也就只有付嘱鬼神来护持佛法了。

《日藏经》说："有于恶心诸饿鬼等，常仰食啖一切众生精气血肉以为生活"；"欲夺于菩萨精气，又以恶气而欲嘘之"②。恶鬼神会夺人的精气，也会以恶气吹入人体，人是会失心、疾病而死的。反之，如《禅秘要法经》说："释提桓因在左，护世诸天在右，持天药灌顶，举身盈满。……恒坐安隐，快乐倍常。"③《观佛三昧海经》说："作诸天手持宝瓶想，持药灌想；药入顶时，遍入

---

① 《佛使比丘迦旃延说法没尽偈百二十章》（大正四九·一一中）。
② 《大方等大集经》（一四）《日藏分》（大正一三·二六七下、三一五上）。
③ 《禅秘要法经》卷中（大正一五·二五一下）。

四体及诸脉中。"①这是善天以天精气来滋益人,或作这样的观想了。这种增、损精气的思想,是印度及一般民间宗教所固有的,如中国古人说"天夺其魄",也是这类神秘信仰的一种表示。"精气",不知原文是什么,意义是相当广的。如《大方等大集经》(一五)《月藏分》(大正一三·三二二下)说:

> "不令(鬼神)数数恼乱众生,以此方便,令四天下,大地余味而不速灭,精气安住不复损减。以地精气不损减故,众生精气不损减;众生精气不损减故,正法甘露精气不损减;正法甘露精气不损减故,众生心法作善平等增长。以是因缘,令三宝种得不断绝,如是如是法眼久住,闭三恶道,开于善趣及涅槃门。"

经上说到三种精气:地精气,众生精气,正法甘露精气。地精气,从经文的"大地余味",想到了劫初时,大地的地味充满,因众生的贪著而渐渐隐没的传说。地精气是自然物,使五谷花果中富有营养资益的成分。众生精气是众生的,特别是人类,使人身心健康、和平安乐的内在因素。正法甘露精气,是佛法的,清净而向善向涅槃的力量。这三者有相互关系:地精气增减,众生精气增减,正法甘露精气也就增减——佛法的兴盛或衰落。这与上文所引,付嘱天神护法的意义,是相通的,如《大方等大集经》(一五)《月藏分》(大正一三·三二一下)说:

> "若彼(恶)天、龙乃至毗舍遮,于阎浮提作于一切斗

---

① 《佛说观佛三昧海经》卷四(大正一五·六六四下)。

诤、触恼、非时风雨、疫病、饥馑、（严）寒（酷）热等事，（善天、龙等）各各随分而遮护之，……寒热等事皆悉休息，令阎浮提所有花果、药草、劫贝、财帛、五谷、甘蔗、蒲萄及酪蜜等皆得成熟，所有苗稼不令衰坏。"地精气不减。

　　"于阎浮提诸处人中，及獐鹿鸟兽，随其所欲，皆无乏少。"众生精气不减。

　　"以无乏故，令彼众生修诸善行，修正法行，修真实行，勤修而住，……世尊正法则得久住。"正法甘露精气不减。

　　经文上面，是从苦恼衰乱说起的。由于恶神的恼乱，"众生多有种种饥馑、疫病，爱别离苦。众恼逼切，各各迭相怖惧斗战，心常恐畏。诸王刹利，……于诸众生种种因缘而逼恼之，昼夜杀害、烧煮、割截，五谷、财帛，所欲供具，身心乐事，及诸善行皆悉损减"①。这叙述那三种精气的依存关系：如没有善良天神的护持，恶鬼神就会捣乱，引起风雨不调，年岁荒歉，疫病流行。这样，众生就会互相畏惧，不断斗争。特别是国土（武士们）的逼恼一切众生，杀害不已。这样，资生的乐具缺乏，衣食不足，众生也就难于向善，修人间善行，及向出世涅槃的佛法了。所以惟有付嘱天神等护持世间，遮止恶鬼神的恼乱，才能物资丰盈，人情和乐，佛法昌盛。面对无休止的动乱，民生疾苦，佛法衰落，那些"寂定禅为业；善诵其文，未究深义；戒行清洁，特闲禁咒"，倾向于适应民俗的大乘行者，也就热望于天、龙等护持佛法了。这也许能使佛法延续一些时间，但论佛法，不从佛弟子的解行着手；

---

　　①　《大方等大集经》（一五）《月藏分》（大正一三·三二一中）。

论动乱,不从政治的和平建设去努力,佛法终究是天神所护持不了的。西北印度的佛教,实质上衰落已久,再经过哒哒的侵入、破坏,也就急剧地衰落下来①。当然,依赖于神秘的“念天”法门,还要创开一新的局面,不过对“佛法”来说,距离是越来越远了!

天神等护法,以上是以《大集经》的部类来说明的。《大集经》被称为“五大部”之一,部类不少。初由北凉昙无谶译出,名《大方等大集经》,二九卷。丽藏本与宋藏本,都是六十卷,这是隋僧就的纂集本。六十卷本,最不妥当的,如《日密分》与《日藏分》是同本异译,竟编成二分。又以古译的《明度校计经》,说是高齐那连提耶舍所译,编为最后的《十方菩萨品》。昙无谶所译的二九卷,应该是:一、《璎珞品》;二、《陀罗尼自在王菩萨品》;三、《宝女品》;四、《不眴菩萨品》;五、《海慧菩萨品》;六、《无言童子品》;七、《不可说菩萨品》;八、《虚空藏品》——以上都称为“品”;九、《宝幢分》;一〇、《虚空目分》;一一、《宝髻菩萨品》;一二、《日密分》。从名称与内容来说,《宝髻菩萨品》称为品,应编在《虚空藏品》的前后。《日密分》没有译全,可能是多少遗失了。从《璎珞品》以下,佛都是在佛功德威神力所现的大宝坊(宫殿)中说法。《宝幢分》以下,住处渐变了,也有次第可寻。如:一、《宝幢分》:说如来初成正觉,住王舍城。优波提舍——舍利弗,拘律多——大目犍连二人,见马星比丘而出家。二、《虚空目分》:说舍利弗与目犍连出家不久。三、《日密分》——

---

① 以上,参阅拙作《北印度之教难》(《佛教史地考论》二八五——三二二,本版一八七——二一一)。

《日藏经》:在王舍城,"为诸大众说虚空目、安那波那甘露法门、四无量已";又为了降伏恶龙,升须弥顶,又"下佉罗坻圣人住处"①。四、《月藏经》:"佛在佉罗帝山牟尼诸仙所依住处";时佛"说日藏经已"②。五、《大乘大集地藏十轮经》:佛住"佉罗帝耶山诸牟尼所依住处";"说月藏已"③。六、《大集须弥藏经》:佛"在佉罗帝山,依牟尼仙住处"。佛说如来与功德天——吉祥天女,过去共同发愿:功德天愿于释尊在秽土成佛时,自己作功德天,"得受阿耨多罗三藐三菩提记"④。七、《虚空孕菩萨经》:佛"住佉罗坻迦山";"世尊授功德天记莂讫已"⑤。八、《观虚空藏菩萨经》:"佛住佉陀罗山";"先于功德经中,说虚空藏孕菩萨摩诃萨名"⑥。《宝幢分》以下的几部经,有次第先后,着重于降魔、降伏恶龙等;天龙等护法,明国王、大臣、初学菩萨的罪业,忏悔,说种种咒语。而《日藏经》以下,都是在佉罗帝山牟尼住处,列举现存汉译经典如下:

一、《大乘大方等日藏经》　一〇卷　　隋那连提耶舍再译(闍无谶初

译《日密分》,三卷,不全)

二、《大方等大集月藏经》　一〇卷　　高齐那提连耶舍译

三、《大乘大集地藏十轮经》 一〇卷　　唐玄奘再译(初译《大方广十

---

① 《大方等大集经》(一四)《日藏分》(大正一三・二三三上、二八九上)。
② 《大方等大集经》(一五)《月藏分》(大正一三・二九八上)。
③ 《大乘大集地藏十轮经》卷一(大正一三・七二一上)。
④ 《大方等大集经》(一六)《须弥藏分》(大正一三・三八一下、三八五中——下)。
⑤ 《虚空孕菩萨经》卷上(大正一三・六六七下)。
⑥ 《观虚空藏菩萨经》(大正一三・六七七中)。

轮经》,八卷,失译)

四、《大乘大集须弥藏经》　　二卷　　　高齐那连提耶舍译

五、《虚空藏菩萨经》　　　　一卷　　　后秦佛陀耶舍译

（异译本有:《虚空藏菩萨神咒经》,一卷,失译。

《虚空藏菩萨神咒经》,一卷,刘宋昙摩蜜多译。

《虚空孕菩萨经》,二卷,隋阇那崛多译）

六、《观虚空藏菩萨经》　　　一卷　　　刘宋昙摩蜜多译

这次第六部经（后一部是修行法）,以五位大菩萨为名:日藏菩萨,月藏菩萨,地藏菩萨,须弥藏菩萨,虚空藏菩萨。菩萨,大都是依事、依德立名的。这五位菩萨所依的是须弥山,运行于须弥山腰的是日与月,日月所照临的是四大洲的大地,上面是虚空。这五位菩萨的类为一聚,不正是依须弥山、日、月、地、虚空而立名的吗！而且都称为藏,是 garbha——胎藏孕。五位中的虚空藏菩萨,是从西方世界来的①。昙无谶所译的《大集经》(八)《虚空藏品》,异译有唐不空所译的《大集大虚空藏菩萨所问经》。这位虚空藏菩萨,原语为 Gaganagañja,"安此无尽之藏在虚空中","是故名为虚空库藏"②,与胎藏不同。而且,Gaganagañja 菩萨是从东方世界来的。来处不同,法门不同,名字不同,这两位虚空藏,是不一样的。日、月、地、须弥、虚空——五位"藏"菩萨,是参照欲界地居天神住处而立名的,是地居天神的佛化。我在《东方净土发微》中指出:药师琉璃光佛,是蔚蓝色的天

① 如《虚空藏菩萨经》(大正一三・六四七下)。

② 《大方等大集经》(八)《虚空藏品》(大正一三・一一一上)。《大集大虚空藏菩萨所问经》卷四(大正一三・六三〇上)。

空——"穹苍";日光遍照与月光遍照二大菩萨,是日、月的光辉;"八大菩萨乘空而来",是八大行星;十二药叉大将,是黄道带内的十二辰。每一位有七千眷属,总共八万四千,如无数的小星星①。"大乘佛法"的佛与菩萨,有取法天界,并有类集与有组织的倾向。(以下没有写出)

---

① 《东方净土发微》(《净土与禅》一三九——一四四,本版九二——九六)。

华雨集（三）

目　　录

一 论提婆达多之"破僧"

一

释尊晚年,遭遇到好些不愉快事件,而提婆达多的"破僧",不仅威胁释尊的安全,而且几乎动摇了佛教的法幢,可说是最严重的事件。这到底是什么事? 为了什么?《阿含经》与各部广律,都有提婆达多破僧的记载。提婆达多破僧,成了佛教公敌,当然毁多于誉。晚起(重编)的经律,不免有些不尽不实的传说,但传说尽管扑朔迷离,而事实还可以明白地发现出来。本文就是以抉发这一事件的真实意义为目的。

"破僧"是什么意义? 僧是梵语僧伽的简称。释尊成佛说法,很多人随佛出家。出家的弟子们,过着团体生活,这个出家的集团,名为僧伽。破僧,就是一定范围("界")内的僧众,凡有关全体或重要事项,要一致参加:同一羯磨(会议办事),同一说戒。如因故而未能出席,也要向僧伽"与欲","与清净",僧众是过着这样的团体生活。这样的和合僧团,如引起诤执,互不相让,发展到各自为政,分裂为两个僧团:不同一羯磨,不同一说

戒，就是破僧。这样的破僧，名为"破羯磨僧"；如拘舍弥比丘的
净执分裂（《五分律》二四），就是典型的事例。这一类破僧，当
然是不理想的，但并不是最严重的，因为各自集会，各自修行，各
自弘法，不一定严重地危害佛教。这一类破僧，最好是复归于和
合。在未能和合以前，佛说："敬待供养，悉应平等。所以者何？
譬如真金，断为二段，不得有异。"（《五分律》二四）不同的集团，
都不失其为僧伽，所以都应受世间的供养。可是提婆达多的
"破僧"，意义可完全不同了！以现代的话来说，应该称之为"叛
教"。不只是自己失去信仰，改信别的宗教，而是在佛教僧团里
搞小组织，争领导权，终于引导一部分僧众从佛教中脱离出去，
成立新的宗教、新的僧团。这称为"破法轮僧"，不但破坏僧伽
的和合，而更破坏了正法轮。这种叛教的破僧罪，是最严重不过
的五逆之一。在佛教史上，惟有提婆达多，才犯过破法轮僧的恶
行。所以现在的破僧研究，实在是提婆达多叛教事件的研究。

二

提婆达多是一位怎样的人物？对他的身世、行为，以及在佛
教中的地位，作一番了解，这对于叛教事件的研究来说，是必要
的。提婆达多，异译作"调达"、"提婆达兜"；意译为"天授"。
他出身于释迦王族，是"多闻第一"阿难的兄长。他与释迦牟尼
佛，是叔伯弟兄（《五分律》一五），如从世俗来说，他与释尊是有
着亲密关系的。提婆达多出身贵族，"身长一丈五尺四寸"（传
说佛长一丈六尺）（《十二游经》），有"颜貌端正"（《四分律》四）

的仪表。释尊成佛第六年,回故国迦毗罗卫城,为父王及宗族说法,传说此后有五百位释族青年出家。与提婆达多一起出家的,尽是佛门的知名之士,如拔提王、阿那律陀、阿难、优波离等(《五分律》三,《根有律破僧事》九)。当时释迦族有这么多人出家,显然是受了释迦王子成佛的激发。释尊在广大比丘群的翼从中,受到王公以及庶民的礼敬;每一释种子弟,莫不享受了与佛同族的一分光荣。加上净饭王的鼓励,提婆达多也就敝屣尊荣,度着出家的生活。

出家以后的修学生活,如《十诵律》(三六)说:"调达于佛法中,信敬心清净。……出家作比丘,十二年中善心修行:读经、诵经、问疑、受法、坐禅。尔时,佛所说法,皆悉受持。"《出曜经》(一五)也说:"调达聪明广学,十二年间坐禅入定,心不移易,诵佛经六万。"从三学的熏修来说,提婆达多是着实难得的!他的戒律精严,是不消说的了!广博闻持一切教法,实与阿难的风格相同。特别是专修禅定,引发神通。他的学习神通,诸部广律一致记载。可能意乐不怎么纯净,怀有竞胜与夸扬自己的动机。但禅定与神通,虽不能彻底,也并不容易。神通要在禅定的基础上,加以方便修发,所以提婆达多,初夜后夜,精勤不息,经常度着禅定的生活。《西域记》(九)还记有"大石室,提婆达多于此入定"呢!可惜他不曾能以真实智证入法性,不曾能位登不退,所以会以一念之差而全盘失败!佛所以说:"戒律之法者,世俗常数;三昧成就者,亦是世俗常数;神足飞行者,亦是世俗常数;智慧成就者,此是第一义。"(《增一含》四三·四)

以提婆达多的尊贵身份(世俗的见解,总是特别受到尊敬的），加上精严的戒行、禅定、神通、博闻一切佛法，当然会受到在家出家众的尊敬。在家信众方面，他得到了摩竭陀国王子阿阇世的尊敬，是诸部广律的一致记载。如《四分律》（四）说："阿阇世日日将从五百乘车，朝暮问讯提婆达多，并供养五百釜饮食。"（因为提婆达多与五百比丘共住）在当时，阿阇世王子的尊敬，可说无以复加，竟以为"比佛大师，其德殊胜"呢！（《根有律》一四）在帝国时代，得到了太子的崇敬，一般信众的观感，也就可以想见了！出家众方面，尊者舍利弗就曾真心实意地"称赞调达"（《五分律》三），说他"大神通！大威力"！（《铜鍱部律·破僧犍度》）；"大姓出家，聪明，有大神力，颜貌端正"（《四分律》四）。所以，当释尊常在西部——舍卫与拘舍弥，而提婆达多以王舍城为中心而展开教化时，成为佛教的一时标领，受到了在家出家众的崇仰！

三

《四分律》、《五分律》以及《铜鍱部律》都说：当提婆达多弘化王舍城，得到阿阇世王子尊敬时，释尊在跋蹉国的拘舍弥城。等到释尊沿恒河东下，回到王舍城来，不久就引起了"破僧"事件。据各部广律的一致传说：提婆达多不满释尊而引起怨望，最初是为了向释尊"索众"，受到了释尊的诃斥。"索众"的情形是这样："调达白佛言：世尊年已老耄，可以众僧付我，佛但独受现法乐住；令僧属我，我当将导。佛言：舍利弗、目犍连有大智慧神通，佛尚不以众僧付之，况汝啖唾痴人！"（《十诵律》三六）就文义来说,提婆达多的意思是:世尊太衰老了!"为诸四众,教授劳倦"(《根有律》一四),不如将统摄化导众僧的责任交给他,释尊也可以安心禅悦,怡养天年。但释尊坚决地拒绝了他:舍利弗、目犍连那样的大智慧、大神通,还没有交托他,何况你这食唾的痴人!换句话说,要付托,也轮不到你呢!"痴人",是佛常用的诃责语。"食唾",《铜鍱律》作"六年食唾",意义不明。这样,不但没有满足提婆达多的请求,反而赞叹舍利弗、目犍连,使他感到难堪。"此为提婆达多,于世尊所初生嫌恨"(《铜鍱部律·破僧犍度》),种下了破僧的恶因。提婆达多的向佛索众,释尊应该清楚地了解他的用心,这才会毫不犹豫地严厉诃责。对于这,要从多方面去了解。

一、佛法并无教权:在一般人看来,随佛出家的比丘僧,受佛的摄导。佛说的话,总是无条件地服从,可说佛是无上的权威者。但真懂得佛法的,就知道并不如此。大家为真理与自由的现证而精进。法,是本来如此的真理,佛只是体现了法,适应人类的智能而巧为引导(或称为佛不说法)。人多了,不能不顺应解脱目标,适合时地情况,制定一些戒律。但这是僧团发生了问题,比丘或信众将意见反映上来,这才集合大众,制定戒条,而且还在随事随时的修正中。大家为了解脱,自愿修习正法,遵行律制。所以在僧团中,有自己遵行的义务,也有为佛教而护持这法与律的责任。这是应尽的义务,根本说不上权利。僧伽,实在不能说是权力的组织。就是对于犯戒者的处分,也出于他的自愿。否则,只有全体不理他("摈");或者逐出僧团了事。在僧团中,佛,上座,知僧事的,都是承担义务,奉献身心而不是权力占有。

所以没有领袖，为佛教僧团的惟一特色。《中含·瞿默目犍连经》里，阿难充分阐明了这一意义。佛在《长含·游行经》中，说得更为明白："如来不言我持于众，我摄于众，岂当于众有教令乎！"所以，如提婆达多为了释尊年老，而发心承担摄化教导的责任，这应该基于比丘们的尊仰，而不能以个己的意思来移让。如误解释尊有统摄教导的教权而有所企图，那是权力欲迷蒙了慧目，根本错误了！向佛索众，怎么说也是荒谬的！

二、助佛扬化的上座：释尊晚年，摄导众僧的情形，究竟怎样呢？释尊是老了，如阿难说："世尊今者肤色不复明净，手足弛缓，身体前倾。"（《相应部》四八·四一）腰酸背痛，不时需要休息。释尊的摄导僧团，事实上有赖于上座长老的助理。从经律看来，奉佛的教命而为众说法，或奉命执行某项任务，主要是阿那律陀、阿难、舍利弗、目犍连。阿那律陀，也是佛的堂弟，大阿罗汉，天眼第一。可惜他的肉眼有病，不能多承担为法的义务。释尊晚年，也可说从阿难出任侍者（释尊五十六岁）以后，佛教就在内有阿难，外有舍利弗与目犍连的助理下，推行教化。阿难重于内务；而一般的教化，游行摄导，都是舍利弗与目犍连同心协助。这里且引几节经文来证明。佛说："此二人，当于我弟子中最为上首，智慧无量，神足第一。"（《五分律》一六）又说："舍利子比丘，能以正见为导御也；目犍连比丘，能令立于最上真际，谓究竟漏尽。舍利子比丘，生诸梵行，犹如生母；目犍连比丘，长养诸梵行，犹如养母。是以诸梵行者，应奉事供养恭敬礼拜。"（《中部》一四一；《中含》七·三一）释尊对于舍利弗与目犍连的功德，对二人的教导学众、陶贤铸圣，赞誉为如生母与养母一样,那是怎样的器重呢! 经上又说:"若彼方有舍利弗住者,于彼方我则无事。"(《杂含》二四·六三八)"我观大众,见已虚空,以舍利弗、大目犍连般涅槃故。我声闻惟此二人,善能说法,教授教诫。"(《相应部》四七·一七;《杂含》二四·六三九)这是二大弟子涅槃以后,释尊所有的感叹。僧团中没有他们,显然有(空虚)僧伽无人之慨。有了舍利弗,释尊就可以无事(放心);没有了他,又非释尊自己来处理不可。这可见二人生前,在僧伽中所有的地位了! 某次,舍利弗与目犍连,与五百比丘来见佛。声音吵闹了一点,释尊叫他们不必来见,到别处去。后来,释尊又慈愍他们,让他们来见佛。释尊问他们:我不要你们来,你们的感想怎样? 舍利弗说:我想:"如来好游闲静,独处无为,不乐在闹,是故遣诸圣众耳! ……我亦当在闲静独游,不处市闹。"释尊立即纠正他:"莫作此念! ……如今圣众之累,岂非依舍利弗、目犍连比丘乎!"目犍连说:我想:"然今如来遣诸圣众,我等宜还收集之,令不分散。"释尊听了,赞叹说:"善哉目犍连! 众中之标首,惟吾与汝二人耳!"(《增一含》四五·二)从这一对话中,看出了释尊是器重二人,而将教诲圣众(僧)的责任,嘱累他们。内有阿难,外有舍利弗(目犍连),觉音的《善见律》,也透露这一消息:"时长老阿难言:除佛世尊,余声闻弟子,悉无及舍利弗者。是故阿难若得(衣、食、药)……好者,先奉舍利弗。……(舍利弗说)我今应供养世尊,阿难悉作,我今得无为而住;是故舍利弗恒敬重阿难。"彼此相敬,内外合作,在释尊衰老而不胜繁劳的情形下,使僧众清净,佛法得迅速地发展开来。所以从表面看来,释尊统摄的僧团,部分责任,在阿难与舍利弗、目犍连的身上。为众说法，是他们；有什么事，也要他们去（如去黑山驱逐马师与满宿）。

上座长老，本来还有不少。摩诃迦旃延，游化到阿槃提国去了。摩诃迦叶，不大顾问僧事，总是与一类头陀行者，自己去精进修行。

三、提婆达多与舍利弗、目犍连：释尊晚年摄理僧伽的实际情形，如上面所说，得力于舍利弗与目犍连——二大上首弟子的摄理助化，二人也就成为佛的"胁侍"，"双贤弟子"。后起之秀的提婆达多，舍利弗也曾予以赞扬。但在提婆达多的声望不断提高时，从经律看来，对于舍利弗与目犍连，早就存有深刻的意见了。提婆达多的向佛"索众"，并无反佛叛教的意义。他承认"世尊是诸法之主"（《四分律》四），只是希望在僧团中，获得教授摄理的地位；初步是企图得到舍利弗与目犍连的地位。释尊不答应他，又赞扬舍利弗与目犍连，问题就这样的恶化起来。

舍利弗、目犍连与提婆达多，彼此存有歧见，有几点可为证明。（一）提婆达多的弟子月子比丘，来见舍利弗。舍利弗问起：提婆达多怎样的说法教化？月子说："提婆达多如是说法言：心法修心法，是比丘能自记说：我已离欲，解脱五欲功德。"舍利弗批评说："何不说法言：比丘心法善修心，离欲心，离嗔恚心，离愚痴心，……自记说言：我生已尽！"（《杂含》一八·四九九）同样是"修心"，但彼此的着重不同，也就不免成为不同的派别。这如神秀的"时时勤拂拭，莫使惹尘埃"，被慧能修改为"本来无一物，何处惹尘埃"，就流为北禅与南禅的对立一样。提婆达多的见地，与他的"五法是道"有关，到下面再为说明。（二）

提婆达多的上首弟子,也是最忠实的四大弟子之一——瞿迦梨(或作瞿婆利等),对舍利弗与目犍连曾有过严重的讥毁。事情是这样:舍利弗与目犍连,逢到暴雨,进入一石室中避雨。石室中,先有一位牧牛的女人在里面。这位牧女,胡思乱想,欲意缠绵,以致流失不净。雨停了,舍利弗与目犍连离去,恰巧为瞿迦梨所见。他知道了二人与牧女同住石室,又看出了牧女的曾有欲情,所以断定为:舍利弗与目犍连行不净行。他向诸比丘说:"诸君常言,舍利弗、目犍连污清净行,我向者具见此事。"他见了释尊,举发舍利弗与目犍连为"恶欲者"。释尊一再告诉他:"汝宜及时悔心! 何以故? 此等梵行全。"瞿迦梨也再三地说:"知如来信彼人意净,但为眼见舍利弗、目犍连为恶。"(《鼻奈耶》四)瞿迦梨谤舍利弗等而堕地狱,为多种经律所说到。这显然是由于一向存有敌意,所以借此来打击二大上首的道誉。(三)提婆达多的另一大弟子——迦留卢提舍,对这事也与瞿迦梨一样(《相应部》六·八)。(四)一次,"舍利弗患风,有一(作药用的)呵梨勒果,着床脚边。瞿迦梨来,……见,语诸比丘:世尊赞叹舍利弗少欲知足,而今藏积我等所无。"(《五分律》二六)这么大的小事,也要拿来对舍利弗诽毁一番,可以想见情形的严重了! 据这几点来说,舍利弗与提婆达多的见地不相同;而提婆达多系的比丘,早在不断地诽毁舍利弗与目犍连。这为了什么? 不外乎想取得僧众的同意,而获得僧伽中的领导地位而已。

　　四、揭发破僧的序幕:释尊六十岁以后,大部分时间常在舍卫城(《僧伽罗刹所集佛行经》)。大概年事渐高,所以减少了长途游化的生活。各方比丘众,每年安居前后,尽可能来礼见释尊。此外，就是舍利弗等大弟子，游化摄导，以保持僧伽的和合。
该是那个时候吧！提婆达多弘化于王舍城，得到了辉煌的成就，
竟取得阿阇世王子的信敬；大有释尊初来王舍城，得到频婆娑罗
王信奉的那种情况。提婆达多开始怀有统摄僧众的雄心；他的
野心，目犍连最先报告了释尊，那时释尊在拘舍弥（《五分律》）。
等到释尊回王舍城来，比丘与信众们，当然会集中而归向于释
尊。就是释尊的上首弟子——舍利弗与目犍连，论智慧、神通，
论（出家）年龄，论德望，都远远地超过了提婆达多。在这种情
形下，提婆达多得到了三大力量的支持，开始走入歧途，向佛索
众。索众的话，说来似乎好听，而其实是嫉视舍利弗与目犍连，
进而要求释尊不要再顾问僧事。领导权的争取，与出家的初意，
为法教化意义相离得太远了！也难怪释尊的诃斥。

四

　　提婆达多向佛“索众”没有达成目的；他在三大力量的诱惑
与鼓舞下，更向破僧的逆行前进。三大力量是：王家尊敬，释种
拥戴，苦行风尚。

　　一、王家尊敬：起初，提婆达多得到王子阿阇世的尊敬供养。
后来，父王频婆娑罗的政权渐落入阿阇世手中，终于篡夺王位，
父王也就被囚禁而死。那时，提婆达多受摩竭陀国阿阇世王的
尊敬供养，当然也受到王家、民众、部分出家众的尊敬。在佛教
中的优越地位，是可以想见的！但这只能造成他的有利情势，诱
发他统摄佛教的野心，而不能以政治权力来干预宗教，取得统摄

僧伽的资格。古代宗教的成立与发展,是凭借自身的感召,大众的信仰,而不是取决于政治的支持。所以王家的尊敬,不可以政治权力来解说。事实上,阿阇世王也没有以政治权力来干预宗教,造成提婆达多统摄僧众的地位。

经律一致记载:提婆达多的破僧,是受了利养恭敬的损害。如佛在拘舍弥时,最初发觉提婆达多的用心,就告诉比丘们:"芭蕉、竹芦,以实而死;驱骡怀妊,亦丧其身;今调达贪求利养,亦复如是。"(《五分律》三)"利养恭敬",或说"名闻利养"、"名利",是引发提婆达多破僧的因素。说到贪求名利的过失,约可分三类:(一)出家后,一切为了名利,那是"形服沙门"。这种人的罪行昭彰,是不可能造成破僧罪的。(二)有些出家人,多闻持戒,精进修行,不失为清净比丘。但德望一高,利养不求而自来。名利一来,逐渐腐蚀了精进的道念,有的变得生活糜烂,甚至堕落不堪。对这类比丘,佛每以"利养疮深"来警策。提婆达多与上二类不同,是属于另一类的。他受到利养恭敬,受到赞叹,不免得意忘形,不再认识自己,而自视越来越高。于是,更精严、更刻苦的修行,更能将自己所得的施散给同学,而追求更大的尊敬。根源于我见的主宰意识(慢,权力欲)越来越强,觉得自己最伟大,僧众的统摄非自己不可。这是领袖欲,是从王家尊敬——利养恭敬所引发的。

二、释种拥戴:释种,指释迦族出家的比丘、比丘尼众。释尊出身于释迦王族;从佛出家的弟子,不问他的种族如何,一律平等。为了与其他外道出家不同,称为"释沙门",所以说:"四姓出家,同称为释。"释尊摄化的出家弟子,确是不分种族阶级,一律平等的。但出身于释迦族的比丘、比丘尼，与佛同族，多少有些优越感。对于僧伽的统摄，在释尊晚年，或预想到涅槃以后，极可能认为，应由释族比丘来统摄，来继承释尊摄化四众的事业。从世间来说，这些也是人情之常，但与佛法却并不相合。从经律看来，拥戴提婆达多的，恰好就是释族的出家众。这一问题，似乎还少有人说到，所以要多多引述来证成这一论题。

提婆达多有四伴党，也就是提婆达多集团中的核心人物，名三闻达多、骞荼达婆、拘婆（迦）离、迦留罗提舍（人名译音，经律中每译得多少不同；这是依《四分律》说的）。其中三闻达多与拘迦离，是这一系的杰出人士。据《根有律破僧事》（九）说：四人都是"释种出家"。《众许摩诃帝经》（一三）说到释种出家，有名"海授"的，即三闻达多的意译。又如迦留罗提舍，《根有部苾刍尼律》（五）意译为"根本"；吐罗难陀尼说他"是释迦种"。这可见提婆达多系的主要人物，都是释种了。此外，律中有名的六群比丘，是难陀、跋难陀、迦留陀夷、阐那、阿湿鞞、不那婆娑。《僧祇律》（二六）说："六群比丘共破僧。"而《五分律》（二五）所说的调达眷属，也列有额鞞（即阿湿鞞）、分那婆薮（即不那婆娑）在内。比丘犯戒，释尊因而制定学处（戒）；在律师们说起来，几乎都是这六位初犯的。这姑且不作深论，要说的是：助提婆达多破僧的六群比丘，不是释种，就与释种有密切关系。如《萨婆多毗尼毗婆沙》（四）说："五人是释种子王族：难途，跋难途，马宿，满宿，阐那。一人是婆罗门种，迦留陀夷。"其中，难陀释子、跋难陀释子，是弟兄；在律中是被说为贪求无厌的比丘。阿湿鞞与不那婆娑（意译为马宿、满宿）"事事皆能，亦巧说法论议,亦善阿毗昙"(《萨婆多毗尼毗婆沙》四)。在律中,是"行恶行,污他家"(依中国佛教说,是富有人情味)的比丘。阐那(或译车匿)是释尊王子时代的侍从,有部说他是释种,但从《僧祇律》(七及二四)看来,是释族的奴仆。在律中,是一位"恶口"比丘。迦留陀夷是"净饭王师婆罗门子"(《十诵律》一七),是释尊王子时代的侍友(《佛本行集经》一六);在律中,是被说为淫欲深重的比丘。这六位释族或与释尊有关系的比丘,都曾是提婆达多的拥护者。再说到比丘尼:佛世的比丘尼,以释迦族,及释迦近族——拘梨、摩罗、梨车族女为多(《僧祇律》三九;《四分律》四八)。女众更重视亲族及乡土的情谊,当然是提婆达多的拥护者了。被律师们看作犯戒、不护威仪的恶比丘尼,《四分律》与《僧祇律》作"六群比丘尼";《根本一切有部律》作"十二众苾刍尼";而《十诵律》索性称之为"助调达比丘尼"。例如提婆达多伴党迦留罗提舍,"是释迦种"。他有姐妹七人,都出家为比丘尼,偷罗难陀就是其中的一人(《十诵律》四一、四七)。偷尼自称:"我生释种,族姓高贵"(《根有部苾刍尼律》一九);她是十二众比丘尼的首领(《根有律杂事》三二)。偷罗难陀尼曾赞叹"提婆达多、三闻陀罗达、骞驮罗达婆、瞿婆离、迦留罗提舍"为"龙(象)中之龙";说"舍利弗、目犍连、大迦叶"为"小小比丘";律说"偷罗难陀尼为提婆达部党比丘尼"(《四分律》一三;《十诵律》一二)。总之,释种的比丘、比丘尼,多数拥护提婆达多,极为明显。

再举二事来说明:一、六群比丘的"恶口"阐那,到底是怎样的呢?他说:"大德!汝等不应教我,我应教汝。何以故?圣师法王,是我之主;法出于我,无豫大德。譬如大风吹诸草秽,并聚一处。诸大德等种种姓,种种家,种种国出家,亦复如是;云何而欲教诚于我?"(《五分律》三)《善见律》(三)译为:"佛是我家佛,法是我家法,是故我应教诸长老,长老不应反教我。"他不能接受比丘们的教诫,显然是由于"贡高";由于自己是释种,曾事奉释迦太子而起的优越感。他的理由是说:佛出于释迦族,法是释迦佛说的,所以应由我们释种比丘来摄化教导你们(僧众)。这种想法,不正是释种比丘、比丘尼,拥戴提婆达多来向佛"索众"的意趣吗? 二、六群中的迦留陀夷,虽在律师们看来,极不如法,但应该是非常杰出的比丘。他出家不久,就证阿罗汉果(《善见律》一七);是波斯匿王夫人末利的门师(近于中国的归依师)(《四分律》一八;《十诵律》一八;《僧祇律》二〇);曾教化舍卫城近千家的夫妇证果(《十诵律》一七);赞佛的"龙相应颂"(《中含》二九·一一八),为《发智论·杂犍度》所引用("那伽常在定",就是出于此颂)。某次,迦留陀夷对于舍利弗所说的:三学成就,"若于现法不得究竟智,身坏命终,过抟食天,生余意生天,于彼出入想知灭定"(《中含》五·二二),曾一而再、再而三地否定他的见解,从僧中论诤到佛前。这是思想上的不合;末了由释尊呵责迦留陀夷,才停止辩论。那一次,释尊也同时呵责阿难:"上尊名德长老比丘为他所诘,汝何以故纵而不检! 汝愚痴人! 无有慈心,舍背上尊名德长老!"在律中,比丘们辩论诘责,阿难从来也没有,不曾使用判决胜负、中止辩论的权力。释尊为什么要呵责呢? 不免有"是他所作而我得责"的感慨了! 其实,是释尊见到他在释族比丘系、十方比丘系的争辩中,他"舍背上尊名德长老"舍利弗,而采取了中立观望的态度。说到阿难,与舍利弗、目犍连本来非常友善。他的慈心重,温和谦顺,虽有学不厌、教不倦的特德,但没有目犍连、提婆达多、大迦叶那样的强毅果决。他作佛的侍者,忠于职务,没有私心。在释族比丘与十方比丘的对立中,提婆达多向佛索众,进而破僧的过程中,阿难始终是以佛的意见为意见。只有在迦留陀夷与舍利弗的辩诘中,采取了中立立场,也仅此一次受到了释尊的呵责。

释迦比丘与十方比丘,早就有些不协调。作为十方比丘上首的舍利弗与目犍连,从经律看来,受到了一次又一次的诽毁、责难。等到提婆达多的德望高起来,向佛"索众"(引起破僧),三闻达多等四伴党是绝对支持的。六群比丘、六群比丘尼,是附和的。其他的释族出家者,也多少有些同情吧!

三、苦行风尚:印度恒河流域的苦行精神特别发达。与释尊同时而多少早一些的尼犍亲子,出于毗舍离王族,立耆那教,特重苦行。一直到现在,印度还有不少的耆那教徒。释尊出家修学时,也曾苦行了六年。在当时,苦行主义确是非常风行的,如《五分律》(二五)说:"此摩竭、鸯伽二国人,皆信乐苦行。"破(法轮)僧,是从佛教中分出一部分比丘而自成僧伽,自立新宗教,这不但要僧中有人附和,更要适合时代趋势(契机),而得信众的归依。时代是苦行主义风行,而提婆达多正是一位头陀苦行者。他向释尊索众而不得,内有释种出家的拥戴,外应时代苦行的风尚,这才索性标揭苦行教条,起来破僧。

提婆达多所标榜的,主要是"五法",广律中都有说到,《四分律》叙述得最明白。提婆达多以为："如来常称说头陀少欲知足乐出离者,我今有五法,亦是头陀胜法,少欲知足乐出离者:尽形寿乞食,尽形寿着粪扫衣,尽形寿露坐,尽形寿不食酥盐,尽形寿不食鱼及肉。"(《四分律》五)这是与头陀行相近的;头陀行值得称赞,这五法可说更精严些。于佛法缺少正见的,会迷迷糊糊地跟着走,还自以为了不起呢!但所说的五法,各律传说也略有不同,惟《毗尼母经》(四)与《四分律》一致。兹列表如下:

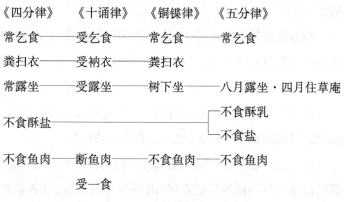

此外,还有《根有律》的《破僧事》,前后三说——卷十、十一(《律摄》同此说)、二十,多不尽相同。综合地看来,衣服方面,主张尽形寿粪扫衣,不受施主施衣。住处方面,主张尽形寿住阿兰若,露地坐,树下坐,不受住房屋。饮食方面,主张尽形寿乞食,不受请食。特别主张不食酥、盐、鱼、肉等。这些,与头陀行相近,也与受比丘戒时所受的四依法相近。四依法是:尽形寿依粪扫衣住;依乞食住;依树下住;依陈弃药住。那么提婆达多的五法,为什么成为反佛法的标帜呢?

五

提婆达多标榜"五法",造成了破僧的恶行。五法与佛法的不同何在？有些律师,也有点邪正不分,如《毗尼母经》(四)说:"提婆达多五法,不违佛说,但欲依此法坏佛法也。"这是不对的! 如五法不违佛法,那唱道五法怎么会坏佛法呢? 要知提婆达多的五法与佛法完全不同,试以两点来说明:

一、提婆达多的五法,是绝对的苦行主义,尽形寿奉行而毫无通变。自以为:"出家求道,宜应精进。瞿昙沙门亦有此五法,但不尽形寿;我今尽形寿受持此法。"(《善见律》一三)。释尊是中道主义:鹿野苑最初说法,即揭示了不苦不乐的中道行。这不是偏激的一边,而是有通变性、宽容性、多方适应性的。如佛说四依(四圣种),是出家者立下决心,做最艰苦的准备。出家依信众而生活,不一定能四事具足;如遇到生活艰苦的时候,那是意料中事,能忍受艰苦,身心安定而不失道念(否则就退心了)。实际上,出家受四依法,并不是一定非苦不可。所以不一定乞食,也可以受请;不一定粪扫衣,也可以受施衣;不一定树下坐,也可以住房舍重阁;不一定陈弃药,也可以食酥等。又如十二头陀行,佛也曾赞叹。那因为有些苦行根性,爱好这些苦行。其实修解脱行的,不一定要修头陀行。如修八正道,头陀行者可以解脱;人间比丘也可以解脱;在家弟子享受丰富,也可以解脱。以释尊自身来说,没有修头陀行,有时受百味饮食,价值百千两金的金缕衣,高楼重阁,百千人共住,岂不也还是少欲知足,乐独住吗？众生根性不等，如一定受五法，或持十二头陀行，那只能适应少数人，而反障碍了多数人出家修学。所以释尊不同意提婆达多的五法，如《善见律》（一三）说："若许调达五法者，多有善男子出家，若受持此法，则于道有（障碍）难。"又如《萨婆多毗尼毗婆沙》（三）说："此五法，佛常日赞叹。……所以赞叹者，云四圣种能得八正道，成四沙门果。今调达倒说云：八圣道趋向泥洹，反更迟难。修行五法以求解脱，其道甚速；是故说为非法。"这是说，佛制四圣种（四依），只是为了比丘依信众而生活，得来不易，所以不可不得少为足，随缘修行，修八圣道而证圣果。而调达却重于苦行，以为八圣道不够精进；修精苦的五法，才容易得道。这是落入苦行主义，所以是"非法"。苦行主义是：学道非尽形寿修苦行不可；修苦行才容易解脱。这种偏激的苦行主义，与佛的中道主义不合，所以提婆达多以五法为教，造成了破僧的局面。

二、释尊的中道行，我曾解说为"以智化情"。换言之，中道的佛法，不重于事相的物欲的压制，而重于离烦恼，显发心清净性，解脱自在。而提婆达多的五法，却是重于物欲的压制。越着重这方面，就越流于苦行。上面曾说到：提婆达多说法的要点是："心法修心法，是比丘能自记说：我已离欲，解脱五欲功德。"（《杂含》一八·四九九）可见提婆达多的修心决要，是压制物欲。不受五欲（微妙的色声香味触）功德，专精苦行，养成厌恶五欲、不再爱好五欲的习性。称之为离欲，解脱，以为是真解脱了。这样的修心法，浅些的是戒行，深些的是定行（定是离欲的，喻为"如石压草"）。不知道烦恼丝毫未动，只是暂时潜伏而已。一遇因缘,贪嗔痴全部发动,定也退了,神通也失了,戒也会犯了。所以佛说:惟有"智慧成就者,此是第一之义"。提婆达多重于精苦的戒行、定行,重在外在物欲的克制,而不修内心智证的净化,所以舍利弗批评他:"何不说法言:比丘心法善修心,离欲心,离嗔恚心,离愚痴心"而得心解脱呢!

这样,佛说的中道行,是宽容而多样性的,不是偏激的两边。修心方面,是以智证法性而销融情欲,而不是专在物欲的压制上做工夫。而提婆达多的五法,偏于苦行;修心偏于压制物欲。在一般看来,也许觉得他精苦卓越,比释尊的正法更高妙呢!提婆达多不也自以为:"瞿昙沙门亦有此五法,但不尽形寿,我今尽形寿受持此法";自以为"头陀胜法"吗?提婆达多标榜这五法,以为胜于释尊的中道,这当然会因此而破僧了!

提婆达多以五法为教而破僧,经过如下:一、提婆达多等议决,再向释尊提出,希望释尊能采取五法,制为比丘必学的戒法。释尊当然否定了,认为:常乞食是好的,但也不妨受请食;……不食鱼肉是可以的,但也不妨食三净肉(《善见律》一三)。提婆达多这一着,是相当厉害的:因为如释尊采用而制为必学的戒法,那是提婆达多的苦行主义胜利了。他在僧伽中,也自然提高到领导地位。如释尊不采用,那就可以标榜苦行,自以为精进。"瞿昙(释尊)不尽形寿持,我能尽形寿持",超佛一等。二、提婆达多与他的伴党不断宣传五法,以为这才能迅速而容易解脱。三、恰好逢到那年饥馑,比丘们在安居期中的生活相当艰苦。提婆达多获得王家的护持,所以随从他的部分比丘,生活过得比较好。这是个有利的时机,提婆达多就在大众中,提出五法来进行表决("行筹")。结果,有五百位初学比丘赞同他的意见。这样他就率领这一群比丘,到伽耶山住下,而在同一界内自行布萨说戒(《十诵律》四六;《鼻奈耶》五等)。对佛说的经教、比丘僧的制度服装,也多少修改(《十诵律》三六;《萨婆多律摄》四等),成立新的僧伽,就这样达成了破僧的目的。

六

　　再说破僧的结果及其影响。提婆达多真的破僧了,作新佛、立新教了,但并不如预期的理想。因为在释尊授意、经舍利弗等采取对策后,提婆达多就完全失败。一、提婆达多既宣扬五法是道,佛就命僧伽推举舍利弗(或说阿难),到王舍城,向信众们宣告:"若受调达五法者,彼为不见佛法僧。"(《五分律》三;《十诵律》等大同)这是说,提婆达多的五法与佛法不合,要佛教信众不受他的诱惑,而削弱他的力量。二、在出家众中,对于提婆达多及其伴党,先由与他们亲密友善的去劝说;再由多数比丘去劝告;再由全体僧众来一劝再劝:"汝莫为破和合僧勤方便,当与僧和合。"(《五分律》三等)这样的极尽人事,展开一致的反分裂运动。对提婆达多来说,仁至义尽;对僧众来说,也从一致行动中加深了团结。三、众律一致记载:提婆达多率领五百比丘,实行破僧,舍利弗与目犍连立刻采取对策,也到提婆达多那边去。提婆达多正在欢喜,以为舍利弗等也来附从他,而不知舍利弗暗暗地向五百比丘劝告说服,目犍连以神通感召,马上又把五百比丘带回释尊这边来。这么一来,提婆达多的破僧,仅剩他自己与

伴党四人了。这可能不止仅剩五人，但多数比丘确乎都在释尊
这一边。提婆达多破僧，没有能成立强大的新宗教，不如预期的
理想；而阿阇世王的信敬也淡薄了。提婆达多的新教梦一旦破
灭，晚年挫折，不久也就死了！

　　提婆达多破僧的失败，原是必然的。只是提婆达多醉心于
权威，妄自夸大，不自量力罢了！如王家尊敬，仅能造成有利情
势，但并不能以政权干预来统摄僧伽，创立新教。释种比丘的拥
戴，可能支持他索众，却不能支持他破僧。从索众而发展到破
僧，已变质为叛弃佛教，与释尊为敌。传说有推石压佛、纵象害
佛的故事，故害释尊，释种比丘怎能支持他呢？而且，释种六群
比丘、比丘尼，多数根性是近于"乐行"的；佛弟难陀、侍者阿难，
也还是一样。那么提婆达多的标榜苦行，也就等于取消了支持
自己的力量。苦行，诚然是时代风尚。但比丘的头陀苦行者，如
大迦叶、优波斯那等集团，都是十方比丘。对于释种中心运动，
早就不表同情，焉能因标榜苦行而就改变他们的立场！何况这
些苦行头陀，从佛已三四十年，提婆达多又凭什么使他们追随自
己，执弟子礼呢！所以，轰轰烈烈的破僧运动，一经舍利弗、目犍
连传达释尊意旨，展开反分裂运动，提婆达多就立刻失败下来。

　　破僧的结果是失败了，但对佛教的影响是广泛的、深远的。
在社会信众方面，引起不良反应。当舍利弗传达释尊的意旨，到
王舍城宣告提婆达多的非法时，引起了社会的疑难与讥嫌。如
说："时彼众会皆悉唱言：沙门释子更相憎嫉，见调达得供养，便
作是语。"（《五分律》三〇；参《十诵律》三六；《四分律》四）提婆
达多素为朝野所景仰，突然而来的评斥，是会使人惊疑的。有人

以为:"是上人调达,身口可作恶耶?"(《十诵律》三六)就是比丘,有些也会不信的(《增一含》一一·一〇;四三·四)。从传记看来,阿阇世王于释尊缺乏信心,所以破僧事一告段落,释尊就回舍卫城。后因王舍城多疫,阇王才心悔,礼请释尊还王舍(《根有律药事》五)。经耆婆的引导,阿阇世王又归依释尊(《长部》二;《长含》二七)。不久,释尊就东去毗舍离,作涅槃前的最后游行。这可见释尊晚年,王舍城的法化,是不免受到影响的。在出家众方面,影响更大。提婆达多是释种,伴党也是释种;提婆达多失败了,释种比丘不免受到十方比丘的嫉忌诽毁。六群比丘被看作毁犯的象征,众恶归之。甚至释族而新求出家,也不免受到留难,或者拒绝。释族比丘与十方比丘间的不和谐,为后来佛教分化的一大因素。余波荡漾,一直延续到七百结集的时代。

七

　　有些是可以不必说的,但不妨附带地叙述一下,以说明广律,有些是律师们的口头传说,治律者应有所抉择。提婆达多破僧,罪大恶极,这是不消说的;但有些也不免是造口业。如提婆达多修定而发神通,因神通而化阿阇世王子,这才受到利养恭敬,引起索众破僧。依《铜鍱律》、《四分律》(四)、《五分律》(三),修定发通,是从释尊学习的。有些人觉得:如不教他发神通,那不是不会破僧吗?释尊怎么会教他?为了说明与释尊无关,有的说:释尊不教他,五百大罗汉也不教他,阿难以亲属爱而教了他(《十诵律》三六)。有的说:是从阿难的和尚——十力迦叶学习的(《根有部苾刍律》一四;《根有律破僧事》一三)。照这种想法,如不让提婆达多出家,不是更好吗? 因此有的说:释尊不许他出家,后来他自剃须发("贼住"),从破戒比丘修罗陀学习的(《增一含》四九·九)。传说不同,只是为了满足那种浅薄的想法。其实,从佛学习而得定发通,有甚么过失呢!

提婆达多破僧,就是想作新佛;作新佛,就非处处模仿释尊不可,故事就这样的多起来。释尊体格极强,所以耆婆为释尊治病,用酥一斤。提婆达多有病,也就非服酥一斤不可。可是体力差,消化不了,病苦反而增加了。释尊可怜他,以神力治了他的病,提婆达多反而说:释尊有这样高明的医术,可以依此为生(邪命)。这故事已有点不近情了! 还有,释尊有三十二相,身作金色。提婆达多为了身作金色,以沸油洒身,然后涂上金箔,痛苦不堪(《根有律破僧事》一八)。释尊脚下有千辐轮相,提婆达多就叫铁匠来,用热铁烙足以造成千辐轮相(《根有律破僧事》一八)。这二则故事,我觉得不一定刻画出提婆达多的愚痴,只表示了故事编造者的过于幼稚!

这还不过幼稚可笑而已,还有荒谬的呢! 提婆达多破僧失败,又想回故国作王。他求见耶输陀罗,想与她结婚,以便登上王位。耶输陀罗与他握手;耶输陀罗力大,使提婆达多的五指出血。提婆达多还不死心,又去见"舍迦"(即释迦)种,要求让他作王。大家要他取得耶输陀罗的同意,结婚,才公推他作王。他再进宫去见耶输陀罗,耶输陀罗执住他的双手,十指流血,狼狈而逃(《根有律破僧事》一○)。前年日本摄制释迦传影片,有提婆达多入宫,强占耶输陀罗事,引起了佛教界的公愤,其实这是根据古代律师的荒谬捏造而改编的。考释尊八十岁入涅槃,为阿阇世王八年。提婆达多的索众、破僧,在阿阇世王登位前后。所以这是释尊晚年,约在释尊七十到七十五岁间的事。提婆达多与释尊的年龄相近,也是七十高龄的耆年了!耶输陀罗比释尊小不了几岁,那时已出家近二十年了。故事的编造者毫无时间观念,只顾说来好听。这到底是丑诋提婆达多呢?还是诬辱耶输陀罗呢?

二　王舍城结集之研究

一

　　王舍城五百结集，是佛入涅槃以后，佛教界的第一大事。这一次结集，决定了初期佛教的动向，也造成了佛教分化的必然形势。对佛教来说，这一次结集是无比重要的！先来说：谁发起这次结集？为什么要结集？结集些什么？

　　释尊入灭以后，一代的教说，当然是要结集的，结集是佛弟子的共同要求。但结集的倡议者、主持者，对于结集的成果如何，是有特殊关系的。古代一致传说，王舍结集是大迦叶发起的。大迦叶为有名的大德，以"头陀第一"而受到尊敬。释尊最后的游行，到拘尸那入灭，大迦叶并没有随从。但知道了释尊将要入灭，就率领五百比丘，急忙赶来。在佛入灭的第七天，大迦叶赶到了拘尸那，就以年高望重的上座身份，主持了庄严的荼毗大典。就在大典期中，发起结集法藏的会议，而决定在当年的安居期中，在王舍城召开结集大会。王舍城，是大迦叶一向游化的区域；这一次，也还是从王舍城赶来（《僧祇律》三二；《涅槃经后分》）。从王舍城来，又决定去王舍城结集法藏，对这次结集，大迦叶显然起着重要的决定作用。

为什么要发起结集？传说是：一、出于诸天的劝请：这可解说为佛教界的一致要求（《阿育王传》六；《有部毗奈耶杂事》三九）。二、出于大迦叶的意思：巴利《铜鍱律・小品（一一）・五百犍度》，《五分律（三○）・五百集法》，《四分律（五四）・集法毗尼五百人》，《僧祇律（三二）・杂跋渠》，《十诵律（六○）・五百比丘结集三藏法品》，一致说到：当大迦叶来拘尸那，途中得到释尊已入涅槃的消息时，有比丘说："彼长老（指佛）常言：应行是不应行是，应学是不应学是。我等于今始脱此苦，任意所为，无复拘碍。"这位比丘的言论，也见于巴利《长部》的《大般涅槃经》、《长阿含・游行经》等，所以是声闻经律的一致传说。这位比丘，《铜鍱律》（《善见律》同）、《长部・大般涅槃经》，说是老年出家的须跋陀罗。《五分律》、《四分律》、《长含・游行经》，说是（六群之一的）释种跋难陀（《般泥洹经》作释种桓头）。《迦叶赴佛般涅槃经》作"老比丘波或"。波或即波婆的异译，是地名而非人名。此外，《十诵律》等，只说是老年出家不懂事的比丘（摩诃罗）。总之，大迦叶发见了这种论调（实在就是阿难传佛遗命——"小小戒可舍"的主张），非常不同意，因而下了立即召开结集会议的决心。重视这一召集会议的主要动机，再与结集大会所发生的重要事项，作综合的研究，也就能理解王舍结集的特性。

当时结集了些什么？这首先要说，释尊的身教言教，在王舍结集以前，早就有了部分的编集。王舍结集以后，也还要继续纂集流通。释尊在世时，圣典的集成部类，至少有"法句"、"义品"、"波罗延"、"邬陀南"、"波罗提木叉"——五种。"法句"，是德行（法）的类集。"义品"，或译作"义足"、"义句"，是甚深义的类集。"波罗延"，译为彼岸道，是到彼岸（涅槃）的法门。"邬陀南"，译为（无问）自说，是释尊因物因事而说的感兴语；这与诗教六义的"兴"一样。这四类，或是佛说的，或是佛与弟子的问答；还有编集者的叙述语。文体方面，都是易于传诵的偈颂。"波罗提木叉"（别解脱），是佛所制的成文法典。佛世有半月半月诵波罗提木叉的制度，可见早就有了编集。但波罗提木叉是因事立制，所以是不断增加，逐渐完成。佛入涅槃时，比丘戒就有二百五六十戒吗？这是很难说的。南传《增支部》（三·八三、八五——八七）一再说到："一百五十余学处（戒）每半月诵。"虽然汉译的相当部分（《杂阿含经》），已改为二百五十余戒，但玄奘所译《大毗婆沙论》引经，也还说到"诵戒百五十事"，可见一百五十戒的古说，不只是南传铜鍱部的传说。佛世所诵的波罗提木叉，也许就是这样的吧！

说到王舍城的结集，是在大迦叶领导下完成的。由优波离诵出律藏，阿难诵出经藏。但说到论藏，无论是内容，是诵出者，传说得都不相同。如《僧祇律》、《铜鍱律》、《五分律》，根本没有说到论藏的结集。铜鍱律论——觉音的《善见律》、《法藏部》的《四分律》虽说到阿毗昙藏，但没有说诵出者是谁。而且，《善见律》所说，是《分别》等七部论；而《四分律》所说的"有难、无难、系、相应、作处"，与《舍利弗毗昙》所说相合。摩偷罗有部的《十诵律》，说阿难出阿毗昙藏，举五戒为例；《智度论》与此相合。首举五戒，意指有部的《法蕴足论》。《根本说一切有部律杂事》说大迦叶诵出摩呾里迦，与《阿育王传》相合；这是有部譬喻师的传说。《西域记》（三）也说迦叶出论，但说是阿毗达磨。此外，真谛三藏《部执论疏》，传说富楼那出阿毗昙藏。这样的或者没有说到，说到的又全不相合，所以王舍结集论藏的传说，是难以使人相信的。关于阿难出经、优波离出律的实情，留待以后研究。

二

在结集法会中，大迦叶对阿难有了不寻常的行动。起初，拒绝阿难参加结集法会。后来因阿难传达佛的遗命——"小小戒可舍"，而对阿难作一连串的责难。我在《阿难过在何处》虽曾多少说到，但还应进一步去了解。大迦叶崇尚苦行，不染尘欲（男女欲与物欲），厌恶女性，威严峻肃，更有自视极高的高慢余习。他自以为受到佛的特别重视：佛曾当众称赞他，佛有九次第定、六通，迦叶也能得到（《相应部》一六·九；《杂含》四一·一一四二）。虽然得九次第定与六通的大阿罗汉，佛弟子中并不太少，但大迦叶却觉得与佛相同，引以为荣（《相应部》一六·一〇；《杂含》四一·一一四三）。他在多子塔初见释尊，自称弟子时，以自己所穿的贵价衣，折叠为佛作座。佛称叹"此衣轻细"，他就发心供养。释尊于是说："汝当受我粪扫衣，我当受汝僧伽梨。"（《相应部》一六·一一；《杂含》四一·一一四四；《根有部苾刍尼毗奈耶》一）他换得佛所穿的粪扫衣，也觉得是不凡之遇（这顶粪扫衣，早就坏了，但被想象为付予重任，因而造成无数的衣的传说）。受佛赞叹、受佛粪扫衣二事，使迦叶自觉为有摄导僧伽、结集法藏的当然责任（《善见律》一）。不但如此，迦叶还有与佛几乎平等的传说。《杂阿含经》（四一·一一四三）说：佛在舍卫国，大迦叶从阿练若处来。众比丘见他"衣服粗陋，无有仪容"——留着长长的须发，大家都轻慢他。佛因此说："善来迦叶！于此半座。我今竟（不）知谁先出家，汝耶？我耶？"与此相当的巴利经典，没有这一段，这是北方的特有传说（大迦叶在北方受到特别推重），意义非常深长！释尊的分与半座，不只是尊重，而表示了与佛的地位平等。传说顶生王升忉利天时，忉利天王也分与半座，顶生王与忉利天王共同治理天宫。所以这表示与佛平等，与佛共同统摄僧伽。说到出家的谁先谁后，就事实说，迦叶未见佛以前，早就出家苦修（但迦叶不承认从外道出家）。后在多子塔见佛，就执弟子礼，也没有"善来"受戒的仪式。释尊的这一问，表示他出家很久了，也表示了佛不以师位自居。虽然迦叶当时说："佛是我师，我是弟子"，而且退坐到旁边，但传说的影响极深。如《迦叶赴佛般涅槃经》，竟说："佛每说法，（迦叶）常与其对（应是并）坐。人民见之，或呼为佛师"了！虽然这是北传特有的传说，未必为当时的事实。这是推重大迦叶集团所有的传说，多少会与大迦叶的意境有关。这一与佛平等的传说，又表现在"独觉"的传说中。大迦叶行头陀行，常着粪扫衣，乞食，林间住。佛见他年老了，劝他舍头陀行，大迦叶不肯，说："我已长夜习阿练若，粪扫衣、乞食，赞叹粪扫衣、乞食。"（《相应部》一六·五；《杂含》四一·一一四一）这在

《增一阿含经》（一二·六）里，说得更详明："我今不从如来教，所以然者，若当如来不成无上真正道者，我则成辟支佛。然彼辟支佛，尽行阿练若……我行头陀，如今不敢舍本所习，更修余行。"这表示了大迦叶的重要意境，他以为自己不见佛，也会证悟解脱的。这不但自视过高，对于所受释尊的教益，也缺少尊重。他以为，见佛以前，一向勤修头陀行，这是辟支佛行，现在不愿改变，修习声闻行——受施衣，受请食，寺院中住。总之，大迦叶自视极高，我行我素，而不愿接受释尊的指导。释尊是无比的宽容，见他如此，也就称赞他一番（头陀行并非坏事，而只是不要以为非此不可。如习以成风，这对于摄理僧事，游行教化，显有违碍）。从上来的叙述，可见大迦叶虽还推重释尊，自称弟子，但确信自己与佛的功德同等，不需要释尊的教化；觉得自己所修的头陀苦行尽善尽美，所以不愿放弃改行声闻的行仪。

　我在《论提婆达多之破僧》（三），说到佛世的佛教，内有阿难，外有舍利弗、目犍连，协力同心，赞扬护持如来的法化。舍利弗称"第二师"，"逐佛转法轮将"。舍利弗与目犍连，被称为"双贤弟子"（左右辅弼）。阿难虽年资较浅，却被尊为"毗提诃牟尼"。传说一切佛，都有三大弟子——智慧，神足，多闻（《长含·本行经》）。佛说惟有舍利弗、目犍连、阿难，才会止息僧伽的诤事（《四分律》五八）。这可见舍利弗等三位在僧团中所有的崇高地位，决非大迦叶所及的。佛灭前二或三年，舍利弗与目犍连相继入灭，三位合作的僧伽中心，显得空虚，释尊也不免有空虚的慨叹（《相应部》四七·一四；《杂含》二四·六三九）。这时候，头陀第一的大迦叶，在佛教中的威望急疾地重要起来；

释尊也希望他多多地摄理僧事,多施教化。据经律所说,释尊曾
多次向大迦叶劝告。一、劝他舍头陀行,如上面所说。本来,头
陀的隐遁苦行,虽不能契合佛的精神,但不累尘欲(佛曾称赞他),
与世无诤,也没有劝他舍弃的必要。经上说:"迦叶,汝年老,可弃
粗重粪扫衣,受施衣,请食,近我而住。"(《相应部》一六·五)"近
我而住",汉译作"可住僧中"(《杂含》四一·一一四一)。可见
这是希望他舍头陀行,与佛共住,住在僧团中;这才能摄理僧事,
助扬教化,但结果为大迦叶所拒绝了。二、释尊一再劝他,与佛
一样地为比丘们说法,但又为迦叶拒绝了。理由是:"今诸比丘
难可为说法教授教诫;有诸比丘闻所说法,不忍不喜。"(《相应
部》一六·七、八;《杂含》四一·一一三九、一一四○)这说明了
有些人不满意、不欢喜他的说法。有一次,事情明显地表白出
来。佛劝他说法,他还是说:"有诸比丘,闻所说法,不忍不喜。"
佛问他这是什么意思,他就说:"我见有二比丘:一名槃稠,是阿
难弟子;一名阿浮毗,是摩诃目犍连弟子。彼二人共诤多闻。"
(《相应部》六·六;《杂含》四一·一一三八)听闻佛法,目的为
了修行,大迦叶所说是对的。但论议佛法的学风,在智慧第一、
多闻第一的门下,佛世早就展开。流风不已,后发展为蜫勒、阿
毗达磨等论藏。论辩法义的学风兴起,难免有互诤胜负的情形。
这是大迦叶所不能同意的;论辩法义者,也未必尊敬大迦叶。大
迦叶说的"有诸比丘不忍不喜",显然指当时佛教中心——舍利
弗、目犍连、阿难的门下。槃稠与阿浮毗,只是特出的例子而已
(《长老偈》——目连偈注,传说舍利弗的甥儿[出家],也不满大
迦叶而有所嫌责)。当时,阿难在场,说了几句,受到大迦叶的

严厉警告。阿难说："且止！尊者摩诃迦叶！且忍！尊者迦叶！
此年少比丘少智恶智。""尊者摩诃迦叶语尊者阿难言：汝且默
坐！莫令我于僧中问汝事。"末后一句，《别译杂含》（六·一一
二）作："汝莫于僧中作偏党语！"就文而论，阿难没有说他们的
互诤胜负是对的，只是希望大迦叶容忍他们，不要为了年少出家
的没有真实智慧，而不肯为比丘们说法。但大迦叶却认为阿难
偏护了他们，所以警告阿难，不要惹我在大众中举发你的过失。
大迦叶在佛前说这些话，而且以大众力量来威胁，未免太严重
了！阿难默然地容忍下去；佛叫二人来训诲一顿，才算了事。从
这可以看出：一向围绕于释尊左右，由舍利弗等三位摄导的僧
伽，青年多，逐渐倾向于议论。这种学风，与大迦叶的头陀学风
不合。所以佛要他到僧中来，为比丘们说法（应在舍利弗、目犍
连入灭以后），他一概拒绝。这不只是不愿意，而是因为学风不
同，彼此间有了距离！

三

　　大迦叶的风格，大迦叶与阿难间的固有关系，已如上说，再
来说王舍的结集大会。佛在世时，大迦叶维持了对佛的一分敬
意；我行我素，不顾问僧事，但也不多与阿难等争执。可是一到
释尊入灭，大迦叶就以上座的身份，对佛教，对阿难，有所行动，
企图转移佛教旧来的倾向。
　　发起结集，那是佛弟子所一致赞同的。论到地方，决定在王
舍城（或说七叶岩，或说毕钵罗窟），是出于大迦叶的决定。说

到参加大会的比丘,律部都说五百比丘;而大乘的《智度论》
(二)、《西域记》(九),说有一千比丘。《僧祇律》(三二)说:大
迦叶率一千比丘到王舍城,选得五百人;这也许是异说的来源。
阿难从佛游行到拘尸那,相从的是五百比丘;大迦叶率众来拘尸
那,也是五百众,二众相合,恰好是一千。可见参与大会的五百
众,就从这一千人中推选出来。但这是多少可疑的:佛弟子——
大阿罗汉那么多,散居各地,大迦叶为什么不广为召集,而进行
这少数结集呢?《僧祇律》说,大迦叶遣使去邀请著名的大德,
大家听见佛已入灭,也就入灭了。迦叶觉得,召请无益,也就与
五百众举行结集了。这是说,并非大迦叶不邀请,而是大家不肯
发心参加,这是为了解释少数结集的疑问而成立的传说。这一
传说,北方的经律,更有所推演。除了说被邀请的入灭而外,又
说大迦叶击犍椎集众,于是有众多的比丘从十方来。在这远来
的大众中,再选出五百众(合于旧传)(《有部毗奈耶杂事》三
九);或说一千众(《大智度论》二;《西域记》九);或说八万四千
众(《撰集三藏及杂藏传》)。但就事论事,结集者是五百众,主
要是大迦叶学团、优波离集团,及随从游行众中推选出来。不要
别人参加,也许有住处等实际困难,但大迦叶主导的少数结集,
以王舍城旧众为主而在王舍城结集,是怎么也解脱不了嫌疑的。

　　除《十诵律》外,都说到阿难的参加结集,是经过一番留难
的。就是从拘尸那到王舍城,在行程中,也看出阿难被冷落的迹
象。如有部的《十诵律》与《杂事》,说大迦叶先行。《僧祇律》
说:留阿那律守舍利,阿难供养舍利,迦叶与千比丘先行。《善
见律》说,大迦叶与阿那律,各率二百五十众去王舍;阿难与余

比丘，先到舍卫，再转往王舍城。这都表示了，阿难是迟一程才到达王舍城的。阿难多闻第一，侍佛二十五年，召开结集大会，而没有阿难参加，这是不可想像的事！然而大迦叶竟以阿难"位居学地"，不是阿罗汉为理由而提了出来。《善见律》（一）说：大众说："大德迦叶！应取阿难足五百数，此是圣众意也。"虽然参与大会的五百众，不满阿难的大有人在，然而为了结集，到底少不了阿难。关于留难阿难，或说大迦叶拒斥阿难，经大众的说项而准予参加的（《铜鍱律·小品·五百犍度》;《四分律》五四）；或说大迦叶勉顺众意，姑准参加（列席）而又拒斥，等到证了阿罗汉，才得参加的（《有部毗奈耶杂事》三九;《毗尼母经》四;《迦叶结经》）；或说先予拒斥，等到证得罗汉，才获准参加的（《五分律》三〇;《善见律》一;《智论》二）。总之，阿难的参与结集大会，曾一度发生困难。

阿难参与法会而发生困难，理由是不是阿罗汉。等到阿难获准参加，传说大迦叶还表明心迹，说他并无轻慢心——不是恶意的。但从上面叙述，迦叶对于阿难，早有距离。等到参与结集大会，为了戒律问题、女众问题，大迦叶又一连串地责备阿难，要阿难于僧（大众）中忏悔。结合这些而研究起来，对阿难一度不能顺利参加结集的原因，不能不重新论定！

四

五百结集的另一重要人物，是优波离。优波离本为释迦王族的理发师，属于当时的贱民。释尊站在平等的立场，摄受他出家。优波离是著名的"持律第一"，经常"与持律者俱"(《相应部》一四·一五；《杂含》一六·四四七)。持律与持戒不同；持戒是受持学处(戒)，清净不犯，是每一出家者的本分。持律是通二部毗尼，精识开遮持犯，熟悉于僧伽的一切作法——羯磨。举喻说，持戒如国民的奉公守法；持律如法学者、法官、大法官。持律者，才被称为律师。

优波离是著名的大德(除《优波离问》等)，流传的事迹并不太多，尤其是有关法义的。他曾向佛要求，住阿兰若。佛告诉他：修学应契合机宜。你先应成就戒，守护根门，正念正知。末了告诉他说："汝宜僧中住，安稳。"(《增支部》一〇·九九)当然，优波离是大阿罗汉，但在起初修学过程中，释尊明察机宜，要他渐次而入；先要着重戒律的陶冶，成就法器。优波离的持律，特重僧伽律制，应与这一教授有关。

优波离持律第一，对于戒，当然是清净不犯；谨严的风格，是可以想像到的。他与女众的关系，不知为了什么，也不大友好。传说他与持律者外出游行，尼众多沿路嗔骂他，使他乞食难得(《五分律》一八)。为了毁坏一座尼塔(或说是尼的兄长)，为尼众所毁骂。好在事先避开，否则会被痛殴一顿(《铜鍱律·大分别波逸提》；《五分律》一三；《四分律》四七；《有部杂事》三三)。优波离与尼众的关系，与大迦叶一样，所以在结集大会上，大迦叶对阿难的连串责难，如小小戒可舍、度女众出家，优波离与大迦叶采取了一致的立场。

说到大迦叶与优波离的关系，先应该了解三类出家人。一、依戒而住的律行：这是住在僧中，也就是大众共住，纳入僧团的。即使为了专修，住阿兰若，也一定参与半月布萨。对于衣服，可以粪扫衣（从垃圾堆等捡别人所丢掉的破衣破布，拿来洗洗缝缝，作成衣服），也接受信众布施的新衣。而且在净施制度下，还可以保留法定三衣以外的更多衣服。饮食方面，一定是受布施的。或者乞食，或者受请。受请中，或僧次受请；或个人受信众的供养；或受某一信众的长期供养——每日托钵去受食，也可以着人去把饮食取回。在特殊的节日，还可以受别众请食。受请的饮食，通常比乞食所得的好得多。住处方面，游行时也偶然树下坐等，但经常住在僧坊。住阿兰若时，也大抵住在小屋中。这是佛世比丘最一般的情形。二、修头陀行，这是少数人。不住僧中，过着个人的生活（头陀行者与头陀行者，就是住在附近，也不相组合），但也可以半月来僧中布萨。衣服方面，一定是粪扫衣，不受布施，而且是限于三衣。饮食方面，一定是常乞食，不受信众的别请。住处方面，一定是阿兰若，不住城邑村落，而且是不住房屋的。三、一切粪扫者，这是极少数的。不入僧中；不但不住房屋，不受施衣，而且饮食也不受布施。山林旷野，拾些无主的树果，农夫遗落的谷类，祭祀所抛弃的饮食。一切粪扫者，是"不受施派"，是极端少数。大迦叶也曾一切粪扫，拾所弃的食物而生活，受到佛的呵责（《五分律》七）。不受施而食，《五分律》说犯突吉罗，《铜鍱律》说波逸提。这些极少数的一切粪扫者，附于佛法而实违反佛法。"少欲知足，易养易满"，为头陀行与律行的共同原则，而实际行持不同。戒行有弹性，能容纳多数人修学，头陀行仅能为少数所接受。优波离为律行者，但他曾要求住阿兰若（佛命他"僧中住"），可为同情头陀行，而为了

尊重佛的意思，安住律行的明证。优波离同情头陀行，生活谨
严，与尼众的关系不佳，这与大迦叶相近。这所以能互相和合，
主持王舍结集。然从当前情况及未来佛教的影响来说，优波离
学团是真正的成功者！大迦叶是头陀行者，对僧事、僧伽制度，
素不关心。对说法教化，也并无多大兴趣。只自觉德高望重，而
不为舍利弗、目犍连、阿难门下所尊敬；不满智慧、多闻的佛教倾
向；又常受尼众所轻慢，而免不了不满阿难（舍利弗等已入灭
了）。优波离尊者推重大迦叶，不但是教内的耆年大德，而更是
一向尊敬苦行的（如提婆达多），阿阇世王所尊敬的大德。在大
迦叶的主导下，优波离学系成为实质的佛教中心。依传说，不仅
《铜鍱律》、《五分律》、《四分律》，就是有部旧传的《十诵律》，都
说先由优波离集出毗尼（阿难后出法藏）。有关五百结集的记
录，广律虽已标题为"五百集法"，"五百集法毗尼"，"结集三藏
法品"，而古典的毗尼本母，是称为"五百集毗尼"的（《十诵律》
五六；《萨婆多摩得勒迦》六）。所以王舍结集，实以集毗尼为首
要任务（出经为次要的）。大迦叶发起结集的原因，为了毗尼；
首先诵出的，是毗尼；大会责难阿难的，也有关毗尼。在这次结
集中，毗尼取得了优先的地位。对戒法，否决佛命的小小戒可
舍，而确定了轻重等持的原则，逐渐完成严格而琐碎的规律。对
尼众，采取严厉管教的态度，树立尼众绝对尊敬男众的制度。上
座的权威也提高了；被称为正统的上座佛教，是在这样的情况下
完成的。而大迦叶的头陀行呢，在真正重律学派中，并未受到特
别尊重（因为头陀行不重律制），但头陀行因大迦叶而更深地与
律行结合。如《增一阿含经》，显出了头陀行的特别尊重。有部

旧传的《鼻奈耶》，竟说如来的因事制戒，都出于头陀行者（"十二法人"）的提供意见了！以戒律为主，加深头陀精神的佛法，也就是所说的小乘了！

五

大迦叶与优波离的王舍结集，在重律的学派来说，可说是成功的，有着深远影响的。但不同的立场，不但阿难曾当众表示出来（小小戒可舍），而会外的比丘众，也不完全满意这一结集。当王舍城的结集终了，《铜鍱律》、《四分律》、《五分律》，都有富兰那长老率领五百比丘，从南方来王舍城，与大迦叶重论法律的记载。这位富兰那长老，《五分律》列为当时的第二上座。研考起来，这就是释尊早期化度的第七位比丘，耶舍四友之一的富楼那（说法第一的富楼那，应为另一人）。富兰那对大迦叶结集的提出异议，说明了王舍结集当时就为人所不满（这也就是界外大众结集传说的初型）。据《铜鍱律》说：富兰那长老这样说："君等结集法律，甚善，然我亲从佛闻，亦应受持。"（《小品·五百犍度》一一）这是说，你们可以结集，我所知道的，也要受持流通的。这一异议，《四分律》与《五分律》举出异议的实例，如《五分律》说："我亲从佛闻：内宿，内熟，自熟，自持食从人受，自取果食，就池水受，无净人净果除核食之。……我忍余事，于此七条，不能行之。"这七事（《四分律》作八事），各部的解说小有出入，今依《五分律》说：内宿，是寺院内藏蓄饮食。内熟，是寺院内煮饮食。自熟，是出家人自己煮饮食。自持食从人受，是自己伸手取食,不必从人受(依优波离律,要别人授——手授或口授,才可以吃)。自取果食,是见到树果,可以自己取来吃。就池水受,是自己从水里取(如藕等)来吃。无净人净果除核食之,是得到果实,如没有净人为净,自己除掉果核,就可以吃了。这都是有关饮食的律制。依优波离说,是不可以的(犯突吉罗);但富楼那长老统率的大众,认为是可以的。这些,佛虽曾一度禁止,但已经开许,所以他们不能接受这七事的制约。富兰那长老的主张,不就是小小戒可舍的一例吗? 今日中国佛教的饮食规制,岂不就合于富楼那长老的律制吗?

　　大迦叶与优波离为主体的王舍结集,以毗尼为重。阿难所诵出的经法,当时还不曾成为论辩主题。但王舍结集中存在的问题,还是存在。少数不能完全代表大众,这在佛教的发展中,会明显地表显出来!

三　论毗舍离七百结集

一

　　佛灭以后,佛教界的第二件大事,是毗舍离的七百结集。这一次结集,起于耶舍迦乾陀子。他在跋耆族的毗舍离,见到了"十事非法",主要是跋耆族比丘以铜钵向信众乞取金钱。耶舍认为不合佛制,在信众面前,指证乞求金钱的非法,这可引起了跋耆比丘的反感,将耶舍驱摈出去。耶舍到西方去,到处指斥跋耆比丘的十事非法,邀集同志,准备到东方来公论。跋耆比丘知道了,当然也多方去宣传,争取同情。后由西方来的七百位比丘,在毗舍离集会。采取代表制,由东西双方,各推出代表四人,进行论决。结果,跋耆比丘的十事,被判为非法。

　　七百结集的论定"十事非法",为现存各部律的一致传说,可见当时的佛教,虽有学团分化的情形,还没有发展到宗派对立的阶段。据《僧祇律》说:事为"佛涅槃后"。《五分律》、《四分律》,作"佛泥洹后百岁",意思是:佛灭后一世纪;佛教一向以佛灭纪年,总是说佛灭一百年、二百年等,《善见律》解说为恰好第一百年,就未免误会了!《有部律》说"佛涅槃后一百一十年",那是近于《异部宗轮论》说,看作阿育王时代的事。但这是不对的,七百结集应早在阿育王以前。应解说为:在佛灭一百年以内(参阅拙作《佛灭纪年抉择谈》)。

属于上座系统的律典——《铜鍱律》、《五分律》、《四分律》、《十诵律》,所说大致相同;今依之而论述。《大众律》与《根本说一切有部律》,虽同样地判决十事为非法,而叙述的人事颇有些出入,这留到末后去说明。

二

七百结集,是东方与西方比丘间的异议,所以先从东西方说起。佛时,以东方摩竭陀国的王舍城、西方憍萨罗国的舍卫城为两大重镇,相去四十五由旬(一由旬约合三十里)。佛陀晚年,多住舍卫城,因而游化东方的提婆达多向佛"索众",引起了破僧事件(参阅拙作《论提婆达多之破僧》)。一直追随佛陀的阿难,由于多住西方,也与久住东方的大迦叶存有多少歧见(参阅拙作《阿难过在何处》、《论王舍城五百结集》)。这一情势,佛灭后逐渐嬗变。在东方,摩竭陀的首都由王舍城移到恒河南岸的华氏城,与恒河北岸相距五由旬的毗舍离遥遥相望。七百结集时代,东方佛教的重心,以毗舍离为首;而跋耆族比丘为东方系的主流。在西方,舍卫城衰退了,佛教向西扩展,摩偷罗的佛教逐渐隆盛起来,成为西方佛教重镇。摩偷罗距离舍卫城约四十由旬,东西的距离更远了。佛在世时,摩偷罗的佛法并不发达,传说:"末土罗城有五种过失:一者土地不平,二者处饶荆棘,三者瓦石充满,四者人民独食,五者多诸女人,所以(释尊)不入此城。"(《根有律药事》一一)。这是一片荒瘠的边地,但已预记了此地佛教的未来隆盛。《增支部》(五·二二〇)也有摩偷罗五失的传说。摩偷罗城外,有优楼漫荼山(或作乌卢门荼山、牟论陀山),初由那吒、婆吒弟兄在这里建寺,负有盛名(《阿育王传》三;《根有律药事》九等)。该寺的建设,是阿难弟子商那和修的时代。还有优尸罗山、阿呼恒河山,都为后来西方大德的道场。

佛灭以后,比丘们虽多少有不同的意见,但大家依法修行,也以律持身,和合共住,并无强烈的宗派对立。以阿难来说,佛灭以后,大迦叶(《杂含》四一·一一一四四;《相应部》一六一一)、优波离(《四分律》五七等),虽对之总是有点不调和,也不成大问题。王舍城结集以来,大体上大家尊重僧伽的意思,尊敬大迦叶;说到律,推重优波离;说到法,推重阿难,成为一般公认的摄导僧伽的大德。从传记上看来,王舍城中心的佛法——阿难与优波离的弟子,渐向西方宏化,而建树了西方佛教重心摩偷罗的佛教。如阿难的弟子商那和修,再传弟子优波笈多(见《阿育王传》等);优波离的弟子陀娑婆罗(《大众律》三三);四传弟子目犍连子帝须(《善见律》),都是以摩偷罗为住处,而向外开展的。阿难自身,经常以王舍城、华氏城、毗舍离为游化区;他的晚年,特重于东方。所以阿难入灭,他的遗体——舍利,有分为两半,为华氏城与毗舍离所供养的传说(《阿育王传》四;《根有律杂事》四〇;《西域记》七;法显《佛国记》)。这表示了阿难晚年的弘法,得到了恒河两岸的一致尊敬。阿难晚年的化导,对东方佛教,无疑会给予深远的影响!

三

　　七百结集中的西方比丘,引起问题的是耶舍伽乾陀子,有部传说为阿难弟子(《善见律》的译名不统一,极易引起误会)。从他所争取的同道,所代表的佛教来说,是属于西方系的。支持耶舍的同道,论地点,有波利耶比丘、阿槃提比丘、达儭那比丘。最有力的支持者,是摩偷罗的三菩陀、萨寒若的离婆多。波利耶比丘,《铜鍱律》说六十人;《五分律》说共九十人;《十诵律》也说波罗离子比丘六十人。在当时,被称为"波夷那与波梨二国比丘共诤"(《四分律》)。在这次争议中,波利耶比丘首先支持耶舍,这可见波利耶比丘的重要性了。传说当时波利邑比丘都是头陀行者,或粪扫衣者,常乞食者。在经律中,早在佛世,波利邑比丘即以头陀苦行著称(《杂含》三三·九三七;《铜鍱律·小品·迦稀那衣犍度》);到那时,还保持重头陀苦行的风格。《铜鍱律》及《五分律》曾说:佛在毗兰若(属拘萨罗)三月食马麦,贩马人是从波利耶来的(《五分律》一);波利耶比丘从沙祇到舍卫城来(《五分律》四·二二);有估客从波利到拘萨罗来(《五分律》二○)。这可以推见波利耶比丘是从西方来的。考《西域记》(四),有波利夜呾啰,在摩偷罗西五百里,应为今 Alwar 地区。阿槃提的首府优善那,即今 Ujjain。达儭那意译为"南"。在早期经律中,有南山,南路。南山在王舍城以南,今 Sona River 上流地区。南路即达儭那,总是与阿槃提一起说到,而又说在阿槃提以后,所以应为阿槃提以南。法显《佛国记》说到达傺的大伽蓝,与玄奘所传(《西域记》)的南憍萨罗相合。当时佛法向西南的开展,已有了重大成就。摩偷罗本为佛教"中国"的边缘;阿槃提为边地;而现在已能起而与东方——"中国"相争衡。西南佛教的隆盛,明白地表现出来。

主持公论而要取得胜利,在以上座为重的当时,非有声望卓著的大德,是不能成功的。所以耶舍到摩偷罗的阿吁恒河山,恳求三菩陀舍那婆斯相助;这就是阿难弟子商那和修,向西方宏法,劝发那吒弟兄建立寺院的大德。还有离婆多,"多闻通达阿含,持法持律持母"(《铜鍱律》);"得慈心三昧,有大眷属"(《五分律》);"梨婆多大法师,难问阿毗昙"(《十诵律》):这是一位博通三藏,声望卓著,有众多弟子的大法师。《十诵律》说梨婆多在萨寒若;《铜鍱律》说在萨寒若会到了他;《五分律》说在拘舍弥;《四分律》说求离婆多于婆呵河边,又约会共从婆呵河出发。虽然传说不同,其实地域相近。依《增支部》(六·四六;一〇·二四、八五)所说,萨寒若属支提国,支提与拘睒弥为邻;拘舍弥在今 Allāhābād 西南三十一哩的 Kosam 村。支提在拘舍弥以西;现有 Bewt 河,应即《四分律》说的婆呵河。萨寒若应在该河流入阎浮那河处附近,因为离婆多从此沿河而下毗舍离;毗舍离的跋耆比丘,也曾由水道来见离婆多。离婆多游化的中心区,在拘舍弥附近的萨寒若。论地点,在东西方的中间;约学行风格,也与西方系不完全相同。离婆多代表了中间(偏西)系,所以为东西双方所极力争取的大德;在这次会议中,有左右教界而起着决定性的作用。拘舍弥一带,与阿难、阐那有深切关系。

离婆多本来不愿意参与此一论争,所以听说耶舍他们要来找他,他就预先离开了那里(《铜鍱律》,《四分律》)。然而非获得离婆多的有力支持,不可能取得胜利,所以耶舍与三菩陀不远千里而一程一程地追踪而来。依《铜鍱律》,离婆多初在须离,虽未能确指所在,但一定在摩偷罗与僧伽赊之间。因为佛在毗兰若(属拘萨罗,近雪山)三月安居后,也是经须离而到僧伽赊、伽那慰阇的。离婆多先走一步,到了僧伽赊,耶舍追踪而来,可是又迟了一步,离婆多已去伽那慰阇了。僧伽赊是佛从天而下处,在今 Etawah 洲的 Sankisa。伽那慰阇即奘译的羯若鞠阇——曲女城,在今 Kanauj。离婆多的行踪,是向东偏南走。以后又经过优昙婆罗、阿伽楼罗;耶舍一直追踪到萨寒若,才见到了离婆多。离婆多为耶舍的至诚所感动,才答应帮助他。于是集合了波利耶比丘、阿槃提比丘、达㥃那比丘;还有摩偷罗比丘、离婆多的学众,总有七百比丘,沿恒河东下,以盛大的阵容来到毗舍离。

四

毗舍离比丘,是跋耆族,意译为金刚。跋耆族分布的地区极广,由毗舍离向北,一直到波波以南的负弥城,还是跋耆族,如《中含》(三六)《地动经》说:“金刚国,城名曰地。”地即负弥的意译,属于跋耆。由毗舍离“东北行五百余里,有弗栗恃国”(《西域记》七),弗栗恃为跋耆梵语的对译。弗栗恃“周四千余里”;西北去尼泊尔千四五百里;从该国的“东西长南北狭”而论,约从今 Purnes 北部,向东到 Goalpara 一带,位于锡金、不丹以南,古称央掘多罗(北央伽)。可见跋耆族的区域极广。这次论争,被称为"波夷那波梨二国比丘共诤"(《四分律》)。考《五分律》有波旬国,即波夷那的音译。佛涅槃前,受纯陀最后的供养,是波波国。但在白法祖译的《佛般泥洹经》(上)、东晋失译的《般泥洹经》(上),都作波旬国,可见波夷那为波旬的异名(经律中,每有同一地点有不同名称)。波波——波夷那与拘尸那相邻,都是摩罗族,译义为力士。当时的论争,波夷那比丘起着领导作用,这可以想见,由于佛在拘尸那入灭,引起该一地区佛教的隆盛。虽东方佛教的中心区在毗舍离,而波夷那比丘却是东方的中坚。

这一次论争,跋耆、波夷那比丘,向外争取僧伽的同情支持,所持的理由,着重于地域文化。如《铜鍱律·小品·七百结集犍度》说:"诸佛皆出东方国土。波夷那比丘是如法说者,波利耶比丘是非法说者。"《四分律》作:"波夷那、波梨二国比丘共诤。世尊出在波夷那,善哉大德!当助波夷那比丘。"《十诵律》作:"诸佛皆出东方,长老上座莫与毗耶离中国比丘共诤。"这意思说:释尊出于东方,所以一向是边地的波利耶(阿槃提、达嚫那)比丘,不能正确理解佛的精神、佛的意趣。论佛法,应以东方比丘的意见为正,应该支持东方波夷那比丘。释尊并无地域观念,平等地对待十方比丘,这是毫无疑问的。但从文化的传统影响来说,释迦族——东方的圣者,应多少受到释迦——东方文化特性的陶冶。以这点来说,释迦族及东方人民,应该更易于理解,更正确地契合佛的真精神。这样,东方比丘宣示的理由,也就不无意义了!但当时的东方比丘,是否与释迦族有关?释尊诞生于释迦族的迦毗罗卫；约当时的政治关系说，附属于侨萨罗，不妨说佛出侨萨罗，这是无疑的事实。所以，以"佛出东方"为理由，已多少感到希奇。而如《四分律》所说"世尊出在波夷那"，更使我们惊异了！释迦族与跋耆、波夷那有何关系，而东方比丘以此为理由而争取比丘僧的同情呢！

　　考究起来，释族与跋耆等东方民族，有着密切关系。一、佛在王舍城乞食，为一婆罗门所诃拒："住！住！领群特慎勿近我门。"（《杂含》四·一〇二）《别译杂含》（一三·二六八）与"领群特"相当的，为"旃荼罗"，可见佛被婆罗门看作卑贱的阶级了。巴利文典与此相当的，为《小部》的《经集》（一·七），"领群特"或"旃荼罗"一词，作 Vaśālika，即毗舍离人。正统的婆罗门，对东方的毗舍离人，确乎是一向轻视的。佛出迦毗罗卫而被称为毗舍离人，一定是容貌、语言等相同（或近似），也就是同一民族的分支，这才会被称为毗舍离人。可称为毗舍离人，那更可称为波夷那人（与迦毗罗卫更近）了！在跋耆与波夷那人看来，佛是出在他们这一族系的。

　　二、《长阿含》的《种德经》（一四·二二）、《究罗檀头经》（一五·二三），有六族奉佛的传说，六族为：释迦、俱利、冥宁、跋耆、末罗、酥摩。释迦，为佛的本族。俱利，即《西域记》（六）蓝摩国的民族。俱利与释迦族最为密切，传为释迦的近支。首府天臂城，《杂含》（五·一〇八）即作"释氏天现聚落"。与释族互通婚嫁（释族素不与异族结婚[《五分律》二一]），如佛母摩耶、夫人耶输陀罗，都是拘利族。冥宁，《长阿含》（一一）《阿㝹夷经》，说到"冥宁国阿㝹夷土"。《四分律》（四）作"弥尼搜国阿奴夷界";《五分律》(二)作"弥那邑阿瓷林"。冥宁的原语,似为 Mina。阿瓷夷即释尊出家时,打发车匿还宫的地方,在罗摩东南境(《西域记》六),近拘尸那。在巴利经律中,与冥宁相当的,是 Malla(摩罗)。自此以东,就是拘尸那与波波等摩罗族。但六族中,冥宁与末罗(即摩罗)并列,从音声、区域来说,都可推断冥宁为摩罗的音转,摩罗族的分支。跋耆为摩罗东南的大族,已如上说。酥摩,为七国中的数弥(异译速摩、苏摩等),巴利语 Sovīra,梵语苏尾啰,即喜马拉雅山区民族,一般认为即今尼泊尔一带。《长含》特地说到这六族信佛,都是恒河以北到喜马拉雅山区民族,意味这六族的特别信奉。七百结集中的东方比丘,也就是这六族比丘的教团。

三、释尊被称为"释迦牟尼",意义为释迦族的圣者。而佛的堂弟,多闻第一的阿难,竟被尊称为"毗提诃牟尼"——毗提诃族的圣者(《相应部》一六·一〇;《杂含》四〇·一一四三;《小部·譬喻经·独觉譬喻》)。毗提诃为东方的古王朝,有悠久的传统。《奥义书》与业力说,都在毗提诃王朝发达起来。毗提诃的首府弥绨罗,在恒河北岸,毗舍离"西北减二百里"(《西域记》七)。毗提诃王朝解体,恒河南岸的摩竭陀国,尸修那伽王朝兴起。据《普曜经》(一)、《大方广庄严经》(一),摩竭陀王族也是毗提诃族。而北岸的毗提诃族,散为跋耆、摩罗、拘利、释迦等族。阿难晚年游化于东方,受到恒河两岸(摩竭陀、跋耆等)民族的崇奉,被称为"毗提诃牟尼",即毗提诃族的圣者。确认跋耆等东方民族与释族有密切关系(参阅拙作《佛教之兴起与东方印度》),那么释尊被称为毗舍离人、波夷那人;阿难被称为毗提诃的圣者，也就觉得确实如此了。

东方比丘以民族文化为理由，以佛教的正宗自居，实与佛世的释族比丘中心运动相近。阐陀说："佛是我家佛，法是我家法，汝等不应说我，我应教汝等。"这岂非与"佛出东方，长老莫与毗耶离中国比丘共诤"的意境一致吗？释族比丘，自提婆达多"索众"，变质为破僧而失败，阿难受到大迦叶学团的压制，释族又以毗琉璃王的征服而受惨重的损害，不免一时衰落，而造成重律的（或苦行的）上座佛教的隆盛。但经阿难晚年长期在东方宏化，逐渐促成东方民族，也可说泛释族佛教的兴盛与团结。七百结集中的东方比丘，继承了这一传统。阿难从佛二十五年，深受释迦族圣者（释迦牟尼）宗风的陶冶，如尊重大众的（佛自己不以统摄者自居；阿难答雨势大臣的疑问，最足以表达此意）；正法中心的；律重根本的；男女平等的；阐扬法义的；少欲知足而非头陀苦行的；慈悲心重而广为人间化导的。这次诤议中的"十事"——"器中盐净，两指净，近聚落净，住处净，后听可净，常法净，不搅乳净，阇楼伽酒净，无缕边坐具净，金银净"（此依《铜鍱律》，诸部律小有出入）；除金银戒外，尽是些衣食住等琐细规制。跋耆比丘的容许这十事，实只是继承阿难所传如来的遗命，"小小戒可舍"的学风而已。

五

西方的上座们，经验丰富，懂得论净的胜负关捩所在。如对于离婆多的争取，千里追踪，真做到仁至义尽。又如七百比丘到了毗舍离，三菩陀与离婆多首先访问当时东方的第一上座一切去（或译乐欲）。首先交换意见，而取得一切去的支持。再看东方系比丘，显然是差多了。他们也知道离婆多的重要，远道去拜访，但重在争取离婆多的上首弟子（这一着，最是坏事），想以弟子们来左右离婆多的意见。这不但以"佛出东方"为号召，对离婆多来说，并无民族的共同感；而争取他的弟子，更刺伤了离婆多。结果，离婆多驱逐了少数弟子，而自己作了西方的忠实同道。还有一位名沙蓝的长老，本是东方系的。据说：他在独自考虑中，受了天神的启示，而认定东方为非法非律。沙蓝改变了主意，东方比丘们并不知道，还推选他做代表，这怎能不失败呢！又如一切去长老，也不曾能推重他，取得他的支持。总之，东方系但知人数众多，想以多数来决定一切。但这样的人多口杂，是不适宜于讨论的。于是双方推选代表，取决多数；一切去、沙蓝、离婆多，都赞同西方的主张，而东方不能不失败了。尊重僧伽的公决，东方也不能不接受十事为非法（《僧祇律》也这样说）。但这是东方系最后的失败，大众的力量越来越强，不久终于不受上座的节制而独立成部了。

<h1 style="text-align:center">六</h1>

七百结集的争议，起因于"乞求金银"（《僧祇律》只此一事）。在"波罗提木叉"——"戒经"中，并没有"乞求金银戒"（学处），这是值得注意的事！这不是说比丘可以乞求金银，而是说，可乞求与不可乞求，是次要问题，主要是比丘们可否受取

金银,也就是可否持有(私有)金银等货币。对于这点,想略为论列。

在"戒经"中,与金银有关的,属于尼萨耆波逸提的有三戒(学处),属于波逸提的一戒(捉取他人遗落的金宝)。属于尼萨耆波逸提的三戒是:不得受取金银;不得出纳求利;不得贩卖。贩卖,即一般的商业。出纳求利,是贸易金银(如现在的买卖黄金、美钞、股票,以求利润),抵押存放生息。这可见比丘是容许持有金钱的;否则也就不会有贩卖,出纳求利了。现在,专门来说不得受取金银的实在情形。

统观各部广律,对于金银钱等(货币),有"净受"与"不净受"的二类。不净受,是不如法的受取,犯尼萨耆波逸提。这是说,不如法受取的金钱,应该舍(尼萨耆)去。不如法受取的过失,应该向僧众忏悔(波逸提)。对于不净受的金钱,应该"舍",是怎样的舍呢?中南部旧传的《僧祇律》、《五分律》、《铜鍱律》,是比较严厉的。依《五分律》(五)说:凡受取而不净的,"应僧(四人以上)中舍,不得(舍)与一二三人"。舍给大众,大众也还是不要,委派一位比丘,把金钱拿去丢在河里、坑里。这似乎相当的严厉,而事实却并不如此。被委派的比丘,不必丢弃,也不用向僧众请示(请示,那就行不通),可以自己作主(论理,这是非法的),"使净人以贸僧所(须)衣食之物来与僧,僧得受。若分者,唯犯罪人不得受分"。净人买了东西来,大众心照不宣,就共同受用了!我想,这也许是金钱的得来不易,说丢弃,未免不合实际,才有这表面上丢弃,而暗地里受用的现象。戒律流于形式,虚伪,这是最不足取法的了!《僧祇律》(一〇)与《五分律》,原则上相近,似乎真实些。《僧祇律》没有作形式的丢弃,而是"僧中舍已,不得还彼比丘,僧亦不得分。若多者应入无尽藏中"。无尽藏,是寺院的公有经济机构,对外存放而收取利息。多的舍入无尽藏,少的用作四方僧卧具等。《僧祇律》是严格的,更近于古制的。

流传于北方的《有部律》、《四分律》,对于不净受的金钱,处理的态度是宽容的多了!依《四分律》(八),不净受的金银钱等也是要舍的,但并非舍给僧众,而是对一位守(护僧)园人,或归依佛法的优婆塞说:"此是我所不应,汝应知之。"这就是舍。既然是守园人或优婆塞,是明白这一"作法"的意义的,所以,"若彼人取还与比丘者,比丘当为彼人物故受,敕净人使掌之"。这是说,比丘已经舍了,守园人或优婆塞(为比丘作净人的),会还给比丘的。那时,就不要以为这是自己的,要作为是对方所有的金钱,叫他管理。自己什么时候需要,就什么时候向净人索取物品。这样的"净施"一番,不净受来的金银,就可以想作别人的而等于持有了,也就是不净的成为净了。有部《十诵律》(七)、《萨婆多毗尼毗婆沙》(五)态度更宽容些。先将金银等分为"重宝"与轻物:铁钱、铜钱……木钱,如不净而受了,犯突吉罗。这是不必舍的;可见低值的铁钱、铜钱,是可以(自己)持畜的了。金银(琉璃、玛瑙)等重宝,重价的货币,是应该舍的,但又分多与少。数目太小,那就"少应弃",丢了就是舍。如多呢,与《四分律》一样,舍给"同心(知心、知己)净人",而事实上仍旧属于自己所受。总之,《五分律》等是舍给大众,不再为本人所有;而《四分律》等是舍给知心的净人,实际上还是属于本人。

上面所说,是对于"不净受"的处置办法。但怎样是"不净受",怎样才是"净受"呢?如有布施金银钱,而"比丘自手捉金银及钱,若使人捉,若发心受"(《五分律》五),就是不净受。《四分律》说五种取:手拿也好,用衣服拿也好,要施者把钱放在衣角(在中国当然是衣袋了)里也好,放在地上也好,叫净人拿也好,总之,如自己想受取这些金钱,看作自己所有的,那就是"不净受",犯尼萨耆波逸提。这应该是佛制的本意。原始的出家特性,是舍离夫妇等家庭关系,及舍弃私有的财物,而过着乞化的生活,名为比丘。所以佛制,除生活的必需品而外,比丘不得受取金银等(珍宝)货币。不得受取,当然不必说"乞求"了。"不得捉取",中国习俗以为两手不能拿钱,早就误解了!然而这一原则,在实施起来是非常困难的。我们的生活必需,饮食最简单,当天乞食为生就得了。就是乞不到,饿一天也没有什么了不起。但其余的衣、医药、旅费,到临时乞化,有时会发生困难的。而且,有的信众施衣、施药,所施的金钱(这可能信众的事务繁忙;对僧众来说,也可以买得更适合些),难道就不要吗?这就产生佛教特有的"净人"制。每一比丘,应求一"执事"的净人。这或是寺内的"守园人",或是归依的优婆塞(现在泰国都是少年),请他发心代为管理。如得到净人的答应,那就好办了。如《根本说一切有部毗奈耶》(二一)说:"若有他施衣价,须受便受;受已,便作彼人物心而持畜之。"除了有部的特别方便外,一般是:比丘不能作自己物想,不能自己拿,也不能叫净人拿走。只能作为别人的东西,而对净人说:"知是!看是!"叫净人看到金钱,叫净人知道,净人是懂得代为拿去,而不要明说的。

这样才是净受，不犯。

可是，问题又来了。如还没有净人，或者净人不在场，那怎么办呢？据《善见律》（一五）看来，那只有留着等待净人，或佛教的信众了。但如时间不早，又没有人来，不知道应该怎么办？一切仰赖净人，到处有净人跟着，这在古代印度，也就不可能完全做到。《根本说一切有部毗奈耶》（二一），据一般来说，也是"应使人持，不应自捉"的。但另有一套非常方便的办法，比丘自己把金银受过来。"受已，持物对一苾刍而作是语：长寿（即长老）存念！我苾刍某甲，得此不净物，我当持此不净物，换取净财。如是三说，随情受用，勿致疑心！"换句话说，不妨自己先拿了，只是向别的比丘申明，这就是净受。北方的有部，对于铁钱、铜钱，是不犯舍堕（犯突吉罗），是可以持有的。即使是金银，也可以自己捉取，自己保存。只要不作私人所有想，向别的比丘申明，就称为净。有了这种制度，北方有部比丘，大概都是自取自持。有部比丘来我国的最多，中国僧众没有净人制，很少手不捉金银，大概是深受一切有部的影响吧！蕅益大师也觉得："怀素所集羯磨，亦后采取此法。此在末世，诚为易行方便，断宜遵奉矣。"（《重治毗尼事义集要》五）

有部律师，我国的四分律师——怀素、蕅益，虽推重这一自己拿、自己持有的办法，认为清净，但从佛制"不得自手捉"的明文来说，总不免感到有点问题。有部的化区，净人制并不普遍，这才不能不有通变办法。其实，净人制也是问题多多。净人受取的金钱，略分二类：一、完全由净人保藏；二、由净人拿来放在比丘房里。这都有时会发生困难的，如放在比丘的房里，"若比丘多有金钱(而)失去"(《僧祇律》一〇),或是被人偷去,也许是藏在哪里而自己忘记了。比丘平时不能手摸钱,不见了,也不能翻箱倒笼去找的。找到了,是犯尼萨耆波逸提的。这因为,原则上不能说是自己的钱呀! 想作自己的钱而去找,就犯了。如放在净人那里呢,到要衣要钵时,可以去向净人求索(衣钵,不是索钱)。如净人不买给比丘呢,可以明白地向他求索三次。再不给,可以一声不响的,到净人面前去三次。再不给呢? 如再去求索,求到了犯尼萨耆波逸提。因为原则上,这不是比丘的钱呀! 所以如三索三默而还是不给,或请别的长老去说,或向布施的施主去说;让施主知道了去索回。这一制度,除了比丘真能心无系著,否则是纠纷不了。即使不起纠纷,也会气愤不过,增长烦恼。论理,金钱不是比丘私有的,所以没有法律上的保障。比丘也不许强索,不免助长了净人吞没金钱的风气。

原则上,比丘私人不应该持有金钱,而在人事日繁,货币越来越重要的社会中,事实上又非持有不可。没有钱,有钱,都是够麻烦的! 律制的根本意趣,是不得私有,当然也不得乞求。但在实际情况中,不得私有,已经过"净施"而成为可以持有;不得乞求,当然也要演化为清净的乞求了! 跋著比丘的乞求金银,是这样的:逢到六斋日,信众们来寺院礼佛听法。拿放满了水的钵,放在多人集坐的地方,"指钵水言:此中吉祥! 可与衣钵革屣药值"。这是公开的乞求;为众的乞求;将布施所得的金银,均平地分给比丘们。这是在东方经济的日渐繁荣,货币流通越来越重要的情况下,适应环境而有的新的作法。无尽藏的制度,也是起源于毗舍离的。西方的上座们,忘记了比丘不得受畜金银的根本意趣，自己早已从"净施"而成为可以受畜，看作如法如律。对于不太习惯的公开乞求，心里大不满意，这是当时东西方争执的主要问题。

在"波罗提木叉"中，没有不得乞求金银戒，而是不得受畜金钱。当时的西方比丘，虽引用这"不得受取金银"学处（戒），而其实是引用《摩尼珠聚落主经》（《杂含》三二·九一一;《相应部》四二·一〇）。在某次王臣间的闲谈中，摩尼珠聚落主以为：释子是不应乞求金银的。佛知道了，就告诉比丘们："汝等从今日，须木索木，须草索草，须车索车，须作人索作人，慎勿为己受取金银宝物。"这一经文，还是着重在不应"受取";因为可以受取（如衣钵等），也就可以乞求了！受取与乞求，在佛的律制来说，毫无差别。西方比丘容许"净施"的受取，而坚决反对清净（水净）的乞求，从《摩尼珠聚落主经》来说，可能是适应西方社会的一般要求，但忽略了适应于东方民族间的佛教情况。总之，不得乞求金银，是律无明文规定，规定的是"不得受取金银"。东方以为，既可以受取，就可以乞求。西方却容许受取，而不许乞求。"如法如律"，原是不大容易明白的。我一向不曾好好地研究它，也就说不出究竟来。近十年来的中国佛教，似乎越来越重律了！希望有人能作深入的研究，因为这是僧制的一大问题。

七

大众部的《僧祇律》，但说乞求金银一事，对东西方的争议经过,非常简略。大众部是东方的学派,所以不愿多说吧!七百结集的大德,除耶舍(又作耶输陀)而外,有优波离的弟子陀娑婆罗(这实在是优波离的二位弟子,而被误传为一,留待别考),这就是《铜鍱律》所传的陀写拘。《僧祇律》是东方系的,所以对持律耶舍——七百结集的发起者,表示非常的轻视,曾讥讽:"耶舍制五波罗夷",说他不明戒律(《僧祇律》三〇)。

从摩偷罗传出的有部旧律——《十诵律》,对七百结集的记述,大体与上座系各律相同。但发展于迦湿弥罗的《根本说一切有部毗奈耶杂事》(四〇)所说大有出入。据《杂事》说:从佛世的大迦摄波(即大迦叶),传阿难,奢搦迦(同时还有末田地那),邬波笈多,地底迦,黑色,善见;"如是等次第诸大龙象皆已迁化。大师圆寂,佛日既沉,世无依怙,如是渐次至一百一十年后",有七百结集。奢搦迦就是三菩陀舍那婆斯;邬波笈多就是优婆鞠多;从大迦叶到优婆鞠多,是根据《阿育王传》的五师相承。奢搦迦就是三菩陀,为七百结集中的重要大德。邬波笈多与阿育王同时。这样,怎会又传地底迦等三代,才是佛灭一百一十年呢!这是晚期的七世付法说,《杂事》把它编于七百结集以前,实在错误至极!不足采信!

四　阿难过在何处

一

　　阿难称"多闻第一"，为佛的侍者，达二十五年。在这漫长的岁月里，敬事如来，教诲四众，始终是不厌不倦。明敏慈和，应对如法，在佛的大弟子中，是一位值得尊敬的圣者！

　　以律典为主的传记，大同小异地说到：阿难侍从如来，到拘尸那，佛入涅槃。那时，长老大迦叶率领五百位大比丘，远远地赶来参预荼毗大典。大迦叶当时发起选定五百位大比丘，在王舍城结集法藏。在发起结集时，阿难几乎为大迦叶所摈弃。在结集过程中，大迦叶所领导的僧伽，对阿难举发一连串的过失。阿难不承认自己有罪，但为了尊敬僧伽，顾全团体，愿意向大众忏悔。如来在世时，阿难是样样如法的（仅因优陀夷而为佛呵责过一次）；如来涅槃没有几天，就被举发一连串的过失，这是不寻常的，有问题的！民国三十年，我在《哌嘌文集序》就指出大迦叶与阿难间有着不调和。我还以为两人的个性不同，但现在看来，这里面问题很多呢！阿难受到责备，到底是些什么过失？研究这一连串的过失，就充分明白这是什么一回事，发见了僧团的真正问题。这是佛教史的重要关节，让我不厌烦地叙述出来。

阿难受责，载于有关结集的传记；各派所传，大同小异。一、南传《铜鍱律·小品》之十二《五百犍度》，有五突吉罗（或译恶作）。二、化地部《五分律》第五分之九《五百集法》（三〇），有六突吉罗。三、摩偷罗有部旧传《十诵律·五百比丘结集三藏法品》（六〇），有六突吉罗。四、大乘中观宗《大智度论》（二），有六突吉罗。《论》文仅出五罪；与《十诵律》相同，只是次第先后而已。五、大众部《摩诃僧祇律·杂跋渠》（三二），有七越毗尼罪（即突吉罗罪）。六、法藏部《四分律》第四分《五百集法毗尼》（五四），有七突吉罗。七、《毗尼母经》（四），有七过，但仅出不问微细戒，及度女人出家二事。八、白法祖译《佛般泥洹经》（下），有七过，但只说到不请佛住世。七、八两部经律，大抵与五、六相近。九、迦湿弥罗有部新律——《根本说一切有部毗奈耶杂事》（三九），有八恶作罪。十、《迦叶结经》有九过失，与《杂事》同。此外，《撰集三藏及杂藏传》（安世高译），只说了重要的四事。在这些或多或少的过失中，可归纳为三类：一、有关戒律问题；二、有关女众问题；三、有关侍佛不周问题。真正的问题，是不问微细戒，及请度女众，所以《毗尼母经》只提到这两点。而《铜鍱律》、《五分律》、《十诵律》，都以不问微细戒为第一过；而《四分律》等，都以请度女人为第一。大抵当时阿难传佛遗命——"小小戒可舍"，这一来，引起了大迦叶学团的旧痕新伤；这才一连串地举发，连二十年前的老问题也重新翻出来。

这些或多或少的过失,总列如下。但众传一致的,仅一、二、五、六——四事。

一、不问佛小小戒

二、请佛度女人出家

三、听女人先礼致污舍利(佛身)——《四分律》与《僧祇律》作不遮女人礼佛致污佛足;《杂事》及《迦叶结经》作以佛金身示女人致为涕泪污足

四、以佛阴藏相示女人

五、不请佛久住世间

六、佛索水而不与——《杂事》作以浊水供佛

七、为佛缝衣而以足蹑——《杂事》作浣衣;《十诵律》作擘衣

八、佛为说喻而对佛别说——《迦叶结经》作他犯他坐

九、命为侍者而初不愿

二

阿难被责的真实起因,是阿难在结集大会中,向大众传达了释尊的遗命:“小小戒可舍。”据传说:什么是小小戒,由于阿难没有问佛,所以法会大众异说纷纭。结果,大迦叶出来中止讨论,决定为:“若佛所不制,不应妄制;若已制者,不得有违。如佛所教,应谨学之。”(《五分律》三〇)什么是小小戒,既然大家莫衷一是,那不如奉行如来的一切律制。已制的不得舍除,没有制的不得再制,那是怎样的忠于佛制! 然而,“小小戒可舍”,到

底是释尊最后的遗命。所以大迦叶的硬性决定,不免违反佛陀的本意。为了这,大迦叶指责阿难,为什么没有详细问佛,犯突吉罗罪。这一问题,导火线一样,大迦叶接着提出一连串的指责。所以阿难的被责,决不只是为了没有问明白,而更有内在的问题。

什么是小小戒? 小小戒,或译微细戒、杂碎戒、小随小戒、随顺杂碎戒禁。在结集法会上,虽并没有定论,但在各家律典中,都曾给予明白的解说。

一、一切戒法(《十诵律》一〇;《鼻奈耶》七;《萨婆多毗尼毗婆沙》六)

二、除四事(《根有律》二七;《萨婆多部律摄论》九;《二十二明了论》)

三、除四事十三事(《僧祇律》一四;《四分律》一八)

四、除四事十三事二不定法(《五分律》六)

如照第一类(《十诵律》等)解说,那佛说"小小戒可舍",不等于全部取消了律制吗? 这是决无可能的。那怎么会作这样的解说? 这无非强化反对"小小戒可舍"的理由。照这类律师的看法,小小戒可舍,那就等于取消了一切律制! 所以凡主张小小戒(杂碎戒)可舍的,就是不重律、不持戒的比丘。这一推论,是有充分根据的。比较有关五百结集的各家广律,阿难的传达佛说,有二类不相同的句法。一、如《僧祇律》的"我当为诸比丘舍微细戒";《四分律》的"自今已去,为诸比丘舍杂碎戒";《有部杂事》的"所有小随小戒,我于此中欲有放舍,令苾刍僧伽得安乐住"。看起来,这是为了"苾刍僧伽得安乐住",而作无条件的放舍。其实是衬托出舍小小戒的过失,而刻划出那些主张舍小小戒的丑恶。原来,小小戒可舍,在现存的律典中是被看作非法的。如大迦叶在来拘尸那途中听到跋难陀说:"彼长老(指佛)常言,应行是,不应行是(即律制)。我等于今始脱此苦,任意所为,无复拘碍。"(《五分律》三〇)这里的不再持律,无复拘碍,不就是舍小小戒,得安乐住吗? 但这是大迦叶所反对,为此而发起结集的。又如波逸提中的轻呵毗尼戒(学处)也是说:"用是杂碎戒为? 半月说戒时,令诸比丘疑悔热恼,忧愁不乐。"(《十诵律》一〇)这是说,这些杂碎戒,使人忧愁苦恼,所以不必要它。这岂非与舍小小戒,令僧安乐一致! 大迦叶为此而决定了发起结集毗尼,而阿难竟公然传达如来的遗命"小小戒可舍",这简直与大迦叶为难。明了大迦叶与律师们的见地,根本不同意小小戒可舍,那对一连串的责难阿难,也就不觉得可怪了!

　　二、另有一类不同的句法,如《十诵律》说:"我般涅槃后,若僧一心共和合筹量,放舍微细戒。"南传《铜鍱律》及《长部》(十六)《大般涅槃经》说:"我灭后僧伽若欲舍小小戒者,可舍。"《毗尼母经》说:"吾灭度后,应集众僧舍微细戒。"这不是说随便放弃,也不是说舍就舍,而整篇地舍去众学法、波逸提等。这是要"僧伽一心和合筹量"的共同议决,对于某些戒,在适应时地情况下而集议放舍。这里,请略说释尊制戒的情形。释尊因犯制戒,是发生了问题,才集合大众而制为学处(戒)。其中重要的,如不净行、大妄语等,一经发现,立刻集众制定,不得再犯。有些当时只呵责几句,以后又有类似的情形发生,觉得有禁止必要,于是集众制定。要知道,"毗尼中结戒法,是世界中实"(《智度论》一）；是因时、因地、因人而制的，多数有关于衣食行住医药等问题；是为了僧伽清净和乐，社会尊敬信仰而制立的。所以如时代不同、环境不同、人不同，有些戒法，就必须有所改变。就是释尊在世，对于亲自制定的学处（戒），或是一制，再制；或是一开，再开；或是制了又开，开了又制。因为不这样，戒法就不免窒碍难行。所以如戒法（学处）固定化，势必不能适应而失去戒法的意义。释尊是一切智者，深深理会到这些情形，所以将"小小戒可舍"的重任交给僧伽，以便在时地机宜的必要下，僧伽可集议处理小小戒；这才能适应实际，不致窒碍难通。但苦行与重戒者，以为舍小小戒，就是破坏戒法，不要一切戒法，只是为了便于个人的任意为非。这与释尊"小小戒可舍"的见地，距离实在太远，也难怪他们坚决反对了！据《五分律》（四）等说：僧伽也可以立制——波逸提等。但头陀苦行的优婆斯那，不肯尊敬僧伽的制立，而只承认佛制。大概头陀行者、重律制者，确信律制愈严密、愈精苦愈好，这才能因戒法的轨范而清净修行。所以佛所制的，或佛所容许的（头陀行），也就是他们自己所行，也许自觉得行而有效的，不免做了过高的评价；认为这样最好，学佛就非这样不可。这才会作出这样的结论："若佛所不制，不应妄制；若已制，不得有违。"从此，戒律被看为惟佛所制，僧伽毫无通变余地。在律师们看来，戒律是放之四海而皆准，推之百世而可行的。从此不曾听说僧伽对戒可以放舍，可以制立（如有制立，也只可称为清规等，而一直受到律师们的厌恶）。二千多年来的佛教界，只容许以述为作，私为改写（否则各家律典，从何而来差别），不能集思广益，而成为僧伽的公议。时过境迁，明知众多学处的无法实行，而只有形式上去接受（受而不持是犯，所以陷于犯戒的苦境而无可奈何）。有些索性把它看成具文，一切不在乎。总之，释尊所制的戒律，本是适应通变而活泼泼的；等到成为固定了的、僵化了的教条，就影响到佛法的正常开展。追究起来，不能不说是由于拒绝"小小戒可舍"的如来遗命所引起的。

阿难传佛遗命，不但没有为大众所接受，反而受到一连串的责难。这是既成事实，也不必多说了。惟各家律典，同有轻呵毗尼（学处）戒，再为一说。由于阐陀或六群比丘，宣称"用是杂碎戒为"，而经如来制立学处，结为波逸提罪。佛世早已制立学处，判为非法，那释尊又怎么遗命——小小戒可舍？不准比丘们说小小戒可舍，而又遗嘱说小小戒可舍，这似乎矛盾得有点难以相信。这总不会是：重法的阿难学系，传佛小小戒可舍的遗命，被大迦叶所领导、优波离等重律学系所拒绝。为了不使重法学系的重提遗命，而特地制立这一学处吧！论理是不会这样的，但矛盾的事实，值得律师们多多思考！

三

与女众有关的过失，最重要的是阿难恳求佛度女众出家。此事见于各家广律的"比丘尼犍度"；还有南传《增一部》（八·五一）的《瞿昙弥经》与汉译《中含》（二八·一一六）《瞿昙弥经》。大迦叶指责阿难求度女众出家，犯突吉罗，见于有关五百结集的律与论。

求度女众出家的当时情况是：佛的姨母摩诃波阇波提瞿昙弥，与众多的释种女，到处追随如来，求佛出家。但再三请求，得不到释尊的允许。她们是够虔诚的，由于不得出家，而苦切得不得了。

阿难见到她们那种流离苦切的情况，不觉起了同情心，于是进见释尊，代为请求。据比丘尼犍度，及阿难自己分辩的理由是：一、摩诃波阇波提，乳养抚育释尊，恩深如生母一样。为了报恩，请准其出家（这理由，只适用于瞿昙弥一人）。二、阿难问佛：女人如出家修道，是否能证初果到四果——阿罗汉，佛说是可以的。阿难就请佛准女众出家，因为不出家，是不能得究竟解脱（四果）的。这两项理由，是《铜鍱律》、《五分律》、《四分律》、《僧祇律》、《阿含经》所一致记载的，可断为当时代请的理由。此外传说有：一、诸佛都有四众弟子，所以今佛应准女众出家。这是一切有部的传说，如《十诵律》（《智度论》）、《根有律》、《迦叶结经》。但在《五分律》，恰好相反，佛以"往古诸佛皆不听女人出家"而拒却。《十诵律》等有了四众出家说，就没有能得四果说。以四众代四果，可见为传说中的变化。过去佛有否四众，不仅传说相矛盾；凭阿难的立场，也不可能以此为理由。二、摩诃波阇波提等，都是释种，阿难怜念亲族，所以代为请求。这只是迦湿弥罗有部——《根有律杂事》、《迦叶结经》的一派传说，想当然而已。

为了报答佛母深恩，女众能究竟解脱生死，阿难一再请求如来，准许女众出家，这到底有什么过失呢？阿难不认为自己有罪，但大迦叶领导的法会大众，显然别有理由。《铜鍱律》等，只责怪阿难的苦请如来,而没有别说什么,但在《毗尼母经》(三)、《大智度论》(二)、《撰集三藏传》,却说出了"坐汝佛法减于千年"的理由。意思是,如来本不愿女众出家,为了阿难苦求,才允许了,这才造成佛法早衰的恶果。《毗尼母经》说了十大理由,大意为女众出家,信众减少尊敬供养了,比丘缺少威德了,正法也不久住了。从经律看来,释尊晚年的僧伽,没有早年那样的清净,大有制戒越多,比丘们的道念修持越低落的现象。为了这一情形,大迦叶就曾问过释尊(《相应部》一六·一三;《杂含》三二·九〇五)。这应该是由于佛法发展了,名闻利养易得,因而一些动机不纯的,多来佛教内出家,造成了僧多品杂的现象。同时,由于女众出家,僧团内增加不少问题,也引起不少不良影响。头陀与持律的长老们,将这一切归咎于女众出家;推究责任而责备阿难。如大迦叶就曾不止一次地说到:"我不怪汝等(尼众),我怪阿难。"(《十诵律》四〇等)意思说:如阿难不请求,女人不出家,那不是这些问题都没有了吗?不是梵行清净,正法久住了吗?佛法的品杂不净,引起社会的不良印象,大迦叶领导的僧伽是归罪于尼众的;这才是指责阿难的理由。

说到女众出家会使佛法早衰,是各家广律的一致传说,而且是作为释尊预记而表白出来。例如《四分律》(四八)说:"譬如阿难!有长者家女多男少,则知其家衰微。……如好稻田而被霜雹,即时破坏。如是阿难!女人在佛法中出家受大戒,即令正法不久。"第一比喻,如中国所说的阴盛阳衰。女人出家多于男众,也许不是好事,但这不能成为女众不应出家的理由。因为请求出家,并不就是多于男众。以第二比喻来说,以男众喻稻麦,以女众喻霜雹(《铜鍱律》作病菌)；但男众真的是健全的禾苗，女众就是霜雹、病菌吗？为比丘而制的重罪——四事十三事，都与出家的女众无关，但一样地犯了。所以上述二喻，只是古代社会重男轻女，以女子为小人、祸水的想法。释尊起初不允许女众出家，如认为佛早就把女众看成病菌，那是不合理的。佛会明知是病菌，而仍旧移植病菌于禾田吗？当然，女众出家，问题多多，释尊是不能不加以郑重考虑的。在重男轻女的当时社会，女众受到歧视。据律典说，女众从乞求而来的经济生活，比比丘众艰苦得多。往来，住宿，教化，由于免受强暴等理由，问题也比男众多。尤其是女众的爱念(母爱等)重，感情胜于理智，心胸狭隘，体力弱，这些积习所成的一般情形，无可避免地会增加僧伽的困难。但是，释尊终于答应了女众出家。因为有问题，应该解决问题，而不是咒诅问题。在慈悲普济的佛陀精神中，女众终于出家，得到了修道解脱的平等机会。

　　"女众出家，正法减少五百年"，如看作头陀行者大迦叶、重律行者优波离等，见到僧伽的流品渐杂，而归咎于女众出家，作出正法不久住的预想，是近情的。律师们却传说为释尊的预记，因而陷于传说的极端混乱。根据经律，现有三项不同的叙述：一、阿难一再请求，佛允许了！阿难转告瞿昙弥，女众出家已成定局。那时，佛才预记女众出家，正法减损五百年。阿难听了，没有任何反应。这是南传的《铜鍱律》与《中部》的《瞿昙弥经》所说。二、所说与上面一样，但末后阿难听了："悲恨流泪，白佛言：世尊！我先不闻不知此法，求听女人出家受具足戒，若我先知，岂当三请？"这是《五分律》说的。阿难听了而没有反应，是不近情的。如照《五分律》所说，那在结集法会上，早就该痛哭认罪了，为什么不见罪呢？三、阿难请佛，佛就告诉他，女人出家，正法不久，并为说二喻。但阿难不管这些，继续请求，佛才准许了。这是《四分律》、《中阿含·瞿昙弥经》说的。以常情论，如明知这样，还是非请求不可，这还像敬佛敬法、多闻敏悟的阿难吗？老实说，在请度女人时，如释尊早就预记，无论说在什么时候，都与情理不合。也就由于这样，律师们将预记放在哪一阶段都不合，然而非放进去不可。于是或前或后，自相矛盾！

　　阿难求度女众出家，受到大迦叶的责难，原因是不单纯的，这里再说一项，那就是与大迦叶自己有关。大迦叶出身于豪富的名族，生性为一女性的厌恶者。虽曾经勉强结婚，而过着有名无实的夫妇关系，后来就出家了。这是南传《小部·长老偈》、北传有部《苾刍尼毗奈耶》等所一致传说的。也许是他的个性如此，所以在佛教中，与尼众的关系十分不良好。他被尼众们说是"外道"（《相应部》一六·一三；《杂含》三二·九〇六；《十诵律》四〇）；说是"小小比丘"（不是大龙象）（《十诵律》一二）；说他的说法，"如贩针儿于针师前卖"（这等于说：圣人门前卖字）（《相应部》一六·一〇；《杂含》四一·一一四三）；尼众故意为难，使他受到说不尽的困扰（《十诵律》、《根有律》等）。大迦叶无可奈何，只能说："我不责汝等，我责阿难。"大迦叶与尼众的关系一向不良好，在这结集法会中，因阿难传述小小戒可舍，而不免将多年来的不平，一齐向阿难责怪一番。

　　阿难不认有罪，好在他为了僧伽的和合，不愿引起纷扰，而向大众忏悔。如换了别人，作出反击：女众出家，是我阿难所请求的,也是释尊所允可的。这是二十年前(?)事了! 如以为我阿难有罪,为什么释尊在世,不向僧伽举发? 现在如来入灭,还不到几个月,就清算陈年老帐! 如真的这样反问,也许金色头陀不能不作会心的微笑了!

四

有关女众的其他两项过失,也是有关侍奉不周的问题。一、据《铜鍱律》说:佛涅槃后,阿难让女人先礼世尊舍利(遗体);女人涕泪哭泣,以致污染了佛足。法显译的《大般涅槃经》(下),也这样说。这一过失,包含两项事实;其他的部分经律,有的只各说一端。如《五分律》,但说"听女人先礼";《四分律》与《长含·游行经》、《般泥洹经》(下),只说"不遮女人令污佛足"。拘尸那末罗族人,男男女女,都来向佛致最后的敬礼。阿难要男人退后,让女人先礼。据阿难自己辩解说:"恐其日暮不得入城"(《五分律》);"女人羸弱,必不得前"(《大般涅槃经》下),所以招呼大众,让女人先礼。如在现代,男人见女人让坐;如有危险,先撤退妇孺。那么阿难的想法,也就合乎情理了! 人那么多,女人怎么挤得上去? 为了礼佛致敬,如天晚不得回城,家里儿啼女哭,怎么办? 如深夜在途中发生什么意外,又怎么好? 让男人等一下,以当时的情形来说,阿难的措施,应该是非常明智的。但大迦叶代表了传统的男性中心,就觉得极不合适,所以提出来责难一番。说到女人礼佛时(一向有礼足的仪式),啼啼哭哭,以致污染佛足。据《长含·游行经》等说,大迦叶来礼佛足时,见到了足有污色,就心里不高兴。这虽然由于"女人心软","泪堕其上",到底可说阿难身为侍者,照顾不周。如来的涅槃大典,一切由阿难来张罗,一时照顾不周,可能是有的。这是不圆满的,但应该是可以原谅的。

二、阿难在佛涅槃以后,以佛的阴藏相给女人看,如《十诵律》(《大智度论》所据)、《僧祇律》、《根有律杂事》、《迦叶结经》所说。这与上一则,实在是同一事实的两项传说。以律典来说,恒河上流,摩偷罗中心的一切有系,以《十诵律》为本。说阿难以阴藏相示女人,就没有说女人泪污佛足。恒河下流,华氏城中心的上座系,以《铜鍱律》及《五分律》为本。说到女人先礼,致污佛足,就没有说以阴藏相示女人。这可见本为部派不同的不同传说,并非二事。但晚期经律,互相取舍,有部新律(迦湿弥罗的)的《杂事》,双取两说,这才成为二过。依情理说,女人先礼,泪污佛足,是极可能的。而阴藏相示女人,就有点不成话。《杂事》把这两项说作:阿难以佛的金色相示女人(不是没有遮止女人),以阴藏相示女人。看作阿难自己要这样做,就有点难信。这种各派不一致的传说,应加抉择!经律的传说不一致,但里面应有一项事实,这应该是女人先礼佛而污佛足吧!女人先礼,在大迦叶领导的学众来说,是大为不满的。

五

还有三项过失,是责怪阿难的"侍奉无状"。三月前,佛从毗舍离动身,到拘尸那入灭,一直由阿难侍从。佛在拘尸那涅槃了！怎么会涅槃呢？虽说终归要涅槃的，但面临如来涅槃，圣者们不免惆怅，多少会嫌怪阿难的侍奉不周。所以下面三项过失，阿难是否有过，虽是另一问题；而大迦叶提出来说说，也还是人情之常。

第一、没有请佛住世。经律一致传说：佛在毗舍离时，与阿难到附近的遮波罗支提（取弓制底）静坐。佛告阿难说：这世间，毗舍离一带地方太安乐了！不论什么人，如善巧修习四神足成就，要住寿一劫或过一劫，都是可能的，如来也是善修四神足成就。这几句话，暗示了世间并非厌离者所想像的一刻都住不下去，如来是可以久住世间的。如那时阿难请佛住世，佛会答应阿难而久住的。但佛这样地说了三次，阿难毫无反应，一声也不响。不久，恶魔来了。恶魔曾不止一次地请入涅槃，佛以要等四众弟子修证成就，佛法广大发扬为理由而拒绝他。现在恶魔旧话重提，释尊就答应他。于是"舍寿行"，定三月后涅槃。阿难知道了急着请佛住世，但是迟了。如来说一句算一句，答应了是不能改变的；方才为什么不请佛住世呢？佛说：那是"恶魔蔽心"，使阿难不能领悟佛说的意思，所以不知请佛住世——传说的经过是这样。

这一传说所含蓄的，启示的意义，非常深远。一、圣者们（一般人更不必说）的理智与情感，是多少矛盾的。从现象来说，谁也知道诸行无常，有生必灭，但面对如来入涅槃，也不免有情感上的懊怅，总觉得不会就这样涅槃了的。从实际来说，入涅槃是超越生灭而安住于寂灭，根本用不着悲哀，但面对现实，还是一样的感伤。这在大乘《大涅槃经》，表现得最明白。纯陀明知如来是金刚身，常住不变，又一而再、再而三地哀求如来不入涅槃。所以佛入涅槃，佛弟子心中所引起的，情感与理智交织成的，应该是："佛就这样涅槃了吗？佛不应该这样就涅槃了的。"佛的涅槃，深深地存于弟子们的心中。二、四神足是能发神通的定。修四神足而可以长寿，应该是佛教界的共信。所以有"阿罗汉入边际定延寿"，"入灭尽定能久住世间"的教说；而定力深彻的，确也有延长寿命的事实。那么，释尊四神足善修，定力极深，怎么不住世而就涅槃了呢？三、传说中的"舍寿行"，表示了佛寿本来长久，是可以住世而不那么早入涅槃的。这是佛弟子心中，存有佛寿久远的信念。四、恶魔一直是障碍佛的修行，障碍佛的成道，障碍佛的说法——不愿世间有佛有法的恶者。佛有久远的寿命，深湛的定力，是可以久住，应该久住世间，而竟然不久住了，这可说满足了恶魔的夙愿。佛怎么会满足恶魔的希愿呢？阿难日夕侍佛，在做什么呢？阿难不请佛住世，如来早入涅槃——这一佛弟子间共同的心声，因佛涅槃而立刻传扬开来，成为事实。正如耶稣一死，门徒们心中立刻现起复活的愿望，就成为事实一样。

本来，这只表示佛弟子心中"佛不应该这样就涅槃了的"的心声；但一经公认，阿难的问题可大了！不请佛住世，要负起如来早灭、佛不久住的责任！阿难当时以恶魔蔽心为理由，不认自己有过失。这等于说，当时只是没有领会到这话的意义，有什么过失呢！《般泥洹经》（下）说得好："阿难下（座）言，佛说弥勒当下作佛，始入法者，应从彼成。设自留者，如弥勒何？"这是该经独有的反驳，肯定了释迦佛入涅槃的合理性。也许在传说中，有的觉得大迦叶的指责太过分了吧！

第二、如来索水而不与：《五分律》（除《杂事》）等一致说：大迦叶责备阿难，为什么如来三次索水而不奉水？在连串的责难中，这是最近情的。据南传《长部·大般涅槃经》、汉译《长含·游行经》说：释尊受纯陀供养以后（约为涅槃前一日），在向拘尸那的途中，病腹下血。天又热，口又渴，在近脚俱多河附近，身体疲极而小卧休息，释尊嘱阿难取一点水来喝喝，也好洗洗身（冲凉是最好的清凉剂）。阿难因为上流有五百车渡河，水流异常混浊，所以要释尊等一下，走向前面才有清水可喝。病渴求水而不可得，这对病人来说，是太不体贴了！当然可以看作侍者不敬佛，不尽责的。但阿难以为水太浊，怎么好喝呢！佛不久就涅槃了，所以在一般人来说，不管水清水浊，要水而不奉水，阿难总是不对的。据律典所说，阿难没有奉水，连浊水也不取一点来，是错误的！因为没有清水，取点浊水来也是好的，如说："若佛威神，或复诸天，能令水清。"（《四分律》五四；《智论》二意同）不奉水一事，在传说中变化了！《根有律杂事》及《佛般泥洹经》、《般泥洹经》，就说阿难当时奉上浊水，释尊只洗洗身而已。可是奉上浊水，当然还是错误的，大迦叶责备说："何不仰钵向虚空，诸天自注八功德水，置汝钵中。"（《杂事》三九）这一事实，应该是不奉水，或者取点浊水洗洗而已。但另一想法，佛的威力，天神的护持，哪有要清水而不可得的道理？所以《长部》的《大涅槃经》，说佛三索以后，阿难不得已去取水，见到河水非常澄清，于是赞叹世尊的威力！《长含·游行经》说：阿难不奉水，雪山的鬼神就以钵奉上清水。这样，阿难虽一再不奉水，而释尊是喝到清水了！这应该更能满足信仰者的心愿！

第三、足踏佛衣：这是各家一致的传说，但问题单纯，只是责阿难不够恭敬而已。阿难对佛的僧伽梨（或说雨浴衣），在折叠的时候（或说缝衣时，洗濯时），用脚踏在衣上。这未免不恭敬。阿难说：当时没有人相助，恰逢风吹衣起，所以踏在脚上。这一事实，在经律中还没有找到出处。不过这些小事，可能是佛入涅槃前不久的事。以叠衣来说，阿难每天都在为佛服务呢！

六

在传记中，还有几项过失，但只是一家的传说，是不足采信的。一、佛要阿难任侍者，阿难起初不答应，《四分律》（五四）说："世尊三反请汝作供养人而言不作，得突吉罗罪。"此事见于《中阿含·侍者经》，《根有律破僧事》等。侍者是不容易的任务，阿难当然要郑重考虑。末了，阿难以三项条件而答允了，受到释尊的赞叹（考虑得周到），这怎能说是犯呢？ 二、《根有律杂事》（三九）说："世尊在日，为说譬喻，汝对佛前别说其事，此是第三过。"这到底指什么事，还不明了。与《杂事》相符的《迦叶结经》说："世尊诃汝，而汝恨言他犯他坐，是为三过。"该就是这件事了。邬陀夷与舍利弗共诤灭受想定，而阿难受到仅此一次的诃责。当时阿难对白净说："是他所作而我得责。"（《中含》五·二二）南传《增支部》（五·一六六）有此受责一事，而没有心怀嫌恨的话。依汉译《中含》，也只是自己为他受过，不好意思问佛而已。三、《迦叶结经》又说："是众会中无淫怒痴，而汝独有三垢之瑕……是为九过。"《迦叶结经》所依据的《杂事》，在说了阿难八过失以后，接着说阿难烦恼没有尽，不能参与结集法会，要阿难离去。《迦叶结经》的编者，显然的出于误解，也就算为一过。其实，如没有断尽烦恼也犯突吉罗罪，那么证罗汉的弟子都犯了！从传记来看，北方的律师，对阿难来说，已不免尽量搜集资料，而有罗织的嫌疑了！这是与当时情形不合的。

七

大迦叶领导僧伽，对阿难举发一连串的过失；当时的真实意义，经上面逐项论究，已充分明了。不外乎戒律问题、女众问题、侍奉不周问题。关于戒律，阿难传达释尊的遗命，"小小戒可舍"，代表了律重根本的立场。于小随小戒，认为应该通变适应；如僧伽和合一心，可以筹量放舍。而大迦叶代表了"轻重等持"的立场，对小小戒可舍，看作破坏戒法，深恶痛绝。所以结论为：佛制的不得舍，未制的不得制，而成为律惟佛制，永恒不变。这是重法学系、重律学系的对立。重法学系是义解的法师，实践的禅师（"阿难弟子多行禅"）。重律学系是重制度的律师，谨严些的是头陀行者。这两大思想的激荡，在五百结集、七百结集中，都充分表达出来。

关于女众，阿难请度女众出家，释尊准女众出家，代表了修道解脱的男女平等观。大迦叶所代表的，是传统的男性中心，以女众为小人、为祸害的立场。这所以漠视问题全部，而将正法不久住的责任，片面地归咎于女众。阿难让女众先礼舍利，也被认为有污如来遗体，应该责难了。——上来两项问题，阿难始终站在释尊的立场。

关于侍奉不周，主要是释尊入涅槃，激发了佛弟子的思慕懊怅，而不免归咎于侍者。父母不管多老了，如一旦去世，孝顺儿孙总会觉得心有未安的。为了父母去世，弟兄姊妹们每每对于延医、侍病，引起不愉快。所以释尊入灭，想到阿难不奉水，一定是没有尽责，释尊才不久住世。这一类问题，确乎是人情之常。可是在那时，加重了对阿难的指责。从前请度女众出家，所以"正法不久住"。现在不请佛住世，所以"如来不久住"。如来的早灭，正法的早衰，都被看作阿难的过失。问题本来平常，但一经理论化，问题就极端严重了！好在阿难有侍佛二十五年，从无过失的光荣历史；而结集法藏，事实上又非阿难不可。这才浮云终于不能遮掩日月，而阿难还是永久的伟大、无限的光辉！

密护根门,饮食知量,觉寤瑜伽(《阿含经》通例,还有正念正知一段),是达成清净持戒的必要修法,也是引发定慧的应有方便。什么叫密护根门? 这或译作"根律仪",律仪的本义是护。这是要学众在六根门头,见色闻声……时,随时照顾。不为外境所惑,取著贪染而起烦恼,引发犯戒的恶行。本经先说制五根,次说制意根。"制而不随"四字,正是密护根门的用功诀要。饮食知量,常勤修习觉寤瑜伽,是指示学众,在饮食睡眠这些日常生活上,高举解脱的理想,不致于为了贪吃(贪滋味、营养、肥美等)、贪睡,懈怠放逸,而障碍了精进的修学。修习这样的密护根门,饮食知量,勤修觉寤瑜伽,自然如法如律,身心清净;不但戒学清净,修道证悟的法器也陶冶成就了。

忍谦质直,是揭示比丘众所应有的内心特德。慈忍而不暴戾嗔忿;谦卑而不憍慢自高;质直而不谄曲虚伪。这特别是比丘众:安住于僧团(第一嗔不得),依存于信施(憍慢个什么),勤求于深法(谄曲就不能入道),所应有的德性。如上所说的内心外行,精进修习,就是达成安住净戒的修法。这些,如《阿含经》、《瑜伽·声闻地》等详说。

定慧修证的内容,是少欲、知足、远离、精进、正念、定、智慧、不戏论,这就是八大人念。众生的根性不一,虽或有初闻佛法,立能彻悟法性,但依一般的修习常轨,总是先在僧团中,学习律仪,听闻经论。养成"直其见,净其业"的道器,然后于阿兰若处专修定慧。前七念,是阿㝹楼陀本着自己的修习经验,觉得"大人"(解脱的圣者)应有这必要的修道项目。佛又为他说第八的不戏论。不戏论,不是少说闲话,而是证入离戏论的寂灭法性。

众生所有的,虚诳妄取的乱相乱识,名为戏论。这一切寂灭,就是证入无分别无戏论性。这是《阿含经》以来,一切佛法的不二法门。在这《遗教经》中将过去说过了的八大人念,作为定慧修证的项目。与前说的戒律行仪,合为佛弟子所依止修学的轨范。这是纯正的声闻乘的解脱道。

关于情感上的困扰问题,是由于一旦失却师导,免不了惆怅悲伤,都好像少了什么似的。所以佛的开解与安慰,基于一项原则,即佛的涅槃,是一切圆满,一点遗憾也没有。这一章(蕅益解,判为流通分)可分为四节:一、法义究竟;二、信解究竟;三、化度究竟;四、解脱究竟。

法义究竟:如说:"世尊所说利益,皆已究竟。"利益众生的法门,过去佛已说得究竟圆满了。佛为弟子的师导,是以这些法义来教化。如不受法,不勤修,那与佛共住同行,也毫不相干。反之,即使佛入涅槃,如依这些法而精进修行,还不等于见佛闻法。所以不要为了佛灭,错想为无所依止而彷徨。只要"念所受法,勿令忘失。常当自勉,精进修之"!

信解究竟:难道当前的比丘众,对甚深的四谛法义还有些疑惑吗? 有疑,应及速问佛。因此而显出了"是诸比丘,于四谛中决定无疑"。既已信解无疑,那对佛的入灭,为什么还要惆怅伤感呢?

化度究竟:阿㝹楼陀代达佛弟子的心情:大家对四谛法是无疑的,但证前三果的"所作未办"者,还不能没有悲感。"所作已办"的阿罗汉,从众生着想,也不能没有"世尊灭度一何疾哉"的感伤——为什么不久住世间,广度众生呢? 对于这,佛作了"自利利他,法皆具足;若我久住,更无所益"的开示。意思说:佛自身,自利利他的功德,一切究竟圆满了。对众生来说,应该受度的,已得度了;现生还不能得度的,也已"作得度因缘",使之种善根,或渐渐成熟了。所以无论是现在将来,已没有任何遗憾。要知佛的出世化导,有关于众生的因缘。如所作的都作了,就应该涅槃。否则,一切佛"久住世间",有什么利益呢!

解脱究竟:佛弟子觉得佛要无常了,要别离了,所以心怀忧恼。佛就这点来说:佛现有父母所生身,与大家一样的危脆,是生老病死——众苦的渊薮,所以要修行,要解脱。现在佛入涅槃,是究竟解脱。色身的无常,是必然的;对涅槃来说,那是"如除恶病","如杀怨贼"。大家应为佛的涅槃而欢喜;应该引为自己的榜样,"当勤精进,早求解脱",怎么还如愚人一般,忧愁苦恼呢?上来是从弟子的不同心境,作不同的开解、安慰、策勉,使他们不为忧伤的情感所困惑。

末后,"汝等比丘,常当一心……是我最后之所教诲"一段,是结说。本经初开示依法好自勤修,次开解佛灭不用忧伤,而结归于策勉大众"一心勤求出(离的解脱)道",显示了佛对弟子的无尽悲心。

二

声闻乘的《大般涅槃经》,以如来入灭为主题,叙述佛的沿路游化,最后到拘尸那,度须跋陀罗,作了最后的教诫。该经的不同传诵,现存有六部:一、巴利文《长部》(一六)《大般涅槃经》第六诵品（一——七），以下简称《长部》。二、姚秦佛陀耶舍等译，《长阿含经》第二《游行经》（下），简称《游行经》。三、西晋白法祖译的《佛般泥洹经》（下），简称"法祖译本"。四、晋失译的《般泥洹经》（下），简称《泥洹经》。五、东晋法显所译的《大般涅槃经》（下），简称"法显译本"。六、唐义净所译的，《根本说一切有部毗奈耶杂事》（三八），简称《杂事》。这六部类似的经律，在教化须跋陀罗以后，入涅槃以前，都有对弟子的最后教诫，这就是现在所要论究的内容。这一部分，为《阿含经》与广律所记录，所以是声闻各派所共传的。它的结集流通，要比《遗教经》早些。《涅槃经》的最后教诫，有关开示依止、安慰学众部分，虽广略不同，而意趣与《遗教经》相近。有关论决僧事部分，是《涅槃经》所特有的。这都是佛灭前后，存在于僧团中的问题，编集者以如来的最后教诲而表达出来。

这些最后的教诫，由于传诵的学派不同，所以次第有先后，论题有增减，意义有出入；这不是传诵的错误，而是代表了所属学派的不同。现在先总列对照于下。

游行经	长部	法显译本	泥洹经	法祖译本	杂事
1 安慰阿难	x	x	x	x	x
2 敬念四处	x	x	3		5
3 出家			1	1	2
4 治罚恶口	4	4	x	x	x
5 教诲女人	x	x			
6 依止经戒	1	1	2	2	3
7 舍小小戒	3	3			

游 行 经	长　部	法显译本	泥洹经	法祖译本	杂　　事
8 敬顺和乐	2	2		3	4
9 审决无疑	5	5	4	4	6
10 念无常	6	7	5	5	7
		6 乞僧自恣			1 善知识

　　表中的 x,表示该经有这一论题,但早在教化须跋陀罗前说了。从表列看来,《长部》与"法显译本"相近。这又与《游行经》相近,仅是次第的先后不同;这都是分别说系的诵本。《泥洹经》与"法祖译本"非常接近,应是同本异译。与有部律的《杂事》,是较为接近的。

<h2 style="text-align:center">三</h2>

　　今依《游行经》的次第,逐项来论说。

　　一、安慰阿难:佛度了须跋陀罗,阿难感到佛要入灭,而自己还"所业未成",情爱未尽,不觉得悲从中来。佛特地安慰他,赞誉他侍佛的功德极大;有四种未曾有法,胜于过去诸佛的侍者。勉以"汝但精进,成道不久"! 这一安慰、赞叹,是其他五本所共有的,但都记录在到了拘尸那,教化须跋陀罗以前。这一记录,见于汉译《中阿含》的《侍者经》(《中含》八·三三)。而四种未曾有法,也见于巴利文的《增支部》(四·一二九)。

　　二、敬念四处:阿难想到佛灭以后,大家要见佛而不可能了。当然,阿难自己也在其内。思慕佛而无法再见,这是怎样的忧感？这正是情感上的极大困扰。佛告诉阿难："不必忧也！"有四处：佛的诞生处，成道处，初转法轮处，入涅槃处。只要忆念佛在这四处所有的功德，到这四处去游行礼敬，也就等于见佛了。初期佛教，提倡四大圣迹（后来又扩展为八大圣地）的朝礼，满足了景仰思慕世尊的诚心。《遗教经》说："此（波罗提木叉）则是汝大师，若我住世，无异此也。""我诸弟子展转行之，则是法身常在而不灭也。"这是佛为比丘们所作深刻的、理智的开示，但对一般人来说，非从事相的、情感的着想不可。四大圣迹的朝拜，后来舍利的供养、佛像的塑造，都是为了安慰信众，启导信众的敬信。这一问题，《长部》与"法显译本"，记录于佛度须跋陀罗以前；《杂事》、《泥洹经》，与《游行经》相同；但"法祖译本"缺。

三、出家：这一问题，依《长部》及"法显译本"，不能说是问题。须跋陀罗外道来出家，所以说到佛教的制度；外道来求出家，要经四月的考验合格，然后受比丘戒。《阿含》与广律，都说到这一制度，所以应为佛陀早就制定了的。但其他四本，却别有所指，而意见也不同：

1.《长含·游行经》说："我般涅槃后，诸释种来求为道者，当听出家授具足戒，勿使留难！诸异学梵志来求为道，亦听出家授具足戒，勿试四月！"对于这，《杂事》别有解说："（释种）此是我亲，有机缘故。其事火人，说有业用，有策励果故。"《杂事》解说为：外道不必四月试，那不是一切，而是：（一）事火婆罗门外道出家（如三迦叶等），他们信业果，也承认现生的功力；（二）是释种的出家外道，他们是佛的亲属。这二类外道出家，可以不经四月的考验。《杂事》的解说,理由并不充分。以亲属关系而予释种外道以特别方便,是违反佛教精神的。如依《游行经》说,释种并非指外道而说,但这是更难理解了。在佛法中,除了外道出家,不论是释种、非释种,一律平等。只要不犯遮难,有师长,有衣钵,谁也有出家受具足戒的资格;为什么要特别说到释种呢?《游行经》说:如释种来求出家,"勿使留难",这反证了当时的教界,对释种出家,存有故意留难的情况,这到底为了什么?原来在释尊晚年,释种比丘展开了释种中心的运动,企图获得僧团的领导权。在这一机运中,提婆达多被拥戴而起来"索众"。提婆达多是释种;他的四位伴党,也是释种;支持他的六群比丘、十二群比丘尼,也都是释种及与释种有特别关系的(参阅《论提婆达多之破僧》四)。提婆达多的"索众",变质而发展为破僧,结果是失败了。释种比丘中心的僧团运动,也归于失败。释种比丘受到十方比丘僧的抑制与歧视,如阿难,有侍佛二十五年的光荣史,结集法藏的大功德,在五百结集大会,还不免受到大迦叶等的苛责,何况别人?律部所说的制戒因缘,百分之九十以上由于释种比丘。而六群比丘,更被描写为为非作恶的典型人物。释种比丘,普遍地受到了过分的抑制与歧视。理解这佛教界的实际情形,对释种而要求出家的,给以故意留难的情形,就会充分地体会出来。佛灭百年,释种比丘为中心的意向完全消失,但对释种而请求出家的,还存有习惯性的故意留难。这种不合理的情形,当然需要纠正。反应在学派的经律中,就是"释种来求出家,勿使留难"的正义之音。

2.《泥洹经》与"法祖译本",对出家有不同的意见。因为出家者的动机不一(分四类),所以先要试三月,如觉得"志高行洁",才为他授(沙弥)十戒。如奉戒三年,清净不犯,再为他授(比丘)二百五十戒。这是规定为:出家三月,受沙弥戒;作沙弥三年,再受比丘戒。这样的规定,在经中、印度学派的律中,是没有的。可以说,这是面对出家者——贫穷、负债、逃役的太多,会影响僧团的清净,而提出非常严格的办法。该经与有部律,部分相同,如解说为北印度及西域佛教界鉴于僧品秽杂而作出这样的特殊制度,也许不会离事实太远。不过,依印度经律的本意来说,这种制度是过于严格了一点。

四、制罚恶口:恶口比丘车匿(或译阐陀),是释迦太子的侍从。出家后,多住拘睒弥,受到优填王的护持。他是释种比丘中心运动的健者,宣称:"佛是我家佛,法是我家法,是故我应教诸长老,长老不应反教我。"(《善见律》三)坚决主张,释种比丘在僧团中应有优越的地位。这位不容易讲话的,十方僧众所感到最难应付的,被称为"恶性"、"恶口"。怎样对付他?应该"梵坛罚",是"诸比丘不得与语,亦勿往返、教授、从事"(《游行经》)。这是最严厉的惩罚,等于与他断绝关系,使他寂寞地漂流于僧伽边缘;这就是默摈(并非勒令还俗)。依经律研究起来,这是值得注意的;这真的是释尊涅槃前的遗嘱吗?

阐陀(车匿)比丘的事迹,经里有不同的传记。A. 佛在世时,阐陀在王舍城入灭。他"有供养家,极为亲厚",所以舍利弗怀疑他没有究竟,但佛肯定地说,阐陀已证阿罗汉。这一记录,见于巴利文的《相应部》(三五·八七)、《中部》(一四四),及汉译的《杂阿含经》(四七·一一六六)。B. 如来涅槃后,阐陀在波罗奈住。向上座们请益，都不合机宜。后来，到拘睒弥，阿难为他说《教迦旃延经》，因而悟入。这也是《相应部》（二二·九〇）、《杂阿含经》（一〇·二六二）所共说的。A说阐陀死于佛世，B说佛涅槃后才证果，这显然是不相合的。

依《涅槃经》说：佛入涅槃时，阐陀还在人间，佛为他制立了梵坛罚法。《铜鍱律·小品》（一一）《五百犍度》也说：结集后，阿难奉了僧命，率众去拘睒弥处罚阐陀。阐陀起了惭愧心，精进修行，证了阿罗汉果，这才解除梵坛罚的处分。《五分律》（三〇）《五百集法》所说，也大致相同，并明说受阿难的教诲，"得法眼净"（初果）。这都是与B说相合的。但检读广律，发见了矛盾的叙述。阐陀的"恶性违谏"，早就制立了学处（僧伽婆尸沙）。阐陀比丘不见（不承认）罪，僧伽为他作不见举（发过失），不共住（摈），如《十诵律》（三一）、《四分律》（四五）、《僧祇律》（二四）、《五分律》（一一）、《铜鍱律·小品·羯磨犍度》，都明白说到。《十诵律》说：阐陀被举，还是不服罪，说："我何豫汝等事？我不数汝等！"他藐视僧伽，不接受处分，到处去游行。可是，"诸国土比丘闻车匿被摈，不共作羯磨，……布萨，自恣；不入十四人数；不得共事，如旃陀罗。"僧伽到处默摈他，阐陀这才心服了，回到拘睒弥，愿意接受处分。这就是梵坛罚，是佛早就制立了的。阐陀应早已心服；如恶性难改，老是那样，僧伽尽可依据佛制而予以制裁。到底有什么必要的理由，要再度提出，成为如来最后的遗教呢？

如《涅槃经》等（B说）可信，那广律所说，佛世制罚阐陀的记录，就有问题。如信任广律，佛世已制罚阐陀，那就佛涅槃时，不应再提出来请示。这就使我联想到经中对阐陀的不同传说了。从当时教界的实情去理解，事实应该是这样的：释种比丘中心运动失败了，"佛是我家佛，法是我家法"的主张者——阐陀，也就接受处罚。阐陀的作风，虽为十方比丘所不满，批评他"有供养家，极为亲厚"，但佛却肯定地说他已证阿罗汉果；而且阐陀早已在王舍城去世了。这是广律及《杂含》（还有《中部》）A说的实情。然而释种比丘的力量还在，释种中心的意向也并未消失，僧伽需要一再提起阐陀比丘，作为宣传与说服"恶性"的典型实例。这所以传说为佛临入涅槃，曾指示坚决的处罚。既传说为佛的遗命，因而阐陀的忏悔、受教而悟入的事，也联想为佛灭以后，成为B说。不同的传说，同样地被编入了经与律。事实上，阐陀早已在王舍城去世了。如来遗命的制罚恶口比丘，只是如来灭后，僧伽以阐陀为实例，用作说服抑制释种的方法而已。

五、教诲女人：经上说：如女众——优婆夷来求教诲，比丘们最好不要见她。见了，最好不要与女众说话。如不得已而说法，那就得检点自己，摄护三业。这表示了比丘对于女众，应看作危险物。在波罗提木叉的波逸提中，就有为女人说法，不得过五六语的限制。五六语，《铜鍱律》与《僧祇律》，解说为说法不得过五六句。也许实际上行不通，所以《五分律》、《四分律》、《十诵律》，别解为不得说五蕴、六处以外的话。初期佛教，如王舍结集法会，对于请求容许女众出家，也被认为罪过，可想见佛灭以后，僧伽的领导者是怎样的看待女性了！这一问题，《泥洹经》、"法祖译本"、《杂事》是没有说到的；《长部》及"法显译本"虽有而叙述在前。惟有《游行经》作为如来最后的教诲,这代表了过度重视这一问题的学派。

六、依止经戒:如来入灭了,学众有无所依止、无师可禀承的怅惘,所以佛说经戒为所依止;这与遗教的意趣,大致是一样的。不过佛说极为简要,没有《遗教经》那样的具体。《游行经》说:"阿难!汝谓佛灭度后,无复覆护失所恃耶?勿造斯观!我成佛来所说经戒,即是汝护,是汝所恃。"经中明白举出了经与戒,为比丘的覆护依恃。"法显译本"作:"制戒波罗提木叉,及余所说种种妙法,此即便是汝等大师。"《长部》作:"我所说之法律,为汝等师。"经戒,即法与律,同样是比丘所依止,比丘们的大师。《泥洹经》先说法——十二部经,次说:"常用半月望晦讲戒,六斋之日高座诵经;归心于经,令如佛在。""法祖译本"的"当怙经戒","玩经奉戒",都是举法与律(经与戒)为比丘所依止的。但传诵于北方的有部新律(《杂事》),先说到法(十二分教),次说:"我令汝等,每于半月说波罗提木叉,当知此则是汝大师,是汝依处。"虽说到法与戒律,而对比丘的依处、大师,局限于波罗提木叉,与其余五本不合。本来,法是一切佛法的总称,所以不妨说法为依止,如说:"自依止,法依止,不异依止"(《相应部》四七·九);是佛涅槃那年,佛为阿难说的(《游行经》等)。但佛法分为二,即法与律(法与戒),所以法与律都是比丘们所依止,为比丘所师。如但说戒为依止,戒为大师,所说即不圆满(戒不能代表一切)。流行于西北印度的有部律师,强调戒律的重要,这才但说以戒为师。《遗教经》的"波罗提木叉是汝大师",也正是这一系传诵的教典。在中国,《遗教经》流行得很普遍，所以常听到"以戒为师"。而圆正的、根本的遗教："法律是汝大师"；或"以法为师"，反而非常生疏了！

七、舍小小戒：阿难禀承佛命，向五百结集大会提出这一问题，受到了大迦叶的严厉责难。这是史实，虽被大迦叶否定了，但到底是佛的遗命。如《阿难过在何处》中说。检考各本，《泥洹经》、"法祖译本"、《杂事》，都略去这一论题。也许觉得这一遗命早经否决，如保存记录下来，显见僧伽有违反释尊遗命的过失。而主张小小戒可舍的，也许会据此而振振有词。倒不如把它删去，免得留着多事吧！

八、敬顺和乐：《游行经》说："自今日始……上下相和，当顺礼度，斯则出家敬顺之法。"这一遗命的意义何在？《杂事》这样说："从今日，下小苾刍于长宿（耆年）处，不应唤其氏族姓字，应唤大德（或译尊者），或云具寿（或译长老）；老大苾刍应唤小者为具寿。"《长部》与《杂事》大同，也说不能互称为"友"，应称大德或长老。"法显译本"的："各依次第，大小相教，不得呼姓，或唤名字。"这是佛世与佛后的一大区别。佛在世时，佛弟子们，除了不得称佛为"友"及"瞿昙"外，彼此是称"友"（称女众为姊妹）的；互相称姓（如迦叶）道名（如阿难）的。比丘们依受戒的先后（大小）为次第，不依学德（智慧、修证）、职务（知僧事，如丛林执事）、年龄（世俗年龄）、种姓为次第。所以虽有先后次第，而没有尊卑的意义，大家是同参道友（事实上，智慧与修证，可能后出家的胜于上座们）。但在佛后，僧伽间的上下距离逐渐形成，"上座"有了优越的地位，连称呼也得尊称为大德（尊者）了。这一情形的发展——上座们地位的提高，上座中心的佛教，也就这样的逐渐完成。

九、审决无疑:这与《遗教经》相同。佛一再问弟子们:"有疑者当速谘决";但弟子于四谛都已信解无疑。这不但表示了信解究竟,也表示了释尊的教化已经圆成。经说阿难向佛表示,大众净信无疑,与《遗教经》的阿㝹楼陀说不同。《遗教经》所含摄的八大人念,与阿㝹楼陀有关。阿㝹楼陀(与金毗罗等)有少欲、知足、远离、精进修行的事迹。《遗教经》取阿㝹楼陀而非阿难;取波罗提木叉为大师而非法与律;取八大人念;这可解说为,这是阿㝹楼陀学系传诵的佛陀最后之遗教。

十、念无常:《长部》说得极简要,只是对比丘们说:"诸行是坏法(无常),精进莫放逸! 此是如来最后之说。"这是诸本所同的。《游行经》、《杂事》、《泥洹经》、"法祖译本",佛更向比丘们显示佛身(示手臂),意思说:如来身也不免无常,大家应该精进。佛将涅槃了,显得佛是优昙钵花那样,难逢难见(《泥洹经》更说到当来弥勒佛)。这与《遗教经》中,解脱究竟及结说一段相合,但《涅槃经》系,特着重于开示无常,策勉比丘的修行。

十一、善知识:阿难说善知识是半梵行,佛说是全梵行,这是《杂事》特有的记录。查考起来,《杂阿含经》(二七・二七六等)、《相应部》(三・一八)都有此说,但这是佛在王舍城山谷精舍为阿难说的,并非娑罗双树间。

十二、乞僧自恣:这是"法显译本"所特有的。佛说:"汝等若见我身口意脱相犯触,汝当语我!"这是说,如三业中哪些不清净,哪些对大家不住,请告诉我,以便忏谢。释尊大慈悲,虽然三业清净,而为弟子们作出良好的榜样;出家应请求别人慈悲举发他,以免无意中有所违犯。但是释尊的僧中乞求自恣,实在是在舍卫城,向舍利弗作如此说(《相应部》八·七;《杂含》四五·一二一二)。

四

将上面十二事总结来说,末二项——善知识与乞僧自恣,是传诵者将别处的经文安放在这里的。其他十项,即使不是最后的遗教,也是佛入涅槃前不久的教说。其中,安慰阿难、敬念四处、依止经戒、审决无疑、念无常——五项,意义与《遗教经》相通。尤其是依止经戒、审决无疑、念无常——三项,为二大遗教的共通内容,也正是佛为比丘们所作的最后教诫。出家、治罚恶口、教诲女人、舍小小戒、敬顺和乐——五项,为《涅槃经》系所特有的,都是佛灭前后有关僧团的问题。将这些问题分析研究,更了解当时佛教界的实情。(十方比丘中心而)抑制释种的;(比丘中心而)严男女之别的;重律的;尊上座的;上座系的佛教,在这一情势下发展而完成。

与《大般涅槃经》相近者,更有《增一阿含经》(四二·三),惟仅"安慰阿难"、"教诲女人"、"治罚车那"、"上下敬顺"四事。印顺附记。

六 修定——修心与
唯心·秘密乘

自 序

《如来藏之研究》中说:"缘起与空,唯识熏变,在《阿含经》与部派佛教中,发见其渊源;而如来藏(即佛性)说,却是佛教的大乘不共法,是别教。"这是说:中观者的缘起性空,瑜伽行者的唯识熏变,是渊源于《阿含》及部派佛教的;而如来藏,我,是后起的。如依大乘经说,如来藏与自性清净心同一意义,那自性清净心就是《阿含经》说的心性本净,也有古说的依据了。

问题已经说过,还有什么可说呢? 由于忽然从一个字中,如暗夜的明灯一般,发见、贯通了印度佛教史上的一个大问题。一个字是心;大问题是佛教界,从般若的观甚深义而悟入,转而倾向于"成就三摩地,众圣由是生";"十方一切佛,皆从此定生"——重于三摩地的修持。三摩地的意义是"等持",是一切定的通称。"修心"就是修定,也是唯心所造,唯识思想的来源。西元三世纪起,修心——修定,成为修行成佛的大问题,越来越重要了! 因此,我又扼要地把它叙述出来。

一　"心"的一般意义

《杂阿含经》说："彼心意识，日夜时刻，须臾转变，异生异灭。"（《大正》二·八一下——八二上、《南传》一三·一三七——一四〇）为了说明内心的生灭无常，提到了"心意识"。心、意、识，这三个名词，有什么不同的意义？一般都以为可通用的；但有了不同的名字，当然可依使用的习惯，而作出不同的解说，如《阿毗达磨大毗婆沙论》卷七二（《大正》二七·三七一中）说：

> "心意识三，亦有差别，谓名即差别。……复次，世亦差别，谓过去名意，未来名心，现在名识故。复次，施设亦有差别，谓界中施设心，处中施设意，蕴中施设识故。复次，义亦有差别，谓心是种族义，意是生门义，识是积聚义。复次，业亦有差别，谓远行是心业……前行是意业……续生是识业……复次，彩画是心业……归趣是意业……了别是识业……复次，滋长是心业，思量是意业，分别是识业。"

心、意、识三者的差别，论师是从字义，主要是依经文用语而加以分别的。其中，"心是种族义"，种族就是界。如山中的矿藏——界，有金、银等不同性质的矿物，心有不同的十八界性，所以说"心是种族义"。又有"滋长义"，所以《俱舍论》说："集起故名心。……净不净界种种差别故名为心。"（《大正》二九·二一下）《摄大乘论本》说："何因缘故亦说名心？由种种法熏习种子所积集故。"(《大正》三一·一三四上)成为能生染净法的种子心,也就是心种能生的唯识说。所以,"心是种族义"与"滋长是心业",对大乘唯识学,是有重要启发性的。

从经文的用语去看,"心",多数是内心的通称。如与身相对而说心,有身行与心行,身苦与心苦,身受与心受,身精进与心精进,身轻安与心轻安,身远离与心远离:这都是内心通泛的名称。一切内心种种差别,是都可以称为心的,如善心、不善心等。在他心智所知的他有情心,《相应部》分为十六心:有贪心,离贪心,有嗔心,离嗔心,有痴心,离痴心,摄心,散心,广大心,非广大心,有上心,无上心,定心,不定心,解脱心,不解脱心(《南传》一六下·一一四)。各经论所说,虽有出入,但泛称为心,都是一样的。由于心是内心(心心所)的通称,也可说内心的统一,所以《杂阿含经》说:"心恼[染]故众生恼[染],心净故众生净"(《大正》二·六九下、《南传》一四·二三七);心可说是染净、缚脱的枢纽所在了!

二　修定——修心与心性本净

在佛法中,心有另一极重要的意义,就是三学中增上心的心,与戒、定、慧三学中的定——三摩地相当。心怎么等于定呢?在修行的道品中,如八正道中的正定、七觉支中的定觉支、五根中的定根、五力中的定力,都是称为定的。但在四神足——欲三摩地断行成就神足,勤三摩地断行成就神足,心三摩地断行成就神足,观三摩地断行成就神足中,心是四神足之一,成为修行的项目。四神足的体性是定，定是神通（五通与漏尽通）所依止的，所以名为神足。约修学者的着重说，有欲、勤、心、观四类，所以立四神足。在修得三摩地的过程中，《瑜伽论》立八断行；断行，或作勤行、胜行，所以这是离不善心而起善心，离散心而住定心的修习内容，也就是四正断，或作四正勤、四正胜。如依"欲"等修习到断行成就，也就能得三摩地，引发神通（六通）了，所以名为"三摩地断行成就神足"。《杂阿含经》所说四神足部分已经佚失了，依《瑜伽师地论·摄事分》可以大致了解（《大正》三〇·八六二上——下）。巴利藏的《相应部》，立（五一）《神足相应》（《南传》一六下·九九——一五四），与《杂阿含》的佚失部分相当。"心三摩地断行成就神足"的心，《法蕴足论》解说为："所起（善的）心意识，是名心"（《大正》二六·四七三下），心也还是内心的通称。《瑜伽师地论》说："若复策发诸下劣心，或复制持诸掉举心，又时时间修增上舍。由是因缘，……能正生起心一境性，广说乃至是名心增上力所得三摩地。"（《大正》三〇·四四三下）《瑜伽论》的解说，是依经而说的，如《杂阿含经》卷四七（《大正》二·三四二上）说：

> "诸比丘！应当专心方便，随时思惟三相。云何为三？随时思惟止相，随时思惟举相，随时思惟舍相。……心则正定，尽诸有漏。如巧金师、金师弟子，以生金着于炉中，增火：随时扇韛，随时水洒，随时俱舍。……如是生金得等调适，随事所用。"

要心得正定，对心要随时地处理得宜。如心下劣，也就是惛沉了,就应该提起正念,策发精进。如心掉举散乱了,就应该制心、持心(止)。如心不下沉,不上举,那就应该舍,保持平衡心态,一直延续下去。在修心得定中,这三者要随时调整的,才能渐渐地修得正定。经上用炼金作比喻:"扇辅"是扇风而使火旺盛起来;火旺盛了,就在金上洒水;如火力恰到好处,那就维持火力。这样的随时扇火,随时洒水,随时停止,三法的运用得当,才能冶炼成纯金,可用作庄严等。这是从心的修习而成定,心也渐渐地被用为定的异名了。用炼金来比喻修心——定的,《杂阿含经》中还有一则:金是次第炼成的:先除去刚石坚块,次去粗沙砾,细沙,黑土,似金色的垢,使金轻软、不断、光泽、屈伸,能随意所作。净心——增上心的比丘,也是次第修成的:先除烦恼、恶业、邪见,次除欲觉、恚觉、害觉、亲里觉等,善法觉,于三摩地不为有(加)行所持,才能得寂静胜妙的三摩地——四禅、六通(《大正》二・三四一下、《南传》一七・四一六——四二四)。这二则是譬喻修定的,也就是净心的譬喻。南传的《增支部》还有二则譬喻:一、除去铁、铜、锡、铅、银——五锈(锈),使纯金光泽,能用作种种庄饰品,这譬喻除去心中的贪欲、嗔恚、惛沉睡眠、掉举悔、疑——五盖,心得定,能引发神通,证得漏尽(《南传》一九・二二——二六)。二、浣头、浣身、浣衣、磨镜、炼金等五喻,比喻修佛随念、法随念、僧随念、戒随念、天随念——五随念的,能心离染污而得清净(《南传》一七・三三六——三四一)。离五盖是修禅定的必要方便,而修(随)念佛等,也是属于修定的法门。修定与净心,在佛法的发展中有了密切的关系。《杂阿含经》的炼金喻,属于"如来记说",而南传的巴利藏,都编入《增支部》。修心与修定相关,这才佛法的戒、定、慧,被称为"增上戒学"、"增上心学"、"增上慧学"——三学了。三增上学,说一切有部编入《杂阿含经》的"道品诵",而南传的巴利藏也是编在《增支部》的。

从炼金、洗衣、磨镜等譬喻,说明修定而得心净,也就称"定"为"心"。这种种修定的比喻,引出一项思想,对发展中的佛法,有极广大而深远的影响,那就是"心性本净"说。如《增支部》"一集"(《南传》一七·一五)说:

> "比丘众!此心极光净,而客尘烦恼杂染;凡夫异生不如实解,我说无闻异生无修心故。"

> "比丘众!此心极光净,而客尘烦恼解脱;有闻圣弟子能如实解,我说有闻圣弟子有修心故。"

极光净,形容心的非常清净而又光明,可以译为"明净"。这一经文,也见于《舍利弗阿毗昙论》的《假心(心施设)品》:"心性清净,为客尘染。凡夫未闻故,不能如实知见,亦无修心;圣人闻故,如实知见,亦有修心。心性清净,离客尘垢。凡夫未闻故,不能如实知见,亦无修心;圣人闻故,能如实知见,亦有修心。"(《大正》二八·六九七中)这一思想,是从修定——修心来的。心极光净,为烦恼所染;心极光净,而离染解脱。无闻凡夫为什么不能如实知解?因为他没有修心。多闻圣弟子能够如实知解,就因为他修心——修定。修习禅定,次第进修到远离五盖,心净安住,就知道"心极光净,为客尘染"了。随烦恼是染污的,对心来说,是"客",只是外铄的。炼金、磨镜、洗衣等多种譬喻,都可以解说为:金等本来是净的,洗炼去尘污,就回复金、镜等的清净。所以,心的本性是清净,染污是客体,是从这种世俗譬喻的推论,从"修心"——"修定"的定境中来。"定"是通于世间的,外道也能修得,所以外道也有超常的宗教经验。定心清净,是般若所依止,而不是般若——慧的证知,这是对于这一思想必要的认知!

"心性本净",在部派佛教中,成为重要的异议。大众部与上座部分出的分别说部,是主张"心性本净"的。但当时的论议,已不限于定心清净,而扩展为一切心。如《阿毗达磨大毗婆沙论》卷二七(《大正》二七·一四〇中——下)说:

> "有执心性本净,如分别论者。彼说心本性清净,客尘烦恼所染污故,相不清净。……彼说染污不染污心,其体无异。谓若相应烦恼未断,名染污心;若时相应烦恼已断,名不染心。如铜器等未除垢时,名有垢器等;若除垢已,名无垢器等:心亦如是。"

"分别论者",就是分别说部(又分出四部)。依据经文,是有染心、不染心,善心、不善心等差别,但本净论者,依譬喻而解说为本净;而且不限于定心,更扩展为依慧得解脱的心了。大众部、分别论者,还有"一心相续论者",解说多少不同,而同样以心为本来清净的。另一方面,说一切有部与同出于上座部的犊子部等本末五部,是否定"心性本净"的。如《阿毗达磨顺正理论》说:"若抱愚信,不敢非拨言此(心本性净)非经,应知此经违正理故,非了义说。"(《大正》二九·七三三中)各部派所诵的

《阿含》,有不少出入。如分别说部所诵的《增支部》中,有"心极光净,客随烦恼所染",说一切有部是没有这一经说的。在传承信仰中,要别人舍弃自宗的经文,是不大可能的,所以依正理而解说为"非了义说"。依说一切有部说:心与烦恼俱起,心是"相应不善";与有漏善心所俱起,是有漏的"相应善"心;心与圣道相应现前,也就成为无漏善心了。与善、恶心所相应,而说心是善是不善;这是被动的,心的自性是无记心。无记心不是不善,也就依此而假说为"本净",所以"心性净"是不了义说。这是说一切有部的会通。本来,这是从修定的譬喻而来,不是般若的证知。在经典中,《增支部》的宗趣,是"满足希求","为人生善悉檀",而不是"显扬真义";但在佛法中发展起来,适应众生的希求,深远地影响着发展中的佛教。

三　修定的四种功德

"心性本净",是从修定——修心的譬喻来的。在佛法开展中,虽已转而为义理的重要论题,但与定,与修行——瑜伽者,始终是有深切关系的,所以要略说修定。为什么要修定,修定有什么功德? 经论中说:有"四修定":一、为了"现法乐"(住);二、为了"胜知见";三、为了"分别慧";四、为了"漏永尽"。为了得到这四种功德,所以行者要修禅定。

一、为得"现法乐":现法是现生(不是来生)的。修习禅定的,能得到现生的安乐,这不是一般欲界所有的喜乐。如修得初禅的,能得"离(欲所)生喜乐";修得二禅的,能得"定生喜乐";

修得三禅的，能得"离喜妙乐"；修得四禅的，能得"舍念清净"。
四禅虽没有说到乐，而所得的"寂静乐"是胜过三禅的。禅心与
轻安相应，能引发身心的安和、调柔、自在。明净的禅心与轻安
相应，为欲界人类所从来没有的；对照于人世间的粗重憔恼，禅
定中的"现法乐"成为修行者的理想之一。不但一般修得禅定
的俗人，就是得禅定的圣者，也有时常安住禅定而得"现法乐
住"的。从初禅到四禅的"现法乐"，不但是心的明净、轻安，身
体也随定而得轻安，所以经上说："身轻安、心轻安。"禅是身心
相关的，所以佛说四禅，立"禅枝"功德；如再向上进修，四无色
定是纯心理的，所以就不立"禅枝"（也不说是现法乐住）了。四
禅的"现法乐"，与身体——生理有关，所以如修行而偏重于禅
乐，那就不是多在身体上着力，就是（即使是圣者）不问人间，而
在禅定中自得其乐（被一般人指为自了汉）。

　　二、为得"胜知见"：得胜知见，又可分三类：（一）修光明想：
这本是对治惛睡所修的。睡眠是暗昧的，惛睡中每每梦想颠倒；
睡眠重的，到了起身时刻，还是惛睡不觉。修光明想的，多多修
习，在睡眠中也是一片光明，不失正念，不会乱梦颠倒，也会应时
醒觉，起来精勤修行，如"觉寤瑜伽"所说（《大正》三〇·四一三
上——中）。在修定中，如修光明想，能依光明相而见天（神）的
形色，与天共会、谈论，进而知道天的姓名、苦乐、食，及天的寿命
等，如《中阿含》（七三）《天经》（《大正》一·五三九中——五
四〇下）、《增支部》"八集"（《南传》二一·二四一——二四六）
所说。《中阿含》（七九）《有胜天经》所说，能生光天、净天、遍
净的，也是由于"意解作光明（天，也是光明的意思）想成就游"

（《大正》一·五五〇中——五五一下、《南传》一一下·一八三——一九〇）。这样，修光明想成就的，能见天人，生于光天、净天。（二）修净想，也就是"净观"：为了对治贪着物欲，释尊教出家弟子修不净念，也就是不净想、不净观。观想尸身的青瘀、脓烂，……枯骨离散；如修习成就，开目闭目，到处是青瘀、脓烂，……枯骨离散。贪欲心是降伏了，但不免引起厌世的副作用。律藏中一致说到，由于修不净观，比丘们纷纷自杀。释尊这才教比丘们修持息念，也就是"安般"、"数息观"。不过，不净观有相当的对治作用，所以没有废弃，只是从不净观而转化为净观。依白骨而观明净，如珂如雪，见"白骨流光"，照彻内外。这样，依不净而转为清净，开展出清净的观法，如八解脱，八胜处，十遍处中的清净色相观。八解脱的前二解脱是不净观，第三"净解脱身作证"是净观。八胜处的前四胜处是不净观；后四胜处——内无色相外观色青、黄、赤、白，是净观。十遍处中的前八遍处——地遍处，水、火、风、青、黄、赤、白遍处，都是净观。如地遍处是观大地的平正净洁，没有山陵溪流；清净平坦、一望无际的大地，于定心中现前。水、火、风，也都是清净的。观青色如金精山，黄色如瞻婆花，赤色如赤莲花，白色如白雪，都是清净光显的。净观是观外色的清净，近于清净的器世间。光明想与净色的观想，是胜解作意——假想观，而不是真实观。是对于定心的增强，烦恼的对治，而不是引向解脱的胜义观慧。如专在色相——有情（佛也在内）与国土作观，定境中的禅心明净，色相庄严，与禅定的"现法乐"相结合，不但远离解脱，更可能与见神见鬼的低级信仰合流。（三）发神通：五通是天眼通、天耳通、他心通、宿命通、神境通。修得第四禅的，依方便能引发五通，这是超越常情的知见。如天眼通，能见近处的，也能见非常辽远地区的事物（因定力的浅深，所见也有近远不同）；能见一般所见的，也能见一般不能见的微细物质；能见物体的外表，更能透视而见到物体内部的情况；能见前面的，也能见后方的；能在光明中见，也能在黑暗中见，这由于一般是依光明想为方便而引发天眼的。天耳通能闻远处及微弱的声音；他心通能知他人内心的意念；宿命通能知自己与他人的宿世事（知未来事，是天眼通，但未来是不定法，所以一般是不能绝对正确的）。神境通有"能到"（往来无碍，一念就到）与"转变"——大能作小、小能作大、一能作多、多能作一等诸物的转变。以上所说的光明想、净观、五通，都是依禅定而起的"胜知见"，在宗教界，一般人听来，真是不可思议。但在佛法中，这不是能得解脱道的主体，没有这些，也一样的可以得到究竟的解脱。所以，如偏重于求得"胜知见"，那就意味着纯正佛法的低落！

三、为得"分别慧"：修学禅慧的，依佛法说，要从日常生活中去学。如穿衣时知道自己在穿衣，乞食时知道自己在乞食，行路时知道在行路，谈话时知道在谈话，起善念知道是善念，起不善念知道是不善念，受时知道是受，觉想时知道是觉想。平时心宁静明了，那进修禅慧，也就会顺利而容易达到了（这所以说"依戒得定"）。人类的知识是外向的，特别是现代，科学进步得非常高；生理组织、心理作用，都有深入的了解，但就是不能知道自己。在语默动静中，做事，研究，欢笑或忿怒中，都不能知道自己。等到意识到自己，可能（说错、做错）已经迟了；有些连自己说过做过也都忘了。《中部》（一五一）《乞食清净经》说到：要修入"大人禅"的，应怎样的观察思惟，才能知已断五盖而入禅；才能知五取蕴等而修三十七道品，为明与解脱的证得而精进（《南传》一一下·四二六——四三二、《大正》二·五七中）。深入禅定而定心明净的，出定以后，有定力的余势相随，似乎在定中一样，这才能语默动静，往来出入，触处历历分明，不妨说语默动静都是禅了。这是修定者所要得到的；在初学进修中，这就是"守护根门"、"饮食知量"、"觉寤瑜伽"、"正知而住"的"正知而住"了，如《瑜伽论》（《大正》三〇·四一四上——四一七上）说。

四、为得"漏永尽"：漏是烦恼，有二漏、三漏、四漏等安立，这里是一切烦恼的通称。生死的根源是烦恼，所以只有净除一切烦恼，才能证无学，得究竟的解脱。定力也能伏断烦恼，却不能根除烦恼，"诸漏永尽"，是要依智慧的。观一切行无常，无常故苦；无常苦故无我我所，无我无我所就是空。经上说："空于贪，空于嗔，空于痴。"契空（无相、无愿）而净除一切烦恼，才能得涅槃解脱。无常、无我我所——空慧，要依定而发，所以说："依定发慧，依慧得解脱。"虽然有的慧解脱阿罗汉是不得四根本定的，但也要依近分定（或名"未到定"），才能发慧而断烦恼。所以修定——修心，对转迷启悟、从凡入圣来说，是不可缺少的方便。

四修定中，前二是通于世间的，外道也能修得；如佛弟子依慧而得解脱，那前二也是佛弟子修得的方便。不过，如偏重前二行，不免有俗化与神化的可能！四修定行，如《增支部》（《南传》

一八·八〇——八一)、《阿毗达磨集异门足论》(《大正》二六·三九五下)、《成实论》(《大正》三二·三三五下——三三六上)、《瑜伽师地论》(《大正》三〇·三三九上)等说。

顺便要说到的,修定——三摩地与修心,含义相同,三摩地与心,成为一切定的通称。在"佛法"中,定有种种名字,如一、禅那——禅,译义为"静虑"。二、三摩地,译义为"等持";三、三摩钵底,译义为"等至";四、三摩呬多,译义为"等引",这三名,古人每泛译为"定"。三摩地古译为三昧,但在"密续"中,三昧大抵是三昧耶的简译,这是不可混杂的。五、(善)心一境性,称定为心,是依此心一境性而来的。六、八胜处的胜处;七、八解脱的解脱;八、十遍处的遍处;九、四无量的无量,都是定学。论定学,不外乎九次第定——四禅、四无色定、灭尽定,而"佛法"重在禅,释尊就是依第四禅而成佛,依第四禅而后涅槃的。因为在定学中,禅是身心调和,四禅以上是偏重于心的;禅是寂静与明虑最适中的,初禅以前心不寂静,四禅以上心不明了(一直到似乎有心又似乎无心的境地)。在"佛法"中,禅是殊胜的,三摩地是泛通一般的。所以在定学的类别中,如"有寻有伺"等三三摩地;"空、无相、无愿"三三摩地;电光喻三摩地,金刚喻三摩地,都是通称为三摩地的。也就因此,在"大乘佛法"中,菩萨所修的定,如般舟三昧等,或依修法,或依定心功德,或约譬说,成立更多的三摩地,如《般若经》的百八三昧等。修得三摩地,有止也有观。说到观,有世俗的事相观(如观五蕴)、假想观(如观不净)、胜义观(如观空无我),所以三摩地一词,含义极广。这些,对于定学的理解,是不可不知、不可误解的!

四　心性与空性·修心与唯心

　　大概地说，佛法思想的发展分化，有源于理论与实践的两面。如为了集成佛说的多样性，有整理、分别、抉择，使佛法明确的必要，这才有阿毗达磨的成立。无常无我的生死流转，一般是不大容易信解的，所以或成立不可说我，或说胜义我，类似世俗的灵魂说，以解说生死与解脱间的关联。为了三世因果的生灭相续，业入过去而能感未来的果报，部派间发展出"三世有"与"现在有"两大系，这是从理论来的。如以修定为修心，引出"心性本净"说；或说"见四谛得道"，或说"见灭得道"。这些都由于修行，方法传承不同而来的。心与心性本净，在大乘法中的不同开展，也不外乎理论与修行的差别。

　　"心性本[本性]净"，如《大般若波罗蜜多经》卷三六（《大正》五·二〇二上）说：

　　　　"是心非心，本性净故。……于一切法无变异、无分别，是名心非心性。"

　　经文说到菩萨的菩提心，进而说到菩提心的本性清净。《般若经》说菩提心本性清净，不是清净功德庄严，而是由于"是心非心"，也就是菩提心本性不可得。从心本空而说心性本净，清净只是空性的异名，所以龙树的《大智度论》说："毕竟空即是毕竟清净，以人畏空，故言清净。"（《大正》二五·五〇八下）一切法非法，一切法空，也就说一切法清净。所以本性清净是"无

变异,无分[差]别",也是一切法如此的。《般若经》从甚深般若
慧的立场,引部派异论的"心性本净",化为一切法空性的异名,
是从修行甚深观慧而来的。

西元四世纪,无著仰推弥勒而弘扬大乘,成为瑜伽行派。独
到的理论,是唯心,也就是唯识——唯是识所表现。"三界唯
心"、"万法唯识"的思想,从大乘初期的念佛法门中来。念佛,
并不等于我国一般的口称佛名,而是内心系念佛而得三昧的,著
名的是般舟三昧——现在佛悉立在前的三昧,经典约集成于西
元二世纪初。由于"佛涅槃后,佛弟子的永恒怀念",念佛在佛
教界特别发达起来。部派中,有的说现在"十方有佛";佛像也
在西元初开始流行起来。所以念佛的,不再只是念佛的功德,而
念相好庄严的佛,从七佛而念到他方佛。般舟三昧,本不是限于
念哪一位的,因阿弥陀佛的信仰盛行于印度西北,也就以念阿弥
陀佛为例。念佛,一般是先取佛像相,忆念不忘,如在目前,然后
修念佛三昧。修行而成就三昧的,佛身明显地现前,还能与修行
者问答(《大正》一三·九〇五上——中),这可说是《中阿含·
天经》的大乘化。定心深入的,能见十方一切佛现在前,如夜空
中的繁星那样(《大正》一三·九〇六中——下)。见佛、问答,
都是定心所现的,所以得出唯心所作的结论,如《般舟三昧经》
卷上(《大正》一三·九〇五下——九〇六上)说:

> "作是念:佛从何所来? 我为到何所? 自念:佛无所从
> 来,我亦无所至。自念:三处[界]——欲处,色处,无想
> (色)处,是三处意所为耳。(随)我所念即见,心作佛,心自
> 见(心),心是佛,心是怛萨阿竭[如来],心是我身。"

定心中明明地见佛，与佛问答，但意解到：佛并没有来，自己也没有去，只是自己的定心所见。从佛与净土的定心所见，推论到三界（生死往来处）也是自心所作的。这一定心修验所引起的见解，影响非常深远。从净土佛的自心所见，理解到三界是心所作，发展到"心是佛"。大乘的"即心是佛"、"即心即佛"，都由此而来。瑜伽行派的唯心论，也是依定境而理解出来，如所宗依的《解深密经》卷三（《大正》一六・六九八上——中）说：

"诸毗钵舍那［观］三摩地所行影像，彼与此心，……当言无异。何以故？由彼影像唯是识故。善男子！我说识所缘，唯识所现故。……此中无有少法能取少法，然即此心如是生时，即有如是影像显现。"

"若诸有情自性而住，缘色等心所行影像，……亦无有异。而诸愚夫由颠倒觉，于诸影像，不能如实知唯是识。"

《解深密经》也是从定境而说到一般的心境。影像，是呈现在心识上，为识所缘虑的，所以《解深密经》的唯识说，发展为重于《认识论》的唯识。《解深密经》与《般舟三昧经》，以定心的境界为唯心或唯识的；修得三昧的观行，都是胜解作意——假想观，不是胜义的观慧。如《般舟三昧经》说："心起想则痴，无想是泥洹。是法无坚固，常立在于念，以解见空者，一切无想念。"（《大正》一三・九〇六上）依于系念而佛常立在前的观想，不离愚痴，也就不得涅槃。如依此进而通达空无所得，才能无想念而解脱呢！这样的唯心或唯识，心识是虚妄的，瑜伽行派正是依虚妄的心心所法，根本是阿赖耶识为依止，成立一切唯识的流转与还灭。这是从修定者的修验而来,正如《摄大乘论本》引颂所说:"诸瑜伽师于一物,种种胜解各不同,种种所见皆得成,故知所取唯有识。"(《大正》三一·一三七中)不过瑜伽行派进而作充分的论究,不免过分理论化了!

由修定而来的唯(心)识说,是虚妄分别识,可以不说从定——心而来的心性本净。但瑜伽行派兴起时,如来藏思想流行已久,如来藏与心性本净相结合,瑜伽行派是不能漠视的。《辩中边论》卷上(《大正》三一·四六六中)说:

> "非染非不染,非净非不净,心性本净故,由客尘所染。"

《辩中边论》说空性是真如、法界等异名,空性也就是心性,与龙树的大意相同。"清净",龙树以为众生畏空,不能信受甚深空义,所以方便地说为"清净",那只是为人生善悉檀。但与如来藏统一了的心性本净,可不能这么说。如《胜鬘经》说:"自性清净如来藏,而客尘烦恼、上烦恼所染,不思议如来境界。……自性清净心而有染污,难可了知。有二法难可了知:谓自性清净心难可了知,彼心为烦恼所染亦难了知。"(《大正》一二·二二二中——下)自性清净心,是心性本净的异译。心性本清净而又为外铄的客尘所染,是难可了知的。《胜鬘经》说是"不思议如来境界",那不是方便说,而是看作极高深的了!《辩中边论》颂的意义,世亲解说为:由于"心性本净",所以不能说是染污的;但众生有染污,所以也不能说是不染污的。由于"客尘所染",不能说众生心性是清净的;但这是客尘而不是心的自性,所以又不能说是不净的。"非染非不染，非净非不净"，是多么难以了解！其实只是"心本性清净，为客尘所染"而已。心性就是心空性，空性在众生"有垢位，说为杂染；出离垢时，说为清净。虽先杂染，后成清净，而非转变成无常失"（《大正》三一·四六五下——四六六上）。不是心性（空性）有什么转变，所以说"心性本净"了。

心性本净，是约心空性说的，虚妄分别的心心所法，能不能说是本性清净呢？瑜伽行派采取（不一不异的）不一说，如《大乘庄严经论》卷六（《大正》三一·六二三上）说：

　　　"已说心性净，而为客尘染，不离心真如，而有心性净。"

心性净，是约心真如——梵文作法性心说的。在心真如法性（也就是真如心，法性心）外，不能约因缘生的依他相（的心心所法），说为自性清净。心性本净——自性清净心，约真如说，就是如来藏。所以瑜伽行派中，依他因缘而生起的心心所，是不能说本性净的，与说一切有部等的思想相同。

五　如来藏·我·自性清净心

佛弟子的修定——修心，引出了"心性本净"、"唯心所作"（"唯识所现"）的二大思想。西元三世纪，出现了如来藏说，与二大思想相结合，与修定也是不无关系的。如来，佛法中是佛的异名；在印度语言中，这也是神我的别名。藏是胎藏，有《梨俱吠陀》创造神话的古老渊源。所以如来藏一词，显然有印度神学的影响，但也不能说全是外来的，也还是"大乘佛法"自身的发展。释尊般涅槃了，涅槃是不能说有，不能说无，超越一切名言的戏论，不是"神"那样的存在。但"在佛弟子的永恒怀念"中，是不能满足初学者及一般民间要求的。在"本生"、"譬喻"等传说中，渐引发出理想的佛陀观，如大众部系说："如来色身实无边际，如来威力亦无边际，诸佛寿量亦无边际，……一刹那心相应般若知一切法。"(《大正》四九·一五中——下)佛是无所不在，无所不能，无所不知，又是无量寿的。初期大乘经，极大部分是以释尊为主的，而内容为佛是一切都圆满的，所以释尊那样，到底是示现的化身(初期是二身说)。论到佛的寿命，《首楞严三昧经》说："我寿七百阿僧祇劫。"(《大正》一五·六四五上)《妙法莲华经》说："我成佛以来，甚大久远，寿命无量阿僧祇劫，常住不灭。"(《大正》九·四二下)虽说"常住不灭"，又说"行菩萨道所成寿命，今犹未尽，复倍上数"，似乎还是有数量，有数量还是有尽的。涅槃是常，可说是佛教所共说的。大乘说"世间即涅槃"，所以如来的智慧、色身等，在佛的大涅槃中，得到"佛身常住"的结论。凉昙无谶所译的《大般涅槃经·初分》十卷(后续三十卷，是对佛性的再解说)，与晋法显所译的《大般泥洹经》，是同本异译。经文以释尊将入涅槃为缘起，而肯定地宣说："如来是常住法，不变异法，无为之法。"(《大正》一二·三七四中)对声闻法的无常、苦、无我、不净，而说："我者即是佛义，常者是法身义，乐者是涅槃义，净者是(诸佛菩萨所有正)法义。"(《大正》一二·三七七中——下)如来具常、乐、我、净——

四德；如来是常恒不变的，遍一切处的，得出如来藏与佛性说，如《大般涅槃经》卷七（《大正》一二·四〇七上——中）说：

> "佛法有我，即是佛性。"
>
> "我者即是如来藏义；一切众生悉有佛性，即是我义。"

如来是常住的，常住是本来如此的，那众生应有如来性（如来界，与佛性同义）了。如来是遍一切处的，那如来也应存在于众生中了。如《华严经》说："如来智慧，无相智慧，无碍智慧，具足在于众生身中，但愚痴众生颠倒想覆，不知不见，不生信心。……具见如来智慧在其身内，与佛无异。"（《大正》九·六二四上）"众生身"，梵文为 sattva-citta-saṃtāna，译义为"众生心相续"。这可说是（没有说"如来藏"名字的）如来藏说的唯心型，显然是以"心"为主的，所以说佛的智慧，在众生心相续中。《华严经》在别处说："如心佛亦尔，如佛众生然（这就是'心佛众生三无差别'）。……若人欲了知，三世一切佛，应观法界性，一切唯心造。"（《大正》一〇·一〇二上——中）《华严经》是从心所作，而彻了众生与佛不二的。如来藏的另一类型——真我型，如《如来藏经》，与《大般涅槃经》的"我者即是如来藏义"相合；也是《大般涅槃经》那样，以种种譬喻来说明的。《如来藏经》以《华严经》的华藏，莲花萎落而见佛为缘起，说一切众生有如来藏，如《大方等如来藏经》（《大正》一六·四五七中——下）说：

> "一切众生贪欲、恚、痴诸烦恼中，有如来智，如来眼，如来身，结跏趺坐，俨然不动。……有如来藏常无染污，德相备足，如我无异。"

如来藏,不只是在心中,而是在"身内";不只是如来智慧,而又是如"如来身,结跏趺坐。……(三十二)德相备足"。《如来藏经》所说,是更具体的;佛那样的智慧、色相,一切众生是本来具足的。所以众生有佛的德性,众生都有成佛的可能。与如来藏有关的经典,都倾向于佛性或如来性,一乘的说明。拙作《如来藏之研究》二、四、五章,已有较详细的说明,这里不再多说。

一切众生有如来藏,所以说一切众生有佛性——佛藏,佛界,也就是如来界。"藏"是胎藏,如父精、母血与识的和合——"结生",起初看不出什么,渐渐地形成了手、足、口、鼻,终于诞生了。以人来说,人的身体、智能,在"结生"时已经具有而渐渐长成。众生身中有如来藏,众生也是不知道的,但如来性已具足在众生身中。胎藏的渐长大而出生为人,与如来藏离染而成功德庄严的如来一样。界是体性、因性,界的譬喻是矿藏。矿藏具有金的体性,经开采、冶炼而显出纯金,可作为庄严具。矿藏与胎藏,譬喻不同而意趣相合。在《如来藏经》的九种譬喻中,胎藏喻、金喻,都表示了如来是本有的。在佛的清净天眼看来,众生都"具足如来智慧在其身内,与佛无异"(《大正》九·六二四上)。但在众生是不知道的,探究观察也是观察不到的,如《大般涅槃经》卷八(《大正》一二·四一一下——四一二中)说:

　　"无量菩萨虽具足行诸波罗蜜,乃至十住,犹未能见所有佛性;如来既说,即便少(分)见。……菩萨位阶十地,尚不了了知见佛性,何况声闻、缘觉之人能得见耶!……非二乘所能得知,随顺契经,以信故知。……如是佛性,唯佛能知。"

佛性——如来藏·我,唯有佛能圆满地了了知见,十住地菩萨,也还是"如来既说,即便少见",是听佛说而后才知道的。这是"随顺(佛说的)契经,以信故知",也就是信佛所说的,才知道自己身中有佛性。十住地菩萨起初也是"闻信",后来还是雾里看花,"不大明了"的。从信仰理想而来的佛性说,在经典中,是成立在众多的譬喻与仰信之上的。这一特色,是如来藏说早期经典所一致的。如《不增不减经》说:"此甚深义,……声闻、缘觉所有智慧,于此义中,唯可仰信,不能如实观察。"(《大正》一六·四六七上)《无上依经》说:"惟阿毗跋致〔不退转〕菩萨与大法相应,能听能受能持,(余)诸菩萨、声闻、缘觉,信佛语故,得知此法。"(《大正》一六·四七○下)《胜鬘经》说:"如来藏者,一切阿罗汉、辟支佛、大力菩萨,本所不见,本所不得";"汝(胜鬘)及成就大法菩萨摩诃萨,乃能听受;诸余声闻,唯信佛语。……于诸深法不自了知,仰推世尊,非我境界,唯佛所知。"(《大正》一二·二二一下、二二二下)这是说,要成就大法的不退菩萨,才能于佛性听闻受持,从实行中去见佛性的少分,其他的只能仰推佛说,信仰而已。对听众来说,不退菩萨是少有的,这只是适应一般"信增上者"说的。所以中观派与瑜伽行派都说如来藏说是"不了义"的。但在"信增上者",那真是契理契机,真是太好了!

如来藏说是适应"信增上"的,所以对生死流转与涅槃解脱,依无常无我的缘起而成立的佛法("佛法","大乘佛法"的中观与瑜伽行),不能信解的,听说如来藏,就能欢喜信受了。因为从生死(一生又一生的)流转,经修行到成佛,有了常住的如来藏我(佛性),那就是生命主体不变。如"伎儿"从后台到前台,不断地变换形象,其实就是这个伎儿(《楞伽经》说:"犹如伎儿,变现诸趣")。从前生到后生(生死流转),从众生到成佛,有了如来藏我,一般人是容易信受的。如来藏我,与一般信仰的我、命、灵、灵魂,也就接近了一步。如来与如来藏(我),与印度神学的梵与我,也是相当类似的。如来藏(佛性,如来界)说,不只是说众生本有佛性,也是众生与如来不二的,如《不增不减经》(《大正》一六·四六七上——中)所说:

> "众生界者,即是如来藏;如来藏者,即是法身。……此法身过于恒沙无边烦恼所缠,从无始世来,随顺世间,波浪漂流,往来生死,名为众生。"

> "此法身,厌离世间生死苦恼,……修菩提行,名为菩萨。"

> "此法身,离一切世间烦恼使缠,过一切苦,……离一切障,离一切碍,于一切法中得自在力,名为如来。"

《华严经》所说,一切众生心相续中,具足如来智慧,是重于"心"的。《如来藏经》等所说,众生身中,有智慧、色相端严的如来,是(通俗化)重于(如来)我的。二说虽小有差别,而都表示了真常本有。《如来藏经》等传出的如来藏说,与心性本净——自性清净心说合流了,如《央掘魔罗经》说:"若自性清净意,是如来藏,胜一切法,一切法是如来藏所作。"(《大正》二·五四〇上)《不增不减经》说:"如来藏本际相应体及清净法,……我依此清净真如法界，为众生故，说为不可思议法自性清净心。"
（《大正》一六·四六七中）《胜鬘经》说："如来藏者，是……自
性清净藏。此自性清净如来藏，而客尘烦恼、上烦恼所染。……
自性清净心而有染者，难可了知。"（《大正》一二·二二二中）这
样，"自性清净如来藏"与"自性清净心"，是一体的异名。这二
者，本来是有共同性的：众生心性本（光）净，而客尘烦恼所染；
如来藏也是自性清净，而客尘烦恼、上烦恼所染（或说"贪嗔痴
所覆"，"在阴界入中"）。同样是自体清净，为外铄的客尘所染，
所以二者的统一，是合理而当然的。《佛说观无量寿佛经》（《大
正》一二·三四三上）说：

> "诸佛如来是法界身，遍入一切众生心想中。是故汝
> 等心想佛时，是心即是三十二相、八十随形好。是心作佛，
> 是心是佛。诸佛正遍知海从心想生，是故应当一心系念，谛
> 观彼佛。"

《观经》所说，大致与《般舟三昧经》说相近，然"如来是法界
身，遍入一切众生心想中"，是"佛遍众生身心"的如来藏说。相
好庄严的佛，"从心想生"，也就是从观想而现起的。与瑜伽行
派所说，依虚妄分别的定心所现，略有不同，这是心中本有（相
好庄严）的法界身，依观想而显现出来。我在上面说：大般涅
槃，如来藏、我的见解，与定学是不无关系的。如《大般涅槃经》
中，比对《大涅槃经》与其他契经时，一再说到："虽修一切契经
诸定"；"一切契经禅定三昧"（《大正》一二·四一四下、四一九
中）。在三藏中，契经是被解说为重于定的。《大般涅槃经》曾

明白地(《大正》一二·四一四下——四一五上、四三一中)说：

> "譬如众流皆归于海,一切契经诸定三昧,皆归大乘大涅槃经。"

> "是大涅槃,即是诸佛甚深禅定。"

真常本具的修显,虽也说到般若,观想,但显然是重于定的。真如、法界、空性,《阿含经》中也是有的。依"佛法",是观缘起、无常、无我所(即是"空")而证知的。大乘《般若经》等,虽说"但依胜义",也是观一切(人、法)但有假名——假施设,假名无实性而契入的。不离现实的身心世间,如理观察,以真如作意——胜义观(慧)而证知,不是胜解作意——假想观。定心的澄澈明净,当然是要修的,但生死解脱与大乘的体悟无生,要依般若慧,而不是定力所能达成的。自性清净心,清净如来藏,说明是譬喻的,是仰信而知的,依假想观的禅定三昧而得见的。在佛法的发展中,将充分地表露出来。

如来藏是自性清净心——心性本净,中观与瑜伽行派都说是真如、空性的异名。如来藏说也就会通了空性,如《胜鬘师子吼一乘大方便方广经》(《大正》一二·二二一下)说：

> "世尊! 如来藏智是如来空智。"

> "世尊! 有二种如来藏空智。世尊! 空如来藏,若离、若脱、若异一切烦恼藏。世尊! 不空如来藏,过于恒沙不离、不脱、不异不思议佛法。"

> "此二空智,……一切阿罗汉、辟支佛,本所不见,本所不得;一切苦灭,唯佛得证。"

空智是"空性之智"。如来的"空(性)智",在众生身中,就是如来藏。如来与众生的空智,没有什么差别,只是众生不能自知。说"如来空智",应不忘《华严经》所说的:"如来智慧,无相智慧,无碍智慧,具足在于众生身中。"(《大正》九·六二四上)从如来果智,说到众生本有,是如来藏——如来空智,与众生向上修习,达到无漏般若[智慧]的现证空性,意义上是不大相同的。如来空(性)智是如来藏,依如来藏(也就是空智)而说空与不空。说"空如来藏",是说外铄的客尘烦恼是空的;如来藏——如来空智,自性是清净的,真实有的。说如来藏不空,是说如来空(性)智本有"不离、不脱、不异的不思议佛法"——清净佛功德法;对烦恼虚妄可空说,这是真实的、不空的。烦恼是造业受苦报的,所以说烦恼藏空,如彻底地说,如《大般涅槃经》所说:"空者,谓无二十五有,及诸烦恼,一切苦[报],一切相,一切有为行,如瓶无酪,则名为空。不空者,谓真实善色,常乐我净,不动不变,犹如彼瓶色香味触,故名不空。"(《大正》一二·三九五中)这是说:以烦恼为本的惑、业、苦,(凡是无常的)一切都是空的;不空的是众生本有,如来圆证的(以智为主的)一切清净功德。如来藏说是以"一切皆空"为不了义的,如《大般涅槃经》、《央掘魔罗经》等,极力呵斥"一切皆空"说。迟一些传出的《胜鬘经》,却说如来藏为"如来空(性)智",说空与不空如来藏为"二(种)空(性)智",可说否定又融摄,以便解释一切"空相应大乘"经吧!这样,"如来藏"、"自性清净心"、"空(性)智"都统一了。

六　如来藏心与修定

在增上心学的修行中，引出了心性本净——自性清净心说：唯心与唯识说。由于如来的崇仰，而有如来藏、我，也就是佛性说；如来藏又与自性清净心相结合。如来藏说，有印度神学中的神我意味，所以佛教界都给以新的解说；比较接近本义的，是《究竟一乘宝性论》所说。《论》上说："法身遍，无差，皆实有佛性，是故说众生，常有如来藏。"（《大正》三一·八二八上）经说一切众生有如来藏，可从三义说：一、"法身遍"：佛的法身，遍在一切众生中。二、无差：真如清净，众生与佛是没有差别的。三、佛性，依梵本是佛种姓，众生有佛的种姓。从佛说到众生，是"法身遍"；从众生说到佛，是"有佛种姓"；佛与众生，平等平等：所以说一切众生有如来藏，主要是从如来果德的真常，而说众生佛性的本有。西元四、五世纪，瑜伽行派的无著与世亲论师，广说一切唯识所现；依虚妄的阿赖耶识，成立唯识说。当时流行的如来藏，就是自性清净心说，融摄了瑜伽行派的唯识现，而成"真常唯心论"，代表性的教典是《楞伽经》与《密严经》。《楞伽经》共三译：宋求那跋陀罗，于西元四四三年初译；元魏菩提流支，于西元五一三年再译；唐实叉难陀，于西元七〇〇——七〇四年三译。后二译（与现存梵本相同），前面多了"劝请品"，后面多了"陀罗尼品"与"偈颂品"。前后增多部分，与唐代（二次）译出的《密严经》意义更为接近。这是依一般的妄心所现，引向唯心——本净如来藏心，也就是佛的自证境界。由于表现为"经"的体裁，所以更富于引向修证的特性。

依不生灭——常住的如来藏为依止，成立生死与涅槃；依生灭无常的阿赖耶——藏识为依止，成立生死与涅槃，这是"大乘佛法"中截然不同的思想体系。以如来藏为依止而评斥无常刹那生灭的，如《胜鬘师子吼一乘大方便方广经》（《大正》一二·二二二中）说：

> "六识及心法智，此七法刹那不住，不种众苦，不得厌苦，乐求涅槃。世尊！如来藏者，无前际不起不灭法，种诸苦，得厌苦，乐求涅槃。"

"心法智"，异译作"所知"。《胜鬘经》以为：如来藏是不生灭法，所以能种苦——受业熏而感苦报。也能厌苦，愿求涅槃，那是由于如来藏与不思议功德相应（也就是有"佛性"）。六识等七法，是刹那生灭的、虚妄的，不可能成立生死流转与涅槃还灭。依据如来藏说，刹那生灭的七法不能成立生死流转，那瑜伽行派的藏识是虚妄生灭法，当然也不能为依而成立一切。融摄瑜伽行派——虚妄唯识的如来藏（自性清净）心者，依《胜鬘经》而作出阿赖耶识的"本净客染"说，如《楞伽经》中就这样说："我为胜鬘夫人及余深妙净智菩萨，说如来藏名藏识，与七识俱起。"（《大正》一六·六二〇上）《胜鬘经》的七法，解说为七识；而如来藏演化为"如来藏名藏识"（阿赖耶识）。"如来藏名藏识"，是什么意义？《大乘入楞伽经》卷五（《大正》一六·六一九下）说：

> "如来藏是善不善因，能遍兴造一切趣生，譬如伎儿变

现诸趣。……无始虚伪恶习所熏，名为藏识，生于七识无明住地。譬如大海而有波浪，其体相续，恒住不断；本性清净，离无常过，离于我论。"

"菩萨摩诃萨欲得胜法，应净如来藏、藏识之名。大慧！若无如来藏名藏识者，则无生灭。"

在生死流转的五趣、四生中，如来藏如伎儿一样，五趣、四生变了，如来藏还是那样的本性清净。如来藏不是生死苦的造作者，也不是生死苦的受者。那为什么依如来藏而有生死呢？由于无始以来，为虚伪的恶习[杂染种习]所熏染，就名为藏识，生起七识。藏识是本性清净，而为客尘所染的，有（自体）真相、（客体）业相的二分。说阿赖耶识为依止，生死流转，是约"业相"熏变而现起说的。藏识并不只是业相熏变，所以业相灭除了，七识不起，生灭法都灭了而藏"识（自）真相不灭，但业相灭"（《大正》一六·五九三下）。这就是"净如来藏、藏识之名"，也就是不再是阿赖耶识而名为如来藏了。藏识的妄现世间相，是由于无始的妄习而来的，真相——自体是清净不灭的。这一思想，《大乘密严经》说得更明白："藏识亦如是，诸识习气俱，而恒性清净，不为其所业"（染？）；"阿赖耶识本来而有，圆满清净，出过于世，同于涅槃"（《大正》一六·七六五上、七三七下）。如来藏与藏识，在"真常唯心论"中，是同一的，不过在说明上各有所重而已。《大乘密严经》卷下（《大正》一六·七四七上）说：

"如来清净藏，亦名无垢智，常住无始终，离四句言说。佛说如来藏，以为阿赖耶，恶慧不能知，藏即赖耶识。如来清净藏，世间阿赖耶，如金与指环，展转无差别。"

《楞伽》与《密严经》，融摄瑜伽行派的教理——五法、三自性、八识、二无我，而实则自成体系。为生死世间依止的，是常住本净而受熏说；为涅槃依止的，是常住清净如来藏（无垢智）说。肯定《楞伽》、《密严》的这一特性，才明白"真常唯心论"的自有体系。如来藏与我有关，是《大般涅槃经》等所说的。融摄"虚妄唯识"的《楞伽经》说："开引计我诸外道故，说如来藏。……当依无我如来之藏。"（《大正》一六·四八九中）《密严经》也说："能断一切见，归依此无我。"（《大正》一六·七五一中、七二六下）其实，无我是没有外道所说作者等妄执，如来藏我是不能没有的，如《大乘入楞伽经》卷七（《大正》一六·六三七下——六三八上）说：

> "蕴中真实我，无智不能知。诸地自在通，灌顶胜三昧，若无此真我，是等悉皆无。……说无真我者，谤法著有无。"

> "于诸蕴身中，五种推求我，愚者不能了，智见即解脱。"

"真我"，梵语 pudgala（补特伽罗）。有我的理由，是种种譬喻：如琴中妙音，伏藏，地下水，怀胎，木中火等（《大正》一六·六三七下）。最有力的证明，当然是"内证智"的修验。《中论》以五种推求我不可得，悟入我法空性。依《楞伽经·偈颂品》说，那《中论》作者是"无智不能知"了。《密严经》也这样说："所谓阿赖耶，第八丈夫识，运动于一切，如轮转众瓶。如油遍在麻,盐中有咸味,……沉麝等有香,日月(有)光亦尔。……非智所寻求,不可得分别,定心无碍者,内智之所证。"(《大正》一六·七三一上——中)丈夫,梵语puruṣa,是《吠陀》所说的原人,一切依此而有的大人。在《密严经》中,丈夫就是如来藏识。真实我与丈夫第八识,是如来藏异名,所以"真常唯心论",是真心,也就是真我;离垢清净,就是如来。

如来藏,一般人是依信而知的;自性清净心——心性本净,唯心,唯识,都从瑜伽者的"修心"(定)而来,所以"真常唯心论"有重信而更重定的倾向。《楞伽经》立四种禅:愚夫所行禅,观察义禅,攀缘真如禅,如来禅。一、愚夫所行禅:是二乘所修的禅。"知人无我",观无常苦不净相而入定,即使修到灭定,也是愚夫所修。长行说:"见自他身骨锁相连",是不净观。偈颂说:日、月、红莲花、大海、虚空、火尽,都是四修定中的"胜知见"。这些禅观,"如是种种相,堕于外道法,亦堕于声闻,辟支佛境界"(《大正》一六·六○二上)。二乘的禅观,与外道禅同等,这是值得注意的。《大乘入楞伽经》卷七(《大正》一六·六三八下)说:

> "于我涅槃后,释种悉达多,毗纽,大自在,外道等俱出。如是我闻等,释师子所说;谈古及笑语,毗夜娑仙说;于我涅槃后,毗纽,大自在,彼说如是言,我能作世间。我名离尘佛,姓迦多衍那,……我生瞻婆国,……出家修苦行。"

《楞伽经》的佛,是姓迦多衍那的离尘佛;而释师子的"如是我闻"(经),与外道为同类。佛法演变到这一阶段,变化太大了!

释尊为多闻圣弟子说法,从现实入手,不是出发于唯心的;然依真常唯心者的见解,"唯心"才是佛的正法。古德说:"心行道外,名为外道。"依《楞伽经》,应该说"心外有法,名为外道"了。二、观察义禅:以下是大乘禅观。义,是心识所现的境相,所以说"似义显现"、"似义影像"、"相义"等。心识所现的一切法(外道的、二乘的都在内)无我,就是一切"妄计自性"是没有(自性)自相的。在禅观的次第增进中,就是诸地的相义,也知是唯心(识)而没有自相的。三、攀缘真如禅:上来观人法无我,是"妄计自性"空。能观的心识,是虚妄分别,如一切法(义)不可得,分别心也就"不起"。真如不是缘虑所可及的;所分别、能分别都不起了(境空心泯),还有无影像相在,所以说攀缘真如。四、如来禅:"入佛地,住自证圣智三种乐",那是如来自证圣智。三种乐的意义不明,可能如《楞伽经》说:"七地是有心,八地无影像,此二地名住,余则我所得,自证及清净,此则是我地。"(《大正》一六·六一九上)在方便安立中,(从初地到)七地是有心地,知一切唯是自心所现,与观察义禅相当。八地无影像,也就是境空心泯("离心意识"),住于无影像相,与攀缘真如禅相当。八地以上,九地、十地、普贤行地——三地,都可说是佛地,与如来禅相当。三种乐,可能是安住如来禅的,次第三地的现法乐住。四种禅的后三禅,与瑜伽行派的观法相近。观察义禅是:"依识有所得,境无所得生。"攀缘真如禅是:"依境无所得,识无所得生。"如来禅是:"故知二有得、无得性平等。"瑜伽行派是遣遍计、泯依他起、证圆成实——真如,真如约绝对理性说,是无分别智所证的。真常唯心者的如来禅,约佛德说;如来藏心(无垢智）离染而圆满自证。所以在"住自证圣智三种乐"下，接着说："为诸众生作不思议事。"唯心的修证而都称之为禅，意味着禅定的重视。

唯心论的重定倾向，《大乘密严经》（见《大正藏》一六卷，下引文略）非常的突出。《密严经》的主要说法者，是金刚藏菩萨，如来称之为"三摩地胜自在金刚藏"（七四八下）。被称为"定中上首尊"（七七三上），"定王金刚藏"（七五八上）。"此之金刚藏，示现入等持，正定者境界"；"现法乐住内证之智，为大定师，于定自在"（七五〇下、七五一上）。金刚藏所说的，是如来藏藏识（本净）法门，也是禅定所见得的，如说："如是阿赖耶，种子及诸法，展转相依住，定者能观见。"（七七二下）"如是流转识，依彼藏识住，佛及诸佛子，定者常观见。"（七五六下）"定者了世间，但是赖耶识。"（七七一下）"清净与杂染，皆依阿赖耶，圣者现法乐，等引之境界。"（七六五上）"即此赖耶体，密严者能见，由最胜瑜祇，妙定相应故。"（七六五下）"如来藏具有，三十二胜相，是故佛非无，定者能观见。"（七四九下）如来藏是我——胜丈夫，所以说："如摩尼众影，色合而明现，如来住正定，现影亦复然。……如是胜丈夫，成于诸事业。……无边最寂妙，具足胜丈夫，……是修行定者，妙定之所依。"（七五〇上）禅定这样的重要，所以一再劝修，如说："此密严妙定，非余之所有，……汝应修此定，如何著亲属？"（七六一中）"汝于三摩地，何故不勤修？"（七六一下）"难思观行境，定力之所生，王应常修习，相应微妙定！"（七五三中）一切圣者与佛，都是由禅定而生的，如说："此是现法乐，成就三摩地，众圣由是生。"（七六八下）如来"以得三摩地，名大乘威德，住于此定中，演清净法眼。……十方一切佛，皆从此定生。"（七七五中）"密严中之人，……常游三摩地。世尊定中胜，众相以庄严。"（七四九下）"世尊恒住禅，寂静最无上。"（七五四下）《大乘入楞伽经》也说："住如来定，入三昧乐，是故说名大观行师"；"根本佛（唯）说三昧乐境。"（《大正》一六·五八九上、下）菩萨的进修次第，如《大乘密严经》卷上（《大正》一六·七四九上——中）说：

> "如来常住，恒不变易，是修念佛观行之境，名如来藏。犹如虚空不可坏灭，名涅槃界，亦名法界。"

> "若有住此三摩地者，于诸有情心无顾恋。……是故菩萨舍而不证。……入如来定，……超第八地，善巧决择，乃至法云，受用如来广大威德（定名），入于诸佛内证之地，与无功用道三摩地相应。遍游十方，不动本处，而恒依止密严佛刹。"

《大乘入楞伽经》卷一（《大正》一六·五九四上）也说：

> "观一切法皆无自性，……如梦所见，不离自心。"

> "知一切境界，离心无得。行无相道，渐升诸地，住三昧境，了达三界皆唯自心。得如幻定，绝众影像，成就智慧，证无生法。入金刚喻三昧，当得佛身。"

重定的情况，《密严经》是明白可见的，如说"现法乐住内证智境"，"现法乐住"就是四修定之一。这里，我愿提出一项意见。"佛法"，是从现实身心活动（推而及外界），了解一切是依

于因缘,进而发见因果间的必然法则——缘起而悟入的。在缘
起的正观中,如身心不息的变异——无常;一切是不彻底、不安
隐的——苦;无常苦的,所以是无我。观察身心无我的方法,主
要是"不即蕴,不离蕴,不相在"。分别地说:色蕴不就是我,离
色也没有我,我不在色中,色不在我中(后二句就是"不相在")。
五蕴都如此,就否定了二十种我见。"佛法"是观察、抉择我不
可得,无我也就无我所,无我我所就是空。所以般若——慧,在
七觉支中名为"择法"。了解世俗的智慧外,胜义谛理的观慧,
《解深密经》也说:"能正思择,最极思择,周遍寻思,周遍伺察,
若忍、若乐、若慧、若见、若观,是名毗钵舍那。"(《大正》一六·
六九八上)毗钵舍那就是观。总之,"佛法"的解脱道,是以正见
为先的;慧如房屋的梁栋那样的重要。初期"大乘佛法",直体
胜义,同样的以般若为先导,观一切法虚妄无实,但假施设而契
入的。"佛法"的涅槃,在《般若经》中,是空性、真如等异名。空
观(《瑜伽论》名为空性胜解)的开展,有种种空——七空、十四
空、十六空、十八空、二十空的建立,是胜义空。"佛法"说三
学——戒、心、慧,以慧而得解脱。初期"大乘佛法"说六度——
施、戒、忍、进、禅、慧,依慧为导而行菩萨道,依慧而得无生忍。
慧——般若,是比禅定进一步的。但出发于现实观察的方法论,
在后期"大乘佛法"中有些不适用了。如大涅槃、如来藏、我、自
性清净心、佛性等,是从崇高的信仰与理想而来的,只能以无数
的譬喻来说明,是一般人所不能知,现实正观所不能得的。如在
世间哲学中,这是近于神学,形而上学的。依禅定而来的瑜伽
行派,没有忘失缘起,但由于是"唯识(现)",所以说:经说一切法

空，是说遍计所执自性空。《楞伽经》也还这样说："空者，即是妄计性句义。大慧！为执著妄计自性故，说空，无生，无二，无自性。"（《大正》一六·五九八下）依他起自性，是缘起法，是虚妄分别识，这是不能说空的。于缘起法（唯识现）离遍计所执自性，契入真如、空（所显）性，是胜义有的。这样，胜义空观被局限于妄计自性，所以经说"一切法空"是不了义的。但空性由空所显，所以空性、真如是无分别智所证知，还是慧学。"真常唯心论"以如来藏，藏识（本净）而明一切唯心，所以外境是空的，妄心也是空的。阿赖耶（本净）为恶习所熏而变现的，妄心、妄境都是空的，如《密严经》说："藏识之所变，藏以空为相。"（《大正》一六·七七三下）这就是《大涅槃经》所说的"空者，谓无二十五有"（《大正》一二·三九五中）；《胜鬘经》所说的"空如来藏"。如来藏、自性清净心体——空性智、无垢智，与清净佛法（功德）相应不相离的，是不空的；说"一切法皆空"，当然是不了义的。众生本有的清净智体，不是胜义观慧所及的；唯心与修定有关，所以如来藏、藏识（本净）我，是清净的深定所观见的。《大涅槃经》说："是大涅槃，即是诸佛甚深禅定。"（《大正》一二·四三一中）不是与《密严经》有同样意趣吗？修定——修心而开展出唯心说，唯心说重于禅定的修验，可说是非常合适的。总结地说，以现实缘起为依止而明染净的，重于般若；以形而上的真心为依止而明染净的，重于禅定。

七　"秘密大乘"与禅定

　　念佛，唯心法门，偏重于定——三摩地的倾向，在"秘密大

乘佛法"中,充分地表露出来。先从唐代传入我国的来说:一、
《无畏三藏禅要》,依《金刚顶经》,说修三摩地法门(《大正》一
八·九四四上——九四五下)。二、《金刚顶瑜伽中发阿耨多罗
三藐三菩提心论》(《大正》三二·五七二中——五七四下),说
三种菩提心,是"大广智阿阇黎云",也就是不空三藏说的;文中
引用《毗卢遮那经疏》(一行所作),所以题为"三藏沙门不空奉
诏译"是不对的。这二部,都是弟子记录师长所说而成的。三
种菩提心是:行愿,胜义,三摩地;在"秘密大乘"的五种菩提
心——愿菩提心、行菩提心、胜义菩提心、三摩地菩提心、滚打菩
提心中,是前四种(还有后来居上的滚打,也就是春点)。成佛,
是要发菩提心的。依修行的浅深次第,"大乘佛法"已有了次第
的安立。菩提,指佛的大菩提。为了成佛度众生而发起大愿,如
"四弘誓愿",就是愿菩提心。但这是要经过修习,坚固不退,才
能进入菩萨行位。愿菩提心与《大乘起信论》的"信成就发(菩
提)心"相当。发起了大菩提愿,要修自利利他的大行,这是不
能没有菩提愿、大悲心、空性见的;依此而修菩萨行,是行菩提
心。行菩提心与《起信论》的"解行发心"相当。经长期的历劫
修行,般若的胜义观慧深彻地悟入无生。这三者,是菩萨"般若
道"的发愿、修行、证得。前二者,是世俗(没有证真的)菩提心;
般若的契入空性、真如,无二无别,那时的菩提心,对究竟成佛
说,名胜义菩提心。以后,从般若起方便(或作后得无分别智),
以六度、四摄的大行,庄严国土,成就众生,重于利他的大行,一
直到究竟圆满佛果。这是"方便道"的发心、修行与证得佛果。
约契入空性、真如说,从胜义发(菩提)心到最后身菩萨,只是量

的差异（随智而差异），不是质的不同，胜义菩提心是究竟的，所以《起信论》的"证发心"，是"从净心地乃至菩萨究竟地"的（《大正》三二·五八一上——中）；依"大乘佛法"论发心，没有比胜义发心更高的。"秘密大乘"却在胜义发心以上，别立三摩地菩提心，值得我们注意！契入绝对真理，称之为空性、真如、法界的，是从现实身心、器界，观察抉择而契入的。而如来藏、自性清净心、我，不是依理想而来的"因信而知"，就是依定心所见而来的。这是不能从胜义观慧而得的，所以从大乘而移入秘密乘，要在胜义菩提心以上，别立三摩地菩提心了（这是主要的原因）！

《无畏三藏禅要》（《大正》一八·九四四上、九四五中——下）说：

"依金刚顶经设一方便。"

"所言三摩地者，更无别法，直是一切众生自性清净心，名为大圆镜智。上自诸佛，下至蠢动，悉皆同等，无有增减。……假想一圆明，犹如净月，……其色明朗，内外光洁，世无方比。初虽不见，久久精研寻；当彻见已，即更观察，渐引令广。……初观之时，如似于月，遍周之后，无复方圆。……即此自性清净心，……观习成就，不须延促，唯见明朗，更无一物。……行住坐卧，一切时处，作意与不作意，任运相应，无所罣碍。一切妄想，贪嗔痴等一切烦恼，不假断除，自然不起，性常清净。依此修习，乃至成佛，唯是一道，更无别理。……作是观已，一切佛法恒沙功德，不由他悟，以一贯之，自然通达。"

　　善无畏三藏是《大日经》的传译者,但所传的"禅要",却是依据《金刚顶经》的。所说的"假想一圆明,犹如净月",就是"月轮观",是"密乘"修行方便的根本。从假想修行到成就,"遍周法界","唯见明朗",也就是自性清净心的显现。这是依三摩地的修习而现见的;自性清净心就是菩提,所以被称为"三摩地菩提心"。善无畏所说,极为简要,但修定——心与自性清净心的性质,已非常明白! 不空三藏所说的菩提心,如《金刚顶瑜伽中发阿耨多罗三藐三菩提心论》(《大正》三二·五七二下、五七三下——五七四中)说:

　　　　"唯真言法中,即身成佛故,是故说三摩地(菩提心),于诸教中阙而不言。……真言行人,知一切有情,皆含如来藏性,……故华严经云:无一众生而不具有如来智慧。"

　　　　"三摩地者,真言行人如是观已,云何能证无上菩提? 当知法尔应住普贤大菩提心,一切众生本有萨埵。……修行者于内心中观白月轮,由作此观,照见本心湛然清净,犹如满月,光遍虚空,无所分别。……三摩地犹如满月,洁白分明,何者? 为一切有情悉含普贤之心。我见自心,形如月轮,何故以月轮为喻? 谓满月圆明体,则与菩提心相类。……若转渐增长,则廓周法界,量等虚空,卷舒自在,当具一切智。"

　　不空三藏所传的三种菩提心,都是依"秘密大乘"而说的。然"唯真言法中,即身成佛故,是故说三摩地,于诸教中阙而不言"。所以三种菩提心中,三摩地菩提心才是真言——秘密乘的特法。在三摩地菩提心中，说到了"修三密行，证悟五相成身义"。胜义菩提心，依《大日经》说：一切法无自性，是真言行人所修的。又说："观圆明净识，若才见者，则名见真胜义谛；若常见者，则入菩萨初地。"（《大正》三二·五七四中）观圆明［月轮］，就是观净识（自性清净心），称为真胜义谛，显然是会通了《大日经》的"极无自性心"。《大日经》说：菩提是"如实知自心"。菩提如虚空相，"性同虚空，即同于心；性同于心，即同菩提"（《大正》一八·一下）。从如虚空的离一切相，直指心即菩提。《大日经》文有《般若经》意味，而"极无自性心"，还是超越抉择观察的胜义观的（但又不是证胜义谛）。《大日经》说："彼能有知此，内心之大我。"（《大正》一八·四○下）从极无自性心，而知内心的大我，还是如来"藏心见"。不空所传的《菩提心论》，内心中见月轮，是称为"普贤大菩提心"（就是三摩地菩提心）的。《大乐金刚不空真实三么耶经》说："一切有情如来藏，以普贤菩萨一切我故。"（《大正》八·七八五下）《大乘密严经》说："如来常住，恒不变易，是修念佛观行之境，名如来藏"；"定［三摩地］者观赖耶（本净），离能所分别，……住密严佛刹，显现如月轮"（《大正》一六·七二四下、七五三上）。从以上经文，可见三摩地菩提心，是如来藏我，如来藏是一切众生本有如来智慧，色相庄严；从修三摩地的观行去体见，是"秘密大乘"的特法。"秘密大乘"重定——三摩地的倾向，是确切而不容怀疑的！如善无畏所亲近的达磨掬多，传说为"掌定门之秘钥，佩如来之密印"（《大正》五○·二九○下）。可以作为旁证的，那时候出现于中国的《圆觉经》说："所谓奢摩他，三摩（钵）提、禅那，三法顿渐修,有二十五种;十方诸如来,三世修行者,无不因此法,而得成菩提。"(《大正》一七·九一九上)《首楞严经》说:"十方如来得成菩提,妙奢摩他、三摩、禅那最初方便";"有三摩提,名大佛顶首楞严王具足万行,十方如来一门超出妙庄严路"(《大正》一九·一〇六下、一〇七上)。奢摩他、三摩钵提、禅那,这三者,在"佛法"(及"大乘佛法")中都是定——三摩地的异名(含义多少差别)。这二部经,虽有中国人所造的传说,然与当时印度传来的,重于定的倾向,倒是非常吻合的。

"秘密大乘佛法",一般分为四部:事续,行续,瑜伽续,无上瑜伽续。唐代译出的《大日经》与《金刚顶经》,是属于行续与瑜伽续的。无上瑜伽续有不少的部类,赵宋时也有部分的传译过来,但没有受到中国佛教界的重视。无上瑜伽的修法,分生起次第与圆满(究竟)次第。生起次第是由心施设的胜解,如法尊译的宗喀巴《密宗道次第广论》卷一七(一〇)说:

> "此复初修天法,与念诵前修法完毕,及于彼能所依行相明想之后,当起是慢——此实是彼。由说此时,是将果位刹土、眷属、佛身等事,持修为道,即是最胜念佛。……应须胜解实是断一切障,具一切德之佛。由如是修,殊胜明相天慢任运皆生,如熟诵经。"

无上瑜伽,可说是念佛成佛,最殊胜的念佛法门。"般舟三昧"的念佛见(一佛到无数)佛,理解到佛由心作,"是心作佛",而开展了"唯心"说。又经过众生本有如来智慧,相好庄严的如来藏,我,自性清净心,而达到心佛不二、生佛不二的义解。"秘密大乘”的修法，就是继承这一法门而有特别发展的。无上瑜伽所观想明显的，不只是佛，而又是佛所依的刹土、宫殿，佛的眷属——菩萨、明妃、明王等，佛是双身的。不是“般舟三昧”那样佛是外在的，而是佛入自身，自己就是佛（“此实是彼”），就是断一切障，具足一切功德的佛。修到自身是佛的“天慢”，自然而然地明显现前，还是重于观的，进修奢摩他（止），“能得止观双运胜三摩地”，安住坚固，才是生起次第的究竟（《密宗道次第广论》一七·一八）。依《密集》（汉译名《一切如来金刚三业最上秘密大教王经》）而作的“五次第”，所说的“略集成就法”（与“生起次第”相当），分为初瑜伽三摩地、曼荼罗最胜王三摩地、羯磨最胜王三摩地，可说生起次第，就是三三摩地的进修次第。

　　圆满次第的修持法，各部续也不尽相同。《秘密集会》（汉译名《佛说一切如来金刚三业最上秘密大教王经》）立六支：一、现食，或译“制感”、“别摄”。二、静虑，就是“禅”。三、命力，或译调息。四、执持。五、随念，或译忆念。六、三摩地（《大正》一八·五〇九中——下、《望月佛教大辞典》补遗三〇九）。六支次第，在“时轮”修法中，受到非常的重视。不说六支修法的内容，从名目上，就可看出与瑜伽外道的《瑜伽经》（西元四、五世纪集成）说相近。《瑜伽经》立有想三摩地、无想三摩地，与行续、瑜伽续的有相瑜伽、无相瑜伽相近，也与无上瑜伽续的二次第相类似。《瑜伽经》的无想三摩地，立八支：一、禁制；二、劝制；三、坐法；四、调息（即“命力”）；五、制感（即“别摄”）；六、执持；七、静虑；八、三摩地。第四支以下，名目相同（先后或不同），只少一随念。先静虑而后三摩地，是《秘密集会》与《瑜伽

经》所一致的。六支的修习内容,当然与瑜伽外道不同,但六支
次第的成立,显然受到了当时瑜伽外道的影响。在《瑜伽经》,
这是次第修习,依三摩地而得自我解脱的。无上瑜伽的六支,是
修男女和合而得不变大乐(常乐)的;在修行次第中,得大乐而
实现成佛的理想。《密宗道次第广论》略说为:"由初二支(别
摄,静虑),成办金刚身之因色,修治中脉。由第三支(命力),令
左右风入于所净中脉。由第四支(执持),持所入风,不令出入。
由第五支(随念),依执持修三印随一,溶(滚打,即春点)菩提
心,任持而不泄而修不变妙乐。由第六支(三摩地),于初二支所
修成色,自成欲天父母空色之身,随爱大印得不变乐,展转增上,
最后永尽一切粗色蕴等;身成空色金刚之身,心成不变妙乐,一
切时中住法实性,证得(空色身与不变乐)双运之身。"(卷二○·
二○)修达空色身与不变乐——双运的密行,有四喜的历程,前
三喜是(五)随念支,第四喜是(六)三摩地支。四种喜是:喜,胜
喜,离喜,俱生喜。如《佛说大悲空智金刚大教王仪轨经》(即
《喜金刚本续》)卷二、三(《大正》一八·五九三上、五九六
上——中)说:

　　"一者喜,谓于此先行,少分妙乐有进求故。二者胜
喜,于此相应,渐令增胜说妙乐故。三者离喜,于此妙乐,厌
离诸根,息除贪染,无众生可喜爱故。四者俱生喜,一切平
等真实观想故。"

　　"唯一体性最上庄严,为阿赖耶诸佛宝(实?)藏。于初
喜等分别刹那住妙乐智,谓庄严、果报、作观、离相,修瑜伽
者于四刹那正行,当如是知! 庄严者,即初喜中,方便为说

种种理事。果报者，谓即胜喜，知妙乐触。作观者，谓即离喜，我所受用，为说寻伺。离相者，即俱生喜，远离三种贪与无贪及彼中间。"

刹那次第引起四喜，四喜的名目，是依禅定而安立的。通泛地说，喜乐有二类：一是受蕴的喜乐——喜受与乐受；二是轻安的喜乐。安住在四禅中，一定有轻安的喜乐，所以名为"现法（现在身心）乐住"。这里的四喜，"喜"与四禅的寂静轻安相当。"胜喜"与"离喜妙乐"的三禅、"定生喜乐"的二禅相当。"离喜"是初禅，上引经文说："作观者谓即离喜，我所受用，为说寻伺"，这不是与"有寻有伺，离生喜乐得初禅"相当吗？"俱生喜"，可说是未到定，这是欲界，而已是色界初禅的近分定。四喜的名目，依禅定的次第而立；修持的内容不一定相同，也自有一定的关系。我发现，"佛法"中所说的高下，"秘密大乘"每每是颠倒过来说。如在"佛法"中，欲界天的四大王众天等，男女合交而不出精，是低级的；眼相顾视而成淫事的他化自在天，是高级的；如向上更进一层，那就是离欲的梵天了。"秘密大乘"倒过来说：眼相顾视而笑的，是最低的事续；二二交合而不出精的，是最高的无上瑜伽续。四喜说也是这样，与四禅相当的"喜"，是低层次的。与初禅相当的"离喜"，要高得多。与即欲离欲未到定相当的俱生喜，是最妙的。总之，"秘密大乘"是贪欲为道的，依欲而离欲的，是持金刚的（夜叉）天乘的佛化。佛法的天化（天与禅定有关），是"秘密大乘"形成的重要一环。

从真常、唯心而来的重定倾向，无上瑜伽到达了顶峰，处处说入出三摩地。如圆满次第的六支，别摄与静虑，成相好庄严的佛身;命力与执持,成一切种相的佛语;随念与三摩地,成不变妙乐的佛心。所以,六支可说为三三摩地:金刚身三摩地,金刚语三摩地,金刚心三摩地。三摩地(支)以后,能同时有这三种金刚三摩地(《密宗道次第广论》二〇·一八)。最后传出的"时轮",称毗卢遮那等五佛为五禅那佛,似乎佛——觉者还不足以表示佛德的究竟,非称之为"禅那佛"不可。重定的倾向,是确定的,所以"密乘"行者,都是三摩地的行者。

八　无上瑜伽是佛德本有论

瑜伽续在胜义菩提心以上立三摩地菩提心,也就是如来藏、自性清净心。依月轮观修三摩地,达到一切本自清净,究竟成佛。如来藏、自性清净心,在《楞伽经》《密严经》中,融摄了瑜伽行派的唯识现,成为真常为本的唯心;这是瑜伽续的见解,如《金刚顶一切如来真实摄大乘现证大教王经》说:"藏识本非染,清净无瑕秽,长时积福智,喻若净月轮。"(《大正》一八·三一三下)那进一步的无上瑜伽续呢?《密宗道次第广论》的作者宗喀巴,是西藏黄教的创立者;他推崇中观派中月称论师的见地,所以说:"总(论)大小乘,非(以)空慧分,用方便分。分(果乘与因乘)二大乘,非就通达甚深空慧,须以方便分别。"(《密宗道次第广论》一·一九)因此,在修无上瑜伽的生起次第与圆满次第时,一再说到"修空性"。以"中观见"为究竟的,所以对西藏红教、白教的"大手印"、"大圆满",也采取了批评的立场。编入"现代佛学大系"的《曲肱斋丛书》,作者陈健民,是一位修行西藏"密乘"的，比较接近西藏的红教与白教。在所作《密宗道次第广论读后》中，不满宗喀巴"大小乘非空慧分，用方便分"的见解，加以评破，而认为"虽同修空性，而空性之性质"不同（《曲肱斋丛书》一四三〇——一四三八）。又作《莲师大圆满教授勾提》（《曲肱斋丛书》一三六七——一四二七）、《大手印教授抉微》（《曲肱斋丛书》一〇四五——一二六〇），以表示超越中观空性见的佛法。

　　红教、白教与黄教见解的差异，可从印度佛教思想史去求解答。一、西元四世纪，虚妄识为依止的唯识学，在中印度兴起。二、世亲同时的僧护门下，有佛护与清辨，佛护的再传弟子月称，使衰落了的龙树中观学大大地兴盛起来。三、西元三世纪兴起的如来藏、我、自性清净心说，在西元五、六世纪间，集成《楞伽经》、《密严经》，融摄了唯识学，而成真常心为依止的唯心论。大乘佛法（中观见，唯识见，[如来]藏心见）三大系的思想，对立、融合而复杂起来。《楞伽》与《密严》是经说，倾向于实践；中观与唯识是论义，重于义理的论究，互相评破而形成"空有之诤"。论师们为了维护自宗，如中观派的清辨，以为唯识不合经意；在解释《中论》的《般若灯论》中，引《楞伽经》来证明自宗（四·七·一三·二二品等）。西元八世纪的寂护，成立世俗唯识、胜义皆空的中观，并引《楞伽经》偈来证明。而唯识学中，如玄奘于西元七世纪传来的护法学（糅合为《成唯识论》），竟以《楞伽》与《密严》为成立自宗所依的经典。在论风高扬的时代，《楞伽》与《密严》为中观与唯识所采用，而不知"如来藏藏识心"、"藏识本非染"，是自有思想体系的。西元四世纪起，重信仰、重事相、重修行的"秘密大乘"兴起,不断地传出密"续",到西元九世纪传出"时轮"而止,盛行于印度的东方。当时,中观的智藏、寂护,弘化于东方;月称也在摩竭陀弘化,与当时盛行的密乘结合起来。无上瑜伽的解说者,当然有以中观义去解说的;传入西藏,无上瑜伽与中观,同样的盛行。《密宗道次第广论》说:"智资粮者,谓修虚达那等,或修娑跋嚩等咒义。"(一八·八——一○)以此为修胜义菩提心,也就是修空性。"虚达那、若那、班嗦",译义为"空(性)智金刚";"娑跋嚩、阿达摩迦、阿杭",译义为"自性清净之体性即我":这样的咒义,真的等于中观者的修空性吗?《大宝积经·胜鬘夫人会》说:"如来藏者,即是如来空性之智。……如来藏空性之智,复有二种","空如来藏"、"不空如来藏"(《大正》一一·六七七上)。空性智是如来藏别名,是(众生本有)如智不二的,所以《大乘密严经》说:"如来清净藏,亦名无垢智。"(《大正》一六·七四七上)金刚是金刚杵,也表示不变坏的常住性德。《楞伽经》说:"内证智所行,清净真我相,此即如来藏,非外道所知。"(《大正》一六·六三七中)"空性智金刚"等咒语,应该与这些经义相近。如以为如来藏是"不了义",是空性异名,为什么高层次的无上瑜伽要使用"不了义说"呢?而且,空性的意义,中观、唯识、如来藏说,对空性的见解,也是不一致的,怎知这些咒语是合于中观见呢?不妨考虑一下,"秘密大乘"为什么被称为果乘?为什么能"十六生成佛","即生成佛"呢?最合理的解说是:一切众生心相续中,具有如来智慧;一切众生有如来藏,具足如来智慧,色相端严,如佛无异;众生心自性(本性)清净。对于这,《密宗道次第广论读后》有比较合理的见解，如《曲肱斋丛书》（一四四五）说：

> "作者（指宗喀巴）标举果乘四种遍净：佛刹、佛身、佛
> 财、佛事，顺此果相而运行，故曰果乘。"

> "本人以为果乘要义……行者入此果乘，当先具胜解，
> 了达此四种果体本来具足；然后能于观想、念诵，乃至事业
> 手印，皆能配合果位本体功德，以为基础而期实证。"

这是众生本有如来果德说，与如来藏说是契合的。"念佛
三昧"本是想念外在的佛，由于传出了众生有如来藏，如来藏是
（真）我的经说，念佛三摩地，不再只是观他佛现前，进而观佛入
自身（"本尊入我，我入本尊"），引生自身是佛的天慢，发展到
"现生成佛"。宗喀巴称无上瑜伽为"最胜念佛"，是非常正确
的！但如不能肯认众生本有如来果德，还在修缘起（不能说是
"本具"）的胜义空观，虽在佛教发展中，不免有这类"续"、
"论"，其实只是附会、杂糅而已。在无上瑜伽中，有"俱生"一
词，如俱生瑜伽，俱生喜，俱生乘，俱生智，俱生成就，俱生光明
等。俱生是与生俱来的，也就是本具的。因修持而生起，那只如
灯照物般的（显）"了因所了"，而不是"生因所生"的。因为佛
德本具，所以依果而起修，能速疾地圆成佛果。中国古德所说
"一生取办"、"即心即佛"，都是本着这一原则而来的。

"秘密大乘"重胜解观，重三摩地，所以行续的《大日经》以
来，都说到命力——风息的修持。上面说到"四修定"，修定是
为了得现法乐，得胜知见。"胜知见"是从光明想中，见天人；从
净想中，修地、水、火、风、青、黄、赤、白。经大乘而发展到"秘密

大乘"中,这就是从三摩地中,见佛、菩萨、明王、明妃、净土、宫殿了。得现法乐是,圣者能得深定的,如俱解脱阿罗汉,不但心情自在,也堪能忍受身体的苦痛。如释尊在毗舍离,"佛身疾生,举体皆痛。……(释尊)不念一切想。入无想[相]定时,我身安稳,无有恼患。"(《大正》一·一五中——下)又如优波先那为毒蛇所伤,临终前"色貌诸根不异于常(时)"(《大正》二·六〇下)。这比起不得根本定的慧解脱阿罗汉,虽同样的解脱生死,而没有现在身心的禅定安乐,俱解脱者是好得多了!现法安住的禅乐,有的圣者是有的,有的可没有,所以从初果到究竟的四果,有了"苦迟通行"、"苦速通行"、"乐迟通行"、"乐速通行"——四通行的差别。如根性利而速证究竟,又得现法乐住——"乐速通行"是最理想的。也就因为这样,修得深定虽然并不等于解脱生死,而佛教界会多少重视"修心"的禅定行者。依佛法说,欲界乐以淫欲乐为最,色界定乐以三禅的妙乐为最(都不是解脱乐)。"秘密大乘"从男女和合中,修得不变的大乐,可说是欲乐与定乐的统一,发展出"佛法"所没有的大乐。原始人类对性行为是有神秘感的。女权的氏族社会,对女根——印度人称为婆伽,有神秘的敬畏感。文明进步,演化为哲理,《老子》也还重视"玄牝"呢!如说:"谷神不死,是谓玄牝;玄牝之门,是谓天地根。""佛法"出家众,是修"离欲梵行"的。然释尊时代,六师之一的末伽离拘舍罗子宣说"淫乐无害";佛教的阿梨吒比丘也说"行欲者无障碍",就是淫欲不障道的恶见(《大正》一·七六三中——下)。淫欲,对人来说,是本能的,是生理所引发的。出家人中,不能以般若正观得解脱,求解脱心与欲念的内在矛盾,在禅定中得到对立的统一,这可能早已潜流在(部派)佛教中了。《论事》说:方广部以为:为了悲悯,供养佛,如男女同意,可以行淫(《南传》五八·四三三);北道部以为有在家阿罗汉(《南传》五七·三四二),这都暗示了佛教内部的变化。"秘密大乘"是佛法的天(神)化;理论(如如来藏、我、自性清净心)与修法(如秘密传授、持咒、手印、护摩等),都与印度教相类似;印度教有性力派,密乘修男女和合的秘法,公开流行,在当时的环境里,也不算奇突了。西元五世纪初,来中国传译如来藏、我经典的昙无谶,就是一位"善男女交接之术"的上师呢!

在依佛德本来具足而修的无上瑜伽中,有两点是值得注意的。一、陈健民传述(西康)贡格所说的七种见:实执见,外道见外,佛法有"小乘见","唯识见","中观见",大手印的"俱生智见",大圆满的"本净见"。陈氏以为中国禅宗不立见,而悟入的与大手印、大圆满相同。这是不可说示的,勉强地说,提出四项条件:(一)"明相";(二)"无念";(三)"心离能所";(四)"气离出入"。称这一境地为"明体",就是如来藏心,自性清净心,圆觉妙心(《曲肱斋丛书》一〇五五)。在他所说的四条件中,有关"明相"的解说,如《禅海灯塔》(一〇二一)说:

> "所见山河大地,一切事物,如同戴了一副水晶眼镜,非常清净,非常洁白。……普通修行人,也未尝无光明现前,或者眼角一闪,或者只见一片,或者只见一室,或者只在一时。者个明相是触处皆明,随时皆明,较日后只有厚薄之分,厚时如坐水晶宫里。"(参阅《曲肱斋丛书》一〇九二)

明体的比喻,与《般若经》等相同,但所比喻的,《般若》中观指"空性",而大手印等,指明体与妙用,如说:"于空性法身之内在智力光明,逐渐增进"(《曲肱斋丛书》一三五五),正是"如来藏空性之智"的意义。二、《密宗道次第广论》卷一四(五)说:

> "由菩提心至摩尼,以泮字等阻令不出,住须臾顷,息灭众生粗动分别,发生安乐无分别心。以唯彼(安乐无分别)心,虽无通达实性见者,亦可生起,以彼未达真实义故。口授论云:法身喜遍空,死闷绝睡眠,呵欠及喷嚏,刹那能觉知。此说死等五位,亦能觉受法身。"

依上来引述的二文,可见悟入的"明相",双身和合而引生的(俱生)"喜",一般人也是能够得到的。陈健民是佛德本有论,所以说一般人只是"眼角一闪,或者只见一片,或者只见一室,或者只在一时。(而)者个明相是触处皆明,随时皆明"。但这只能说是量的差别,不能说是质的不同。"法身喜",一般人在五位中,都有引发的可能。宗喀巴是中观见者,所以约有没有"通达真实义"来分别。如是佛德本有论者,一定说是量的差别,一般人偶尔生起,却不能把握。"明相",在佛法传入中国以前,《庄子》已说到"虚室生白,吉祥止止",这无疑是定力所引发的。如中国禅宗,不说定慧,宋明以来,多数以"看话头"、"起疑情"为方便。按下思量分别、妄想杂念,参到疑情成片,缘到而顿然悟入。疑情打成一片,依教义说,这是"心不散乱"的修定过程;禅者的悟入明体,也还是依于定力的。"法身喜"的引起,也正是修风火瑜伽、通中脉、(滚打)菩提心下注而引发的(通俗地说是气功）。"明相"与"法身喜"，一般人也偶尔有之，不过秘密瑜伽者在这里痛下工夫，依定力而发为一般人所没有的修验。如依"佛法"、"大乘佛法"的中观见、唯识见来说：般若体悟的谛理，名为空性、真如等。这是"一得永得"（"证不退"），为凡夫与圣者的差别所在，决没有一般人也能偶尔得到的。如一般人也能现起，那只是生死世间的常法而已！

　　最近在《万行》月刊上，见到日本高楠顺次郎《佛教哲学精义》的翻译者，有所介绍。据说：佛教哲学，可分为二类：一、重"般若"的，称为"理性的否定论"：内容为说一切有部、经部、瑜伽行派（唯识）、中观派。二、重"瑜伽"的，称为"反省的直观论"：内容为天台宗的实相论、华严宗的法界论、禅宗的直观论、密宗的秘密论；此外有差别的，如净土宗、日莲宗等。这是对印度、（传于）中国的佛教（兼及日本），从修行方法与理论而加以分类的。重"瑜伽"而被称为"反省的直观论"，与本篇从印度佛教史的发展，发见后期大乘与秘密大乘，所说如来藏、我、自性清净心、佛性等，存在于信仰与理想之中，不是理性的观慧所证知，而来于定心清净的自觉；倾向以禅、三昧为主，与印度的瑜伽学派有共同处。我的论究方法不同，而所得的结论，与《佛教哲学精义》相近。后期大乘的倾向，确是与原始佛教、初期大乘佛教不同的。印顺附记。

七 读"大藏经"杂记

上编 藏经的部类、重出与异译

一

"大藏经",是我国对一切佛典的总称。佛法本有经——"素呾缆藏"、律——"毗奈耶藏"、论——"阿毗达磨藏",总称三藏。在佛法发展中,又有大乘的"般若波罗蜜多藏",秘密大乘的"陀罗尼藏",如《大乘理趣六波罗蜜多经》所说(《大正》八·八六八下)。原始结集的法与律,都是称为素呾缆(修多罗)的,所以每泛称一切教典为"一切经"。隋、唐的经录中,都有"入藏录"。《开元释教录》中,有本而"入藏"的,共五千四十八卷,这个数目,每被称为"一藏"。称一切经为"大藏经",是赵宋初开始刻印入藏的教典而引起的名词。华文的"大藏经",自宋代刻板以来,汉地以外,契丹(辽)、高丽、日本,也都有华文"大藏经"的刻、印,版本是相当多的。到了近代,我国还有《频伽大藏经》、《佛教大藏经》、《佛光大藏经》(在编印中)的编印流通。五十年前，我在普陀山慧济寺阅藏，阅读的是"清藏"本。近四十年，除单行本外，我都用日本的《大正新修大藏经》。在阅读过程中，偶尔发现些问题，有的在记忆中，有的在摘录中，现在把它分类地叙述出来。由于阅读的一向都是《大正新修大藏经》，所以这里要说的"大藏经"，就是以《大正藏》为主的。引用的教典编号，出处在某卷某页，也都是依据《大正藏》的。

日本的《大正新修大藏经》，是日本大正时代，高楠顺次郎博士与渡边海旭博士共同发起编修的。得到小野玄妙博士的努力，经十三年的悠长岁月，才完成八十五卷，及《昭和法宝目录》三卷；后来加入"图像"十二卷，成为这部一百卷的大藏经。这部大藏经，质量并重，包含了部分新发现的资料，受到佛学界普遍的尊重。在八十五卷中，可分为三大类：一、初三十二卷，是我国古德从西方传译来的（四十九与五十卷中，还有传译的十七部），代表了传入中国的印度佛教。二、从三十三到五十五卷，是我国古德的撰述——注释、法义、史传，代表了中国传统的佛教。三、五十六卷以下，除八十五卷的"古逸"与"疑伪"外，是日本古德的华文撰述，代表了日本的佛教。这部大藏经的内容，印度的、中国的、日本的佛教，是以中国佛教为中心的：印度部分，是中国人所传译的；日本部分，是继承中国所宏传，探究而又有所发展的。以中国佛教为中心的佛法，日本学者能编成这样的"大藏经"，中国佛教界应该庆幸，也应该反省！在八十五卷中，中国著述的二十三卷，而日本著述的是二十九卷，日本古德的作品，似乎分量多了一些，不过这是日本教佛界所编修的呀！

《大正藏》的编修，据"刊行旨趣"说，不是顺从古传的"编纂旧习","错杂混淆"的。如"严密博涉的校订";"周到清新的编纂";"梵汉对校",列出梵、巴原语等。而最便于阅览的,是全藏八十五卷,二九二〇部,也就次第编列二九二〇号目。含摄众多经而成一大部的,如四部《阿含》、《大宝积经》等,又将该经一一地编列号目,所以检阅上的确非常便利。我的研究,重在中国译传的印度佛教,所以《大正藏》的前三十二册,成为我近四十年来的修学良伴。然完善是不能"一蹴即至"的,《大正藏》当然也还不能说"尽善尽美"。以《南传大藏经》的经藏,对勘华译四《阿含》,有些也还需要修正的,这里姑且不谈。《大正藏》(前三十二册)的编校,大抵以《高丽藏》为底本,而以"宋藏"本等来校订的。所以部类方面,虽已有新的分类,而校订的内容,还不免受到古传的"编纂旧习"、"错杂混淆"的影响。在我长期的检阅中,觉得有些是重复而应该删削的;有些是编入部类不适当的;有些是同本异译,分编在各处,没有注明而不便初学的。我把它摘录出来,不是为了批评《大正藏》,而是提供些意见,作为将来发愿修藏者作参考!

二

　　"大藏经"中,有些是重复的。重复的原因不一:有的是从大部中"抄出"别行,久了被认为不同的译本;或是被编入大部,而仍旧编列别本;也有是古人的抄录混杂,使人误认为又一译本。重复本是应该删去的,在《大正藏经》中(译者人名,这里姑且依《大正藏》说),如:

　　八六　佛说泥犁经　　东晋竺昙无兰译

本经从"闻如是"起，到"当复还入恶道中"止（一·九〇九中），确是《中阿含》（一九九）《痴慧地经》的异译（缺智慧一大段）。但接着说："闻如是……佛说教如是，比丘皆欢喜"（一·九〇九中——九一〇下），显然是另一经本。这一大段文句，与竺昙无兰所译的四二《佛说铁城泥犁经》，可以说是一致的（不同，是抄录所引起的）。这是竺昙无兰的另一译本，所以附在《佛说泥犁经》下的部分，应该删去。如因文字小不同而要保存的话，可改为四二经的"别本"。

四九九　　佛为阿支罗迦叶自化［他］作苦经　　失译

五〇三　　比丘避女恶名欲自杀经　　西晋法炬译

这二经，依《出三藏记集》（卷四），都是"抄"出的。四九九经，与《杂阿含》（三〇二）经；五〇三经，与《杂阿含》（一三四四）经，文句都是相同的。这都是"抄"出的，应该删去。

一二八　　须摩提女经　　吴支谦译

本经是《增一阿含经》（三〇）《须陀品》第三经的异译。《大正藏》所载的别本——宋、元、明本，其实就是《增一阿含经·须陀品》第三经，文句相同，所以"别本"是应该删去的。

二三二　　文殊师利所说摩诃般若波罗蜜经　　梁曼陀罗仙译

本经二卷，是《大般若波罗蜜多经》（七）《曼殊室利分》的异译，一向列为"般若部"的异译。到了唐代，菩提流志编译《大宝积经》，本经被编为《大宝积经》（四六）《文殊说般若会》。这样，注明彼此是同本异译（别编）就可以了，本经没有再编入"般若部"的必要，应删去以免重复。

三三六　须摩提经　　唐菩提流志译

在《开元释教录》(卷九)中,本经题作《妙慧童女所问经》,唐长寿二年(西元六九三)译出。神龙二年(西元七〇六)起,菩提流志又译出《大宝积经》。《大宝积经》四十九会,是采用固有译本,补译新译本,新旧综合而成的。三十会的《妙慧童女会》,就是采用本经的,文句相同。本经只在"六种震动"下,少"天雨妙花,天鼓自鸣。说是语时,于虚空中花散如雨,天鼓自鸣,三千大千世界六种震动"(《大正》一二·八二下,一一·五四八中)。缺少的三十四字,分明是抄写者的脱落。先译《妙慧童女所问经》,后来编入《大宝积经》的三十会。在译经史上,有《妙慧童女所问经》,与《大宝积经》的《妙慧童女会》,但决不是再译。所以本经已编入《大宝积经》,不应在异译中再占篇幅,应删去以免重出。

三三五　佛说须摩提菩萨经　　姚秦鸠摩罗什译

这部经,《出三藏记集》是没有的。隋《历代三宝纪》(卷八),才说到鸠摩罗什所译的《须摩提菩萨经》。检阅经文,这是在竺法护所译的,三三四《佛说须摩提菩萨经》中,插入竺法护所译的,五六七《佛说梵志女首意经》文一大段:"女[汝]意云何?……无上正真之道"(《大正》一二·八〇下——八一中、一四·九四〇上——中)。"女意"上多三十四字,"之道"下多九字,文义也不通顺。这不是鸠摩罗什所译,也不是"失译"人名,而是妄人拼凑所成的,应该删去。

四九二　佛说阿难问事佛吉凶经　　汉安世高译

本经与乞伏秦法坚所译的四九五《佛说阿难分别经》,是同本异译。《大正藏》所依的丽藏本，与明本相同，而宋、元本等大异，所以附为"别本"——《阿难问事佛吉凶经》。然检阅经文，宋、元等"别本"，与法坚所译的《佛说阿难分别经》文句相同，所以应删去宋、元等"别本"。

　　七五一　佛说五无反复经　　宋沮渠京声译

　　七五二　佛说五无反复经　　宋沮渠京声译

　　同一经名，同一人译出，是可疑的。《大正藏》在七五一下，附有宋、元等"别本"。七五二经，是明藏本所特有的。其实，二经及别本（共三本），大体相同，只是七五二经，末后增一小段，又少了一小段。这本是一经，不过在展转传写中，文字上略有出入与脱落而已。应列七五一经，而以其他二本为"别本"，以恢复一经的古说。

　　六一　佛说受新岁经　　西晋竺法护译

　　本经与《增一阿含经》（三二）《善聚品》第五经文句相同。这是从《增一阿含经》抄出，并不是别译，应删去以免重复。

　　二九五　大方广佛华严经入法界品

　　唐地婆诃罗所译的，从天主光童女到德生与有德兄妹——九位善知识的参访，是晋译《华严经》所没有的，现已编入晋译《华严经》了（九·七六五上——七六七上）。后来，唐实叉难陀所译的八十卷《华严经》，也采取了地婆诃罗所译的（一〇·四一七中——四二〇上）。已编入二部《华严》，似乎注明这部分是地婆诃罗译的就可以，不必再别立了。

三

　　在华文的译典中，同本异译是相当多的，也有只译出全经的一部分。不同译本的保存,可以了解我国佛教译经史的先后差别;对印度佛教圣典的理解,也是很有价值的! 如我国的《中阿含经》,是说一切有部诵本。《中含》(一八一)《多界经》,共六十二界;赵宋法贤译的,七七六《四品法门经》,是五十六界;而《中部》(一一五)《多界经》,仅四十一界。这是由于部派不同,同一经典而内容大有出入,这还是作为同本异译的。即使是同一经本,因时代先后而不同,如《华严经》的《入法界品》,在六十卷本、八十卷本中,及后出的四十卷本,就可以发现增益与变化的痕迹。同本异译的比较研究,对佛法的正确理解是很有价值的! 凡是同本异译的,应该先后次第,不适宜散编在各处;先后次第的,也应该注明是同本异译,这才能便于修学者的比较。对于这,《大正藏》是相当不完善的。有些同本异译,编者似乎也没有知道。这样,同本异译部分,《大正藏》的编列,有些是应该改正的,如:

　　八四五　佛说尊那经　　赵宋法贤译

本经是《中阿含》(七)《世间福经》的异译。

　　一四九五　善恭敬经　　隋阇那崛多译

　　一四九六　佛说正恭敬经　　元魏佛陀扇多译

二经是同本异译。

　　七五四　佛说净意优婆塞所问经　　赵宋施护译

本经是《中阿含》(一七〇)《鹦鹉经》的异译。本经初没有"白狗"因缘,所以与《中部》(一三五)《小业分别经》更为接近。本经共有(华文的)六译,还有七八《佛说兜调经》、七九《佛说鹦鹉经》、八〇《佛为首迦长者说业报差别经》、八一一《分别善恶报应经》。八〇经也没有"白狗"因缘；八〇与八一经，增多了部分业报说，所以文段要长一些。经典在印度，是有部派不同及先后增减的。

　　七七六　佛说四品法门经　　赵宋法贤译

　　本经是《中阿含》（一八一）《多界经》的异译。

　　七三七　所欲致患经　　晋竺法护译

　　本经是《中阿含》（九九）《苦阴经》的异译。本经也与《增一阿含》（二一）《三宝品》的九经相当。

　　五三八　佛说呵雕阿那含经　　晋竺昙无兰译

　　本经是《中阿含》（四〇·四一）两篇《手长者经》的异译。

　　五八二　佛说孙多耶致经　　吴支谦译

　　本经是《中阿含》（九三）《水净梵志经》的异译。本经又与《增一阿含》（一三）《利养品》五经相当。

　　五一一　佛说瓶沙王五愿经　　吴支谦译

　　本经主体部分，是《中阿含》（一六二）《分别六界经》的异译。以瓶沙王五愿为缘起，五愿出佛传。后说弗迦沙为牛所触死，是取《杂阿含》（三〇二）经阿支罗迦叶的故事。——以上七经，应编入《中阿含经》的异译部分。

　　八〇三　佛说清净心经　　赵宋施护等译

　　本经是《杂阿含》（七一〇）经的异译。

　　八〇二　佛说信解智力经　　赵宋法贤译

　　本经是《杂阿含》（六八四·七〇三）二经综合的异译。

　　八〇〇　佛说无上处经　　东晋失译

　　《杂阿含》（九〇二·九〇三·九〇四）三经，分别说佛、法、僧三宝的究竟无上。本经是综合这三经的异译。

　　　　七八〇　　佛说十力经　　　唐勿提提犀译

　　　　七八一　　佛说佛十力经　　　宋施护等译

　　二经同本异译,是《杂阿含》(七〇一,参阅六八四)经的异译。

　　　　六五五　　佛说胜义空经　　　赵宋施护等译

　　本经是《杂阿含》(三三五)经的异译。

　　　　五〇五　　佛说随勇尊者经　　　赵宋施护译

　　本经是《杂阿含》(二五二)经的异译。

　　　　五〇二　　佛为年少比丘说正事经　　　晋法炬译

　　本经是《杂阿含》(八一五)经的异译。

　　　　二一九　　佛说医喻经　　　赵宋施护译

　　本经是《杂阿含》(三八九)经的异译。

　　　　五〇四　　比丘听施经　　　晋竺昙无兰译

　　本经是《杂阿含》(二七一)经的异译。

　　　　七一八　　佛说分别缘生经　　　赵宋法天译

　　本经是《杂阿含》(一一八八·二九八)经糅合而小有变化
的异译本。

　　　　七一三　　贝多树下思惟十二因缘经　　　吴支谦译

　　　　七一四　　缘起圣道经　　　唐玄奘译

　　　　七一五　　佛说旧城喻经　　　赵宋法贤译

　　这三部经,都是《杂阿含》(二八七)经的同本异译。

　　　　七九九　　佛说略教诫经　　　唐义净译

　　本经是《杂阿含》(二七二)经主体部分的异译;也与《中阿

含》（一四〇）《至边经》相当。——以上十五经，应编入《杂阿含经》的异译部分。

七五六　佛说八无暇有暇经　　唐义净译

本经是《增一阿含》（四二）《八难品》第一经的异译；也与《中阿含》（一二四）《八难经》相当。

五一三　佛说琉璃王经　　晋竺法护译

本经的事缘，与《增一阿含》（三四）《等见品》第一经相同。

五九五　佛说嗟韈曩法天子受三归依获免恶道经
赵宋法天译

本经的事缘，与《增一阿含》（三二）《善聚品》六经相当。

一三八　佛说十一想思念如来经　　宋求那跋陀罗译

本经是《增一阿含经》的异译。内含二"闻如是"，也就是二经，为《增一阿含》（五〇）《礼三宝品》第一经、（四九）《放牛品》第十经的异译，《大正藏》所注不精确。——以上四经，都是《增一阿含经》的异译。

二七一　佛说菩萨行方便境界神通变化经　　宋求那跋陀罗译

二七二　大萨遮尼乾子所说经　　元魏菩提流支译

二经是同本异译，但二七二经多一《王论品》。《大正藏》误以二七一及二七〇《大法鼓经》为同本异译，"索引"也同样误注，应改正。

三一〇　（宝积经45）无尽菩萨会　　唐菩提流志译

三〇七　佛说庄严菩提心经　　姚秦鸠摩罗什译

三〇八　佛说大方广菩萨十地经　　元魏吉迦夜译

上三经是同本异译。三一〇经已编入《大宝积经》,三〇七与三〇八经,应该编为《大宝积经》的异译。六六四·六六五——《金光明经》的《陀罗尼最净地品》,就是依这部经而秘密化的。

三一〇 (宝积经18)护国菩萨会　　隋阇那崛多译

三二一 佛说护国尊者所问大乘经　　赵宋施护译

一七〇 德光太子经　　晋竺法护译

上三经是同本异译。一七〇经不应编在"本缘部"。

三一〇 (宝积经14)佛说入胎藏会　　唐义净译

本经是从义净所译的,一四五一《根本说一切有部毗奈耶杂事》(卷一一·一二)中抄出,编入"宝积部"的,应该加以注明。

三一〇 (宝积经30)妙慧童女会　　唐菩提流志译

三三四 佛说须摩提菩萨经　　晋竺法护译

二经是同本异译。三三五《佛说须摩提菩萨经》、三三六《须摩提经》——《妙慧童女所问经》,应该删去,前文已经说明了。

三一〇 (宝积经43)普明菩萨会　　失译

三五〇 佛说遗日摩尼宝经　　汉支娄迦谶译

三五一 佛说摩诃衍宝严经　　失译

三五二 佛说大迦叶问大宝积正法经　　赵宋施护译

一四六九 佛说迦叶禁戒经　　宋沮渠京声译

六五九 (大乘宝云经七)宝积品　　梁曼陀罗仙共僧伽婆罗译

前四经,是同本异译。一四六九《佛说迦叶禁戒经》,是本经后分的异译,古人编入"律部",应改编为《大宝积经》四三会的异译。六五九(七)《宝积品》也是本经的异译,却被编入《大乘宝云经》中;《大乘宝云经》的异译本(三种),都是没有这一品的。

四五七　佛说弥勒来时经　　失译

本经也是四五三・四五四・四五六——三经的异译。

四六〇　佛说文殊师利净律经　　晋竺法护译

一四八九　清净毗尼方广经　　姚秦鸠摩罗什译

一四九〇　寂调音所问经　　宋法海译

三经是同本异译,不应分编在二处,以编入"经集部"为宜。

四八九　佛说除盖障菩萨所问经　　赵宋法护等译

六五八　宝云经　　梁曼陀罗仙译

六五九　大乘宝云经　　梁曼陀罗仙共僧伽婆罗译

六六〇　佛说宝雨经　　唐达磨流支译

四经是同本异译,应该先后次第,编在一处。《大乘宝云经》多了一品——(七)《宝积品》,是《大宝积经》(四三)《普明菩萨会》的异译。

四九二　佛说阿难问事佛吉凶经　　汉安世高译

四九五　佛说阿难分别经　　乞伏秦法坚译

七三九　慢法经　　晋法炬译

三经是同本异译,但《慢法经》仅是该经的前分。《大正藏》分编在各处,没有注意到是同本异译。

四七三　佛说妙吉祥菩萨所问大乘法螺经　　赵宋法

贤译

六九一 大乘百福相经 唐地婆诃罗译

六九二 大乘百福庄严相经 唐地婆诃罗再译

三经是同本异译。四八九《佛说除盖障菩萨所问经》(及异译各本)中,卷七说"菩萨如风",有"百福之相",与本经大同。这部经传出迟一些,可说是摘出《除盖障菩萨所问经》的"百福之相",而自成一经的。

五五五 五母子经 吴支谦译

(别本) 五母子经 吴支谦译

七五〇 沙弥罗经 失译

二经是同本异译。

五九八 佛说海龙王经 晋竺法护译

六〇〇 十善业道经 唐实叉难陀译

六〇一 佛为娑伽罗龙王所说大乘经 赵宋施护译

三经是同本异译。后二经,仅是《海龙王经·十德六度品》的部分异译。

六九〇 希有校量功德经 隋阇那崛多译

六九一 最无比经 唐玄奘译

二经是同本异译。

七二三 分别业报略经 宋僧伽跋澄译

七二五 佛说六道伽陀经 赵宋法天译

七二六 六趣轮回经 赵宋日称译

七二九 分别善恶所起经 汉安世高译

四经是同本异译。《分别善恶所起经》偈颂前多了一段长行。

　　　　七三四　佛说鬼问目连经　　汉安世高译

　　　　七四五　佛说杂藏经　　晋法显译

　　　　七四六　饿鬼报应经　　东晋失译

　　三经是同本异译。七四五《佛说杂藏经》后面多了一段樊提王、月明夫人等故事。

　　　　七七二　大乘四法经　　唐地婆诃罗译

　　　　七七三　佛说菩萨修行四法经　　唐地婆诃罗译

　　二经同本，同一人译出，应该是初译本与再治本。

　　　　八一一　佛说决定总持经　　晋竺法护译

　　　　八三一　谤佛经　　元魏菩提流支译

　　二经是同本异译。

　　　　八四六　外道问圣大乘法无我义经　　赵宋法天译

　　　　一六四三　尼乾子问无我义经　　赵宋日称等译

　　二本似乎是经、论不同，然文义次第是一致的，应为同本别传的异译。

　　　　一五七　悲华经　　凉昙无谶译

　　　　一五八　大乘悲分陀利经　　秦失译

　　二经是同本异译。

　　　　一九一　佛说众许摩诃帝经　　赵宋法贤译

　　本经是一四五〇《根本说一切有部毗奈耶破僧事》卷一——卷九的异译。

　　　　一九九　佛五百弟子自说本起经　　晋竺法护译

　　本经是从一四四八《根本说一切有部毗奈耶药事》（卷一

六——一八)中摘出别译的。末品《世尊品》,在《药事》作长行。

一四九一　菩萨藏经　　梁僧伽婆罗译

一四九二　佛说舍利弗悔过经　　汉安世高译

一四九三　大乘三聚忏悔经　　隋阇那崛多共笈多译

三经是同本异译。

一五五七　阿毗昙五法行经　　汉安世高译

一五五六　萨婆多宗五事论　　唐法成译

二本是同本异译。是一五四一《众事分阿毗昙论·五法品》、一五四二《阿毗达磨品类足论·辩五事品》的异译。《阿毗昙五法行经》,五法前有苦法黠[智]等八智的解说,应是抄写者附录上去的。一五五五《五事毗婆沙论》,是《辩五事品》的广释。《大正藏》所注不分明。

一六四一　随相论　　陈真谛译

本论解说一五五八《阿毗达磨俱舍论》的四谛、十六行相,应编于一五六一《俱舍论实义疏》以下。

一六一六　十八空论　　陈真谛译

本论的内容,是一五九九《中边分别论》的部分解释,应编在《辩中边论》等以下。

一六一九　无相思尘论　　陈真谛译

一六二四　观所缘缘论　　唐玄奘译

二论是同本异译。

一六二〇　解卷论　　陈真谛译

一六二一　掌中论　　唐义净译

二论是同本异译。

三五五　　入法界体性经　　　隋阇那崛多译

三五六　　佛说宝积三昧文殊师利菩萨问法身经　　　汉安世高译

二经是同本异译。

一四六七　　佛说犯戒罪报轻重经　　　汉安世高译

一四六八　　佛说目连所问经　　　赵宋法天译

二经是同本异译。《佛说犯戒罪报轻重经》，在"目连闻佛所说，欢喜奉行"下，又有"尔时，尊者目连即说偈言"一段，是《佛说目连所问经》所没有的。一般说，"闻佛所说，欢喜奉行"，表示经文的终了，"目连即说偈言"，是不合常情的。偈颂是不属于这部经的，是译者或后人所增附，仰推为目连所说，不过为了引人的尊重而已。

一五一一　　金刚般若波罗蜜经论　　　元魏菩提流支译

一五一三　　能断金刚般若波罗蜜多经论释　　　唐义净译

一五一二　　金刚仙论　　　元魏菩提流支译

一五一五　　金刚般若波罗蜜经破取著不坏假名论　　　唐地婆诃罗等译

无著造偈颂，世亲长行解释，一五一一与一五一三，是这部论的同本异译。一五一二，是这部论释的广说。一五一五的次第，也是依这部论释而说的，又兼取龙树的中观说。后二论是解说前论，不能说是同本异译的。

四

印度传译部分，《大正藏》共分为十六部："阿含部"、"本缘

部"、"般若部"、"法华部"、"华严部"、"宝积部"、"涅槃部"、
"大集部"、"经集部"、"密教部"、"律部"、"释经论部"、"毗昙
部"、"中观部"、"瑜伽部"、"论集部"。部类的区分,有了良好
的新的开始;但对传译教典的分部,有些还需要作进一步的审
定,如:

　　一二○　央掘魔罗经　　宋求那跋陀罗译

　　央掘魔罗,与《杂阿含》(一○七七)经所说的,当然是同一
人。但本经的内容,呵斥一切法空,说如来藏我,解脱身有色,怎
可编入"阿含部"! 本经的思想与《阿含经》无关,应编入"经集
部",与六六六《大方等如来藏经》……六六九《佛说无上依经》,
及五八○《佛说长者女庵提遮狮子吼了义经》等为一类。

　　一五六　　大方便佛报恩经　　失译

　　一五七　　悲华经　　凉昙无谶译

　　一五八　　大乘悲分陀利经　　失译

　　一五九　　大乘本生心地观经　　唐般若译

　　这四部经,编在"本缘部",都不大适合。前三经,应编入
(大乘)"经集部"。《大乘本生心地观经》,说发菩提心,依月轮
观修三种秘密法门,速证菩提,应编入"密教部"。

　　一四八二　　佛阿毗昙经　　陈真谛译

　　本经二卷,附题"出家相品",被编入"律部"。其实,这是真
谛所传的"佛说九分阿毗昙"的残本。本有九卷(九分),今只存
二卷。二卷的内容是:前明因缘,与《稻芉经》等相同,佛说(《稻
芉经》等作弥勒说),这是"九分毗昙"中的"分别说因缘"——
因缘施设。次明律相,出家受具足的次第成立,是"九分毗昙"

中的"分别说戒"——戒施设。这是真谛（依正量部）所传的"九分阿毗昙"残本，应编入"毗昙部"。

　　一五〇五　　四阿铪暮抄解　　　符秦鸠摩罗佛提等译

　　一五〇六　　三法度论　　　东晋僧伽提婆译

　　二论是同本异译。本论不是四阿含经文的解释，是犊子部系的阿毗昙论。不是"释经论"，应编入"毗昙部"。

　　犊子部系的论书，还有一六四四《佛说立世阿毗昙论》、一六四九《三弥底[正量]部论》，与上二部，都应次第地编入"毗昙部"。

　　一五四九　　尊婆须蜜菩萨所集论　　　符秦僧伽跋澄译

　　本论就是瑜伽学者所传的，"经部异师世友"的《问论》。在说一切有部中，这是"持经譬喻者"的论书，应编入"论集部"。

　　一六三一　　回诤论　　　魏毗目智仙共瞿昙流支译

　　一六五六　　宝行王正论　　　陈真谛译

　　一六六〇　　菩提资粮论　　　隋达磨笈多译

　　一六七二　　龙树菩萨为禅陀迦王说法要偈　　　宋求那跋摩译

　　一六七三　　劝发诸王要偈　　　宋僧伽跋澄译

　　一六七四　　龙树菩萨劝诫王颂　　　唐义净译

　　后三部偈颂，是同本异译。上列六部论，都是龙树所作，应编入"中观部"。

　　一六五四　　因缘心论颂释　　　失译

　　一六六四　　广释菩提心论　　　赵宋施护译

　　一六五四是龙树论，一六六四是莲华戒所造，都应该编入

"中观部"。

一六六五　金刚顶瑜伽中发阿耨多罗三藐三菩提心论

唐不空译[出]

本论应编入"密教部"。

四九八　佛说初分说经　赵宋施护译

经说佛化三迦叶,化频婆娑罗王,化二大弟子,是佛传的一部分,应编入"本缘部"。

二四〇　实相般若波罗蜜经　唐菩提流志译

二四一　金刚顶瑜伽理趣般若经　唐金刚智译

二四二　佛说遍照般若波罗蜜经　赵宋施护译

二四三　大乐金刚不空真实三么耶经　唐不空译

二四四　佛说最上根本大乐金刚不空三昧大教王经

赵宋法贤译

这几部经的心要,是二二〇《大般若波罗蜜多经》(一〇)《般若理趣分》的异译。《般若理趣分》的经义是属于"秘密大乘"的,但没有密教的事相。二四〇——二四三经,译文附入了秘密字义及咒语;二四四经更大为扩编,成为秘密教的要典。大乘经的陀罗尼或咒,以护持佛法(及修行者)为主。如着重秘密字门,三密加持,用作成佛方便的,就属于秘密教。上五部,应编入"密教部",但应注明与"般若部"《般若理趣分》的关系。

二三〇　圣八千颂般若波罗蜜多一百八名真实圆义陀罗尼经　赵宋施护等译

二四九　佛说帝释般若波罗蜜多心经　赵宋施护译

二五八　佛说圣母小字般若波罗蜜多经　赵宋天息

灾译

二五九　佛说观想佛母般若波罗蜜多菩萨经　　赵宋天息灾译

上四部，应从"般若部"移编"密教部"。在西藏大藏中，这都是属于密部的。

三六八　拔一切业障根本得生净土神咒　　宋求那跋陀罗译

三六九　阿弥陀佛说咒

三七〇　阿弥陀鼓音声王陀罗尼经　　失译

上三部，应编入"密教部"。《大宝积经》四十九会中，（二）《无边庄严会》，应属"密教部"，但已编入《宝积经》大部中，只能如旧编列。

三九七　（九）宝幢分　　北凉昙无谶译

三九七　（一〇）虚空目分　　北凉昙无谶译

三九七　（一三）日密分　　北凉昙无谶译

三九七　（一四）日藏分　　隋那连提耶舍译

三九七　（一五）月藏分　　高齐那连提耶舍译

三九七　（一六）须弥藏分　　高齐那连提耶舍译

三九七《大方等大集经》，《大正藏》所依的六十卷本，是隋僧就编成的。如（一三）《日密分》、（一四）《日藏分》，是同本异译，却集在一大部中，是极不合理的！《大集经》（九）《宝幢分》起，与前八分的意趣不同，每分都有陀罗尼，广说龙、神、夜叉、星宿吉凶等，与"秘密教"相通。不过古来都作为"大集"部类，也只好如此了！

三九七　（一七）十方菩萨品　　高齐那连提耶舍译

这一品,实是安世高所译的《明度五十校计经》。僧就为了集成六十卷本《大集经》,竟改变经名,说是高齐那连提耶舍所译,未免太荒唐了! 应恢复经名及译者名字,编入"经集部"。

四〇五　虚空藏菩萨经　　姚秦佛陀耶舍译

四〇六　佛说虚空藏菩萨神咒经　　失译

四〇七　虚空藏菩萨神咒经　　宋昙摩蜜多译

四〇八　虚空孕菩萨经　　隋阇那崛多译

上四部是同本异译。虚空藏,与上日藏、月藏、须弥藏,都以藏〔胎〕为名;性质也相同,是"大集"而倾向秘密的。

七八七　曼殊室利咒藏中校量数珠功德经　　唐义净译

七八八　佛说校量数珠功德经　　唐宝思惟译

七八九　金刚顶瑜伽念珠经　　唐不空译

前二经是同本异译。这三部,都应编入"密教部"。

六二　佛说新岁经　　东晋竺昙无兰译

《佛说新岁经》,本出于《杂阿含》(一二一二)经,又编入《中阿含》(一二一)经,但本经的内容已大为改观。说到"虚空诸天八万四千,咸见开化,皆发无上真正道意";"十方诸菩萨,天龙神王,各从十方面而来会坐"(《大正》一·八六〇上、中)。明显的已经大乘化了,不能说是《中阿含经》的异译,应编入"经集部"。

一五三五　大乘四法经释

这是对世亲《四法经论》所作的"释题"。说到大乘宗见,有胜义皆空、唯识中道、法性圆融——三宗，是我国古德的作品，不应该编在"释经论部"。

　　二〇四四　天尊说阿育王譬喻经　　失译

本经共十三则，先举一事缘，然后以佛（天尊）说，"示语后世人"。这是"譬喻"集，应该编入"本缘部"。阿育王事，只是本经的第一则，编在"史传部"是不适当的！

下编　杂附、疑伪与倒乱

一

华文佛典的传译，从汉代到赵宋（以后还有少数的译品），起初是抄写流通的。部类这么多，有的又部分抄出（别生）流通，经过了近千年的时间，错误是难免的！有的是不同的经篇（或残篇），有的是我国古德的作品，汉、魏、两晋所传出的，错误、杂乱的情形特别严重。古代的"经录"，都曾为此而尽力，但不免还有些可讨论的。先从附录于经后（或中间）的说起：

　　五　佛般泥洹经　　西晋白法祖译

《佛般泥洹经》末附记说："从佛般泥洹，到永兴七年二月十一日，凡已八百八十七年，余七月十有一日。至今丙戌岁，合为九百一十五年：是比丘康日所记也。……一千九百九十四年。"（一·一七五下）这是佛灭年代的一项传说。经是西晋白法祖译的；"永兴"是西晋惠帝的年号，但永兴是没有七年的。所说的"永兴七年"，可能是惠帝"元康九年"的误写？这一附记，可另行编入"史传部"的。

一六　佛说尸迦罗越六方礼经　　汉安世高译

经文终了,"作礼而去"。以下有"佛说呗偈:鸡鸣当早起,披衣来下床,澡漱令心净,两手奉花香(供佛)。……不与八难贪,随行生十方。所生趣精进,六度为桥梁,广劝无极慧,一切蒙神光"(一·二五一下——二五二中)。在多部异译中,没有这一"呗偈",这是后人所增附的。偈文古朴通顺,表示在家佛弟子在信佛持戒的基础上,以"六度为桥梁"而求成佛道。提到了般若波罗蜜——"无极慧",是在家菩萨的形象。这是中国人所造的好偈颂!

二三　大楼炭经　　西晋法立共法炬译

"比丘欢喜,前为佛作礼而去",经文已毕。以下有"地深二十亿万里,……尽地起故"(一·三〇九下)一段文,元本、明本缺。这不是经文,可能是古人解答世间成坏问题,因便附在这叙述世间成坏的《楼炭经》下。

二六　中阿含经(二一五)第一得经　　东晋僧伽提婆译

经文末段,是错乱的。一、"欲,若有人习此法,……爱敬无厌足"一段(一·八〇〇中),宋本等是附在经后的。这是《增一阿含经》(二二)《三供养品》第十经的后段(二·六〇八下——六〇九上),错附在这里,应从《中阿含经》中删去。二、经后附有"若有断乐速者……欢喜奉行"(一·八〇〇下)。这正是《中阿含经》文,上接"于中若有断乐"的,但抄写者略有增损,原文应为:

（于中若有断乐）若有断乐[四字重出,应删]速者,此断乐速故,此断亦说下贱。于中苦[若]有断苦迟者,此断苦迟故,此断亦说下贱。于中若有断苦速者,此断苦速故,此断（亦说下贱。此断）[应增补六字]非广布,不流布,乃至天人亦不称广布。……（此下依经文说）

三二　佛说四谛经　　汉安世高译

末附"持宿命观……如后事是也"——二十七字,是后人所附,应依宋本等删去。

六二　佛说新岁经　　东晋竺昙无兰译

本经在"闻佛所说,莫不欢喜,作礼而去"下,又有"钵兰和偈",五言与七言的都有,中间还有"一月已过,即得一智"等一段长行。这是元本、明本所没有的,大概是校刻者认定为古人所附而删去的!

一二五　增一阿含经(一)序品　　东晋僧伽提婆译

品末,附有"于今我首上,……便说偈曰"——二百九十九字,应依宋本等,在《序品》的"如上作偈"下(二·五五二上)。这样,也与《增一阿含经》(五〇)《礼三宝品》第四经(二·八一〇上)相合。《序品》的长寿王,经(译)作长生;"善观者优多罗比丘是",经说善尽是调达,小有不合。依《序品》,优多罗是《增一阿含》的承受者,似乎《序品》是再加修正的。

一二五　增一阿含经(四六)结禁品　　东晋僧伽提婆译

品末,附有"闻如是,一时,……欢喜奉行"(二·七八〇下)。依内容而论,这是《结禁品》第五"十念"经。应该依宋本等,编在"十力"与"十非法"亲近国家间,才能与《结禁品》的"录偈"相合。

一二五 增一阿含经(四七)善恶品 东晋僧伽提婆译

品末,宋本等有"经言百岁,当经三百冬夏秋,……盖译者不善方言也"一段(二·七八五下),是后人对经文的解说。多读经论的,自然知道印度的一年三季说,附文可以删去。

一四五 佛母般泥洹经 宋慧简译

宋、元本等,在这部经的末后,附有《佛般泥洹后变记》(二·八七〇中——下),叙述佛泥洹后,从百岁到千岁,佛教出家众渐渐堕落的过程。在《出三藏记集》(卷四)《新集续撰失译杂经录》中,有《泥洹后诸比丘经》一卷,异名有《泥洹后变记经》等,可见这是另一经文,与《佛母般泥洹经》无关,应别立为一篇。

一六一 长寿王经 失译

经末,附有礼赞佛的五言二十偈,宋本等是没有的。二十偈中,如"敬谒法王来,……光若灵耀明"(一·一七九中);"佛为海船师,……缚解致泥洹"(一·一七八上——中);"佛所以度世,……龙敬承行礼"(一·一九〇上):以上六偈,见于失译的《般泥洹经》。"八正觉自得,……从是通圣道";"至道无往返,……皆莫如泥洹"(四·一四八上——下):以上四偈,见于汉昙果共康孟详译的《中本起经》。"听我歌十方,……大悲敷度经"(三·四八〇上):四偈是见于吴支谦所译的《佛说太子瑞应本起经》。"吾师天中天,……心净开法门"(四·二五五中——下）：二偈是见于吴支谦译的《撰集百缘经》。虽还有四偈，没有查明出处，而偈颂也偶有一二字的润饰，但可以断言的，这赞佛的二十偈，是我国古德所纂集的，应该编入"赞颂"类。

一七二　佛说菩萨投身饲饿虎起塔因缘经　北凉法盛译

经末"礼佛而去"下，宋本续有"尔时国王闻佛说已，……终无绝时"——百二十七字。这是后人对该塔现况的记述，不是经文。

二〇四　杂譬喻经　汉支娄迦谶译

经说十二譬喻以后，又说："有十八事，人于世间甚大难，……是为十八事。"（四·五〇二上）十八事，与"譬喻"的体裁不合。在《出三藏记集》（卷四）《新集续撰失译杂经录》中，有《十八难经》一卷，"旧录所载"。可见十八事本是另一经篇，一定是被抄写者写在经后，这才错了；应从经末删去，自成一篇。

二二五　大明度经　吴支谦译

在第一《行品》中，附有非常简略的注释。注中每说"师云"，不知道是谁注的？不会是道安的《道行集异注》，可能是支遁的《道行旨［指］归》。

三八三　摩诃摩耶经　齐昙景译

《摩诃摩耶经》终了，附有《摩诃摩耶经》"八国分舍利品第二"。有人以为是"涅槃后分"，其实是从《长阿含经》（二）《游行经》抄出的；文句大致相合，只删略些重复的，加上五言的两偈，七言的五偈半。这是古人抄出增附，妄称"摩诃摩耶经八国分舍利品第二"。与《摩诃摩耶经》无关，"疑伪"而没有保存的必要!

四〇九　观虚空藏菩萨经　　宋昙摩蜜多译

在经的末后,丽本与宋本,又有众多的佛名、咒语,"该是校人采集虚空藏经咒,并诸经中佛名及咒,以为劝世修行法"——"校勘大藏竹堂讲师"所批,是正确的,元本、明本都删去了。丽藏本虽说"徒存似是,姑为删之",不知为什么还是保存在经后?这是应该删去的!

四三四　佛说称扬诸佛功德经　　元魏吉迦夜译

经后附有"巍巍十方佛……愿礼天人师"——六偈,称扬十方世界佛功德,劝学大乘。这是出于《六菩萨亦当诵持经》的(一四·七五二中),应删去。

四九一　六菩萨亦当诵持经　　失译

本经初列六菩萨名号,后又"别有四菩萨",是说念诵菩萨名号功德的。中间有赞佛偈:"巍巍十方佛……愿礼天人师"——十二偈,与经义不合,应别立。

六〇三　阴持入经　　汉安世高译

经后,丽藏本附有"佛说慧印百六十三定解",宋本等是没有的。考六三二《佛说慧印三昧经》说:慧印三昧的境界,"佛身有百六十二事,难可得知"(一五·四六一中——下)。百六十三事,与《慧印经》相当,但文字小异。可能是古师对慧印三昧依原文而校勘修正,别出流行,应编在《慧印三昧经》等以后。

六一〇　佛说内身观章句经　　失译

经文后,有"十一因缘章,……得道疾"——百二十四字,这是另一经文。《出三藏记集》(卷四)《新集续撰失译杂经录》,

在十与十一间，有"十二因缘章经"，应别立。

六一六　禅法要解　　姚秦鸠摩罗什译

《禅法要解》卷上后，有"净观者……甚可患也"一大段文字。从"净观者三品"，到"是名初学禅门"（一五·二九二中），是引用六一四《坐禅三昧经》卷上的（一五·二七二上），应删去。"若定得胜心"以下（一五·二九二中——下），也是净观，出处待考。

七三五　四愿经　　吴支谦译

《四愿经》后，附有一千多字的长文。内容是：一、"佛念天地八方之外，……弟子闻经欢喜前受教"（一七·五三七上——中），是一篇经文；经前缺些，不知是什么经？这是应该别成一篇的。二、"是为痛痒要识如谛知也……欢欣受行"（一七·五三七中——下），是《七处三观经》的后半；别处已有《七处三观经》，这里的可以删去。

七四一　五苦章句经　　东晋竺昙无兰译

在经末"作礼而去"下，有五言偈："天上福已尽……三界皆礼佛"——二十六偈，说三恶道与八难，劝人信佛修行的，应离此经而独立成篇。

七七一　四品学法经　　宋求那跋陀罗译

经后附有二则：一、"若失威仪一事者……疾成大愿"（一七·七〇八上），是上品出家戒律事。二、"散侍法：问曰……会受真戒号"（一七·七〇八上），是对下下品"散侍法"的再解说。这二则，是"四品学法"的解说。

九七七　佛说大白伞盖总持陀罗尼经　　元真智等译

经后附有《大白伞盖佛母总赞叹祷祝偈》,可以别立。

一四二五　摩诃僧祇律

律文终了,有《摩诃僧祇律私记》。《记》后附有《佛说犯戒罪报轻重经》,与一四九七《佛说犯戒罪报轻重经》相同,所以应从《摩诃僧祇律》后删去。

二九七　普贤菩萨行愿赞

一一六七　八大菩萨曼荼罗经

这两部,都是唐不空译的。在经文后,都附有《八大菩萨赞》:"圆寂宫城门……如彼成赞器"十偈(一〇·八八一中——下、二〇·六七五下——六七六上)。这都是附出,不属经文,应从二经中删去,别立《八大菩萨赞》一部。

二

大藏经中传译的教典,有些是名不符实,有些是内容不纯,应值得提出辨别的,如:

一六〇　菩萨本生鬘论　　赵宋绍德等译

论是圣勇菩萨造的,赵宋绍德、慧询等译出。这部论,实是两部论的凑合,而又有所缺少的。从第一卷偈颂——归敬述意,"投身饲虎缘起第一",到卷四"出家功德缘起第十四"止,是"菩萨本生";藏译的《本生鬘》,也与此相同。卷五起,前有缺文,说到"菩萨施行庄严,尊者护国义边十一"(三·三四四下)。这样的十二、十三,一直到卷十六末,"菩萨施行庄严,尊者护国本生之义第三十四:是谓菩萨修行胜行"(三·三八五下)。这明显的是,以护国[赖吒和罗]尊者的本生事缘,阐扬布施的深义,共有

三十四节，而本论从十一起，显然的少了前十节。这部论，实是
两部论：一、《菩萨本生鬘》（十四事）；二、《菩萨施行庄严尊者护
国本生鬘》。本论合为一部，又有所缺佚，到底是译者还是传者
的错误呢？

　　三一五　佛说普门品经　　西晋竺法护译

　　本经是《大宝积经》（一○）《文殊师利普门会》的异译。
《普门品经》的宋、元、明本等，与唐译虽有长行、偈颂的差别，而
内容是相同的。《大正藏》以丽藏本为主，与宋本等非常不同。
审细地研考，丽本是依竺法护所译经，敷衍解说，加入可怪的异
义。如经中说："案：内历观……"就是增附的异义。如"入色为
金翅鸟，出色为文殊师利"（一一·七七三中）；"入欲为师子王，
出欲为维摩诘"（一一·七七四上）。特别是"等游嗔恚"，说三
尊、六度无极。内三尊——心、耳、眼；如清净了，名波旬、师子
王、金翅鸟。外三尊——佛、法、僧，外六度无极是事行（一一·
七七四下——七七五中）；所说是非常的怪异。经是佛为溥首
童真说的；增附者不知溥首就是文殊师利，所以别说文殊师利名
字。五阴——色、痛痒、思想、生死、识，是安世高的古译，增附者
也糅合在内（一一·七七五中）。站在译经史的严正立场，这
（丽本）不能说是异译，而是哪一位敷衍附会的作品。在《大宝
积经》异译中，应该删去；如从保存资料着想，那可以编入"疑伪
部"，再加注明。

　　四四一　佛说佛名经

　　《佛名经》的三十卷本，是依菩提流支的译本（十二卷），增
入法、僧与忏悔文；每卷末，引伪经《大乘莲华宝达问答报应沙

门经》。从所引经论,可推定为隋、唐时代所编的。种种错误,经卷一末按语,说得很明白。虽因为"举国盛行",不敢删削,但不是译本,就不应该编入印度传译的"经集部"。最好是编入"疑伪部";或在中国佛教部分,立一"忏仪部"来容摄这些部类。

四四三　五千五百佛名神咒除障灭罪经　　失译

本经八卷。卷二——五,经名《五千五百佛名经》;《古今译经图记》(卷四)、《开元释教录》(卷七)全经都是称为《五千五百佛名经》的。这部经有几点是值得注意的:一、经名"五千五百佛",而实际是四千七百二十佛,为什么名称与内容不符?二、经名有"五千五百佛名"、"五千五百佛名神咒除障灭罪"的二类差异。三、《大正藏》本在(卷三)一千五百佛以下,体裁有了变化,佛名、陀罗尼杂出,一直到(卷五)一千七百三十五佛处,又恢复了专称佛名的体例。这就是经名与内容不符的原因吧!除去了七、八百佛名,加入了众多的咒语,这才名实不符了!也许是印度的原典如此,印度的某些教典,是在不断的修正、补充、窜改而流传的。

四四六　过去庄严劫千佛名经　　失译

四四七　现在贤劫千佛名经　　失译

四四八　未来星宿劫千佛名经　　失译

四四六经,明本前有"三劫三千佛缘起",是从一一六一《佛说观药王药上二菩萨经》中录出编成的(二○·六六三下——六六四上),可以删去。

这三部"千佛名经",丽本、宋本等,与明本相当的不同。丽本等在佛名中,尤其是贤劫千佛,每百佛就附入忏仪。过去劫的末后几位佛,是"南无须弥力佛,南无摩尼珠佛,南无金刚王佛"(一四·三七一上),与佛教一般所说不合。贤劫千佛名号,是依《贤劫经》的。从过去劫千佛名的不合,可以推定为:我国古德,依贤劫千佛名而成为礼忏仪。或者再加上过去及未来劫(忏仪也不全),不免有些随意编集。到明代,发现了过去佛名的错误,才纠正、删去忏仪,重在称念佛名。明本末后说:"其无常者,生无量寿佛国。"(一四·三九九上)宋代以来,念佛往生西方净土,成为佛教界的风尚;这是明代的修正本。最好,这都应该编入中国佛教部分的"忏仪部"。

六〇六　修行道地经　　晋竺法护译

《修行道地经》卷七,是"弟子三品修行品第二十八"。依《出三藏记集》(卷二),竺法护所译的《修行经》七卷,二十六品;《三品修行经》一卷,"安公云:近人合大修行经"。可见这本是不同的,但合而为一,已经太久了!前六卷是《修行道地经》,第七卷是《三品修行经》。虽译者都称之为经,其实《修行道地》是论书中的"观行论";《三品修行》是分别三乘修行的论典,最好是恢复为原来的二部。

七四一　五苦章句经　　东晋竺昙无兰译

《五苦章句》,是摄集佛说,没有序起与流通的。但丽本等都有"尔时,佛告阿难",到"莫不欢喜,作礼而去"(一七·五四七下——五四八上)一段流通文。文中说到:"是经名净除罪盖娱乐佛法,一名授无思议光菩萨道决",与"五苦章句"不合。这段经文,与鸠摩罗什所译的,四八四《不思议光菩萨所说经》的流通分(一四·六七三上),文句不同而意义相合。考竺法护所译,《出三藏记集》(卷二)说有《无思议孩童经》一卷,或名《无思议光经》,已经佚失了。"无思议光",正与本经流通分相合。可以断定的是:这是竺法护《无思议光经》的残篇,被抄写者误附在《五苦章句》以后的。为了保存残篇,应编在罗什所译《不思议光菩萨经》以下。

七四二　佛说自爱经　　　东晋竺昙无兰译

这部经,是依二一一《法句譬喻经·双要品》佛说"心为法本,心尊心使"的譬喻(四·五八二中——五八三上)为底本而成的。《法句譬喻经》原文,可以在本经中勾画出来,所以这不是译本,是我国古德的改编,应编入"疑伪部"。

七六八　三慧经　　　失译

经名与内容不符。

七九一　佛说出家缘经　　　汉安世高译

经说犯五戒的过失,与出家因缘无关。

八〇一　佛说无常经,亦名三契经　　　唐义净译

经分三段,所以名为"三契"。初后是偈颂,传说是马鸣所作。中段是《佛说无常经》正文。《佛说无常经》,可说是《杂阿含》(一二四〇)经的异译;所差异的,只是对比丘或波斯匿王说而已,可参考《杂阿含》(三四六)经初段(为比丘说);《佛说无常经》是依此而来的。在人病重、死亡,印度大乘佛教时期,是诵读这三契《无常经》的。

在经终了后,有"若苾刍,苾刍尼……"大段文字,这是印度佛教的《临终方诀》。《三契经》与《临终方诀》,是印度佛教应付病、死的宗教仪轨,可编入"忏仪部"。

八〇六　佛说枯树经　　失译

经上所说的，是僧伽尸自移塔的事缘，与经名"枯树"不合。《出三藏记集》（卷三）《新集安公失译经录》，有《枯树经》一卷，"安公云出中阿含"。《增一阿含经》（三三）《五王品》末，确有名为"枯树"经的，但古译已佚失了。这不是"经"，可以编入"史传部"。

九八二　佛母大（金曜）孔雀明王经　　唐不空译

《孔雀明王经》，现有六种译本。九八二是唐不空所译的，经前有"读诵佛母大孔雀明王经前启请法"；末后有回向发愿偈。九八四、梁僧伽婆罗所译，九八五、唐义净所译本，九八七、附秦录的失译本，经前经后都有同样性质的文句。这不只是经文，而是诵经仪轨，如一般"戒经"，实际是诵戒仪轨一样。秘密教典而称为经的，多数附有坛法、持诵法等，与大乘经的体例不同。

一三三二　七佛八菩萨所说（大陀罗尼）神咒经 失译

本经四卷，简称《七佛所说神咒经》。依唐《开元释教录》（卷三）说："诸失译录，阙而未书。"这是到了唐代，才被记入"失译录"的。这部经的内容，七佛……龙王等说咒、说偈（二一·五三六中——五五六下），被编入一三三六《陀罗尼杂集》前三卷。五戒神、三归神、十八护伽蓝神（二一·五五七中——下），被编入《陀罗尼杂集》卷六。四天王所说大神咒经，共六十六首（二一·五五七下——五六一中），被编入《陀罗尼杂集》卷七。本经所说的八菩萨，救脱是出于《拔除过罪生死得度经》——

《药师经》的古译本。大势至、得大势,本是同一菩萨的异译,而本经却误解为二位了。本经说断二十五有的二十五三昧,十六童子(主众生命),释迦佛的十大说法等(二一·五五七上——中)。二十五三昧出于《大般涅槃经》,但本经的三昧名字,大都与《涅槃经》不同。十六童子的名字,多数依经典立名,如法华三昧,涅槃三昧,首楞严,放光,华严,维摩诘,大集,金光明,佛藏三昧,华首三昧等,也有些不合理。这不是依原文翻译的,与一三三一《灌顶神咒经》等相类。《出三藏记集》(卷四)《新集续撰失译杂经录》中,有《七佛神咒》一卷,《七佛各说偈》一卷。大抵依据部分译典、传说,由古德纂集所成的,约成立于晋代。《陀罗尼杂集》,也就是纂集的作品,不免有"疑伪"的成分。

一四八七　佛说菩萨内戒经　　宋求那跋摩译

本经题作宋求那跋摩译。经文分二大段:一、菩萨戒十二时;二、十住菩萨行。"佛说菩萨戒十二时竟"以下,与题作东晋祇多蜜所译的,二八四《佛说菩萨十住经》的文句相同。这二部,不可能是二人别译的。考寻"经录",《出三藏记集》(卷四),有失译而阙本的《菩萨内诫经》。隋《众经目录》(卷五)与《大唐内典录》(卷六),都是失译,唐《开元释教录》(卷五),依高齐《法上录》,说是宋求那跋摩译的。祇多蜜译的《菩萨十住经》,也初见于隋《历代三宝纪》(卷七)。《菩萨内戒经》,可能是"疑经"。一、"十住菩萨行"部分,与竺法护所译的,二八三《菩萨十住行道经》,文句大同而明确些。二、"菩萨受戒十二时",可说是非常的异义。中国说十二时,印度是分昼夜为六时的。三、内戒的"内",是魏晋时代佛教的特殊术语(将在别处说明）。这部经成立于东晋（或宋）；有的"抄出"十住菩萨行部分，这才又成为一经。保存《菩萨内戒经》，可见中国古代佛教的一斑；但《佛说菩萨十住经》，是可以从"华严部"中删去的。

三

古代译出的《阿含经》，每部都含有多数的经典，在长期的抄写流通中，不免有缺佚与次第倒乱的情形，如：

九九　杂阿含经　　宋求那跋陀罗译

《杂阿含经》五十卷，是宋求那跋陀罗译出的。近代学者公认：五十卷中的二三、二五——两卷，不是经的原文。《杂阿含经》佚失了二卷，大概是以求那跋陀罗所译的《无忧[阿育]王经》来补足的。《出三藏记集》（卷四）《新集续撰失译杂经录》中，有《阿育王获果报经》、《阿育王于佛所生大敬信经》、《阿育王供养道场树经》、《阿育王施半阿摩勒果经》，都注明是"抄杂阿含"的。可见《杂阿含经》译出以来，到《出三藏记集》的撰集，不过五、六十年，就已经佚失错乱；阿育王譬喻，也已被编入《杂阿含经》了。这两卷，应从《杂阿含经》抽出，别立《无忧王经》，编入"史传部"。缺失以外，经卷次第也有错乱的，如卷二、四、一〇、一二、一三、二三、三一、三六、四一、四三、四六、四七——一二卷。《杂阿含经部类之整编》中，我已有详细的叙述，这里不再重说。

一二五　增一阿含经　　东晋僧伽提婆译

《增一阿含经》，是由昙摩难提诵出而翻译的。译经当时的释道安，在《增一阿含经序》中说："四十一卷，分为上下部。上部二十六卷,全无遗忘;下部十五卷,失其录偈。……合上下部,四百七十二经。"(二·五九四上)依安公说,似乎全部完整地诵出,只是下部(以全经五十一卷来说,下部约为后十八卷)没有"录偈"而已。但现在所见到的,没有所说那样的完整。前三十二卷、三十八品中,有十二品没有"录偈",这能说"全无遗忘"吗?反而与下部相当的十四品中,却有五品是有"录偈"的。经文的录偈不全,也就是诵出者对经文次第的记忆不全,经文就有颠倒错乱的可能。依经中的"录偈",可以指出次第错乱的,有一、(卷七)"一入道品第十二"与"利养品第十三"间的错乱:《利养品》末"录偈"说:"调达及二经,皮及利师罗,竹膊,孙陀利,善业,释提桓"(二·五七六上)。比对经文,"调达……师罗",是《一入道品》的七、八、九、十——四经;"竹膊……提桓",是《利养品》的三、五、六、七——四经;"竹膊"与"孙陀利"间,有四"那忧罗"经:全偈有九经。剩下《一入道品》的一……六经,《利养品》的一、二经,共有八经,也可自成一品。二、"安般品第十七","惭愧品第十八","劝请品第十九"——三品间的倒乱:《劝请品》二经下,有"录偈"说:"罗云、迦叶、龙,二难(陀)、大爱道,诽谤、非、梵请,二事最在后。"(二·五九三下)依偈比对,"罗云"是《安般品》一经;"迦叶……非",是《惭愧品》的四、五、六、七、八、九、十——七经;"梵请、二事",是《劝请品》的前二经。以上十经,成一偈一品。《劝请品》三……十一——九经,别有录偈,自成一品。《安般品》除了第一经,还有十经,也自成一品。《惭愧品》仅剩前三经,一定有所脱落了。三、"声闻品第二十八"与"须陀品第三十"间的倒乱:《声闻品》末"录偈"

说："修陀、须摩均，宾头、尘翳、手，鹿头、广演义，后乐、柔软经。"（二·六五四上）"宾头……柔软"，是《声闻品》全品七经；"修陀、须摩均"，是《须陀品》全品三经。依"录偈"次第，《须陀品》应在《声闻品》前，而且只是一品（十经）。依上来三偈，可见在一法、三法、四法中，有"录偈"也还是有倒乱的。

《增一阿含经》的次第倒乱，实由于诵出者的遗忘。除"录偈"外，还可以从次第去发现倒乱。《增一阿含》是增一法，从一法到十一法（说一切有部本，以十法为止）的次第，是结集者依据的原则。然（四五）《马王品》是九法，而第五经说声闻部、辟支佛部、佛部——三乘行，而称叹（佛的）慈心最胜（二·七七三中）；第六经说三三昧耶，而以空三昧为王三昧（二·七七三下）；第七经说佛、法、众［僧］，三宝的没有三毒（二·七七五上）。这三经都是三法，却编在九法中，显然是错乱了！《撰集三藏及杂藏传》说："难［问］答一一，比丘念佛，以是调意，故名增一。……十一处经，名放牛儿，慈经断后，增一经终。"（四九·三上——中）一法以念佛为始，十一法以"放牛儿品"的慈经为最后，这一次第，与《增一阿含经》是大体相近的。如（四九）《放牛品》，以放牛十一法为第一经，慈心十一功德为最后。但《放牛品》第八经，说沙门、婆罗门行，沙门、婆罗门义；第九经说五逆——调达的事缘，都与十一法不合。反而《放牛品》后，（五〇）《礼三宝品》的一——三经，说礼佛、礼法、礼僧，当念十一事，倒是应该编入《放牛品》的。《礼三宝品》第四经以下，（五一）《非常品》、（五二）《大爱道品》，都不是十一法，与增一法的编次原则不合！可说是诵出者忘失了次第，一起编在后面而已。

《中阿含经记》说:起初,《增一》与《中阿含》等,"违失本旨,名不当实,依稀属辞,句味亦差,良由译人造次,未善晋言,故使尔耳"(五五·六三下)。《增一阿含经》,虽在洛阳修正一番,远不如在建康重译的《中阿含经》来得好。次第错乱,文义又不善巧,在我国所译的"四阿含"中,《增一阿含经》是最不理想的!

一○一 杂阿含经(一卷·二七经) 失译附吴魏录

全部二十七经;末后一经,别题《七处三观经》,其余的都没有经名。梁僧祐的《出三藏记集》(卷三)的《新集安公古异经录》中,列举《色比丘念本起经》,到《说人自说人骨不知腐经》,下注说:"安公云:上四十五经,出《杂阿含》。祐校:此《杂阿含》唯有二十五经,而注作四十五,岂传写笔散重画致误欤!"《古异经录》的二十五经,虽次第略有倒乱,大致与这一卷本的《杂阿含经》相合。一卷本的第九经,与六一二《身观经》的文句相同。第十经说四种妇的譬喻,应该就是竺法护所译的《四妇喻经》(五五·九上)。九、十——二经,是《古异经录》所没有的,是后人附加进去的。一卷本的《杂阿含经》,与《古异经录》的对比,仅缺《署杜乘披[婆]罗门经》。佚失一经而增多二经,末后再加《七处三观经》,就成为二十七经了。第九经就是《身观经》,应删去以免重复。第十经与《七处三观经》,应别立为二经。今对列《古异经录》与《大正藏》本的次第如下:

《新集安公古异经录》	《大正藏》
色比丘念本起经	一二经

佛说善恶意经	一三经
比丘一法相经	一五经
有二力本经	一六经
有三力经	一七经
有四力经	一八经
人有五力经	一九经
不闻者类相聚经	二〇经
天上释为故世在人中经	二一经
爪头土经	二二经
身为无有反复经	二三经
师子畜生王经	二四经
阿须伦子披罗门经	二五经
披罗门子名不侵经	二六经
生闻披罗门经	二经
有桑竭经	三经
署杜乘披罗门经	(佚)
佛在拘萨国经	一经
佛在优堕国经	四经
是时自梵守经	五经
有三方便经	六经
披罗门不信重经	七经
佛告舍(利)日[曰]经	八经
四意止经	一四经
说人自说人骨不知腐经	一一经

九经

一〇经

二七经

以上二十五经,安公说出于《杂阿含》,后来也就总称为《杂阿含经》了,其实也有出于《增一》的。舍利曰(今本误作"舍曰")是舍利弗的古译。阿须伦,经中是译为"阿遨轮"的;披罗门,经中已改为"婆罗门"了。

一五〇　A 七处三观经　　汉安世高译

一五〇　B 九横经　　汉安世高译

本经应分别地解说。一、A《七处三观经》,二卷,四十七经。四十七经中,《佛说九横(经)》、《佛说积骨经》、《佛说七处三观经》——三经是有经名的;其他的四十四经,没有经名。检寻"经录",这就是《出三藏记集》(卷二)中,安世高所译的"杂经四十四篇,二卷"。附注说:"安公云:出《增一阿铪经》。"今本四十七经中,除去有经名的三经,恰好是四十四篇,而又是出于《增一》的。《七处三观经》,是《杂阿含》(四二)经的异译;《积骨经》是《杂阿含》(九四七)经的异译;《九横经》,在安世高的译典中,也是自成一经的(与一五〇B《佛说九横经》,是同译的别本)。所以,应除去三经,恢复"杂经四十四篇"的古称。或仿照一卷本《杂阿含经》的先例,改名《增一阿铪经》二卷,附注"古称杂经四十四篇"。《七处三观经》与《九横经》,都应自成一经。《积骨经》是从一卷本《杂阿含经》抄出的,文句相同,这里的应该删去。

二、本经二卷四十七经，《大正藏》所依（丽藏）本，与宋藏本等次第不同。依宋藏本等，《大正藏》编号的一——三经，三一——四七经，是卷上；四——三〇经是卷下。不但二本的次第不同，同一经文而分在两处的，就有三经。如一、（一）经是《七处三观经》，只说到"何等是思"（二·八七五下六行），到（三）经才接着说：（何等是思）"想尽识？栽尽是思想尽识。……欢喜奉行"（二·八七六中一行——下一行）。二、（三）经是三人，说到"从后说"（二·八七六上一六行——中一行）；（四一）经接着说：（从后说）"绝：无有财产，……佛说如是"（二·八八一中二二行——下三行）。三、（四一）经是三恶行，说到"不舍身恶行，便"（二·八八一中一八行——二二行）；在（一）经中接着说：（便）"望恶，便望苦，……亦如上说"（二·八七五下一六行——一八行）。经文次第紊乱，今依增一法次第，改编如下（下是《大正藏》本次第）：

增一法	改编次第（原本）	《大正藏》本
二法	一经：二人世间难得	三二经
	二经：二人世间难得	三三经
	三经：二人世间难得	三四经
	四经：二人世间难得	三五经
	五经：二人世间难得	三六经
	六经：二人世间难得	三七经
	七经：二人世间难得	三八经
	八经：二人世间难断难胜	三九经

	九经:二清白法	四〇经
三法	一〇经:三恶行	四一经上·一经下
	一一经:三世(间)	四二经
	一二经:三行	四三经
	一三经:三安善乐	四四经
	一四经:三大病	四五经
	一五经:三恶本	四六经
		一经上,三经下(《七处三观经》)
	一六经:三守(身口意)	二经
	一七经:三辈人	三经上·四一经下
四法	一八经:四行为黠所有	四七经
	一九经:四著	四经
	二〇经:四颠倒	五经
	二一经:四施[摄]	六经
	二二经:四行法轮	七经
	二三经:人有四辈	八经
	二四经:人有四辈	九经
	二五经:四辈云	一〇经
	二六经:四舍	一一经
	二七经:四行	一二经
	二八经:四家欢喜	一三经
五法	二九经:色力病寿豪	一四经
	三〇经:五福施	一五经
	三一经:布施有五品	一六经

印 顺 法 师 佛 学 著 作 系 列

华雨集

（下）

释印顺 著

中華書局

华雨集（四）

目　　录

一 契理契机之人间佛教

一 探求佛法的信念与态度

三年前,宏印法师的《妙云集宗趣窥探》说:"我积多年的见闻,总觉得这些人的批评,抓不住印公导师的思想核心是什么,换句话说,他们不知《妙云集》到底是在传递什么讯息!"最近,圣严法师在《印顺长老的佛学思想》中说:"他的著作太多,涉及范围太广,因此使得他的弟子们无以为继,也使他的读者们无法辨识他究竟属于哪一宗派。"二位所说,都是很正确的!我在修学佛法的过程中,本着一项信念,不断地探究,从全体佛法中,抉择出我所要弘扬的法门;涉及的范围广了些,我所要弘扬的宗趣,反而使读者迷惘了! 其实我的思想,在一九四二年所写的《印度之佛教·自序》,就说得很明白:"立本于根本佛教之淳朴,宏传中期佛教之行解(梵化之机应慎),摄取后期佛教之确当者,庶足以复兴佛教而畅佛之本怀也欤!"我不是复古的,也决不是创新的,是主张不违反佛法的本质,从适应现实中,振兴纯正的佛法。所以一九四九年完成的《佛法概论·自序》就这样说："深深地觉得，初期佛法的时代适应性，是不能充分表达释尊真谛的。大乘佛法的应运而兴，……确有它独到的长处。……宏通佛法，不应为旧有的方便所拘蔽，应使佛法从新的适应中开展。……着重于旧有的抉发，希望能刺透两边（不偏于大小，而能通于大小），让佛法在这人生正道中，逐渐能取得新的方便适应而发扬起来！"——这是我所深信的，也就是我所要弘扬的佛法。

这一信念，一生为此而尽力的，是从修学中引发决定的。在家时期，"我的修学佛法，一切在摸索中进行。没有人指导，读什么经论，是全凭因缘来决定的。一开始，就以三论、唯识法门为研求对象，（法义太深）当然事倍而功半。""经四、五年的阅读思惟，多少有一点了解。……理解到的佛法（那时是三论与唯识），与现实佛教界差距太大，这是我学佛以来，引起严重关切的问题。""佛法与现实佛教界有距离，是一向存在于内心的问题。出家来八年的修学，知道（佛法）为中国文化所歪曲的固然不少，而佛法的渐失本真，在印度由来已久，而且越（到后）来越严重。所以不能不将心力，放在印度佛教的探究上。"（《游心法海六十年》）我在佛法的探求中，直觉得佛法常说的大悲济世，六度的首重布施，物质的、精神的利济精神，与中国佛教界是不相吻合的。在国难教难严重时刻，读到了《增一阿含经》所说："诸佛皆出人间，终不在天上成佛也。"回想到普陀山阅藏时，读到《阿含经》与各部广律，有现实人间的亲切感、真实感，而不是部分大乘经那样，表现于信仰与理想之中，而深信佛法是"佛在人间"、"以人类为本"的佛法。也就决定了探求印度佛法的立场与目标,如《印度之佛教·自序》所说:"深信佛教于长期之发展中,必有以流变而失真者。探其宗本,明其流变,抉择而洗炼之,愿自治印度佛教始。察思想之所自来,动机之所出,于身心国家实益之所在,不为华饰之辩论所蒙(蔽),愿本此意以治印度之佛教。"所以我这一生,虽也写了《中国禅宗史》、《中国古代民族神话与文化之研究》,对外也写有《评熊十力的新唯识论》、《上帝爱世人》等,而主要是在作印度佛教史的探讨;而佛教思想史的探究,不是一般的学问,而是"探其宗本,明其流变,抉择而洗炼之",使佛法能成为适应时代、有益人类身心的、"人类为本"的佛法。

印度佛教思想史的研究,我是"为佛法而研究",不是为研究而研究的。我的研究态度与方法,一九五三年底,表示在《以佛法研究佛法》一文中。我是以佛法最普遍的法则,作为研究佛法(存在于人间的史实、文字、制度)的方法,主要是"诸行无常,诸法无我,涅槃寂静"。"涅槃寂静",为研究佛法者的究极理想。"诸行无常","从佛法演化的见地中,去发现佛法真义的健全与正常的适应"。"诸法无我"中,人无我是:"在佛法的研究中,就是不固执自我的成见,不(预)存一成见去研究";法无我是:一切都是"在展转相依相拒中,成为现实的一切。所以一切法无我,唯是相依相成的众缘和合的存在"。也就因此,要从"自他缘成"、"总别相关"、"错综离合"中去理解。这样"研究的方法,研究的成果,才不会是变了质的违反佛法的佛法"。这一研究的信念,在一九六七年(夏)所写的《谈入世与佛学》中列举了三点:"要重视其宗教性","重于求真实","应有以古为鉴的实际意义"，而说"真正的佛学研究者，要有深彻的反省的勇气，探求佛法的真实而求所以适应，使佛法有利于人类，永为众生作依怙"。那年冬天，在《说一切有部为主的论书与论师之研究·自序》中，把"我的根本信念与看法"列举八项，作为研究佛法的准则（略）。我是在这样的信念、态度、理想下，从事印度佛教思想史的研究，但限于学力、体力，成就有限，如一九八二年六月致继程法师的信上说："我之思想，因所图者大，体力又差，致未能完全有成。大抵欲简别余宗，必须善知自他宗，故在《妙云集》上编，曾有三系经论之讲记，以明确了知三宗义理之各有差别，立论方便不同。晚年作品，自史实演化之观点，从大乘佛法兴起之因缘，兴起以后之发展，进展为如来藏佛性——妙有说；从部派思想之分化，以上观佛法之初期意义。澄其流，正其源，以佛法本义为核心，摄取发展中之种种胜义，以期更适应人心，而跳出神（天）化之旧径。此为余之思想，但从事而未能完成也！"

二　印度佛教思想史的分判

现在世界各地所传的佛法，目标与修行、仪式，有相当大的差距，但大体地说，都是从印度传来，因时地演化而形成的。印度的佛教，从西元前五世纪，释尊成佛说法而开始，流传到西元十二世纪而灭亡。千七百年（大概地说千五百年）的印度佛教，我在《印度之佛教》中，分为五个时期：一、声闻为本之解脱同归；二、菩萨倾向之声闻分流；三、菩萨为本之大小兼畅；四、如来倾向之菩萨分流；五、如来为本之佛梵一如。这五期中，一、三、五，表示了声闻、菩萨、如来为主的，也就是修声闻行，修菩萨行，修如来行，有显著不同特色的三大类型；第二与第四期，表示了由前期而演化到后期的发展过程。在《说一切有部为主的论书与论师之研究·自序》，又以"佛法"、"大乘佛法"、"秘密大乘佛法"——三期来统摄印度佛教。"佛法"中，含摄了五期的初期与二期，也就是一般所说"原始佛教"与"部派佛教"。"大乘佛法"中，含摄了五期的第三与第四期，我通常称之为"初期大乘"与"后期大乘"。约义理说，"初期大乘"是一切皆空说，"后期大乘"是万法唯心说。"秘密大乘佛法"有显著的特色，所以别立为一类。三期的分类，正与秘密大乘者的分类相合，如《摄行炬论》所说的"离欲行"，"地波罗蜜多行"，"具贪行"；《三理炬论》所说的"谛性义"，"波罗蜜多义"，"广大密咒义"。因此，我没有一般人那样，统称后三期为"初期大乘"、"中期大乘"、"后期大乘"，而在"前期大乘"、"后期大乘"外，把末后的"秘密大乘"独立为一期。这是约思想的主流说，如"大乘佛法"时期，"部派佛教"也还在发展中；"秘密大乘佛法"时期，"大乘佛法"也还在宏传，只是已退居旁流了！

在"大乘佛法"中，我在一九四一年所写的《法海探珍》中，说到了三系："性空唯名"、"虚妄唯识"、"真常唯心"，后来也称之为三论。"后期大乘"是真常本有的"如来藏，我，自性清净心"，与说一切法自性空的"初期大乘"，都是起源于南印度而流传北方的。西元三、四世纪间兴起的"虚妄唯识论"，却是渊源于北方的。真常——"如来藏，我，自性清净心"法门，融摄"虚妄唯识"而大成于中（南）印度，完成"真常唯心论"的思想系

（如《楞伽》与《密严经》），所以叙列这样的次第三系。向后看，"真常唯心"是佛德本有论，正是"秘密大乘"的理论基础：众生本有如来功德，才有成立即生成佛——"易行乘"的可能。向前看，声闻部派的所以分流，主要是：一、释尊前生的事迹，以"本生"、"譬喻"、"因缘"而流传出来，也就是佛的因行——菩萨大行的成立。二、大众部分出的部派，思想接近大乘，如被称为"诸法但名宗"的一说部，与般若法门的"性空唯名"，是非常接近的，这是从声闻为本的"佛法"，进展到"大乘佛法"的过程。还有，第五期的"梵佛一如"，应改正为"天佛一如"。因为"秘密大乘"所重的，不是离欲的梵行，而是欲界的忉利天，四大王众天式的"具贪行"。而且，"天"可以含摄一切天，所以改名为"天佛一如"要更为恰当些。我对印度佛教史所作的分类，有五期说；三期说；也可分三期的"大乘佛法"为"初期大乘佛法"、"后期大乘佛法"，成为四期说。大乘佛法的三系说，开合不同，试列表如下：

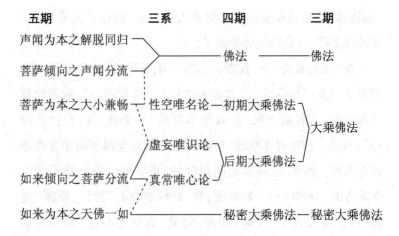

五期	三系	四期	三期
声闻为本之解脱同归		佛法	佛法
菩萨倾向之声闻分流			
菩萨为本之大小兼畅	性空唯名论	初期大乘佛法	大乘佛法
	虚妄唯识论	后期大乘佛法	
如来倾向之菩萨分流	真常唯心论		
如来为本之天佛一如		秘密大乘佛法	秘密大乘佛法

三　从印度佛教思想史论台贤教判

　　上来依印度佛教史所作的分判,与我国古德的判教是不同的。古德的判教,以天台、贤首二家为最完善。但古德是以一切经为佛说,依佛说的先后而判的,如古代的五时教、《华严经》的三照,如作为出现于历史的先后,那是不符实况的! 然天台所判的化法四教,贤首所判的五教(十宗),从义理上说,与印度佛教思想史的发展,倒是相当接近的,试列表而再为解说:

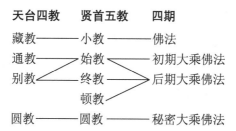

　　"佛法",与天台的藏教、贤首的小教相当。天台称之为藏教,依经、律、论立名。《法华经》虽说到"小乘三藏",但藏教不但是声闻,也有菩萨、佛。菩萨大行,如南传《小部》中的"本生";汉译《十诵律》等,也说到"五百本生"。佛,除经律中释尊的言行外,南传《小部》中有"所行藏"、"佛譬喻";在汉译中,佛譬喻是编入《根本说一切有部毗奈耶药事》中的。"佛法"既通于声闻(缘觉)、菩萨、佛,称之为"藏教",应该比"小教"好些。贤首的小教,就是十宗中的前六宗,从犊子部的"我法俱有宗"到一说部的"诸法但名宗"。在这里可以看出:天台的藏教,主要是依三藏说的;贤首的小教,重于佛教界的事实。小教——六宗是部派佛教，不能代表一味和合的原始佛教。"小教"与六宗，显然不如称为"藏教"的好！

天台的"通教"与"别教"，与"初期大乘"及"后期大乘"相当。天台家用一"通"字，我觉得非常好！如般若波罗蜜是三乘共学的。阿罗汉所证，与菩萨的无生忍相当，只是菩萨悲愿深切，忍而不证罢了。大乘经广说空义，每以声闻圣者的自证为例。《般若经》说：声闻而证入圣位的，不可能再发菩提心了，这是通前（藏教），只剩七番生死，不可能再历劫修菩萨行。但接着说："若发阿耨多罗三藐三菩提心，我亦随喜，终不断其功德。所以者何？上人应更求上法。"这是可以发心，应该进向大乘了。从思想发展来说：无我我所就是空；空、无相、无愿——三解脱门，是《阿含经》所说的。部派中说：十方有现在佛；菩萨得决定（无生忍），能随愿往生恶趣；证知灭（不生不灭）谛而一时通达四谛；人间成佛说法是化身："初期大乘"不是与"佛法"（藏教）无关，而是从"佛法"引发而来的。发扬大乘而含容传统的三藏教法，正是大乘初兴所采取的态度。"初期大乘"多说空义，而空的解说不同，如《涅槃经》以空为佛性，这就是通于"别""圆"了。"通"是"通前藏教，通后别圆"，在印度佛教史上，初期大乘法，是从三乘共法而通向大乘不共法的关键。天台所说的"别教"，是不共（二乘的）大乘，菩萨特有的行证。别说大乘不共的惑业苦：在见思惑外，别立无明住地；在有漏业外，别立无漏业；在分段生死外，别立意生身与不可思议变易死，所以天台宗有界内生死、界外生死的安立。"初期大乘"说真谛与俗谛，缘起幻有即空性。"后期大乘"说如来藏，自性清净心，以空为有余（不了义）说，别说不空——中国所说的"妙有"，天台称之为中谛，那是别教了。这些，正是"后期大乘（经）佛法"的特色。

贤首的五教，仰推杜顺的五种观门。第二"生即无生门"，第三"事理圆融门"，大体与天台的"通教"、"别教"相近。五教与十宗相对论，始教是一切皆空宗，也与通教相同。但贤首于始教中，立始有——相始教，始空——空始教，这才与天台不合了。天台重于经说；智者大师在陈、隋时代，那时的地论师说梨耶是真识，摄论师说梨耶通真妄，都是别教所摄的。贤首的时代，玄奘传出的《成唯识论》（与《地论》、《摄论》本属一系），对如来藏、自性清净心、佛性，解说与经义不同，贤首这才把唯识学纳入始教，分始教为始有与始空。贤首的终教，是说一乘的，一切众生有佛性的；而《成唯识论》说有定性二乘，还有无（圣）性的一阐提人，与贤首的终教不同。贤首的终教，多依《起信论》，真如受熏，也就是以真如为依而说明染净因果；《成唯识论》的染净因果，约生灭的依他起性说，这又是主要的不同。与终教不同，于是判玄奘的唯识学为"相始教"，还贬抑在"空始教"以前了。唯识学说：一切法空是不了义的，说依他、圆成实性的有性；《摄大乘论》立十种殊胜，也就是十事都与声闻不同；一切唯识（心）所现；二障，二种生死，三身（四身），四智，一切都是大乘不共法门。而且，不但说一切法空是不了义的，更说到如来藏为真如异名，心性本净（即自性清净心）约心真如说。在佛教思想史上，这无疑是"后期大乘佛法"，比一部分如来藏经还要迟一些。不过，这一系的根本论——《瑜伽师地论》，申明三乘法义，推重《杂阿含》为佛法根本（如《摄事分》），与说一切有系——有部

与经部有关；以生灭的"虚妄分别识"为染净所依，不妨说离"佛
法"不远，判属始教。如来藏、自性清净心、佛性，这一系（终教）
经典的传出，比无著、世亲论要早得多；而"如来藏藏识心"，《宝
性论》的"佛界、佛菩提、佛德、佛事业"，真常唯心大乘，恰是在
虚妄唯识（心）论发展过程中完成的。所以，如分"别教"为二
类，真如不随缘的，如虚妄唯识论；真如随缘的，如真常唯心论，
似乎比贤首的判虚妄唯识为始教，要来得恰当些！

　　贤首立"顿教"，只是重视唐代大兴的禅宗，为禅宗留一地
位。天台与贤首，都是以"圆教"为最深妙的。天台重《法华》与
《涅槃经》，贤首重《华严经》。在印度佛教发展史上，《法华经》
的成立，应该是"初期大乘佛法"的后期；天台宗的圆义，也与
《般若》空义有关，当然是通过了涅槃常住与佛性，也接受了《华
严》的"心佛众生三无差别"的思想。《华严经》有"后期大乘佛
法"的成分；贤首宗从（《华严》的）地论师发展而来，所以思想是
重于唯心的。台、贤所共同的，是"如来为本"。《法华经》开示
悟入佛之知见，论法是一乘，论人是如来，开迹显本，表示佛的
"寿命无量阿僧祇劫，常住不灭"。《华严经》显示毗卢遮那的果
德，说释迦牟尼与悉达多，是毗卢遮那佛的异名。释迦与毗卢遮
那相即，《法华》与《华严》，还是不离释迦而说毗卢遮那的。圆
满佛果的理想与信仰，本于大众部系所说：佛无所不在，无所不
知，无所不能，寿命无量。圆满的佛果观，在"大乘佛法"中，表
显于《法华》及《华严经》中。圆满佛德的信仰与理想，与"秘密
大乘佛法"——"如来为本之天佛一如"，有一致的理趣。虽然
天台与贤首接触到的"秘密大乘佛法"还只是"事续"，而意境上

却有相当的共同性。竺道生说"阐提有佛性"；台、贤都阐扬"如来为本"的圆义，可说中国古德的卓越智慧，能远见佛法思想发展必然到来的境地！唐玄宗时，善无畏、金刚智（及不空）传来的秘密法门，从流传于日本而可知的，"东密"是以贤首宗的圆义，"台密"是以天台宗的圆义来阐述的。不过台、贤重于法义的理密（圆），与"秘密大乘"的重于事密，还有些距离，可见中国佛教到底还是以"大乘佛法"为主流的。贤首宗成立迟一些，最高的"事事无碍"，为元代西番僧（喇嘛）的"无上瑜伽"所引用。

我分"大乘佛法"为三系：性空唯名、虚妄唯识、真常唯心，与太虚大师所判的法性空慧宗、法相唯识宗、法界圆觉宗——三宗的次第相同。其实，在唐圭峰宗密的教判中，已有法相宗、破相宗、法性宗（总摄终、顿、圆）的安立；永明延寿是称为相宗、空宗、性宗的。这可见，在"大乘佛法"发展中的三系说，也与古德所说相通。次第的前后差异，是由于圭峰等是依贤首宗说的；真正差别的，那是抉择取舍不同了。三系的次第差异如下：

性空唯名论——法性空慧宗＼　法相宗——相宗
虚妄唯识论——法相唯识宗　＼　破相宗——空宗
真常唯心论——法界圆觉宗——　法性宗——性宗

四　印度佛教嬗变的历程

探求印度佛教史实，而作五期、四期、三期，及"大乘佛法"三系的分判，与我国古德的教判相通，但抉择取舍不同，因为我是从历史观点而论判的。印度佛教的创始到衰灭，"凡经五期之演变;若取喻人之一生,则如诞生、童年、少壮、渐衰而老死也"(《印度之佛教》)。在《说一切有部为主的论书与论师之研究·自序》,说得更明白些:"印度佛教的兴起、发展又衰落,正如人的一生,自童真、少壮而衰老。童真,充满活力,是可称赞的,但童真而进入壮年,不是更有意义吗? 壮年而不知珍摄,转眼衰老了。老年经验多,知识丰富,表示成熟吗? 也可能表示接近衰亡。所以我不说愈古愈真,更不同情于愈后愈圆满、愈究竟的见解。"在印度佛教兴灭的过程中,明显地见到:佛教兴起于中印度的东部;渐从中印度而扩展到南印与北印(及东西印度),更发展到印度以外,而有南传与北传佛教的传播。但西元四世纪以后,北印与南印的佛教日渐衰落,萎缩到中东印度,最后因印度教与回教的入侵而灭亡。衰灭,固然有外来的因素,但发展与衰落,应有佛教自身内在的主因,正如老人的终于死亡,主因是身心的日渐老化一样。所以我尊重(童真般的)"佛法",也赞扬(少壮般的)初期的"大乘佛法",而作出:"立本于根本佛教之淳朴,宏阐中期佛法之行解,摄取后期佛教之确当者,庶足以复兴佛教"的结论。

"佛法","大乘佛法"的初期与后期,"秘密大乘佛法",印度先后传出的教典,都说这是甚深的、了义的、究竟的。如《法华经》说是"诸经中王",《金光明经》也这样说;"秘密大乘"的教典,有些是名为"大咀特罗王"、"大仪轨王"——汉译作"大教王"的。以牛乳五味为譬喻的,《大般涅槃经》如醍醐,而在《大乘理趣六波罗蜜多经》中,譬喻醍醐的,是"陀罗尼藏"。总之,每一时代的教典,都自称为最甚深、最究竟的。到底哪些教典是最甚深的,那就在信解者的理解不同了。先从修证的"正法"来说:"佛法"中,缘起是甚深的,以法性、法住、法界、(真)如、不变易性来表示它;又说涅槃是最甚深的。"要先知法住(知缘起),后知涅槃",所以佛弟子是观缘起的无常、苦、无我我所——空,能断烦恼而证究竟涅槃的。初期大乘的《大般若经》,与文殊相关的多数教典,是"以真如为定量","皆依胜义"的。不分别、了解、观察缘起,而直观一切法的但名无实,而修证一切法空,一切法皆如,一切法不可得,一切法无生。《摩诃般若波罗蜜经》明确地说:"深奥处者,空是其义,……(真)如、法性[界]、实际、涅槃,如是等法,是为深奥义。"空(性、真)如等种种名字,无非涅槃的异名。涅槃最甚深,本是"佛法"所说的,但"皆依胜义"——无蕴、处、界,无善无恶,无凡无圣,无修无证,一切法空的深义,一般人是容易误解的,所以《般若经》说:"为久学者,说生灭、不生灭如化。"说一切法如幻化,涅槃也如幻化,如幻如化(依龙树论)是譬喻空的。这是《般若经》的深义,是久学者所能信解修证的。又说"为新发意菩萨故,分别生灭者如化,不生不灭者不如化",那就近于"佛法"说缘起如化,涅槃不如化了。《般若经》的深义,是容易引起误解的,所以西元二、三世纪间,代表"初期大乘"的龙树论,依《般若经》的一切法空与但名无实,会通了"佛法"的缘起中道,而说"因缘所生[缘起]法,我说即是空(性),亦为是假名,亦是中道义",并且说:"若不依俗谛,不得第一义",回归于"先知法住,后知涅槃"——"佛法"的立场。由于缘起而有,是如幻如化都无自性的,所以缘起即空。而"以有空义故,一切法得成",正由于一切法空,所以依缘起而成立一切。《法华经》也说:"诸法从本来,常自寂灭相";"诸法常无性,佛种从缘起"。空寂与缘起的统一(大乘是世间即涅槃的),龙树成立了"中观"的"性空唯名论",可说通于"佛法"而又彰显"为久学者说"的甚深义。"后期大乘"的《解深密经》,是"瑜伽行派"——"虚妄唯识论"所宗依的经典。经上说:"一切诸法皆无自性,无生无灭,本来寂静,自性涅槃。于是(《般若》等)经中,若诸有情已种上品善根(一),已清净障(二),已成熟相续(三),已多修胜解(四),已能积集上品福智资粮(五),彼若听闻如是法已,……依此通达善修习故,速疾能证最极究竟。"为五事具足者说,能信解、通达、修证的,就是《般若经》的"为久学者说"。但五事不具足的根机,对深奥义引起的问题不少。依《解深密经》说:有的不能了解,有的误解(空)为什么都没有,有的进而反对大乘。因此,《解深密经》依三性来作显了的解说:一切法空,是约遍计所执自性说的;依他起自性——缘起法是有的;圆成实自性——空性、法界等,因空所显是有而不是没有的。这样的解说——"了义说",那些五事不具的,也能信修大乘佛法了。这一解说,与《般若经》的"为初发意(心)者说",是大致相同的。对甚深秘密,作不深不密的浅显说明,称为了义说。适应不同根性而有此二类,《般若经》与《解深密经》本来是一致的,只是论师的解说不同罢了!"后期大乘"经,以如来藏、我、佛性、自性清净心为主流,西元三世纪起,不断地流传出来。如《大般涅槃经》"前分",说如来大般涅槃,是常乐我净。如来是常住的,那(能成佛的)一切众生应有如来了,这就是真我。"我者,即是如来藏义;一切众生悉有佛性,即是我义";"我者即是如来"。《大般涅槃经》与《如来藏经》等说:相好庄严的如来,在一切众生身内,但是为烦恼(业苦)所缠,还没有显现,如人在胎藏内一样,这是"真常我"说。"我"是有知的,所以与为客尘所染的自性清净心[心性本净]相合,也就是"真常心"。如来藏说,以为《般若》等"一切空经是有余说",是不究竟的,提出了空与不空,如《大般涅槃经》说:"空者,谓无二十五有及诸烦恼,一切苦,一切相,一切有为行;不空者,谓真实善色,常乐我净,不动不变。"如来真解脱——大般涅槃(如来)是不空的,空的是生灭有为的诸行,这与《般若经》"为初发意者说"的,倒是非常吻合!后来《胜鬘经》以"如来空智"——如来空性之智(有如智不二意义),而说空如来藏、不空如来藏,也是这一意义。"有异法是空,有异法不空",与我国空即不空、不空即空的圆融说不同。在世俗语言中,"如来"有神我的意义,胎"藏"有《梨俱吠陀》的神话渊源,所以如来藏、我的思想,与传统的("佛法"与"初期大乘")佛法,有相当的距离。因此,或者以"空"、"缘起"来解说佛性(不再说如来藏了),众生"当(来)有佛性",而不是一切众生"定有佛性",如《大般涅槃经》"后分"所说。或以如来藏为依真如的不了义说,如瑜伽行派。然在如来藏说主流,以为这是最甚深的,唯佛能了了知见,十住菩萨也只能少分见;声闻与一般人,只能仰信,只存在于理想、信仰心中。如来藏说,有印度神学意味,而教典的传出,正是印度教复兴的时候;如解说为适应信仰神我的一般人的方便,应该是正确的!《大般涅槃经·师子吼品》说:五百位梵志,不能信受佛说的"无我"。经上说:"我常宣说一切众生悉有佛性,佛性者岂非我耶?"梵志们听说有我，就发菩提心了。其实，"佛性者实非我也，为众生故说名为我"。融摄"虚妄唯识"的《楞伽经》也这样说："为断愚夫畏无我句，……开引计我诸外道故，说如来藏。……当依无我如来之藏。"传统的佛法者，这样的净化了如来藏的真常我说，但适应一般人心的，真常我、真常心的主流——"真常唯心论"者，如《楞伽经》后出的《偈颂品》、《大乘密严经》，说"无我"是没有外道的神我，真我是有的，举种种譬喻，而说真我唯是智者所见的。这一适应神学（"为众生故"）的如来藏、我、佛性、自性清净心，是一切众生本有的——"佛德本有"说，为"秘密大乘佛法"所依；在中国，台、贤都依此而说"生佛不二"的圆教。

再从方便来说："佛法"——缘起甚深，涅槃更甚深，解脱生死，真是谈何容易！这不是容易成就的，所以释尊有不想说法的传说。佛到底慈悲说法了，有好多人从佛出家，也有广大的在家信众，但解脱的到底是少数。为了化导大众，种善根而渐渐地引向解脱（不一定在今生），在正常的八正道外，别有适应信强慧弱（主要为在家）的六念法门——念佛，念法，念僧，念戒，念施，念天。（心）念自己归信的三宝功德，念自己持行的戒德，念自己所作的布施功德，念（自己所能得的）天界的庄严。在忧愁、恐怖，特别是濒临病重的死亡边缘，如修六念，可以心无怖畏而得内心的平安。这有点近于一般宗教，但不是祈求他力的救护。修念佛等方便，如与慧相应，那信增上人也可能证果，这就是"四证净"。由于"佛涅槃后，佛弟子对佛的永恒怀念"，发展为"大乘佛法"。"初期大乘"，念佛有了非常的发展，如《法华经》说："更以异方便，助显第一义。""异方便"是特殊的方便："念佛"的因行而形成菩萨的六度大行;念佛而造佛舍利塔,(西元一世纪起)造佛像,供养、礼拜佛塔与佛像;称念佛名,都是成佛的特别方便(释尊时代是没有的)。伟大的菩萨六度大行,要久劫修行,这是怯劣根性所难以奉行的,所以有"往生净土"的"易行道";通于一切净土,而往生西方阿弥陀佛净土,受到大乘佛教界的尊重。还有,在十方现在一切佛前,礼拜、忏悔、劝请、随喜、回向等,也是为怯劣根性说的,如信愿坚固,可以引入正常的菩萨道。以上所说的念佛法门,是一般(可浅可深)的,重要的是"观想念佛"。由于那时的佛像流行,念佛的都念佛的相好庄严。观佛身相而成就的,是般舟(一切佛现在前立)三昧。依此念佛三昧的定境,而理会出"是心作佛","三界唯心"("虚妄唯识论"者的唯识说,也是从定境而理解出来的)。到了"后期大乘",说一切众生本有如来藏、我、自性清净心,也就是本有如来德性,于是修念佛观的,不但观外在的佛,更观自身是佛。"秘密大乘佛法",是从"易行道"来的"易行乘",认为历劫修菩萨行成佛,未免太迂缓了,于是观佛身、佛土、佛财、佛业(称为"天瑜伽"),而求即生成佛。成佛为唯一目标,"度众生"等成了佛再说。念佛观,在佛法的演化中,是有最深远影响的!方便道的"念法","初期大乘"中,有了独到的发展。如《般若》、《法华经》等,说读经、(背或讽)诵经、写经、布施经典等,有重于现生利益的不可思议功德,并称般若"是大神咒,是大明咒,是无上咒,是一切咒王"。咒术,本是"佛法"所禁止的,渐渐地渗入"大乘佛法",主要是为了护法,降伏邪魔。诵经与持咒,有共同的倾向,也与称名的念佛相通;音声佛事,特别是咒语,成为"秘密大乘"修持的要目。"念佛"、"念法"外，"念天"是非常重要的！"佛法"容认印度群神——天的存在，但梵天、帝释、四大王众天的鬼神，佛弟子是不信敬、不礼拜的。佛与在家、出家弟子，诸天却表示了恭敬、赞叹、归依、（自动地来）护法的真诚（邪神恶鬼在外）。佛与人间弟子胜过了天神，是佛法的根本立场。"大乘佛法"兴起，由于"本生"中，菩萨有天神、畜生身的，所以有天菩萨在大乘经中出现，如《海龙王经》、《大树紧那罗王所问经》、《密迹金刚力士经》等。《华严经》圆融无碍，有无数的执金刚神、主城神、主地神、……大自在天，来参加法会，都是大菩萨。善财童子参访的善知识，也附入了不少的主夜神（女性夜叉）。夜叉菩萨名为金刚手，或名执金刚、金刚藏，在《华严经》中，地位高在十地以上。"初期大乘"经，深（观）广（大菩萨行）而与通俗的方便相统一，入世而又有神秘化的倾向。到了"后期大乘"，如《楞伽经》、《大集经》，说到印度著名的天神，都是如来的异名；在鬼、畜天的信仰者，所见的如来就是鬼、畜。在理论上，达到了"天佛一如"，也就是"神佛不二"，这是与印度教的兴盛有关的。到了"秘密大乘佛法"，念天的影响更深。如仿五部夜叉，及帝释在中间、四大天王四方坐的集会，而有五部如来的集会方式。天菩萨着重忿怒相、欲乐的身相。观自身是佛的佛慢，也名为天慢。而忉利天与四大王众天的男女交合而不出精，也成为实现大乐、即身成佛的修证理想。欲界天神——大力鬼王与高等畜生天的融入佛教，不但有五甘露——尿、屎、骨髓、精、血，五肉——狗肉、牛、马、象、人肉等鬼神供品；而"佛法"所禁止的咒术以外，占卜、问镜、观星宿、火祭——护摩，这些印度神教的,都纳入"秘密大乘"。念天而演变到以"天(鬼神)教"方式为佛法主流,真是世俗所说的"方便出下流"了！重信仰、重秘密(不得为未受法的人说,说了堕地狱)、重修行、"索隐行怪"的"秘密大乘佛法",是"念佛"与"念(欲)天"的最高统一。

五　佛教思想的判摄准则

在印度佛教思想史的探求中,发现了一项重要的判摄准则。南传佛教的觉音三藏,我没有能力读他的著作,但从他四部(阿含)注释书名中,得到了启发。他的四部注释,《长部》注名"吉祥悦意",《中部》注名"破斥犹豫",《相应(即"杂")部》注名"显扬真义",《增支部》注名"满足希求"。四部注的名称,显然与龙树所说的四悉檀(四宗、四理趣)有关,如"显扬真义"与第一义悉檀,"破斥犹豫"与对治悉檀,"满足希求"与各各为人(生善)悉檀,"吉祥悦意"与世界悉檀。深信这是古代传来的,对结集而分为四部阿含,表示各部所有的主要宗趣。一九四四年秋,我在汉院讲《阿含讲要》,先讲"四阿含经的判摄",就是依四悉檀而判摄四阿含的。在原始圣典的集成研究中,知道原始的结集略同《杂阿含》,而《杂阿含》是修多罗、祇夜、记说等三分集成的。以四悉檀而论,"修多罗"是第一义悉檀;"祇夜"是世界悉檀;"记说"中,弟子记说是对治悉檀,如来记说是各各为人生善悉檀。佛法有四类理趣,真是由来久矣！这可见,《杂阿含》以第一义悉檀为主,而实含有其他三悉檀。进一步地辨析,那"修多罗"部分,也还是含有其他三悉檀的。所以这一判摄,是约圣典主要的理趣所在而说的。四悉檀传来中国,天台家多约众生的听闻得益说,其实是从教典文句的特性,所作的客观判摄。依此四大宗趣,观察印度佛教教典的长期发展,也不外乎四悉檀,如表:

```
佛法 ……………………… 第一义悉檀 ……… 显扬真义
            ┌ 初期 …… 对治悉檀 ………… 破斥犹豫
大乘佛法 <
            └ 后期 …… 各各为人悉檀 …… 满足希求
秘密大乘佛法 ……… 世界悉檀 ………… 吉祥悦意
```

　　一九七〇年所写成的《原始佛教圣典之集成》,我从教典的先后,作了以上的判摄。这里再为叙述:从长期发展的观点来看每一阶段圣典的特色,是:一、以《杂阿含经》(《相应部》)为本的"四部阿含"(四部可以别配四悉檀),是佛法的"第一义悉檀",无边的甚深法义,都从此根源而流衍出来。二、"大乘佛法"初期的"大乘空相应经",广说一切法空,遣除一切情执,契入空性。《中论》说:"如来说空法,为离诸见故",是依《宝积经》说的。所以"大乘空相应经"的特色,是"对治悉檀"。三、"大乘佛法"后期,为真常不空的如来藏、我、佛性说,点出众生心自性清净,为生善、成佛的本因,重在"为人生善悉檀"。"各各为人生善",是多方面的。心自性清净,就是"心性本净",是出于"满足希求"的《增支部》的。《成实论》也说:"佛为懈怠众生,若闻心本不净,便谓性不可改,则不发清净心,故说本净。"在"后期大乘"中,就成为一切众生有如来藏、我、佛性说:这是一。如来藏说,是念自己身心中有佛。"初期大乘"的念佛往生净土,念佛见佛的般舟三昧;"佛法"六念中念佛,都是为信增上者、心性怯劣怖畏者说的：这是二。这些"为人生善"的教说，都有"易行"诱导的倾向。四、"秘密大乘佛法"的流行，融摄了印度神教所有的宗教行仪。如说："劣慧诸众生，以痴爱自蔽，唯依于有著。……为度彼等故，随顺说是法。"在修持上，重定力，以欲天的佛化为理想，所以在身体上修风、修脉、修明点，从欲乐中求成佛，是"世界悉檀"。佛法一切圣典的集成，只是四大宗趣的重点开展。我应用牧女卖乳而一再加水为喻：为了多多利益众生，不能不求适应，不能没有方便，如想多卖几个钱而在乳中加些水一样。这样的不断适应，不断地加入世俗的方便，四阶段集成的圣典，如在乳中一再加水去卖一样，终于佛法的真味淡了，印度佛教也不见了！

　　这一判摄，是佛法发展阶段的重点不同，不是说"佛法"都是第一义悉檀，"秘密大乘佛法"都是世界悉檀，所以说："一切圣典的集成，只是四大宗趣的重点开展，在不同适应的底里，直接于佛陀自证的真实。""佛法的世界悉檀，还是胜于世间的神教，因为这还有倾向于解脱的成分。"这一切都是佛法；"秘密大乘"是晚期佛教的主流，这是佛教史上的事实，所以我不能同意"入纂正统"的批评。都是流传中的佛法，所以不会彻底否定某些佛法。但我不是宗派徒裔，不是学理或某一修行方法的偏好者。我是为佛法而学，为佛法适应于现代而学的，所以在佛法的发展中，探索其发展的脉络，而了解不同时代佛法的多姿多态，而作更纯正的、更适应于现代的抉择。由于这一立场，三期、四期的分判，相当于古德的分判，而意见不同，主要是由于纯正的、适应现代的要求。也就作成这样的结论："立本于根本佛教之

淳朴,宏阐中期佛教(指'初期大乘')之行解(梵化之机应慎),
摄取后期佛教之确当者,庶足以复兴佛教而畅佛之本怀也欤!"

六　契理而又适应世间的佛法

什么是"立本于根本佛教之淳朴"?佛弟子所应特别重视
的,是一切佛法的根源,释尊的教授教诫,早期集成的圣典——
"阿含"与"律"[毗尼]。在"阿含"与"律"中,佛、法、僧——三
宝,是朴质而亲切的。"佛"是印度迦毗罗卫的王子,经出家,修
行而成佛,说法、入涅槃,有印度的史迹可考。《增一阿含经》
说:"诸佛皆出人间,终不在天上成佛也。"佛不是天神、天使,是
在人间修行成佛的;也只有生在人间,才能受持佛法,体悟真理
[法]而得正觉的自在解脱,所以说"人身难得"。"佛出人间",
佛的教化,是现实人间自觉觉他的大道,所以佛法是"人间佛
教",而不应该鬼化、神化的。不过在佛法的长期流传中,由于
"佛涅槃后,佛弟子对佛的永恒怀念",不免渐渐地理想化、神
化,而失去了"如来两足[人]尊"的特色!"僧"(伽),是从佛出
家众弟子的组合。佛法是解脱道,依圣道修行而实现解脱,在
家、出家是一样的。但在当时——适应那时的印度风尚,释迦佛
是出家的;佛法的传宏,以佛及出家弟子的游行教化而广布,是
不容争议的。适应当时的社会,在家弟子是没有组织的。对出
家众,佛制有学处——戒条,且有团体的与经济的规制。出家众
的组合,名为僧伽,僧伽是和乐清净(健全)的集团。和乐清净
的僧伽,内部是平等的、民主的、法治的,以羯磨而处理僧事的。

出家众，除衣、钵、坐卧具及少数日用品外，是没有私有财物的。寺院、土地、财物，都属于僧伽所有，而现住众在合法下，可以使用。而且，这不是"现前（住）僧"所有，佛法是超越民族、国家的，只要是具备僧格的，从各处来的比丘（及比丘尼），如长住下来，就与旧住的一样。所以僧伽所有物，原则是属于"四方僧"的。僧伽中，思想是"见和同解"，经济是"利和同均"，规制是"戒和同遵"。这样的僧伽制度，才能和乐共住，精进修行，自利利他，达成正法久住的目的。但"毗尼［律］是世界中实"，在律制的原则下，不能没有因时、因地的适应性。可惜在佛法流传中，重律的拘泥固执，渐流于繁琐形式。而一分专重修证或重入世利生的，却不重毗尼，不免形同自由的个人主义。我想，现代的佛弟子，出家或在家的（现在也已有组织），应重视律制的特质。

律是"法"的一分。法的第一义，是八正道——正见，正思惟，正语，正业，正命，正精进，正念，正定。依正确的知见而修行，才能达成众苦的解脱。如约次第说，八正道是闻、思、修（正定相应）慧的实践历程。这是解脱者所必修的，所以称为"古仙人道"，离此是没有解脱的。修行者在正见（而起信愿）中，要有正常的语言文字、正常的（身）行为，更要有正命——正常的经济生活。初学者要这样的学，修行得解脱的更是这样。佛法在中国，说圆说妙，说心说性，学佛者必备的正常经济生活，是很难得听到的了！依正见而起正语、正业、正命，然后"自净其心"，定慧相应而引发无漏慧，所以在五根（信、精进、念、定、慧）中，佛说慧——般若如房屋的栋梁一样，是在先的，也是最后的。佛法是理性的德行的宗教，依正见而起信，不是神教式的信心第一。依慧而要修定，定是方便，所以也不是神教那样的重禅定，而眩惑于定境引起的神秘现象。佛弟子多数是不得根本定的，没有神通，但以"法住智"而究竟解脱，这不是眩惑神秘者所能理解的。有正见的，不占卜、不持咒、不护摩（火供），佛法是这样的纯正！正见——如实知见的，是缘起——"法"的又一义。世间一切的苦迫，依众生、人类而有（依人而有家庭、社会、国家等），佛法是直从现实身心去了解一切，知道身心、自他、物我，一切是相依的，依因缘而存在。在相依而有的身心延续中，没有不变的——非常，没有安稳的——苦，没有自在的（自己作主而支配其他）——无我。世间是这样的，而众生、人不能正确理解缘起（"无明"），对自己、他人（他众生）、外物，都不能正见而起染著（"爱"）。以无明、染爱而有造作（业），因行业而有苦果。三世的生死不已是这样，现生对自体（身心）与外境也是这样，成为众生无可奈何的大苦。如知道"苦"的原因所在"集"（无明与爱等烦恼），那从缘起的"此生故彼生"，理解"此灭故彼灭"，也就是以缘起正见而除无明，不再执著常、乐、我我所了，染爱也不起了。这样，现生是不为外境（及过去熏染的）所干扰而解脱自在，死后是因灭果不起而契入"寂灭"——不能说是有是无，只能从一切苦灭而名为涅槃，涅槃是无上法。佛法是理性的德行的宗教，以解脱生（老病）死为目标的。这是印度当时的思想主流，但佛如实知缘起而大觉，不同于其他的神教。这是佛法的本源，正确、正常而又是究竟的正觉。修学佛法的，是不应迷失这一不共世间的特质！

　　什么是"宏传中期佛教之行解"？中期是"大乘法"的兴起，是菩萨行为本而通于根本佛法的。依涅槃而开展为"一切法不生"，"一切法空"说。涅槃是最甚深的，当然可说是第一义悉檀，但重点的开展，显然存有"对治"的特性。如一、"佛法"依缘起为本，阐明四谛、三宝、世出世法。在佛法流传中，显然是异说纷纭，佛教界形成异论互诤的局面。大乘从高层次——涅槃超越的立场，扫荡一切而又融摄一切，所以说"一切法正，一切法邪"（龙树说："愚者谓为乖错，智者得般若波罗蜜故，入三种法门无所碍"，也就是这个意思）。二、佛说缘起，涅槃是缘起的寂灭，是不离缘起"此灭故彼灭"而契入的。在佛法流传中，倾向于世间与涅槃——有为与无为的对立，所以大乘说"色（等五蕴）即是空，空即是色（等）"，说示世间实相。与文殊有关的教典，说"烦恼即菩提"等；依《思益经》说，这是"随（人所）宜"的对治法门。三、传统的僧伽，在寺塔庄严的发展中，大抵以释尊晚年的僧制为准绳，以为这样才是持戒的，不知"毗尼是世界中实"，不能因时、因地而作合理的修正，有些就不免徒存形式了！专心修持的，不满拘泥守旧，倾向于释尊初期佛教的戒行（正语、正业、正命，或身、语、意、命——四清净），有重"法"的倾向，而说"罪［犯］不罪［持］不可得故，具足尸罗［戒］波罗蜜"。如"对治悉檀"而偏颇发展，那是有副作用的。然《般若经》的深义，专从涅槃异名的空性、真如去发扬，而实是空性与缘起不二。如广说十八空（性），而所以是空的理由，是"非常非灭故。何以故？性自尔"，这是本性空。"非常非灭"也就是缘起，如《小品般若经》，举如焰烧炷的譬喻，而说"因缘［缘起］甚深"。怎样的甚深？

"若心已灭，是心更生否？不也，世尊！……若心生，是灭相否？世尊！是灭相。……是灭相当灭否？不也，世尊！……亦如是住，如（真）如住不？世尊！亦如是住，如（真）如住。……若如是住，如如住者，即是常耶？不也，世尊！"从这段问答中，可见缘起是非常非灭的，与空性不二。所以经说如幻如化，是譬喻缘起，也是譬喻空性的。《般若经》深义，一切法如幻如化，涅槃也如幻如化。这一"世间即涅槃"的大乘法，如不知立教的理趣，会引起偏差的。龙树作《中论》，依大乘法，贯通《阿含》的中道缘起，说不生不灭、不常不断［非常非灭］、不一不异、不来不出的八不缘起。一切法空，依空而四谛、三宝、世出世法都依缘起而成立。遮破异计，广说一切法空，而从"无我我所"契入法性，与释尊本教相同。一切法依缘起而善巧成立，特别说明《阿含》常说的十二缘起。在龙树的《智度论》中，说到缘起的一切法相，大体与说一切有系说相近（但不是实有而是幻有了）。"三法印即一实相印"，依根性而有巧拙的差异：这是"通"于《阿含》及初期大乘经的！说到"大乘佛法"的修行，主要是菩提愿、大悲与般若（无所得为方便）。由于众生根性不一，学修菩萨行的，也有信愿增上、悲增上、智增上的差异（经典也有偏重的），但在修菩萨行的历程中，这三者是必修而不可缺少的。如有悲而没有菩提愿与空慧，那只是世间的慈善家而已。有空慧而没有悲愿，那是不成其为菩萨的。所以大乘菩萨行，是依此三心而修，主要是六度、四摄。布施等是"佛法"固有的修行项目，大乘是更多的在家弟子发心，所以布施为先。菩萨大行的开展，一则是佛弟子念佛的因行，而发心修学；一则是适应世间，悲念世间而发心。

龙树论阐扬的菩萨精神，我在《印度之佛教》说："其说菩萨也，一、三乘同入无余涅槃，而（自）发菩提心，其精神为忘己为人。二、抑他力为卑怯，自力不由他，其精神为尽其在我。三、三僧祇劫有限有量，其精神为任重致远。菩萨之精神可学，略可于此见之。"菩萨行的伟大，是能适应世间、利乐世间的。"初期大乘佛法"与"佛法"的差异，正如古人所说："古之学者为己，今之学者为人。"

什么是"梵化之机应慎"？梵化，应改为天化，也就是低级天的鬼神化。西元前五〇年到西元二〇〇年，"佛法"发展而进入"初期大乘"时代。由于"佛弟子对佛的永恒怀念"，理想化的、信仰的成分加深，与印度神教，自然的多了一分共同性。一、文殊是舍利弗与梵天的合化，普贤是目犍连与帝释的合化，成为如来（新）的二大胁侍。取象湿婆天（在色究竟天），有圆满的毗卢遮那佛。魔王、龙王、夜叉王、紧那罗王等低级天神，都以大菩萨的姿态出现在大乘经中，虽然所说的，都是发菩提心，悲智相应的菩萨行，却凌驾人间的圣者，大有人间修行，不如鬼神——天的意趣。无数神天，成为华严法会的大菩萨，而夜叉菩萨——执金刚神，地位比十地菩萨还高。这表示了重天神而轻人间的心声，是值得人间佛弟子注意的！二、神教的咒术等也出现于大乘经中，主要是为了护法。但为了护持佛法，诵咒来求护持，这与"佛法"中自动地来护法不同，而有祈求的意义。神教的他力护持，在佛法中发展起来。三、"念佛"（"念菩萨"）、"念法"法门，或是往生他方净土，或是能得现生利益——消灾、治病、延寿等。求得现生利益，与低级的神教、巫术相近。"大乘佛法"普

及了，而信行却更低级了！我不否认神教的信行，如去年有一位
（曾参禅）来信说："……否则，……乃至奥义书、耆那教诸作者
圣者就是骗子了！"我回信说："不但奥义书、耆那教不是骗子，
就是基督教……乃至低级的巫术，也不完全是骗人的。宗教
（高级或低级的）总有些修验（神秘经验），……如有了些修验，
大抵是信心十足，自以为是，如说给人听，决不能说是骗
子。……不过，不是骗人，并不等于正确，否则奥义书、耆那教也
好，何必学佛？""初期大乘"的神化部分，如看作《长阿含经》那
样，是"世界悉檀"、"吉祥悦意"，那大可作会心的微笑。如受到
"方便"法门功德无边（佛经的常例，越是方便，越是功德不可思
议）的眩惑，顺着世俗心而发展，那是会迷失"佛出人间"，人间
大乘正行而流入歧途的。

　　什么是"摄取后期佛教之确当者"？如"后期大乘"的如来
藏、佛性、我，经说还是修菩萨行的。如知道这是"各各为人生
善悉檀"，能顺应世间人心，激发人发菩提心，学修菩萨行，那就
是方便了。如说如来藏、佛性是（真）我，用来引人向佛，再使他
们知道："开引计我诸外道故，说如来藏，……当依无我如来之
藏"；"佛性者实非我也，为众生故说名为我"，那就可以进一步
而引入佛法正义了。只是信如来藏我的，随顺世俗心想，以为这
才是究竟的，这可就失去"方便"的妙用，而引起负面作用了！
又如"虚妄唯识论"的《瑜伽师地论》等，通用三乘的境、行、果，
《摄事分》还是《杂阿含经》"修多罗"的本母呢！无著、世亲的
唯识说，也还是依无常生灭，说"分别自性缘起"（称十二缘起为
"爱非爱缘起"）。这是从说一切有部、经部而来的，重于"果从

因生"的缘起论。如知道这是为五事不具者所作的显了解说，那与龙树的中道八不的缘起论，有相互增明的作用了。古代经论，解理明行，只要确立不神化的"人间佛教"的原则，多有可以采用的。人的根性不一，如经说的"异欲、异解、异忍"，佛法是以不同的方法——世界、对治、为人、第一义悉檀，而引向佛法，向声闻、向佛的解脱道而进修的。这是我所认为是能契合佛法，不违现代的佛法。

七　少壮的人间佛教

宣扬"人间佛教"，当然是受了太虚大师的影响，但多少是有些不同的。一、（一九四〇年）虚大师在《我怎样判摄一切佛法》中，说到"行之当机及三依三趣"，以为现在进入"依人乘行果，趣进修大乘行的末法时期"；应"依着人乘正行，先修成完善的人格，……由此向上增进，乃可进趣大乘行"。这是能适应现代根机，但末法时期，应该修依人乘而趣大乘行，没有经说的依据，不易为一般信徒所接受。反而有的正在宣扬：称名念佛是末法时期的唯一法门呢！所以我要从佛教思想的演化中，探求人间佛教的依据。二、大师的思想，核心还是中国佛教传统的。台、贤、禅、净（本是"初期大乘"的方便道）的思想，依印度佛教思想史来看，是属于"后期大乘"的。这一思想在中国，我在《谈入世与佛学》中，列举三义：（一）"理论的特色是至圆"；（二）"方法的特色是至简"；（三）"修证的特色是至顿"。在信心深切的修学者，没有不是急求成就的。"一生取办"，"三生圆证"，

"直指人心见性成佛","立地成佛",或"临终往生净土",就大大地传扬起来。真正的大乘精神,如弥勒的"不修(深)禅定,不断(尽)烦恼",从广修利他的菩萨行中去成佛的法门,在"至圆"、"至简"、"至顿"的传统思想下,是不可能发扬的。大师说:中国佛教"说大乘教,修小乘行",思想与实行,真是这样的不相关吗?不是的,中国佛教自以为最上乘,他修的也正是最上乘行呢! 迟一些的"秘密大乘佛法",老实的以菩萨行为迂缓,而开展即身成佛的"易行乘",可说是这一思想倾向的最后一着。我从印度佛教思想史中,发见这一大乘思想的逆流——佛德本具(本来是佛等)论,所以断然地赞同"佛法"与"大乘佛法"的初期行解。三、佛法本是人间的,容许印度群神的存在,只是为了减少弘传的阻力,而印度群神,表示了尊敬与护法的真诚。如作曼荼罗,天神都是门外的守卫者,少数进入门内,成为外围分子。"大乘佛法",由于理想的佛陀多少神化了,天(鬼神)菩萨也出现了,发展到印度的群神与神教的行为、仪式,都与佛法融合。这是人间佛教的大障碍,所以一九四一年写了《佛在人间》,明确地说:"佛陀怎样被升到天上,我们还得照样欢迎到人间。人间佛教的信仰者,不是人间,就是天上,此外没有你模棱两可的余地!"

从印度佛教的兴起、发展、衰落而灭亡,我譬喻为:"正如人的一生,自童真、少壮而衰老。童真充满活力,是可称赞的,但童真而进入壮年,不是更有意义吗? 壮年而不知珍摄,转眼衰老了。老年经验多,知识丰富,表示成熟吗? 也可能表示接近死亡。"存在于世间的,都不出"诸行无常",我以这样的看法,而推重"佛法"与"初期大乘"的。童真到壮年,一般是生命力强,重事实,极端的成为唯物论,唯心论是少有的。由壮年而入老年,内心越来越空虚(所以老年的多信神教),思想也接近唯心(唯我、唯神)论。是唯心论者,而更多为自己着想。为自己身体的健在着想,长生不老的信行,大抵来自早衰与渐老的。老年更贪著财物,自觉年纪渐老了("人生不满百,常有千岁忧"),多为未来的生活着想,所以孔子说:老年"戒之在得"。印度"后期佛教"与"秘密大乘",非常契合于老年心态。唯心思想的大发展,是一。观自身是佛,进而在身体上修风、修脉、修明点,要在大欢喜中即身成佛,是二。后期的中观派、瑜伽行派,都有圆熟的严密思想体系,知识经验丰富,是三。我在这样的抉择下,推重人间的佛陀,人间的佛教。我初学佛法——三论与唯识,就感到与现实佛教界的距离。存在于内心的问题,经虚大师思想的启发,终于在"佛出人间,终不在天上成佛也"而得到新的启发。我不是宗派徒裔(也不想做祖师),不是讲经论的法师,也不是为考证而考证、为研究而研究的学者。我只是本着从教典得来的一项信念,"为佛法而学","为佛教而学",希望条理出不违佛法本义,又能适应现代人心的正道,为佛法的久住世间而尽一分佛弟子的责任!

我早期的作品,多数是讲记,晚年才都是写出的。讲的写的,只是为了从教典自身,探求适应现代的佛法,也就是脱落鬼化、神(天)化,回到佛法本义,现实人间的佛法。我明确地讨论人间佛教,一九五一年曾讲了:《人间佛教绪言》、《从依机设教来说明人间佛教》、《人性》、《人间佛教要略》。在预想中,这只是序论而已。这里略述《人间佛教要略》的含义。一、"论题核心"，是"人，菩萨，佛——从人而发心修菩萨行，由学菩萨行圆满而成佛"。从人而发菩萨心，应该认清自己是"具烦恼身"（久修再来者例外），不可装腔作势，眩惑神奇。要"悲心增上"，人而进修菩萨行的，正信正见以外，一定要力行十善利他事业，以护法利生。二、"理论原则"是："法与律合一"。"导之以法，齐之以律"，是"佛法"化世的根本原则。重法而轻律，即使心在人世利他，也只是个人自由主义者。"缘起与空性的统一"：这是"缘起甚深"与"涅槃甚深"的统一，是大乘法，尤其是龙树论的特色。"自利与利他的统一"：发心利他，不应忽略自己身心的净化，否则"未能自度，焉能度人"？所以为了要利益众生，一定要广学一切，净化身心（如发愿服务人群，而在学校中努力学习一样）；广学一切，只是为了利益众生。不为自己利益着想，以悲心而学而行，那所作世间的正业，就是菩萨行。三、"时代倾向"：现在是"青年时代"，少壮的青年渐演化为社会中心，所以要重视青年的佛教。这不是说老人不能学菩萨行，而是说应该重视少壮的归信。适应少壮的佛教，必然地重于利他。人菩萨行的大乘法，是适应少壮唯一契机的法门。现在是"处世时代"：佛教本来是在人间的，佛与弟子，经常地"游化人间"。就是住在山林，为了乞食，每天都要进入村落城邑，与人相接触而随缘弘化。修菩萨行的，应该做利益人类的事业，传播法音，在不离世事、不离众生的原则下，净化自己，觉悟自己。现在是"集体（组织）时代"：摩诃迦叶修头陀行，释尊曾劝他回僧伽中住；优波离想独处修行，释尊要他住在僧中；释尊自己是"佛在僧数"的。佛法是以集体生活来完成自己，正法久住的，与中国人所说的隐遁，是根本不同的。适应现代，不但出家的僧伽，要更合理(更合于佛意)化，在家弟子学修菩萨行的，也应以健全的组织来从事利他而自利(不是为个人谋取名位权利)。四、"修持心要"：菩萨行应以信、智、悲为心要，依此而修有利于他的，一切都是菩萨行。我曾特地写了一篇《学佛三要》，三要是信愿(大乘是"愿菩提心")、慈悲、(依缘起而胜解空性的)智慧。"有信无智长愚痴，有智无信长邪见"，如信与智增上而悲心不足，就是二乘；如信与慧不足，虽以慈悲心而广作利生善业，不免是"败坏菩萨"(修学菩萨而失败了)。所以在人间而修菩萨行的，此三德是不可偏废的！

八　解脱道与慈悲心行

虚大师提倡"人生佛教"(我进而称之为"人间佛教")，一九五一年以前，中国佛教界接受的程度是微小的；台湾佛教现在接受的程度高些。但传统的佛教界，可能会不愿探究，道听途说而引起反感；在少数赞同者，也可能忘却自己，而陷于外向的庸俗化。世间是缘起的，有相对性，副作用，不能免于抗拒或俗化的情形，但到底是越减少越好！

"人间佛教"是重于人菩萨行的，但对"立本于根本佛教之淳朴"，或者会觉得离奇的。一般称根本佛教为小乘，想像为(出家的)隐遁独善，缺少慈悲心的，怎么能作为"人间佛教"——人菩萨行的根本？不知佛法本来无所谓大小，大乘与小乘，是在佛教发展中形成的；“小乘”是指责对方的名词。释尊宏传的佛法，适应当时的社会风尚，以出家（沙门）弟子为重心，但也有在家弟子。出家与在家弟子，都是修解脱行的，以解脱为终极目标。解脱行，是以正确的见解，而引发正确的信愿（正思惟——正志）。依身语的正常行为、正常的经济生活为基，而进修以念得定，引发正慧（般若、觉），才能实现解脱。八正道的修行中，正命是在家、出家不同的。出家的以乞求信施而生活，三衣、钵、坐卧具及少许日用品外，是不许私有经济的。在家的经济生活，只要是国法所许可的，佛法所赞同的，都是正当的职业，依此而过着合理的经济生活。出家的可说是一无所有，财施是不可能的。出家人一方面自己修行，一方面“游化人间”（除雨季），每天与一般人相见，随缘以佛法化导他们。佛法否定当时社会的阶级制，否定求神能免罪得福，否定火供——护摩，不作占卜、瞻相、咒术等邪命，而以“知善恶，知因果，知业报，知凡圣”来教化世人。人（人类也这样）的前途，要自己来决定：前途的光明，要从自己的正见（正确思想）、正语、正业、正命——正当的行为中来；解脱也是这样，是如实修行所得到的，释尊是老师（所以称为“本师”）那样，教导我们而已。所以出家弟子众，是以慈和严肃、朴质清净的形象，经常地出现于人间，负起启发、激励人心，向上向解脱的义务，称为“法施”（依现代说，是广义的社会教育）。在家弟子也要有正见、正行，也有为人说法的，如质多长者。在家众多修财物的施予，有悲田，那是慈济事业；有敬田，如供养父母、尊长、三宝；有“种植园果故，林树荫清凉（这是印度炎热的好地方），桥船以济度，造作福德

舍,穿井供渴乏,客舍供行旅"的,那是公共福利事业了。佛教
有在家出家——四众弟子,而我国一般人,总以为佛教就是出
家,误解出世为脱离人间。不知"出世"是超胜世间,不是隐遁,
也不是想远走他方。佛制比丘"常乞食",不许在山林中过隐遁
的生活,所以我在《佛在人间》中,揭示了(子题)"出家,更接近
了人间",这不是局限于家庭本位者所能理解的。

　　人间佛教的人菩萨行,以释尊时代的佛法为本,在以原始佛
教为小乘的一般人,也许会觉得离奇的。然佛法的究竟理想是
解脱,而解脱心与利他的心行,是并不相碍的。虽受时代的局
限,不能充分表达佛的本怀,但决不能说只论解脱,而没有慈悲
利他的。举例说:佛的在家弟子须达多,好善乐施,被称为给孤
独长者。梨师达多弟兄,也是这样。摩诃男为了保全同族,愿意
牺牲自己的生命。这几位都是证圣果的,能说修解脱道的没有
道德意识吗?佛世的出家比丘,身无长物,当然不可能作物质的
布施,然如富楼那的甘冒生命的危险,去教化粗犷的边民,能说
没有忘我为人的悲心吗?比丘们为心解脱而精进修行,但每日
去乞食,随缘说法。为什么要说法?经中曾不止一次地说到。
如释尊某次去乞食,那位耕田婆罗门讥嫌释尊不种田(近于中
国理学先生的观点,出家人是不劳而食)。释尊对他说:我也种
田,为说以种田为譬喻的佛法。耕田婆罗门听了,大为感动,要
供养丰盛的饮食,释尊不接受,因为为人说法,是出于对人的关
怀,希望别人能向善、向上、向解脱,而不是自己要得到什么(物
质的利益)。解脱的心行,决不是没有慈悲心行的。释尊灭后,
佛教在发展中,有的被称为小乘,虽是大乘行者故意的贬抑,有

些也确乎远离了佛法的本意。如佛世的质多长者，与比丘大德们论到四种三昧（或作"解脱"）——无量三昧，空三昧，无所有三昧，无相三昧。无量三昧是慈、悲、喜、舍——四无量心。慈是给人喜乐，悲是解除人的苦恼，喜是见人离苦得乐而欢喜，舍是怨亲平等：慈悲等是世间所说的道德意识了。但在离私我、离染爱——空于贪、嗔、痴来说，无量与空、无所有、无相三昧的智证解脱，却是一致的，这是解脱心与道德心的不二。但在（小乘）佛教中，无量三昧被解说为世俗的，也就是不能以此得解脱的。又如戒，在律师们的心目中，是不可这样，不可那样，纯属法律的、制度的。有的不知"毗尼是世界中实"，不知时地的适应，拘泥固执些烦琐事项，自以为这是持戒。然三学中戒［尸罗］的本义并不如此，如说："尸罗（此言性善）。好行善道，不自放逸，是名尸罗。或受戒行善，或不受戒行善，皆名尸罗"；"十善道为旧戒。……十善，有佛（出世）无佛（时）常有"（《大智度论》卷一三、四六）。尸罗，古人一向译作"戒"，其实是"好行善道，不自放逸"，也就是乐于为善，而又谨慎地防护（自己）恶行的德行。这是人类生而就有的，又因不断为善（离恶）而力量增强，所以解说为"性善"，或解说为"数习"。尸罗是人与人间的道德（狭义是"私德"）轨范，十善是印度一般的善行项目，所以不只是佛弟子所有，也是神教徒、没有宗教信仰者所有的。尸罗，是不一定受戒（一条一条的"学处"，古人也译为戒）的，也是可以受的。受戒，本是自觉的，出于理性，出于同情，觉得应该这样的。如十善之一——不杀生，经上这样说："断杀生，离杀生，弃刀杖，惭愧，慈悲，利益安乐一切众生。"（《增支部》"十集"）"若有欲杀我者,我不喜;我若所不喜,他亦如是,云何杀彼?作是觉已,受不杀生,不乐杀生。"(《杂阿含经》卷三七)不杀生,是"以己度他情"的。我不愿意被杀害,他人也是这样,那我怎么可以去杀他!所以不杀生,内心中含有惭愧——"崇重贤善,轻拒暴恶"的心理;有慈悲——"利益众生,哀愍众生"的心理(依佛法说:心是复杂心所的综合活动)。不杀生,当然是有因果的,但决不是一般所说的那样,杀了有多少罪,要堕什么地狱,杀不得才不杀生,出于功利的想法。不杀生(其他的例同),实是人类在(缘起的)自他依存中,(自觉或不自觉地)感觉到自他相同,而引发对他的关怀与同情,而决定不杀生的。释尊最初的教化,并没有一条条的戒——学处,只说"正语,正业,正命";"身清净,语清净,意清净,命清净"。一条一条的戒,是由于僧伽的组合,为了维护僧伽的和、乐、清净而次第制立的。制戒时,佛也每斥责违犯者没有慈心。可见(在僧伽中)制定的戒行(重于私德),也还是以慈心为本的。我曾写有《慈悲为佛法宗本》、《一般道德与佛化道德》,可以参阅。总之,佛说尸罗的十善行,是以慈心为本的;财与法的布施;慈、悲、喜、舍三昧的修习,达到遍一切众生而起,所以名为无量,与儒者的仁心普洽,浩然之气充塞于天地之间相近。但这还是世间的、共一般的道德,伟大的而不是究竟的;伟大而究竟的无量三昧,要通过无我的解脱道,才能有忘我为人的最高道德。

"初期大乘"是菩萨道。菩萨道的开展,来自释尊的本生谈;"知灭而不证"(等于无生忍的不证实际)的持行者,可说是给以最有力的动力。菩萨六度、四摄的大行,是在"一切法不

生"，"一切法空"，"以无所得为方便"（空慧）而进行的。不离
"佛法"的解脱道——般若，只是悲心要强些，多为众生着想，不
急求速证而已。

九　人菩萨行的真实形象

修学人间佛教——人菩萨行，以三心为基本，三心是大乘信
愿——菩提心，大悲心，空性见。一、发（愿）菩提心：扼要地说，
是以佛为理想、为目标，立下自己要成佛的大志愿。发大菩提
心，先要信解佛陀的崇高伟大：智慧的深彻（智德），悲心的广大
（悲德），心地的究竟清净（断德），超胜一切人天，阿罗汉也不及
佛的圆满。这不要凭传说，凭想像，最好从释迦牟尼佛的一代化
迹中，理解而深信佛功德的伟大而引发大心。现实世间的众生，
多苦多难，世间法的相对改善当然是好事，但不能彻底地解决。
深信佛法有彻底解脱的正道，所以志愿修菩萨行成佛，以净化世
间，解脱众生的苦恼。依此而发起上求佛道、下化众生的愿菩提
心，但初学者不免"犹如轻毛，随风东西"，所以要修习菩提心，
志愿坚定，以达到不退菩提心。二、大悲心，是菩萨行的根本。
慈能予人安乐，悲能除人苦恼，为什么只说大悲心为本？佛法到
底是以解脱众生生死苦迫为最高理想的，其次才是相对的救苦。
悲心，要从人类、众生的相互依存，到自他平等、自他体空去理解
修习的。如什么都以自己为主，为自己利益着想，那即使做些慈
善事业，也不能说是菩萨行的。三、空性见，空性是缘起的空性。
初学，应于缘起得世间正见：知有善恶，有因果，有业报，有凡圣。

进一步,知道世间一切是缘起的,生死是缘起的生死。有因有缘
而生死苦集(起),有因有缘而生死苦灭。一切依缘起,缘起是
有相对性的,所以是无[非]常——不可能常住的。缘起无常,所
以是苦——不安稳而永不彻底的。这样的无常故苦,所以没有
我[自在、自性],没有我也就没有我所,无我我所就是空。空、无
愿、无相——三解脱门:观无我我所名空,观无常苦名无愿,观涅
槃名无相。其实,生死解脱的涅槃,是超越的,没有相,也不能说
是无相。大乘显示涅槃甚深,称之为空(性)、无相、无愿、真如、
法界等。因无我我所而契入,假名为空,空(相)也是不可得的。
在大乘《空相应经》中,缘起即空性,空性即缘起,空性是真如等
异名,不能解说为"无"的。这是依"缘起甚深"而通达"涅槃
(寂灭)甚深"了。在菩萨行中,无我我所空,正知缘起而不著
相,是极重要的。没有"无所得为方便",处处取著,怎么能成就
菩萨的大行! 这三者是修菩萨行所必要的,悲心更为重要! 如
缺乏悲心,什么法门都与成佛的因行无关的。《曲肱斋丛书》说
到:西藏一位修无上瑜伽的大威德法门,得到了大成就,应该是
成佛不远了吧! 大威德明王是忿怒相,这位修大威德而得大成
就的,流露出凶暴残酷的神情,见他的都惊慌失措,有的竟被他
吓死了! 这位大成就者原来没有修慈悲心。可见没有慈悲心,
古德传来的什么高明修法,都不属于成佛因行的。菩提心、大悲
心、空性见——三者是修菩萨行所必备的,切勿高推圣境,要从
切近处学习起! 我曾写有《菩提心的修习次第》、《慈悲为佛法
宗本》、《自利与利他》、《慧学概说》等短篇。

　　依三心而修行,一切都是菩萨行。初修菩萨行的,经说"十

善菩萨发大心"。十善是：不杀生、不不与取［偷盗］、不邪淫（出家的是"不淫"），这三善是正常合理的身行；不妄语、不两舌、不恶口、不绮语，这四善是正常合理的语（言文字）行；不贪、不嗔、不邪见，这三善是正常合理的意行。这里的不贪，是不贪著财利、名闻、权力；不嗔就是慈（悲）心；不邪见是知善恶业报，信三宝功德；知道前途的光明——解脱、成佛，都从自己的修集善行中来，不会迷妄地求神力等救护。这十善，如依三心而修，就是"十善菩萨"行了。或者觉得：这是重于私德的，没有为人类谋幸福的积极态度，这是误会了！佛法是宗教的，不重视自己身心的净化，那是自救不了，焉能度人！经上说："未能自度先度他，菩萨于此初发心。"怎样的先度他呢？如有福国利民的抱负，自己却没有学识，或生活糜烂，或一意孤行，他能达成伟大的抱负吗？所以菩萨发心，当然以"利他为先"，这是崇高的理想；要达成利他目的，不能不净化自己身心。这就是理想要高，而实行要从切近处做起。菩萨在坚定菩提、长养慈悲心、胜解缘起空性的正见中，净化身心，日渐进步。这不是说要自己解脱了，成了大菩萨，成了佛再来利他，而是在自身的进修中，"随分随力"地从事利他，不断进修，自身的福德、智慧渐大，利他的力量也越大，这是初学菩萨行者应有的认识。

　　修人菩萨行的人间佛教，"佛法"与"初期大乘"有良好的启示。如维摩诘长者，六度利益众生外，从事"治生"，是从事实业；"入治政法"，是从事政治；在"讲论处"宣讲正法，在"学堂（学校）诱开童蒙"，那是从事教育了。"淫坊"、"酒肆"也去，那是"示欲之过"，"能立其志（不乱）"。普入社会，使别人向善、

向上，引发菩提心，这是一位在家大菩萨的形象。善财童子的参
访善知识，表示了另一意义。善财所参访的善知识，初三位是出
家的比丘；开示的法门，是（系）念佛、观法、处众［僧］，正确的信
解三宝，是修学佛法的前提。其他的善知识，比丘、比丘尼以外，
有语言学者、艺术工作者、建筑的数学家、医师、国王、鬻香师、航
海者、法官。总之，出家菩萨以外，在家菩萨是普入各阶层的；也
有深入外道，以外道身份而教化外道入佛法的。善知识（后来
又加了一些鬼神）们的诱化方便，都是以自己所知所行来教人，
所以形成了"同愿同行"的一群；也就是从不同事业，摄化有关
的人，同向于成佛的大道（我依此而写有《青年的佛教》）。以自
己所作而教人的，《阿含经》已这样说：如修行十善，那就"自
作"，"教他作"，"赞叹（他人）作"，"见（他人）作（而心生）随
喜"，就是自利利人了。这是弘扬佛法的善巧方便！试想：修学
佛法（如十善）的佛弟子，在家庭中能尽到对家庭应尽的义务，
使家庭更和谐更美好，能得到家庭成员的好感，一定能诱导而成
为纯正的佛化家庭。在社会上，不论是田间、商店、工厂……都
有同一事务的人；如学佛者能成为同事中的优良工作者，知识与
能力以外，更重要的是德性，不只为自己，更能关怀他人，有布
施、爱语、利行、同事的表现，那一定能引化有缘的同事，归向佛
道的。又如做医师的，为病人服务，治疗身病、心病，更为病人说
到身心苦恼根源的烦恼病，根治烦恼病的佛道，从自己所知所行
而引人学菩萨行，正是善财参访各善知识利他的最理想的方法！

　　从"初期大乘"时代到现在，从印度到中国，时地的差距太
大。现代的人间佛教，自利利他，当然会有更多的佛事。利他的

菩萨行,不出于慧与福。慧行,是使人从理解佛法,得到内心的
净化;福行,是使人从事行中得到利益(两者也互相关涉)。以
慧行来说,说法以外,如日报、杂志的编发,佛书的流通,广播、电
视的弘法;佛学院与佛学研究所、佛教大学的创办;利用寒暑假,
而作不同层次(儿童、青年……)的集体进修活动;佛教学术界
的联系……重点在介绍佛法,祛除一般对佛法的误解,使人正确
理解,而有利于佛法的深入人心。以福行来说,如贫穷、疾病、伤
残、孤老、急难等社会福利事业的推行;家庭、工作不和协而苦
痛,社会不同阶层的冲突而混乱,佛弟子应以超然关切的立场,
使大家在和谐欢乐中进步。凡不违反佛法的,一切都是好事。
但从事于或慧或福的利他菩萨行,先应要求自身在佛法中的充
实,以三心而行十善为基础。否则,弘化也好,慈济也好,上也者
只是世间的善行,佛法(与世学混淆)的真义越来越稀薄了! 下
也者是"泥菩萨过河"(不见了),引起佛教的不良副作用。总
之,菩萨发心利他,要站稳自己的脚跟才得!

一〇　向正确的目标迈进

　　人菩萨行——人间佛教的开展,是适合现代的,但也可能引
起副作用。我以为,佛法有不共一般神教的特性,是应该确认肯
定的。记得二十年前,有人问我:为什么泰、锡等(小乘)佛教
区,异教徒不容易发展,而大乘佛教徒却容易改信异教? 我当时
只叹息而无辞以对。这应该与佛法的宽容特性有关,但释尊的
原始佛法,宽容是有原则的。如不否认印度的群神,而人间胜过

天上,出家众是不会礼拜群神的,反而为天神所礼敬;"佛法"是彻底否弃了占卜、咒术、护摩、祈求——印度神教(也是一般低级)的宗教行仪。大乘佛教的无限宽容性(印度佛教老化的主因),发展到一切都是方便,终于天佛不二。中国佛教的理论,真是圆融深妙极了,但如应用到现实,那会出现怎样情形? 近代太虚大师,是特长于融会贯通的! 一九四一年发起组织"太虚大师学生会",会员的资格是:返俗的也好,加入异教的也好,"去陕北"的也好。在大师的意境中,"夜叉、罗刹亦有其用处"(《太虚大师年谱》)。后来,学生会没有进行。会员这样的杂滥不纯,如真的进行组织活动,夜叉、罗刹(如黑社会一样)会对佛教引起怎样的负面作用? 大乘佛教的宽容性,在有利于大乘流通的要求下,种种"方便"渐渐融摄进来,终于到达"天佛一如"的境界。我不反对方便,方便是不可能没有的,但方便有时空的适应性,也应有初期大乘"正直舍方便"的精神。如虚大师在《我怎样判摄一切佛法》中说:"到了这时候,……依天乘行果(天国土的净土,天色身的密宗),是要被谤为迷信神权的,不惟不是方便,而反成为障碍了!"虚大师长于圆融,而能放下方便,突显适应现代的"人生佛教",可说是稀有稀有! 但对读者,大师心目中的"人生佛教",总不免为圆融所累! 现在的台湾,"人生佛教"、"人间佛教"、"人乘佛教",似乎渐渐兴起,但适应时代方便的多,契合佛法如实的少,本质上还是"天佛一如"。"人间"、"人生"、"人乘"的宣扬者,不也有人提倡"显密圆融"吗? 如对佛法没有见地,以搞活动为目的,那是庸俗化而已,这里不必多说。重要的,有的以为"佛法"是解脱道,道德意识等于还在萌芽;道德意识是菩萨道,又觉得与解脱心不能合一,这是漠视般若与大悲相应的经说。有不用佛教术语来宏扬佛法的构想,这一发展的倾向,似乎有一定思想,而表现出来,却又是一切神道教都是无碍的共存,还是无所不可的圆融者。有的提倡"人间佛教",而对佛法与异教(佛与神),表现出宽容而可以相通的态度。一般的发展倾向,近于印度晚期佛教的"天佛一如",中国晚期佛教"三教同源"的现代化。为达成个己的意愿,或许是可能成功的,但对佛法的纯正化、现代化,不一定有前途,反而有引起印度佛教末后一着(为神教侵蚀而消灭)的隐忧。真正的人菩萨行,要认清佛法不共世间的特性,而"适应今时今地今人的实际需要",如虚大师的《从巴利语系佛教说到今菩萨行》所说(以锡兰等佛教为小乘,虚大师还是承习传统,现在应作进一步的探求)。

以成佛为理想,修慈悲利他的菩萨道,到底要经历多少时间才能成佛,这是一般所要论到的问题。或说三大阿僧祇劫,或说四大阿僧祇劫,或说七大阿僧祇劫,或说无量阿僧祇劫;或说一生取办,即生成佛等,可说众说纷纭,莫衷一是。人心是矛盾的,说容易成佛,会觉得佛菩萨的不够伟大;如说久劫修成呢,又觉得太难,不敢发心修学,所以经中要说些随机的方便。其实菩萨真正发大心的,是不会计较这些的,只知道理想要崇高,行践要从平实处做起。"随分随力",尽力而行。修行渐深渐广,那就在"因果必然"的深信中,只知耕耘,不问收获,功到自然成就的。如悲愿深而得无生忍,那就体悟不落时空数量的涅槃甚深,还说什么久成、速成呢? 印度佛教早期的论师,以有限量心论菩萨道,所以为龙树所呵责:"佛言无量阿僧祇劫作功德,欲度众生,何以故言三阿僧祇劫? 三阿僧祇劫有量有限!"(《大智度论》卷四)"大乘佛法"后期,又都觉得太久了,所以有速疾成佛说。太虚大师曾提出《本人在佛法中之意趣》,说到:"甲、非研究佛书之学者","乙、不为专承一宗之徒裔","丙、无求即时成佛之贪心","丁、为学菩萨发心而修学者。……愿以凡夫之身,学菩萨发心修行,即是本人意趣之所在"(《优婆塞戒经讲录》)。想即生成佛,急到连菩萨行也不要了,真是颠倒! 虚大师在佛法中的意趣,可说是人间佛教、人菩萨行的最佳指南!

　　人间佛教的人菩萨行,不但是契机的,也是纯正的菩萨正常道。下面引一段旧作的《自利与利他》;"不忍圣教衰,不忍众生苦"的大心佛弟子,依菩萨正常道而坦然直进吧!

　　　　要长在生死中修菩萨行,自然要在生死中学习,要有一套长在生死而能普利众生的本领。……菩萨这套长在生死而能广利众生的本领,除坚定信愿(菩提心)、长养慈悲而外,主要的是胜解空性。观一切法如幻如化,了无自性,得二谛无碍的正见,是最主要的一着。所以(《杂阿含》)经上说:"若有于世间,正见增上者,虽历百千生,终不堕地狱。"惟有了达得生死与涅槃,都是如幻如化的,这才能……在生死中浮沉,因信愿(菩提心)、慈悲,特别是空胜解力,能逐渐地调伏烦恼,能做到烦恼虽小小现起而不会闯大乱子。不断烦恼(嗔、忿、恨、恼、嫉、害等,与慈悲相违反的,一定要伏除不起),也不致作出重大恶业。时时以众生的苦痛为苦痛,众生的利乐为利乐;我见一天天地薄劣,慈悲一天天地深厚,怕什么堕落!惟有专为自己打算的,才随时有堕落的忧虑。发愿在生死中,常得见佛,常得闻法,世世常行菩萨道,这是初期大乘的共义,也是中观与瑜伽的共义。释尊在(《中阿含》)经中说:"阿难!我多行空。"《瑜伽师地论》解说为:"世尊于昔修习菩萨行位,多修空住,故能速证阿耨多罗三藐三菩提。"……大乘经的多明一切法空,即是不住生死,不住涅槃,修菩萨行成佛的大方便!

末了,我再度表明自己:我对佛法作多方面的探求,写了一些,也讲了一些,但我不是宗派徒裔,也不是论师。我不希望博学多闻成一佛学者;也不想开一佛法百货公司,你要什么,我就给你什么(这是大菩萨模样)。我是继承太虚大师的思想路线(非"鬼化"的人生佛教),而想进一步地(非"天化"的)给以理论的证明。从印度佛教思想的演变过程中,探求契理契机的法门;也就是扬弃印度佛教史上衰老而濒临灭亡的佛教,而赞扬印度佛教的少壮时代,这是适应现代,更能适应未来进步时代的佛法!现在,我的身体衰老了,而我的心却永远不离(佛教)少壮时代佛法的喜悦!愿生生世世在这苦难的人间,为人间的正觉之音而献身!

二　法海探珍

一　正法的本质及其体系

佛陀正觉的正法之流,适应人海思潮,展开了自由与谨严、自力与他力、平常与奥秘、浑括与严密等多种不同的风度;大、小、空、有,提示了种种不同的行解。在这万有不齐的法海潮中,波谲涛骇,也还有它内在的关联与条理。这吐纳百川、影现万象的法海,确乎使人惊叹它的伟大、高深,但错综复杂,也常使人茫然、偏执,不理解演化中的关联与条理,笼统融贯,使佛教的真义晦昧。现在的佛教教理,需要整理,但整理的工作是艰巨的,不是某一人的智力所能完成;这虽是出力不讨好的,但总得去做,那么,让我来一个试探!

宇宙人生的真相,虽可从不同的观点出发去理解说明,但这观点的适中正确与否,却大可讨论。"牵衣一角"或者"摘网一目",即使能达到把握衣网的全体,但比之"振领提纲",到底不同。释尊在生死大海里,在最适中最正确的观点,就是宇宙的中心——众生本位的生命据点上,竖起不共世间的法幢,开显人生实相,成为人生的指针。这生命中心的世间,佛陀的正觉是"我说缘起"。但"缘起甚深,难见难觉",它不离我们的认识,我们却不认识它。譬如这个:

　　这是一个圆圈,一般人总觉得这样,其实则不尽然。读者或许发生疑惑,这是甚么呢?仔细再看,居然发现两个,一是内圈,一是外圈。真是越看越糊涂,非凝心细看不可!再看,再看,不觉豁然大悟,哦!原来是三个:一是圈外,一是圈内,一是圈。其实孤立着的一,是神的化身,从来不曾存在过;有了独立的一,才想到对立着的二,中间两边的三。这一而二,二而三,或者看为竖的发展,或者看为横的组合,这一切是神的,不属于佛法。佛法呢?佛陀否定了一异为本的或横或竖的十四戏论、六十二种邪见,竖起佛教的正法,"我说缘起"。

　　诸法的缘起真相,在我们习以成性的根本无知没有被消融以前,是无法理解的。释尊大悲善巧,拿出彩画虚空的手段,"内心不违实相","外顺世俗",给我们指出一条活路来。它也说一说异,说横说竖,但不同一般人的用心。凡是认识上的存在,是必然相待的,相待就是二,就是这个那个(这是缘起的差别,缘起的彼此)。释尊所开显的,是一切法,一切法的中心——众生;那么,这个就是众生现实的苦痛世间,是生死,是无常;那个就是圣者现实的安乐出世间(勿望文生义),是涅槃,是寂灭。"诸行无常"

与"涅槃寂静",在无可说处说出来。这还是相对静止的观察。动呢？从这生命无常，进入那涅槃寂静，须粉碎我们的根本无知，这叫"诸法无我"。诸行无常、诸法无我、涅槃寂静，释尊用这三者，印定一切佛法，就是缘起正法的基本法则。诸法无我是更适中更主要的，不但佛法的不共在此，佛法实践的特色也在此。离了这遍通一切法的无我，无常不是灰断，就是世间演变的俗见；涅槃更只是形而上的拟想，或神世界的别名。静止的观察是二，动的观察是三，还有非动非静一句吗？自然可以说有，却要另换一付眼光来。某人落在海里，逐浪浮沉，在生存线上挣扎。他忽然发现海岸在东方，离自己的所在地不远。(二)于是乎他开始前进，冲破海浪，渐渐地远离西方，接近东方的海岸。(三)好了！他一翻身滚上沙滩，躺在那春风拂拂的阳光里休息。正在那个时候，他究竟在东方呢？西方呢？是动还是静？(一)

　　释尊在那漫无边际的生死大海，这么一下，居然有话可说，说一说二说三。二是静止的，一是触着即犯虚位而不用的(经上都称为不二)；想掀翻苦海，创造正觉的庄严净土，那动的三法印的理解与实践，是最适中的了。这三法印是缘起的，不要呆想它是一，是异，是横，是竖，说得明白一点，那只是缘起正法的三相(一实相印即是三法印)，也不纵，也不横，如∴三点而不是三角的。佛陀建立起这样的体系，启示学佛者的途径。

诸法无我（空）印

实相

涅槃寂静印　　　　诸行无常印

释尊为甚么要建立这三法印呢？我们要知道：佛法不是甚么神秘，它只是适合众生的机感，给予正确而适当的指导。众生所要求的是真实(我体)、美满(乐趣)、善存(常在)；所厌恶的是虚妄(无我)、缺陷(苦)、毁灭(无常)。但他们所认为真实的，含有根本上的错误。他们的真理，在不断的否认过程中。宇宙人生的大谜，闹到今天，依旧是黑漆一团。他们心目中的快乐，没有标准，也缺少永久性，跟着心情的转移而变。他们适应的善存，自体与境界的贪恋、追求，结果还不是归于毁灭。在释尊的正觉中，真(我)美(乐)善(常)不是不可能，不过，世间一般人，因着认识上的根本缺陷，引起行动上的错误，却是再也走不通，这非要别开生路不可，一般人所认为真美善，先给它个——勘破，是无我，是苦，是无常。倘能"无常故苦，苦故无我"，一个翻身，才能踏上真美善的境地，这是真美善，依印度人的名字，叫它做涅槃。依这样的见地，没有通过无我(第一义的)，那无常、苦、无我(对治的)是正确的，一般人心目中的常、乐、我是颠倒。通过了无我，那常、乐、我是正确的，无常、苦、无我反而是颠倒了。因此，佛法的体系，是这样：

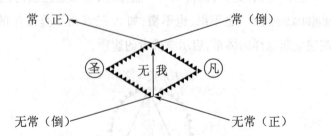

二 三期佛教概说

从凡夫立足处的无常出发,通过空无我的实践,踏入无生寂灭的圣境,这缘起三法印,是佛法一贯的坦道。佛法不能离却三法印,佛教的演变,不外适应众生的机感,给以某一法印的特深解释罢了!不同的深刻发挥,不免有侧重某一法印的倾向,这使佛教分流出三个不同体系。这三个体系,虽然彻始彻终都存在,但特别在印度三期佛教中成为次第代起的三期思潮的主流。就是说,适应思想发展的程序,从三藏教——小乘的无常中心时代,演进到共大乘教——大乘的性空中心时代,再演进到不共大乘——一乘的真常中心时代。这三期佛教的发展,虽难作严格的划分,但从三个不同思想体系的发扬成长而成为教海的主流上看,表现得非常明白,因此也可以相对地划分了。从释尊入灭(周敬王三十四年)到印度佛教衰歇(汴宋时),有一千六百多年,分为三期,是这样:

(一世纪——五世纪)(六世纪——九世纪)(十世纪——十六世纪)
佛教┬─小乘盛‥‥‥‥‥‥‥‥‥‥‥‥‥‥‥无常中心时代
　　├──共大乘盛‥‥‥‥‥‥‥‥‥‥性空中心时代
　　└───不共大乘盛‥真常中心时代

佛陀的根本佛教,非常雄浑有力、质朴、切实、富有弹性。佛灭第一夏,迦叶等结集经律,这决定了初期佛教小行大隐的发展。二世纪,阿育王统一印度,因他的热信,扩大了佛教的教化区,像末阐地到罽宾,摩呬陀到锡兰,大天到摩醯沙漫陀罗等。

佛教也就因环境及师承等不同,渐分为十八部。四世纪初,阿育王的王统被篡,建立了薰迦王朝。布修耶米多罗王是婆罗门教的信仰者,因此,中印度的正统佛教受到了极大的摧残。说一切有系——末阐地一派,得天独厚,它在罽宾、犍陀罗,没有受到摧残的厄运;承受三百年来弘扬的成果,在四五六世纪达到最高潮。

迦腻色迦王（七世纪初期）,成为初二期佛教的分界线。性空中心的大乘教,经典的传出,该是非常的早。"行在六度,解在真空",在《增一经序》中,已明确揭示出大乘佛教的纲领。《大事》已有十地的教义,胁尊者（六世纪）已见过般若。这大乘佛教的应时而兴,固然顺着理论发展自然趋势,从无常到空,在长期的辩论中,理会到非空不能成立无常;从生命本位的有情无我,扩展到宇宙论的一切无我。这一次的复兴,传说有弥勒下生。龙树（七世纪到八世纪初）、提婆（八世纪）都从南印到中印;在他们的传记里,都提到外道跋扈与复兴的困难。这一系的思想,是摄南印的大众系与西北印的说一切有系,让它在中印分别说系的基础上发展起来,这当然是从其大体而言。中印的大乘佛教,经龙树提婆的唱道,脱离小乘而独立,但它始终在外道、小乘的包围下。提婆以后,又转向衰运。这一期的佛教,却经西印转到北方,在大月氏、矿句迦等地完成空前的发展,传到中国来,这不能不说是迦腻色迦王信仰佛教的结果。性空中心的经论,虽说以大乘为主,但是大小共行的。"通教三乘,但为菩萨",是时代的特征。这大小共行的见解,就是承认小果的究竟;在这点上,龙树也说不能因《法华》的孤证而说二乘决定成佛。这大小共行,也贯彻在悟解的法性中,三乘同学般若,三乘同见法空,小乘的智断是菩萨的无生法忍。这与小乘学者的三乘同见无我而证一灭有关,灼然无疑。

第二第三期佛教的区分,各方面的意见很不同,我的看法,十世纪起都属于后期佛教。这一期非常复杂,但真常无生是时代的主流。真常思想的存在,其来久矣!它与南印的大众系特别有关。七世纪中,印度教渐渐抬头,这时代思潮的演变,至少使它获得发展的有利条件。九世纪印度教大成,真常论者代替性空大乘,而成为时代的主流。一方面,它受了性空论者法法皆真、法法本净思想的启发;缘起性空的见地,不能适合时代(印度教复兴时代)的根机,于是乎展开了万有本真常净的实在论。佛性、如来藏、圆觉、常住真心、大般涅槃的思想,雄据了法界的最高峰。它是涅槃寂静的开显,真常论的发扬,达到一切众生成佛———一乘的结论。此外八、九世纪中,无著师资,唱道以说一切有系的思想为根本的大乘佛教。妄心生灭、三乘究竟、念佛是方便,这都与中期性空者相同。但它批判一切无自性,从经部的见地转上唯心论,有惊人的成就。但好景不常,十世纪以后,佛护清辨出世,性空论复活起来,空有的诤论尖锐化。空有的纷诤,两败俱伤,不过促成了真常论更高度的发展。秘密佛教与真常论缔结不解缘,在真常本净的理论上发达起来。它的渊源很古,在九世纪时(东晋),密典已在我国出现。十一世纪起,它就大露头角,发达到几乎与印度教浑然一体的地步。念佛(天)三昧,欲为方便,印度群神无不是佛菩萨的化身,第二期时代适应性的佛教,与悟无生忍以后的方便,在这一期中成为究竟的大法。它们融摄了一切,龙树、无著他们,都被指定为秘密教的祖师。不过圆融广大,并不能拯救印度佛教;十四世纪时,前弥曼萨派的鸠摩利罗、后弥曼萨派的商羯罗等,鼓吹吠檀多哲学,而佛教也就一蹶不振,日趋灭亡。

三　佛教的发展与判教

三期佛教的发展,与古德的判教,现出一致的倾向,这是很可注意的。印度的经论或我国古德的判教,大抵根据经典的先后与理致的浅深;本文却是依据论师的弘扬与经典流布人间的先后。判教者,从一切经都是佛陀一代所说的观念出发,它的判教,自然会遭遇困难。但经典的次第流布,古人也不否认。后出的经典,往往提到前出的;就在这一点上,古人据经判教,与史的发展,有了合一的可能性。三期佛教史的发展,承认三大思想系的始终存在,理解它的错综复杂性,在时代思潮的主流上去分判;这与偏执一经一论一句或洞观大势的不同。史的研究,不是为了考证,应有探索佛陀本怀的动机。它的最后目的,在发现演变中的共通点与发展中的因果递嬗,去把握佛教的核心,把它的真义开发出来。

从经典上看:初期佛教的经典,只说到法毗奈耶,或修多罗、毗奈耶、摩得勒伽,并不自以为小乘。现在称它为三藏教,可说非常客观。第二期的经典,流传得很早。经中把佛教分为小乘、大乘,这不但在行果上不同,连说法的时间也有前后,《思益经》与《般若经》的"见第二法轮转",是最忠实的叙述。第三期佛教是非常复杂的,所以经中也有多种不同的三教说:《解深密经》的三时教,初说无常令厌,第二时说一切空,第三时要从空却遍计性去体证因空所显的真实(不空),这与三期佛教的见解一致。还有《千钵经》的三时教,《金光明经》的转、照、持三教,前二时是同的,第三时是更明显的真常论与一乘。十世纪以后,空宗复兴,反映在经典上,就有《大乘妙智经》的三时教,它暗示了后期空宗的复兴是在唯识以后,但不能符合佛教思想开展的全貌。《大乘理趣六波罗蜜多经》,说到三藏、般若波罗蜜多藏、秘密陀罗尼藏。这是密教盛行后的见解,传后期佛教的西藏,大都这样分判。它们之所以不能尽同,不外因后期佛教有各派错综的发达。从全体上看,《深密》三时,不能适合后代空宗与密教盛行的史实,它是后期中比较初出的。《妙智》三时,不但不能收摄后期大盛的密教,也忽略了瑜伽以前的中观;它只是空有诤论中的一个剪影而已。《理趣经》的判法,可以摄一切佛教;但忽略了大乘显教从三乘共大到大乘不共的划时代的不同,后期佛教,除复兴的空宗(也不纯粹)以外,都在唱道不空(妙有)。现在把它综合为第三期,同时承认它的复杂性,与各种三教说达到吻合。

从论典上看,龙树菩萨,立足在性空中心的见解上,把佛教分为三藏、摩诃衍。在后期中盛行的经典,当时已有出世的,所以他又把大乘分为三乘共般若与大乘不共般若二类,或分为显露与秘密,这与三期的看法相合。在真谛译的世亲论里,小乘、大乘、一乘的分判,也并无矛盾。

从我国古德判教上看,地论师的四宗:因缘、假名从初期开出(其实还不止);不真宗指三论等;真宗指地论等,这与三期佛教的次第全同。贤首虽分五教,后人把它摄为法相、破相、显性三宗,那不是又相同吗? 嘉祥的三论宗,虽标揭关河古义,只分小乘大乘,但它也曾在僧睿的"阿含为之作……般若为之照"以下,加上"方便为之融";这三阶的次第,等于证实三期佛教的不容否认。天台呢? 藏通别圆四教本是从龙树三教引申出来;可以说,它在三期佛教以上,加了中国发挥的新体系。

最近太虚大师提出三期佛教,从小乘、大乘显教、大乘密教的盛行上划为三期。从它的盛行上看,确乎如此,并且还有教证。但我那时的意见:教理行都要在三期佛教中统一起来,那一时代有那一时代的理论特征性、行践特色;不但要在佛陀的基本思想中获得根据,还要行解一贯。不能唱道这一时代的中心理论,又提倡另一时代的中心行践。这样,愿意提出点愚者之见。我国过去的密宗,虽然也曾自居《华严》之上或《法华》之上,但教理的基本体系,并不能超出台贤。所以从三期佛教的教理行的统一上看,密宗应与显教大乘一分的真常论合一。无著师资的瑜伽派,应属于哪一时期呢? 这倒是值得研究的。天台宗的别教,本来与贤家的终教相近;但贤首因奘传唯识学渐教、三乘、生灭心为染净依等,把它放在始空以前,结果与天台的教判再也不能沟通。无著师资的学说,特别是奘传的唯识学,富有适合中期佛教的成分。但从无著师资的论典去看,建立因果缘起,不论是真妄和合或者生灭心,赖耶总是深细不可知的,是不共小乘的见地。赖耶转成法身,法身是真常的,《摄论》、《庄严》都这样说,它与如来藏出缠的见地一致。大乘离执证真的见道,是不共小乘的。这一系的学者,思想或有出入,但从不离开圆成实非空的见解。"唯心"、"真常",是后期佛教的特征。它是后期佛教的,它绝不比《大涅槃经》、《金光明经》、《胜鬘经》、《如来藏经》等早出。它是从说一切有系的基础上,培植起唯心真常的大乘之花。它是大乘佛教中后起的生力军,用飞快的速度,从无常论达到真常。

四　法身尚在人间

经典记载如来的正法,因之被称为法身。"如来生身虽灭,法身尚存",这是生在佛灭后二十六纪的我们所应该欣幸的。现存人间的佛典,数量多而有广大信众的,可以分为三系:一、巴利文系:三世纪中,摩呵陀到锡兰,开始传入佛教。四世纪末年,在大寺结集三藏。这是有名的巴利文佛教,成为今日南方佛教的圣典。二、华文系:七世纪(汉桓帝时)起,到十五世纪(朱宋时)止,我国经过九世纪的长期翻译,成为六千卷的大藏;从我国内地又流传到海东。三、藏文系:从十二世纪(唐太宗时)到十六世纪,佛经传入我国的西藏。除藏卫外,还流行康青蒙古一带。

巴利文系,纯粹属于初期佛教,它是上座中的分别说系,分别说系的铜镍部,并且是依九世纪的觉音尊者为标准的,所以有人称它为新上座部。它有七部毗昙;在制度上,它维持一种接近原始佛教的僧制,这是从事巴利文的修学者所应该注意的地方。

华文系的传译,已是印度第二期佛教发扬的时代,所以最初传来,已大小并盛。它与西域的佛教特别有关。在华文圣典中,初期佛教有化地、法藏、大众、有部的广律,还有饮光部的戒经,法藏、正量、铜镶部的律论,这在佛陀制戒与组织僧团的原则的探讨上,实为人间佛典中的瑰宝。在论典上,除说一切有系的身、义、六足等以外,有非常古型的《舍利弗阿毗昙论》;富有新意的《成实论》。第二期佛教,除大乘经以外,龙树的《大智度论》与《十住毗婆沙论》,洋洋巨制,根本而详备的龙树学,是华文佛教无上的光荣!传译者罗什三藏不朽的功绩,使吾人生起无限的敬意。后期佛教里关于无著系的,传译得非常完备又精严,《成唯识论》是著名的代表作。发扬《楞伽》、《胜鬘》等的论典,有马鸣、坚慧论,特别是《起信论》,它虽只短短两卷,却有与《智论》、《成唯识论》同等的价值。《智论》、《成唯识论》、《起信论》,是华文大乘论的精髓,代表大乘法门的三个体系。后期佛教的空宗论典,是我们所欠缺的,但不是没有翻译的机会,这不得不要怪玄奘师资了!在密典,前三部大体完具,少有无上瑜伽。为甚么少?赵宋的帝王,认为中国系礼义廉耻之邦,伪经不容乱传,有的译出而被禁止了的。从这简短的叙述看来,华文佛教是具足三期的圣典,初期比巴利文系更有价值;中期是它的光荣;后期有所缺也有所长。还有一点,隋唐以前传译的大乘经,译笔虽或者拙劣些,但保存了初期大乘(中期)的几多古义,而是后期佛教所忽略的东西。华文佛教反映了印度三期佛教的全貌。

藏文系的精彩在后期。初期佛教,它的欠缺太多,连四阿含也没有;论是偏重十世纪的《俱舍论》与论疏;律是有部后期的。中期佛教的经典很丰富。西藏虽然盛行性空法门,但龙树提婆的论典,仅有几部小品的著作,而且还是偈颂。后期佛教,无著系的论典很详备,特别是陈那、法称的因明。因明虽属于外明,但也大可注意;不但后期印度佛教的大、小、空、有都在因明辩论(现在还盛行西藏)的指导之下;并且因明论里,还含有陈那、法称的随理行的唯识学。后起的空宗,是藏文佛学的骄傲! 不但论典多,派别多,且受了时代的影响,所以还是非常精严的。密典的数量,异常庞大,可说应有尽有。无上瑜伽的《集密》《胜乐》、《欢喜》《大威德》《时轮》等,代表了印度佛教最后的一着。

五　无常·性空·真常

　　无常论、性空论、真常论,可以从两方面去解说:一、从体悟真理(宗)上看;二、从安立圣教上看。

　　从体悟真理上看:佛教解脱,重在体悟宇宙人生的真理。因学者所悟证的有浅、深、偏、圆的差别,所以各派的见解也有不同。有的以为现观一切法的刹那生灭(无常),就是通达真理。像有部的八忍八智见四谛理,通达无常也在悟见真理之内。在佛法中,虽没有但见无常的,但以见无常为悟真理,确是初期佛教特色之一(小乘不一定如此),所以就称之为无常论。有的以为不然,见无常不一定见理,要通达内而身心外而世界的一切皆空无我,才是正见实相。通达我法无自性空,是中期大乘的特色,所以就称之为性空论。性空是说它没有自体,没有自体怎么就是真理呢? 无常只是现象的幻相,也不是真实,所以要证悟真实不空、常恒不变、清净周遍的万有实体,才是证悟实相。这是后期大乘的特色,所以就称为真常论。这三种悟解,也始终存在,但从时代主流上着眼，可以把它作为三期佛教的标帜。

从安立圣教上看：佛法有杂染世间的流转门、清净出世的还灭门（就是四谛、三法印），不论大、小、空、有，都必须把它在理论上建立起来；这就需要有个基本的法则，作为说明的出发点。因学者的见解不同，就分成三系：一、出世清净，要依杂染而有：如果没有杂染，也就无从说明离染的清净；因此，问题就侧重在杂染缘起。不论杂染世间的轮流六道，或离恶行善，转染还净，都得在生灭无常的因果中建立，依生灭无常的因果法则说明一切，不论是一切有为法，或心心所法，或细心，都可以称为无常论。二、杂染清净的可以转变，是因为它没有固定的自性，没有自性就是空。因为无自性空，所以有从缘的必要；从缘起灭，所以诸行是无常的。如果在一切法上，通达性空无我，那就契证不生不灭的真相了。这依性空出发说明一切，所以叫性空论。三、一切法不能没有所依的实体，变化之中，还有不变者在，非有真常的本体，不能建立一切。我们迷却真常，所以有虚妄变幻的生死；如果远离妄倒，真常寂静的本体，自然全体显现了。这依真常说明一切的，叫它做真常论。这三种所依的见解，也彻始彻终都存在。它与所证的三论，并不一定合一。但初期的婆沙师，中期的中观家，后期的真心派，所依与所证，都是贯彻统一了的；它也就是时代的主流。

建立圣教的基本法则，彼此之间虽在互相否认，但佛教史上确有这三个体系，这可以拿后期佛教的三大派作一例证。无著师资是无常论的，依《摄大乘论》看，一切法不出三性（染净），依他起是染净的中心，一方面“是无所有非真实义显现所依”，一方面是"若无依他起，圆成实亦无"。依他起是虚妄生灭法，染妄的阿赖耶识，是其中最根本的，称为"所知依"。从这生灭无常的中心出发，无自性空是不能安立染净因果的；这从《瑜伽》的破"恶取空"，到《成唯识论》的破"执遣相空理为究竟者"，是一贯的见解。染净因果，要在生灭上建立，种子六义中的"刹那灭"，不但否认真常是杂染因，也不许它是清净因。清辨月称他们是性空论，是中期大乘的复兴，不妨从龙树论去看。"以有空义故，一切法得成"，揭出了基本的特点。如一法有毫厘许的自性，它就无须乎因缘；有自性的东西，彼此隔别，也不能成立前后的联系；所以要无自性的生灭，才能相续，"虽空亦不断，相续亦非常"，这是空的无常论。"离三解脱门，无道无果"；"无所得故，能动能出"；一切法性空，所以正见性空，就得解脱出离。"心行既灭，言语亦断，不生不灭，法如涅槃"，这是空的真常论。不许空，无常是断灭的邪见；常心不变，不过是梵王（就是梵天）的旧说而已。龙树抨击非无自性的无常与真常，也够明显了。《起信论》是真常论，但否认它的很多，不妨根据经典来解说："如来藏是依，是持，是建立，依如来藏故有生死，依如来藏证得涅槃。"如来藏是常住不变的，清净周遍的，依真常建立一切，已非常明显。与这如来藏不异不离的有那非刹那灭的无漏习气，就是称性无为功德。这如来藏与无漏习气的融然一体，成为厌苦求乐的根本动力，也就是离染所显的真常法身。同时，它也是离异的刹那有漏习气的依止，这本净的真相与客尘的业相，在不思议的交织之下，展开了虚妄变幻的生死。真常的如来藏，是轮转中的受苦受乐者，它"譬如伎儿，变现诸趣"。这与瑜伽派的妄心为依止，与有漏习气无异无杂，无漏习气（也不是无为非刹那）反而依附赖耶，转了个一百八十度角。无常论者，虽想用"迷悟依"一句话，把它拉在自己的体系里，但总觉得有点奇突，于是乎有人说"《楞伽》体用未明"。其实《楞伽》等别有体系，根本的见解，无常生灭是不能建立一切。"譬如破瓶不作瓶事，譬如焦种不作芽事，如是若阴界入性已灭今灭当灭，自心妄想见，无因故。"为什么要依如来藏呢？"其余诸识有生有灭，意意识等念念有七"；这刹那生灭的"七识，不流转，不受苦乐，非涅槃因"。所以不成为流转中的受苦乐者，只因它念念生灭。所以依"离无常过"的清净如来藏，才能建立轮转生死。如果不理解这一原则，无常论者还是别谈《楞伽》好！攻讦《起信论》，更不免多事了。在真常论的见地上，"空者，即是遍计性"。如来藏不与杂染相应，所以叫空，不是说它的自体是空。"如来藏不同外道之我"，所以说"无我之藏"，"离于我论"。如果性空论者要曲解它，也是同样的笑话。这三系，都在建立自己，否认别系，或说另一系不了义。偏依一宗，或者可以否认对方是正确，但经论中有这三系存在，却不容否认。

六　融贯与抉择

　　三期佛教与三大思想系的开展，不出缘起三法印的解说；因时众的需要，或观点的偏重，成为不同的体系。从说教的立场说，众生根机无量，绝不能用机械划一的方法去摄受，所以经上说："如来不得作一定说"；"虽有五部，不妨如来法界"。但从时代风尚这一点说，就不妨侧重某一系更为时众需要的法门。释尊出世时，印度沉浸在苦行的空气中，初期佛教的谨严、头陀行、无常厌离的思想，自然是当机的。印度教复兴以后，后期佛教适应吠檀多哲学的梵我论、真常、唯心、因乐得乐，自然会风行一时。因根性的众多，所以不必偏废；但时代思潮的适应，绝不容漠视。如果从受法者的立场说："各各自依见，戏论起净竞，知此为知实，不知为谤法"；那种自是非他的见解，是愚者的妄执。在善于修学的人，像龙树说："智者得般若波罗蜜故，入三种法门无所碍。"在这个见解中，看你会不会学，此外就无话可说。

如把佛教的思想，从学术的见地去处理它，能不能说有浅深呢？虽然可以说相破相成，因彼此意见的出入，互相评论，使佛法正确深刻的内容开显出来；但自有暴露缺点而衰落的，或因思辨而成为支离破碎，甚至忽略违失佛意的。但这并不容易，非要理解各家思想的动机不可；否则，不是受了形式上的欺骗，就是用自己的主观去评判一切。

探索三大思想系的教典，性空论到底是正确而深刻的。在虚妄唯心者所依的《解深密经》，它本身就表示这个见解：五事具足的利根，它无须乎解深密。五事不具足的钝根，或者怀疑否认，或者颠倒乱说，于是不得不作浅显明了的解说。它的分离俗有，与龙树"为初学者作差别说"的见解，完全一致。真实唯心，是方便假说的，《楞伽经》不曾这样说吗？"若说真实者，心即无真实，言心起众相，为化诸愚夫。"龙树说：对治境实心虚（唯物论）的妄执，所以说唯心，这确定了唯心在佛教中的价值。

从佛教思想开展中去研究，更使我们理解性空的深刻正确，这不妨从三法印去观察。"诸行无常印"，在初期佛教中，或觉得刹那生灭不能说明业果的相续与缚脱间的联系；它们要求用中之体，动中之静，犊子系的不可说我，经量本计的胜义我，大众系的意界是常，一心是常，走向真我常心论。或者觉得假名相续，可以成立前后的联系，但三世实有者，看做机械式的累积；现在有过未无者，有此无彼，有彼无此，也无法打开困难。比较有办法的，分别说系的上座一心二时，在预备粉碎微粒子的刹那，化地部的诸行生灭无常，心色都有转变，是性空论的前驱。理智不断的探发，中期佛教的性空论者，建立起无性从缘的如幻生灭论。"虽空亦不断，相续亦不常，业报果不失，是名佛所说"，才给它完全解决。一切皆空的雷音，震动了法界！无常的假名相续的一心论者，在现在幻有（自相有）过未假立的思想中，发扬起来。还有真我常心论者，在真实一如的平等中，三世迁流的不变中合流，构成后期佛教的两大唯心论。但究竟怎样相续流转，在原则上，与初期佛教者毫无差别。谈到"诸法无我印"，无我无我所或空无我，根本佛教早已明确地宣说，并把它规定为从凡入圣的必经之道。初期佛教中，有多种不同的见解：有为无为实有而没有我的，像有部；有为实有（还有一分空）而无为无实的，像经部；有为虚妄而无为真实的，像大众系的多闻分别部；我法皆空，分别说系虽已说到，但还不能理解毕竟性空。小乘学者谈空，有时用"分破空"，在空间上，分析到最微细的色法（极微）；在时间上，分析到不可再分析的时间单位（刹那），这样的空，最后还是实有的。有时用"观空"，所认识的一切，只是能知的影像；它不但不能空心，还从二元的见地，在认识界的背后，主张有一一法的自体。他们的内心,总觉得非有点实在才行。这一点实在,就是神的别名。性空论者理会到——人的自我(灵魂),全宇宙的创造主,——法的真实体,全宇宙的实体,这一切从同一根源出发,一切是"神我"的别名。唯有在性空论中,才能圆见诸法无我的真义,佛法不共世间的特色。经一切皆空的启发,无常者与真常者走上新的园地。虚妄唯心者,折衷经部、有部的见解,从认识的二元论,演变到唯心。境空心有,滞留在观空的圈子里。《成唯识论》把它回复到"瑜伽"之古,"有为无为有,我及我所无",是更毗昙化了。真常论者,从有情本位的真我常心,演化到万有的大我与真心。佛性、如来藏,虽因无始尘染,把它局促在小我中;一旦离系,就成为遍通万有的实体了。虚妄唯心者,立足在有心无境的据点,心固然是有,无为也是真实。真常论者要进步些,它认为有为的心境,都是生灭无常而无实的,唯无为是实有。性空论者看来,有为无为都是缘起性空的,达到空无我的最高峰。从"涅槃寂静印"看:涅槃是圣者的圣境,本不必多说;如从名相上去推论,完全落在拟议中。一切有者,分离了生灭与不生灭,灰身灭智,使涅槃枯寂得一无生气。大众系中,像多闻分别部,主张"道通无为",积极的大涅槃,又转上常乐我净,佛寿无量。中期的性空论者,在通达法性空中,才打破了闷葫芦,唯有在涅槃如幻如化的正见中,才能体会融然空寂的圣境。这"法相如涅槃"的名言,后期佛教的真常论把它看为真常不空的万有实体,于是要"离远离幻",到离无可离了。这一点,妄心论者也得跟它走。拟议圣境的风尚,在中国盛极一时。探索佛教思想的关要,性空者的最为深刻正确,可说明白如绘。不过真常者与妄心者,虽多少有所滞,但某些理论的开发,不能不钦佩他们!

我想再作一个简单忠实的评判:诸行无常,是偏于有为的;它的困难,在转染成净,引发无漏,是它最脆弱的一环。涅槃寂静,是偏于无为的;它的困难,在依真起妄,不生不灭的真常,怎样的成为幻象的本质? 唯有诸法无我,才遍通一切,"生灭即不生灭",无性的生灭与无性的常寂,在一切皆空中,达到"世间与涅槃,无毫厘差别"的结论。

三法印与一实相印的关系如何? 在性空论者的见地,像龙树菩萨说:三法印即是一实相印。如果无常不合实相,就不成其为印了。不过,初期似乎是多说三法印;后期多说一实相印;唯有在中期佛教中,才能一以贯之,没有离一实相的三法印,也没有离三法印的一实相。

七　中道之行

佛教是实践的人生宗教。"诵习千章,不如一行",就是教理的探索,目的也在获得正知正见,以指导行践。理解与行践,必然一贯;这在三期佛教的行践中,可以完美证实。佛法中的神奇与臭腐,行践就是试金石。佛陀的本怀,唯有在行践中,才能突破空谈的冒索,正确地把握它。

初期佛教,比较接近原始佛教,它的行践特色,可以从佛陀适应时代的根机中去理解。当时的印度,可以分为两大流:一、是出家的苦行者,目的在个人的解脱;除实行严酷的苦行外,注重禅定的修养,以达到廓然无累的解脱。这解脱,在佛陀看来,只是一种定境而已。二、是在家的乐行者,目的在五欲的享受;在后世人、天的快乐;所用的方法,是布施、持戒、祭祀天神。佛陀适应时代的根性,唱道中道之行。反对祭祀,但承认诸天是众生之一。批评无益的苦行,但也赞叹合理的淡泊知足。大体上,初期佛教的声闻(出家)弟子,衣食知足,淡泊、清净、少事少业,修习禅定,是适应这出家苦行者的。释尊的常随众,不多是从外道中来吗? 不同的,在注重出世的"无我正见",与不许有害身心的苦行。其实,在家经营事业,生育男女,也还是可以解脱(兼摄乐行者)。那还不能接受出世法的,佛常说"端正法",就是布施、持戒、生天之法。这主要的,是适应在家的乐行者。释尊反对他们的祭祀生天,但劝导他们布施持戒,这可以得人间天上的果报。不过,要生高级的色无色天,那非修禅定不可,这又是兼摄苦行者了。

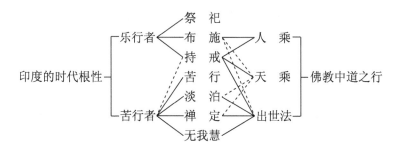

这样看来,人乘是侧重施戒的,天乘又加禅定;出世法再加无我慧。当时出世法,虽可说全部是声闻乘,但也还偶有菩萨,菩萨是侧重利他的。在一般声闻弟子看来,菩萨虽在僧中持戒,但"不修禅定,不断烦恼"。所以声闻是侧重因定发慧的,菩萨是注重布施持戒的。据初期佛教的解说,在智慧上讲,声闻、菩萨，都是观察无常而厌离世间的。总结起来作大体上的分别，人乘是世间乐行者的改善；天乘是世间苦行者的救济；声闻、缘觉乘是引导苦行者出世的；菩萨乘是引导乐行者出世的。从世间到出世的层次上看，布施不如持戒，持戒不如禅定，禅定不如智慧。但从以智慧为主的出世法看，那又声闻的戒定（自利的）不如菩萨的侧重施戒（利他的）了。这一点，将成为佛教徒行践的尺度。

从声闻乘为主的，转入人身菩萨（适应积极的、入世的）为主的，就是中期佛教。声闻弟子，已不是教化的对象主机，它需要修学般若，已在埋怨自己为什么不想做菩萨了。初期佛教中的在家弟子，像贤护等十六开士、宝积净名等五百人，王公、宰官，乃至妇女、童子，成为佛教的中心人物。印度的群神——天，也在渐露头角。梵王是三果，帝释是初果，诸天听法，本来初期佛教也有这样的记载。现在，诸天龙鬼、观世音等已现菩萨身了。因此，修行苦行的外道（天乘行者）领袖，也大有菩萨在。

在复杂根性与不同的行践中，可以分为三大类。据龙树菩萨说：一、一分钝根的菩萨，最初观察五蕴生灭无常不净，要久而久之，才能观察一切法性空；这是"从无常入空……"的。这一类大乘学者，经上说它"无数无量发菩萨心，难得若一若二住不退者"。我们要知道：大乘菩萨，要修行六度、四摄去利他的；像这样充满了厌离世间、生死可痛的心情，焉能克服难关，完成入世度生的目的？这样的学者，百分之百是退堕凡小的。二、一分中根菩萨，最初发心，就观察一切法空不生不灭，这是中期大乘依人乘而趣入佛乘的正机，是"从空入无生……"的。唯有理解一切性空,才能不厌世间,不恋世间;才能不著涅槃,却向涅槃前进。这样的大乘行者,"与菩提心相应,大悲为上首,无所得为方便",去实行菩萨的六度、四摄行。它一面培养悲心,去实行布施、持戒、慈忍等利他事业;一面理解性空的真理,在内心中去体验。这需要同时推进,因为悲智不足去专修禅定就要被定力所拘;不厚厚地培植布施、持戒、慈忍的根基,一心想证空,这是邪空;如果智胜于悲,就有退堕小乘的危险。所以在悲心没有深切,悲事没有积集,它不求证悟;"遍学一切法门",随分随力去利人。它时常警告自己:"今是学时,非是证时。"三、一类利根的菩萨,它飞快地得无生忍,也有即身成佛的。龙树没有谈到从何下手,或者是从涅槃无生入佛道的。这根性的不同,性空论者的见解,既不是无始法尔生成的,也不像一分拙劣的学者,把钝根、利根看为初学与久学。根性的不同,在它"最初发心"以前,有没有积集福智资粮;成佛要度众生,要福德智慧,这不是可以侥幸的。钝根者(现在盲目的学者,称为利根),几乎从来没有积集功德(悲事),忽略利他而急求自证的习气异常强。因种过少分智慧,偶然的见佛发菩提心,但厌离的劣慧,使它立刻失败。这和丝毫无备、仓卒应战与优势的敌军硬碰,结果是全军覆没一样。那中根者,多少积集智慧功德;发心以后,它理解事实,采取任重致远的中道之行,不敢急求自证。悲心一天天地深切,功德也渐广大,智慧也同时深入,坦然直进,完成最高的目的。这像没有充分的准备,而事实上不得不应战,那必须采用消耗战,争取时间,稳扎稳打,歼灭敌人一样。那利根的,在未曾发心以前,虽没有机缘见佛闻法,却能处处行利他行,为人群谋幸福。福德广大了，烦恼也就被部分地折伏。因为入世利他，所以会遇见善友扶助，不致堕落。在世俗学术的研究中，也推论出接近佛法的见地。这样的无量世来利他忘己，一旦见佛闻法发菩提心，自然直入无生，完成圆满正觉了。这像充分预备，计划严密，实行闪电战一样。总之，根机的利钝，全在未发心以前的有没有准备，与正法的浅深无关。醍醐、毒药，并不是一定的。虽有这三类，钝根与小乘学者所说的相同，容易堕落。后一类，稀有稀有，所以无著世亲他们，也就不去说它。要学大乘行，自利利他，那唯有采取积集悲智，学而不证的正轨（前机急求自证失败，后机自然的立刻证悟，不是勉强得来）。或者认为非迫切的厌离（无常苦）自己的生死，它绝不能认识他人的苦痛，发大悲心去利人。他们的意见，非"从无常门入"不可，这是非常错误的。他如果愿意一读《诸法无行经》，就知道行径的各别了。"从空而入"的依人乘而进趣佛乘，不是贪恋世间，在性空的正见中，才能观生死无常而不致退失呀！从人类菩萨为主，转化为天身菩萨为主的，是后期佛教。在后期佛教的法会中，已少有小乘圣者参加的资格，除非它愿意转变。中期佛教大乘的菩萨，一分已不知去向，一分与印度群神合流。原来印度的诸天、龙、鬼、夜叉、罗刹它们，竟然都是诸佛菩萨的示现。因此，从诸天夜叉等传出的法门，虽然近于印度的外道，其实却说得特别高妙。

后期佛教，经过的时间很长，意见也不能一致。大体上，菩萨有钝渐之机；有从无常入空、从空入无生的渐机（后期的初阶段，也有只许这一类的），要三大阿僧祇劫才能成佛。有直入顿入的利机，这利机，虽有的主张直入无生，或直入佛道的，有的以为还是从无常来,不过走得快些;总之是速成的。时代的当机者,是利根,我们不妨看看它的行践。它是唯心的,唯心本是后期佛教的特征,因唯心的理论,与利他非神通不可的见解,我们认为一般的难行大行,不成其为波罗蜜多,因为它不得究竟。如果从定发通,最好体悟清净法相,真俗双运,才能一修一切修,一行一切行,在定中分身千百亿,度脱一切众生,它要急急地从事禅定的修习了! 它又是速成的:前二期佛教,有一个原则,就是成就愈大,所需的时间事业愈多。声闻三生六十劫,缘觉四生百劫,菩萨三大阿僧祇劫;到中期佛教,达到"三僧祇劫有限有量"的见解。虽有顿入的,那是发心以前久久修习得来。这种但知利他,不问何时证悟的见地,在后期佛教中突变,就是法门愈妙,成佛愈快。"三生取办"、"即身成佛"、"即心即佛",这当然适合一般口味的。它又是他力的:"自依止,法依止,不余依止",是佛法的精髓。中期佛教也还是"自力不由他"。诸佛护持,天龙拥护,也是尽其在我,达到一定阶段,才有外缘来助成。说明白一点,自己有法,它才来护,并不是请托帮忙。易行道的念佛,也只是能除怖畏,也是壮壮胆的。有人想找一条容易成佛的方法,给龙树菩萨一顿教训,怎么这样下劣的根性! 然后摄它,教它念佛,后来再说别的行法,它说你不是教我念佛吗? 龙树说:哪有单单念佛可为以成佛呢? 但后期的佛教,受着外道的压迫,觉得有托庇诸天,其实是佛菩萨的必要。他力的顶点,达到要学佛,非得先请护法神不可。它又是神秘的;若行者感到人生无味,有点活不下去,实行厌离自杀。如来苦心孤诣,教他们念佛的功德相好,念天上的快乐,这在初期佛教也有。中期佛教,似乎要发达些,但还不出安心的范围。等到后期佛教,佛菩萨与诸天融成一体,不但求生净土是念佛,密宗的三密相应,修天色身,何尝不是念佛? 佛与天既然是合一,印度神教的仪式与修行的方法,自然也可与佛法合一。茅草可以除罪业,牛粪可以涂地;尸骨大有用处;念念有词的真言,更是有不可思议的效力;看地理卜善恶;讲星宿定吉凶;求雨、求晴、求子、求财;烧护摩;修起尸法;"方便为究竟"。印度民俗的一切,在后期佛教中,无所不包,岂不圆融广大哉! 它又是淫欲为道的,初期佛教的浓厚禁欲色彩,本是适应出家僧团的规则,并不是究竟谈;在家弟子不照样也可以悟道吗? 不但说淫欲不障道,并且还是妙道,这至少也有点深奥。"先以欲钩牵,后令入佛智",在中期佛教里,是大地菩萨的随机适应。"淫怒痴即是戒定慧",也是在说佛法不离世间。后期佛教的佛与天统一以后,天有天女,佛菩萨也要明妃。"般若为母,方便为父"的圣教,索性用男女的关系来表现。适应遍行外道等淫欲为道的思想,渐渐地从象征的达到事实的。生殖器称为金刚、莲花;精血称为赤白菩提心;交合是入定;交合的乐触是大乐;男女的精血,称为灌顶;既可即身成佛,又可洋洋乎乐在其中,岂不妙极了吗? 这唯心的、他力的、速成的、神秘的、淫欲为道的,后期佛教的主流,当然微妙不可思议! 但"大慈大悲,自利利他"的大乘佛法,能不能在这样的实践下兑现,确乎值得注意。

这三期的佛教,都有菩萨,从他们的实践看来,初期是依小乘行(厌离为先)而趣入佛乘的;中期的主机,是依人乘行而趣入佛乘的;后期的主机,是依天(神)乘行而趣入佛乘的。环顾现实,探索佛心,我们应提倡些什么? 有眼睛的当看! 有耳朵的当听!

八　少壮的佛教

　　印度的三期佛教,在理论上、行践上,都有它一贯的特征。这三期佛教,正像人的一生:初期佛教是童年:它活泼天真、切实,批评阶级制、苦行、迷信、祭天、淫荡、神我,指导了不苦不乐的人生正轨。不过,正法的内容,还没有具体地开发,理论上幼稚了些。它还在求学时代,重于自利。中期佛教,是少壮时代:理智正确发达,行动也能切实,它不但自利,还要利他。它不像小孩的乱跳,老翁的倚杖闲眺,它富有生命、朝气,大踏步向前走。不过世间的经历渐多,不随时检讨,惰性、自私怕要跃跃欲试了。后期佛教是衰老,一直向灭亡前进。它的经验丰富,哲理的思辨,中期也有不及它的地方。它的惰性渐深,暮气沉沉,专为子女玉帛打算,却口口声声说为人。上次,虚大师南洋访问回来,说锡兰教理是小乘,行为是大乘;中国理论是大乘,行为是小乘。我看:南方佛教较有实际利人的行为,这是初期佛教的本色。现阶段的中国佛教,不但理论是后期的大乘,唯心的、他力的、速成的行践,也都是后期佛教的本色。我们如果要复兴中国佛教,使佛教的救世成为现实,非推动中期的少壮青年的佛教不可。后期佛教,可以请它做顾问,取它一分丰富的经验。我们更得发扬初期的天真、切实的精神。以中国内地特有的中期佛教的思想,摄取藏文系及巴利文系的宝贵成分,发扬佛陀本怀的即人成佛的佛教!

三　中国佛教琐谈

一　生

　　"解脱生死"，是修行佛法的根本问题，所以"了生死"、"了生脱死"，成为中国佛教界的一般论题。然而什么是生，什么是死，大家似乎并不想正确地去认识，所以不免有以讹传讹的传说流行。

　　依我们人类来说，一般以为胎儿从母胎中诞生，就是生，释迦佛不也是四月初八日生的吗？不错，这只是常识所说的生，一般误解了以为这是"了生死"的生，于是传出了"投胎"的故事。如说：老爷睡在书房中，似梦非梦的见某人进来。正在惊疑不定，丫环来报：夫人生了公子。哦！孩子就是某人的灵魂投胎而生的。又如说：有女人怀孕，过了十个月，还没有生下孩子。等山中某老禅师坐化了，女人才生下孩子来，所以孩子是某老禅师的转世。我国有太多的这类"投胎"故事，使人相信三世因果。其实，这是我国佛教界的错误传说！依佛法说，什么是生？生是一期新生命的开始。约胎生的人类来说，父精、母血（现代称为精子、卵子)和合,因业力而"识"依精、血生起,名为"结生"。从此,"识缘名色,名色缘识",也就是心与肉体的相依,日渐成长。正常的,经三十八(个)七日(约二百七十天)而诞生。所以,生老病死的生,是新生命的开始;人是依父精、母血、识——三事结合而开始的。结胎以后,早已有了识,后来又有了呼吸,哪里要等另一个人的识(俗称灵魂)来投胎而才生呢!

二 死

死,是一期生命的结束。依佛法说,人死了,或立即往生(如地狱、天上等),或要等因缘(如人要有父精、母血和合)而往生。人如已经死了,是不可能复活的。但我国民间及佛教界的传说中,有的说:某人死后,去了地狱,见到阎王。原来阳寿未终,所以被饬回而活了转来。有的说:某人死后,魂游地狱,活转来说得绘影绘声。这类传说不少,有些不一定是造谣,但都是错误的。这是在病到某种情况,如呼吸停止等,一般以为是死了,这才有死了活转来的传说。病人在信仰或社会传说影响下,有怕堕地狱的意识,所以从昏迷醒来,可能有去了地狱一趟的感觉。其实这并不是死,还在"病"的阶段,所以死了活转来的传说,是错误的,不合佛法的。

怎样才是死? 通俗以呼吸停止,没有知觉为死亡。然如溺水、缢死等呼吸停止,每能依人工呼吸而恢复,所以但凭呼吸停止,是不能确定为死亡的。(佛教及外道)修得第四禅的,"身行灭"——出入息停止了,然身体健康,等到一出定,呼吸就立刻恢复了。印度的瑜伽行者，每有埋在土里数小时，出来还是好好的。这一定是修到呼吸停止，否则没有被土埋而不窒息死的。说到知觉，一般是接触外境——色、声、香、味、触而起的，佛法名为眼识、耳识、鼻识、舌识、身识——前五识。如修习而得禅定，五识都是不起的。从前，释迦佛在田边入定，当时雷电交加，田里的人与牛，都被电殛死了，那种近距离的霹雳声，佛也没有听见。五根（"五官"）的没有引起知觉，当然不能说是死的。还有意识，是内在的了别作用：（依五识而引起的）知外物也知内心；知事也知理（法则、规律等）；知有也知没有；知当前也知过去、未来。这样的意识，一般人是没有中止的。但在"闷绝"——昏厥得不省人事，"熟睡"无梦时，意识也是不起的。特别是修无心定——无想定、灭尽定的，六识都长时没有了，但只定中不起而不是死了，所以也不能但凭没有知觉而认定为死的。人类因疾病而濒临死亡边缘，近代医学界以"脑死"来决定。如脑干死了，不能自己呼吸，即使心脏还在跳动，但不久就要停止；所以脑死了，不能再生存下去，就可宣告死亡。然依佛法说，这不能说是死，这是在向死亡接近的过程中；不能因为不久一定死，就宣告已死亡了。佛法说，死是一期生命的最后结束。

经上说："寿、暖及与识，三法舍身时，所舍身僵仆，如木无思觉。"寿、暖、识——三者不再在身体上生起，也就是没有这三者，才是死了。倒在地上的身体，与砍断了的树木、落地的苹果一样。"识"，不但没有六识，内在的细意识，十八界中（六识界以外）的意界，也不再生起了。"暖"，人是热血动物，如体温下降，全身冷透了就是死。因病而死的，体温渐渐消失，以全身冰冷为准。"寿",也称为命根,指从业力而受生的,生存有局限性,因业力而决定的生存期限,称为寿命。一般人,或酗酒、纵欲、饮食没有节制等,不知维护身体而受到伤害;或受到疾病的传染等,早衰而早死;或受到水、火、战争等而横死的,大都不能尽其寿命。无论是病死或横死,如没有了识与暖,寿命也就完了。这三者,是同时不起而确定为死亡的。这样,如还有体温,也就是还有意界(识)与寿命,而医生宣告死亡,就移动身体;或捐赠器官的,就进行开割手术,那不是伤害到活人吗?不会的!如病到六识不起(等于一般所说的"脑死"),身体部分变冷,那时虽有微细意界——唯识学称为末那识与阿赖耶识,但都是舍受,不会有苦痛的感受。移动身体,或分割器官,都不会引起苦痛或厌恶的反应。所以,如医生确定为脑死,接近死亡,那么移动身体与分割器官,对病(近)死者是没有不良后果的。

三　鬼与地狱

在生死轮回的六趣——六道中,鬼与地狱,是六趣中不同的二趣。鬼与地狱,可说是古代极一般的信仰;在佛法传来以前,我国也早有了鬼与近似地狱的信仰。佛法传来,在重信仰的民间佛教中,鬼与地狱有了混合的倾向。特别是盛唐以后,佛教偏重实行,法义的理解衰落,传出了国人自己编写的经典,鬼与地狱被混合为一,成为民间的信仰。

在我国古代的传说中,如魑、魅、魍、魉、魃、魈等,或是山精、木怪,或是灾旱、疫疠的厉鬼;有关天象的,称为神。人类是聚族而居的，最初想到的，死是回到（民族）祖神的所在（"帝所"），如文王的"在帝左右"。但知识渐增，自身的所作所为，深深地有了罪恶感，不但一般人自觉没有回归祖神所在的可能，连君主也要举行封禅礼——在高山上加些土（封），在山下挖掉些土（禅），才有出地府而登天的希望。这样，才有"人死曰鬼"、"鬼者归也"的信仰。鬼，起初似乎还有些自由，如对于生前的怨敌，有"诉之帝所"而来索命的；也有对生前的恩人，如"结草衔环"来报恩的。不过人类的命运，越来越悲惨，终于为鬼而住在地狱中了。从战国时代的传说来看，古代的死鬼住处，略有三处。一、东方：泰山是夷族（殷商属于这一系）发展的中心地带，泰山最高，泰山下有梁父、蒿（或作高）里等山，是当时的葬地，所以古代的挽歌（极可能起初是推挽灵车去安葬时所发的哀声），有"梁父吟"、"泰山吟"、"蒿里"、"薤露"等名目。人非死不可，似乎有鬼卒来提取那样，所以汉代"古乐曲"说："鬼伯一何相催促，人命不得少踌躇。"死了就是鬼，葬在地下，鬼也在地下，凄惨而不得自由，所以说"魂归泰山狱"，这是"地狱"一词的来源。二、西方：九原或作九京，在今山西省绛县，是晋国士大夫的葬地。黄河流域是黄土地，葬在地下，地下是有水的，所以有"黄泉"一词；九原也就称为"九泉"了。"黄泉"、"九泉"，都是鬼魂的住处。三、南方：长江上流，古代有"夔越"，在今四川的奉节。这里，古代称"归州"、"秭归"。夔、归，都与鬼有关，所以奉节以西、长江北岸的酆都，后来被传说为鬼魂住处。我国是多民族融和而成的，地区广大，鬼的住处，当然也不可能一致。但死了鬼在泰山狱的传说，由于这里的文化高，影响大，西汉时已成为普遍的信仰了。

佛教所说的地狱与鬼,是不同的两类众生。地狱,原语音译为"泥犁"、"那洛迦"等,意义是"苦器",住着最苦痛的众生。这一类众生,主要的在地下,所以早期的译经者,为了国人的容易接受,就译作"太[泰]山地狱"。如吴支谦译的《佛说八吉祥神咒经》说:"不堕太山地狱。"西晋失译的《鬼子母经》说:"盗人子杀啖之,死后当入太山地狱中。"后来,译师们都译作地狱,或音译为泥犁、那洛迦等。太山是方便的译法,其实地狱并不是在泰山的。地狱可分四大类:一、八热地狱:在地下,最底层是阿鼻——无间地狱。这是地狱中最根本的,到处充满火焰,与基督教所说的"永火"相近。二、游增地狱:每一热地狱的四门,每门又有四小地狱。八热地狱四门各有四狱,总共有百二十八地狱。这是附属于大地狱的,是从大地狱出来的众生要一一游历的苦处,所以总名为"游增"。三、八寒地狱:是极寒冷的苦处,都以寒冷悲号,及身体冻得变色为名。四、孤独地狱:这是在人间的,山间、林中等,过着孤独的、非人的生活,可说是人间地狱。八热、八寒、游增、孤独,总有十八地狱。部派中,也有立八热、十寒——十八地狱的。我国一向传说"十八层地狱",说十八是对的,但不是一层一层的十八层。总之,这是六道中最苦痛的,受极热、极寒,或在人间而受非人生活的一类。

说到鬼,本于印度的固有信仰,佛教又加以条理简别。鬼的原语为闭戾多,一般译作饿鬼。印度传说:世界最初的鬼王,名闭多,是父或祖父(老祖宗),所以闭戾多是父或祖父所有的意思。这与中国传说,人死了回到祖神那里一样。后来的鬼王,名为阎魔王（或译阎罗、阎魔罗）。鬼——闭戾多也分二类：一、住在阎魔世界的，由阎魔王治理。二、散在人间的，多数在树林中，所以称树林为"鬼村"。这些鬼，可分三类：无财鬼，少财鬼，多财鬼。无财鬼与少财鬼，是没有饮食可得，或得到而不大能受用，这是名符其实的饿鬼。多财鬼中，也有享受非常好的，与天神一样。这与我国所说，人死为鬼，如有功德的为神，意义相近。这是约"人死为鬼"而说的，所以名闭戾多。依佛法说：人间儿孙的祭祀，唯有这类饿鬼，才会接受儿孙的祭品。从六道轮回来说，鬼，不一定是"人死为鬼"（人死也不一定做鬼）的，也可能是从地狱、畜生、天中来的。这类鬼，名目繁多。有与天象——风、云、雷、雨等有关的，有与地——山、河、地、林、谷等有关的；有高级而被称为天（神）的，也有极低贱的。名目有：夜叉，罗刹，乾闼婆，紧那罗，鸠盘陀，毗舍遮，富单那，迦吒富单那等。夜叉是手执金刚杵的；罗刹男的非常暴恶，而女的以色欲诱人致死；乾闼婆是爱好音乐的；紧那罗头上有一角；鸠盘陀形似冬瓜，以啖人精气为生的。这类鬼（泛称为鬼神），高级的称为天，如四大王众天、忉利天，有些是鬼而又天、天而又鬼的（也有畜生而天的，如龙、迦楼罗、摩睺罗伽等）。这类鬼神，有善的，也要信受佛法，护持三宝；恶的却要害人，障碍佛法，所以佛法有降伏这些鬼神的传说。这类鬼神，近于中国的魑、魅、魍、魉，雷神、河伯，龙、凤等，与"人死为鬼"是不同的。

佛教传说的鬼神，为中国人所关切的，是"人死为鬼"，在地狱中的鬼。受到儒家"慎终追远"的孝道思想影响，谁都关心死后父母等的饿鬼生活，希望有所救济，使孝子贤孙们得到安慰。

首先,传来西晋失译的《报恩奉盆经》(我国又敷衍为大乘化的《盂兰盆经》)。经上说:目连尊者的生母堕在饿鬼中,请佛救济。佛说:在七月十五——僧自恣日,发心供养僧众,可以使七世父母、六亲眷属等脱出"三途"——三恶趣的苦报。这是有印度习俗成分的,但到了中国,大大地发展起来,流传出目连救母的故事,演变为著名的"目连戏"。不过,目连只是阿罗汉,重大乘的中国佛教,终于发见了与"地"有关的地藏菩萨。依《地藏十轮经》说:地藏菩萨特地在秽土人间,现出家相。宣说种种堕地狱的恶业,劝告在家众不可违犯。这是着重化度众生,不致于堕落地狱,而不是专门救堕地狱众生。当然,地藏菩萨神力示现,也有现"阎罗王身"、"地狱卒身"的。就这样,中国佛教开展出地藏菩萨救度地狱饿鬼的法门。一、《地藏菩萨本愿功德经》,传为唐实叉难陀所译。但在唐、宋的"经录"中,没有这部经;"宋藏"、"丽藏"、"碛砂藏"、"元藏"也没有,到"明藏"才有这部经,这是可疑的。《本愿经》说到:一位婆罗门女,以孝顺心,供养佛塔,称念佛名,使堕在地狱中的亡母生天。又说:地藏菩萨的本生——光目女,发大誓愿,愿度尽地狱等恶道众生,然后成佛;就这样,要堕地狱的母亲,脱离了苦难。重孝道,重于度脱地狱(饿鬼)众生,适合中国人心,可说是目连救母的大乘化。二、《地藏菩萨发心因缘十王经》(续藏乙·二三),传说是赵宋藏川所传出的。(阴间地府)阎罗国中有十王,就是一般传说的十殿阎罗。人死以后,要在这里接受十王的审判。怕他们审判不公,地藏菩萨也会来参加裁断。十殿阎王加上判官、鬼卒,俨然是阳[人]间官府模样。依佛法,"自作恶不善业,是故汝今必当受报"。"自作自受",随业受报是不用审判的。《十王经》说,无非参照人间政制,编出来教化愚民;十殿阎罗,大都塑造在民间的城隍庙中。地藏与十王的传说,与目连救母说混合,终于阴历七月被称为"鬼月"了。"鬼者归也",中国旧有死后"招魂",有"魂兮归来"的传说。阴阳家以为人死了,在一定时间内要回来的,所以有"避煞"、"接煞"的习俗。有一位法师说:"人死后就像去旅行一般,总要回到自己的房子(身体)。"(《文殊》三二期)这不是佛法,只是中国固有的民间信仰。七月十五日,道家称为中元节;恰好佛教说七月十五——自恣日供僧,可以度脱饿鬼的苦难。再与地藏、阎罗王说相混合,而有七月底为地藏菩萨诞的推定。中国民间(及佛教)信仰,七月是开放月,地狱的鬼魂都回故乡来探望亲人。唐代实叉难陀与不空,都译出《救拔焰口饿鬼陀罗尼经》;不空还传出《焰口仪轨》。焰口,是饿鬼中口出火焰的,所以或译面然〔燃〕。这是印度佛教后期,"秘密大乘"的救度饿鬼法,可以救度无数的饿鬼。适合中国"人死为鬼"的信仰,七月里到处"放焰口",救度父母眷属的鬼魂;有的称之为"普度",倒也合适。七月里,大批的鬼魂拥到,到处放焰口(有的七月里诵《地藏菩萨本愿经》);放,我想是发放救济饿鬼饮食的意思。中国的阴历七月,是"教孝月"、"救鬼月",也可说是"鬼魂回乡度假月",热闹非凡。儒、释、道——三教混合的七月超度,与佛法中地狱与鬼的原意,似乎越离越远了!

四　婴　灵

　　婴灵,是近年台湾佛教界的新话题。有人说:堕胎的罪业极重,婴灵会缠绕生母,使母亲昼夜心神不宁,甚至全家不安。婴灵非超度不可,如要超度,可到他的寺院去,代为超脱。有人说:这不是佛法,无非妖言惑众,设法敛财。我不想断人的财路,因为形形色色的财神法多着呢!这里,只是依佛法来论究一番。

婴灵缠绕母亲等,是不合佛法的。超度婴灵者所根据的经典——《佛说长寿灭罪护诸童子陀罗尼经》,是我国历代的"经录"、"藏经"所没有的。近代日本人编辑的《续藏经》,才出现这部经,这是可疑的。什么是"五逆"?杀父、杀母、杀阿罗汉、破和合僧、出佛身血:这是穷凶极恶的重罪,要堕无间地狱的。这样的五逆罪,可说是一切经所同的。但该经的五罪,除去杀阿罗汉,而改为堕胎是无间重罪,这可论定为后人(可能为日本人)伪造的。婴灵会不会缠扰母亲,依佛法是不会的。胎儿夭死了,或生人间、天上,或堕恶趣,依胎儿过去生中的善恶业力而决定。堕胎而死的胎儿,还不会引起怨恨报复的敌意,怎么会缠扰母亲,使母亲日夜心神不宁?然而堕胎的母亲,可能会出现婴灵缠扰的情形,那是由于做母亲的对堕胎有罪恶感,内心深处总觉得对不住亲生的骨肉而引起的。我从前看过一篇故事(书名早已忘了):甲与乙是好朋友,合资到外地去贩卖,获利相当丰硕。在归途中,甲起了歹意。在住宿无主破屋的那天晚上,甲把乙杀了,破屋也放火烧了,自己带着全部金银,赶着上路返家。但回家后,每晚梦见乙来索命,缠扰不休,于是到处求神拜佛,作功德超荐,但总是阴魂不散,时常出现,有时白天也听到乙的声音。半年下来,钱快用完了,甲的身体已困顿不堪,奄奄一息。一天上午,乙忽然走进来,甲吓得昏了过去。原来那天晚上,附近的乡人见破屋起火,赶来救火,也把被杀而没有死的乙救了。乙以为是盗贼所伤,怕甲也遭了毒手,所以在身体疗养复原后,来甲家报告不幸的消息。等甲醒来,才明白了事实。不过钱已用完了,甲弄得瘦骨支离,乙又没有死,这件事就算了。在这一故事中,乙并没有死,那害得甲身心不宁,半死不活,每晚来缠绕的乙的鬼魂,是哪里来的呢? 这是甲的内心负疚,是甲自心所现的(屠宰者临死,有见无数猪羊来索命的,也是如此)。堕胎而感到婴灵缠扰不休,也就是这样。胎儿早已在他处托生,哪里会来纠缠呢!

　　婴灵的缠绕虽是虚妄的,但堕胎的罪恶却是真实的。在杀戒中,杀"人及似人",都是重的杀罪,"似人"就是没完具人形的胎儿。虽还没有出生,或没有完具人形,但胎儿的生命,与诞生的人是没有差别的。世间的习俗与国法,也许有合法的堕胎,但在佛法,这是极重的罪恶。世间事,有些是难以理解的。如两性交合,实际上是为了种族的延续,不是为了欲乐。动物的两性交合,多数是有时间性的。也许人类进步了,在种族的延续要求下,发展为情爱,有的"旦旦而伐",似乎还不能满足。现代的人类更进步了,进步到"恋爱至上",人有满足性交欲乐的权利;进步到要恋爱,要性交,不要负生男育女的义务。进步的人类哪!进步到违反自然法则,自然怕真要向人类低头了!

五　经忏法事

　　经忏法事,或作经忏佛事。现代中国台湾的"佛事",非常兴隆,富有中国佛教的特色,可说是现代中国佛教的主流。

经忏佛事,从印度的"大乘佛法"中来。"经",是经典的受持、读、(背)诵、解说、书写等,如《般若经》、《法华经》等说。《法华经》称读、诵(等)者为法师,法师是"法呗嚧"的意译。在佛教中,"呗嚧者"是主持音声佛事的。法呗嚧——法师是领导大家来读经;诵经;写经(现在印刷方便,所以少有人抄写流通了);解说,应该是通俗的讲说(如"俗讲")。依龙树说:这是入智慧的方便(《大智度论》卷五十四)。读、诵、书写、供养(经典)、施他经典,对当时大乘法的兴起流行,有相当重要的作用,所以赞叹为"成就无量无边功德"。"忏",通俗地说是"忏悔"。早期集成的《舍利弗悔过经》,传出了"三品法门"——悔过,随喜,劝请(请佛住世,请佛转法轮)。这一法门,是在十方现在佛前忏悔的(与律制的忏法不同),所以含有称念佛名与礼佛;末了,要发愿、回向。这一法门的经典不少,主要为:礼十方佛,称(名)赞佛德,供养佛,忏悔业障(扩充到三障、五障),随喜,劝请(二事),回向。《华严经》的《普贤行愿品》长行,又加常随佛学与恒顺众生,成为十法。这一法门,龙树称之为方便的"易行道"。忆念、礼敬、称十方佛名(经中,每举十方十佛,或三十五佛、五十三佛为代表),也称诸菩萨的名号。然后忏悔,随喜,劝请,回向。这样修行,信愿力增强,就能进修六度等菩萨大行(《十住毗婆沙论》卷五·六)。天台智者大师立"五悔法":忏悔、劝请、随喜、回向、发愿,作为法华观门的助行(《摩诃止观》卷七下);《普贤行愿品》依此而回向弥陀净土;唐代所传的秘密仪轨,也是以此为修行前方便的(与咒语相结合)。以忏悔为要门的方便修行,促成"大乘佛法"相当的发达。如《大正藏》"经集部",从(四二六)《佛说千佛因缘经》,到(四五九)《文殊师利悔过经》,都有相同的意义:称佛名号,可以忏除业障,往生净土。而称念佛名等,还有种种现生功德,与《般若经》等所说读诵经典相同,所以诵经也好,(念佛)礼忏也好,有共通的意义而被联合起来。"经忏"的成为一词,也许因此而来。

礼佛称名的忏悔,如《舍利弗悔过经》说:"持悔过经,昼夜各三过读。""昼夜各三过读",那是一日一夜,六时读诵经的;可说是忏悔与诵经的统一。从译典来看,印度佛教发展为诵偈的礼忏,如龙树《宝行王正论》说:"现前佛支提,日夜各三遍,愿诵二十偈。"佛支提是佛舍利塔,当时佛像还不多,所以在塔前诵偈;所诵的二十偈,就是礼佛、忏悔、劝请、随喜等。东晋佛陀跋陀罗译出的《文殊师利发愿经》,共四十四偈,就是《普贤行愿品》(六十二)偈的初型。《出三藏记集》(卷九)《文殊师利发愿经记》说:"外国四部众礼佛时,多诵此经以发愿求佛道。"这可见礼佛、称名、忏悔为主的诵偈,已成为印度大乘佛教的一般行持。在中国,梁、陈时代(西元五〇三——五八八),忏文发达起来。唐道宣的《广弘明集》(卷二十八)所载,有梁武帝、梁简文帝、陈宣帝、陈文帝,及江总所作的忏文。不只忏文而编成忏法仪轨的,是陈、隋间的天台智者大师。智者撰有《法华三昧忏仪》、《请观世音忏法》、《金光明忏法》、《方等三昧忏法》("忏法",智者是称为"行法"的,后人改称为"忏法")。天台的后人,唐湛然有《法华三昧补助仪》、《方等忏补助[阙]仪》。到宋代,法智有《修忏要旨》、《(金)光明忏仪》、《大悲忏仪》;遵式有

《金光明护国仪》,治定《请观世音消伏毒害陀罗尼三昧忏仪》,治定《往生净土忏仪》、《炽盛光忏仪》、《小弥陀忏仪》、《法华三昧忏仪》;净觉有《楞严礼忏仪》,神照有《仁王忏仪》;南宋晚年有志磐的《水陆道场仪轨》。宋初的法智,专心讲经礼忏三十年,而遵式被谥为"忏主",可见宋代天台学者的重视忏法。天台教观的弘扬,与礼忏相结合,是影响中国佛教最深切的。属于贤首宗的,有唐宗密的《圆觉经道场修证仪》,知玄的《慈悲水忏法》等。从忏法的内容来说:有忏罪的,是忏法中的取相忏,要"见相"才能消除业障。有作为修行的前方便,天台宗、华严宗、密宗、净土宗,都有这类忏;天台的忏法,本是以此为主的。以上,都是自己修持的。有为人消灾的,如陈永阳王从马上堕下来,昏迷不知人事,智者曾"率众作观音忏法",永阳王得到了平安,这是为人的现生利益而修忏。有为国家修忏的,如天台宗的法智与遵式。《仁王护国般若经》说到:请百位法师,"一日二时讲读此经,……不但护国,亦有护[获]福",这是为了国家而讲读经典与修忏法的(神照有《仁王忏仪》)。诵经修忏法门,在民间发展中,渐渐地重在消灾植福,超度鬼魂,关键在元代。元是文化低的蒙古人成为中国的统治者。各种宗教都受到保护,但自元世祖起,"西番僧"(现在称为喇嘛)受到了异乎寻常的尊敬与纵容。对中国传统的佛教,好处是:"三武二宗"(加一宋徽宗),佛教受到破坏,都有道士从中作怪。到了元代,总算在帝王的支持下,佛道一再辩论,达成焚毁一切伪造道经的胜利(现在还是编在《道藏》中)。坏处是:"西番僧"大都是不僧不俗的,修男女和合的欢喜法;有的还蒙元帝赐几位美女。国家随时都在作消灾植福的功德（经忏法事），还成立"功德司"来管理，这主要也是"西番僧"的事。"上有好之，下必有甚者"，内地僧侣的不僧不俗，与民间的经忏法事，当然会大大流行起来。明太祖护持佛教，也要维持僧伽清净的。从洪武二十四年《申明佛教榜册》（《释氏稽古略续集》卷二）所见：僧人分三类，在"禅僧"、"讲僧"以外，有"瑜伽僧"，也称为"教僧"，就是为人诵经礼忏的应赴僧。诵经礼忏的，已成为一大类（怕还是多数），中国佛教是大变了！《榜册》中明令，有眷属（妻）的还俗；如与眷属分离，准予住寺修行。对"私有眷属，潜住民间"的，严加取缔；"官府拿住，必枭首以示众"。不僧不俗的情形，太严重了！并禁止"民间世俗多有仿僧瑜伽者，呼为善友"。这类应赴经忏的在家人，从前我以为上海五马路、今日台湾才有这种现象，原来元明间也曾如此。亏了明太祖的护持，总算阻遏了歪风（没有变成不僧不俗、僧俗不分的），但在民国初年，太虚大师所见的佛教，清高流，坐香[坐禅]流，讲经流，忏焰流，"其众寡不逮后一（忏焰）流之什一"。忏焰流就是瑜伽僧，占佛教僧侣十分之九以上（台湾似乎少一些），这才是元明以来的佛教的主流！

　　着重于消灾、消业、超度亡灵的"经忏法事"，现在流行的有：一、"水陆斋会"，是盛大的普度法会。宋《释门正统》（卷四）说：梁武帝梦见神僧，要他作水陆大斋，普度苦恼众生。谁也不知水陆大斋是什么，志公劝武帝"广寻经论"。武帝在经中，见到了"阿难遇面然鬼王，建立平等斛食"，这才制立仪文。天监四年二月，在金山寺修水陆斋，"帝亲临地席，诏（僧）祐律师宣文"。志磐的《佛祖统纪》也这样说，但略去了阿难见面然

[焰口]鬼王事。阿难见面然鬼王,出于《佛救面然饿鬼陀罗尼神咒经》,是唐(西元六九五——七〇四年)实叉难陀译的。武帝寻经,怎能见到唐代的译经? 志磐大概感觉到这一问题,所以略去了。但是《释门正统》所说,有事实的成分,如说:"诸仙食致于流水,鬼食致于净地。"布施饿鬼,饮食是放在"净地"上的,布施仙人及婆罗门,饮食"泻流水中",这确是《救面然饿鬼陀罗尼神咒经》所说的;"水陆"二字,是依此得名的。在每一饿鬼前,"各有摩伽陀斗四斛九斗饮食",也就是"平等斛食"的意义。这样,普度饿鬼仙人的水陆大斋会,一定在实叉难陀译经以后,不可能是梁武帝所撰的。《佛祖统纪》(卷三三)说:唐咸亨(西元八六〇——八七三)年间,西京法海寺道英禅师,"梦泰山府君"说起,知道梁武帝所集的,"今大觉寺义济得之",这才得到了水陆仪,"自是,英公常设此斋,流行天下"。这才是中国流行水陆斋会的事实! 无论是义济或道英,极可能是唐末咸亨年间,假传泰山府君所说,托名为梁武帝所集而兴起来的。二、"梁皇忏",是忏罪消灾、救度亡灵的法事。元末,觉岸的《释氏稽古略》(卷二)说:梁武帝的夫人郗氏,生性残酷嫉妒,死后化为巨蟒,在武帝梦中求拯拔。"帝阅览佛经,为制慈悲道场忏法十卷,请僧忏礼",这是"梁皇忏"的来源。稍为早一些的念常,编《佛祖历代通载》,也说到郗氏的"酷妒";死后在梦中见帝,并关心武帝的健康。武帝"因于露井上为殿,衣服委积,置银辘轳、金瓶,灌百味以祀之"(卷九)。文中并没有说到忏法,但目录中作"郗氏夫人求忏",这应该是后人改写的。郗后的酷妒,死后化作龙形,唐高宗时李延寿所作的《南史》已有记载。《通

载》进而说祭祀，《稽古略》就说到忏法。《通载》说是天监四年，《稽古略》改为二年，这是天监四年水陆斋会传说的翻版。《茶香室丛钞》说：梁皇忏是梁代诸名僧，删改齐竟陵王的《净行法门》而成。元代的妙觉智等"重加校订审核"，成为现行的《梁皇忏》——《慈悲道场忏法》。可以推定的，这是元代所编，假借梁武帝的名字来推行的。在中国佛教史上，梁武帝确是诚信佛法的。隋《历代三宝纪》（卷十一）说：武帝为了"建福禳灾，或礼忏除障，或飨鬼神，或祭龙王"，命宝唱等集录了《众经忏悔灭罪方法》等八部。虽只是集录经文，但对建福禳灾、礼忏除障、飨鬼神与祭龙王等法事，是会有影响的，这可能是"水陆斋会"与《慈悲道场忏法》都仰推梁武帝的理由吧！三、"瑜伽焰口"，是以超度饿鬼为主的。唐不空译的《救拔焰口饿鬼陀罗尼经》，是实叉难陀所译《救面然饿鬼陀罗尼神咒经》的再译。不空并译出《瑜伽集要救阿难陀罗尼仪轨经》；"明藏"有较广的《瑜伽集要焰口施食仪》，可能是元代"西番僧"所出的；明、清又有各种不同的改编本。"施食"——救济饿鬼，在我国的晚课中，有"蒙山施食仪"，近代有人扩编为"大蒙山施食仪"，也有作为"法事"的。"水陆斋会"、"瑜伽焰口"、"蒙山施食"，救度鬼魂的本质是相同的；在"秘密大乘"中，只是低级的"事续"。适应中国的"人死为鬼"与"慎终追远"的孝思，这一超度鬼魂的法事，得到了异常的发展。七月——"鬼月"普度而施放（救济品）焰口，到处都在举行。流行的"水陆斋会"，"内坛"是主体，加上"大坛"的礼忏，"华严坛"、"净土坛"等的诵经、念佛，成为"经忏法事"中最具综合性的大法事。四、"大悲忏法"，宋知礼依《大悲心陀罗尼经》而编成的。本是修持的方便,但观世音与现生利益——消灾植福、西方净土有关,所以也成为一般的"经忏法事"。五、"慈悲三昧水忏",是唐末知玄所辑成的,可以消释宿世的冤业,也相当的流行。六、"净土忏"——《往生净土忏愿仪》,是忏罪而往生西方净土的。七、"药师忏",依《药师经》而造,作为消灾延寿的法事。八、"地藏忏"——《慈悲地藏忏法》,这当然是超度亡魂用的。此外,还有"血湖忏"、"金刚忏"、"壬申忏"等,流行的相当多。再说与称佛名有关的二部忏法,"万佛忏"与"千佛忏"。阴历年初,寺院中多数拜"万佛"与"千佛",由出家人主持唱诵,在家信徒也随着礼拜。这是依《佛名经》及《三千佛名经》而来的。元魏菩提流支译《佛名经》十二卷,是大乘经中佛名的集成。《大正藏》中有三十卷本的《佛名经》,每卷都列举佛名,经(法)名,菩萨、辟支佛、阿罗汉——僧名;称名礼敬三宝后,有忏文,末后附录伪经——《大乘莲华宝达问答报应沙门经》一段。称《法显传》为《法显传经》,分宾头卢颇罗堕为二人,这部《佛名经》的编集者,对佛法的理解显然是幼稚的。三十卷本的《佛名经》,唐《开元释教录》(卷十八)列入"伪妄乱真录",并且说:"群愚仿习,邪党共传,若不指明,恐稽圣教。"似乎当时已流传民间了。"丽藏"本在卷一末的校勘记说:"然此三十卷经,本朝盛行。行来日久,国俗多有倚此而作福者,今忽删之,彼必众怒。""作福",就是作功德。知道是"伪妄"而不敢删去,可以想见流行的盛况了!这部经的后二卷,与《三千佛名经》中的《现在千佛名经》相合,也是称佛名与忏悔的(过去、未来千佛,有佛名而没有忏法)。"万佛忏"与"千佛忏",就是依此而来的。

在现在流行的经忏中，"万佛忏"与"千佛忏"，及"大悲忏法"，还有集众礼诵忏的，其他忏法，都成为僧众代人礼诵的"经忏法事"，也就是"瑜伽"——应赴僧的专职了。

"经忏法事"，本出于大乘的方便道，演化为应赴世俗的法事，从适应世间来说，是有相当意义的。任何宗教，普及社会，对信徒都会有一定的宗教义务。如结婚、生孩子、弟兄分家、丧葬，基督教也会为信徒举行"礼拜"；天主教、伊斯兰教等，都各有不同的宗教仪式。中国佛教的"经忏法事"，可说是普及民间，满足信众要求而形成的。在佛教国家中，中国是"经忏法事"最兴盛的；唐、宋时代，日、韩僧侣来中国求学佛法，也有为信徒诵经等行仪。代表原始佛教的"律部"中，信徒如生孩子、造新房、外出远行（去经商）、丧葬等，都会请僧众去受午供。吃好了饭，施主在下方坐，听上座略说法要，说偈颂回向功德（"呗匿者"由此而来）；如上座不会说法，就背诵一则佛经。这就是"应赴"受供，为信众作功德，为信众诵经的起源。初期"大乘佛法"兴起，诵经、礼佛称名忏悔等方便，自力而含他力的思想。中国式的"经忏法事"虽多少中国化了，而实受后期"秘密大乘"的影响。如《大灌顶神咒经》（第十二卷是《药师经》的古译），是晋人编集的，也有印度传来的内容。第十一卷《佛说灌顶随愿往生十方净土经》，也是地狱、饿鬼不分的；对临终及已经死亡的，一再说要为他"转读"（经）、"修福"。为人诵经礼忏，以救度亡者，在中国"人死为鬼"、"慎终追远"的民俗中，是需要的。如明洪武二十四年的圣旨说："率众熟演显密之教应供，是方足孝子顺孙报祖父母劬劳之恩。"适应中国民俗，不妨有"经忏法事"，但

对中国"经忏法事"的泛滥,总觉得是佛法衰落的现象。因为:
一、中国的经忏多,主要是人死了,都要做功德。有的逢七举行,
有的四十九日不断,满百日、周年,也要做功德,而七月普度,到
处在放焰口。举行法事,需要的人也多,如"梁皇忏"(七天)十
三人或二十五人,"水陆大斋"是四十九人,五人、七人的是小佛
事。人数多、次数多、时间长,这多少是受到儒家厚丧厚葬的影
响。应赴经忏,实在太忙了,如僧数不足,就邀在家的(穿起海
青袈裟)凑数。大家为这样的法事而忙,胜解佛法、实行佛法、
体悟佛法的,当然是少了!二、"经忏法事",应该是对信众的义
务。现代日本佛教,遇信徒家有人丧亡,会自动地按时去诵经,
人不多,时间不长,可能就是我国唐、宋时代的情形。一九五二
年,我到台湾来,台湾佛教也还是这样的。但大陆佛教(在家出
家)来了,做法事是要讲定多少钱的。从前上海的寺院,有的设
有"账房",负责接洽经忏。严格说,这已失去宗教的意义,变成
交易的商业行为。依《释氏稽古略续集》(卷二),明洪武年间的
《申明佛教榜册》,说到"应赴世俗,所酬之资,验日验僧,每一日
一僧钱五百文。主罄、写疏、召请——三执事,每僧各一千文",
可见由来已久。国家明定价格,免瑜伽僧的贪得无厌,但从此,
应赴经忏每天多少钱,僧众也觉得理所当然。多数人为此而忙,
专在临终、度亡上用力,难怪太虚大师要提倡"人生佛教"。在
家出家的佛弟子,为佛法着想,的确应该多多反省了。

六　放　生

　　放生,是《梵网经》、《金光明经》等所说到的。佛法"不杀

生",还要"护生",从救护人类而扩大到救护(人以外的)众生,当前动物的生命,而有放生的善行,正是慈悲心的表现。经论中怎样的放生呢?有见到鱼池干涸,运水来救活鱼类;有见水中浮有蚁群,快要被淹死了,设法引蚁类到达干燥的地方;也有见市上卖鳖,用钱买来放入池中的。动物在死亡边缘,设法救护它,使它免于死亡,这是放生的本意。我国自梁武帝禁断肉食,放生就开始流行起来,智者大师就是放生的一位。在天台山临海,辟一放生池,得到国王支持,严禁采捕放生池的鱼、鳖。唐、宋以来,国王与民间,有多数放生池的成立。我所见到的,福建鼓山涌泉寺,寺内有放生院。信徒送来放生的鸡好多!还有一只牛、一匹马,常住特地立鸡头、牛头、马头(如库头、园头、门头,"头"是主管的意思)来负责管养。还有,西湖一带寺院,多有引溪水成池而放鱼的。溪水浅而清彻,游鱼五色斑烂,"玉泉(寺)观鱼",多少变质而成为观赏娱乐的地方。这是我所知道的,放生都放在受保护的特定地区,被放的动物,能平安地度过一生。

台湾的放生池不多,放生的风气却很盛(也许是从大陆传来的)。寺院举行法会,信徒们会自动地集款放生;也有由寺方主办,信徒们发心乐施;还有成立放生会而定期放生的。放生是慈悲心行,是功德,据说还能消灾益寿,我理当赞叹。但现今的放生方式,副作用太大,我真不敢赞同。因为,现在一般的放生,不是见到众生的生命垂危,心不忍而放生,让它平安地生活下去,而是为了功德,定期地、大量地买来放生。所放的,主要是麻雀等小鸟、小鱼、泥鳅、乌龟等动物。定期的、大量的放生,市场上哪有这么多!所以要事先向市场去定购;出卖鸟雀、鱼等为业的商人，要设法去捉来应付买主。买了回来，也不问笼子里、竹篓里、水桶里的小鸟小鱼们，懂不懂国语或闽南语，先请法师来为它们归依，然后把这些被关了好久的小鸟小鱼们，运到山上、水中放生，功德也就完成了。试问：如你们不放生，这些可怜的小动物，会被捉吗？它们的被捕，是为了成就你们的功德，这是什么功德！如犯法而被关在监狱中的囚犯，国家举行大赦，那可说是"德政"。如为了施行德政，出动军警，把无辜的民众大批捉来禁闭，然后宣布大赦，让大家回去，这能说"德政"吗？善心的佛弟子，少为自己的功德打算，也该为无辜的麻雀们想想呀！一九八八年十二月十九日，《联合报》有一则新闻：某寺举行大法会，大量——连不会飞的小鸟也捉来放生。恰遇寒流来袭，放生的第二天，到处是死伤的小鸟。一位少年，捡了十几只还不会飞的小鸟回去养着，等它们会飞了，让它们自由地飞翔天空。读了这则报导，我有说不出的感触。这位少年，才是真正的放生者，功德无量！那些自以为放生的，不但没有功德，还要负起间接杀伤小鸟的罪业！为了放生而捕捉，使小鸟、小鱼们，受到恐怖，不自由，这是功德吗？有的定期放生，在一定的水域内放鱼，时间久了，渔人们到时会来等着。等放生者功德圆满而去，渔人会立刻出来捕捉。鱼儿们被重叠地放在水桶中，时间久了，不大灵活，当下捕捉，十有六七被捉起来了。这次可没有人再来放生，它们的被杀，放生者应负间接的责任！佛法不只是信仰，不要专为自己着想，迷迷糊糊地造罪业！以放生为事业的法师、居士！慈悲慈悲吧！

七　传　戒

出家的，要受沙弥（女性名"沙弥尼"）十戒、比丘（女性名"比丘尼"）具足戒，才能完成僧格，成为僧伽的一员。这是成立僧伽根本，出家的第一大事，所以在"律部"犍度中，"受具足"是第一犍度。在南传佛教区，发心出家的，只要师长及大众同意，就可以集众为他受戒，几点钟就完成了，是隆重而又平常化的。由于我国是大乘佛教，所以出家受戒的，还要受（通于在家的）菩萨戒，合称"三坛大戒"。不知什么时代开始，我国是举行大规模的集团受戒，有五十三天的，有三十五天的（极少数是七天的）。时间长而人数多，成为中国特有的盛大戒会。

佛教在印度，由于僧众的分化，出家所依据的"律部"，也就大同而有些差别。传到我国来的，东晋时译出了五部律，所以早期中国僧寺所依的戒律是并不统一的。在流行中，《四分律》渐呈优势。探究律部而大成的，是以《四分律》为宗的唐初（终南山）道宣律师，为以后中国出家众所尊重。经唐末衰乱，北宋时有台州允堪、杭州元照，探究发扬，使南山律中兴起来。宋代的寺院，分禅寺、讲寺、律寺，可见当时是有"依律而住"的僧伽。痛心的是元代信佛，特重"西番僧"（即喇嘛），弄得僧制废弛，经忏法事泛滥。到明初，佛寺就分为禅寺、讲寺、瑜伽应付经忏的教寺，而律寺没有了。虽还有传戒的，没有了律寺，当然没有"依律而住"的"六和僧"。直到明末清初，有古心律师，在金陵（南京）弘传戒法。弟子三昧光，与弟子们移住宝华山（今名）隆昌寺，每年传戒，一直到近代。论传戒，宝华山第一！虽不能促成僧伽的清净，但到底维持了出家的形象，功德是值得肯定的！然依三昧光弟子见月律师《一梦漫言》所说：见月提议"安居"，同门都嫌他标新立异。可见这是一个专门传戒的集团，对戒律是没有多少了解的。传戒而不知戒，当然会流于形式。我是一九三〇年冬，在禅、讲、律并重的名刹天童寺受戒的，戒和尚是上圆下瑛大和尚。由于我国是集团受戒，人数众多，所以在三师七证外，有好多位引礼师（女众的名"引赞师"）；引礼师的领袖，称为开堂、大师父。论到正式传授戒法，没有引礼师的事，但是平常管教戒子的，大师父的地位好像非常重要。我是出了家就去受戒的，佛门中事，什么都不懂。引礼师要我们记住"遮难文"，主要是记住"无，无，非，非，非；非，非，无，无，无"（可能有些记错了）。就是问一句，就答一句"无"，或答一句"非"，依着问答的次第答下去，不能答错就是。引礼师教导我们，如答错了，是要杨柳枝供养（打）的。等到正式受戒，就是答错了，没关系，好在三师们都没有听见。我莫名其妙地记住，又莫名其妙地答复，受戒就是要这样问答的。后来读了"律部"，才知"问遮难"等于现代的审查资格。如有一条不合格的，就不准受具足戒，所以一项一项地询问，称为"问遮难"。能不能受戒，完成受戒手续，这是最重要的一关。这应该是要根据事实的，而引礼师却教我们要这样回答！这样，来受戒的没有不合格的，原则上人人上榜，那又何必考问？有形式而没有实际意义，在受戒过程中，没有比这更无意义了！不知宝华山怎样？近来台湾的戒会怎样？又如佛制：出家的要自备三衣、一钵，如没有衣钵，是不准受戒的。所以要问："衣钵具否？"引礼师教我们说："具。"其实我国传戒，衣钵由戒常住（向信徒募款）办妥，临时发给戒子。常住早准备好了，还要问"衣钵具否"，不觉得多此一问吗？我受戒时，常住给我一衣（"七衣"）一钵；受比丘戒时，临时披了一次三衣。"五衣"，我没有再接触过（这本是贴身的内衣）；"大衣"，是到台湾来才具备的。现在台湾传戒，戒子们都有三衣一钵，比我受戒时好得多了。不过，常住预备好了，何必多此一问？不！这是受戒规制，不能不问。脱离了实际意义，难怪在受戒过程中，尽多的流于形式。形式化的传戒受戒，可说到处如此，有何话说！不过我觉得，在戒期中，引礼师管教严格，还挨了两下杨柳枝，对一个初出家的来说，不失为良好的生活教育！

　　台湾佛教，本从国内传来，夹杂些罗祖下的道门（斋教）。受了日本五十年的统治，出家中心的佛教，变得面目全非。光复后，一九五二年，"中国佛教会"发起，首次在大仙寺传授"三坛大戒"，以后每年传戒一次，出家中心的佛教，从此有了转机。这一传戒运动，白圣老法师的功德不小！传戒的流于形式，由来已久，到处皆然，是不能归咎于谁的。在白老指导下，有新的发展，也有值得注意的事。一、"二部受戒"：比丘尼受具足戒，刘宋以来，一向是从大德比丘受的，现在举行二部受，可说是"律部"古制的恢复。在印度，比丘僧与比丘尼僧，称为二部僧；住处，是完全分别居住的。由于佛世的女众，知识低一些而感情又重，难免不如法。为了维护比丘尼僧的清净，所以这样的立制：受比丘尼戒的，先由大德比丘尼（在尼寺）如法受戒；接着到比丘僧住处（寺院），请大德比丘们再依法传授，也就是由大德比

丘加以再审查、核准,这是二部受戒的意义。台湾举行律制的二
部受戒,应该是大好事。不过台湾举行的"三坛大戒",受戒的
男众、女众,一来就住在同一寺院里,与古制不同。既然共住一
处,倒不如直接向大德比丘受,也可省些手续。否则,又只有二
部受戒的形式,没有二部的实际意义!二、"增益戒":曾受具足
戒的,再来戒会受一次具足戒,称为增益戒。依佛法,通于在家
出家的菩萨戒,受了戒不妨再受,可以增益戒的功德。但受出家
具足戒的,如犯重而破戒的,逐出僧团,不准再出家受戒。如犯
了或轻或重的戒,可依律制忏悔,随所犯的轻重而给以不同的处
分,出罪(与大乘的忏法不同)。"忏悔则清净",回复清净比丘
或比丘尼的僧格,精进于修行得证。所以受了出家的具足戒,再
受增益戒是不合律制的。虽然提倡出家的增益戒,女众来受戒
的会更多,传戒的法会更盛大,但这只有法会盛大的形式而已。
这两点,我也只是听说,可能与事实不符!

　　有关传戒受戒,问题多多,无从说起,说起我也无法做到,就
这样结束了吧!

八　还俗与出家

　　佛教有出家制,出家的可以还俗吗?还了俗可以再出家吗?
这是个很实际的问题。依"律部"说:出家的可以舍戒还俗,佛
教与社会都不应轻视他;出家与还俗,每人有自决的权利。还俗
的原因很多,做一个如法而行的在家弟子,不也同样的可以修行
解脱吗?不过,还俗要合法地、公开地舍戒而去,不能偷偷地溜

走（以便偷偷地回来）。男众（比丘）还了俗，可以再出家：落发，受沙弥戒，受具足戒，又成为僧伽的一分子。但不论过去出家多久，年龄多高，对佛教的贡献多大，这些资历，由于舍戒而全部消失了，现在还要从末座——最小的比丘做起。女众如舍戒还俗，是不准再出家的。为什么不准再出家？律师们也许会知道原因的。总之，出家是大丈夫事，还俗并不等于罪恶：佛法是这样说的。

出家与还俗，与世间的入籍、出籍，入党、退党一样，都有一定的制度，决不能要去就去，说来就来的。我出家以后，一直往来于闽院、武院、普陀佛顶山阅藏楼，对中国佛教的实际情况实在知道得太少。一九三七年，抗日战争开始，我却在武院病倒了，恹恹无生气，一直无法康复。忽有三位僧青年，从宁波来到武院，大家爱国情深，决心要投入抗战阵营。三位去了半月，又回武院来了。他们曾去了延安参观，共产党表示欢迎，但勉励他们到华中方面宣传抗日。他们有点失望，乙同学回湖南去，丙同学不知怎样地到了云南。甲同学知道沈钧儒到了汉口，就渡江去拜访。沈钧儒为他介绍，到山西李公朴主办的民族大学去学习。于是甲同学脱下僧装，参加革命阵营去了。似乎不到三四个月，由于日军的侵入晋南，民族大学瓦解，甲同学随着民大同学，又渡河去延安访问，但还是回到了武院，重披僧装。似乎有些失望了，所以赋诗说："再探赤域力疲殚。"不久，去香港弘法，成为弘法海外的大德。那时，我感到非常难过。虚大师门下的僧青年，竟这样的来去自由！新僧！新僧！我不禁为虚大师的革新运动而悲哀。在我出家的岁月中，国难，教难，而自己又半生不死,这一年是我最感到沮丧与苦恼的日子(其实,这种情形,中国佛教由来已久,只怪自己无知,自寻苦恼)。一九四九、五〇年间,在香港见到了又一位,使我更感到震惊。一位天台宗传人,本来在香港弘法。抗战期间,到了后方。响应蒋公"十万青年十万军"的号召,决心还俗从军,以身报国,这是多难得呀!后来,他陷身在北平。由于香港某教团的需要,设法请他来港。一到香港,马上披起大红袈裟,讲经说法,大法师又回来了。等某教团的事务办妥,又一声不响地去了台湾,从事党务工作。天台宗被称为老派,而竟与新僧同一作风,这是我意想不到的。这位天台传人,一直到退休,才以居士身份,与佛教界相见。过了好几年,台湾中部某寺举行住持晋山典礼,长老们大多来了。他宣布重行出家,据说长老们为他证明,他就是老法师了。从此弘法中外,住持道场。脱掉又穿上,穿上又脱下,一而再地自由出入,我这才知道,在中国佛教界,是由来久矣!以上还可说爱国爱教,事难两全,而另一位优秀的僧青年却大为不同。弘法多年,忽而与同居人改装还俗。由于生活艰难,只好再度出家,在台北临济寺闭关。槟城某法师来台,想请一位法师,于是关中的青年法师被推介而出关了。槟城的极乐寺,是福建鼓山涌泉寺的下院,历届的监院与大护法都是闽北人。这位去槟城的青年法师恰好是闽北人,所以得到护法们的拥护供养。大概一年吧,青年法师得到了不少供养,所以一回台湾,就重过家庭的生活。为什么要闭关,原来这是有旧例的。清末民初,上海租界有一位知名人物黄中央,得到哈同夫人罗迦陵的赏识。中央劝迦陵发心,由他自己主编了一部《(迦陵)频伽大藏经》;中央与中山先生等往来,对国民党的革命事业有相当的贡献;这真是一位为教为国的伟人! 二次革命失败后(那时,罗迦陵又赏识了一位伊斯兰教友),黄君回到了镇江金山寺。据说:原来他本名宗仰,是接了金山寺法(有资格当住持)的法师。金山寺是江南名刹,还了俗的不好意思让他再当住持,赶快闭关吧! 掩关三年,金山寺推介到另一名刹去任住持。这样看来,还俗的只要闭关一次,就恢复了完全的僧格,可说中国人自己想出来的制度。我以为,这决不是创新,而是中国佛教的惯例。以上几位,有的根本不认识,总之与我说不上恩怨。我所以说起,毫无对人的攻讦意义,而只是略举一例,慨叹佛教界的法纪荡然,由来已久。"入僧"与"出僧",没有法纪可言,传戒有什么意义? 如说佛教(出家众)要组织化,那真是缘木而求鱼了!

出家受戒,舍戒还俗,是僧伽"依律而住"的基石,这才能达成"正法久住"的目的。大概地说:佛法传来中国,最没有成就的,就是律。早在宋代,离律寺别有禅寺、讲寺;等到只有"传戒训练班"式的律寺,持律只是个人的奉行,无关于僧伽大众了。我国出家与还俗的杂乱,原因是:一、中国文化以儒家为主流,儒家重道德而不重法治,佛弟子受到影响,总觉得律制繁琐,学佛应重内心的解脱。在来台湾以前,听说"天理,国法,人情",现在台湾上下,改为"情,理,法"。提倡法治而人情第一,可说是"甚希有事"。佛教中,大家人情第一,这样的来去自由,也没有人提出异议。见多了成为常态,只要回来了就好。二、重定慧而轻戒律:唐无著文喜去五台山,遇到有人(据说是文殊)问:"南方佛法如何住持?"文喜答:"末法僧尼,少修戒律。"文喜反问:

"此地佛法如何住持?"那人说:"这里是龙蛇混杂,凡圣交参。"文喜不忘律制的佛法立场,那人所说,就是大乘佛教了。"龙蛇混杂,凡圣交参",等于中国佛教隆盛期的忠实描写。等到蛇多龙少,大家向经忏看齐,大德如凤毛鳞角,在社会人士的眼光中,到底佛法是怎样的宗教? 三、与佛教的受迫害有关:西元千年以前,中国佛教已经历了"三武一宗"的法难;赵宋以后,又经历了多少的折磨(如宋徽宗、明世宗)。严重的僧尼被杀,轻的也被迫还俗。好在法难时间不久,佛教恢复,心存佛法的又回来了,不一定再受戒。例如禅宗的沩山灵祐,在唐武宗毁佛时,被迫还俗。他觉得道在内心的修证,不在乎有没有落发,后由门人劝请,才再度落发的。还有政府(如唐肃宗)为了筹措经费,大批地出卖度牒(出家的可以免兵役与免丁税),这样的出家众,怎能如法清净? 如真是"王难"、"贼难"(如衣服被盗贼剥光,只能临时找衣物来蔽体,再来乞化僧衣,也不能说是还俗),那是佛教的大不幸! 但一再遭受迫害(被迫还俗又出家),引起的副作用——还俗而又自由出家,是相当大的。中国出家众,是多苦多难的! 如一九四八、四九年间,有的出家人,被强迫地抓来从军,有的为了避难而混在军中。来台湾后,再设法次第地回到僧中(有的就一去不返)。又如服兵役后出家,逢到临时召集,还得改装去参加几天。这样的脱却僧衣,重新穿上,是"王难"一类,出于无奈,是可以谅解的。不过被迫改装再出家,还是会引起副作用的,僧伽是会一天天杂滥起来的。如要整顿佛教,要先将一切出家的纳入组织,有出家与舍戒的档案可查(及"王难"而被迫的),进一步做到破戒(不是犯戒)的勒令还俗,不得再出家,僧团才会有清净的可能。

九　供　僧

　　供僧，就是供众。佛教的出家弟子，专心于自利利他的法业，生活所需，是依在家众的供施而来的。在印度，佛与出家弟子，每日去村落、城中乞食。布施饮食的，不能说是供僧，因为这是随来乞求的而施与，不是平等地施给多数人。如在家弟子，请多少（不定）众去他家里受供养，平等地供给每一位，那就是供僧了。在供僧中，"安居施"——七月十五日最隆重。佛制：比丘、比丘尼，在夏三月（四月十五——七月十五日）中"雨安居"。这虽由于雨季，不适宜到处游行，而三月中安居修行，也是好事，古人多有在安居中成圣的。所以安居终了，俗称"解夏"。那一天，附近的信众都来供养，称为"安居施"。除丰盛的饮食外，还有供养布匹（做新衣用）的、日常用品的，这是佛教的大节日。佛法是平等的，但法在世间，也不能没有限制。安居施只布施给在这里安居的，人数是一定的。如有听说这里的安居施丰厚，他处的出家人临时赶来，那安居施是没有他这一份的。出家众三月安居，到这天，受比丘戒的年龄，长了一岁，所以比丘（及比丘尼）的年龄，古称多少"夏"。中国佛教不重安居，与世俗的年节混合，所以变成"僧腊"了。这一天，比丘、比丘尼都大了一岁，如父母见儿女长大一样，所以称为"佛欢喜日"。可是中国佛教，七月十五日与饿鬼相结合，成为超度鬼魂的佳节。唉！佛法的演化，有些真是出人意外的！

信众（出家人也可以）到寺院里"打斋"（西藏称为"放茶"），平等供养，就是供僧。我受戒时，天童寺"打斋"的分供众、如意斋、上堂斋，那是依供养金钱多少而分类的。现在台湾戒会，在上堂斋以上，又有××斋、××斋，而最高的是护法大斋。一般人总说佛教守旧，其实创新的也着实不少呢！

七月十五日供僧，中国佛教早变质（度鬼）而忘记了。似乎《菩提树》杂志社发起七月十五日供僧，由信徒发心集合，购买些日用品，选定对象，到时分别寄去，每人一份。虽不是安居施，而确是唤起供僧的先导者！台北莲花佛学院，多年来也发起这样的供僧。不到十年吧！中国佛教界，在七月十五日，有斋（比丘、比丘尼）僧大会。元亨寺等，局限于南部县市；台北方面，是全省性的，真可说盛况空前！四方僧到处远来，见面，晤对，可以增进佛教僧团的和合（团结），也许有些作用的。不过，一、全省性的斋僧，地区未免太广了。遥远的乘车（有的可以搭飞机），远地是要早一天动身的。为了参加一餐午斋（也许还有物品），而要费二、三天时间，总觉得不偿失。将来全国统一，如主办斋僧大会，远地的飞机往来，也要好几天呢！二、某次斋会，是中佛会与城隍庙合办的（也许是中佛会名义被利用一下）。城隍庙的神像，是属于中国道教的；与中佛会合办，可能城隍爷已经信佛了？两（?）年前，曾接到一份城隍庙的"月（?）讯"，似乎也在努力宣扬。有一篇文字，主题是"佛由心成，教因魔兴"——八个字。"佛由心成"，似乎肯定佛教的即心是佛，而"教因魔兴"，显然是反对出家教团的。这八个字，原本是"道门"的老话。从城隍庙通讯看来，即使是自称信佛，或者加入"中佛会"，而城隍庙分子的反佛教（出家）特性，明显地存在。我建议，要办斋僧大会，切不可与城隍庙、某某宫等合作。将来大家神佛不分，佛魔不分，谁来负因果的责任！

一〇　拈花微笑

盛唐以下，佛法日渐在起伏中衰落，能始终维持佛法形象，受到一般人尊敬的，是禅宗。虽然禅宗已多少中国化了，但从维系佛法来说，对中国佛教的功绩，是首屈一指的！佛法有师承的传授，师长并以护持正法相付嘱，如西晋译的《阿育王传》说：佛"告摩诃迦叶言：于我灭后，当撰（结集）法眼"（卷三）；"迦叶付嘱阿难而作是言：长老阿难！我今欲入涅槃，以法付汝，汝善守护"；"阿难语商那和修：……我今欲入涅槃，汝当拥护佛法"（卷四）；"商那和修语优波鞠多言：……我今以法付嘱于汝"（卷五）；"优波鞠多……语提多迦言：我今以法付嘱于汝"（卷六）。在自己要入灭时，这样一代代地付嘱下去。"法藏"，是佛法藏，如摩诃迦叶等所结集的；"法眼"，是悟入佛法的清净知见。可见付嘱的，是结集的法藏与佛法的如实知见；付嘱后人，要后来的护持佛法，以达成"正法久住"的目标。这一临终付嘱的传说，元魏所译《付法藏因缘传》，共二十四代，到师子尊者为止，都是这样的付嘱。禅宗是菩提达磨传来的，起初也是这样的临终付嘱，一代一人。到了黄梅五祖以后，来学而得益的不少，所以形成了：从师长修学而有深悟的，就得师长的付嘱。在形式的付嘱外，还有"密传心印"。受付嘱不一定在临终，受付嘱的也不止一人,所以传说有达磨的预言:"我本来大唐[兹土],传法度迷情,一花开五叶,结果自然成。"(敦煌本《坛经》)"五叶"是五代;从此以后,果实累累,不再单传一人了。禅宗所传的西天二十八祖,还是依《付法藏因缘传》略加补正而成的。六祖以后,师资授受,分为五宗。在宋代,出现了释迦付法的新传说,如(西元一一八八年)宋智昭的《人天眼目》(卷五)说:"世尊登座,拈花示众,人天百万,悉皆罔措。独有金色头陀,破颜微笑。世尊云:吾有正法眼藏,涅槃妙心,实相无相,分付摩诃迦叶。"(一一〇九年撰)《禅门续灯录》、(一一八三年编)《联灯会要》也有这一记录;但契嵩在皇祐年中(一〇四九——一〇五三)所著《传法正宗记》(卷一),对这一付嘱,还不敢肯定。这是过去禅家所没有的传说,大抵是宋代(西元九六〇——)以来所传出的。这一传说出现的意义是:释迦化世,一向以声教为主,所以说:"此方真教体,清净在音闻。"达磨西来,还是以"楞伽印心";《付法藏因缘传》,也只是付嘱护持。而禅宗接引学众的方便,马祖(弘法于西元七五〇后)等以后,作风大有变化,如弹指謦咳,扬眉瞬目,推倒禅床,棒喝交施……可能会引起怀疑过去传法说的可信性。那么,"拈花示众","破颜微笑"的心心相印而付嘱,就适合当前的禅风了。而且,禅师们轻视经论,自称"最上乘",这一传说也是很适合的。从此,"拈花微笑",被一般看作"禅源",禅宗是从"拈花微笑"而来的。后来,甚至有"抹杀五家宗旨,单传释迦拈花一事,谓之直提向上"的(《五宗原》序)。这可能是不满宗派偏执,专在师资授受上起诤论的反响!

一一　付法与接法

禅宗自五祖弘忍以下，分为南北二宗。南宗的六祖慧能门下，也分几大派，后由南岳怀让、青原行思——二大流，发展而分为五宗，被后世称为禅门正宗。五宗中，沩仰宗与法眼宗，已经衰绝了；云门宗也是断断续续的；只有临济宗与曹洞宗，最为兴盛，有"临天下"、"曹半边"的称誉。禅宗的师资相承，与印度所传临终付嘱护持法藏的意义，不完全相同，而着重于"心心相印"的法门授受，有"付衣"为凭信的传说。等到禅门兴盛，学众多了，无论是一代付一人，还是付嘱多人，凭什么证明得到了师长的付法，是一个严重的事实问题。唐韦处厚所作《兴福寺大义禅师碑铭》说："洛者曰会，得总持之印，独曜莹珠！习徒迷真，竟成坛经传宗，优劣详矣！"（《全唐文》卷七一五）会，是洛阳的神会，为六祖传授心印的一位。神会的后人，传法时传付一卷《坛经》为凭信，证明是"南宗"弟子。韦处厚代表了当时洪州（马祖）门下的意见，对传付一卷《坛经》的形式，采取了批评的态度。现存的敦煌本《坛经》，是神会门下流传的本子。《坛经》中，叙述了历代传授的法统，又说："须知法处，年月日，姓名，递相付嘱。"这是说：在付嘱的《坛经》上，要写明传法处、时间、师长与弟子的姓名。洪州门下，起初是承认神会"得总持之印，独曜莹珠"的，但后来又否认了，说他只是"知解宗徒"。当时被批评的传法方式，后代虽不用《坛经》，而证明授受法门的"法卷"，内容是叙述法统，从释迦到菩提达磨，从达磨到慧能，慧能下传到临济(或曹洞)宗初祖,这样的一代一代到传法的法师、接法的法子;末了也是年月日,与神会门下的"坛经传宗",完全一致。那是当时被批评的,现在却又采用了。不要说"见地",就是传法的形式,也没有是非标准,这就是宗派意识在作祟!

禅宗兴盛极了,临济、曹洞、云门,一直在兴衰起伏的流传中,但是否代代相传,代代都能心心相印呢?到明代(以前,还没有见到记录),显然已杂乱不堪了。憨山德清(西元一五四六——一六二三)在《紫柏尊者全集》中说:"然明(朝)国初,尚存典型,此后则宗门法系蔑如也,以无明眼宗匠故耳。其海内列刹如云,在在皆曰本出某宗某宗,但以字派为嫡(传),而未闻以心印心。"(《卍续藏》一二六册)《憨山老人梦游集》说:"五十年来,师弦绝响。近则蒲团未稳,正眼未明,遂妄自尊称临济几十几代。於戏!邪魔乱法,可不悲乎!"(《卍续藏》一二七册)禅宗到了明末,虽然门庭如旧,而实质已相当衰落。不是说从来是什么宗,就是形式的付法,自称临济多少代。当然,真参实学的,不能说从此没有了,只是质量越来越差,到近代,真可说一代不如一代了!

付法的是"法师",接受法的是"法子",付法与接法的制度一直沿袭下来。一般的小庙,以从师出家的关系,也自称什么宗,也有法派的名字。如我是临济宗的,因为我出家的师父是临济宗,我师父的师父是临济宗,我也就是临济宗了。这是不用接法的,也不能付法,只是出家剃度的关系,毫无"法"派的意义。大寺院,有以传戒为事的律寺,要在本寺受戒的,才有出任住持的可能。有讲经的讲寺,如天台宗的国清寺、观宗寺,也有付法与接法的，那一定是修学弘扬天台宗学的。最普遍的，当然是禅宗的临济与曹洞了。凡是禅宗丛林（除"子孙丛林"），就是佛教僧伽共有的，都采取付法与接法的制度，住持是一定接了法的。泛论付法与接法，略有二类：一是仰慕"法师"的德行、名望，在佛教中的地位或势力，所以取得"法师"同意而付法；一是付了法，"法子"可以在"法师"的道场任住持，这可能变质为世俗名位的追求。近代的大寺院，有的采取选贤制，如天童寺。住持任期圆满前，先由寺众推选一人，本寺或他处的，但一定要属于同一法系，也就是在同一法系中，选一位较理想的来任住持。原则地说，选贤制是比较合理的。有的寺院采取本寺付法制，如金山寺。"法师"付法给本寺的住众——三五人，将来大法兄、二法兄，一位位地继任住持。这一制度，广泛流行于大江（下流）南北。选贤制是推选长老的；本寺付法制是付与青年才俊的，副作用比较大些。如有的甲寺与乙寺住持，彼此相通，我付法给你的（剃度）徒弟，你付法给我的徒弟，容易形成佛教中的门阀。再则法兄弟好几位，谁也想当住持，而住持不一定有年限，法弟要等到哪一天呀！于是彼此结合，把（大法兄）现任住持逼退，二法兄登位。不久，三法兄又联络大法兄（已是"退居"）等，把老二推下去。如心不在佛法而在住持，那就容易引起联合又反对的不断内部斗争。付法、接法的制度，传到了台湾，不知道传的是曹洞，还是临济宗！其实是不用知道的，只要接法就得了。那何必要付法、接法？付了法，形成"法师"与"法子"的法眷关系；"法师"，"法子"，"法兄"，"法弟"，互相结合，对佛教事务的运作上，多少有些世俗意义的。当然，这是不能与古代禅宗付法并论的。

再说些付法的有趣问题。依法,法是不能代付的,但没有接过法的我,却曾代付了一次半的法。一九四三年初,四川合江法王寺的老和尚、住持和尚相继地去世了。全县公推了一位新住持,但他没有资格就任。因为法王寺的制度,要接法王寺的法,才能就任住持。老和尚与住持都去世了,住持无法登位,怎么办呢? 当时,我是法王寺的"首座",于是代为付法的责任,推也推不了,只好由我照本宣科地付法一番,让新住持登位了,这是一次。来台湾后,又与白圣老法师,共同代一位过去了的闽南长老,付了一次法,我只能说半次。现在回想起来,付法的本义,可说一些也不存在了,我竟付了一次半,真是愚痴! 在香港时,知道某长老付法给一位比丘尼,"法卷"高高地供着,多么光荣!这里面还有暗盘,就是港币多少。好在根本没有法,否则真是稗贩如来正法了! 传说:接了法的,一定要把法付出去,否则断绝法种,罪过无量。台湾有一位接了法的,病重时还没有把法付出去,怎么得了! 苦苦地求他同门的师兄弟接他的法,以免成为断绝法种的大罪人。事实是可笑的,但怕断法种而受苦报,一分对佛法的愚昧信心,末法中也还是难得的!

一二　丛林与小庙

"十方丛林",意思是住众多的大寺,是佛教僧伽所共有的。也有古寺衰落了,寺不太大,住众也不多,不如大寺的组织完善,但住持还是要接过法的,这也可说是丛林的一类。"小庙",是师父传徒弟，徒子徒孙继承的。一般是小型的，其实只要是子孙继承制的，不管他寺大寺小，都应归入小庙类。这二类，宋初就有了，称为"十方住持院"、"甲乙徒弟院"。

丛林与小庙的分类，是十方公有制、子孙私有制的分类。依释迦律制：出家的比丘、比丘尼，是真正无产的国际主义者。属于比丘个人所有的，是穿着保暖的三衣（比丘尼是五衣）；吃饭用的钵，这是乞食所必须的；卧在床上，坐在地上，不能把自己的衣服、常住的床与床褥弄脏了，所以要有尼师坛——铺在地上床上的坐卧具（现在变成礼拜用的具）。这是个人所必备的，还有些日用品，是属于个人私有的。为了适应众生，准许保有"净施"的超标准的衣物，但这是只有使用权，没有所有权的。古代经济贫乏，出家人以佛法自利、利人，依赖信施而生活，当然生活要简朴。即使时代进步，经济繁荣，出家人也不应该豪华奢侈的。佛与出家弟子，起初是住在山野的，山洞，树下，也有在露地住的。王舍城的频婆娑罗王，将"竹林"布施给僧众（佛也在僧中），这是佛教僧众最先拥有的林园。后来，舍卫城的给孤独长者与祇陀太子，奉献了"祇树给孤独园"，这是有建筑物的。佛法越来越发展，出家（僧）众也越多，信众布施的土地与寺院（印度旧称"僧伽蓝"、"毗诃卢"）也越多。凡是布施来的土地与寺院，是属于僧伽共有的。僧，有现前僧与四方僧。如有人今天来这里布施（衣物），是住在这里的僧众——现前僧所应得的，每人一份。僧伽所有的土地与寺院，现在的住众，在规定内，有些是可以使用的。但现前僧没有处分——出卖或赠与别人的权利，因为这是全体僧伽所共有的。土地与寺院的所有权，属于四方僧(现在及未来)。只要是合法的比丘(比丘尼别有比丘尼寺),从四方(八面)来,谁也可以在寺院中住;住下来,就是现前僧的一分子。中国是大乘佛教,欢喜说"十方",其实四方是现实的,谁见比丘从上方或下方来,住在僧寺里呢!后来,僧众分为二类:有(定期)常住的,有暂来的客僧,待遇上略有差别。这与我国丛林的住众,与临时来住"上客堂"的一样。总之,原则地说,寺院、寺院所有的土地、寺院内的物品,都是属于僧伽全体的(中国称为"常住"的)。也有例外的,那是施主为某比丘造的,或比丘自己筑的房屋。但限制严格:要经僧伽的同意;要察看地方的是否适合;还限定大小——长不过一丈二尺,宽不过七尺。这是个人住的小屋,不准再扩大的。上面所说的四方僧制,是历史的事实。如我国的求法僧,经西域(今新疆及中亚西亚),或从海道经锡兰而到印度;印度及西域的比丘们,来中国弘法,也有来巡礼的;日、韩比丘,来我国求法的,可说是到处无碍,到处可住——小住或久住,佛教是超越民族、国家的世界性宗教。唐代(禅宗)兴起的十方丛林,多少改变律制,以适应中国社会,但还是十方(四方)僧所共有的,各处出家人都可以来住来学的。宋初已有"徒弟院",近代的"小庙",在数量上,丛林是不及十分(或百分)之一。"小庙"是家庭一般的子孙继承,子孙当然有权处分。我以为,子孙制的出现,是受了儒家家庭本位文化的影响。徒弟继承师父,也许俗人以为是很合理的,习以为常,而其实是违反佛法的。子孙制与经忏法事的泛滥,为中国佛教没落变质的主要原因!

我国佛教流传到清末,已衰落了七、八百年,与各地佛教,也隔膜了这么久,等到再与各地佛教接触时,发现与从前不大相同了。佛教受到国家政治的限制,而自身也失去了四方僧的特性。由于部派及衣食等琐事的差异,在南传佛教界看来,似乎我国的出家人,已不再具备僧格。日本寺院的住众,多数的藏地喇嘛,带妻食肉,在我们僧界看来,也是怪怪的!思想上,形象上,随方异俗的演化,不再是过去那样,出家众往来修学弘法,可以到处无碍,到处可住了!就我国来说,现在的大陆,小庙等于全部消灭;丛林已成为观光地区,不再是过去的丛林了。在台湾,也有标名"十方"的,而事实却只是师徒继承的"子孙院"。佛制寺院,是"四方僧"共有的;僧团中,是和合(组织)的、平等的、法治的。我觉得,佛教僧制的原则,与现代文化的倾向相近,使我更深信佛陀的伟大!但事与愿违,现在台湾佛教而发展得有相当规模的,都是子孙制,大家为我们自己的道场而同心努力。对衰落的佛教来说,这总是好事,何必批评呢!现代的台湾佛教界,有的是事业心,缺少古代求法(不是求学)的精神,真参实学的精神。不要说以佛法为中心,以宗派为中心的也没有了,付法接法,只是形式一番。专精念佛的,多数是在家善友,四方僧制,原不是他们所能知道的。律师,本来难得,有的也只着重过午不食,上厕所换鞋子,提倡每天披一次三衣等,律制的根本大义,似乎很少听说。缺少了佛法的实质,为佛教而努力,当然只是子孙制,大家为个人的前途而努力了。习以成风,如寺院而是僧所共有的,怕反而要难以为继了。

一三　横出三界

称名念佛,是佛法的"易行道",比起菩萨的深观广行,确是容易多了!称念他方佛名,能消业障,能往生净土,能不退阿耨多罗三藐三菩提,这本是通于一切佛的。西方极乐世界的阿弥陀——无量光、无量寿佛,更能顺应众生心,所以为多种大乘经(及论)所提到;在最后的"秘密大乘"中,阿弥陀佛也还是三佛、五佛之一。在中国与日本,虽所说的不一定相同,而称念阿弥陀佛,发愿往生西方极乐净土,的确是普遍极了!依龙树《十住毗婆沙论》(卷五),无著《大乘庄严经论》(卷六),马鸣(?)《大乘起信论》所说:净土法门的长处,是能适应一般初学,容易修学,可以坚定信愿。中国称扬净土者,过分强调净土的特胜,有"横出三界"等说,有些是值得再考虑的。

"横出三界",也许是依据《无量寿经》(卷下)的"横截五恶趣,恶趣自然闭"。恶趣,一切经论只有三恶趣,《无量寿经》的不同译本,也没有"五恶趣"字样,所以"五"应该是"三"的讹写。不过,五趣是三界生死,是有漏法,杂染不净法,约"胜义善"说,姑且说是三界五恶趣吧!三界五趣生死,是怎么出离的?有以为:佛法的净土法门是横超的,其他的法门是竖出的;竖出的是渐,不如横超的顿出。这样,净土法门是太好了!据我的了解,解脱生死的佛法,都是顿断横出的,竖出是不能解脱生死的。什么是竖出?三界,是欲界、色界、无色界。外道依禅定求解脱,如离欲界而得初禅,那是竖出欲界了。离初禅而得二禅,离二禅而得三禅,离三禅而得四禅,还在色界以内,如进离四禅而得空无边处,那是竖出色界了。空无边处是无色界中最低的,如离空无边处而得识无边处,离识无边处而得无所有处,离无所有处而得非想非非想处,那是无色界中最高的了。修到这一地步,就不可能离非想非非想处而超出无色界。为什么? 因为这一修行,“厌下苦粗障,欣上静妙离”,是以世俗的“欣厌心”——厌离当前的缺陷,而求以上的美妙。可是到了非想非非想处,再没有可欣求处,也就不能出离非想非非想处了。经论中比喻为:尺蠖(或作“屈步虫”)缘树而上,总是前脚先搭住上面,然后后脚放松,身体一拱,就前进一步。这样的向上,到了树顶,向上再没有落脚处,无法前进,还是向下回来了。厌此欣彼的禅定行,也是这样,从非想非非想处退回来,又到欲界人间,三恶趣中了。佛法所以能超出三界,不是竖出而是横出的。为什么有三界五趣的生死? 是业力所感的。为什么有感报的业力?是烦恼所引发的。所以要解脱生死,重要点在断烦恼。烦恼有枝末的,也有根本的,佛法能顿断烦恼根本,所以能离(烦恼)系而出离生死。人间的修行者,如截断三界生死的根本烦恼,那就是得初(预流)果的圣者了。得初果的:“不堕恶趣法,决定正趣三菩提[正觉],七有天人往生,究竟苦边。”这是说:得了初果的,再也不会堕落三恶趣了;最多,也不过天上人间,七番生死,就决定能得究竟解脱,不再有生死苦了。经上比喻为:得初果的,如大湖的水干涸了,只剩一些些水。这是说:无量无边的业力,没有烦恼的滋润,所以都干枯而不再受报,仅剩七番生死的(总报)业力。如截断树根,树还在发芽、开花、结果,而很快地就不

会再生了。说出离生死，佛法都是这样说的。所以能顿断生死
的根本烦恼，那由于智慧的体悟，无住无著的根断"我我所见"
（加"疑"与"戒禁取"，名为"三结"）。是胜义慧，不是厌下欣上
那样的世俗智，所以解脱生死是顿断，对禅定的竖出，可说是横
出的。

　　净土行者，厌恶五浊恶世而欣求净土，约三界生死说，欣厌
心是不能出离生死的。不过生在净土的，由于环境好，"诸上善
人俱会一处"，莲花化生，不会生老病死不已。在这样的环境
下，是一定要解脱生死的，所以"因中说果"，不妨说往生净土，
已解脱生死了。正如得初预流果的，虽还有七番生死，但决定解
脱，不妨说"我生已尽"了。至于修行，在净土是否比秽土要快
些？依经文说，净土修行，不如在秽土修行，如《无量寿经》（卷
下）说：（在此娑婆五浊恶世）"为德立善，正[慈]心正意，斋戒清
净，一日一夜，胜在无量寿佛国为善百劫。"可以说：在净土中，
进修是缓慢的，但不会退堕，非常稳当。秽土修行功德强，进步
快，只是障碍多，风险要大些。秽土与净土法门，适应不同根性，
是各有长处的，不要自夸"横出三界"了！

一四　带业往生

　　称念南无阿弥陀佛，能带业往生极乐净土，这是念佛法门的
特胜！我没有查考，不知这是哪一位净宗大德所倡说的。十年
前，陈健民居士批评"带业往生"是没有根据的，依据经文，要消
业才能往生。于是带业往生与消业往生，在台湾着实热闹了一

番。消业往生，是根据《观无量寿佛经》的。经说观想念佛，念佛的刹土，念佛（菩萨）的身相，如说："此（观）想成者，灭除五百亿劫生死之罪，必得当生极乐世界。"念佛而可以忏罪，就是"取相忏"，于定心中能见佛相（及国土相）；念佛而能忏除生死罪业，往生（各方）净土，是多种大乘经所说的，不限于（观）念阿弥陀佛，往生极乐净土。其实，念佛、消罪、生净土，是没有一定关系的。如《观无量寿佛经》说："此经名观极乐国土、无量寿佛、观世音菩萨、大势至菩萨，亦名净除业障、生诸佛前。"这是观念佛、消业障、生净土——三者一致的。经上接着说："闻佛名、二菩萨名，除无量劫生死之罪，何况忆念（观念）！"这是闻名也能消罪，没有说净土：这是消罪业不一定生净土。《观无量寿经》，是由于韦提希的"我今乐生极乐世界阿弥陀佛所"，佛才教她修三种"净业正因"及观想。"净业正因"与（愿）"乐生"，是往生净土的先决条件，否则如《般舟三昧经》（卷上）说：念佛而见佛现前，还问佛怎样才能往生佛国，可见念佛见佛而不发愿往生，是不一定能往生的。

净土行者所说的"带业往生"，我以为是当然的、合理的，但并不表示净土法门的特胜。"往生"是什么意义？死了以后，生到别处去，就是往生——往生人间，往生天上，都是往生。《般若经》有《往生品》，往生是不限于往生净土的。但"往生西方"、"往生净土"，我国的净土行者说多了，大家也听惯了，以为往生就是往生西方净土，那是不对的。说到"业"，佛弟子都认为，众生无始以来，积集了无边能感生死（总报）的业力，这一生又造了不少。造作了善业、恶业，就有业力（潜能）存在，在没有受果报以前,哪怕是千生万劫,业是永不会消失的。彻底的解决方法,就是智慧[般若]现证,截断生死根源的烦恼;根本烦恼一断,那无边的恶业、善业,干枯而不再受生死报了。如种子放在风吹日晒的环境中,失去了发芽的能力,那种子也就不成其为种子了。这是彻底办法,但是深了一点。大乘佛法的方便道,是以强有力的功德,如念佛、诵经等,压制罪业,使罪业的功能减弱,恶消善长,转重为轻,罪业还是罪业,但功能减弱,因缘不具,不能再感生死苦报,那就是"消业"了。如种子放在石板上,种子无法生芽,生芽也长不下去(重罪轻受)。一般众生的业,如从人而生鬼的,由于某鬼趣业成熟,所以往生鬼趣,受鬼趣果报。但在前生人中,还有无始来的种种业,与这一生所造的种种业,并不因为生鬼趣而消失;无边潜在的业力,都带着往生鬼趣。如因善业或禅定力往生天国,无边的业力,都带到天国去。所以依佛法说,业是从来随造业者而去——带业往生的。如人有信、有愿、有行,念(称名念,观想念)佛而求生净土的,只要净业成就,就能往生净土;无边生死业,都带到净土去了。业与烦恼,在净土中是一样的:一般(除得无生忍的上上品)往生净土的,没有断烦恼,烦恼却不会生起;带有无边的生死罪业,业却不会感苦报。所以我以为:"带业往生"是当然的、合理的,大家都是这样的;带业往生净土,值不得特别鼓吹的!

一五　隔阴之迷

　　四十年前,我曾读过一本净土宗的书,有这么一句:"罗汉犹有隔阴之迷。"意思说：修证到罗汉，还有隔阴之迷，不如往生极乐世界的好。但阿罗汉生死已了，不会再受后阴，怎么会有隔阴之迷呢？我曾向人请教，有的说："四果罗汉"，本指第四阿罗汉果，有的以为一、二、三、四果，都可以称为阿罗汉，才有这样的文句。中国人的作品，有些是不能以严格的法义来评量的。虽这么说，我也不知对不对。近见《当代》杂志（三十期）所引，印光大师《净土决疑论》说："一切法门皆仗自力，纵令宿根深厚，彻悟自心，倘见、思二惑稍有未尽，则生死轮回依旧莫出。况既受胎阴，触境生著，由觉至觉者少，从迷入迷者多。"当然没有念佛法门的稳当了！文句说到"既受胎阴……从迷入迷者多"，也许这就是隔阴之迷的一种解说吧！先说什么是"隔阴"？什么是"迷"？阴是五阴——五蕴。我们的身心自体，佛分别为五阴：色阴、受阴、想阴、行阴、识阴；众生在生死中，只是这五阴的和合相续，没有是常是乐的自我。这一生的身心自体是前阴，下一生的身心自体是后阴，前阴与后阴，生死相续而不相同，所以说隔阴。迷有二类：迷事是对事相的迷乱、错误、无知；迷理是对谛理——无常、无我我所、空性、法住、法界的迷惑。约"迷事"说，一般众生及证得初果、二果、三果的圣者，在从此生到下一生的过程中，都是"不正知"的。如入胎时，或见怖畏，或见欢乐的境界，在胎中与出生时，也这样的不能正知；前生的自己与事，都忘失了。约事迷说，一切众生，就是前三果圣者（阿罗汉不会再受后阴），都是有此"隔阴之迷"的。不过三果圣者，初生时虽不能正知，但很快能忆知前生的一切。所以释迦佛的在家弟子，得三果而生色界天的，有的从天上来下，向佛致敬与说偈赞叹。如约"迷理"说:凡夫是迷理的,如不能转凡成圣,是从迷入迷的。初果圣者是能见谛理的,一得永得,是不会再退失的。在入胎、出胎时,虽不能正知,不能现见谛理,但所得无漏智果,并没有失落。如钱在衣袋中,虽没有取出来用,你还是有钱的。所以得初果的,最多是七番生死;得二果——"一来"的,一往天上,一来人间;得三果——"不还"的,一生天上,就能究竟解脱。所以圣者虽有"隔阴之迷",对解脱生死来说,是绝对稳当的,解脱生死是为期不远的。圣者决不会从觉入迷,不知念佛的人为什么要怕圣者的"隔阴之迷"?

再来研求《净土决疑论》的意趣:文中说到"彻悟自心",大抵是针对中国禅者说的。我不知禅者的彻悟自心,有没有断惑。"见惑"是见(道)所断烦恼,"思惑"是修(道)所断烦恼。见惑是见谛所断的,佛教中或说"一心见谛",或说"十五心见谛",十五心是十五刹那心,就世俗说,是一霎眼就过去了。所以见惑,说断就断尽而成圣者,不断就是凡夫,见惑是不会断而未尽的。彻悟自心,如等于见道断惑,那即使受胎迷著,也不可能"从迷入迷",而一定是"由觉至觉"的。也许中国禅者的彻悟自心,内心虽有些超常经验,但不能断见惑,还是与凡夫一般。如说"思惑"没有断尽,那是二果、三果的事,怎么会"从迷入迷者多"?这一段文字,是不正确的!印光大师是精通天台的净土行者,对这些应该是不会不知道的。可能慈悲心重,为了弘扬净土,故意这样说的吧!

一六　四句料简

　　佛教界流传有禅净的四句料简，据说是宋初永明延寿大师造的。现在简略地引述如下："有禅无净土，十人九岔路"；"无禅有净土，万修万人去"；"有禅有净土，犹如带角虎"；"无禅无净土，铜床并铁柱"。四句偈中的"禅"，不是一般的，专指达磨传来，发扬广大的禅宗；"净土"也不是十方净土，而是"西方阿弥陀佛的极乐净土"。禅与净土，表示参禅与念佛往生净土的修行。永明延寿是一位禅净双修的，在他的著作中，并没有这四句偈，所以是否延寿所作，是值得再考虑的。依四句偈的内容来判断，这是在禅、净都流行的时代，作者没有轻视禅宗，而却是志在西方净土，以净土行为最殊胜的法门：这是四句偈作者的立场。

　　"有禅有净土"的，最为理想。如虎称"兽王"，老虎头上生角，那真是雄猛无上了。最理想的"有禅有净土"，姑且不论。所说"有禅无净土"，"无禅有净土"，到底怎样是"有"，怎样是"无"？如看语录，或住过禅堂，打过禅七，这是不是有禅？如有时去佛寺，或去居士林、莲社等念佛（名号），或打过佛七，这是不是有净土？如说是"有"，这样的有禅，可能还没有到达禅的边缘，走入岔路的资格都没有呢！这样的有净土，就能"万修万人去"吗？念佛而能生净土的，如《观无量寿佛经》所说的三种"净业正因"，其中发菩提心，决不是心里想一下，愿成佛道，愿度众生就得了，发起菩提心，也不太容易吧！放低标准，如《阿弥陀佛经》说："执持名号……一心不乱；其人临命终时……心不颠倒，即得往生。"要修到"一心不乱"与"心不颠倒"，也不能说是"万修万人去"呀！如说"有禅"，把标准提高，以为禅者即使"彻悟自心"，还可能多数走入歧途。说到"有净土"，把标准尽量抑低，以为只要口头喃喃，称念阿弥陀佛就可以了，那不是公正恰当的料简！六度万行，是如实的难行道；念佛往生净土，是方便的易行道。难行与易行是有的，那是适应根性的不同而又相成的法门，决不能如四句料简偈的那种偏私论法。末后一句——"无禅无净土，铜床并铁柱"，可说是岂有此理！中国的禅宗，自达磨传来（经过中国的玄学化），被称为"最上乘禅"。中国的念阿弥陀佛，往生净土，也有适应中国的特性。这是中国佛教，但佛教是不限于中国的。如今日锡兰等南传佛教国，佛教非常兴盛，就是我国的隋、唐时代，也不及他们。然而南传佛教国家，没有我国所弘的禅，也不知道西方极乐净土与阿弥陀佛，这当然是"无禅无净土"的，难道这样的信佛修行者，都要"铜床并铁柱"，非堕入地狱不可吗？作者处身于禅、净盛行的中国，只知道禅与净，缺乏对佛教深广的远见，一心要弘扬净土，才作出这不合情理的料简。

以上所说的"横出三界"，"带业往生"，"隔阴之迷"，"四句料简"，是一般净土行者用来赞扬净土法门的。依法义说，这都含有似是而非的成分，但在弘扬净土来说，确有接引初学的作用。可以说：虽缺乏真实意义，却有"为人生善"的宣导价值。

一七　临终助念

　　"临终"，是病重而死亡快将到来，可能几点钟，也可能拖上几天。人既然生了，那就不能不死。从生到死的过程中，又不免（老）病。生老病死中，病而走向死亡，确是最痛苦的。身体上的（病）苦，阿罗汉也是有的。佛在涅槃那一年，在三月安居中，病已相当重了。后来，与阿难走向拘尸那的途中，受纯陀的供养，引发了重病。如经上说："重病发，迸出赤血（赤痢），生起近于死亡之苦。"（《南传·长部·大般涅槃经》）学佛不是修到没有身体的病苦，只是"身苦心不苦"而已。中国佛教界，似乎多数以"无疾而终"为修行成就（往生净土）的证明。如见人生病，或缠绵床第，就说他不修行，业障深重。自己念佛修行，只是为了死得好些，这可说对佛法没有正确的了解。阿罗汉而成就甚深禅定的，临死也不是没有身苦，只是能正念正知，忍苦而心意安详。一般的"无疾而终"，其实是心脏麻痹症，或是严重的脑溢血，很快就死亡了。这是世间常事，不学佛的，穷凶极恶的，都可能因此而死。如以此为念佛修行的理想之一，那可能要漂流于佛法以外了！临终者的痛苦，身苦以外，心苦是最大的苦痛。如人在中年，自知病重而不免死亡，会想到上有老年的父母，下有未成年的儿女，中有恩爱的夫妻，那种难以舍离的爱念系缚，是苦到难以形容的。还有，丰富的资产，（经济的、政治的）正在成功的事业，眼前一片光明，忽而黑暗来临，那是怎样的失望与悲哀！衰老残年，属于自己的眷属、财富、事业、权力，早已渐渐消失,世间是不属于自己的了,临终会心苦少一些。但不论少壮与老年,是不能没有"后有爱"的,会想到死亡以后。善良的人好一些;以杀、盗、淫、妄为生的,不惜损人以成就自己的,现在一身将死,后顾茫茫,恐怖的阴影,形形式式的幻境,电影般地从心上掠过。这是爱所系缚,业所影响,比起身体上的病苦,心苦的严重性,是局外人所难以想像的!

临终者的身苦心苦,苦恼无边,应该给以安慰,虽方法与程度不同,而可说是一切宗教所共有的。释迦佛的时代,知道某比丘、某长者病重了,会有比丘(也有佛自己去的)去探病:安慰他,勉励他,开示佛法的心要,使他远离颠倒妄想,身心安定。为一般信众,说念佛、念法、念僧、念戒、念施、念天。教病人一心"念佛"的功德,庄严圆满;"念法"是清凉而能解脱的;"念僧"有戒定慧等功德,是世间无上福田。念三宝功德,也就是心向三宝,在三宝光明的护念中。"念戒"是念自己的持戒功德;"念施"是念自己曾在功德田(悲田,敬田)中,如法地清净布施;"念天"是念七宝庄严的,胜妙福乐的天报。一心归向三宝的,持戒净施的,一定能上生天上。人死生天,如出茅屋而登大厦,离低级职务而上升,这哪里会有恐怖忧苦呢! 这就是"助念",帮助临终的病人,使他念三宝等而心得平安。佛法在流传中,有些因时因地的演化,但原则是相同的。唐义净(西元七〇一年)所译的《无常经》,附有《临终方诀》。教病人对佛像而起观想(念佛);使他发菩提心;为病人说三界难安,归依菩提,"必生十方诸佛刹土"。教病人礼佛菩萨,愿生净土,忏悔,受戒。如病太重了,"若临命终,看病余人但称佛名,声声莫绝"。念佛是随病者的意愿,不一定称念无量寿佛(与我国不同的,是印度没有专称阿弥陀佛名号的净土宗)。如命终时见佛菩萨来迎,病者"便生欢喜,身不苦痛,心不散乱,正见心生,如入禅定"。这是当时印度大乘佛教的"助念"法;助念,是病重到命终,使病死者身心安定的方便。"临终助念",是佛教安顿病死者的行仪,而信佛学佛的,决不能专凭临终忆念的。人的死后往生,有随重、随习、随忆念的三类,我曾在《成佛之道》(七四——七六,本版五〇——五一)说到:

　　一、"随重"的:或造作重大的善业,或造作重大的恶业,如五无间业等。业力异常强大,无论意识到或者没有意识到,重业一直占有优越的地位。一到临命终时,或见地狱,或见天堂,就是业相现前,是上升或下坠的征兆。接着,或善或恶的重业,起作用而决定招感未来的果报(这就是常说的"强者先牵")。二、"随习"的:既没有重恶,也没有大善,平平地过了一生。在这一生中,……对于某类善业或恶业,养成一种习惯性,这也就很有力量了。到了临命终时,那种惯习的业力,自然起用而决定招感来生的果报。从前大名长者问佛:我平时(忆)念佛,不失正念。可是,有时在十字街头,人又多,象马又多,连念佛也忘了。那时候如不幸而身死,不知道会不会堕落?佛告诉他说:不会堕落的。你平时念佛,养成向佛的善习,即使失去正念而死,还是会上升的。因为业力强大,是与心不相应的。如大树倾向东南而长大的,一旦锯断了,自然会向东南倒的。所以止恶行善,能造作重大的善业,当然很好;最要紧的,还是平时修行,养成善业的习性,临终自然会随习业而向上。三、

"随忆念"的：生前没有重善大恶，也不曾造作习惯性的善恶业，到临命终时，……如忽而忆念善行，就引发善业而感上升人天的果报；如忽而忆念恶行，就能引发恶业而堕落。对这种人，临命终时，非常重要。所以当人临终时，最好能为他说法，为他念佛，说起他的善行，让他忆念善行，引发善业来感果。净土宗的临终助念，也就是这一道理。……学佛修行，到底平时要紧！

"临终助念"，是帮助病人，使他能忆念佛，心向佛（愿生净土），不是病人躺着，一切让别人来帮助的。念阿弥陀佛名号，往生西方净土的信仰，在中国非常普遍，所以助念阿弥陀佛，也特别流行。在这里，我想说到几点。一、我国的信佛者，似乎只知临终忆念，而不重视业力与"一心不乱"。重善（或恶）的业力，习惯性的善业，业力是潜在的——或说是心种子，或说是无表色，或说是心不相应行，总之是与现起心不相应的。念佛如得"一心不乱"，平时即使忘了，也还是得到了的，"得"是心不相应的。佛法重视潜在的力量，举喻来说：如政治或经济，存有某种潜在问题，起初不觉什么重要（有深见远见的人，是见到了的）。等到潜在的问题发动起来，可能手忙脚乱，搞得一塌糊涂。佛法重视潜力，所以修学佛法，要平时积集善业；念佛的要信愿深切，念得"一心不乱"，这才是正常的、稳当的修行。临终"随重"与"随习"而往生后世的，是多数；临终"随忆念"而往生的是少数。如病重而心力衰弱，不能专注忆念；或一病（及横祸等）而失去知识，不能再听见声音，想助他忆念也无能为力了。二、"临终助念"，是从病重到死亡这一阶段的助念。《临终方诀》说：人死了，请法师"读无常经，孝子止哀，勿复啼哭"。人生的老、病、死，是无可如何而必然要到来的，大家不用悲哀了，应该从无常的了解中，不著世间而归向菩提。这样的读经，主要是对眷属及参与丧礼者的安慰与开示，是通于"佛法"及"大乘佛法"的。又说到持咒，以净水及净泥土，洒在尸身上，可以消除恶业，那是属入"秘密佛教"的作法了。死亡以后，不用再助念了。但中国人"慎终追远"，特别多助念些。有人说：不断念佛，八小时内不可移动。其实死了，或六识不起而还没有死，听不见声音，已失去助念的意义，而转为处理死亡的仪式了。三、有人发起助念团的组织，应病家的邀请而前往助念。如出于悲心，弘扬弥陀净土的热心，那是难得的！不过好事可能引起副作用，如发展为专业组合，极可能演变为三百六十行以外的一行，未必是佛教的好事了！四、台湾经济繁荣，佛教也似乎兴盛了。有佛教界的知名长老、大德长者，死亡以后，四十九日念佛声不断，这是什么意义？是助念吗？长老们一生提倡念佛，精进念佛，而临终及死后，还要人长期助念，怕他不能往生吗？那是对长老、长者的一种诬辱！如以七七念佛为纪念，那只是中国人厚丧厚葬的变形，不是为了死者，而是为了活人的场面。如有心纪念，那在每年忌辰，集众精进念佛，不是更有意义吗？对死者的铺张场面，我觉得是应该再考虑的！听说：高雄有一位唐一玄长者，平时摄化青年，老而不已。临终的遗言是：不用为我念佛，因为我不想去西方，不用为我诵经，因为我读的经已够多了。唉！末法时代，还有老老实实的学佛者！

一八　肉身菩萨

印度佛教的出家人,死了多采用火葬制,如释迦佛那样。火化后的骨灰,称为"碎身舍利",舍利是遗体的意思。舍利中有坚固的微粒,中国人称之为"舍利子",是更适合于分散供养纪念的。如土葬的,称为"全身舍利",也有经多年而没有坏的,近代中国佛教界称之为"肉身菩萨"。这是很难得的,但与是否菩萨无关。一九五八年,摄受来台的僧青年,对当时台湾佛教大有贡献的慈航法师,发现他的遗体不坏,被称为肉身菩萨,受到多少人的称叹。那时,我在马尼拉,恰好读到了日报上一篇尸身不坏的报道,就写了篇"肉身菩萨"。但想到,那时而发表这篇文字,是不合时宜,也会被人误解的。文字一搁下,原稿也就丢了。现在时过境迁,对于这一事实,不妨依事实而略加说明。

以人的遗体来说,古代埃及以香料敛尸,尸身不坏而久存的,称为木乃伊。我家乡的习惯,入殓时,棺内多放石灰包与灯心草,这两种都是能吸收水分的。近代以防腐剂来保存国家伟人的遗体,更是不少。这种以药物来保存,不是我所要说明的,我所要说的,是自然不坏的。生物中,动物死了,(核)果实熟了,是会腐烂的,但也有例外。如桃子,在没有成熟前,干瘪而留在树枝上,不会掉下来。可以作药用,名为桃枭。在动物中,虾蟆就是一例:虾蟆一名土蛙,灰色。在我家乡的桑树上,每发见虾蟆死而干了,没有腐烂,俗称"虾蟆干"——干虾蟆。一九六八年,我住在台北外双溪的报恩小筑。一天,一阵风过,有什么从屋上落到门前地上,原来是一条蛇,蛇头向上竖起的。我驱斥它,它却不睬我,只好用竹竿去赶,才发现是风干了的死蛇。动物风干而暂时不坏,我想是不会少的。说到人,在马尼拉当时所见的报道,在南美洲某地(国名忘了),有一废弃了的古老教堂。一个唱诗班,死了都靠在墙壁上,有少数已风化倒地了。人死了而不腐烂的,还真不少。一九二八年,孙殿英的部下挖掘河北省遵化县的东陵——乾隆帝与慈禧太后的陵寝,盗取珍宝。在乾隆帝的陵寝中,有一棺木内的妃子(或采女),尸身好好的没有变坏。一九二六、二七年,读过一本有关苏俄革命的书(书名忘了)。说到俄罗斯人信仰的东正教(天主教的一支),传说神父的信仰虔诚到什么程度,死后是尸身不会坏的,所以也留下不坏的遗体。在革命期间,发现其中有些是假的,大概公认为应该不坏的而竟腐烂了,怕削弱信徒的信心,所以有了伪造的。但在这故事中,可见东正教的神父确有死而不腐坏的。一九八八年十二月五日到九日,《联合报》上有马仲欣所写的《新疆古尸》,古尸多极了。有一千年前的高昌公主,"皮肤仍有弹性"的古尸。有距今两千年前(汉代),"皮肤光滑,五官清晰,内脏未损"的女尸。有三千两百年前(商代),"手足躯干,毛发与指甲清晰可辨,……全身脱水干缩,尸重只有七公斤"的古尸。我想,皮肤光滑、内脏未损的古尸,应该是经过防腐手续的;那个脱水干缩的,可能是自然风干的。在四川时,听人说起:西藏的萨迦派,就是元世祖时帝师八思巴这一派。元代起,拥有西藏的统治权,对敌人是决不容忍的。对不利自己政权的分子,指为魔类,捉来系缚在(忿怒相)明王的脚下,就此死了。有的死而不坏,经长期而后风化,骸骨离散在明王脚下,恐怖极了!这些传说(我没有亲见)中的事实,如南美洲的、俄罗斯的、新疆的、青藏高原的,都有天气寒冷(或极热)、干燥的特性,在这种情况下,遗体不坏,似乎是并不太稀罕的。说到新疆,记起唐玄奘《大唐西域记》(卷十二)所说:"有二石窟,各一罗汉于中入灭尽定。端然而坐,难以动摇,形若羸人,肤骸不朽,已经七百余岁。其须发恒长,故众僧年别为剃发易衣。"玄奘所见的,在新疆西部的葱岭,正是天气冷、空气薄而干燥的地区。玄奘所说,有眼见的;有传闻的,如"七百余岁","年为剃发"。这是年久而干瘪了的。人死了,由于肌肉萎缩,水分消失,会觉得须发长了不少的,也就有每年为剃发的传说。传说中的"入灭尽定",也只是我国所说的"肉身菩萨"而已。

中国佛教界,禅宗的黄梅五祖、曹溪六祖、石头希迁等,都是全身不坏的。我所见到的,普陀山古佛洞(?)有一位,那是辛苦募化而建这道场的。香港九龙某院有一位,是佛教而略有"道门"气息的。生前经常到星洲,与星方的佛教界相熟。一九五〇年,闽南大德广周(?)、广义、广净三位来香港,等候去星洲的手续,就住在他——那时是他徒弟主持的精舍。在台湾,除慈老外,后来新店有一位清严法师,也是肉身不坏,曾引起徒众与地方(区公所?)的一番争夺。香港、台湾的气候湿热,死后肉身不坏,可能与坐龛有关。律制:出家人死后是火化的。人一死,就将身体烧了。在中国风俗中,未免有些不适应,发展出坐龛(俗称坐缸)的方式。人死了,安放在陶瓷的缸中,还是跏趺而坐。上盖龛顶,作斜尖形,象征塔的形式,所以也称"塔龛",龛一般是倚山岩而供奉的（也有死后棺殓土葬，与俗人一样）。过了几年开缸，如身体变坏，那就火化了，捡骨灰入塔。如发见肉体不坏，那就加漆或装金而供奉。我以为：龛是漆封得密密的，氧气不容易进入；而龛底（缸底）大抵是不上釉的，水分能微微地渗出。如供龛处高燥，就有肉身不坏的可能了。在台湾，慈老的肉身，经过三十年，偶尔还有人去瞻礼；而新店的那一位，冷落凄凉，似乎谁也忘记了！《小品般若波罗蜜经》（卷二）说得好："我于（碎身的或全身的）舍利非不恭敬，从般若波罗蜜中生故，般若波罗蜜所熏故得供养。"佛与佛弟子的舍利［遗体］，受到尊敬供养，是由于曾依此遗体，修发般若（智慧）慈悲等功德，以正法自利，以正法利益众生。不要以为碎身舍利、全身舍利，表示什么修证功德，动物、人类——不知佛法的、异教徒，肉身不坏的多着呢！

四　淫欲为道

一

　　"秘密大乘"中的无上瑜伽,内容非常丰富,而最具代表性的,是与印度教中性力派相同,男女和合的秘密。如编入"世界佛学名著译丛"(九十七册)的《印度思想与宗教》(四〇·一〇四——一〇五)说:

　　　　"(唐玄奘所见的)佛教在北方和南方的多数地区之中,已经衰落不堪了。这种衰落,由于和叫做性力崇拜的那些魔术,和色情形式的秘密主义的不幸结合而加速了。"

　　　　"印度宗教有一独特的方面,虽然不易讨论,但是引人注意,我指的是对于生殖力量的崇拜。……常见的是女神的崇拜,存在于许多国家之中。这种崇拜在巴比伦和小亚细亚很突出,在埃及虽然不很突出但仍显著存在。……在多数国家之中,这些神祇和仪式,都是历史上的陈迹,随着文化的发展而消灭了。……只有在印度,以及在受了印度影响的西藏,在某种程度上一直流行到现代,不以为耻！……这些习俗，主要盛行于孟加拉和阿萨姆的性力崇拜中间（这就是从前盛行无上瑜伽的地区），但某些毗瑟纽教派也容许放肆行为。两者都受到大多数有身份印度教徒的指责，但是两者都有受过教育有能力的辩护者。"

以上所引，出于李荣熙所译，英人 Charles N. E. Eliot 所著《印度教与佛教史纲》。从女神崇拜而引起的"猥亵仪式"、"放肆行为"，有的在文化发展中消灭了，而流行于印度的性力派，从印度传入西藏的无上瑜伽，却在文化发展中，与某些理论相结合而流传下来，并信为"与神合一"、"即身成佛"的神圣行为。或说是猥亵可耻的，或说是神圣无上的，千百年传来的神秘性行为，我不想作是非的论断，只从我理解到的略加叙述。

二

女神崇拜与神秘性力的宗教，是人类文明初启，原始神秘信仰的遗留，当然已随着文化发展而有所演变。原始女权的氏族社会，是"民知母而不知有父"的。一个个的新生命，从女人生育而来，女人成为氏族中心，女人当然也就是氏族的领袖。如我国古代夏族传下的史迹，明显地表示了这一事实。夏代，已进入男人中心——父家长的时代，但君主还称为后，如后禹、后启、后羿等。在甲骨文中，"后"是女人生育儿女的象形。称领袖为"后"，表示了女权时代的名称；在《国语》中还留有"后帝"的名词。原始社会是政教不分的，人间社会的后帝，也就是神秘信仰（氏族祖先）的神。女神，在夏民族中是女娲："女娲氏炼五色石

以补苍天,断鳌足以立四极,杀黑龙以济九州,积芦灰以止淫水:
于是地平天成,不改旧物。"(《淮南子·览冥》)这是在天地大破
坏后,重建天地的女神。《山海经》说:"女娲一日而七十化。"在
汉代石刻中,女娲与伏羲(传说是兄妹),是龙蛇形而互相交尾
的。这是我国古代史传下来的女神(也就是氏族领袖)。从石
刻的交尾形,意解出女性生殖器的神秘,新生命从这里源源不断
而来。这一神秘(古人以为神秘)感,在文化发展中,演化为深
玄的道学,如《老子》说:

"谷神不死,是谓玄牝;玄牝之门,是谓天地根。"

玄牝,朱熹解说为:"玄,妙也。牝,有所受而生物者也。"
(《朱子全书·老子》)说得非常正确,只是意义含蓄了些。牝,
本来是匕(平声),是女性的阴器(后来有人造了一个与匕同音
的"屄")。在动物中,古来母牛写作牝,母马写作驲,母鹿写作
麀等,但后来通写作牝。人类,起初写作妣,后来写作姒,成为
母、祖母等的代名。所以,玄牝是深秘微妙的女阴,形容生生不
已的大道。牝是中虚而生生不已的,所以说谷神。《大戴礼·
易本命》说:"丘陵为牡,溪谷为牝。"谷是溪谷,中虚而不尽的流
水出来,与牝是象形的同义词。谷神是神妙的谷,是永恒(不
死)的,就是深玄莫测的牝。《老子》的"虚静"、"守雌",都依此
而引申出来;玄牝是宇宙根源(天地根)的大道。人类进步到成
立家庭,夫妇匹配,已是男性中心的时代,玄理也就是"一阴一
阳之谓道"了。文化一天天发展,而原始女阴、女神的神秘敬
畏,还在人心中潜流下来。直到现代,一贯道所崇奉的"无极圣

母”、“无生老母”，还不是原始女神信仰的变形。

原始人类对女阴的神秘感，在男家长时代，演化为男人（男与女）取得神秘欲乐的场所。这类秘密宗教的理想是：印度教的性力派，是神人合一；秘密大乘的无上瑜伽，是即身成佛；我国道家的房中术，是得道登仙。西元一世纪，班固所作的《汉书·艺文志·方伎篇》，房中术共有八家，可见起初以黄老思想治国的西汉，房中术是非常盛行的。房中术，不只是一般的性交，而是别有方术的。我国的道家思想，根本表现在《老》、《庄》中。《老子》说到：玄牝为天地之根；“根深柢固，长生久视之道”。《庄子》说到“坐忘”，“虚室生白，吉祥止止”，分明是共世间的（禅）定境。战国末年，方士道盛行，可说是道教的先声。道教，除符箓治病等外，高级的是：求长生不老的仙药；冶炼金银等丹药，服食而求长生；对自己身体的修治，如汉初（西元二世纪初）的张良，“导引不食谷”（《史记·留侯世家》）而求仙，导引是行气（运气）术。东汉桓帝时，安世高来华，译出《安般守意经》。安般是出入息，以呼吸修习止观而得定慧的法门。那时的道家，修“吐纳”（即出入息）也是很流行的。东汉张衡的“乐府”说：“素女为我师，天老教轩皇（黄帝）。”王充的《论衡》说：“素女对黄帝，陈五女之法。”在道家的传说中，素女（仙女）教黄帝修男女交合的房中术，黄帝这才得道而登天的。道家“陈五女之法”；在无上瑜伽中，可以多到九人。徐陵《答周处士书》说：“优游俯仰，极素女之经文；升降盈虚，尽轩皇之图箓。”素女房中术的“升、降、盈、虚”，不正是无上瑜伽的“提、降、收、放”吗？神秘的男女交合，一定要修风（呼吸）；运气通脉，在交合时，能对精液"提、降、收、放"自在才得。我国方士们这一修炼,存在于后来称为"天师道",而起源于汉末三张的"太平道"或"五斗米道"中。西元五世纪初,元魏的道士寇谦之,传出《云中音诵新科之诫》;该书编入《道藏》"洞神部"、"戒律类",名《老君音诵诫经》。《魏书·释老志》引文说:

> "吾(太上老君自称)此经诫,自天地开辟以来,不传于世。今运数既出,汝宣吾新科,清整道教,除去三张伪法,租米钱税,及男女合气之术。大道清虚,岂有斯事?专以礼度为首,而加之以服食闭炼。"

三张,是张(道)陵、张衡、张鲁。东汉末年,道流非常兴盛。如(黄巾军)张角的"太平道"、张修的"五斗米道",都与张鲁通声气。张鲁是张陵的孙子,继承张陵的符箓,治病驱鬼。信道教的,每年缴纳五斗米,称为"天租米",这就是寇谦之所说的"三张伪法,租米钱税"。所说的"男女合气之术",就是房中术。据《老君音诵诫经》,说当时是"淫风大行,损辱道教"的。寇谦之要革除三张伪法,成立新的天师道,主张"以礼度为首,而加之以服食闭炼"。礼度是礼仪法度,奉行儒家的礼法。"服食闭炼",那就是导引(服气)、辟谷、冶炼丹药的长生术了。从上来所引述,可见神秘的男女术在天师道中是非常流行的。道教徒从来没有否弃这一方术,只是更隐密些,在唐代(道教)南宗的《悟真篇》中,也还在说"种在彼家"呢!

三

　　释迦牟尼在印度创始的"佛法"，以解脱为究竟目的。对男女问题，在家弟子，应过着国法与社会伦理所容许的夫妇正常生活；出家弟子，修"离欲梵［清净］行"，严持"不得非梵行"［淫欲］的戒行。在家与出家，都可以从修行而得解脱，那为什么在家的有夫妇生活，而出家的要受持"不得非梵行"戒呢？这点，留在本篇的末后去解说。

　　"食色性也"，在生死流转中的人类，确是有此本能与需要的。所以在（不完善的）人性倾向下，发展中的佛法，渐有类似印度的性力派、中国道家的房中术出现。先是潜在流行，或作神秘与暗昧的表示，到西元四、五世纪，才渐渐地公然流行。这里，先举"一经"、"一论"、"一事实"、"一传说"来说明。

　　"一经"：《不可思议解脱经》，就是编入《华严经》的《入法界品》。《入法界品》的传出很早，龙树的《大智度论》已一再引用，约在西元二世纪末集出。《入法界品》叙述善财童子参访善知识的历程；在善知识中，有一位婆须蜜多，是最美丽的女菩萨。婆须蜜多的功德庄严，可说是以色相度众生的，如唐译《大方广佛华严经》（卷六十八）《入法界品》说：

　　　　"若天见我，我为天女，形貌光明殊胜无比；如是乃至人非人等而见我者，我即为现人非人女，随其乐欲，皆令得见。若有众生欲意所缠，来诣我所，我为说法，彼闻法已，则离贪欲。"

"若有众生暂见于我,则离贪欲,……暂与我语,……若有众生暂执我手,则离贪欲。"

"若有众生暂升我(床)座,……暂观于我,……见我频申,……见我目瞬,……抱持于我,……若有众生唼我唇吻,则离贪欲。"

"凡有众生亲近于我,一切皆得住离贪际,入菩萨一切智地,现前无碍解脱。"

依经文说,这是大菩萨化度众生的一门方便。婆须蜜多是天[神],也是人(及非人),是神人合一的女菩萨。她为男性众生说法,使他们离贪欲;她不只说法,也以执手、拥抱、接吻等行为,而使男性离贪欲的。依佛法的传说:不同类的众生,有不同类的"淫事",如"二二交会"的,"相抱"的,"执手"的,"相顾而笑"的,"眼相顾视"的,都能满足"淫事"而"热恼便息"(《瑜伽师地论》卷五)。一般众生满足了淫欲——"热恼便息",但不久又有淫欲热恼的需求。婆须蜜多可不同了,从顾视、执手、抱持、唼吻等的行动中,能使众生永离贪欲。这显然是"以欲离欲"的法门;与后起"秘密大乘"的无上瑜伽,虽还没有完全一致,但到底传达了从淫欲中离欲的消息。特别值得一提的,婆须蜜多是"险难"地方人,险难的梵语为 Durga——突伽,正是印度教中自在天——湿婆天后,乌摩的别名。突伽,早已存在于印度神教中,后来从湿婆派中分出的性力派,就是以突伽为主神的。还有,婆须蜜多的婆须,或译作婆薮,是印度一部分天神的通称。婆薮天、婆薮天女、婆薮大仙,都见于"秘密大乘"的教典。婆薮是天[神],蜜多译为"友",所以婆须蜜多,可解说为天神的女友。突伽与婆须蜜多，出现于《入法界品》以欲离欲的法门中，决不是偶然的，与后起的性力派及无上瑜伽，有一脉相通的一定关系。圆融无碍的《入法界品》，融摄了这一秘密法门，然在一般学佛人的心目中，多少有是非不分、邪正莫辨的感觉。

"一论"：《阿毗达磨集论》，西元四世纪中，无著菩萨所造的。在《集论》（卷七）《抉择分中论议品》，论到"秘密抉择"，引"经"说：

> "又契经言：菩萨摩诃萨成就五法，名梵行者成就第一
> 清净梵行。何等为五？一者、常求以欲离欲；二者、舍断欲
> 法；三者、欲贪生已，即便坚持；四者、怖治欲法；五者、二二
> 数会。"

"二二数会"，原文误作"数贪"，依《杂集论》（卷十六）改正。经上所说的"五法"，如依文解说，那是一、求从淫欲中离欲的法门；二、不取一般的断欲法门；三、如欲贪生起了，要一直坚持下去；四、厌恶对治贪欲的法门；五、男女一再的交合。"佛法"本是修"离欲梵行"的，而所引经说恰好相反，不用断欲，反而称为"第一清净梵行"。这类不合佛法正道的语言，如"逆害于父母，王及二多闻，诛国及随行，是人说清净"等（《集论》卷七），应怎样去解说？无著在《集论》（卷六）中，又称之为转变秘密。意思说：语句隐密，不能依通常的文义去解说，要转变为反面的别解，才不致于误会。如"二二数会"，《阿毗达磨杂集论》（卷十六）解说为："于染净因果差别四真谛中，以世出世二道，及奢摩他[止]毗钵舍那[观]二道，数数证会故。"无著、世亲的时

代,"以欲离欲"的法门已开始流行,这就是无上瑜伽男女和合的密法。这一秘密法门,早期的偶然流露,在正常的佛法中,还不能被容忍,所以无著作了这样的抉择——秘密的不了义说。唐不空在西元七四六年来华,译出《一切如来真实摄大乘现证大教王经》;"广本"中一再说到:"莲花、金刚杵相合,此说即为最上乐"等。不空是知道的,所以在《大乐金刚不空真实三昧耶经般若理趣释》(卷下)中说:"想十六大菩萨,以自金刚[男根]与彼莲花[女根],二体和合,成为定慧;是故瑜伽广品中,密意说二根交会,五尘成大佛事。"不空不说男女的实体和合,而说观想男女和合,修成定慧相应。说"二根交会"是"密意说",与无著说部分相同。其实,不空的时代,印度的无上瑜伽,男女和合的即身成佛法门,已相当兴盛了。不空这样的解说,也许是觉得不合中国的伦理观念,怕引起障碍而故意这样说的吧!

"一事实":中国佛教史上,昙无谶是一位卓越的大译师。他所译的《大般涅槃经》(卷七、卷二)说:"佛法有我,即是佛性";"我者即是如来藏义,一切众生悉有佛性,即是我义"。后期"大乘佛法"的重要论题,是如来藏,我,佛性,在昙无谶的译典中,有了充分的说明。他译出《大般涅槃经》四十卷外,还译了《大方等大集经》、《大方等大云经》、《金光明经》、《菩萨地持经》(《瑜伽师地论·菩萨地》的古译)、《优婆塞戒经》等,"后期大乘"在中国的开展,昙无谶是有贡献的。昙无谶的译经,是在姑臧,得到北凉沮渠蒙逊的护持而译出的。译经的年代,依可见的记载,从北凉玄始三年(西元四一四)起,到十五年(四二六)止。永和一年(四三三),昙无谶四十九岁就死了。

昙无谶是中天竺，或说是罽宾人。在佛教的记录中，昙无谶是一位"明解咒术，所向皆验，西域号为大咒师"（《出三藏记集》卷十四、《高僧传》卷二）。《出三藏记集》说到：昙无谶随国王入山，国王口渴，昙无谶持咒，使枯石流出水来；故意说：这是"大王惠泽所感"，国王当然非常欢喜，也就尊宠昙无谶。但时间久了，国王对他的待遇也薄了。于是昙无谶打算"咒龙入瓮，令天下大旱"，然后放龙下雨，以便再得国王的优待。事情被泄露了，国王要杀他，才逃到西域来（《高僧传》部分相同）。昙无谶为了取得国王的优待——丰厚的供养，不惜天下大旱，害苦无数的人民。从佛法在人间的立场来说，昙无谶的心态与行为，是多么卑鄙与邪恶！"大咒师"的无比神验，与纯正的佛法是不相干的！其实，昙无谶的邪僻行为，还多着呢，如《魏书·沮渠蒙逊传》说：

> "始罽宾沙门曰昙无谶，东入鄯善，自云能使鬼、治病，使妇人多子。与鄯善王妹曼头陀林私通，发觉，亡奔凉州。蒙逊宠之，号曰圣人。昙无谶以男女交接之术，教授妇人。蒙逊诸女、子妇，皆从受法。"

《北史》卷九十七，所说相同。昙无谶的使鬼（即"役使鬼神"）、治病，是一般咒师的行为，他的专长是"男女交接之术"，能使妇女生子的。"男女交接之术"，就是"二二交会"，无上瑜伽的男女和合。不过昙无谶修到怎样程度，是不得而知的。稀奇的是，沮渠蒙逊的女儿、儿媳妇，都跟他学习。《北史》（卷九十七）《列传》（八十一）《僭伪附庸》中说："蒙逊性淫忌，忍于杀戮;闺庭之中,略无风纪。"淫乱、猜忌、残酷,是蒙逊的性格。
"沮渠氏本胡人,其先为凶奴官,号沮渠,因氏焉。"(《通志·氏
族略》)淫乱、残酷、闺庭中没有礼法,确是文化低而粗犷的胡人
模样。"闺庭之中略无风纪",正是女儿、媳妇都从昙无谶学习
"男女交接之术"的情形。蒙逊"性淫忌",虽没有文证,怕也是
从昙无谶学习的。学而有效,这才"蒙逊宠之,号曰圣人"了。
没有来凉州以前,也就因为这样,昙无谶与王妹曼头陀林私通
了。鄯善王不信这一套,大概要处分他,这才逃到凉州来。"私
通"这一名词,多少出于社会伦理观念,如在文化低落、习惯于
神秘信仰的地区,那王妹的行为,正是供养上师修行呢! 昙无谶
是被杀死的,被杀的原因,依佛教《高僧传》等说:魏太武帝知道
昙无谶的神术,一再派人来,要求沮渠蒙逊让昙无谶去北魏。蒙
逊怕昙无谶的咒术帮助了北魏,而魏的势力,又不敢得罪太武
帝。昙无谶自知处境困难,以去西域求经名义而去,蒙逊派人把
他杀了。然《北史》却这么说:"太武帝闻诸行人,言昙无谶术,
乃召之。蒙逊不遣,遂发露其事,拷讯杀之。"蒙逊的确是淫乱、
猜忌、忍于杀戮的。不愿昙无谶去,又不敢留他,来个彼此都得
不到:揭发昙无谶的秽乱宫庭,拷打审问,把他杀了。昙无谶的
使鬼、治病术、男女交接术,正是"秘密大乘"的风范。

"一传说":罽宾——迦湿弥罗灭法的传说,传说不一,但这
应是有事实的。魏延兴二年(西元四七二),吉迦夜编译的《付
法藏因缘传》(卷六)说:

> "有比丘名曰师子,于罽宾大作佛事。时彼国王名弥
> 罗崛,邪见炽盛,心无敬信,于罽宾国毁坏塔寺,杀害众僧。

　即以利剑，用斩师子头，头中无血，唯乳流出。相付法人，于
　是便绝。"

　　师子比丘的被杀，依《佛祖统纪》（卷五），还别有原因，原因
是："师子尊者在罽宾弘化，声闻遐迩。外道摩目多，部（或作
'都'）落遮二人，素学幻术，乃盗为僧形，潜入王宫，淫犯妃后。
且曰：不成，则归罪释子。既而事败，王大怒，……即毁寺害
僧，……遂斩师（子）首。"《佛祖历代通载》（卷五），也有相同的
记载。这样，师子比丘的被杀，罽宾佛教的大破坏，是由于外道
的假冒释子，入宫淫乱而引起的。然迦尔诃那钵提多纂辑的
《罽宾诸王史》说：那拉一世曾兴建一所伽蓝，住在这所伽蓝的
一位佛教行者以魔力诱拐王后，引起那拉一世的愤怒，将这所伽
蓝及所属的数千伽蓝，一律焚毁。所说的王名不同，而由于淫犯
妃后，却是一致的。《佛祖统纪》的外道伪作释子，怕是佛教徒
在传说中的文饰吧！入宫淫乱，不是一般的"私通"，而是"幻
术"，"以魔力诱拐"。幻术、魔力，是宗教的，是神秘的"男女交
接之术"；在印度教中是性力派，在佛教是秘密大乘的无上瑜
伽。依玄奘所传，迦湿弥罗的佛教，受到二次破坏：一、《大唐西
域记》（卷二）说：迦腻色迦王没后，土著讫利多人取得政权，破
坏佛法。后来得呬摩呾罗国王力量的帮助，佛法才复兴起来。
二、（西元五世纪后期）呎哒的大族王——摩醯逻矩罗（或译作
寐吱曷罗俱，弥罗崛，婆睺罗拘婆）侵入印度，印度北部的佛教
受到了最严重的摧残，如《付法藏因缘传》（卷六）、《大唐西域
记》（卷三）、《莲华面经》（卷下）等说。传说的"入宫淫乱妃
后"，"魔力诱拐王后"，因神秘淫乱而引起的罽宾法灭，是在摩

醯逻矩罗王大破坏以前的,如隋阇那崛多所译《大威德陀罗尼经》(卷十七)说:

> "彼等比丘所至家处,摄前语言,后以方便令作己事。于彼舍中共语言已,即便停住,示现身疮。于俗人所种种诳惑,种种教示:彼应与我,如来付嘱汝,病者所须。彼即报言:汝明日来,如己家无异。……我住于此十年勤求,犹尚不能得是诸法,如汝今者,于一夜中已得是法。"

> "常至俗家,摄受白衣,道(遂?)相染爱,舍离戒行。……如是因缘,灭此法教。……时城中王既闻此事,即大嗔忿,捉彼三千比丘,一时断命。"

"如是因缘灭此法教"的事实,不只是一佛教行者、二外道,而是多数比丘。经文没有明说罽宾,但经上接着说:部分比丘,渡河到多刹尸罗城,这可见是罽宾了。经中再说到边地的婆睺罗舒婆王来,比丘们多逃走了,北方的寺院都被放火烧毁。在大族王破坏以前,罽宾的佛教堕落不堪,遭受国王的杀害破坏,经文隐约,实际是与男女有关的。但不是私通,而是公开地说:"彼应与我,如来付嘱汝。"要女人奉献身体,因为这是佛说的。在信仰佛教的热情下,既然是佛说的,是无边功德的大供养,就与他好合了。这就是"以方便令作己[私]事";"如己家无异",就是俨同夫妻。还说这是我勤求十年后得来的佛法,"如汝今者于一夜中已得是法"。一夜就学会的佛法,就是无上瑜伽的双身法、欢喜法。后来元顺帝的太子也说:"西番僧教我佛经,我一夕便晓。"(元权衡《庚申外史》卷下)一夜就学会的秘法,在初期流行时,会受到正统佛法的抗拒,也是社会所不能容忍的,罽宾佛法所以受到严重的破坏。罽宾本是说一切有部的重镇;受到破坏而又恢复起来,僧徒的品格低落。他们受持《根本说一切有部律》,竟然说:没有全部毁犯四根本戒而忏悔的,还算是苾刍(依常规,犯一种根本戒,就不是比丘而要逐出僧团的)。所以受到世亲的严厉呵责:"此言凶勃!""若如是人犹有苾刍性,应自归礼如是类苾刍!"(《阿毗达磨俱舍论》卷十五)近代秘密行者陈健民,在所著《禅海灯塔》(十章)中说:

> "此时宜离乡别井,远走生疏地带,佯为疯子,向礼教不重之边地,如西康、西藏一带,可得许多机会。既不会遭官家之刑罚,亦不受士大夫阶级之批评。此时已早有神通,康、藏一带妇女,自知前来以身供养,工夫因此必大长进。"

依陈氏的意思,参禅到家了,还要进一层,就是在男女和合上下工夫。他不愿受礼教——社会文明的约束,赞同不重礼教的边地。其实,康、藏地区,受千百年来秘密欲乐宗教信仰的熏习,加上政教合一,女人才会自动来奉献身体。否则,文化落后的边地,不一定能让秘密行者称心如意! 一切不必说,罽宾佛教受到"幻术"、"魔力"、"一夜已得是法"的影响,遭到破坏,是佛教史上的惨痛事件,纯正的佛弟子应多多为佛教着想! (下缺)

五　佛法中特别爱好的数目

一　序　说

　　第一义谛中，"无数无量"，佛法是没有什么数目可说的；世谛中，为了施设教法，说成种种带数的词类，如三宝、四谛等。从一数到十数，十数以上的，经中有非常多的带数的词类，大抵是依据分类的自然需要，说成三、四、五等种种差别。这样，依事实而如此分类，那数目有什么可讨论的呢！然而，如大乘《华严经》的"十"数，形成一部的特征；又如"律"部多说"五"数，这就不能不说含有某种意义了。数目当然种种的，不限于某一数目的，但如统观一切而发现特别多用的，特别重视的，就有注意的必要。在初期佛经中，"四"与"四"的倍数，是有特殊地位的。不但"四"数极多，有些本来不一定是"四"数，或"四"之倍数的，终于以"四"为定论。所以不妨说，在佛法的开展中，佛与佛的弟子们，对于"四"这个数目，有着特别的好感。

　　姊崎正治的《印度宗教史考》(三八二——三九四页)以为：释迦族与塞克提族，即广义的塞迦族，习惯上有颇多的类似。对

"四"与"八"数，两种族同样的尊重，就是其中的一项。姊崎氏以此推定释迦族为塞种的一支。也许是这样的，但现在想要说明的是：初期经法，特重"四"数，尤其是流行于北方的说一切有部，这是值得提示出来予以注意的。释迦族，及早期佛法化区的文化传统，不能不说有特重"四"数的倾向。

二　教　法

在教法中，"四谛"——苦谛、集谛、灭谛、道谛，为佛陀说法的总纲。这当然是依实际的需要，分为四谛，而决非凑成四数的。说到苦谛的内容，是"四苦"——生苦、老苦、病苦、死苦。或加求不得苦；或更加怨憎会苦、爱别离苦、五取蕴（古译五盛阴）苦，成为"八苦"，八是四的倍数。在经说中，苦谛本不一定是四、是八，而"八苦"终于成为定论。其实，经上说："略说为一，五取蕴苦。"这是以生苦等七为别，五取蕴苦为总说，而又总、别合成八苦的，这又多少有点勉强了。说到集谛，起初但说是爱。爱的内容，经说有多种分类。其中，南传的赤铜鍱部立三爱——后有爱、贪喜俱行、彼彼喜乐。说一切有的《杂阿含经》也是这样说，而北方的说一切有部论师却说成"四爱"——爱、后有爱、贪喜俱行爱、彼彼喜乐爱。这使我想起了说一切有部的《增一阿含经》，有"四阿赖耶"——爱阿赖耶、乐阿赖耶、欣阿赖耶、喜阿赖耶（《摄大乘论》上）；而在赤铜鍱部中，也没有爱阿赖耶，只是三阿赖耶说（律之《大品·大犍度》一·五）。阿赖耶是著处，生死的症结所在，与集谛的爱，意义相通。被解说为"爱增长名取"的取,也立为"四取"——欲取、见取、戒禁取、我语取。灭谛是不可分别的。至于道谛的内容,是八正道——正见、正思惟、正业、正语、正命、正精进、正念、正定:这是一致的教说,公认为圣道的原始内容。

与"四谛"有同等地位的,是缘起,为佛陀正观而成佛的,是离二边的中道。在《杂阿含经》中,有支数不定的种种缘起说,而"十二缘起"被认为缘起说的定量;十二正是四的倍数。

关于道谛,经中说有种种道品。如"四证净"——佛证净、法证净、僧证净、圣所爱戒证净。这本为对于三宝的净信,由于重视戒行,因而增立为"四证净"。同样的,本为三念——念佛、念法、念僧;增念戒而成为"四念"(后来更增多为六念、八念、十念)。如"四念住"——身念住、受念住、心念住、法念住。"四正断",或名"四正勤"——未起恶令不起,已起恶令断,未生善令生,已生善令增长广大。又依此"四正断",别立为"四正断"——断断、律仪断、随护断、修断。"四神足",是欲、勤、心、观。平常说五力,或说"四力"——信力、精进力、念力、慧力。"八正道"。修道而得证的,立"四沙门果"——须陀洹(意译为预流)果、斯陀含果、阿那含果、阿罗汉果。须陀洹有"四预流支",即"四证净"。别有"四预流支"(或译入流分)——亲近善友、多闻正法、如理思惟、法随法行。趣入"四沙门果"的,有"四沙门果向"。"四果"与"四向",合名"八补特伽罗",也就是"四双"、"八辈"的内容。

道品中与戒有关的,有"四圣种"——衣服喜足、饮食喜足、卧具喜足、乐断乐修。与"四圣种"有关的,"律"中立"四依法"——但三衣、常乞食、树下坐、陈弃药。与"四圣种"、"四依法"有关的，有"十二头陀行"——住阿兰若处、常乞食、次第乞食、一坐食、节量食、中后不饮浆、粪扫衣、但三衣、冢间住、树下坐、露地坐、但坐不卧。虽有作十三头陀行的，但一般以"十二头陀行"为准。"八斋戒"——离杀生、离不与取、离非梵行、离虚诳语、离饮酒、离高广大床、离涂饰香鬘歌舞观听、离非时食。"八敬法"，本是一敬法而分为八类；各部"律"所说不同，而都说是"八敬"。

　　与定有关的，如"四禅"——初禅、二禅、三禅、四禅。"四无量"——慈无量、悲无量、喜无量、舍无量。"四无色定"——空无边处、识无边处、无所有处、非想非非想处。这三类，综合名为"十二甘露门"。如安那般那念为"四事"（南传为四，北传演化为六事）；广说为"十六特胜"（四的四倍）。又如"四想"——小想、大想、无量想、无所有想；"八解脱"；"八胜处"等定法，都是以四为数的。

　　与慧相关的，是苦、集、灭、道"四智"。经说世间法是无常、苦、无我、无我所（如合后二为一，即无常、苦、无我——三修）。说一切有部以无我、无我所为空、无我，所以无常、苦、空、无我，名"苦谛四行相"。有部的四谛观，每谛作四行相，所以成四谛"十六行相"。属于这一系的，如犊子部系立四谛"十二行相"；经部立"八行相"，都是四的倍数，不过这是部派的论义了。此外，如"四处"——慧处、谛处、舍处、寂静处；"四行"——苦迟通行、苦速通行、乐迟通行、乐速通行；"四摄事"——布施摄事、爱语摄事、利行摄事、同事摄事。"八大人觉"——少欲觉、知足

觉、远离觉、精进觉、正念觉、正定觉、正慧觉、不戏论觉。这都是
与修行有关,而分为四类或八类的。

以上,都约修道说。关于生死现实的,佛以五蕴、六处、(十
二)因缘来说明。依事实分类,当然不可能一定说为四类的。
然五蕴中,识于法取著,立"四识住"——色识住、受识住、想识
住、行识住。色蕴中,能造色是"四大种"——地大、水大、火大、
风大;或名为"四界"。六处中,依六根分别,经中说种种的六
法,但六根识的取境,到底分为"四"类——(眼)见、(耳)闻、
(鼻、舌、身合为)觉、(意)知了。因缘中,有"四食"——段食、
触食、意思食、识食。论师立"四缘",或"二十四缘",也是以四
为数的。众生出生的不同,经说"四生"——胎生、卵生、湿生、
化生。前生与后生的关联,论师立"四有"——生有、本有、死
有、中有。总之,教法方面,佛与佛弟子们无疑是多以四及四的
倍数来说明的。

三 教 典

教典的辑集传诵,始于佛陀住世的时代,佛灭而后广泛地结
集出来。最初集成的,是(相应)修多罗,分为"四品"——蕴品、
处品、因缘品、道品。其后,增入祇夜、记说,即《杂(相应)阿含》
部分。又依《杂阿含》,补充、分编为"四阿含经"——《杂阿
含》、《中阿含》、《长阿含》、《增一阿含》。虽然南传的巴利藏加
《小部》而为五部,或名五阿含,但这只是一部派的传说。如大
众部系,及分别说部系传宏于印度的部派,都不使《小部》与四

部阿含并立（为五部），而别称之为杂藏；杂就是小的意思。这样，四部阿含合名为经藏，《小部》是杂藏；杂藏与经藏、律藏、论藏并立，成为"四藏"。"四阿含"与"四藏"，是佛教圣典部类的一般分类。

教典的另一分类，起初是三分教（修多罗、祇夜、记说）；其后发展、分别为九分教，即从修多罗到未曾有法。但在佛法的流传中，考订而为更严密的分类，成为"十二分教"，即"十二部经"，十二是四的倍数。

初期集成的祇夜，是"八众诵"。称为伽陀、优陀南的，应有《波罗延那》、《义品》、《优陀南》。《波罗延那》是问答的偈颂集，是佛答"十六学童"所问的。除了序与结，恰好是"十六章"。《义品》也是偈颂，与汉译的《义足经》（附有因缘）相当，共十六品。各部广"律"，虽传说"十六义品"，而《摩诃僧祇律》却称之为"八跋渠"，也就是八品（卷二三）。南传的《义品》，内容有"窟八偈经"、"嗔八偈经"、"净八偈经"、"第一八偈经"，所以原始集成的《义品》，可能为八品，而每品以八偈组成。虽然现存的《义品》，偈数已多少不一，但仍留下八偈的古迹。这与"十六义品"的部类，都不出于四的倍数。《义品》与《波罗延那》，南传都编入《小部》的《经集》。《经集》最后这样说："八诵量之圣典经集毕。"这可见《经集》全部，古代是分为"八诵"的。南传的《优陀南》，也分为八品。凡是可以看作早期集成的圣典，不是四品，就是八品、十六品；八偈，或是八诵；十二分。一切都依四及其倍数所组成，这能说是事实所限，或偶然的吗？

四　人物与地区

佛世弟子而集为一聚的,如千二百五十比丘,六群比丘,是有事实依据的,当然不能凑成四数。但"十六学童"问佛,早就为佛教界所传诵了。传说佛世有"四大声闻"——大迦叶、阿那律、宾头卢、罗睺罗,共同教化跋提长者及其姊的传说(《五分律》卷二六)。佛陀涅槃以后,佛教界有感于依怙及护持的需要,因而有"四大声闻"不入涅槃,住世宏化的传说。"四大声闻"是:大迦叶、君徒钵叹、宾头卢、罗睺罗(《弥勒下生经》、《舍利弗问经》)。后来,"十六罗汉"住世护持佛法的传说,也流传人间。"十六罗汉",初见于坚慧《入大乘论》;玄奘所译《大阿罗汉难提密多罗所说法住记》,详说"十六罗汉"及护持的化区(在中国,讹传而成为十八罗汉)。以上是部派佛教的传说。在大乘佛教中,《般舟三昧经》有贤护等"八大菩萨"。《思益梵天所问经》等,又增一倍而成"十六菩萨"——贤护、宝积、……日藏、地持。

至于如来,有"四无所畏"、"三十二相"、"八十种好"等功德,都是四的倍数。佛灭度后,有"八王分舍利"的传说。佛陀一生的化迹,见于石刻的,有四相、八相等。大乘佛教虽取舍不同,对佛陀一生的化迹,都揭示八事来总摄一切,这就是传说的"八相成道"。

佛世的印度,传有"十六大国",在汉译中,是一致的传说。但从巴利藏看来,就并不如此。如汉译的《长阿含经》的《阇尼沙经》,举鸯伽等十六国,与此相当的《长部·阇尼沙经》,仅列举鸯伽、摩揭陀、迦尸、憍萨罗、跋耆、末罗、支提、跋沙、拘楼、般遮罗、婆蹉、首罗先那——十二国。《小部》的《小义释》里,也提到鸯伽、摩揭陀、迦尸、憍萨罗、跋耆、末罗、支提、沙竭罗、般遮罗、阿槃提、臾那、剑蒲阇——多少不同的十二国。《增支部》(三·七〇、八·四二)说到十六国——鸯伽、摩揭陀、迦尸、憍萨罗、跋耆、末罗、支提、番伽(应与跋沙相当)、拘楼、般遮罗、婆蹉、首罗先那(即摩偷罗)、阿湿摩伽、阿槃提、健陀罗、剑蒲阇,与汉译的《阇尼沙经》相合。

《长阿含》的《游行经》,说到"四处"立塔,为信众巡礼的圣地。"四处"是:诞生处(岚毗尼园)、成佛处(佛陀伽耶)、转法轮处(鹿野苑)、入涅槃处(拘尸那)。其后扩展为"八大灵塔",即八大圣地。在上述"四处"外,再加舍卫城祇园现大神变处、曲女城三道宝阶处、王舍城化度声闻处、毗舍离舍寿量处(《八大灵塔名号经》)。大乘也有"八塔"的传说,多少增入大乘的传说(《本生心地观经》)。

佛教传说的地理,以须弥山为中心,山在大海中。山的四方面,也就是海中有"四大洲"——东(方海中)弗婆提、南阎浮提、西瞿陀尼、北郁单越(拘罗)。还有"八中洲"。我们所住的是南阎浮提,中央有阿耨达池,从四方面流出"四(大)河"——恒河、辛头河、博叉河、徙陀河。南洲有"十六大国";地上有"四大宝藏"。地下有"八热地狱"、"十六游增地狱"、"八寒地狱"。有(金)轮王统一四天下(四洲),其后演化"四种轮王"——金轮王、银轮王、铜轮王、铁轮王。须弥山顶是帝释天;诸天聚会处,有"四园"——波娄沙、杂色车、善杂色、欢喜。须弥山腰,四方有"四王天"住处——毗楼勒迦、提头赖吒、毗娄博叉、毗沙门。四大王天所统率的,是天龙"八部"——天、龙、夜叉、乾闼婆、阿修罗、迦楼罗、紧那罗、摩睺罗迦。色界有"四禅天";无色界有"四无色处"。色界天中,或说十八天,或说十七天,说一切有部论定为"十六天"。佛出人间,人间、天上而预闻佛法的众生,共"八众"——梵众、魔众、帝释众、四王天众、婆罗门众、刹帝利众、吠奢众、沙门众。

四、八、十二、十六,这些四与四的倍数,在法相安立上,佛与佛弟子的确是特别爱好的,这不能不说与民族文化的传统有关。

六　辨法相与唯识

　　"法相与唯识"，是研究佛法者所常遇到的问题，对它必须有个认识。现在把我认识到的试述一点。

　　这问题，民国以前的学佛者，是没有讨论过的，民国以来，最先由欧阳渐居士提出了法相与唯识分宗的意见，即是要把法相与唯识，作分别的研究。问题提出后，即引起太虚大师的反对：主张法相唯识不可分，法相必归宗于唯识。一主分，一主合，这是很有意义的讨论。民国以来，在佛教思想上有较大贡献的，要算欧阳氏的内学院和大师的佛学院，但在研究的主张上便有此不同，这到底是该分吗？该合吗？

　　先说到两家的同异：主张要分的，因为内学院在研究无著、世亲的论典上，发现了它的差别，即是虽都谈一切法，却有两种形式：一是用五蕴、十二处、十八界——蕴、处、界来统摄一切法，一则以心、心所、色、不相应、无为来统摄一切法。因此方法的差异，他们觉得《集论》、《五蕴论》等是法相宗，《百法论》和《摄大乘论》等是唯识为宗，应将它分开来研究。所以他们说法相明平等义，唯识明特胜义等十种差别（见《瑜伽师地论序》），以显其异。

　　虚大师以为：法相、唯识都是无著、世亲一系，法相纷繁，必归到识以统摄之，否则如群龙无首。觉得分宗的思想，不啻把无著、世亲的论典和思想割裂了。两家之说都有道理，因为无著、世亲的思想是须要贯通的，割裂了确是不大好。但在说明和研究的方便来说，如将无著系的论典，作法相与唯识的分别研究，确乎是有他相当的意思。

　　我觉得法相与唯识，这两个名词，不一定冲突，也不一定同一。从学派思想的发展中去看，"法相"足以表示上座系阿毗昙论的特色。《俱舍论》已经略去，《阿毗昙心论》《杂心论》等，都开头就说：佛说一切诸法有二种相，一自相，二共相。所以阿毗昙论，特别是西北印学者的阿毗昙论，主旨在抉择自相、共相、因相、果相等。说到一切法，即用五蕴、十二处、十八界来类摄，这是佛陀本教的说明法，古人造论即以此说明一切法相。依此一切法，进一步地说到染、净、行、证，这是古代佛法的形式。后来，佛弟子又创色、心、心所、不相应行、无为的五类法，如《品类足论》即有此说。但此五法的次第，与《百法明门论》等先说心心所不同。为何如此？色、心、心所等五类，本非讲说唯识，这是分析佛说蕴、界、处等内容而来。佛陀的蕴、界、处说，本是以有情为体，且从认识论的立场而分别的。现在色、心、心所等，即不以主观的关系而区分，从客观的诸法体类而分列为五类。然此仍依蕴、界、处来，所以先说到色法。无著、世亲他们，虽接受东南印的大乘，倾向唯识，而本从西北印的学系出来。他们起初造论，大抵沿用蕴、处、界的旧方式，可说旧瓶装新酒。但等到唯识的思想圆熟，才倒转五法的次第，把心、心所安立在前，建立起以心为主的唯识大乘体系。所以，在无著论中，若以蕴、处、界摄法，都带明共三乘的法相；以唯识说，即发挥大乘不共的思想，一是顺古，一是创新。由此，把它分开研究，也确是有意思的。虚大师的说法，为什么也有意思？即是起初西北印系的法相学，到后来走上唯识，所以也不妨说法相宗归唯识。

现在，我从全体佛教的立场，想说明一点，即是：凡唯识必是法相的，法相却不必是唯识。

这是什么意思呢？如来说法，说一切法是因缘所生的，从因缘所生的诸法，开示诸行无常、诸法无我、涅槃寂静的理性。此一切法，如推论观察它以何为体性，这才有的从法相而归向唯识了。唯识有其深刻的哲学意义，是在心识为体的立场，以说明诸法的因果染净的。如所见所闻的是否即对象的本质？如色法的质碍性，是否有其实体？不是的，唯识学者从认识论的考察，加上禅心的体验，以为并无色法（物质）的实性，一切一切都是依心为体性，依心而存在，这样才成立唯识学。唯识的派别也很多，如依无著、世亲等论典的思想说，以为一切法都是"以虚妄分别为自性"的。所以，佛说的因缘所生法即是依他起性；此依他起性，唯识学者即以心、心所法为体。如《辨中边论》说"虚妄分别有"，世亲释说：虚妄分别为三界心心所法。他并非不说一切法相，而以为一切法都依心识为体的，即真如无为，也就是识的实性。这样，法相是归于唯识了。

然而，佛法的思想系中，并不一律如此，还有一条路（大小乘皆有），如有部、经部等说：蕴、处、界各有自体，即所见的色、所闻的声，以及能知的心识，各有其自体。这样的法相，即不归唯识。然此等思想，大有漏罅，因为色、声等是常识的，佛陀不过从常识的、认识论的立场，说明此等法相，所以富有常识哲学的色彩。在此等现实的法相上，指归法性，（三法印与一实相印）才是佛陀的目标。所以有部等法相学，如稍加推论就引起问题了。如热手触物，初以为冷，而冷手触之，则觉得暖和。这冷与暖，果真是该物的实性吗？决不如此，这实由于根识的关系而决定。又如萨婆多部说，青黄赤白等是色法的究极实体，这也难说，因为光线和目力等的条件，会促成所见色的变化，这不过是明显的例子。所以，吾人以为如何如何，并不见得对象就是如此。所知的一切，是与心识有关系的。由此发挥到极端，于是归向到唯识论。无著、世亲论师们，就特别宣说此法相的归宗唯识。不过，常识中的色、声诸法，如以为是对象的质，这种常识的实在论，固然不能尽见佛意，但法相必归唯识，也不能使我们同情。因为吾人认识之有心识关系是对的，由心识的因缘而安立，是可以说的，然说色法唯是自心所变，即大有问题。心识真的能不假境相为缘而自由地变现一切吗？"自心还见自心"，以自心为本质的唯识论，实是忽略识由境生的特性，抹煞缘起幻境的相对客观性，而强调心识的绝对性、优越性。所以除小乘而外，大乘中，法相也不必宗归唯识。心色相待的无性缘起论——中观学者，即如此说。

这样，从法相而深入，略有两大类：一、唯识说，二、境依心有不即是心说。不但中观者从一一法相看出它的体性本空，而同时，即空而有的心色，是相依相成的缘起说。如中国天台学者中，山外派主张以理心为本而建立诸法，山家派主张一色一香无非中道,法法具足三千诸法,也还是这个唯心说与心色平等说的差别。所以单从无著、世亲的论典来谈法相与唯识,欧阳氏的分宗,能看出它的差别;虚大师的法相必宗唯识,能看出它的一致,都有相对的正确性。但若从整个佛法来说,那应该是:唯识必是法相的,法相不必宗唯识。

　　　　　　　　　　　　　　　　　　　　　　(向尚记)

七 谈 法 相

——在香港三轮佛学社讲

贵社(三轮佛学社)重于法相唯识学,所以举"法相"为题而略加讨论。一般说来,法相似乎就是唯识,其实在一切佛法中,都可以说有法相的。从前,在《内学》上曾刊载过一篇文章——《龙树法相学》(欧阳竟无居士所撰),龙树菩萨也谈法相,可见法相是广义的。

佛法,由释尊证悟后,从而教导众生、开示众生。如约如来所证悟的境界来说,这是我们所难以了解的。"法"是离言的,从何说起呢?但佛有善巧方便,就人类所易解的,予以启导。就在我们的身心上指示出来,使我们了解到个人的身——生理是怎么回事;而心——心理的活动是怎样的情况。我们如何由内心的活动而发为外在的行为;由行为的力量而形成未来必须接受的果报。或由怎样的行为而影响内心,再由内心而引发行为。由什么力量,使我们形成人趣之身。于此身心,使我们了解世间的现实,指出我们难以觉察到的错误,从而修正错误,趋向真理。所以,佛说法不仅说其证悟的内容,更为人类(众生)说出身心现实的种种问题,因为这些都是我们最容易体会的。举例来说:

五蕴、十二处、十八界等等，以及四谛、十二因缘，这些问题都是我们所易于理解的。由佛的开示理解，再进一步体悟到无我之理。认识了人生的错误——烦恼，探究到烦恼的根源——无明，又如何脱离这些病源而体验真理。在原则上说，一切佛法都无非说明这些问题。佛法本不仅是理论，亦不是一套学问，其所以形成一种学问，这因为我们如无所了知，就无从信仰，更无从着手来起修了。对宇宙人生现实及修行、证果，佛也有所说明。释尊涅槃后，佛弟子结集圣典，为了究明佛法，佛法逐渐体系化，总不外乎这些问题。可以这么说，佛所开示的，佛弟子所要理解的，就是法；而法的种种意义，就是法的相——种种的法相。

为什么称为佛？论上说："知诸法自相、共相，故名为佛。"佛就是觉悟了一切法的自相、共相的圣者。这正说明了法相的重点。佛所说的五蕴、十二处、十八界、四谛、十二因缘等，使我们充分理解到这一切法，成为我们的信仰，依此而修行，达到正觉的目的。佛入灭后，佛弟子对佛法的研究，即是古代的阿毗达磨论师。阿毗达磨是研究法相，以自相、共相为法相探究的主要内容。自相，就是法的自体，例如眼，眼是什么，探究它的体性——法的体性，是从具体的法去探究的。共相，是法的通相，例如无常、无我、有漏、无漏等，是遍通到种种法的通性。

古代的佛弟子，对佛法探求的重点，其一是对于佛所说的种种法，作深一层的理解。如佛说眼，眼是什么意义？什么是它的体性？什么是其作用？如佛说"无明"，什么是无明的体性？无明以什么为相？以什么为作用？……诸如此类，都不外乎是探求法的自相。其二佛为弟子们开示一切法是无常、苦、空、无我。

到大乘，又说明一切法空，一切法不生不灭，这是一切法最普遍的真理，也就是一切法的共相。

佛法经历代大德的研究、整理，逐渐地体系化，使后人能充分地易于理解，佛学是在这样情况下而发展起来的。所以，佛法的探究，最初就是法相的探究。古人法相的探究，不仅是上述的自相、共相，还有相摄相、相应相、因缘相等。探究佛所说的法，法与法之间是相同的吗？不相同的吗？这就是相摄相。根据阿毗达磨的论说：其名虽不同，其体性却无异，这就一体，是相摄的；若内容不同，即是别法，不相摄的。所谓相应相，例如心心所法，心与心所相应，或此心所与彼心所相应，或此心所与彼心所不相应，或有了此心所必定有彼心所……诸如此类的探究，都是一切法的相应相（古人相应相的研究范围是较广的）。此外，更探究到法与法间的活动，此一法依什么关系而生起？依什么条件而发生？这就是法的因缘相了。这些，就是古代法相学的根本论题（其他还有果报相，成就不成就相等）。

在罗什所译的《妙法莲华经》中说："唯佛与佛，乃能究竟诸法实相。"唯独诸佛，对一切法的如实相才能究竟。诸法实相是什么呢？所谓如是性、如是相、如是体、如是力、如是作、如是因、如是缘、如是果、如是报、如是本末究竟等。以上所说，就是法相，都是法相所探究的问题。在《成实论》、龙树《大智度论》中，也有说到的。可见当时印度的论师们，对于法相的探究，都不外乎这些，现在看来，差不多就是后代唯识学系以及其他学系所讨论的问题。所以，佛说的法，是共同的，论师们所探究的论题也是大致相同的，成为一切佛学——五蕴、十二处、十八界……一切大小乘所共同的，都曾应用这一方法来探究、整理，使佛法成为理论完整、极有体系的学问。

当年，支那内学院的欧阳竟无老居士曾主张，法相唯识分宗，法相属法相宗，唯识属唯识宗。法相是以五蕴、十二处、十八界等来探究的；唯识是以阿赖耶识为中心，如《成唯识论》等所表达者。太虚大师不同意这一说法，大概虚大师从佛法发展的大趋势，而这样说：法相必宗唯识，法相一定是以唯识为宗的。于是内学院与虚大师双方曾就不同见解而引起讨论。在当时，我也曾表示过我的意见：法相有归宗唯识的，也有不归宗唯识的。我从佛法各宗各派的思想体系上看，有些学派的法相并不一定归入唯识学。当然，我的看法不一定是对的，虚大师也不会同意我所说。但我以为这一问题，应从学派的不同观点来说明的。

佛说的法，是一味的，但后人对法相探究的结论，不完全相同，这是古代的实际情况。法是共同的，研究的问题又是同样——自相、共相、因相、缘相……而佛法却显然地分宗了。这分化，早在小乘时代已存在了，到大乘发达起来。在分宗方面来说，其实仍是老问题，当然，在大乘佛法中，说得更圆满了。

法是相同的（内学院也有"法同，义异"之说），但小乘就有了宗派分别，如大众部与上座部等。为何会分宗呢？原因决非单纯的。在理论上，有些根本问题"时间"就是其中的一项。在佛教思想分化（宗派之分）之中，有主要的两大系：一是"三世有"，一是"现在有"。

佛弟子们对于法相的探索，主要是自相与共相。自相，是探究——法的体性。例如人，人是什么？如《金刚经》说，人只是一合相——种种因缘（条件）的和合体。但究竟是什么所和合的呢？五蕴和合，乃至十八界和合。五蕴和合中的识，又是什么呢？这么一问，问题就越来越深入了！如我们知道的这个东西（物），见到的是青、黄、赤、白、长、短、方、圆……是色；用手敲敲，是有声音的；用手碰碰，又发现它是坚硬的，这是身根所"触"的……诸如此类，内容有色、有声、有香、有味、有触。这样探求分析下去，于是声、香、味、触，或地、水、火、风……问题就多了。

法相的探究，不论是物质现象或精神现象，如一一分析下去，就要分析到一种"单一性"（性质上已无可再分）的地步。在学派中，在物质现象上有"极微"的思想，极微是极小极小的"物质点"，到此已不能再分。如果仍可分的话，那还是假合的（和合相）。分到不能再分的最后点，恰如我们中国所说，"其小无内"。心理作用亦复如此。人类心理作用（活动）是很复杂的，但经过佛法的自相的探索，逐渐地分别出来：以有识故，于是有触，有受，有想，有思，有作意……种种的心所相应生起。受、想、作意……都有特殊的作用。以一般所称的心理作用来说，里面包含着多种成分，所以也还是假合的。在探究自相中，不论是物理、心理、生理（眼、耳、鼻、舌、身），均可分析到最极微细——单一性而不可再分的单位。不可再分析的单位，这一一法的自相——自性，都有时间相。其实时间不是实在的，是依物质与精神的活动而成立的。一一法在时间上，也分析到最短最短的时间单位，称为"刹那"。我们平时所称的"一念"，在时间上就是最短的。法相探究到此，就接触到"三世有"与"现在有"了。如有人现在生起一念心——生起一念贪心，在贪心未生之前是怎么样的？在未生前有没有这一贪心呢？生起之后，此一刹那贪心已成过去（刹那灭），过去了还有没有呢？此法在未生前有没有呢？如果没有，那又怎么能生起呢？刹那灭了以后，难道什么都没有了吗？如此探究，这问题就进入了哲学上的思考。

上述问题的答案，在佛法的学派中，意见不能统一。依"三世有"的学派说：贪念在未生之前早已有了，只是在"未来"而已。未来早已存在，现在不过是依因缘和合而（刹那）生起。生起后刹那灭，灭后还是存在，只是在"过去"而已。现在固然是有，未来也是有，而过去了还是有的，这就是"三世有"的观念。

为什么说过去是有的呢？因为"过去"了的事情，对我们有影响力。过去生起过贪念，虽然已经过去了，可是这一过去的贪念，对以后仍有影响力。以造业来说，佛法说造业必受报，这一所造业，虽刹那过去了，可是过去了并不是没有，业仍旧存在不失，这才能使我们在未来受报。未来怎么样？未来如果没有，那怎么会凭空生起来呢？举例来说：婴儿出生后，眼睛也睁不开，只会哇哇啼叫，不论男女，其贪欲（或淫欲）不但存在，而且与当前的生命不离；它虽还未显出，但终究是要生起的。因此，当孩子成长到十三四岁的前后，男的女的都自然而然地生理起了变化，这种贪欲相就显现了。未来一定要生起的，所以不能说未来是没有的。对这一理论是否同意，那是另一问题，但这确是古人对法相在三世中的一种理解。由此，可以说明因果，一切因果业报，由这三世有的理论而得以说明一切。据三世有者看来，未来的法无量无边,其中一部分已与我们发生了关系,所以由因缘和合而可以现起。在此不妨讲一实际问题:譬如说修行要断烦恼,有人说:"我现在内心清净,没有烦恼。"这不能说是断了烦恼。现在虽没有烦恼,但过去的烦恼与你没有脱离关系,它的影响力,能使我们引起烦恼。未来的烦恼早已与你结成关系,将伺机生起。当前的片刻清净,有什么用?要怎么样才算真正清净呢?必须与过去的烦恼一刀两断,完全脱离关系,不再受过去的影响;未来烦恼也不会再来。到此,现在没有烦恼,才是真正断烦恼了。这就是依"三世有"来说明一切法的法相,在佛教思想上可说是极重要的一大派;这一派思想对大乘佛法的影响,也是极其深刻的。

在"三世有"的思想中,认为法是如如不变的,过去如此,现在亦如此,未来亦如此,一切法如此如此而恒时不变。虽不变而随缘,因缘和合而生,因缘坏散而灭。故说:"法性恒住,随缘起灭。"法的体性是恒住的,随着因缘而起灭(此处是恒住,不是常住。如将之解释成法性常住的话,那就是随缘不变、不变随缘的大乘理论了)。这一派的思想,一切法都是本来有的,如果本来没有的话,那就不能生起了。过去、现在、未来所有的一切法,不断地因缘和合,通过时间——从未来到现在,从现在到过去,使我们生生世世流转。

但"现在有"学派却如此说:未来是什么?既说未来,即是还没有来,没有来——没有生起而说法已经存在,这是难以信受的。过去又怎样?过去了刹那灭,既已成过去,而说法依然存在,这也是令人难以理解的。这一学派的时间观,认为"未来"

与"过去"都是假立的，只有当下的现在是真实的。如问：如果只有现在是真实的，过去的已刹那灭，既已灭去，怎么对当下的现在与未来还有影响力呢？起初的解释是"曾有"，法是曾经有过的，所以能对现在起着影响。至于未来，怎么一定会来呢？又解释说是"当有"，当时要来——可能要来。佛说"曾有"、"当有"，其实是不离"现在"的。曾有与当有，听来似不大具体，到了经部，引出了种子熏习的思想，那就较易领会了。其解释是：现在法生起后即刹那灭，"曾有"是什么？它就是曾经有过，在刹那灭时，就熏习而成一种潜能，如种子一样；这熏习所成的力量，是"曾有"，其实就是现在，只是没有发现出来而已。说"当有"，当有即种子，有了种子，当然会生起，其实种子并没有离开现在。这"现在有"派的思想，依我看法，一定要讲到种子——潜能思想才能圆满。依现在有来说，过去与未来是假有。由于时间观的不同，有此两派。由此可知唯识思想是继承"现在有"的学派，唯识家指出过去未来是假立的，故以种子熏现行，现行熏种子，来说明一切法的起灭，其教理与经部师特别深切。此外，我想介绍不为一般所注意的一派，那一派也说现在有，但说过去未来都是假有，"现在虽有而是无为"，这成了"不生不灭"的"现在"。试想：既是不生不灭的现在，那怎么去说明有生有灭的现象界呢？这一派说一切法都是永远如是，却又不断地以种种因缘而现起，而其实却是永远如此，没有变化可说。这一派的学说，在小乘学派中并不发展，可是在中国大乘佛教学中，类似这样的说法，似乎很不少。

在时间观念的不同下，有上述两大派别。起初，三世有与现在有派，都有一共同的观念，即法是有时间相的，而时间有过去、现在、未来；时间是最短的刹那、刹那的累积而成为漫长的时间。时间，虽不能拿什么来分割，但可以从观察而把时间分析到刹那。既是一刹那、一刹那的累积，则前刹那不是后刹那，后刹那也不是前刹那。从这观点来看，如小乘所说"极微"——空间的物质点，没有方——没有方位的"此"彼，也没有分，就是不可再分割的，称为"无方极微"。时间的刹那，分析到时间点，又不可再分彼此，所以称为"无分刹那"。大乘唯识家，破斥了"无方极微"，唯对于"刹那"，则承认"无分刹那"，刹那是时间上最短的，那一刹那就是"现在"。但另有学派，如中观家的看法，认为刹那只是一种假定时间，实际上，时间一定有前后的，没有前后的"当下"——现在，也就不成其为时间。所以，过去与未来，是依现在而假立的；现在也是不离前后——过去未来而假立的。唯识家说"现在幻有"（过去未来是假），中观家说"三世如幻"，这是三世有与现在有的大乘说。依此来说明一切法，当然不会相同了。探究法相，主要就是"现在有"与"三世有"的两大派。法相归宗唯识，是在现在有的基础上，而成立的严密精深的理论。小乘的"三世有"的法相，不是唯识；大乘三世幻有的中观家，法相也不会归宗唯识的。

　　我们对一切事物的了解，必赖有"相"。"识"是能了别的，识使我们区别这样、那样，这个不是那个，那个不是这个，于是，我们逐渐地对宇宙人生能探求其真相，佛法也是经过这些分别的，所以龙树菩萨说："先分别诸法，后说毕竟空。"上面我说过，佛法的根源本于释尊自己证悟而来，佛所证悟的一切法，恰如

《法华经》所说："唯佛与佛，乃能究竟诸法实相。"在佛的境界，究竟证悟一切法相，这法相是怎么样的呢？菩萨证悟的境界，凡夫所明了的法相，又有什么不同呢？这是超出我能说的范围了，我没有到达大小乘圣者的境界，又怎么能知圣者自觉的法相？现在只是依据经论所说的，略为叙述而已。

　　我们——凡夫一切事理的认识，一定有"相"，如佛法中所说的"所缘缘"——所缘的境界，也即唯识家所说心上现起的影像相——相分。如没有相，一切无从认识。因此可说我们（众生）不论是前五识的直觉（现量）而知，或第六意识的分别而知，都以"相"为对象。我们对"相"的认识，又是什么样的呢？兹举例说：如我看到这只杯子，这是一只杯子，是一个固体物，没有见到它的变化，刚才是这样，现在仍是这样。换言之，我们对"相"的认识都是个别的（所以重视自相），我们所见的形状就是这样，其内在有什么因素，与其他有什么关系；是怎样的变化，这些在我们的直觉中，是不大会理会的。这是我们认识的习惯。意识的了别，是这些相的综合，如起初只见杯子的形态色彩——眼识所见。如杯子碰了一声，耳根发耳识才能听到声音。手去触时，才知它是坚固的。杯内所容的茶水是热的，或放有冰块是冷的。经意识综合起来，我们才能知道这是茶杯，知道茶杯是怎样的；长时的经验而来的认识，是经过意识的了别，在直觉上是不能了别的。在我们直觉的认识上，是个别个别的相，自然而然，不用造作。虽然我们已能进一步去认识它内在的质素，因种种关系而存在，但这是经过意识的推讨而得的结论（比量）。在平常认识中，还是依凭直觉的，一个个独立的。由此，我们对法相的认识,就是一般所说的"执著",见个什么,执著它就是个什么,不会觉察到它的变化,与其他的种种关系。虽能在推理下知道一切法的关系、变化,但在直觉上,仍不免落在习惯性的老路。例如人说:"人是不能离群独立的,必须依靠社会群众才能生存;士、农、工、商,无一不供给我一切所需,人都不能脱离社会群众而得生存!"这话说得对吗? 对极了! 可是到做起事来时,每忘得一干二净,以自我为中心而处理一切。这就是人都执著"人我"、"法我"的原因。

依唯识家说,如我们见到什么,知道它是物质,物质就是物质,与我没有关系,至少它在我心之外,与我心没有关系,这就是唯识家所要破斥的,最根本的错误所在。使我们不能解脱成佛的,就是执著"心外有境"。在我们的直觉上,的确境界是在心外的,我们看到、听到、想到……都不期然地认为与心无关,自然地以为心外有境。这是一种根本的错误,这就是凡夫的境界———一般的认识。而且,既是心外有境,与其相对的,也即是境外有心。认为心在境界之外,这也是错误的,唯识家说"心外有境"、"境外有心",是"别体能取所取",是完全错误的,可是我们就生存在这一种认识错误的境界中。

佛开示我们,以因缘所生为原则,指出一切无常、无我,在时间性上,有前后的变化性;在彼此间的关系上,是种种条件的和合,没有独立的自体。个人固然是无我,一切法无不是无我(没有自体);因为我们有这种错误,是颠倒的根本,由此而生死轮回不已。

众生所认识的法相,在唯识上说,就是不离遍计所执性,众生从来离不开这种错误。虽然在唯识学中,说五识、阿赖耶识是没有执的——能缘依他起相的,但以一般来说,不一定如此,即唯识学派的安慧论师,也主张五识、八识有法执,也许其中有他的独到意义。事实上,我们确从未离开过这种认识的错误;并不是我们要执著它,而是当一法现在我们的心前时,就是一个错误的相。不用我们执著,看到的就是境在心外,有一个心外的相,这就是众生所能认识的法相。

经过修证以后的圣者们,对于"法相"的认识又是怎么样的呢? 在修行的过程中,行者观察自己的心,一定能在未证悟前,已经体验到自心的刹那生灭(即生即灭),变化无常。继而通达了无常、无我、空等。到达能体悟一切法的真相时,就不像凡夫所认识的那种"相"了。唯识家说,真正证悟(见道)时,是没有影像相的;体验空性时(大乘中观与唯识观念上是相同的),一切相不现前,没有心境对立的意义。不能不所,已超出了能所对立的境界(小乘称为证入寂灭)。悟了以后呢? 这其中是有浅深不同的。一分小乘,出了圣智证悟的境界,虽通达了世间,不取著世间,知道世间一切无常、无我,但由于慧力浅,所以在他眼前现起的相,还是与世间一般差不多,不过不会如世间一般的去执著它。举例来说,如"云驰月运",看见月亮好像行得很快,这情景是那么逼真。或者我们搭火车,在火车开行时,两旁的树木,就在我们眼前退行得很快。这是火车在开行的关系,火车在动,树木并没有动。但放在我们眼前的相,却还是动的。声闻体验到的,就是这样,不一定知道法相的如幻如化,多数学派还是将法说成实有。

　　大乘圣者的智慧高深,在体验到真理后,就能理解到"法相"的"如幻如化"。如幻如化,就是看起来是这样,其实不是这样;虽然不是这样,却明明是这样。通达到一切是无常、无我,一切法空,不会如凡夫般的执著,可是相却还是现起。依唯识家说(中观也是一样),真正证悟真理时,是没有相现起的;等到从真出俗,后得智生起时,一切相又现前了。不过相虽现起,能理解到它的如幻如化,这如见云驶月运,而心知是云的动;舟行岸移,知道是船在动。知道一切法相如幻如化,如云驶月运、舟行岸移,确是与凡夫、小乘不同的。

　　但是,证真时法相不现;法相显现时,又不能悟入空性,空有还不能不二。依经上说,要到五地——极难胜地菩萨,才能把它打成一片。五地菩萨要证悟到这种境界,确是极难通达的。法相是有相,真理——空性是无相。所以证悟空性,相不现前,相现前了,又不能悟入空性。一是有相,一是无相,怎么能契合不二呢?登上五地的菩萨,才证悟到这极难的一关,相与空性,平等不二。一切法毕竟空,在一切法的空性中,一切法现前。如幻如化的相与无相诸法真性打成一片,所谓"二谛并观,二智合一"。五地菩萨虽通达了这极难的一关,但还是不彻底的,还只是暂时的。等到出了定,相与空性又分开了。再要统一起来,又得再下功夫。这样,到了登上七地,无相相应,一直与空性相应,能在一切法相上,通达一切法空。但虽说无相,还有功用,还得用力注意,如不加功用,还不能现证二谛无碍的中道。到了八地,这才能"无相无功用",自然而然地不失中道了。虽这么说,这还只能自利时如此,利他时还不成"无相无功用"。要达到自利利他的无相无功用境界，唯有究竟圆满的佛果。

　　以上是凡夫与大小乘圣者，对法相认识的不同境界。修证到即空即有的境界，不但与凡夫、二乘所认识的法相不同，而且也与初地——四地菩萨的所知法相不同。中国佛学界，喜欢说中道，说"妙有"。"妙有"的根据何在？这约二谛并观以上的圣境而说的。"妙有"这名词，完全中国化，印度并没有这个好名词。大乘"中道"的证悟，是能无相，又能了知一切法的。在解说上，尽可把它分开来，无相是怎么回事？法相是怎么样？但在实际的体验中，融合为一，不是易事。二谛并观的证境，不是言说思惟所及的。中国佛学界，在讲到理事无碍时，特别发挥这一点。我想，不是中国的祖师们都达到了这一阶段，胜过了印度的圣者。大概他们以经为重，就以经中所说八地菩萨或佛果的境界为中心而安立言教，发挥妙有的法相，成立思想系统。但这么一来，与源于印度的小乘、中观、唯识的思想，就多少不同了。佛为众生开示法相，不是以佛的究竟境界来说的，若以佛的境界来向众生施教的话，众生怎么能懂呢？佛就在我们身心上的眼、耳、鼻、舌、身、意，五蕴、十二处、十八界等开示众生，这样，众生才容易理解而接受佛的教化。古代的法相——自相、共相、因缘相……都以缘起的身心为出发点（属缘起论）。在现实身心上，指出一切法是因缘所生，一切法无常、无我，由这基本思想而再深展到一切法空，一切法不生不灭，道出宇宙人生的真理。佛法是由浅而深的，释尊开示众生是如此，小乘各派如此；中观、唯识也如此。虽然唯识说阿赖耶识，似乎不太好懂，其实阿赖耶识是一种微细的心理作用；也还是生灭无常的，由种种条件（因缘）

而存在，所以这应该还是容易懂的。

中国过去的祖师们，以佛菩萨自证境——空有无碍的"妙有"为本来说法，形而上的气味太浓，不是一般人所能领受。在理论上，也许是很高深的，但对一般由浅而深的理解能力来说，是比较困难的。

以上只是将凡夫认识的法相，及大小乘圣者认识的法相，乃至八地以上、佛果证得的诸法实相，作一个简单的介绍。这些，也许就是佛教各宗各派思想所以分歧的源由。我以为研究佛法——法相，还是由浅入深，以缘起论为出发，从现实出发，容易理解；依此修行，也循序而进。这才是人人可信、人人能学的佛法。否则说得过于高深，那就只适合少数有形而上的玄学兴趣的人。一般人是难以理解的，不合佛法普化众生的原则。

（谢慧轮记）

八 苦痛与知识

——一九三九年在汉院佛学座谈会

厌苦求乐,是生物的特征,是文明进展的动力。人类不断地发出解除苦痛的要求,就不断推动知识的前进。不过,世间的现象太矛盾了,推进知识来解除痛苦,结果因知识的发达而加深了苦痛。拿战事来说:半开化的时代,不过是"血流漂杵","灭此朝食"。现在的战事,却走上了全体性的战争,动员一切的人力物力,用之于苦痛的战争。知识愈发达,苦痛愈增加,文明的世界与苦痛的人间携手合作。

有人主张发展知识,组织群众来解除苦痛。物质的苦痛,或许获得部分的解除,内心的隐痛,试问如何解放!有人走上了极端,主张绝圣弃智。不但违反了现实,即使做到块然无知的状态,也不过麻醉自己的心灵,好让他忍受苦痛的袭击。

佛教的见解:苦痛的根源在无知(无明),在对宇宙人生缺少根本的认识,在不理解相依共存的缘起法则而固执个体独立的存在。虽然世间的知识也有部分类似的思想,但既不懂得彻底的无性(没有真实不变的自体),自然在缘起变化的背后,潜藏着自我的活动。在个体独立的倒见控制之下,产生了仇恨敌对的思想,利用一切的知识文化,成为制造苦痛的工具。知识的发达,苦痛的增加,形成了正比例。

佛法的特色,从悟解缘起无性(人我、法我)下手。获得体悟真理的知识,就是般若。假如通达缘起,就知道假我以一切的存在为根据,就能解除因自我妄执而生起不必要的苦痛,实现苦乐不入于胸次的自在。同时,在真空智的领导下,发动一切的知识和文化,促成慈悲共利大乐的实现。

佛是一切智者! 也就是常乐的具体表现者!

(灵芳·演培记)

九　道在平常日用中

　　《菩提树》创刊以来，已届三十周年。在佛教的杂志界，朱斐居士专心于这份月刊，为《菩提树》服务了这么久，实在是稀有难得的。逢此三十周年，拟出"纪念特辑"，并以"如何使佛法普遍应用于日常生活中"为主题。这一主题，对于佛法，对于现代的中国佛教，是非常切要，应时应机，是值得向佛教界郑重提出的。我们知道，释尊所开示的佛法，与重信的神教不同，是理智的、德行的、人本的宗教。所以佛法的内容，不外乎轨范身心，净化身心，达到身心解脱自在。信佛学佛，不是向外追求（物欲与神力救济），而是从自己身心的修治出发，实现自利与利他的理想。如能依着佛法去信受奉行，当然会普遍应用于日常生活中。佛法的信修，一定会知见正确，动机纯正，智慧与慈悲不断增进。不过，佛法在长期流行中，从印度到中国，或是为了适应世俗，或是方便地曲引钝根，佛法倾向于神秘的、形式的、知识的；学佛者的解行，渐渐有了与日常生活脱节的现象；这实在是值得大家重视的问题！要知道"佛法普遍应用于日常生活中"，并不等于：天天忙着诵经、礼忏、放焰口；日日研究经典，讲经、著作、念佛、持咒、素食、放生；到处参加法会，布施功德；或修建寺院,办学院,办文化慈善事业;住茅蓬修行……这些,可能与佛法相应,也可能是徒具形式。从现代中国佛教来说,上面这些活动,并不太少,而念佛、持咒,建大寺、大佛,近二十年来特别风行。佛法的信受奉行者,应生起轨范身心,净化身心,或进而达到身心解脱自在的德用。即使是弘法利生,从事文化、慈善、教育、国际佛教活动,如自身忘失了这一真实意义,也还不能说是"佛法普遍应用于日常生活中"的。此地此时,提出这"如何使佛法普遍应用于日常生活中"一题,我认为值得佛教同人重视的!

　　"使佛法应用于日常生活中",也就是修学佛法,能起轨范身心、净化身心、解脱身心的德用。佛法不是虚玄莫测的理论,神奇怪僻的事行;佛所开示的,是一般人所能知能行的。佛说:"我所说法如爪上尘,所未说法如大地土。"这是说:佛只开示基于人生正行而通向究竟的正法;世间有更多的理论与事行,即使有益于世间,因无关于修治身心以趣向解脱的理想,佛是存而不论的(自有人去发扬。如经中说到,那是适应世间的世间善法)。佛直就人类(众生)的身心,指出迷妄流转与如实解脱的可能,激发诱导人去持行。佛说五蕴、六界、六处法门,都不外乎身心(通于器界),从不同立场而作不同的分别。佛法可分知与行,而知是行的始导,也是行的完成(知与行不可分离)。说到"知",即经说"正见"、"正思惟"、"正观"、"如实知"等。身心——以心识为主导的身心活动,无论为对自己、对他人(众生)、对物质世间;或现在,或从现在到过去,从现在到未来,佛说:一切"从缘生","我论因说因"。佛从因缘相生、相依存的理法，去理解世间、处理世间。依缘起说法："此有故彼有，此生故彼生；此无故彼无，此灭故彼灭。"所以不落两边（极端），而开示不有不无、不常不断、不一不异、不来不去，及不生不灭的中道。凡从缘而生起的，必归于灭，所以是"无常"的；无常的不得究竟安稳，所以是"苦"的；无常苦的，所以是"无我"（我是真实、常、乐的）。众生不能悟解世间是缘起的，也就不能正知无常、苦、无我无我所，不得解脱涅槃，名为"无明"（无明，简要分别为"不知苦集，不知苦灭"），一切烦恼由此而来。烦恼依我我所为本：计执我我所的，是"见"；染著我我所的，是"爱"；存我恃我的，是"慢"。依烦恼——自我中心的思想与行为，如违反缘起的相互依存，损人（他人、他族、他国）利己，是非法、恶行（业）；如顺缘起而互助利人，是法、善行。善行与恶行，能得安乐与苦报。由于不能正知缘起，所以都是不彻底的，是有漏的，生生不已的生死法。如正见缘起，依法而行，那就无常苦而起"厌离"，无我无我所而能"离欲"（离烦恼），解脱而证"灭"（身心忧苦的止息）。佛法，只是依心识为主导的身心缘起，开示苦集与苦灭的中道。学佛要有此切要的正见，正见不是知识，而是化正确知识为自己的见地，有正见就有正信。"信"，"心净为信"；"如水清珠能清浊水"。一念净信现前，一定没有烦恼，没有忧苦，内心充满了清净、安定与喜乐；这样才是真正的归信三宝的弟子。佛法所说的"净信"，与世俗所说的信，不完全相同。别人（或书中）所说的，承认他是确实的，一般也说是"相信"，这只是确认，如相信"一加一等于二"那样。还有，对人及所说的话，有好感，有同感，肯接受他所说的，一般也称之为信仰，如信仰主义、信仰领袖之类,这只是世俗的"顺信"。世俗所说的信灵感、信命运、信风水等,都不出于上二类。佛法所说的"净信",是依三宝而起,内心所引发,有清净、喜乐等感受的。因正知正见而引发,通过理性,所以是宁静的,虽近于一神教的信心,而不会陷于狂热的迷妄。

说起来,中国佛教徒是相当多的。多数是信佛及僧——罗汉与菩萨,而信法的似乎不多。不知法,不信法,所以神佛不分(近来竟有人主张信佛也要信神),对佛、阿罗汉、菩萨,大多数是神秘仰信,以信神那样的心情去崇信。一方面,信佛及(贤)僧的神力,祈求加被。一方面,多数信众,为了现生与来世的世俗利益——健康、长寿、富贵、家庭和乐、事业发达、不堕恶道……而表现为消灾免难、植福延寿的宗教行为。虽可说方便适化,但专重于向外祈求,不向身心检点,净信不生,又如何能使佛法普遍应用于日常生活之中? 彻悟缘起而能"厌、离欲、灭"的,在这重物欲而向外驰求的时代,当然不大容易;解了相互依存的缘起法,深信善行乐果,恶行苦果,通于三世的因果必然律,应该是学佛者所能有的信心。善恶业果说,特点是:"自力创造非他力","机会均等非特殊","前途光明非绝望","善恶有报非不定"。善恶业果的深信者,确信基于正见而有的,"合理的行为,成为改善过去,开拓未来的力量"。不怨天,不尤人,"尽自己的努力以向上,不因现在的遭遇(不如意)而动摇离恶行善的决心"。深信因果而应用于日常生活中,就能表显出佛法的精神。佛法的三世因果说,传来中国,一般是似信还疑,存有侥幸、取巧的心理。多数不肯依法而行,从离恶行善的人生正行中去实践，而中国固有的求签、看风水（地理）等，严重地渗入佛教中，为多数长老、大德所容许。佛教界的向外祈求，以及类似巫术化的低级行为，是迷妄而不纯正的。正信三宝，深信因果，是学佛的基础，所以惟有正信而汰除不纯洁的迷信，佛法才能普遍应用于日常生活中。

净信依于正见，正见从正确而深切的认识中得来。佛法的正知，依于听闻——起初是释尊开示，弟子们展转传授；等到经典集成，书写记录，才有依经（论）而闻法的。为了法义的明确，经弟子间的长期论辩，形成了体例精严的论书，为了应付异教徒的责难，也有深明法义以护持佛法的必要。不过论义的发展，不厌其详而多少有点繁琐；部派分化，法义的解说，有了种种的解说不同。更由于佛法长时期的流通，适应时机，方便无边，无论是印度传来的，中国古德所宏阐的，都是内容广大，有义学说理的倾向。佛法在世间的发展演化，可说是必然而不可免的！但部类繁多，内容复杂，对初学者来说，从什么经书去直握佛法的心要，依正知而起正信，确是一件为难的事！这样，也难怪上也者深究而倾向于虚玄，义学成为少数人的佛法；下也者信佛而不知信法（有些信法的，只是信某部经的伟大，持诵以求功德），不免惑于方便，专求现实世俗的利益了！我觉得，佛世的周梨槃陀伽，愚笨而现证阿罗汉，唐代的慧能，不识字而能深有所悟；依佛法正见而达信智一如的"证净"，不一定从无边法义的研究讲习中来，只是末世善知识难得，不能不依于经论。为正法的宏扬，引生正信着想，佛法正义的精要提示（佛法共通的基本法义），应该是非常切要的！同时，经论的讲习，以及近代兴起的学术化的研究，当然有其存在的价值，但不一定能使人从正解而引生正信，使佛法深入人心，能普遍应用于日常生活之中。尤其是讲说者与研究者，为讲说而讲说，为研究而研究，自身不能因讲说研究而引起正信，在学佛的立场，是没有太多价值的！至于佛法的义理，哪些更能应用于现实，也是值得注意的！

说到"行"，声闻道是八正道，菩萨道是六波罗蜜与四摄。大概地说，自利行以戒、定、慧为主，利他行以施、戒、忍为主。在佛法中，行是以（从正见而来的）净信为出发的。"信为欲依，欲为（精）勤依"：有了清净信心，会引起愿欲，誓愿依法而勤行。三乘道的"归依"，菩萨道的"菩提心"，都是以信愿为体性的。有了愿欲（求），立定志向（名为"发心"），就能策发精进，努力实行以求理想的实现。所以，从正知以引生净信，是一切佛弟子的"入佛之门"。

在修行中，戒是圣道的基础。一般以为，戒就是（法律那样的）这样不可犯，那样不可以，不知这只是戒的施行项目，不是戒的实质。什么是戒呢？梵语尸罗，译为戒。"尸罗（此言性善），好行善道，不自放逸（作恶），是名尸罗。或受戒行善，或不受戒行善，皆名尸罗。"戒是"性善"，"数习"所引发的性善。戒不是一般的善行，是经父母师友的启发，或从自身处世中引发出来。内心一度的感动、激发，性善力（潜在的）生起，有勇于为善、抗拒罪恶的力量。如遇到犯罪的因缘，内心会（不自觉地）发出抗拒的力量。"性善"是潜在而日夜常增长的，小小违犯，性善的戒德还是存在，不过犯多了，戒力会减退（名为"戒羸"）。如犯了重大的恶行，性善的力量消失，这就是"破戒"了。"性善”的戒德，名为“律仪”（也译为“护”），就是佛法所说的“戒体”。这样的戒善，没有佛法的时代，或有法而不知的人，都可以生起的，不过佛法有正见的摄导，表现于止恶行善，更为正确有力而不致偏失罢了！基于性善的戒德，在日常生活中，身语意行如法。由于生活方式、社会关系、团体轨则不一致，佛法应机而有在家出家等种种戒法，而依此性善力，成就自利利他的功德，实质上是没有差别的。有了“性善”，虽没有受戒，或仅受五戒，都可以成为向解脱的道基。如没有，虽清净受持比丘戒、菩萨戒，也不一定能种解脱善根。所以出现于内心深处的性善戒，是佛弟子受戒、持戒的要点。三十年来，我国传戒的法会是年年有的，虽依法授受，而受戒者能在事相上着力的，就不可多得，这就难怪不能普遍应用于日常生活之中了！

净信，是于佛不坏信，于法不坏信，于僧不坏信；性善戒，是圣所爱戒成就。成就这信戒为内容的“四不坏信”，决不退堕，决定向三菩提（正觉）。如进修定慧，那现生就能得解脱。在佛法中，净信是入佛之门，戒善是学佛之基，更深一步的定慧修证，是不能离信戒而有所成就的。经上说：“持戒便得不悔，因不悔便得欢悦，因欢悦便得喜，因喜便得止，因止便得乐，因乐便得定。”依戒修定，是合理的向上进修，如顺水行舟，容易到达。修定的先要“离（五）欲及恶不善法”，也就是这个意义。有些修习禅定的，为了身体健康，为了神秘感受……不离欲染，不断恶法，多在气息、身体上专注观想，即使一心相续，能够不流于邪定，落入魔王眷属，已经难得了，这不是佛法所要修的（有漏或无漏的）净定。说到慧悟，龙树说：“信戒无基，忆想取一空，是为邪空。"平等空性的体悟,岂是无信、无戒者所能成就的!信与戒,人人都在说,而其实并不如一般所想像的,这所以佛法不能普遍应用于日常生活了!

我出家以来,整日在三藏文字中摸索,虽说为众生而学,想求得精要来供养世人,但说来惭愧,法海汪洋,终于一鳞片爪,所得有限!我总觉得,佛法本来平实可行,而"贤者过之,愚者不及",所以佛法一天天在兴隆中堕落。现在借此"纪念特辑",略申所见,与真正要学佛的共勉!

一〇　谈佛法的宗教经验

——在美国纽约长岛菩提精舍讲

引言——佛法的弘扬要健全团结

佛法近来似乎有渐呈萎缩的现象,每一个法师及有心的居士都想如何可以振兴佛法。海外的法师和居士们,都很希望将佛法转移到新大陆的美国来发扬。这是非常艰巨的工作,但是应当怎样着手呢?佛法是一种宗教,宗教须适应社会。佛法的好处甚深,一般人不大了解,所以推动更艰难。不过出家弟子的健全团结,与在家弟子的共同努力,实甚重要。佛陀在世之时亦颇注意于组织僧团,推行佛法,团结就是力量。

佛教是宗教,宗教要发生力量,必须这个宗教的信徒要具有信心,尽心去做。不论信也好,学也好,修习也好,要有所得。因为人们往往要问你信佛教以后得到什么?不但佛教如此,其他宗教也莫不皆然。由信心而引发宗教经验,获得好处。佛法的信众如都能虔诚努力,充满活力,在学习过程中,得到佛法的真实利益,则佛法必能发扬光大。反之,如没有所得,只知道跟了我父亲这样做,随着我母亲或祖父母这样做,我亦照样做,信佛教变成照例文章,徒存形式,便失去了佛教的真正意义。在美国弘扬佛法,尤须注意,因为美国社会讲求实效。如讲道理,要寻根究底。讲信仰修持,亦要有实地的经验。佛法有深深浅浅的不同利益,即使浅浅地得到一点点经验,也能加强信念,从浅入深,积少成多。今天不妨就浅近的来讲。

第一　"信"的经验

佛法中的"信"是什么?信佛、信法、信僧。换言之,信仰"三宝"。为什么要信呢?我先说一个比喻:一般人生在世上,生死轮回中,生时不知怎样生的,糊里糊涂,混着过去,不知怎样是好,以后怎样更不知道。佛法说"生死长夜",人生真是漫漫长夜。虽然电灯开得很亮,但我们人生还是好比在黑暗中摸索。东摸西摸,找不到出路,有一种彷徨空虚的感觉。年轻的人如此,年纪大了,直到老年,念头愈多,愈加纷扰。假如我们真正有信心,信仰三宝的话,等于眼前忽然一亮,找到一线光明。好似在茫茫大海上,忽然看到大陆,这时真有说不出的高兴。信佛、信法、信僧,找到了明灯,望到了人生的归宿。

"信心"好像一颗澄清浊水的"清水珠",能将浑水变清;信心使我们内心清净,心上得到安定。信心没有生之前,烦恼无穷,混混沌沌,莫知所从。凡具有信心者,必能得到安定。佛经上说:"若有信者得欢喜。"这种豁然开朗的经验,因为得到佛法的引导,可渐除烦恼的困扰,找得了一条光明的大道,跟此信心而来。若能向此方向努力，必得快乐。烦恼虽还是有的，仍应努力修习。但有了内心清净信心的经验，会安心地向前迈进了！

第二　"戒"的经验

"戒"、"受戒"，好像是形式的，其实不然。诸位法师都知道，凡出家者由戒师引导受戒，他人都来恭喜他，希望他得到上品的戒。戒的力量确有上品、中品、下品的。受戒者得到的这个戒，以誓愿为体。不应做的事须决心不做，应做的事当尽力去做。要虔诚、恳切、忏悔，有这种坚强的信愿，然后可得"戒"。这种依佛法所得的戒，即是心里增加了一种特殊的力量，这种力量能"防非制恶"。这力量自得戒后，一天一天地增加。一般人，里面的感情冲动很强，外面的引诱力异常的大，推之挽之，不能抵抗。一个不小心，就会做错，所谓"一失足成千古恨"。如得到了戒，则自内心发生一种力量，可以"悬崖勒马"，控制自己。

"戒"好比一个城，叫做"戒城"。古时修筑城墙，所以防制匪敌。有了城墙时，如有匪敌进犯，保卫这城者，在里面就发动员令，当然亦可以求外面的救援，但主要的是自力内在的戒备。"戒"的力量是由信佛法所起心理上的变化，发生一种"清净誓愿力"。有了这种力量，一天一天增长，烦恼自然渐除。

第三　"定"的经验

修定一层，似乎中国佛教提倡的标准太高；在我国的禅宗发扬以后,嫌定太浅,修定的少了;反而又觉得太难了,于是专在礼拜念诵上着力。我现在所要讲的是"生得定",是我们每个人生下即得到的。假如诸位说没有,那是没有用因缘来显发。譬如诸位能读书,智力也由于"生得",经教育的学习而获得。我们都知道,我国有一部哲学书《庄子》。《庄子》有一段孔子与弟子颜回有关静定的问答。孔子教颜回学习静坐,颜回将所得的经验,告诉孔子。颜回第一次报告孔子说:"静坐久了,外面的境界都没有了。"第二次又报告说:"我的手与足也不知何处去了!"第三次报告孔子说:"我的心,我自己也不知何处去了!"那时,颜回已失却身心世界,心灵一片虚明。正如《庄子》所说:"虚室生白,吉祥止止。"此种境界,中国叫做"坐忘"。这在佛法中是将到未到,到达定的边缘——"生得"的"未到定"。年轻力壮的,如能静坐,常会很快发现,得到这种经验。

上面所说,当然是初步的很浅的定,当然还须向上修习。但是需要指出的是,一般人只知道向外面去寻求,现代讲求科学,技术发达,很有成就,却不知从身心去寻求,不知道身心中无边功德,现现成成在那里,待我人去找寻。所以即使略得定力,也能深信佛法中的修证,而向上趣入。

第四 "慧"的经验

慧的经验,也是浅深不等。现在要讲的,是最浅的"闻所成慧",即"闻慧"。我人自读经,或自听开示而得来的慧(与一般生得慧不同),就是闻慧。对佛法绝对的真理,豁然启悟,由豁然无碍而得贯通，所谓"大开圆解"。这种解慧，并不是证悟。试举一个比喻：井中有水，已经明白地看到，但不是尝到。对闻所成慧——正见，经里有颂说："若有于世间，正见增上者，虽历百千生，终不堕地狱。"这是说，若人生于世界上，能得到正见的力量，增长不退。如菩萨长期在生死轮回中度众生，得了此慧，虽然或有小错，但决不造重罪。故生死虽历千百次，终不堕入地狱。

结　论

要求佛教发生力量，不能徒尚形式，徒重谈论，而要心有所得。修学佛法的人，对于"信"要有信的经验，对于"戒"要有戒的经验，对于"定"要有定的经验，对于"慧"要有慧的经验。总之，要有内容，要有所得，这就是佛法的宗教经验。有了宗教经验，然后能起实效，能不退转。记得从前太虚大师就是凭他在西方寺所获得的宗教经验，所以能够坚定信心，一生从事佛教的工作，可以作我们的金鉴。再者，学佛者要一步一步地修习，务须要将浅的办得好，然后再求深的。

个人来美半年，因为身体的不强健，未能与诸位法师及居士多所切磋，内心很负疚。因为不久要回台湾，谨以上面所讲的，作为临别赠言。

（真觉记）

一一　佛学大要

　　佛学乃佛法之学,西元前五、六世纪,释迦牟尼佛创立于印度。佛法经长期之发展,可大分为三期:初期之"佛法",中期之"大乘佛法",后期之"秘密大乘佛法"。佛法传入中国,可考者为汉哀帝元寿元年(西元前二年)。经典之大量传译,则始于汉桓、灵之世(西元二世纪后半),终于赵宋真宗(西元十世纪)。译典虽遍及三期,然初后二期,译传而未尝广事弘通;传宏而卓有所成之中国佛学,以中期之"大乘佛法"为主。

　　中国佛学本于印度之"大乘佛法",而"大乘佛法"乃承初期"佛法"而来,故应先明初期"佛法"之要! 释迦时代,印度宗教界,以一切众生为生死不已,流转于升沉苦乐之间,各提出其解脱之道。释迦于菩提树下,廓然妙悟,究竟解脱,尊称为"佛",乃觉者之义。佛以自觉者觉人,自觉觉人之道,名为"法"。释迦佛之教义:在无数世界,无数众生中,人有胜于天神之特德,能体悟人生之真实,而达于究竟解脱;故佛法为人本之宗教,与神教异也。佛法说解脱生死,要在知见生死流转之实义,而从笃行中实现之。依佛说:一切从"缘"生。世间生死流转,为种种因缘所成,如知苦因而不起,则得解脱。一切从缘生,称为不落两边（极端）处中之说。如著名之"缘起说"："此有故彼有，此生故彼生，谓无明缘行……生缘老死忧悲苦恼，如是纯大苦聚集。此无故彼无，此灭故彼灭，谓无明灭则行灭，……生灭则老死忧悲苦恼灭，如是纯大苦聚灭。"生死不已之集起与灭，均依于缘起，缘起为法尔如是，法性常住之"正法"。约集起说，蒙昧无知之"无明"，贪欲染著之"爱"——烦恼，为集起生死要因。依因缘起灭以观世间，一切为"空诸行，常恒不变易法空，我我所空，性自尔故"。生死不已，业报相续，神教以"我"（主宰义）为生命主体，或作业，或受报。佛自因缘观之，"我"为妄执苦迫之根源，故曰："无常故苦（永不安稳），苦故无我（不得自在）无我所。"依因缘以明无常（苦）无我，为佛法精义，不共世间法所在。知缘起无常无我，则能厌生死（不已），向涅槃而行正道。正道有八："正见"因缘法无常无我，"正思惟"而向于实行：此二为"慧学"。正当之行为，如"正语"、"正业"、"正命"：此三为"戒学"。"正精进"（通于三学），"正念"、"正定"：此三为"定学"。依定得如实知，离烦恼而悟入正法——缘起寂灭，此乃圣者自证，非言说思惟所及，不可说为有与无。对世间生死而方便说之，则非生死曰"涅槃"；非系缚曰"解脱"；非杂染曰"清净"；非有为（生灭）曰"无为"（不生不灭）；非虚妄曰"真实"；非变异曰"常"。"涅槃寂灭"，为圣智自证，非言说边事，唯从现实生死之正见、正行以实证之，故释迦佛不予深说也。

　　佛入灭百年顷，佛所说法，已集成《杂》（相应）、《中》、《长》、《增一》——四阿含经，或加"杂藏"为五部。经文随机散说，或综集条理之，辨析精严，重"阿毗达磨论"，为上座系；或随文贯摄融通者,为大众系;学风异而宗派生焉。佛与菩萨之圣德,为教界所共仰。菩萨成佛之道,以布施、持戒、忍辱、精进、禅定、般若——六波罗蜜为主。大众系说:同时"有十方佛";"佛身无漏";"如来色身实无边际,如来威力亦无边际,诸佛寿量亦无边际";"一刹那心相应般若知一切法"。菩萨则"入决定道","为欲饶益有情,愿生恶趣,随意能往"。崇高佛德与菩萨方便,近于大乘。而上座系,"无十方佛,佛身有漏"。盖大众系富于理想,依释迦佛而究其极,上座系则谨守历史上之佛陀为所宗也。

"大乘佛法"初兴,或重信愿,有忏悔回向与愿生净土行;或重智证,有般若与方便行。《般若经》特重般若(胜义慧),菩萨以般若为导,摄导一切行归于(佛)一切智海。经说不著、不取、不可得、无所住,意在离妄执而悟入深义。"深奥处者,空是其义,无相、无作、无起、无生、无染(净)、寂灭、离、如、法性(界)、实际、涅槃"(是其义)。菩萨悟入无生(无生忍),即此深义。经说一切"但有名字",一切但依世俗说有,如幻、如化、如虚空等,故本性空、本性清净、本自不生。般若观一切法本性空寂:"是二法不合不散、无色、无形(见)、无对、一相,所谓无相"(实相)。超脱相对(二法),故一切法皆(真)如,无二无分别。菩萨得无生忍,住不退转,以般若无所住,悲愿为方便,不证实际(证即同小乘涅槃)。得无生忍菩萨,悲愿方便,游一切佛土,见佛闻法,"庄严佛土,成熟众生",趣入一切智海。至于生死流转边事,则"诸法无所有,如是有,如是无所有,是事不知,名为无明"。不知法性本空,名为无明;依无明而生死流转,同于初期"佛法"。

"十二因缘（如虚空不可尽）是独菩萨法，能除诸颠倒。坐道场时，应如是观，当得一切种智。"《般若经》深义，即阿含之涅槃深义。菩萨利根巧度，观因缘本自空寂，而后有为与无为，世间与出世间，生死与涅槃，烦恼与菩提——无二无别，而开展"大乘佛法"之特胜！

　　初期大乘经部类繁多，要皆本于般若之深义，故"空、无生、无二、离自性相，普入诸佛一切修多罗"。依此深义，故：一、"俗间经书，治生事业，皆与实相不相违背。"世间学术事业，不违如实空性，故入世无碍于出世。如维摩诘长者，"无量方便利益众生"。善财所参善知识，有医师、数学、语言学、建筑师、航海师、国王、法官等，并依自身所行，化导众生入于佛道。二、"佛法"说断贪嗔痴等烦恼，然菩萨无量无数劫中愿度众生，不断烦恼（断即堕小乘涅槃）。烦恼本性空寂，烦恼实性即是菩提："菩提与贪欲，是一而非二。""贪欲之实性，即是佛法性；佛法之实性，亦是贪欲性。是二法一相，所谓是无相。"菩萨深观烦恼性空，如知贼是贼，贼不能为害，故菩萨于生死中，"不断烦恼，勤行精进"。三、"一切法皆如"，"一切法皆入法界"。"菩萨悉见一切诸法，如是诸法及于法界，等净如（虚）空。"法界清净不二，为一切法通相；于法界中，一切法亦清净如空。虚空是无碍相，故法相性空，法法平等，即能悟入法法无碍，互相涉入：佛菩萨无碍境界，悉依此而通达。四、菩萨愿成佛道，愿度众生，不能离于烦恼。"菩萨从一切（爱）欲而起道意（菩提心）"；"六十二见及一切烦恼，皆是佛种"；"佛境界当于一切众生烦恼中求"：所以"烦恼为佛种"，"佛种从缘起"。

西元三、四世纪，如来藏系经典传出，如《大般涅槃经》初分、《如来藏经》等。"如来常住不变易"；如来有"常、乐、我、净"四德；"我者即是如来藏义。一切众生悉有佛性，即是我义"。《如来藏经》九喻说如来藏（佛性）：众生身心中，有如来智慧、身相；"如来藏无染污，德相备足，如我无异"。如来在众生身中，犹如胎藏，即众生本有如来功德。或说："空如来藏，若离若脱若异一切烦恼藏；不空如来藏，过于恒沙，不离不脱不异不思议佛法。"或说："空者二十五有，不空者大般涅槃。"如来藏本性清净，为烦恼所缠，与心性本净（即自性清净心），为客尘所染说相同，故如来藏即自性清净心。依此（真我）净心，说转染还净。法门承《法华》、《大集》、《华严》而来，然说真我、真心、不空，与初期大乘方便异矣！

叙佛菩萨圣境以启信行，明一切法无二以策修证，初期大乘经之体例如是。西元三世纪以下，大乘论师辈出，精思入微，条理严密，以通释大乘经义。印度大乘论学，不外中观、瑜伽、如来藏三大流。论学传于中国，或据以成一家之学，然中国大乘佛学主流，则条理贯摄诸经，参考论义，而阐发大乘之极意，不以印度论学而自拘也。

中国大乘，旧传八宗，其中禅、净、密、律，重于持行，以义学见长者，唯三论、唯识、天台、贤首——四宗。然宏传论义者，有地论师与摄论师，蔚为大流。此二系与唯识宗同源，且与如来藏学有关，不可不论及之。大乘佛学所以分宗，与二义有关：一、释迦佛说：此有故彼有而集起生死，此无故彼无而还灭涅槃；依缘起中道，明生死可转为涅槃。大乘经说深义——涅槃寂灭，即空性、法性、真如、法界、实际等。依此以明一切，故曰"不动真际建立诸法"；"依无住本立一切法"。依缘起生灭，（大乘）依真如寂灭，立说之方便异也。二、经说生死依无明，或依于（识缘名色，名色缘）识。识与无明，不外乎心识，故"心杂染故，众生杂染；心清净故，众生清净"。又曰："心（性）明净，客尘所染。"生死流转与还灭涅槃中，心识有主导之胜用。此则心识为依，真如为依，立说之方便又异。中国大乘佛学（源本印度），于此各有宗重，故各有特胜。

　　一、三论宗：依《中》、《百》、《十二门论》为名。龙树造《中论》、《十二门论》（更有《大智度论》），弟子提婆造《百论》，姚秦鸠摩罗什译出，即印度所传（代表初期大乘）中观学。三论抉择甚深义，即因缘生法以明空。"因缘所生法，是即无自性"；"因缘所生法，我说即是空"。一切法依因缘生，非实非常非一——非自性，"是故一切法，无不是空者"。因缘所生法，如幻如化，但假名有，能达空则离妄执而契入（胜义）空寂。即空而明缘有，则"以有空义故，一切法得成"。一切法本性空，极无自性，空无自性中，无著无碍，故依因缘而可有一切法，依因缘而能转染还净。《中论》以八不明缘起，善灭诸戏论，盖本于释迦之中道说法，即缘起甚深，通般若之空义（即涅槃）甚深，而显空有无碍之正道。众生生死流转，二乘证入涅槃，菩萨深入无生，悲愿度生，圆成佛果，悉本此义以安立之。三论之学，齐末，辽东僧朗传入江南，陈隋间最为显学，唐初嘉祥吉藏集其大成。三论宗以有、空为教谛（假），中道一实谛为体。"义本者，以无住为体中，此是合门。于体中开为两用，谓真俗，此是用中，是即开门。"或立体中、用中、体假、用假以融之,总以都无所得为旨归。"诸大乘经,同以不二正道为宗。"《般若》、《法华》、《涅槃》等经,"逗缘不同,互相开避","至论不二正道,更无别异"。本此,进而作《胜鬘经宝窟》、《涅槃经游意》,依《十八空论》说唯识无尘。会入如来藏、佛性、唯识之学,非中观之旧。其学衰于盛唐,唯无所得正观,演化为牛头禅,与达磨门下东山法门,一时媲美!

　　二、唯识宗:印度瑜伽学,仰推弥勒《瑜伽师地论》为本。《瑜伽论·本地分》立八识,第八识为:"心,谓一切种子所随依止性,所随依附依止性,体能执受,异熟所摄阿赖耶识。"阿赖耶识为一切有漏无漏种子所依止,能执受诸根及所依止,业力所感总异熟体。立二类种子:(本有)本性住种;(新熏)习所成种。惟无漏种子,众生或有或无,故立五性差别。《抉择分》中,以八相证成阿赖耶识;及依阿赖耶识为依,建立流转还灭。论说诸识俱转,有四种业:"一、了别器业,二、了别依业,三、了别我业,四、了别境业。"世亲依之作《三十唯识论》,十大论师作释,唐玄奘受学于那烂陀寺戒贤,传归中国,糅十师之说,为《成唯识论》。阿赖耶识了别(缘)器世间、种子,及诸色根根所依处;末那识了别阿赖耶识为自我;六识了别色声等境。"我说识所缘(了别),唯识所现故";三类识所缘了,即三类识所变现,依此说"三能变"。然心境变现,要在种子。阿赖耶识摄藏无量种子,别别不同,名"自性差别缘起"。依种子起现行,现行刹那生灭,熏成种子。种子生现,现行熏种,阿赖耶与前七识,互为因缘。又末那识(等)依阿赖耶,阿赖耶依末那;阿赖耶与末那,更互依存。唯识宗学,不失阿含"识缘名色,名色缘识"之义。

　　唯识宗立三自性:依他起性,是因缘生性,即唯识现;遍计所执性,是于依他起而起种种执著,即离心实有(外境);圆成实性,是于依他起离遍计执所显空性,即唯识性(心性本净)。依他起性即心心所法,而以根本阿赖耶识为依止,依之明转染还净;究竟清净,即无垢识为依止。然无漏正智现前,契入真如空性,一切无漏功德,依此乃能现起,"由圣法因,说(真如)为法界",究竟佛果,名"无漏(法)界"。唯识宗依三性说,不许"一切法都无自性"(空)为了义,立三无性以解说之。"若于依他起相及圆成实相中,一切品类杂染清净遍计所执相毕竟远离性,及于此中都无所得,如是名为于大乘中总空性相。"遣除遍计所执相,是空义。遍计执空而依他泯寂——都无所得,是空性义。如约世俗安立,依他、圆成是有,不可说空。唯识宗依《瑜伽论》,特重《解深密经》。

　　无著依《阿毗达磨大乘经》,造《摄大乘论》,世亲为之释。梁真谛译出(唐玄奘再译),传宏者名摄论师。真谛译时有增益,然《摄论》本义,与《瑜伽》、《唯识》,确有差异之处。如一、《摄论》立阿赖耶识为所知(一切法)依,然无漏种子,但立新熏。出世清净无漏,"从最清净法界等流正闻熏习种子所生";"寄在异熟识中,与彼俱转,犹如水乳"。然"此熏习,非阿赖耶识,是法身,解脱身摄"。二、依他起相为:"阿赖耶识为种子,虚妄分别所摄诸识。""安立阿赖耶识为义识:应知此中余识(根身、六尘、器世间等)是其相识,若意识识(意等六识)及所依止(染污意)是其见识。"义识是因识,从阿赖种子识,现起前七识为见识,根身与六尘等为相识。一切从赖耶种子生,唯识为性,成

"一能变"说。三、依他起二义:"一者,依他种子熏习而生起故;二者,杂染清净性不成故。"初义即从种子因缘生义,次义即不定为杂染清净,可通二分。依他起性,"由分别(妄执)时成杂染性,无分别时成清净性"。依他杂染分——遍计执性,如土;清净分——圆成实性,如金;通二分说依他起,如地界(矿藏)。依他起通二分,即虽染而成虚妄分别识,而识之本性清净(经无分别智乃能证得)。杂染分即生死,清净分即涅槃,依他起则杂染清净所依,转染还净之枢要也。真谛译异义极多,其重要者,一、《摄论》引《阿毗达磨大乘经》,"此界无始时"偈,解为:阿赖耶识为生死涅槃所依。真谛约依他起——阿梨耶识通二分,又解为:"此即此阿梨耶识,界以解为性",并引如来藏五义以释"解性"。"由是法自性本来清净,此清净名如如,于一切众生平等有,说一切法名如来藏。"以清净真如无差别,解说如来藏,为瑜伽学共义。故"以解为性",应是解脱性。有果报性及解性,故摄论师说:梨耶通真妄。二、闻熏习寄在阿赖耶识中,而"非阿赖耶识(所摄),是法身解脱身摄"。解脱身与法身,为法界离障所显。以此,真谛译说:"闻熏习次第渐增,舍凡夫依,作圣人依。圣人依者,闻熏习与解性和合,以此为依,一切圣道皆由此生。"依真谛意:"十解(即十住)以上是圣人。"圣人证入法界,闻熏习与解性和合,即闻熏摄在法界,生起一切圣法。是则闻熏习寄在阿梨耶识,而证悟法界以上,实依阿梨耶识之性净法界。三、玄奘译《抉择分》,八地菩萨舍阿赖耶识而得转依。真谛异译《决定藏论》,译转依为阿摩罗识;《三无性论》与《转识论》,约境空心寂,都无所得为阿摩罗识,均可说为正智相应无垢识。

但《十八空论》以"阿摩罗识是自性清净心",与如来藏学之自性清净心相合。真谛所译,每以如来藏学入瑜伽学,以瑜伽学入如来藏学,有调和会通二学之意。

魏菩提流支、勒那摩提、佛陀扇多,译出无著、世亲论,《十地论》为最著,宏传者称地论师。传地论师以阿梨耶识为第一义心,以译者所见互异,故所传不同。勒那摩提以阿梨耶为净识,即法性真如,故"计法性生一切法","计以真如为依持"。慧光传其学,流行于相州南道。菩提流支以阿梨耶为真识不守自性而妄现者,故"计阿梨耶以为依持","计梨耶生一切法"。道宠传其学,流行于相州北道。慧光再传昙迁,得真谛译《摄论》而传于北土,说梨耶通真妄,近北道之说。考勒那摩提所译《宝性论》,立如来藏(自性清净心)为染净依止。如来藏三义:"佛法身遍满";"真如无差别"(瑜伽学但依此义);"皆实有佛(种)性"。《宝性论》与弥勒《庄严经论·菩提品》相通,然依三义说如来藏;不立八识;不立种子;不说唯识,实别为如来藏学,异于《瑜伽》所说。"阴入界如地,烦恼业如水,不正念如风,净心界如空。"杂染依于净心,而"自性清净心,不住彼诸法"。依止如来藏,本有"过恒沙不离不脱不异,不思议佛法",离染显出清净佛德。依如来藏,有生死、有涅槃,是依持而非生因,地论师"计法性生一切法",立义变矣!菩提流支译《唯识论》,立心意识了别为相应心;"不相应心者,所谓第一义常住不变自性清净心":依此以解《十地经》之"三界虚妄,但是一心作"。流支译《楞伽经》:"如来藏识不生不灭","无始世来,虚妄执著种种戏论诸熏习故";"阿梨耶识者名如来藏"。如来藏与阿梨耶识合说,本于

《楞伽》，可旁通真谛之《摄论》。如来藏（真心）藏识之学，乃成为北土唯心论之主流。唯识宗及摄论、地论三系，同源异流，并为印度大乘论学，惟宏传北地之地论师，以如来藏为能生一切，渐有中国佛学之特色。

三、天台宗：北齐慧文，于《智论》悟三智一心，于《中论》得三谛相即之义；经慧思，传天台智颛而大成。自经典东来，法门不一。南朝宋之慧观，初创判教：华严为顿说，渐说为五时：阿含、方等、般若、法华、涅槃，依经说先后为次第。北土判教，多约义理浅深。智颛"研核取去"，立五时八教。五时为：华严、阿含、方等、般若、法华与涅槃，序说法之先后。八教中，化仪四教为：顿、渐、秘密、不定，明说法之仪式。化法四教为：藏、通、别、圆，明法义之浅深。藏教为小乘三藏；通教以（共）般若为主；别教为大乘不共，如阿赖耶识及如来藏为依持；圆教则以法华为主。慧文、慧思、智颛以来，并禅观与教义相资。博涉众经，基于禅慧悟解，藉《法华经》之开显，而明如来一代教意，显究极圆宗。不拘印度论义，纯乎中国佛学也！三智、三谛，有得于龙树论义。龙树论所依众经，如《般若》明法法皆空，法法皆如，"一切法趣色（举色为例）是趣不过"；《维摩经》等说烦恼即菩提，五逆即菩提等，多明相即，"即"为天台学所本。然龙树引经，无如来藏佛性之说。其后，如来藏说，一切众生本具不思议佛法（不空）；瑜伽学别说阿赖耶识为依持，罕言相即。凡是地论、摄论师义——界外法门，智颛依相即互融而超越之，故天台圆义，意通《中论》《智论》而义异。

天台学圆融深广，且约"一念三千"以略明之。"三千诸法”，即一切法。“夫一心具十法界，一法界又具十法界，（成）百法界。一界具三十种世间。百界即具三千种世间，此三千在一念心。”十法界为地狱、饿鬼、畜生、阿修罗、人、天、声闻、缘觉、菩萨、佛；十界互具成百界。又有三世间：五阴世间、众生世间、国土世间。十如是：如是相、性、体、力、作、因、缘、果报、本末究竟等。百界一一有三十，总为三千诸法。“介尔有心，即具三千。”“若从一心生一切法者，此则是纵（先后）。若心一时含一切法者，此则是横（同时）。纵亦不可，横亦不可，只心是一切法，一切法是心，故非纵非横，非一非异，玄妙深绝！”依此，“具”是“即”义，一念心即一切法。具一切法之一念心，“实只一念无明法性十法界，即是不可思议一心，具一切因缘所生法。一句，名为一念无明法性心；若广说四句成一偈，即因缘所生法，即空即假即中”。何故名“无明法性心”？迷染以无明为本，无明极重为地狱；圣证以法性为本，法性圆证为佛。十法界不出迷悟染净，不外无明法性，“无明即法性，法性即无明”，故名“一念无明法性心”。约无明说，众生具如来藏不思议佛法；约法性说，如来藏具生死杂染。依此义，故断烦恼是“不断断”，法性具恶，无可断也。修行是“不修修”，即性是修，无别修也。天台学本于龙树，故以一念三千为因缘所生法，即空即假即中。“若无明法性合，有一念法阴界入等，即是俗谛；一切界入一法界，即是真谛；非一非一切，即是中道第一义谛。”“若一法一切法，即是因缘所生法，是为假名，假观也。若一切法即一法，我说即是空，空观也。若非一非一切，即是中道观。”只此一念无明法性心，具一切法，相依相即，非一非异；虽备明迷悟、谛观、修证，而“纯一实相,实相外更无别法"。

四、贤首宗:地论师慧光一系,经《大乘起信论》,发展而成贤首宗。《起信论》传为真谛所译,马鸣菩萨造。北土唯心论,有法性为依持(如来藏说),阿黎耶识为依持之诤,《大乘起信论》颇能统一而调和之。《起信论》立义,以"众生心"为法(体),体相用三大为(法)义。三大与如来藏三义大同,则所谓"众生心",即众生有如来藏自性清净心。依此一心而有二门:"心真如门"、"心生灭门"。一、"心真如者,即是一法界大总相法门体。"真如法界,即如来藏。分别说之,即"如实空,以能究竟显实故"(空性);"如实不空,以有自体具足无漏性功德故"。心真如即如来藏说,真如与心不二,故曰:"唯此一心,故名真如";"法体空无妄故,即是真心,常恒不变,净法满足"。二、"心生灭者,依如来藏故有生灭心,所谓不生不灭与生灭和合,非一非异,名为阿黎耶识。"如来藏(真心)不生灭,无始无明是生灭,和合非一非异,即自性清净心而有染污,烦恼所染而自性清净。不一不异而名为阿黎耶识,即真心在缠而现为妄心,故"能摄一切法,能生一切法"。以此,阿黎耶识有觉(在缠真心)与不觉(无明)二义。依"不觉义",生三细染,六粗染,大同十二缘起次第。又依此说"心意意识转",即"三界虚妄,唯心所作"之唯识说。依"觉义",立本觉,始觉——相似觉、随分觉、究竟觉。"远离微细念故,得见心性,心即常住,名究竟觉",而实"心体无念","本来平等同一觉故"。转迷还觉,转染还净,圆成佛道,不外"真心常恒不变,净法满足",离障所显,即如来藏名为法身。论觉与不觉,不一不异:"依觉故迷,若离觉性,则无不觉";"若离不觉之心,则无真觉自相可说"。依真如熏无明,无明熏真如,明流转与还灭。依如来藏有阿黎耶识;依心意意识转,似同《楞伽》。然不立种子,真妄互熏,异于《楞伽》。此论不传于印度,古有"非马鸣造:昔日地论造论,借菩萨名目之"之说。

贤首宗依唐贤首法藏得名。北土宏《十地论》、《起信论》、智正、智俨以传贤首,贤首判五教而大成华严宗学。五教者:一、小教,即小乘法。二、始教,即中观空与瑜伽(唯识)有。三、终教,如来藏真心随染,如《起信论》。四、顿教,绝相离言,如禅宗。五、圆教,即《华严经》。对天台宗而言,《法华经》之圆,为同教一乘;华严为别教一乘,"称法本教",直显毗卢遮那佛海印三昧,圆满无尽,圆融无碍之理。终、顿、圆三,同称法性宗,以(法性)如来藏真心为本。对(始教)空有二宗,自立三性义以简之。"三性各有二义:真中二义者,一不变义,二随缘义。依他二义者,一似有义,二无性义。所执中二义者,一情有义,二理无义。"约依他说:似有所以无性(空),是"不异有之空";无性所以似有,即"不异空之有",故空有二宗无诤;论师共兴诤论,乃应机之说,"相破相成"。约真如(心)说:"虽复随缘成于染净,而恒不失自性清净;只由不失自性清净,乃能随缘成染净也。""非直不动性净成于染净,亦乃成染净方显性净;非直不坏染净明于性净,亦乃由性净故方成染净。"真如"不变随缘,随缘不变",同《起信论》意,以简唯识宗,"真如凝然不变,不许随缘"之说。

贤首宗以《华严经》为圆极,又称华严宗。经明华藏世界,毗卢遮那佛圆满德相,叙菩萨行位以趣入佛地。相即相入,重重无尽,《华严经》处处说之。土名"华藏庄严世界",佛为"毗卢遮那如来藏身"，即"如来藏恒沙佛法"所显。发心修行，圆显如来藏，即是法身。毗卢遮那海印三昧所显，一切相即相入，名为"法界缘起"。依佛法界性，随染净缘所现，故名"性起"。《摄大乘论》明种子六义，贤首义准，立（法界）"缘起因门六义"。六义不外空、有、有力、无力、待缘、不待缘。"由空有义故，有相即门也。有有力无力义故，有相入门也。由待缘不待缘义故，有同体异体门也。由有此等义故，得毛孔容刹海事。"依此明相即相入法界缘起，以十玄、六相。"十玄"为："同时具足相应门"，"一多相容不同门"，"诸法相即自在门"，"因陀罗网境界门"，"微细相容安立门"，"秘密隐显俱成门"，"广狭自在无碍门"，"十世隔法异成门"，"主伴圆明具德门"，"托事显法生解门"。"然此十门，随一门中即摄余门无不皆尽，应以六相方便而会通之"。"六相"为：总、别、同、异、成、坏。"总相者，一含多德故。别相者，多德非一故；别依止总，满彼总故。同相者，多义不相违故，同成一总故。异相者，多义相望各各异故。成相者，由此诸义，缘起成故。坏相者，诸义各住自法，不移动故。"依上因门六义、十玄、六相，显示圆融无碍法界缘起。

天台与贤首，并以圆义见称，后之学者，莫能外也。如净土宗，重于信愿往生；释其义者，或以天台，或取贤首。如密宗，本"后期秘密大乘佛法"。唐开元中，传来胎藏、金刚二部密法，行持有其特色。东传日本，或以贤首圆义释之，成"东密"；或以天台圆义释之，成"台密"。如禅宗，本为"如来（藏）禅"。宗密判曹溪禅为"直显心性"而有二类：一、"即今能语言、动作、贪嗔、慈忍、造善业、造恶业等，即汝佛性。即此本来是佛，除此无别佛也"，意指南宗，近天台义。二、"妄念本寂，尘境本空。空寂之心，灵知不昧，即此空寂之知，是汝真性"，意指荷泽宗，同华严学。宋初，天台有"山家"、"山外"之诤；"山外"者，乃依天台而有取于真心之学。天台与华严，亦间有所诤。以今观之，天台学本于（初期大乘）缘起性空，摄（后期大乘）如来藏心，融会之而归于缘起，故即当前"一念无明法性心"为本。贤首学本于如来藏心，融缘起性空而归于真心，故以"圆常法界心"为本。宗依不同，虽曰同明圆义，圆义自难一致。然依印度"大乘佛法"，自出机杼，融会而又超越之，成为中国特有之大乘佛学，则二宗固无异也。

华雨集（五）

目　　录

一 游心法海六十年

一 福缘不足·勉力而行

我从接触佛法到现在,已整整的六十年,这是一个不算太短的时间。出家以来,在"修行"、"学问"、"修福"——三类出家人中,我是着重在"学问",也就是重在"闻思",从经律论中去探究佛法。回想起来,经过了这么长的时间,虽然也讲了一些,写了一些,但成就有限,未免惭愧!一九五七年夏天,道源长老曾问我:"你是重学问、重智慧的,为什么修建道场,要叫福严精舍呢?"我说:"老学长!福德因缘不足,智慧也难得成就呀!"我研求佛法而成就有限,只由于自己的福缘不足。

我出身于农村,家庭并不富裕。一九一八年,我十三岁,在高等小学毕业,为经济所限,就从此失学了。所以,论中国的固有文化,汉学、宋学、程、朱、陆、王;西方的新学,哲学、科学、社会……我都没有修学过。最多与现在初中相等的程度,要研究高深而广大的佛法,绠短汲深,未免太勉强了!一九三一年春天,到厦门南普陀寺的闽南佛学院求学,已是旧历二月。五月中，暑期考试没有终了，我就病倒了，也就从此没有再受佛学院的正式教育。世学与佛学，我都没有良好的基础。

我学过外文。高小时，学了两年的英文。我是插入二年级的；从字母学起，没有语言方面的才能，实在跟不上。当时不知道英文有什么用处，学得并无兴趣；毕业以后，没有接触英语、英文的机会，所以字母以外，什么都忘了。我又学过日文，那是在闽南佛学院的时候。不幸得很，又是插入甲班的第二学期。从中间插入，又是从字母学起，时间不到半年，能学到些什么！日文老师神田先生点名时，我会答应一声，但日语的"印顺"，我却没有学会，想起来也觉得有点好笑。英、日两种语文，都从中间学习起，结果是等于没有学。在四川时，有学习藏文的机会，由于多病而没有学。梵文与巴利文，那就更不用说了。在现代的佛学界，想探究佛法而不通外文，实在是不及格的。学力不足，这该是我探究有心而成就有限的原因之一。

更重要的原因，应该是一生多病。一九三〇年秋天出家，一九三一年夏天开始，就似乎常在病中。肠胃的消化吸收不良，体力衰弱到一再虚脱（休克）。自以为只是衰弱，却不知患有严重的肺结核。一九三七年夏到一九三八年夏，一九五五年秋到一九五六年秋，一九七一年秋末到一九七五年夏，都因病而长期停止了佛法的进修。由于身体衰弱，所以有了事务，或舟车往来，或到海外去，都是停止阅读经论的。太多的宝贵时间，浪费在事务，主要是衰弱多病的因缘中！求学而没有能长期地接受教育，自修而又常为病魔所困，这不都是没有福报的明证吗！福缘不足，是无可奈何的事，只有凭着坚定的意愿，不知自量地勉力而行！

二　修学之历程

（一）暗中摸索

六十年的漫长岁月，我在佛法中的进修，经历了几个不同的阶段。

一九二五年（二十岁），我读到冯梦桢的《庄子序》："然则庄文、郭注，其佛法之先驱耶。"而引起了探究佛法的动机。出家前的我，生活圈子极小，不知佛法到底是什么。探求佛法，只能到附近几处小庙中去求，得到了《金刚经石（成金）注》、《龙舒净土文》、《人天眼目》残本等。前二部，读了有点了解，却觉得意义并不相同。读了《人天眼目》，只知禅宗有五家宗派而已。无意中，在商务印书馆的目录中，发现有佛书，于是购到了《成唯识论学记》、《相宗纲要》、《三论宗纲要》。因《三论宗纲要》而知道三论，设法购得《中论》与《三论玄义》；其后又求到了嘉祥的三论疏。我没有良好的国文基础，却修学这精深的法门，艰苦是可想而知的！记得初读《中论》（青目注本），可说完全不了解。然而，不了解所以更爱好，只怪自己的学力不足，佛法是那样的高深，使我向往不已！那时，不知道佛法有辞典。在商务本的《辞源》中，发现佛法的术语极多，但没有钱买，就一条条地摘录下来。经过这一番抄录，对一般佛学常识倒大有帮助，但这样的费时费力，简直是愚不可及！我的修学佛法，一切在摸索中进行，没有人指导，读什么经论，是全凭因缘来决定的。一开始，就以三论、唯识法门为探究对象，当然事倍而功半。经四五年的阅读思惟，多少有一点了解，也就发现了佛法与现实佛教界间的距离。我的故乡，寺庙中的出家人（没有女众），没有讲经说法的，有的是为别人诵经、礼忏；生活与俗人没有太多的差别。在家信佛的，只是求平安，求死后的幸福。少数带发的女众，是"先天"、"无为"等道门，在寺庙里修行，也说他是佛教。理解到的佛法与现实佛教界差距太大，这是我学佛以来，引起严重关切的问题。这到底是佛法传来中国，年代久远，受中国文化的影响而变质？还是在印度就是这样——高深的法义与通俗的迷妄行为相结合呢？我总是这样想：乡村佛法衰落，一定有佛法兴盛的地方。为了佛法的信仰，真理的探求，我愿意出家，到外地去修学。将来修学好了，宣扬纯正的佛法。当时意解到的纯正佛法，当然就是三论与唯识。

（二）求法阅藏

一九三〇年秋天，我在普陀山福泉庵出家了。一般的寺院，是不可能专心修学的，修学也没有人指导。所以一九三一年春天，在师长的同意下，到厦门闽南佛学院求学。院长是太虚大师，而实际的主持者，是大醒、芝峰二位法师。一学期中，听了《三论玄义》、《杂集论》与《俱舍论》的小部分，就因病而休学了。在家时的暗中摸索，是从三论、唯识入门的；恰好那时的闽院，也着重三论与唯识，所以在这一学团中，思想非常契合。虚大师的"人生佛教"，对我有重大的启发性。读《大乘宗地引论》

与《佛法总抉择谈》，对虚大师博通诸宗而加以善巧的融会贯通，使我无限的佩服。我那年的创作——《抉择三时教》，对于智光的三时教、唯识宗的三时教，抉择而予以融贯，就是学习虚大师的融贯手法。民国以来，由于"南欧（阳渐）北韩（清净）"的提倡唯识，唯识宗受到了学界的重视。虚大师的思想，根源在《楞严》、《起信》，但也推重法相唯识，所以说：知"整僧之在律，而摄化学者世间，需以法相"（《相宗新旧二译不同论书后》）；"立言善巧，建义显了，以唯识为最"（《起信论唯识释》）。梅光羲作《相宗新旧二译不同论》，虚大师有《书后》，都推重玄奘的新译。镇江守培长老，作《读相宗新旧二译不同论之意见》，以为旧的相宗（《地论》、《摄论》）都对，新的相宗都不对。不但玄奘不对，窥基不对，说"护法妄立有宗"，连世亲菩萨也有问题。在同学们不满守老的气氛下，我起来反驳，写了长篇的《评破守培上人读唯识新旧不同论之意见》，为唯识宗作辩护者，当然是新的都对，旧的都不对。虚大师的融贯善巧，我是由衷钦佩的；但对内学院刊行的《内学》、梁启超的《起信论考证》，也有浓厚的兴趣。对于大乘佛法，我赞同内学院的见解，只有法性（三论）与法相（唯识）二宗。虚大师所提倡的佛教改革运动，我原则上是赞成的，但觉得不容易成功。出家以来，多少感觉到，现实佛教界的问题，根本是思想问题。我不像虚大师那样，提出"教理革命"；却愿意多多理解教理，对佛教思想起一点澄清作用。

那年下学期，住福建名刹——鼓山涌泉寺。年底回闽院，醒公命我为同学们讲《十二门论》。由于相宗二译不同论的论辩，渐渐引起了自己内心的反省：这是千百年来的老问题，旧译与新译的思想对立，难道都出于译者的意见？还是远源于印度论师的不同见解，或论师所依的经典不同呢？这是佛法中的大问题，我没有充分理解，又哪里能够决了！同时偶然的因缘，引起自己的警觉：我是发心求法而来的，学不到半年，就在这里当法师，未免不知惭愧！觉得不能老是这样下去，还是自求充实的好。就这样，离开厦门而回到了普陀。

从一九三二年夏天到一九三六年年底，除了在武昌佛学院（那时名义是"世界佛学苑图书馆"）专修三论章疏半年，又到闽院半年，及其他事缘外，都住在普陀佛顶山慧济寺的阅藏楼，足足有三年。那时候，看大藏经是一般人求之不得的。这里的环境，是这一生中觉得最理想的。白天阅读大藏经，晚上还是研读三论与唯识。三年阅藏的时间，对我来说，实在所得不多。因为清刻的大藏经，七千余卷，每天要读七八卷（每卷平均约九千字）。这只是快读一遍，说不上思惟、了解。记忆力不强的我，读过后是一片茫然。不过阅藏也还是有所得的：从所读的大藏经中，发现佛法的多彩多姿，真可说"百花争放"、"千岩竞秀"！这是佛教的大宝藏，应该是探求无尽的。知道法门广大，所以不再局限于三论与唯识。对于大乘佛法，觉得虚大师说得对，应该有"法界圆觉"一大流。大乘经不是论书那样的重于理论，到处都劝发修持，是重于实践的。还有，读到《阿含经》与各部广律，有现实人间的亲切感、真实感，而不如部分大乘经，表现于信仰与理想之中。这对于探求佛法的未来动向，起着重要的作用。

一九三七年上学期，住在武昌佛学院。读到了日本高楠顺次郎与木村泰贤合编的《印度哲学宗教史》;木村泰贤著的《原始佛教思想论》;还有墨禅所译的,结城令闻所著的,关于心意识的唯识思想史(书名已记不清,译本也因战乱而没有出版)。这几部书,使我探求佛法的方法,有了新的启发。对于历史、地理、考证,我没有下过功夫,却有兴趣阅读。从现实世间的一定时空中,去理解佛法的本源与流变,渐成为我探求佛法的方针。觉得惟有这样,才能使佛法与中国现实佛教界间的距离,正确地明白出来。

（三）思想确定

　　一九三八年七月,因日军的逐渐逼近武汉,到了四川缙云山的汉藏教理院。身体虽比前更差,不过多住在山上,环境与气候好些,身体也觉得舒服些。一九四〇年,住贵阳的大觉精舍。一九四一年初秋到一九四四年夏天,住四川合江的法王学院。一九四六年春天,离开了四川,先后安住在缙云山的,约有四年。这次离川,与演培、妙钦同行,经西北公路而东返的。因病在开封佛学社住了三个月,等到想动身时,兰封的铁路被八路破坏了,不得不折返武昌。一九四七年正月,回到了江浙,遇上了虚大师的圆寂。为了编纂《太虚大师全书》,住奉化雪窦寺一年余。一九四八年,住杭州香山洞半年;冬天到了厦门南普陀寺。一九四九年夏天,到了香港。一九五二年秋天,又离香港到台湾。从入川到来台,共有十四年。这是国家动乱多难的十四年!而我,是身体最虚弱(曾虚脱三次)、生活最清苦、行止最不定,而也是写作最勤、讲说最多的十四年。

　　一　一九四〇年，读到虚大师所讲的：《我怎样判摄一切佛教》、《我的佛教改进运动略史》、《从巴利语系佛教说到今菩萨行》，每篇都引起我深深的思惟。大师分佛教为三期，所说的"依天乘行果趣获得大乘果的像法时期"，"依天乘行果"，不就是大师所说："融摄魔梵（天），渐丧佛真之泛神（天）秘密乘"（《致常惺法师书》）吗？"中国所说的是大乘教，但所修的却是小乘行"，为什么会如此？思想与行为，真可以毫无关联吗！在大师的讲说中，得到了一些新的启发，也引起了一些新的思考。我虽然曾在佛学院求学，但我的进修，主要是自修。虚大师给我思想上的启发，也是从文字中来的。自从在汉藏教理院遇到了法尊法师，才觉得有同学之乐。法尊法师是我的老学长，读他从藏文译出的《菩提道次第广论》、《辨了义不了义论》、《密宗道次第广论》、《现观庄严论略释》、月称的《入中论》等，可说得益不少！空宗为什么要说缘起是空，唯识宗非说依他起是有不可，问题的根本所在，才有了进一步的理解。我为《密宗道次第广论》润文，也就请问过、讨论过里面的一些问题。问问西藏佛教修学的情形，甚至谈到"饮智慧汤"（活佛的小便）、"捉妖"等怪事，也增长知识不少。有两点不妨一提：一、由于我的请求，译出了《七十空性论》，论中有一段文字，文义前后不相合，经审细推究，断定藏文原典有了"错简"。将这段文字移在前面，就完全吻合了。二、他编写《西藏政教史》（书名已记不明白），从达朗玛灭法到西藏佛法重兴，这中间的年代，对照中国历史，始终不能配合。原来他所依的西藏史料是以干支纪年的，中间空了六十年，无话可说。如中间多六十年，那么西藏所记的年代（干支)，就与中国的完全相合了。法尊法师的记忆力强，理解力也强，是我一生中得益很多的学长。他的思想，已经西藏佛教化了，与我的意见距离得非常远，但彼此对论，或者辩诘，从没有引起不愉快，这是值得珍视的友谊！

二　在这长期动乱不安中，我开始成部的写作，与讲说而由别人记录成书。一方面，有几位同学——演培、续明、妙钦他们，希望我作些课外的讲说；一方面，是我对全体佛法的看法逐渐凝定，也有了表示意见的意欲。如一九四一年所写的《佛在人间》、《佛教是无神论的宗教》、《法海探珍》，都是阐扬佛法的人间性，反对天(神)化；探求佛法本质，而舍弃过了时的方便。"佛法与现实佛教界有距离"，是一向存在于内心的问题。出家来八年的修学，知道为中国文化所歪曲的固然不少，而佛法的渐失本真，在印度由来已久，而且越来越严重，所以不能不将心力放在印度佛教的探究上。这一时期的写作与讲说，也就重在分别解说，确定印度经论本义，并探求其思想的演化。当时，我分大乘法义为三论——性空唯名论、虚妄唯识论、真常唯心论。这一分类，大致与虚大师的大乘三宗——法性空慧宗、法相唯识宗、法界圆觉宗相同。在《法海探珍》中，曾以三法印——诸法无我、诸行无常、涅槃寂静，作为三系思想的不同所依。着重于三系的分解，所以写的与讲的，着重于此。如属于性空唯名论的，有《金刚般若波罗蜜经讲记》、《般若波罗蜜多心经讲记》、《中观论颂讲记》、《中观今论》、《性空学探源》。属于虚妄唯识论的，有《摄大乘论讲记》、《唯识学探源》、《解深密经》。属于真常唯心论的，有《胜鬘经讲记》、《大乘起信论讲记》、《阿跋多罗楞伽宝经》。我在师友间,是被看作三论宗的,而第一部写作,是《唯识学探源》;第一部讲录成书的,是《摄大乘论讲记》,这可以证明一般的误解了! 在所讲的经中,《解深密经》仅讲"胜义了义"章,在演培的《解深密经语体释》里,可能含有我的部分意见。《楞伽经》没有讲圆满。后来在台湾又讲了两次,应该有记录,但没有成书。现在仅保留我对《楞伽》全经的科判——五门,二十章,五十一节的名目。我的讲解,从不会拈出一字一句,发挥自己的高见,也没有融会贯通。虽然所说的未必正确,但只希望阐明经论的本义。为了理解三系经论的差别,所以讲解时,站在超宗派的立场,而不是照着自己的见解去解释一番。以现在的理解来说,《性空学探源》一书虽搜集了不少资料,而说到"探源",似乎差一点!

三 从现实世间的一定时空中,去理解佛法的根源与流变,就不能不注意到佛教的史地。大乘三系,也还是开展、流行、演化于某时某地的。妙钦编了一部《中国佛教史略》,我加以补充修正,使中国佛教史与印度佛教史相关联,作为二人的合编。从佛教典籍中,论证释迦族是属于印度东方的,所以是东方的沙门文化,有反对印度阿利安人传统的真常梵我论的特性,这就是《佛教之兴起与东方印度》一文的主要意义。《太虚大师年谱》,是近代佛教大师,有关近代中国佛教的种种史实。最重要的一部,当然是一九四二年所写的《印度之佛教》。印度佛教史的流变,我分判为五期:一、声闻为本之解脱同归;二、菩萨倾向之声闻分流;三、菩萨为本之大小兼畅;四、如来倾向之菩萨分流;五、如来为本之梵佛一体。印度佛教的先后五期,从创立到衰灭,正

如人的一生，自童年、少年、壮年、老年到死亡。我以为，佛法不
能没有方便，不能不求时地的适应，但"对于方便，或为正常之
适应，或为畸形之发展，或为毒素之羼入，必严为料简，正不能率
以方便二字混滥之"。觉得"中国佛教，为圆融、方便、真常、唯
心、他力、顿证之所困，已奄奄无生气；神秘、欲乐之说，自西
（康、藏）而东，又日有泛滥之势"（《自序》）。《印度之佛教》是
史的叙述，但不只是叙述，而有评判取舍的立场。所以这部书的
出版，有人同情，也有人痛恨不已。不过痛恨者，只是在口头传
说中咒咀，而真能给以批评的，是虚大师与王恩洋居士（还有教
外人一篇）。我称印度佛教末期为"佛梵一体"，与虚大师所判
摄的"依天乘行果"，大致相同。虚大师的批评重心在：我以人
间的佛陀——释迦为本；以性空唯名、虚妄唯识、真常唯心——
三系，为大乘佛法的开展与分化。而虚大师是大乘别有法源
（在《阿含经》以外）的，是中国佛教传统，以《楞严》、《起信》等
为准量，也就是以真常唯心——法界圆觉为根本的。虚大师所
以主张，《大乘起信论》造于龙树《中论》等以前，以维持真常唯
心为大乘根本的立场。不过，说《起信论》的造作比龙树作《中
论》等更早，怕不能得到研究佛教史者的同意！其实，我对印度
的佛教，也不是扬龙树而贬抑他宗的。我是说："佛后之佛教，
乃次第发展而成者。其方便之适应，理论之阐述，如不适于今
者，或偏激者，或适应低级趣味者，则虽初期者犹当置之，况龙树
论乎？乃至后之密宗乎！其正常深确者，适于今者，则密宗而有
此，犹当取而不舍，而况真常系之经论乎！其取舍之标准，不以
传于中国者为是，不以盛行中国者为是，着眼于释尊之特见、景

行，此其所以异（于大师）乎！"（《敬答议印度佛教史》）存有扬清抑浊、淘沙取金的意趣，没有说千百年来所传，一切都是妙方便，这就难怪有人要不满了。王恩洋是著名的唯识学者，他不满真常唯心论，称之为"入篡正统"，那是不承认它是佛法的。对于末期的秘密乘，当然没有好感。他所以要批评《印度之佛教》，只是为了辩论空宗与有宗，谁是了义的、更好的。我写了《空有之间》，以表示我的意见。以上几种，都是自己写作的。

四　我在《印度之佛教》的《自序》中说："立本于根本（即初期）佛教之淳朴，宏阐中期佛教之行解（梵化之机应慎），摄取后期佛教之确当者，庶足以复兴佛教而畅佛之本怀也欤！"那时，我多读《阿含》、《戒律》、《阿毗达磨》，不满晚期之神秘欲乐，但立场是坚持大乘的（一直到现在，还是如此）。锡兰等南方佛教，以为他们所传的三藏是王舍城结集的原本；以为大乘佛教是印度教化的，非佛说的。这种意见，多少传入当时的抗战后方，而引起某些人的疑惑。我为续明他们，讨论这个问题，后来题为《大乘是佛说论》（依现在看来，说得不太完善）。慧松法师留学锡兰返国，法舫法师在锡兰边学边教，都有以传入锡兰的为纯正佛法，而轻视印度所有，传入中国佛教的倾向。所以为慧松写《哳啒文集序》，表示我的意见；因法舫法师而写《与巴利语系学者论大乘》。我到台湾来，有人说我反对大乘，那不是恶意，就是误会了！

五　大乘佛法，我以性空为主，兼摄唯识与真常。在精神上、行为上，倡导青年佛教与人间佛教。在历史上，大乘佛教的开展，确与青年大众有关。所以依《华严经·入法界品》善财童子的求法故事,写了一部《青年佛教与佛教青年》(现在编入《妙云集》,已分为三部分:《青年佛教运动小史》、《青年佛教参访记》、《杂华杂记》)。不过我所说的青年佛教,是:"菩萨不是不识不知的幼稚园(生)。……青年佛教所表现的佛教青年,是在真诚、柔和、生命力充溢的情意中,融合了老年的人生的宝贵经验。"(《杂华杂记》)因为,如对佛法缺乏正确而深刻的胜解,那么青年佛教的勇往直前,随宜方便,不可避免地会落入俗化与神化的深坑。虚大师说"人生佛教",是针对重鬼重死的中国佛教。我以印度佛教的天(神)化,情势异常严重,也严重影响到中国佛教,所以我不说"人生"而说"人间"。希望中国佛教能脱落神化,回到现实的人间。我讲"人间佛教",现存《人间佛教绪言》、《从依机设教来说明人间佛教》、《人性》、《人间佛教要略》。在预想中,这只是全部的"序论",但由于离开了香港,外缘纷繁,没有能继续讲出。

六　一九四四年下学期,在汉藏教理院讲《阿含讲要》。第一章"阿含经之判摄",提出了四《阿含经》的不同宗趣,这就是龙树"四悉檀"的依据。这表示了四部《阿含》的编集方针:《杂阿含经》是"第一义悉檀",其他的或重在"对治",或重在启发的"为人生善",或是适应印度宗教以诱化"世间"。当时所讲的,主要是境相部分。一九四九年在厦门,删去第一章,自己补写了几章,说明声闻与菩萨的行果,改名为《佛法概论》。这部书,依《阿含经》;依龙树所决了的《阿含》深义,明三法印即是一实相印;又补入龙树所说的菩萨道——二道,五菩提。另一部《净土新论》,是依虚大师所说:"净为三乘共庇",说明佛法中的不同净土。在"往生净土"以外，还有"人间净土"与"创造净土"。这对只要一句弥陀圣号的行者，似乎也引起了反感！

七　我的写作，一向重于自己对佛法的理解，不大欢喜批评别人，但在这一阶段的后期，写了三篇不太短的批评文字。一、《佛灭纪年抉择谈》：有人依"众圣点记"等，主张佛灭年代，以锡兰所传的，阿育王登位于佛灭二百十八年说为可信。我以为：阿育王的年代，是可以考信的。从佛灭到阿育王，锡兰所传，中国所传——阿育王登位于佛灭百十六年，都只是佛弟子间的传说如此。说到"众圣点记"，佛灭以来，起初并没有书写的戒本，试问每年结夏终了，又在哪里去下这一点？我不满一般偏重外来的传说，所以加以评论，而取中国固有的传说。这可说是对夸大南传的巴利语系，轻视中国所传而引起的反感。来台湾后，知道还有古老的上座部所传，阿育王登位于佛灭百六十年说，这也许更恰当些。二、《僧装改革评议》：当时，有人游化锡兰、缅甸，所以主张出家人的服色应该一色黄，而评中国僧服为"奇形怪状"。有些僧青年，主张废弃固有"腐败落伍"的，改为与俗服没有明显差别的服装。这可能造成"进（山）门做和尚，出门充俗人的流弊"，所以写了这篇评议。我以为，中国固有僧服的颜色，是合于律制的，黄色只是一宗一派的服色。僧服是可以改革的，但必须合乎律制的原则——对外差别而表显僧相，对内统一以表示平等。其实，僧装改革只是形式的改变，并不能促成僧界的清净、佛教的复兴！三、《评熊十力的新唯识论》：熊先生的《新唯识论》，在哲学与儒学的立场，自有其地位；道不同，用不着评论。但他在书中，一再地批评唯识与空宗。其实他所知道的空，是唯识学者——有宗所说的空，根本不知道空宗是什么。特别是：他的思想，如他自己所说："大易其至矣乎，是新论所取正也。"这明明是儒学；佛法的唯识与（唯识家所说的）空，只是评破的对象。他却偏要说："本书于佛家，元属创作"；"新论从佛学演变而来，说我是新的佛家亦无不可耳！"这种淆混视听的故弄玄虚，引起我评论的决心。

（四）随缘教化

　　一九五二年初秋，从香港到台湾；一九六四年初夏，在嘉义妙云兰若掩关，这中间将近十二年。在这十二年中，定居在台湾。曾去日本一次，泰国与高棉一次，香港两次，菲律宾去了四次。一九五五年秋到一九五六年秋，又常在病中。除去外出与疾病，又为了建筑福严精舍、慧日讲堂、妙云兰若，耗费了不少时间。外面看起来，讲经弘法、建道场、出国、当住持，似乎法运亨通；然在佛法的进修来说，这是最松弛的十二年。讲说与写作，都不过运用过去修学所得的，拿来方便应用而已！

　　一　讲说经论，对象是一般信众，所以来台湾以后，几乎没有讲说性空唯名、虚妄唯识、真常唯心的主要经论。记录而成书的，只有《药师经讲记》、《往生净土论讲记》、《辨法法性论讲记》。《宝积经》的《普明菩萨会》，曾讲了三次，所以追忆而自己写出《宝积经讲记》。在这一期中，唯一写作而流通颇广的，是《成佛之道》。这是依虚大师所说——五乘共法、三乘共法、大乘不共法的次第与意趣而编写的。先写偈颂为听众讲说，再写偈颂的解说。其中，贯通性空唯名、虚妄唯识、真常唯心——大乘三系部分，是依《解深密经》及《楞伽经》所说的。不是自己的意见，但似乎没有人这样说过，所以可说是我对大乘三系的融贯。

二　福严精舍成立了，首先讲《学佛之根本意趣》。说到"学佛的切要行解"，理解是"生灭相续"与"自他增上"，修行是"净心第一"与"利他为先"。揭示修学大乘法的纲领，作《学佛三要》，三要是"信愿"、"慈悲"、"智慧"。以后部分的写作与讲说，可说就是《学佛三要》的分别说明。如《信心的修学》、《菩提心的修习次第》，是属于"信愿"的。《慈悲为佛法宗本》、《自利与利他》、《一般道德与佛化道德》，是属于"慈悲"的。《慧学概说》，是属于"智慧"的。依这三者而进修，实现学佛的崇高理想，就是《解脱者之境界》、《佛教之涅槃观》。修学佛法，不能不知道生死相续，依生死以向解脱的事实，所以讲了《生生不已之流》、《心为一切法的主导者》。依此法义而应用于多方面的，如《佛法与人类和平》、《佛教的财富观》、《佛教的知识观》、《我之宗教观》、《发扬佛法以鼓铸世界性之新文化》。我写了《我怀念大师》、《太虚大师菩萨心行的认识》。以前在香港时，曾写《向近代的佛教大师学习》、《革命时代的太虚大师》。一再举扬虚大师的菩萨心行，不只是为了纪念，为了感怀大师启发我思想的恩德，也作为大乘精神的具体形象。

三　阐扬大乘佛法的主题以外，有关于佛教（思想）史的，如《龙树入龙宫取经考》、《楞伽经编集时地考》、《文殊与普贤》、《从一切世间乐见比丘说到真常论》、《北印度之教难》，及《论真谛三藏所传的阿摩罗识》、《如来藏之研究》：这是与印度佛教思想史有关的。如《汉明帝与四十二章经》、《玄奘大师年代之论定》、《点头顽石话生公》：是属于中国佛教史的。介于印度及中国的，有《中国佛教与印度佛教之关系》。与佛教教育有关的，如《佛教与教育》、《论僧才之培养》、《福严闲话》。《福严闲话》中，表示我对同学们修学的见解。各人个性不一，可以随各人所喜悦的部分而深入，没有要人跟我（学习的路子去）学。我为精舍同学，拟了个三年读经书目（每天一卷），从印度三藏到中国古德的著作。这是为专究的人提供博览的书目，以免偏重而陷入宗派的成见，并非说研究佛学，阅读这些书就可以了。此外，与净土有关的，有《念佛浅说》、《东方净土发微》。与禅有关的，如《宋译楞伽与达磨禅》。平常讲弥勒、观音等法门，都着重菩萨的精神。世俗专依《地藏菩萨本愿经》，说鬼说地狱，所以特地依据大乘经，讲《地藏菩萨之圣德及其法门》。不过中国佛教的传统深长，对一般是难以有影响的。

　　四　这一期间，由于在都市弘法，多少与外界接触，因而论到了基督教及儒家。凭出家以前所得到的对于基督教的理解，写了《上帝爱世人》、《上帝与耶和华之间》。我对于为了爱你，非统治你不可，为了爱人，不惜毁灭人类，从新开始；这种西方式的博爱，是我所难于理解，无法信受的。新成立慧日讲堂，就有基督徒来，赠送《新旧约》给我，劝我研究研究。这未免太过分了，所以写下《上帝爱世人》，并引起一番论辩。我初到台湾，就写了《中国宗教之兴衰与儒家》。对宋明以来的新儒学，因为"一切宗教的排斥，养成了中国知识分子的非宗教传统"；"说到宗教，就联想到迷信"，我非常怀疑它的正确性！据个人的了解,宋明以来,国族是在慢性的衰落中。近代的中国人,现实的、功利的、图现前的,家庭与个人利益的倾向,非常严重。宋明以来,几乎独占了中国的,"被称为中国正统的非宗教文化,果真是中国民族的幸福吗"?我相信,古代的儒家,即使宗教方面并不高明,到底是有宗教信仰的。这是我面对现实,因过去的文化专断所引起的感慨!我以为,"佛法与(古代的)儒学,在其文化背景、学理来源,及其要求实现的究极目的,显然是不同的。但在立身处世的基本观念,及修学历程上,可说大致相近的"。"为人以修身为本,以修身为(自利利他的)关要,就是儒佛非常一致的问题。"因此,我讲了《修身之道》。儒家的致知、诚意、正心、修身——自修的历程,与佛法的信、戒、定(这部分,论到古代的养气)、慧——自利的次第相当。我是比较而辨同异,不是附会的"儒佛一致"、"三教同源"的玄论(一九六九年在星洲,所写《人心与道心别说》,与儒道二家有关,也是互论同异的)。

这一期间,与同学们共同修学的时间不多,自己的进益也少。仅对《大智度论》与《大毗婆沙论》作过一番较认真的研究,并随类集录,留下些参考的资料。这十二年,对自己的进修来说,未免太松弛了。

(五) 独处自修

一九六四年初夏,在嘉义妙云兰若掩关以来,已进入二十一个年头。妙云兰若只住了一年,因文化学院的邀请,移住台北的报恩小筑,在学院授了一年的佛学。一九六九年秋天,又回到了妙云兰若。后来,因病而往来南北,终于在台中定住,姑名小室为华雨精舍。在这二十一年中,继续当年写《印度之佛教》的途径。但不幸在一九七一年秋末,遇上了病缘;病后一直衰弱下去,不能恢复,也就不能思考。四年多的时间,停止了佛法进修。在这二十一年中,去星加坡四次;便中去菲律宾一次,马来西亚两次,香港一次,先后也约近一年。第一次去星、马、香港,还可说游化;病后的三次,只能说趁机会调剂一下身心。

一 自修的生活,原本是要继续《印度之佛教》的写作,却意外地写了两部书,这是从来没有想到过的。一部是《中国禅宗史——从印度禅到中华禅》。《中央日报》有《坛经》为神会所造,及代表六祖慧能的论净,忽而引起我的感想:这是事实问题,离开史的考论,离开从禅宗在发展中去了解,是不能解决问题的。于是我检阅了一些古代的禅史。先观察六祖门下的不同禅风,向上推求,知道四祖道信,是《楞伽》与《般若》(《文殊所说摩诃般若波罗蜜经》)合一,戒与禅合一,念佛与成佛合一。再向上,是从前写过的《宋译楞伽与达磨禅》。再观察六祖门下的发展,到达"凡言禅,皆本曹溪"。我曾学习三论宗,所以论证牛头宗的"道本虚空"、"无心合道",是与东山法门的"入道安心"相对抗的。这是江东固有的学统,从摄山(本重禅慧的三论宗根本道场)而到茅山,从茅山而到牛头山,牛头法融是"东夏之达磨";在达磨禅勃兴声中,起来与之抗衡的。六祖门下,南岳下多数是北方人,所以禅风粗强;青原下多是南方人,所以禅风温和。江东的牛头禅,就是消失融合于青原之中的。从时地人的关系中,说明禅风的流变。"我不是达磨儿孙,又素无揣摩公案、空谈玄理的兴趣";偶然引发,所以是意外的写作。由于禅宗史的写作，附带发表了《东山法门（不是往生净土）的念佛禅》。《神会与坛经》就是解答《中央日报》所引起的问题；也就评论了胡适之先生以《坛经》为神会（部分为神会门下）所造的见解。

另一部是《中国古代民族神话与文化之研究》，可说是意外的意外。大病以后，长期的不能思考，在宁静的衰病中过去。偶然地翻阅《史记》，也无非消遣而已。在《史记》中，发见一些"怪力乱神"的传说，引起了兴趣，逐渐扩大阅览的范围，连甲骨文作品也见到一部分。凭自己的一点宗教知识，了解一些"缙绅先生"所不能了解的东西。"在探求古代神话，及与神话有关的问题时，接触到不同民族的文化根源"，所以决定了以西周实际存在的"民族为骨肉"，以各民族的本源"神话为脉络"，以不同民族的"文化为灵魂"，而写了这部书。从民族神话中，推定中国的原住民族，是黄河两岸的越族；受到东北来的夷族、西（北）方来的羌族与氏（也就是狄）族的侵入融合而扩大。和平王国的文化，是"南方之强"。我专心佛法，唯有这一部，多少注意到中国固有的文化（不一定是现代所讲的中国固有文化）。意外的写作，竟然意外的身体也开始好转，一切是意外的意外！

二　大病以前，有一些作品。一、《佛教是救世之仁》，是在星洲与香港分别讲出，综合而成为一篇的。二、佛教界有改革僧装服色的建议，所以依据律典，写《僧衣染色的论究》，我是不同意改为一色黄的。三、从佛学院出来的，有的觉得学无所用，所以写《学以致用与学无止境》。有没有用，能不能用，还得看学人自己呢！四、《英译成唯识论序》：唯识学中，着重阿赖耶种子

识的,发展成"一能变"说。着重摄持种子的阿赖耶识现行的,
本于《瑜伽论》的《摄抉择分》,开展为"三能变"说。玄奘所传
的,特重《瑜伽论》;《成唯识论》的"三能变"说,代表西元七世
纪初印度唯识学集大成的圣典。五、《谈入世与佛学》,这是讨
论虚大师的精神、思想而引起的。论《大乘精神——出世与入
世》:我以为中国所重的大乘,自称是大乘中的最上乘,其实是
小乘精神的复活,急求自了自证,所以有"说大乘教,修小乘行"
的现象。大乘的入世精神,应如《维摩诘经》、《华严经·入法界
品》那样,普入各阶层,而不应该以参加政治为典范。论《佛教
思想——佛学与学佛》:我以为佛弟子的研究佛学,应该是为
(自己信仰所在的)佛法而研究。那种离开信仰,为佛学而佛
学——纯学问的研究,决非佛教之福。六、一九七一年初以来,
身心有些感觉,死期近了。所以将自己的一般写作(及讲说),
编为《妙云集》,以免麻烦后人。又为自己的一生因缘,写成《平
凡的一生》。秋天就大病了,没有死而又长期不能作佛法的
进修。

　　三　掩关以后,专心于自修与写作,主要是为了继续《印度
之佛教》的方针,准备分别写成多少部,广征博引,作更严密、更
精确的叙述。一九五二年从日本请回的《南传大藏经》,到这时
才有一读的机会。我不会日文,好在日文的佛教书籍,中国字极
多;凭我所有的佛法常识,加上与汉译经律论的比对,也还可以
了解个大概。在经律的比对阅读中,首先发现了,在释尊晚年,
僧伽中有释族比丘为领导中心的运动。这在种族平等论者的释
尊,是不能同意他们的,所以这一运动失败了。释族比丘有关

的,如六群比丘等,也就多染上不如法的形象。在佛灭后的结集大会中,阿难也受到种种的责难。阿难在东方弘法;佛灭百年的七百结集,正是东方比丘,广义的释族比丘的抬头。东方比丘是重"法"的;戒"律"方面,是重根本而小节随宜的;不轻视女众的。这次集会,东方仍受到西方比丘的抑制。东方的青年大众比丘,日见发扬,不久就造成了东方大众与西方上座的分派,也就是未来声闻与大乘分化的远源。这是初期佛教史的重要环节,所以写了《论提婆达多之破僧》、《王舍城五百结集之研究》、《阿难过在何处》、《佛陀最后之教诫》、《论毗舍离七百结集》。

　　四　在香港时,就有写"西北印度之论典与论师"的构想。这时见到了南传的"论藏",觉得"阿毗达磨的根本论题与最初论书,与昔年(《印度之佛教》)所推断的,几乎完全相合"。于是着手整理、写作,但扩大内容为《说一切有部为主的论书与论师之研究》。本书论定说一切有部,分为二大系:四大论师中的法救与觉天,是持经譬喻者,代表说一切有部的古义;世友与妙音,是阿毗达磨论者。《发智论》是根本论,经分别论究,不断编集而成为《大毗婆沙论》。阿毗达磨论义,后来居上,成为公认的说一切有部的正统。譬喻师中,论定《婆须蜜菩萨所集论》就是譬喻师世友的《问论》。关于分别论者,辨析古典的《舍利弗阿毗昙论》,并考定《三法度论》与注释者僧伽斯那,及《三弥底论》,都是属于犊子系的。由于持经譬喻者在《大毗婆沙论》中受到评斥,所以放弃"一切(三世)有"而改取"现在有"说,成为一时勃兴的经部譬喻师。世亲的《俱舍论》,组织是继承《杂心阿毗昙论》的;法义赞同经部而批评说一切有部;但有关修证,还是继承说一切有部的古义。这部书的写作,虽见到了(日本)木村泰贤的《阿毗达磨论之研究》、福原亮严的《有部论书发达的研究》,但所考所论,一切"都经过自己的思考与体会,觉得都是自己的一样"。

继续写成的,是《原始佛教圣典之集成》。我参考了日文的宇井伯寿、平川彰、前田惠学的部分作品。觉得"自从西方学者重视巴利圣典以来,日本学者受到深刻的影响","不自觉地投入了,非研究巴利语,不足以理解原始佛教的窠臼","应该……走着自己的道路,来作原始佛教圣典史的研究"。所以,首先讨论了"有关结集的种种问题"。关于毗奈耶——"律"的集成,确定依摩得勒伽(本母),然后次第组成犍度部。在汉译"律"典中,摩得勒伽是大众系、分别说系、说一切有系——三大系所共传的。巴利藏中没有"律"的本母,就不可能明了犍度部组成史的历程。平川彰《律藏之研究》,以巴利藏的"大犍度"为例,推定南传"律藏"的"大犍度"是古形的(当然汉译的都是后起了)。我完全不能同意他的解说,所以特地论到"受戒犍度——古形与后起的考察",表示我自己的见解。关于"法"的集成,与从前《印度之佛教》的解说,有了相当的不同。吕澂的《杂阿含经刊定记》,给了我最大的启发。依《阿毗达磨大毗婆沙论》、《瑜伽师地论》、《根本说一切有部律》所说,去了解《杂阿含经》,发见与巴利本《相应部》的一致性。原始结集的,是精简的散文,名为"修多罗"。蕴、处、因缘、圣道,一类一类的分别集成,名为"相应"修多罗,相应就是"杂"。上四诵是"修多罗",

再加"祇夜"的八众诵,就是《杂阿含经》与《相应部》的组织初型。其后有"记说"——"弟子记说"与"如来记说",都随类而附于蕴、处、因缘、圣道之下。后来集成的经更多了,附在《杂阿含经》中的,新集成的,分编为四部——四阿含。古代巴利佛教大师觉音,为四部作注释,名义恰好与四悉檀相合,因此明白了四部阿含的不同宗趣(悉檀)。使我更理解到,这四大宗趣,在《杂阿含经》与《相应部》中,也是存在的。如"修多罗"是第一义,"弟子记说"是对治(除疑),"如来记说"是为人生善(心清净,从这一分中开展出来),"祇夜"是世间。四部阿含的四大宗趣,对于法义的抉择,真实或方便,应该是有权威的指导作用。也就在全书末后,以此判论一切佛法。初期"佛法"是第一义悉檀;初期的"大乘佛法","为离诸见故"说一切空,是对治悉檀;后期的"大乘佛法",明自性清净心,是为人生善悉檀;"秘密大乘佛法"是世间悉檀。以上二部,是病前所写的,表示了初期"佛法",经律论成立的史的意义。

五　过了四年多的衰病生活,等到身体健朗些,想到了色身的浮脆,如夕阳晚霞一样,不敢再做远大计划。只能将佛教史上的重要问题,就是"佛法"在怎样的情形下,发展演进而成为"大乘佛法",研考而叙述一下。经五年的时间,写成《初期大乘佛教之起源与开展》。"大乘佛法"的兴起,决不是单纯问题,也不是少数人的事,是佛教发展中的共同倾向。"主要动力,是佛涅槃后,佛弟子对佛的永恒怀念。"所以大乘法充满了信仰与理想的特性;怎样的念佛、见佛,是大乘经的特有内容。在佛教界,重信愿的,重慈悲的,重智慧的,多方面流传出来,都倾向于求成佛道,而确信为"是佛所说"的。对于"般若法门","净土法门","文殊法门","华严法门",其他如"鬼国与龙宫","法华与宝积"等,都分别地广为论究。与文殊师利有关的教典,"但依胜义";贪嗔痴即是道(烦恼即菩提);天(神)在文殊法门的重要性,意味到"大乘佛法"中,有适应印度教而引起天化、俗化的倾向。夜叉(鬼)菩萨,龙王(畜生)菩萨,紧那罗王菩萨——鬼国与龙宫的菩萨化,是大乘经的特色。不过这些鬼、畜天菩萨,在初期大乘经中,都表现为人的形象,所说的是一般大乘法。还没有演进到表现为鬼、畜天的形象,以鬼、畜天的行为作为人们归敬与修学的模范。"大乘佛法"有新的宗教特性,所以立"宗教意识之新适应"一章,在新出现的佛、菩萨与净土外,还论到"神秘力护持的仰信",如"音声的神秘力"、"契经的神秘化"、"神力加护",这都是早就孕育于部派佛教(更早是世间悉檀的《长阿含经》),到大乘时代而强化起来。方便的适应,是不可能没有的,但如过分重视佛法的通俗化,方便与真实不分,偏重方便,那方便就要转化为佛法的障碍了! 这是我修学佛法以来,面对现实佛教,而一向注目的问题。本书曾参考日文的:平川彰的《初期大乘佛教之研究》,静谷正雄的《初期大乘佛教之成立过程》。《初期大乘佛教之研究》以为:大乘佛教的出现,与出家者无关,是出于不僧不俗的寺塔集团。这也许是为现代日本佛教寻求理论的根据吧! 从经律看来,这是想像而没有实据的,也就引文证而加以评论。

为了写作《初期大乘佛教之起源与开展》,进行阅读与搜集资料工作,附带地又写出了下面的两部。一、《如来藏之研究》:

在阅读中,附带搜集了一些资料,整理一下,就写了这部书。如来藏与佛性,是后期大乘的主要(不是全部)问题。书中论到如来藏说的起源,及有关如来藏的早期圣典,如《如来藏经》、《大般涅槃经·初分》。如来藏有浓厚的真我色彩(适合世俗人心,所以容易为一般人所信受),不能为正统的佛法所容认,但由于通俗流行,也只能给以合理的解说。代表如来藏的主要论书——《宝性论》,也已大大地净化了。《大般涅槃经·后分》,不再说如来藏了,以空或缘起来解说佛性。瑜伽唯识学者,以"真如无差别"解说如来藏。这一系的真谛三藏,将瑜伽学融入如来藏说,又将如来藏说附入《摄大乘论》等中,显然有融会二系的企图。说得最明白彻了的,是《楞伽经》说:"开引计我诸外道故,说如来藏";"当依无我如来之藏"。二、《空之探究》:在阅读《般若经》时,理会到"般若空"与"中观空"之间的方便演化,索性向前探究一番。写成四章:"阿含——空与解脱道";"部派——空义之开展";"般若——甚深义之一切法空";"中观——(阿含的)中道缘起与(般若的)假名空性之统一"。三十多年前说过:"《中论》是以大乘学者的立场,确认缘起、空、中道为佛法的深义。……抉发《阿含经》的深义,将佛法的正见,确树于缘起中道的磐石。"(《中观今论》)这部书,对于这一见解,给以更确切的证明。

现在更衰老了,能否再写作,是不能自作主张的。假使还有可能,希望能对"阿含"与"律",作些简要的叙述。

三　治学以佛法为方法

世间的治学方法,我完全不会,也没有学习过。也就因此,我不会指导同学去怎样学习。自己讲了一些,写了一些,就有人问我治学的方法,这真使我为难! 其实,我是笨人笨办法;学习久了,多少理解佛法,就渐渐地应用佛法来处理佛法。

一 起初,根本说不上方法。阅读大藏经以后,知道佛门中是多彩多姿。记起"佛法与中国现实佛教界的差距",决意要探求佛法的真实意义,以及怎样的发展,方便适应而不断演化。1."从论入手":我从研读论书入门,本是偶然的。有些论典,烦琐、思辨,对修持有点泛而不切。但直到现在,还是推重论书。因为论书,不问小乘、大乘,都要说明生死流转的原因何在。知道生死的症结所在,然后对治、突破,达成生死的寂灭。抉发问题,然后处理解决问题;这是理智的而不只是信仰的。决不只说这个法门好,那个法门妙;这个法门成佛快,那个法门很快了生死。从不说明更快更妙的原理何在,只是充满宣传词句,劝人来学。我觉得论书条理分明,至少修学几部简要的,对于佛法的进修,明智抉择,一定是有帮助的。2."重于大义":佛法的内容深广,术语特别多,中国人又创造了不少。重视琐细的,就不能充分注意重要的。所以十八地狱、三十二相、八十种好等,看过了事,知道就好,不用费心力地记忆它(久了,自会多少知道些)。佛法不出于三宝,如释尊化世的方法与精神,制律摄僧的意义,法义的重要理论,修持的主要方法,却非常注意。重于大义,也就注意到佛法的整体性。我的写作(与讲说),虽是一分一分的,但与部分的研究者,没有对佛法的整体印象,只是选定论题,搜集资料来详加研究,不大相同。3."重于辨异":不知道佛法中有什么问题,那就阅读经论,也不容易发现问题,不知经论是怎样的处理问题。由于我从修学论书入手,知道论师间有不少异义,后来知道部派间的异义更多。如《成实论》所说的"十论",就是当时最一般的论题。《大般涅槃经》(卷二三、二四)、《显宗论·序品》,都列举当时佛教界的异论。大乘法中,阐提有没有佛性,一乘究竟还是三乘究竟,阿赖耶是真是妄,依他起是有是空,异说也是非常多。世间法是"二",也就是相对的。佛法流传世间,发展出不同意见,也是不可免的。如不知道异义的差异所在,为什么不同,就方便地给以会通,"无诤"虽是好事,但可能是附会的、笼统的、含混的。我在(第一部讲说成书的)《摄大乘论讲记·自序》中说:"非精严不足以圆融。"(在台湾再版,原序被失落了。)我着重辨异,心里记得不少异论,所以阅读经论时,觉得到处是可引用的资料。我的立场是佛法,不是宗派,所以超然地去理解异论,探求异说的原因。如《摄大乘论讲记》的"附论"中,列举唯识经论对唯识变的说明,条理出:重于阿赖耶种子识的,成为"一能变"说;重于阿赖耶现行识的,成为"三能变"说。这都是渊源于印度的,真谛与玄奘所传,各有所重,何必偏新偏旧,非要"只此一家"不可呢!我先要知道差别,再慢慢来观察其相通。4."重于思惟":佛法,无论从人或从经论中来,都应该作合理的思惟。我的记忆力弱,透过思考,才能加深印象,所以我多运用思惟。学习所得到的,起初都是片段片段的。如认真记忆而不善思惟,死读死记,即使刻苦用功,将来写作,也不过将别人的拼凑成篇。如经过思惟,片段的便能连贯起来。有时在固有的知识堆里,忽而启发得新的理解,触类旁通。不过思惟要适可而止,一时想不通,不明白,苦思是没有用的,可以"存疑"。知道某一问题、某一意义不明白,那么在阅读的过程中,会慢慢明白过来。或是见到了解说、答案,或因某一问题的了解而连带解决了。对于某些问题,为什么彼此见解不同? 彼此有什么根本的歧见? 为什么会如此? 我常常凭借已有的理解,经思惟而作成假定的答案。在进修过程中(也许听到见到别人的意见),发现以前的见解错了,或者不圆满,就再经思惟而作出修正、补充,或完全改变。总之,决不随便地以自己的见解为一定对的。这样的修正又修正,也就是进步更进步,渐渐地凝定下来。这样,我的理解,即使不能完满地把握问题,至少也是这问题的部分意义。

　　二　阅读经论、听讲,我不会写心得之类的笔记;也不问别人,是怎样搜集资料而加以整理的。记忆力不强,三藏的文义又广,只有多多地依赖笔录。严格地说,我起初只是抄录而已。1.上面曾说到,在家摸索时,曾愚不可及地抄录《辞源》中的佛学词类。出家以后,修学三论。在嘉祥大师的章疏中,录出南朝法师们的种种见解;有关史事的,也一并抄出。这对于研究中国佛学是有帮助的,可惜资料在动乱中遗失了! 来台湾以后,抄录了《阿含经》与"律藏"中,有关四众弟子的事迹、法义的问答。后来从日本买到一部赤沼智善编的《印度佛教固有名辞词典》,内容(包含了巴利语所传的)更广。只怪自己的见闻不广,这一

番心血,总算白费了!又将《大毗婆沙论》的诸论师,一一全文
录出他们的见解,有关异部与可作佛教史料的,也一一录出。
《说一切有部为主的论书与论师之研究》中,"说一切有部的四
大论师"、"大毗婆沙论的诸大论师"——二章,就是凭这些资料
写成的。2.《大智度论》是《大品般若经》释,全文(经论合)长一
百卷。经释是依经解说,与有体系的宗经论不同。论文太长,又
是随经散说,真是读到后面,就忘了前面。于是用分类的方式,
加以集录。如以"空"为总题,将全论说空的都集在一处。实
相,法身,净土,菩萨行位,不同类型的菩萨,连所引的经论,也一
一地录出(约义集录,不是抄录)。这是将全部论分解了,将有
关的论义,集成一类一类的。对于《大智度论》,用力最多,曾有
意写一专文,说明龙树对佛法的完整看法。但因时间不充分,只
运用过部分资料,没有能作一专论。四《阿含经》,也都这样的
分类摘录,不过没有像《智度论》那样的详细。3.在四川时,又
曾泛读大乘经部。阅览以后,将内容作成"科判"那样的表式。
如有特殊的事,可注意的文义,就附记在经的科判以后。这样的
略读,费时不多,而留下科判的表式,如要检查内容,却非常便
利。在略读而加以科判时,发见了:玄奘所译《大菩萨藏经》(编
入宝积部),除第一卷外,其余的十九卷,是《陀罗尼自在王经》、
《密迹金刚力士经》、《无尽意经》的纂集。《胜天王般若波罗蜜
经》,是《宝云经》、《金刚密迹力士经》、《无上依经》的改写。
《大方广总持宝光明经》,是以《十住品》、《贤首品》为主,窜入
密咒而编成的。部分相同的还不少,凭表式真可说一目了然。
4.以上只是平时的整备资料,如要作某一问题的研考写作,对于

问题所在及组织大纲,至少心中要有一轮廓的构想;然后分类地集录资料,再加以辨析、整理。热门的问题,在某经某论中说到,就有资料可得,这是比较容易的。有些问题,在众多经典中,偶尔露出些形迹——可注意的事与语句,要平时注意。将深隐的抉发出来,是比较费力的。《初期大乘佛教之起源与开展》中,对与文殊有关的圣典,曾费力气地摘录、分类、比较,这位出家的文殊菩萨,在初期大乘中的风范,种种特出的形象,才充分地显现出来。我在读《般若经》时,直觉得与龙树的空义有某种程度的差异。所以详细地录出《般若经》的空义,又比较《般若经》的先后译本,终于证明了:《般若经》的自性空,起初是胜义的自性空,演进到无自性的自性空——这是《空之探究》的一节。从无边的资料中,抉发深隐的问题,要多多思惟以养成敏锐的感觉;还要采用笨办法,来充分证明这一问题。我不知一般学者有什么善巧的方便。

三　在佛法的进修中,渐渐地应用佛法,作为我研究佛法的方法。一九五三年底,写了《以佛法研究佛法》的短文。我说:"所研究的问题,不但是空有、理事、心性。""所研究的佛法,是佛教的一切内容;作为能研究的方法的佛法,是佛法的根本法则",也就是缘起的"三法印"。佛法的自觉自证,是超时空的,泯绝戏论的(一实相印)。但为了化度众生,宣说而成为语句(法),成为制度(律),就是时空中的存在。呈现于一定时空中的一切法与律,是缘起的,没有不契合于三法印的。我以为:

在研求的态度上,应有"无我"的精神。"无我,是离却自我(神我)的倒见,不从自我出发去摄取一切。在佛法的研究中,就是不固执自我的成见,不(预)存一成见去研究",让经论的本义显现出来。"切莫自作聪明,预存见解,也莫偏信古说。"

在方法上,诸行无常,是"竖观一切,无非是念念不住,相似相续的生灭过程"。诸法无我,是"横观(也通于竖观)一切,无非是展转相关,相依相成的集散现象"。一切都依于因缘,依缘就不能没有变化,应把握无性缘生的无常观。"有人从考证求真的见地出发,同情佛世的佛教,因而鼓吹锡、暹(泰)式的佛教而批评其他的。这种思想,不但忽略了因时因地演变的必然性,并漠视后代佛教发掘佛学真义的一切努力与成果。""有些人,受了进化说的眩惑,主张由小乘而大乘,而空宗,而唯识,而密宗,事部、行部一直到无上瑜伽,愈后愈进步愈圆满。……愈后愈圆满者,又漠视了畸形发展与病态的演进。"所以,"我们要依据佛法的诸行无常法则,从佛法演化的见地中,去发现佛法真义的健全发展与正常适应"。

诸法无我呢?"一切法无我,唯是相依相成的,众缘和合的存在。"自他的"展转相关,不但是异时的、内部的,也与其他的学术(等),有着密切的关联;这是无我诸法的自他缘成"。"是众缘和合,所以在那现起的似乎一体中,内在具有多方面的性质与作用";"因此(佛法的)种种差别,必须从似一的和合中去理解;而一味的佛法,又非从似异的种种中去认识不可:这是无我诸法的总别相关"(相关,原文作"无碍",今改)。"从众缘和合的一体中,演为不同的思想体系,构成不同的理论中心,佛法是分化了。它本是一体多方面的发挥,富有共同性,因此,在演变中又会因某种共同点而渐渐地合流。合而又离,离而又合,佛法

是一天天地深刻复杂。这里面也多有畸形与偏颇的发展,成为
病态的佛教:这是无我诸法的错综离合。"总之,从诸行无常、诸
法无我的法则去研究,那么"研究的方法,研究的成果,才不会
是变了质的违反佛法的佛法"!

在立场上,涅槃寂静是研究者的信仰与理想,应为此佛法的
崇高理想而研究。"佛法的研求者,不但要把文字所显的实义,
体会到学者自心;还要了解文字的无常无我,直从文字去体现寂
灭。"我在《入世与佛学》一文中,认为:"契合于根本大法(法
印)的圣教流传,是完全契合的史的发展,而可以考证论究的。
在史的论证中,过去佛教的真实情形,充分地表现出来。佛法
(思想与制度)是有变化的,但未必进化。说进化,已是一只眼;
在佛法的流传中,还有退化、腐化。(试问:)佛法为什么会衰落
呢!"然对于佛法中,为学问而学问、为研究而研究、为考证而考
证的学者,不能表示同情。我以为:"一、研究的对象——佛法,
应重视其宗教性。""二、以佛学为宗教的,从事史的考证,应重
于求真实。""三、史的研究考证,以探求真实为标的。在进行真
实的研究中(从学佛说,应引为个人信解的准绳),对现代佛学
来说,应有以古为鉴的实际意义。"佛法与佛学史的研究,作为
一个佛弟子,应有纯正高洁的理想——涅槃寂静是信仰,是趣求
的理想。为纯正的佛法而研究,对那些神化的、俗化的、偏激的、
适应低级趣味的种种方便(专重思辨也不一定是好事),使佛法
逐渐走上衰运,我们不应该为正法而多多反省吗?

以佛法的"法印"来研究佛法,我虽不能善巧地应用,但深
信这是研求佛法的最佳方法!

四 对佛法之基本信念

我立志为佛教、为众生——人类而修学佛法。说了一些,写了一些,读者的反应不一。不满意我所说的,应该有其立场与理由,不必说他! 有些人称赞我,也未必充分地了解我,或可能引起反面作用。有人说我是三论宗,是空宗,而不知我只是佛弟子,是不属于任何宗派的。有人称我为论师,论师有完整而严密的独到思想(近于哲学家),我博而不专精,缺乏论师的特性。我重于考证,是想通过时地人的演化去理解佛法,抉示纯正的佛法,而丢下不适于现代的古老方便,不是一般的考据学者。现在年纪大了,避免或者的误解,或断章取义的恶意诽毁,所以觉得有明白交代的必要。古代传下来的佛法,我的基本见解,在写《印度之佛教》时,已大致确定,曾明白表示于《说一切有部为主的论书与论师之研究》的"自序"。我这样说:

> 一、佛法是宗教,佛法是不共于神教的宗教。如作为一般文化,或一般神教去研究,是不会正确理解的。俗化与神化,不会导致佛法的昌明。中国佛教,一般专重死与鬼,太虚大师特提示人生佛教以为对治。然佛法以人为本,也不应天化、神化。不是鬼教,不是(天)神教,非鬼化非神化的人间佛教,才能阐明佛法的真意义。

> 二、佛法源于佛陀的正觉。佛的应机说法,随宜立制,并不等于佛的正觉。但适合于人类的所知所能,能依此而导入于正觉。佛法是一切人依怙的宗教,并非专为少数人

说，不只是适合少数人的。所以佛教极其高深，而必基于平常。本于人人能知能行的常道（理解与实行），依此而上通于圣境。

三、佛陀的说法立制，并不等于佛的正觉，而有因时、因地、因人的适应性。在适应中，自有向于正觉、随顺正觉、趣入正觉的可能性——所以名为方便。所以佛的说法立制，如以为地无分中外，时无分古今而可行，那是拘泥锢蔽；如不顾一切，师心不师古，自以为能直通佛陀的正觉，那是会漂流于教外的。太过与不及，都有碍于佛法的正常开展，甚至背反于佛法。

四、佛陀说法立制，就是世谛流布。缘起的世谛流布，不能不因地、因时、因人而有所演变，有所发展。尽管法界常住，而人间的佛教——思想、制度、风尚，都在息息流变过程中。由微而著，由浑而划，是思想演进的必然程序。因时、因地的适应，因根性的契合，而有重点的或部分的特别发达，也是必然现象。对外界来说，或因适应外学而有所适应，或因减少外力压迫而有所修正，在佛法的流行中，也是无可避免的事。从佛法在人间来说，变是当然的、应该的。（然而）佛法有所以为佛法的特质，怎么变，也不能忽视佛法的特质。重点的部分的过分发达（如专重修证，专重理论，专重制度，专重高深，专重通俗，专重信仰……），偏激起来，会破坏佛法的完整性，损害佛法的特质。象皮那么厚，象牙那么长，过分的部分发达（就是不均衡的发展），正沾沾自喜，而不知正障害着自己。对于外学，如适应融摄，不重视佛法的特质,久久会佛魔不分。这些,都是存在于佛教的事实。演变、发展,并不等于进化,并不等于正确。

五、印度佛教的兴起,发展又衰落,正如人的一生,自童真、少壮而衰老。童真,充满了活力,(纯真)是可称赞的,但童真而进入壮年,不是更有意义吗!壮年而不知珍摄,转眼衰老了。老年经验多,知识丰富,表示成熟吗?也可能表示接近衰亡。所以我不说愈古愈真,更不同情于愈后、愈圆满、愈究竟的见解。

六、佛法不只是理论,不只是修证就好了。理论与修证,都应以表现于实际事行(对人对事)来衡量。说大乘教,修小乘行;索隐行怪:正表示了理论与修证上的偏差。

七、我是中国佛教徒。中国佛法源于印度,适应(当时的)中国文化而自成体系。佛法,应求佛法的真实以为遵循,所以尊重中国佛教,而更(着)重印度佛教(并不是说印度来的样样好)。我不属于宗派徒裔,也不为民族情感所拘蔽。

八、治佛教史,应理解过去的真实情况,记取过去的兴衰教训。佛法的信仰者,不应该珍惜过去的光荣,而对导致衰落的内在因素,惩前毖后吗?焉能作为无关于自己的研究,而徒供庋藏参考呢!

我的修学佛法,为了把握纯正的佛法。从流传的佛典中去探求,只是为了理解佛法;理解佛法的重点发展及方便适应所引起的反面作用,经怎样的过程,而到达一百八十度的转化。如从人间成佛而演进到天上成佛;从因缘所生而到达非因缘有;从无我而到达真常大我;从离欲梵行得解脱而转为从欲乐中成佛;从菩萨无量亿劫在生死中,演变为即身成佛;从不为自己而利益众生,到为了自己求法成佛,不妨建立在众生苦难之上(如弥勒惹巴为了求法成佛,不妨以邪术降雹,毁灭一村的人、畜及庄稼)。这种转化,就是佛法在现实世间中的转化。泛神化(低级宗教"万物有灵论"的改装)的佛法,不能蒙蔽我的理智,决定要通过人间的佛教史实而加以抉择。这一基本见解,希望深究法义与精进持行者,能予以考虑! 确认佛法的衰落,与演化中的神化、俗化有关,那么应从传统束缚、神秘催眠状态中,振作起来,为纯正的佛法而努力!

五 世界佛学与华译圣典

我着重印度佛教,但目前的印度,说不上有佛教,只剩少许佛教的遗迹。然现存于世间的,如锡兰为主的巴利语系、我国内地为主的华文系、西藏为主的藏文系,根本的圣典,都是从印度来的,也就是印度佛教。我只识中国字,与印度佛教有关的梵、巴、藏文,一字不识;在探究的历程中,每自感福薄。在四川时,法尊法师译出部分的藏文教典(藏文著作的为主),我是非常钦佩的。最近,华宇出版社拟出版"世界佛学名著译丛",我认为:"无疑的将使中国佛学界能扩大研究的视野,增进研究的方法。特别是梵、巴、藏文——有关国际佛学语文的重视与学习,能引导国内的佛学研究,进入世界佛学研究的领域!"研究的绩效,要渐渐地累积而成,是不能速成的。最好,能养成梵、巴、藏文的学者,将巴、藏及少数梵文圣典译成华文,从根本上扩大我们研究的领域。佛法是要依赖语文而传的,但语文只是工具,通语文的未必就能通佛法。修学有关佛教的语文,应发心为佛法而学。经语文而深入巴、藏、梵文佛典的佛法,才能完满地传译出来,便利我们这些不通外语的人。

印度的佛教,可以分为三期,依内容来说:一、"佛法";二、"大乘佛法";三、"秘密大乘佛法"。从印度而流传世界的,不出此三类。现在流行于锡、缅、泰,被称为"南传"的巴利语系,是"佛法"中的一派——赤铜鍱部。传入藏地的藏文系,主要是"秘密大乘佛法"。传入汉地的,汉地所宏通的,以"大乘佛法"为主。中国所传的华文圣典,当然不及梵文与巴利语(印度语文)原典,也不及藏译(藏文是仿梵文造的)的接近原典。然源出印度的一切佛教,如作史的论究,理解其发展与演化的历程,华文所译圣典,却有独到的、不可忽视的价值,而不是巴、藏、梵文圣典所可及的! 一九五二年,曾写《华译圣典在世界佛教中的地位》,就是说明这一点。

中国佛教是以中期的"大乘佛法"为主的,但中国佛教经历了近千年的长期翻译,内容实包含了三期的圣典。分别来说:初期的"佛法"——经律论三藏,译有各部派所传的教典;数量与内容都非常丰富,最适宜于作比较的研究。有些经律论,多少露出了接近"大乘佛法"的端倪。藏译所传的初期"佛法",少而又少;巴利圣典很完整,但只是一家之学。在研究上,特别是佛教史的研究上——圣典的集成;"佛法"演进到"大乘佛法",华文的"佛法"圣典有它独有的价值。说到"大乘佛法",巴利三藏中是没有的。藏译的大乘经论，也还丰富（有些是从华文转译过去的）。特别是晚期的大乘论——后期的中观学，《现观庄严论》等，是华文所没有的。藏译于西元七世纪开始，广译于八世纪中，这还是"前传"（现存的少部分梵典，也是七世纪以后的写本）。华译的大乘经论，自西元二世纪起，特别是（五世纪初）罗什及以前的译本，或多或少的与后起的不同；梵本原是在不断修正补充中的。西藏所传的"大乘佛法"，代表"秘密大乘佛法"时期的大乘。"华文的种种异译，一概保持它的不同面目，不像藏文系的不断修正，使顺于后起的。所以从华文圣典研求起来，可以明了大部大乘教典的次第增编过程，可以了解西方原本先后的每有不同。这不但不致于偏执，而次第的演变也可以由此了解。"说到后期的"秘密大乘佛法"，华文所译的，已有"事部"（杂密）、"行部"（《大日经》）、"瑜伽部"（《金刚顶经》），并传入了日本。而"无上瑜伽部"，为日本学者称为"左道（即邪道）密教"的，在赵宋时代，已有部分的译出，但不及西藏多多了！华文所没有的巴、藏、梵典，希望能渐渐译出；世界佛学者的研究成果，也希望有人能多多介绍。不过，华译圣典有其独到的价值，作为中国的佛弟子，应该好好地尊重它！

近百余年来，国家多难，佛教多难，这是五十岁以下的，现住台湾的佛弟子所不能想像的。在世界佛学研究中，我们的成绩等于零，这也是重要的因素之一。国家民族多难，受到外来文化的冲击，佛教衰落了，连华文圣典也不受人重视了（听说日本有译华文圣典为英文的计划）！从前，日本佛教是从中国传去的，有关佛法的写作，多用华文。现代的日本佛教学者，多数不会华文，而将心力用在巴、藏、梵文方面。在这一风气中，中国佛弟子应不忘自己，在通晓华文圣典的基础上，修学巴、藏、梵文的佛法。虽然负担是沉重的，而意义却是伟大的！佛法的研究，最近似乎有些新的形势，研究风气有了新的开始。研究者能为佛法而研究，为佛法的纯净而研究，这才是有价值的研究！

六　结　语

末了，以三点感想来作为结束。

一、我怀念虚大师：他不但启发了我的思想，又成全了我可以修学的环境。在一般寺院中，想专心修学佛法，那是不可能的。我出家以来，住厦门闽南佛学院、武昌世苑图书馆、四川汉藏教理院、奉化雪窦寺，都是与大师有关的地方（李子宽邀我到台湾来，也还是与大师的一点关系）。在这些地方，都能安心地住着。病了就休息，好些就自修或者讲说。没有杂事相累，这实在是我最殊胜的助缘，才能达成我修学佛法的志愿。

二、我有点孤独：从修学佛法以来，除与法尊法师及演培、妙钦等，有些共同修学之乐。但对我修学佛法的本意，能知道而同愿同行的，非常难得！这也许是我的不合时宜，怪别人不得。不过，孤独也不是坏事，佛不是赞叹"独住"吗？每日在圣典的阅览中，正法的思惟中，如与古昔圣贤为伍。让我在法喜怡悦中孤独下去罢！

三、我不再怅惘：修学没有成就，对佛教没有帮助，而身体已衰老了。但这是不值得怅惘的，十七年前就说过："世间，有限的一生,本就是不了了之的。本着精卫衔石的精神,做到哪里,哪里就是完成,又何必瞻前顾后呢! 佛法,佛法的研究、复兴,原不是一人的事,一天的事。"(《说一切有部为主的论书与论师之研究·序》)

二　研究佛法的立场与方法

诸位（佛光山中国佛教研究院）同学：我这四年来人都病瘦了，大家的好意，到这里来，虽然心里非常欢喜，但是因身体不好，头脑大概也差了，没有什么好的可以讲来贡献给诸位。

诸位现在是在学院里修学，是研究佛法的阶段。至于我自己，一般人看来，也是研究佛法的人。我是只有从太虚大师和法尊法师那里，看看他们的文章，或者是随便谈谈，这样子有了一点启发。我是没有福报像诸位这样能够长期在学院里修学，可以说是东翻西翻自己学来的。有人问我怎样学的，我也说不出来，因为自己没有好好地跟人学过，所以我也不会教别人。诸位今天来，我也只有将我从前学的，和我的想法，为什么要学佛，我想学什么样的佛法等问题，随便向大家报告，不一定合用，这总是从我过去修学的构想和过程而来的。

我在家乡的时候，在偶然的因缘中，知道有佛法。我们海宁家乡的佛法非常衰微，没有台湾这么好，只是赶经忏。我知道佛法后，就找几部经、论看看，看了以后，我生起两种感想，一是佛法的理论很高深，佛法的精神很伟大；另一方面我觉得佛法是一回事，当前的佛教又是一回事。代表佛教的，如我家乡的出家人，好像与我经上看到的佛法，有相当大的距离。但是我没有像虚大师和你们院长那样要来改善佛教，有振兴改革佛教的心。只是想探究：佛法这么好，这么高深，为什么同我们实际上的佛教距离这么远？这问题在哪里？

我在没有出家以前，就有了一个反省：佛法这么好，是一切智者之学，最高深的；为什么佛教会成这个样子，只是民间习俗的信仰。像现在还有大学生在研究，从前是没有的，至少到那个时期为止，佛教与佛法不太一致，为什么会这样呢？后来，我自己看经，东翻西翻，总之也不好懂。后来父母去世了，自己也没有什么挂碍，跑出来出家。我修学佛法研究经论的意念，除了想要了解佛教究竟是什么以外，还想了解佛法怎么慢慢演变，其原因何在？这是存在我内心当中，推动我一直研究下去的力量。

本来在佛法上讲，出家人应该只有三条路：上上等是修行，第二等才轮到学问，第三等才是修福，如广修塔寺之类的事情。在佛法里修学，说佛法好，总要对我们有点好处才好；若自己学了佛法，对自己一点好处都没有，那么我们叫人家学是不对的。我自己很惭愧，没有能够真正向修证的路子走。不过对佛法方面，还是为了真理的追求，追求佛法的根本原理究竟是什么样？佛法如何慢慢发展？在印度有什么演变？到中国来又为什么发展成现在的现象？我是基于这个意义来研究。

因此，我的学佛态度是：我是信佛，我不是信别人，我不一定信祖师。有人以为中国人就一定要信中国祖师的教理，我并没有这个观念。假使是真正的佛法，我当然信，假使他不对，那就是中国人的，我也不信。我是信佛法，所以在原则上，我是在追究我所信仰的佛法,我是以佛法为中心的。

我对世界上的学问懂得不多,虽然也写许多文章,我所说的主要是在追究佛法的真理。我要以根本的佛法,真实的佛法,作为我的信仰。了解它对我们人类,对我个人有什么好处,这是我真正的一个根本动机。

所以自己虽然没有能够在修证方面用功,但是这和有些人研究佛法的动机不同。有的人研究佛法,好像把它看成什么学问一样,在研究研究,提倡提倡,与自己毫不相干。原则地说,这不是我们学佛之人的态度。学佛的人,佛法要与我们自己发生关系,没有关系你为什么要学呢?你都不晓得好处,为什么要叫人信呢?所以,我们越是能知道佛法的好处,越知道佛法超出世间的特质,越是能够增加我们的信心。

有人问我是什么宗,我不晓得应该怎么说。照一般人的想法,总该归属什么宗才对。在我觉得,"宗"都是以佛法适应时代、适应特殊文化思想而发展成一派一派的。好像我们到山上,有好几条路一样。我没有什么宗,不过有人以为我是三论宗,有的称我论师,我也不懂他们为何如此,其实我不是这样的。怎么叫都可以,我自己知道不是这样就好了。

我是凭这一种意念来研究,渐渐发现到佛法最重要的根本原理,逐渐地了解一派一派的思想之间,有些什么不同。诸位一定以为一派一派复杂得很,据我慢慢地研究起来,才晓得没有那么复杂。大概一个问题提出来的话,不是这样,就是那样,顶多两三个看法。不过问题多了,错综起来,就好像有很多很多不同。我不是从事纯宗派的研究,虽然各宗派也写一点,都是粗枝大叶,没有深刻研究,我不想做一宗一派的子孙,不想做一宗一派的大师。

我走的这条路子,可能有人说,是不合潮流,不合时宜的。我写东西时,不管这些,写出来有人看也好,没有人看也好,写好了就印在那里,有人看没人看我都不加考虑。只觉得我对佛法有这么一点诚心,我要追究佛法的真理,想了解佛法的重要意义。在三宝里面奉献这一点,是好是坏,我也不太考虑,长期以来,我对佛法研究的态度就是这样。

在这意义上,我学佛法和那开铺子的不太同。像百货公司,样样都有,你要什么就有什么卖给你。我没有这个观念,我之所以东摸一点,西摸一点,只是想在里面找到根本佛法,与它所以发展的情形。这个发展,可能是相当好的,也可能不太好的。佛法有所谓"方便",方便是有时间性,有空间性,在某一阶段好得很,过了时,时代不同了,也许这个方便会成为一种障碍。

《法华经》有一句话,我总觉得非常好:"正直舍方便,但说无上道。"怎么舍呢? 就是达到了某一阶段,有更好更适合的就提倡这个,不适合的就舍掉。所以我研究的,不是样样都在提倡,我也不专门批评。我这个人,生来是不太合时宜的,我觉得某些只是方便,不是究竟的东西,我不讲是可以的,你要我讲,我就这样讲,要我讲好听话奉承奉承,那我是不会的。我在原则上,带点书呆子气,总是以究竟佛法为重。自己这个样子,能够怎样发展,能够得到多少的信众,我都不考虑。这许多就是我学佛的动机与态度——甚至可以说是,我就是这样的人。

经过好多年以后,大概在一九四一年前,我对佛法有了大概的认识。佛法这样演变发展，对现代来讲，有些是更适合的，更适应现代的；某些，顶好不要谈它，即使过去非常好的，但现在却不太适合。我有了这个认识，当初我就写了一本书叫做《印度之佛教》。这本书我想到就写，只表示自己的意思而已，虽然引证，引证得很简单，不像现代人写书，受了近代文化的影响，你说的虽能表现你的思想，但总要把你的证据拿出来。所以我就想，把这本书改编写成几本大部的书，详细引证，一切合起来，就可以表示我个人对佛法完整的看法和了解。

不过，对印度佛教的研究，我到现在只写了两本，一部是《说一切有部为主的论书与论师之研究》，一部是《原始佛教圣典之集成》。其他的，都是有别的因缘，不是我想写的东西。现在病了以后，过去虽然有愿要写，大概也写不成。不过，以我的想法，也没有什么遗憾，我们在这个无边生死当中，能做多少，就做多少，尽自己力量去做就好了。能做多少，要靠福德因缘，以及时代种种关系配合，不是自己想做多少，就能做多少。我没有什么遗憾！假使身体还可以的话，我现在想写最重要的一本书，说明从最初的佛法演进到大乘佛法的过程。大乘佛法的本来意义是什么？究竟什么叫做大乘？我们不要口说大乘，实际上不是这么一回事。不过能否写成，自己也不晓得。人命无常，没有几天的时间也说不定。以上只是象征性地谈谈自己的研究而已。

我以前写过一篇文章，叫做《以佛法研究佛法》，有的人也许看过。怎样来研究佛法呢？当然是研究经、论，各宗派里面许多的道理。但研究时要有一种方法，就是所谓的"方法论"。我的想法很顽固,我是一个佛教徒,我们要用我们佛教的方法。那么我们怎么来研究佛法呢?佛曾经说出一种现实世间的普遍真理,也可以说是,凡事实上的一切存在是离不开的普遍法则。这个法则,就是"诸行无常,诸法无我"。我觉得,我们研究佛法的时候,应该要引用这一方法来处理一切问题。

简单地说,诸行无常,是说明现在世间所存在的东西,都是不停地在变化的。比方佛说出来的某句话,经后来佛弟子慢慢宏扬,它自然而然多多少少有了演变。又如佛所订的制度,我们称为戒律,这套戒律也会因区域而慢慢演变,你说完全不变,还是从前那样,是不可能的。就是现在的泰国,他们的出家制度,人人可以出家,有的出家七天,有的出家十五天。严格讲,出家受比丘戒,是要尽形寿受持的。没有说,我发心去受七天的或两个月的比丘戒,这样发心根本是不能得比丘戒的。那么他们现在的办法,你说好吗?这不是好不好的问题,只要懂得这就是变化中的方便就是了!

说到"诸法无我",是一切没有独存的实体,如一种制度,要考虑到时代因素,考虑同时的环境,如把时代、环境抛开了,讲起制度来是抽象、不实际的。假如有了这个观念,研究什么问题,必须顾虑同时代的其他很多问题。这许多问题,你多一点了解,对研究问题的看法,也就会更加正确一点。

有人问我自己研究内容,我说不出来,我只是本着自己的理解去研究。不过,我看别人的书,多数是小范围研究,其他什么也不管。专门研究一个问题,有时候研究得很精细,好得很,可是从整个佛教来看,也许并不正确。我以为要扩大视界,研究才会有更多的成就。

　　如果不管其他的，缩小范围，那么研究出来的只是小问题，对整个佛教的意义，不可能有好的成就。我的研究，是从"无常""无我"着眼的，"无常"是时代先后的演变，"无我"是同时的影响关系。将时间空间结合起来看问题，看它为什么演变。所以，我告诉大家没有别的研究方法。世间上的方法很多，我没有看过，我不懂，我只用我们佛法的基本方法——无常、无我，作为我研究的方法论。

　　诸位都还在学，将来不一定人人能继续研究，有的出去弘法，或者修行，不过也许有人仍继续研究佛法，所以我提到这点。

　　在研究的过程当中，有一点我看得很重要，佛法究竟有什么不同，比世间其他的更好，可以分两方面来讲。

　　一、释迦牟尼佛时候，有一种完善的制度——戒律。传到中国，后来有丛林制度，到现在也许有新的制度。不要以为制度都是一样，佛的制度，实际上研究的人很少，我自己也没有研究。中国现在讲戒律是什么样的呢？晚上不吃饭，到厕所里去要换鞋子，以为这是最要紧的。对戒律中真正重要的事情，好像不知道一样。所以戒律的真正意义，我们出家人要有人发心去研究。

　　据我的了解，佛教的戒律是一种集体的生活，修行也就在集体生活中去锻炼。依戒律的观点，佛法并不重于个人去住茅蓬修行——这是共世间的，虽然一般都很尊敬这种人。佛教戒律有什么特色？它是道德的感化和法律的制裁，两者统一起来。犯了错误，戒律中有种种处罚的规定，但不止于此，而是在充满道德精神感化之下，有一种法律制裁的限制。所以在佛的时代，真正出家的一个个都了不得,就是动机不纯正的人,在这里面多住几年,经过师友的陶冶,环境的熏习,慢慢也会成为龙象的。在这个集体生活里,大家都有共同的信念,净善的行为,彼此和睦,这就是佛教戒律的特质,而发生伟大的作用——正法住世。

这种组织,与社会上的组织不太相同,它是道德感化与法律制裁相综合的。在这里面,是很平等的、是法治的。每一律制,不是对某些人而订的。如在学院的话,如果是学生不许可,老师也绝对不许可。佛的制度是平等的,即使释迦牟尼佛在世,佛也一样地依法而行。佛的律制,是真正的平等、民主。在这道德感化、法律制裁之下,人人都修持佛法、研究法义,各尽其力去发挥。

当然,严格地说,现在并没有这个东西——依律而住的僧团。假使我们去研究,把这里面真正精神原则拿出来,用现在的方式去实践的话,我想会比照着自己的想法,搞一套组织,或是参照政治或其他组织,照人家的办法也来一套,我想会更合于佛法。这是佛法伟大的特质,在我认识释迦牟尼佛不像世俗一般那样,我在研究中加深了我的信心。

二、另一方面,是理论的。佛一方面用制度,一方面开示,用法来指导。在当时,没有现在那样,研究《法华经》《华严经》,一大部一大部的。不过在义理上,或在修行的方法上,作简单的指导。佛所说明的,着重在什么地方呢?哪些与世间不同呢?依我的了解,佛法确有不共之法,与世间法不同。我想,诸位读了好几年,应该对佛法与世间法不太相同的有所了解。我们必须确认佛法的不共之法!世界上的宗教很多,中国的、印度的、西方的,佛教至少有一种与他们不同的地方。又如哲学,从东方到西方,哲学家不晓得有多少？但佛法至少要有与他们不同的地方。假如自以为佛法伟大,而佛法所讲的与他们所说的一样,那就糟了,因为既然一样,有了他的,更何必再要佛法？

　　就世间法所没有的——不共世间的来说——当然就是"缘起性空"。空,这就是佛法的不共之法。"诸行无常,诸法无我",都是依此而显示出来。缘起是说世间的一切,无论是天文、地理、自然界、动物界,乃至我们个人生理上、心理上的现象,都是依缘而存在的。佛说"缘起",是最通遍的法则。从这里才会了解佛的制度与其他的所以不同。理论与制度有关,佛法称为"依法摄僧"。把握缘起的原则,在思想上、制度上,及实际的修持上,都会有与世间不同处。世间上有许多进步的思想,有的近于缘起,但他们不能够彻底地完全地达到目标。

　　我们为什么信佛？是因为佛是大彻大悟了的。佛的大彻大悟是怎样呢？你不晓得,我也不晓得。既然不晓得,那怎么生信呢？佛坐菩提树下大彻大悟以后,为了使人也能彻悟,所以说法。佛所说出来的法义,来指导出家人应做的生活轨范——律制,与世间不同;这表示了他证悟的内容与别人不同,这是可以了解的。在心里我们不知道,说出来、做出来,总可以看到一点。研究佛教制度的根本原则,从理论事实的统一中,我发觉佛法义理超越世间特殊的地方。佛老人家的证智,我们都不知道,但从他表现出与世间不同的,特别伟大,我是从这些上,深深信得佛真正的证悟。

　　我有很多看法,与别人的看法不大相同,譬如说,某人在修行,某人开悟了!修行、开悟当然是好事情,不过,不只是佛法讲"修行"。世界上的宗教都要修行的,道家有修持的方法,中国儒家也有一点,印度婆罗门教、六派哲学都有修行的方法,西洋的神教也有啦!他们的祷告也是修行的一类。如真的修行,自然会身心有些特殊的经验,这是信仰宗教的人所应相信的,不管你自己有没有得到,这是绝对可信的。在内心当中或身体上得到特殊经验,宗教的终点,就是要靠这种特殊经验。在佛法当中,神通就是其中的一类。

所以,单讲修行,并不一定就是佛法,世界上各种宗教都有修行呢!你说你看到什么东西,经验到什么,这并不能保证你经验的就是佛法。那么用什么方法来区别呢?这有两个方法:一、与佛法的根本义理是否相合。二、行为表现是什么样子。且举一件事来说,我们中国人有时候真自觉得骄傲,美国西皮有很多人要学禅,寒山也很吃香,简直崇拜得不得了。然在我的想法,若以此为典型,作为我们学佛的模范,大家这样学,这成什么样子!因为佛教也好,其他宗教也好,都要教你正常,修行的人也要正常。中国佛教过去许多大师,能够组织佛教,能够发扬,都是平淡正常的。又如释迦牟尼佛教化,有所谓"神通轮、教诫轮、记心轮",身业、语业、意业都可以教化,可是佛法的重点是教诫轮。用语言来引导你,启发你,使你向上。现在有些人,稍为修行,就说前生后世,说神通,这不是真正的佛法。从佛的证悟以后,佛所表现出来,对弟子之间的活动的历史事实,不是那些怪模怪样的——寒山式、济公式、疯子喇嘛式的。佛老人家,生在我们人间,主要用教诫来引导,不是侈谈神通。因为外道也有神通,从神通来建立佛教,佛教就和外道一样了。我对佛法的研究着重在这两方面,这两方面的了解,能使我信心增强,推动支持我很衰弱的身体,在佛法之中,多少奉献自己的一分心力。

我研究的重点是重在根本,假使你们请我讲唯识学,我是讲不好,但若讲唯识的"基本"思想,我倒是知道一些。我读书还有中国人的习性:读书贵识大体。我现在写作,也要引证,那是适应这个时代罢了!

我们研究佛法,当然要看古代的书,印度翻译的经论,中国古代的注解。第一步,要读懂他讲些什么,但这是不够的,孔子说"温故知新",我们不是看古典的书,不只懂了就好,那就停止了,永远不进步,你要从"温故"中、从古典中,要有一种新的了解。当然不一定每一个人看书,就能写出心得,而且写出来的心得,不一定是正确的,也不一定要去发表,你放在心里,只是你看书的感受。这样研究,我们佛法才能进步,才能发扬起来。

如果只是照本宣科,从前怎么讲,我还是这么讲,一点不错,一点不错算得了什么?"没有进步了"。这个世界永远在变,诸行无常,你停止了,就等于退步,学问也是这样。

诸位读书,有的人不会读,死读、死记,老师这么讲我也把它记下来,将来我好照着讲。假如研究学问的话,这样连入门都谈不上,岂止没有进步而已。我们读书的时候,要有点新的领会,最初看书的时候,有一点自己的想法,后来知道自己想错了,知道错,就是进步了。假使三年以前以为这样,到现在还是这样,说明你没有进步。我们一定要自己时常想,使理由更充分,这个地方错误在哪里?我们在不断地纠正过程当中,不断地纠正我们认识上的错误,那么对佛法的认识就越来越正确,越来越有好的贡献大家。所以,我们要培养温故知新的精神,不仅是看懂、记住、会背会讲。

另一点,佛法是宗教的,我们学了以后,你觉得这个理论在你的心里起些什么作用?有没有一点用处?佛法总是要我们减少烦恼,叫我们增长慈悲心,叫我们对佛教有热心,来护持圣教;觉得众生非常苦恼,应该如何救度……假使我们学了这些,学了以后,自己不起这些观念,那是你纯粹在书本子看见些"概念",没有变成自己的。

不必谈真正的修证,即使我们在研究学问,或是帮助佛教,从事福德事务,我们也要时常用佛法来指导自己,把佛法的基本原理时常放在心里,时常拿来指导自己,警策自己,那么虽然深的没有,至少对自己仍有点好处。如果你越学越烦恼,一天到晚苦苦恼恼的;或者你学了自己觉得了不得,瞧不起人,看看师父、师兄、师弟都不如我,那你这个人就越来越增加困恼。真正学佛的人,要谅解人家的苦痛,要用佛法来熏陶自己,应该时常在佛法里改变气质,向来时常发脾气,脾气慢慢少发了,向来懒懒的不肯做事,慢慢肯发心了,这至少就有一点好处了!佛法究竟是宗教,不是世间的知识,希望诸位在学习当中,不要忘了这点,忘了这点,就与研究世间的学问一样,变成非佛教的。即使你研究得很好,写了几大部书摆在图书馆里,仍不得用处。

《华严经》善财童子到处参访,他去参访的人,大都不会讲别的,总是讲自己所做的。并不是你想要听禅,就讲些禅给你听,你要什么就讲什么……我向来没有能够好好做修证的工夫,只是在研究佛法，我也只能在这一方面讲一点给诸位参考。希望我们学习、研究，能在佛法的领域上研究，能使所研究的，对自己有好处，对佛教有贡献，不只是做学问而已。希望大家记住！学佛是长期性，学菩萨需要经过三大阿僧祇劫，至少我们这一生学佛，也不只是几年的事情，希望大家要继续精进！

（依光记）

三 从复兴佛教谈研究佛学

——一九四六年十月在世苑图书馆讲

研究佛学的目的,可以有各方面的不同,现在单从复兴佛教的观点来谈研究佛学。我国佛教由宋以后,就渐渐衰落了,明太祖虽洞悉僧人的种种病象而加以整顿,可是因没有把握到根本,结果也没有真能复兴。清初历代君主皆信仰佛教,保护佛教,但是佛教仍旧衰落下去。到清末民初,真是一蹶不振,莫此为甚了!

佛教的兴盛,并不能单靠国家的保护与整顿,主要的问题,在乎佛教本身,有否坚强的信仰与思想。隋唐在佛教史上称为黄金时代,原因就在各宗学者有求真的真诚;佛教的思想界,可说全盘是活泼泼的。后因种种原因,禅宗独盛,偏重行持,忽略了教理的研究,以致佛教的思想界一天天贫乏、凝固,而佛教也就一天衰颓一天了!

虚大师看到这点,知道要复兴佛教,必须从阐扬真理始,欲阐扬真理,应先造就僧材,于是有佛学院的设立。一面发挥固有的家珍,一面吸收外来(藏文系、巴利文系)新的思想,资助自己,充实自己,希望发展佛教文化为人生的指针,造福人类。虽

然造就出来的人材有限,而且也没有如大师的理想,但这是因为
中国佛教的衰落过久,积习太深,不能在短时间内成功。

现在僧青年有一个普遍的现象,就是对于祖教缺乏深切的
信心,这实在是复兴佛教过程中的严重问题。我以为复兴要有
动力,动力从信念中来,信念的基础在思想。依佛法说:佛教徒
对于佛法,要有正确坚固的认识——"胜解"。胜解是信仰的前
因,胜解后的信仰,才是真诚的信仰、理智的信仰,不是迷信。有
信仰就有"欲"与"精进",信得切,自然行得真,自然会要求信仰
的实现而努力去实行。中山先生也曾说:"有思想而后有信仰,
有信仰而后有力量。"这实是非常确切的。力量,是由于个人及
群众的努力(精进)去实现;精进的起因,基于信仰的真切;真切
的信仰,是因为有真切认识。可是在佛教的现阶段,有些人,信
心还强,但都是透不过理智的信仰,或没通过理智的信仰,一种
传统的愚妄的自信,只能抱残守缺而已。有些人,满腔热情,想
复兴佛教,但大都是不堪现实的打击而引起的冲动,缺乏佛法本
质上的理解与信仰。他们重视利济人类的实行;过激者,甚至轻
视佛法的修学与深造。缺乏自信,结果常常是与佛教无缘,自家
的脚跟却动摇了。

我们要复兴佛教,非研究佛法不可,必须要将佛教的思想
加以研究发挥,奠定我们的信仰,造成复兴佛教的动力。如现
在国民党与共产党等,为了政治的胜利与实现,无不注重主
义,都在继续不断地研究与宣传,才得到现在的成果。政党尚
且如此,何况乎宗教? 再说日本佛教复兴,虽因为他们从事社
会活动,但他们研究佛法,也大有成就。西藏的佛教徒,虽还

是保守的;但他们能维持宗风,确乎亏了宗喀巴的改革——重教学,重戒律。他们常开辩论会,佛教中心力量——活佛、格西们,大抵能贯通几大部经论。佛教的复兴决不是偶然的,决非单靠外力而能成功。

我希望自己,希望多数的同人,要从佛法的研究中,确立一个坚强的信念:佛教是确能利己利人的,唯有佛教,才是伟大的而究竟彻底的宗教。说到这里,顺便说一个故事:从前楚国有一个卞和,他献一块璞玉给楚王,说里面有宝玉。当时察看的人都说没有,说他欺骗,结果,楚王割掉他一只脚。后来,第二次又来献,结果,又被割掉一只脚。第三次仍然来献,终于被人承认,琢磨出一块高贵的宝玉来了。卞和是怎样的不惜牺牲,怎样的自信! 因为他真切地认识里面有无价的宝玉,不能让它埋没呀! 我说这个故事,比喻吾人学佛,如对佛法,确实能认识它是人类文化中最可贵者;欲救全人类的痛苦,舍此无由。那他必能由坚强的信念而发生力量。我们要宣传佛法,复兴佛教,纵或一时不能得到他人的同情,被人骂为顽固、腐化……但我们仍旧是要宣传佛法,为佛法复兴而努力。今天在此处行不通,再到明天与别处,再不行,还有后天与别处。纵然人类都不信佛法,都把我轻视,我还是不退失我的信仰。世尊在世时,富楼罗尊者要到印度边地去行化,佛说:“那边不能去,人民野蛮哩。”尊者说:“因为他们野蛮,所以我要去感化他们。”佛说:“假使他们骂你怎么样?”尊者说:“还好! 他们还没有打我。”佛说:“他们打你又怎么样?”尊者说:“还好,他们还没有伤我。”……富楼罗尊者愿意去,勇敢地去,原因就是认识得真,信仰得切。如我们能深切研究佛法,确见佛法的伟大,引发这样恳切的信心,佛法焉有不复兴的? 大家来此研究,应认识责任的重大,努力吧!

（广净记）

四　南传大藏对中国佛教的重要

　　吴老择居士来,说到高雄菩妙法师发起进行《南传大藏经》的翻译,这是中国佛教界的一件大事,菩妙法师的大心与卓见,值得随喜赞叹!

　　《南传大藏经》,是巴利语三藏的日文译本。巴利语,是从恒河流域而向西南传布的,优禅尼一带佛法所使用的当地方言。阿育王时(西元前三世纪),开始传入锡兰(今名斯里兰卡),展转传诵;西元前一世纪末,为了圣教的保存,才全部记录下来。但流传久了,有些已经转译为锡兰文。西元五世纪初,摩竭陀的觉音三藏,南来锡兰,深究三藏与各家注疏。觉音不但为经律论作释,著佛法的纲要书——《清净道论》,还将三藏圣典全部以巴利语写定。巴利语三藏,从此确定地流传下来。在现存的佛教圣典中,巴利语三藏可说是最古老的了(现存的"混合梵语"圣典,大抵是西元七世纪写下的)!释尊本着人类平等的原则,对于佛说的教法,是"听随国俗言音所解,学习佛经"的,所以印度佛教界所用的语言,传说有四大类,巴利语就是其中的一种。但在现在,巴利语是从印度传下来的,代表初期的"佛法",所以受到近代佛法学界的重视。巴利语三藏,是上座部的。上座部有分别说与说一切有二系；分别说又分出化地、法藏、饮光、赤铜鍱——四部。巴利语三藏，属于分别说中的赤铜鍱部；世亲的《成业论》，就这样的称呼它。所以锡兰佛教界自称上座部，也自称分别说者或赤铜鍱部。这虽然是部派的，但所传经律，应用印度中古时期的方言，到底去佛世不远，便于探求印度初期"佛法"的实态。把握佛法的特质，成为佛弟子的信行，在佛法的研究中，可说是太重要了！

巴利语三藏中，"律藏"近于（同一系的）法藏部的《四分律》。"经藏"分五部：前四部与四阿含相当；第五《小部》，其他部派是称为"杂藏"的。《小部》共十五种，有些成立要迟一些（语音也小有差别）。《小部》中的"佛譬喻"（"譬喻"的一分），说到了十方佛的来集；"佛种姓"与"所行藏"，说菩萨的波罗蜜多行；"本生"共五百四十七则，从传说的事迹中，显出了菩萨的德行与风格。有的部派，依"杂藏"而别立"菩萨藏"，可以想见其间的关系了。"论藏"有七部：六部是阿毗达磨；第七《论事》传说是阿育王时，目犍连子帝须所造（有些内容是后起的），评破其他部派的异义集。巴利语的"论藏"有七部，而说一切有部的"一身六足"，也是七部（赤铜鍱部传五师相承，有部也有五师相承说），这应有古代共同的传说吧！

巴利语三藏的译为华文，是非常有意义的：

一、扩大华文佛教的内容：华文佛教，是以中期"大乘佛法"为主，前有初期"佛法"的三藏，下通后期"秘密大乘佛法"的教典。初期三藏，主要从北道经西域而传入。从南方海道来的，在宋、齐、梁间（西元四二四——五一八年），有师子国比丘尼来，依律授比丘尼戒（二部得戒）；广州方面，译出《五百本生经》、《他毗利上座律》（两部都佚失了）；建康译出《善见毗婆沙律》、《解脱道论》（觉音的《清净道论》是依此而修正充实的）。这些，都从巴利语佛教中来，但没有能受到当时佛教界的重视。现在全部翻译过来，是以弥补这方面的偏缺。

二、从比较研究而正确理解"佛法"：我国过去所译的初期"佛法"三藏，属于众多部派，部帙繁多，但没有巴利语的三藏。如译出而作公正的比较研究，那一定有更好的理解。如"律藏"，过去译有大众部的《摩阿僧祇律》、化地部的《五分律》、法藏部的《四分律》、说一切有部的《十诵律》与《根本说一切有部律》——五部广律；还有饮光部的《解脱戒经》，正量部的律论等。以过去所译的，与赤铜鍱部律作比较，在组织方面，可以理解律部的成立过程；内容方面，可以发见释尊的"依法摄僧"，制立僧伽律制的原则与实施，更能从部派分化，理解适应不同地区民情而有所差别。

三、探求"佛法"与"大乘佛法"间的通道：佛法本来是一味的，因根机、传承等而有不同的开展。我国以"大乘佛法"为主，一向以巴利语三藏等"佛法"为小乘。然深一层探究，大乘甚深义，本于《杂阿含》——《相应部》等四部阿含；而十方世界有佛，菩萨波罗蜜多广大行，是从《小部》——"杂藏"中来的。我国佛教界，应依巴利语三藏的华译本，探求"佛法"与"大乘佛法"的通道，互相尊重，现在佛教已进入世界性的时代了！

巴利语三藏，传入锡兰，又传到缅、泰、高棉等地区。巴利语有语音而没有书写的文字，所以各地都用当地的字母，写下巴利语三藏;近代又有英文、缅文、日文等译本。《南传大藏经》就是日文的译本。从昭和十年到十六年(西元一九三五——一九四一),由"高楠博士纪念会"译编刊行的。四十多年前,我国曾发起《普慧大藏经》,编有依《南传大藏经》而分别译出的部分。抗战胜利,太虚大师东还,提议改名为《民国大藏经》。依日文翻译部分,主张依锡兰巴利语本,参考英译本而加以订正。由于政情的急剧变化,不能实现全译与刊行,对中国佛教来说,真是一大憾事! 现在,菩妙法师发起来翻译印行,真是太好了! 我一心祝愿,愿译藏的完善而能顺利地完成!

五 泛评周继武居士 《起信论正谬》

检周君之文,要义有四:一、真如能生非随缘义;二、真如实有非性空义;三、起信熏智非熏种义;四、缘起法中无真如义。前二后一,应加分别;其第三义,倒说难信。略叙愚见如下:

一、真如能生非随缘义者:其能生义,约依持义,约所缘义,弹内院诸师真如不生,文义可资参考。非随缘义,破贤首论师似多不宜。(一)周氏以唯识不许随缘,乃想像《起信》同于唯识亦不随缘,言随缘者是贤首臆见创说。今谓《起信》、唯识,思想渊源不同,明义有异,《起信》未必同于唯识。《起信》谈心性本净,客尘所染,心净即是本觉,学承大众心性本净。唯识谈心性无记,言本净者心体非烦恼故,学承有部心是相应善恶,体实无记。唯识纵言约心所显空理名心本净,亦不得言是本觉(觉是有为非空性故),其异一也。《起信》但立染净,学承大众但有二性,不立无记。唯识立于三性,还同有部等说,二也。唯识有漏无漏不俱,《起信》分觉已上,心识未尽即有无明,学出大众末计道与烦恼容俱现前,其异三也。《起信》梨耶,生灭不生灭和合而成,梨耶还具本觉不觉二义。其自真相即是本觉,不觉即是客体。唯识赖耶唯妄唯染,纵有无漏种子,但是依附,主客之势互倒,其异四也。《起信》梨耶但摄本觉及根本不觉，余变现根尘等摄于意中（学同地论师）。唯识"意"但取执我我所一义，余属赖耶，心意含义之广狭大异，五也。唯识真如能生（约增上缘、所缘缘）而非随缘，《起信》何必相同耶？（二）周氏谓中国学无师承，不知贤首梨耶即真如，渊源十地论师，真如随缘，非贤首首创。十地论师迷真起妄，真随妄转；天台家一理随缘；三论家亦有此意，周氏那得谓贤首创说，妄肆攻讦！（三）《起信》究竟有无随缘义！周氏谓有和合义无随缘义，有随缘义无和合义，似乎势不两立。今谓自有和合而非随缘，凡随缘者必有和合。如二人共举一石，可言和合非随缘义。随缘必和合者，且举三例：如摩尼净珠，与青染色合，现似青珠。净珠与青染色合，和合义也；净珠随青色缘而现似青珠，则随缘也。如水本无味，取盐入中，水成咸水。盐入水中，即是和合；水随盐缘而名咸水，随缘义也。如水本不动，因风波动。风水不离，和合义也；水以风缘而成动水，随缘义也。应知贤首随缘之义，无碍和合。周氏侧重不生灭与生灭和合，定言生灭是名词非动词，详如风动水之喻，无明（周氏每偏指境界，非也）熏（熏染含有动作）真之旨，可谓妙见《起信论》意，岂守文作解可窥仿佛？（四）梨耶是否即是真如，此义极难。最好依《楞伽》、《密严》，考核如来藏者何，阿赖耶者何，二者关系云何？惟学说转变，非无异义。梨耶即真，实承十地论师之学。《地论》谓阿梨耶即是第一义谛，非出贤首臆说。以《起信》本论而谈：生灭不生灭和合非一非异名阿梨耶，梨耶具本觉不觉二义，似与唯真相乖。然流支既主唯真，而十卷《楞伽疏》，亦云梨耶有二：一真，二妄。唯真与真妄和合，实不相违。

言唯真者,寻其实体(藏识之自真相);言真妄者,主客合论,何所乖违?(五)若谓真如不与生灭相应,真如不作生灭,何得言随缘?不知地论乃至贤家,既云不变随缘,亦言随缘不变。如水随盐缘而名咸水,实则盐相盐中住(出《百论》文),水还非咸。又如珠唯似青,体还本净。总之,论真如于动静之间,早成戏论。若能细味《起信》建立本觉不觉等之微意,庶或稍得超越手眼乎!

二、真如实有非性空义者:真如因空所显,体非即空,第三时教意正如此。王化中先生之说,似小难。唯周氏涉及龙树学,多不应理。即以无我而言,无我即实相,《智论》有明文。非我非无我为实相,《中论》、《智论》并有此义。周氏偏取双非为胜义有,而遗一空,盖未见圆旨。龙树言实相超四句,双非何独是耶?《中论》"一切实一切非实,一切亦实亦非实,一切非实非不实,是名诸法之实相",四句皆是,何为于中偏生取舍?离执寄诠,胜义称有;寄诠离执,胜义必空。究论实相,心行处断,言语亦灭,空有之谈,何是何非?《解深密经》谓五事具足之人,闻一切皆空即悟实相;五事不具之人,或信而未解,或解而成倒,劳我世尊曲垂方便。偏依第三时教其言可通,遍论《般若》及龙树之学,翻成摸象之谈!

三、《起信》熏智非熏种义者:彼见《起信》、唯识熏习不同,妄生臆见,正违《起信》。依《起信》文,真如熏习有二:(一)体熏习:即在缠众生本具如来藏,内在熏发,自生厌苦求乐之动机(内因)。(二)用熏习:即诸佛菩萨,于如来藏满分清净,即体起用,为平等缘而起报身,为差别缘而起化身,现通说法,三轮示导

(外缘)。众生以内具厌求之因,外遇知识之缘,染法渐去,净法渐生。如是熏习,岂是真如等流圣教起闻熏习?岂是从真如所缘缘生无漏智?总缘主观太深,以是非解《起信》者谬,即解唯识者谬,乃至不惜违背《起信》,杜撰理由。一念之乖,失常千里,可不惧哉!

四、缘起法中无真如义者:众生无量,法门非一,自有缘起即真,(离倒寂灭者方显,不可以凡夫之妄染缘起为论,但可言本真)自有离缘起而有实相。《般若经》云:"为新学菩萨说生灭如化,不生不灭不如化",此离幻化而说实也。"为久学菩萨说生灭不生灭一切如化",此即幻离倒(实生实灭等)为实相也。离倒缘起即实相,《法华经》文最显,如云:"唯佛与佛乃能究尽诸法实相。"然所谓实相,只是因、果、业、力、性、相等。又云:"如来见于三界,不如三界所见。""是法住、法位,世间相常住",岂必舍诸法而别求实相乎!但倒不倒异耳。余经所谓见缘起即见法性,即此意也。依龙树论,则有粗慧、妙慧之分。粗慧如淘沙取金,妙慧如指石成金,一切诸法即是实相。观十二缘起如虚空不可尽,即是菩萨坐道场时不共中道妙观,岂同小乘十二缘起(《智论》分三种),离缘起而求一灭。《圆觉经》云:"诸幻尽灭,非幻不灭"等,并是离幻说实。然寻其意趣,偏指染执边而作此言。若能离诸妄执,岂不五蕴、十八界等,皆是如来藏妙真如性乎?周氏知于一切法离一切相,不能离一切相即一切法,虽复不许一理随缘,终是缘理断九之机。离缘起性空别指一实,古人所谓但中,非即此乎?

六 《台湾当代净土思想的动向》读后

《台湾当代净土思想的动向》,江灿腾先生所作,是一篇有意义的文字。该文说到我的地方,似乎过分推崇了,期待也就不免高了些。有关佛教思想的史实,我想略作补充。

一、我是太虚大师门下的后进,受虚大师思想的影响很大。大师说:"律为三乘共基,净为三乘共庇。"广义的净土说,就是我论列净土思想的原则。一九四〇年,虚大师讲《我怎样判摄一切佛法》,分佛教为三期:"一、依声闻乘行果趣发大乘心的正法时期。""二、依天乘行果趣获大乘果的像法时期。在印度进入第二千年的佛法,正是传于西藏的密法。中国内地则是禅宗、净土宗。""三、依人乘行果趣进修大乘行的末法时期。……到了这时候(现代)……依声闻行果,是要被诟为消极逃世的;依天乘行果(密、净),是要被谤为迷信神权的,不惟不是方便,而反成为障碍了。"这是虚大师的晚年定论,方便地融摄了密与净,而主张现在应弘扬"人生佛教"。关于净土,一九三二年冬,大师在厦门成立慈(弥勒)宗学会;并合编《弥勒上生经》、《瑜伽师地论·真实义品》、《瑜伽菩萨戒本》为《慈宗三要》。一九四六年,还在上海玉佛寺讲《弥勒大成佛经》。我的赞扬弥勒净土,就是依这一思想而来的。一般说,大师是中国佛教传统,其实游化欧美归来,已大有变化。一九三一年七月,在北平讲《大乘宗地图释》,说到:"今后之佛学,应趋于世界性,作最普遍之研究、修证与发扬。……今后研究佛学,非复一宗一派之研究,当于经论中选取若干要中之要,作深切之研究,而后博通且融会一切经律论,成圆满之胜解。"那时已不是早期"上不征五天,下不征各地"的中国传统,而趋向世界性的佛教了。所以一九四〇年从锡、缅回来,要说中国佛教,"说大乘教,修小乘行";缅甸、锡兰方面,"所说虽是小乘教,所修的却是大乘行",有采取南传佛教长处的意思(上来所引大师说,都可在《太虚大师年谱》中找到)。有世界性的佛教倾向,所以对"天乘行果"的大乘,不反对而认为不适宜于现代;针对重死重鬼的中国传统而说"人生佛教",大师是深入中国佛学而又超越了旧传统的。至于我,秉承大师所说的研究方针。着重印度佛教,正因为这是一切佛教的根源;从印度长期发展演变的佛教去研究,才能贯摄世界不同类型的佛教。

我与大师是有些不同的:一、大师太伟大了!"大师是峰峦万状,而我只能孤峰独拔。"二、大师长于融贯,而我却偏重辨异。如我论到迦叶与阿难,大师评为:"点到为止。"意思说:有些问题,知道了就好,不要说得太清楚。我总觉得还是说得明白些好,哪知说得太明显了,有些是会惹人厌的。三、大师说"人生佛教",我说"人间佛教":"一般专重死与鬼,太虚大师特提示人生佛教以为对治。然佛法以人为本,也不应天化、神化。不是鬼教,不是(天)神教,非鬼化非神化的人间佛教,才能阐明佛法的真意义。"(《游心法海六十年》)其实,大师也说:"融摄魔梵,渐丧佛真之泛神秘密乘,殊非建立三宝之根本。"可是"点到为止",只说不适宜于现代而已。四、在印度大乘佛教中,大师立三宗,我也说三系,内容大同。不过我认为:在佛教历史上,"真常唯心论"是迟一些的;大师以此为大乘根本,所以说早于龙树、无著。我与大师间的不同,除个性不同外,也许我生长的年代迟些;遵循大师的研究方针,世界性(佛教)的倾向更多一些。我虽"不为民族情感所拘蔽",而对流行于印度或中国的"怪力乱神"、"索隐行怪"的佛教,与大师同样的不会尊重他们,也许我还是个真正的中国人!

二、一九五一年冬,我在香港讲《净土新论》,"是依虚大师所说,净为三乘共庇,说明佛法中的不同净土,在往生净土以外,还有人间净土与创造净土"(《游心法海六十年》)。《念佛浅说》,是一九五三年冬,在弥陀佛七法会中所讲,由人记录下来的。《念佛浅说》中说:"照着经论的意趣说,不敢抹煞,也不敢强调。……并没有贬低净土法门的价值。"弥陀诞以后,"漫天风雨","在我平凡的一生中,成为最不平凡的一年"。"年底年初,传播的谣言,也越来越多。有的说印顺被捕了。有的说拘禁了三天(最近还有杂志,说到我被拘)。有的说……"传说《念佛浅说》被"少数教徒"焚毁,也就是那个时候。江文以为:"少数教徒,即指大名鼎鼎的李炳南先生",那是传说中的"少数教徒",又转而成为一人了。那时的流言、传说非常多,传说是越说越多的;传说就是传说,是不用过分重视的。一九五三、五四年间,我受到"漫天风雨"的侵袭(一直影响下去),主要是"一、我来台去日本出席世佛会。……二、我（到台湾）来了，就住在善导寺。"（以上引文，都见于《平凡的一生》）我在台湾佛教界，大家"不以为然"，这才是主因；衰落的中国佛教界，思想只是附带的成分。一九六五年三月，日本藤吉慈海教授来访。他"这次访问台湾佛教界，一提到印顺，似乎都表示不以为然，但到底什么事不对，大家又说不出来。我不好意思说别的，只说也许与净土有关吧"（《法海微波·序》）！"我不好意思说别的"，在国际佛教友人面前，我还能说"漫天风雨"问题吗！"大家又说不出来"，我想也是不愿提到具体问题。对藤吉教授的谈话，如推想为大家对印顺"不以为然"，就是为了《净土新论》，那可不免误会了。

三、江文末后说："《净土新论》的高超理想……，却不被台湾佛教界广为接受。显然存在着理想与现实的差异。"这句话说得非常正确！现实的中国佛教，或称之为"庶民的宗教"，那是佛教已与民间习俗相结合的（不只是"念佛"）。流行民间而成为习俗，要改革谈何容易！然不能适合现实，也并非毫无意义。如虚大师倡导改革佛教，没有成功，但对现代佛教界，多少有些启发性。孔子怀抱大志，周游列国，毫无成就，但他的思想，由弟子传述而流传后世。至于我，如《游心法海六十年》说："虚大师所提倡的改革运动，我原则是赞成的，但觉得不容易成功。出家以来，多少感觉到，现实佛教界的问题，根本是思想问题。我不像虚大师那样，提出教理革命，却愿意多多理解教理，对佛教思想起一点澄清作用。""理论和现实是有差距的"，写一本书，就想"台湾（或他处）佛教界广为接受"，我从没有这种天真的想法。我只是默默地为佛法而研究,为佛法而写作,尽一分自己所能尽的义务。我从经论所得到的,写出来提供于佛教界,我想多少会引起些启发与影响的。不过,也许我是一位在冰雪大地撒种的愚痴汉!

七 论三谛三智与赖耶通真妄

——读《佛性与般若》

　　三年前,杨君惠南寄赠一部牟宗三先生著的《佛性与般若》,并说书中有论到我的地方,问我有什么意见。我的体力衰弱,正专心于某一论题的探讨,所以一直搁下来。最近在妙云兰若小住,才读完了这部书。我直觉得,这是一部难得的佳作!一、传统的中国学者,从前的理学大师,论衡佛法,大都只是受到些禅宗的影响。近代的《新唯识论》,进一步地学习唯识宗,所以批评唯识,也依唯识宗的见地而说空说有。现在,《佛性与般若》,更广泛地论到地论师、摄论师、天台学与贤首学。在"讲中国哲学之立场","展示其教义发展之关节,即为南北朝隋唐一阶段佛教哲学史之主要课题"。在更深广地理解佛学来说,即使我不同意作者的方法,也不能不表示我由衷的赞叹!二、全书以般若与佛性为纲领,大概地说,般若(实相)与佛性,代表了印度的初期大乘(西元二〇〇年以前)与后期大乘(西元二〇〇——五〇〇)。佛法传来中国,通过中国学者的思想方式,形成中国独到的佛学,如天台与贤首宗(禅宗重于行)。天台学为《法华经》圆义,贤首学为《华严经》圆义。其实,《法华》与《华严》是初期大乘经(《华严经》少分属于后期)，而天台与贤首的圆义，是西元七世纪中国学者的卓越成就！三、作者"欣赏天台宗"，自称"主观的感受，不能不与个人的生命气质有关"。欣赏天台学，所以依天台的义例来衡量佛法。但对于通教，有他自己的一番看法。在别教中，赖耶缘起为"始别教"，如来藏缘起为"终别教"，调和了天台与贤首的意见。法界缘起为"别教一乘圆教"，表示《法华经》，应该说天台法华义的纯圆独妙。我以为，"别教一乘圆教"，到底也是圆教。"圆"，正是古代中国佛学者的理想，从出入经论，统贯该综而形成的中国佛学。读了这部书，觉得可讨论的地方很多；但这里，只想对有关论到我的部分，略作说明。

《摄大乘论讲记》、《中观论颂讲记》，是我四十年前的讲录，该书作者见到了而有所论列。我以为，《中论》但明二谛，说《中论》明三谛，是"违明文"、"违颂义"的。该书说："天台宗根据因缘所生法偈，说空假中三谛，虽不合偈文之原义，……无不合佛意处，甚至亦无不合龙树之意处。"（原书二六页）"焉能一见三谛，便觉其与《中论》相违！说其违原文语势可，不能说其违义也。说违二谛明文亦可，然二谛三谛相函，并不相冲突，故义亦无相违也。"（九七页）"说违原文语势可"，"说违二谛明文亦可"，那么我说三谛说违反《中论》的明文，应该是可以这样说的。我说"违颂义"，该书也说"虽不合偈文之原义"，似乎也没有什么不同的意见。我讲《中论》，只是说明《中论》的原义。如依天台(博涉经论)所立的义例，拿来讲《中论》，如说"五种三谛"等，那又当别论。这是古(《中论》)为今(天台)用；如依《中论》,我想是不可能悟出"五种三谛"等妙义的。

关于三智一心中得,我说:"天台宗说三智一心中得,以为是龙树《智度论》说,真是欺尽天下人! 龙树的《智论》还在世间,何不去反省一下!"我既没有说明理由,话也似乎重了一点! 该书广引论文,结论说:"今查《智论》明文如此,何故欺尽天下人!"(一八——三七页)我想,如论意义的可通或不可通,讨论是很难有结果的。既然是重在"《智论》明文",我也不妨再引论文,让读者自己去论断。《大智度论》是解释《大品般若经》的。(初品)经上(以下经论文,并见《智论》卷二七)说:

> "菩萨摩诃萨欲得道慧,当习行般若波罗蜜。菩萨摩诃萨欲以道慧具足道种慧,当习行般若波罗蜜。"
>
> "欲以道种慧具足一切智,当习行般若波罗蜜。欲以一切智具足一切种智,当习行般若波罗蜜。"
>
> "欲以一切种智断烦恼习,当习行般若波罗蜜。"

经文是连续的,论文分为三段。第一段,解说道慧、道种慧:"道",论举一道……一百六十二道,"无量道门"。论文没有明确地分别道慧与道种慧,但道慧与道种慧,总之是菩萨的二慧。第二段论说:

> "问曰:一切智、一切种智,有何差别?"
>
> 答曰:"佛一切智、一切种智,皆是真实。……佛是实一切智、一切种智。有如是无量名字,或时名佛为一切智人,或时名为一切种智人。"

　　第二段所论的,是一切智与一切种智,这二智是佛智。或说声闻得一切智,那是"但有名字一切智",其实佛才是一切智,佛才是一切智人、一切种智人。成佛,应该一念心中具足一切的,但经上说:"欲以道种慧(或简称道智)具足一切智","以一切智具足一切种智","以一切种智断烦恼习",似乎有先后的意义,所以论文在第二段末、第三段初说:

　　　　"问曰:如佛得佛道(菩提)时,以道智得具足一切智、一切种智,今何以言以一切智得具足一切种智? 答曰:以道智虽具足得一切智、一切种智,而未用一切种智。"(约用有先后说)

　　　　"问曰:一心中得一切智、一切种智,断烦恼习,今何以言以一切智具足得一切种智,以一切种智断烦恼习? 答曰:实一切一时得,此中为令信般若波罗蜜故,次第差别说。先说一切种智,即是一切智。道智名金刚三昧,佛初心即是一切智、一切种智。"

　　"一心中得一切智、一切种智","佛初心即是一切智、一切种智"。一切智与一切种智,是佛智,"一心中得"。上文说:"道智名金刚三昧",金刚三昧是菩萨最后心,下一念就是"佛初心,即是一切智、一切种智"。所以一切智与一切种智,是佛智;道(种)智是菩萨智,是先后而不能说"一心中得"的。道,无论是道慧、道种慧,或道智、道种智,总之是菩萨的智慧,论文说得非常明白,如说:

　　　　"初发心乃至坐道场,于其中间一切善法,尽名为道。

此道中思惟分别而行，是名道智，如此经后说：道智是菩萨事。"

"问曰：佛，道事已备故，不名道智；阿罗汉，辟支佛诸功德未备，何以不名道智？答曰：阿罗汉，辟支佛道，自于所行亦办，是故不名道智，道是行相故。……（菩萨所修成）佛（之）道，大故，名为道智；声闻辟支佛（所修之）道，小故，不名道智。"

道智是菩萨智，"道是行相"，也就是修行的道。佛已修行圆满，更无可修，所以不名道智，名为一切智与一切种智。二乘中，阿罗汉与辟支佛也是"所作已办"，与佛同样的称为"无学"，所以二乘不名为道智。本来，二乘的因行也是可以名为道的，但比佛的因行——菩萨遍学一切道来说，微不足道，所以不名为道智，而道智与道种智，成为菩萨智的专称。总之，在《智论》卷二七中，"一心中得"的，是一切智与一切种智——佛智；道智或道种智是菩萨智，论文是非常明白的！

天台学者的"三智一心中得"，应该是取《大品经·三慧品》的三智，附合于初品的"一心中得"。《三慧品》的三智是："萨婆若（一切智）是一切声闻、辟支佛智，道种智是菩萨摩诃萨智，一切种智是诸佛智。"这是将二乘、菩萨、佛的智慧，约义浅深而给以不同的名称。一切智是佛智，从《小品般若》以来，为大乘经所通用。《大毗婆沙论》（卷一五）正义，也说一切智是佛智。佛才是一切智者，二乘哪里能说是一切智！《智论》引《三慧品》，也说："佛一切智、一切种智，皆是真实，声闻、辟支佛但有名字一切智，譬如画灯，但有灯名，无有灯用。"所以《三慧品》的三智,只是"一途方便",显示智慧的浅深次第而已。以二乘、菩萨、佛智的浅深次第,与"一心中得一切智、一切种智"相糅合,而说"三智一心中得",是天台宗学而不是《智度论》义。论说"一心中得一切智、一切种智",是二智一心中得,论文是这样的明白!

我的《摄大乘论讲记》,提到真谛的思想。真谛的《摄大乘论释》,比对隋达磨笈多、唐玄奘的译本,无疑是有所增附的。该书说:"真谛本人的思想,是向往真心派的。……他之解释《摄论》,不合《摄论》原义,乃是事实。"(三一〇页)但依我的理解,真谛将如来藏学糅入瑜伽学,如《摄论释》;将瑜伽学糅入如来藏学,如《佛性论》:真谛存有调和二系的意图。调和二系的基本原理,是出于《摄大乘论》的,真谛是将《摄大乘论》的微言,引申而充分表显出来。所以不能说真谛"两派的混扰",应该说是站在瑜伽学的立场,而进行二大系的调和。

论到无漏从何而生,我说唯识学有二系:《瑜伽论》与《大乘庄严论》,立"本性住种性"与"习所成种性";《摄大乘论》但立新熏——"闻熏习"。不同意但立新熏的,如护法回复瑜伽学的古说,立本有与新熏二类;或立理性佛性。该书对我所说立理性佛性一段,认为"有相刺谬处"(三一三——三二〇页)。我说得简单了一点,没有说明"原是一个",所以引起重重的疑难。《瑜伽论》(卷三五)所说无漏本性住种,是:"本性住种性者,谓诸菩萨六处殊胜有如是相,从无始世展转传来,法尔所得,是名本性住种性。"《瑜伽论·菩萨地》的古译,《菩萨善戒经》(卷一)这样说:

"言本性者,阴界六入,次第相续,无始无终,法性自尔,是名本性。"

《瑜伽论》的"六处",只是"阴界六入"的略译。《善戒经》的本性(住种性),与如来藏说对比如下:

"一切众生有阴界入胜相种类,内外所现,无始时节相续流来,法尔所得至明妙善。"(《无上依经》上)

"如来法性,在有情蕴处界中,从无始来展转相续,烦恼所染,本性清净。"(《大般若经》卷五六九)

"如来藏自性清净,转三十二相入于一切众生身中,……阴界入垢衣所缠。"(《楞伽阿跋多罗宝经》卷二)

如来藏与本性住种,同样是在阴界入中的"胜相",无始相续流来,法尔所得的,我所以说"原是一个"。只是《瑜伽论》主不同意性德本有论,转化为事相的本性住种性。真谛所译的《佛性论》(不可能是世亲造的),以"二空所显真如"为应得因,就是理性佛性。立本性住种的,三乘究竟,五性各别,立理性佛性的,说一乘究竟:沿着不同的思想体系而互相对立。我所说的"不读大乘经的唯识学者",意指后代的唯识学者。立理性佛性,又立本性住种性,这本来是一事,所以说是"头上安头"。如立理性佛性,就应该《佛性论》那样,"唯是一乘,不能说有究竟三乘"!一乘,这是唯识学者所不能同意的。如承认了,就与自宗(瑜伽)的五性各别不合了。这一段,我觉得没有什么"刺谬处"。该书说:"此理性佛性,亦不能与如来藏自性清净心为同。印顺以诸法法性本具的一切无为功德(接近心性本净说),来意指世亲(指《佛性论》)的理性佛性,据上世亲文,未见其是。"
(三一八页)在佛教教典发展史所见,起初,如来藏是"如来藏
(真)我";后来,与心性本净说相合,成为"如来藏自性清净心";
迟一些,如来藏与阿赖耶识相合,而有"如来藏藏识心",如《楞
伽经》。对于有真我、真心模样的如来藏,瑜伽学系以为是不显
了说,为诱引计我外道的方便说;以"清净真如无差别",解说如
来藏,如《大乘庄严经论》(卷三)《菩提品》、《摄大乘论释》(卷
五)《所知相分》、《楞伽经》(卷二)。所以,真谛以"二空真如"
为理性佛性,在瑜伽学者的论义中,正是如来藏,不能说"未见
其是"。要知道,在佛教中,"经通论别",经义总是随论者而异
说的。如来藏的本义,是另一问题,瑜伽学者是解说为"真如"
的。这正如《法华经》的本义是一回事,三论、贤首、天台,甚至
唯识学者,各依自宗的义理来解说,都是觉得合于自宗的。"经
通论别",是佛教史上的事实,瑜伽学系以真如为如来藏,不能
说不是的。

　　在我解说"阿赖耶为所知依"处,该书评为:"此解语疏阔,
颇有问题。"解说"果断殊胜"的"附论",也以为"和他讲《摄论》
开头阿赖耶为所知依一语时的话完全相同"(四二一——四二
九页)。当然也是有问题了。我讲《摄论》时,确有些沟通阿赖
耶缘起、如来藏缘起的意图。要知道,阿赖耶缘起,内部有不同
的见解;如来藏缘起说,并不等于中国学者所说的"随缘不变,
不变随缘",更不等于一心开二门,真妄互相熏。我是研究印度
经论,观察这二系是否可以沟通,沟通的关键何在。我以玄奘所
译的《摄论》为讲本,希望取得唯识宗学者的尊重。我觉得,真

谛的"一能变"说，阿赖耶有"解性"说，不是真谛的私意，而与《摄论》有关。《摄大乘论》，主要是依《阿毗达磨大乘经·摄大乘品》而造的。这部经没有译出，但从部分的引文来看，在瑜伽唯识学中，是有特色的！《摄论》引《阿毗达磨大乘经》说：

"法有三种：一、杂染分；二、清净分；三、彼二分。"

无著解说为："遍计所执自性是杂染分，圆成实自性是清净分，即依他起是彼二分。"举譬喻说：土，如杂染分；金，如清净分；地界（矿藏），如彼二分。依他起性，如矿藏一样，平时只见到泥土，但经过冶炼，就显出金质，金质是本有的。所以，在凡夫位分别心中，依他起现虚妄杂染，而内有不变清净的真实。因此，《摄论》解释依他起性的定义时，在唯识学共义——"依他种子熏习而生起"以外，别立"依他杂染清净性不成故"。世亲解释为："如是依他起性，若遍计时即成杂染，无分别时即成清净；由二分故，一性不成。"这就是《阿毗达磨大乘经》依他起通二分的意义。依他起性，依唯识说："三界心心所，是虚妄分别。"而一切心心所，以阿赖耶识为本，为"所知依"。无著引《阿毗达磨大乘经》二偈，证成阿赖耶识体与名；但在解释中，仅解第二偈。真谛引如来藏说，解初偈为："此即此阿黎耶识，界以解为性。"这虽是无著本论、世亲释论所没有的，但以初偈为如来藏（界），《宝性论》旧有此说。而且，矿藏一般的依他起性，通于二分，即使论无明文，说阿赖耶识有杂染性、清净性——二分，也是不会错的。从依他起通二分中，看出了染净、真妄间的关联所在。如《辩中边论·初品》，分"虚妄分别"（依他，心）、"所知空性"（圆成实性)二段。"所知空性"末了说:"非染非不染,非净非不净,心性本净故,由客尘所染。"这是说空性、真如为"心性本净"了。《大乘庄严经论·弘法品》说:"已说心性净,而为客尘染;不离心真如,别有心性净。""心性本净",约圆成实性说,不是依他起虚妄识相,而是不离依他起识(心)的真如本净。心性本净是心真实性,这是瑜伽学所共通的。《庄严论》所说的"不离心真如",梵本作"不离法性心"。是"法性心",那也可说"真如心"了。流支所译的《唯识论》说:相应心是"心意识了",即一般的虚妄分别心;不相应心是"第一义谛常住不变自性清净心"。所以真如、法界,是心的法性,本性清净,也是可以称为"心"的。原来,"心清净,客尘所染",本出于小乘的《增一阿含经》。在部派中,就写作"心性本净"。心性本净就是"心本性净"。本性也可以译作自性(与一切法无自性的自性,梵文不同),所以心性本净,就是心自性净。大乘经中,多数译作"自性清净心";自性清净心与心性本净、心自性净,只是译文不同,梵文可说是一致的。瑜伽学者依真如说如来藏,经依他起性(心)通二分,而后(唯识学者所宗依的)《楞伽经》,立"如来藏藏识心"。如来藏是真如别名;"为无始虚伪恶习所熏",也就是为无始来虚妄遍计所执种子熏,一切种子心识,名为藏识。藏识是虚妄的,而藏识的自真相,就是自性清净如来藏。如来藏与阿赖耶的关系,《密严经》更这样说:"我说如来藏,以为阿赖耶,愚夫不能知,藏即赖耶识。"这样的真心(心真如,法性心)与妄识的关系,印度大乘是顺于唯识学的,在众生位,妄识与真如(心)不离,《起信论》也是大致相同的。

"世亲释论曾这样说:若(与有漏种子)有异者,⋯⋯阿赖耶识刹那灭义亦不应成。"我这样说,认为有漏习气灭尽了,阿赖耶识也就不能成立;"转阿赖耶识得法身","常住为相"。该书不留意《摄论》的特义,专依《唯识论》的见解,评为"这段附论有问题"(四一五——四一六页)。《瑜伽论·抉择分》,正智属于依他起性。《成唯识论》依据这一原则,说四智菩提,与智相应的净识,都是无漏的有为生灭。然而,唯识学不一定是这样说的,如《楞伽经》说:"正智、真如,是圆成实";所以能起正智的"无漏习气,非刹那法",也就是不生灭的。《摄大乘论》引《阿毗达磨大乘经》偈说:

> "若说四清净,是谓圆成实。自性与离垢,清净道所缘,一切清净法,皆四相所摄。"

四清净总摄一切清净法,是圆成实性,内涵极为广大。"自性(本性)清净":"真如、空、实际、无相、胜义、法界",如来藏就是依此而说的。"离垢清净":真如(等)离垢所显;最清净法界就是成佛。"得此道清净":如菩提分法,一切波罗蜜多,是菩萨证得真如,证得究竟佛果的圣道。"生此境清净":法界等流的圣教,(闻熏习,)是生此圣道的所缘。这四清净,前二类是"无有变异"——常,所以名圆成实。后二类是"无有颠倒"——谛,所以名圆成实。在这四清净中,佛果德不是"道",更不是"所缘"。如不是"离垢清净",常住的圆成实性,又是什么?《摄论》(卷下)所说的佛果,是这样的:

> "断,谓菩萨无住涅槃,以舍杂染,不舍生死,二所依止

转依为相。此中生死，谓依他起性杂染分；涅槃谓依他起性清净分；二所依止，谓通二分依他起性。转依，谓即依他起性，对治起时，转舍杂染分，转得清净分。"

"诸佛法身以何为相？应知法身略有五相：一、转依为相：谓转灭一切障杂染分依他起性故；转得解脱一切障，于法自在转现前，清净分依他起性故。"

大涅槃、法身，都是转依所得的"离垢清净"。转依，是转舍依他起性杂染分，转得依他起性清净分：约依他起性通二分说，是《摄大乘论》特有的胜义。涅槃，约离执证真寂灭说，是断德；菩萨能分证真如，所以转依通于菩萨。法身是佛的自性身，"于法自在转现前"，就是无漏功德佛法的圆满自在；"白法所成"，名为法身，是智德。约依他起性通二分而说转依，安立涅槃与法身，与唯识宗是不完全相同的。

在转染成净中，《摄大乘论》立"闻熏习"，"虽是世间（有漏），而是出世心种子性"。等到引生出世心，无漏圣智现前，现证真如，由此而起的无漏熏习，是否生灭？怕是《楞伽经》那样，"无漏习气非刹那法"！依《摄论》说：闻熏习是寄在异熟阿赖耶识中的，但非阿赖耶所摄。"虽是世间，应知初业菩萨所得，亦法身摄"；二乘是"解脱身"摄。所以，阿赖耶识为一切染净种子依止，而闻熏习却是摄属法身的（初业菩萨的法身，是法界、如来藏别名，如经说：法身流转五道，名为"众生"）。《辩中边论》（卷上）说："由圣法因义，说为法界，以一切圣法缘此生故。"法身（法界）摄得闻熏习，能起一切圣法（真谛《摄论释》卷三说："圣人依者，闻熏习与解性和合，以此为依，一切圣道皆由此生",正是这个意思),一直到究竟离障清净,圆满功德,成为最清净法界的法身。该书以为,无漏种"摄属于法身,但他本身并不就是法身"(四一六页)。如说无漏种子不就是法界,也许还可以说。圆满法身是佛的"果智殊胜",如无漏种子并不就是法身,那又属于什么? 从依他起性(阿赖耶识为本)通二分来说,可说有表里层的。表面上,阿赖耶识为一切有漏无漏种子所依止,一直到成佛为止的;而底里,从有漏闻熏习以来,一直属于心本净性——真如、法界,或称之为如来藏的。无漏习气是属于阿赖耶识的本净性;到了究竟清净,就失去了阿赖耶识的名字。

阿赖耶识为有漏无漏种子所依止,称为阿赖耶缘起的,《瑜伽师地论》(《本地分》)的成立最早,兴起于印度北方。如来藏(自性清净心)为依止,有生死、有涅槃,从众生到成佛的经典,称为如来藏缘起的,兴起于印度南方。妄识为依,真心(有真我意义)为依,成为不同的二大流。《阿毗达磨大乘经》是阿赖耶识、唯识说,立依他起通二分:表面上是赖耶缘起,而内在贯通真心说(主新闻熏习,与如来藏说还有多少距离)。《摄大乘论》就是依此,而有其特色的。《楞伽经》说五法、三自性、八识、二无我,多同于瑜伽唯识学,而立"如来藏藏识心",立"无漏习气非刹那",是在依他起性通二分的基础上,与如来藏缘起更接近一步。我讲《摄大乘论》,"附论"中涉及真、妄的关系,只是表示依他起性通二分,有会通真、妄的倾向。如偏据《成唯识论》,阿赖耶识唯妄唯染,以此来衡量我的讲记,那是由于所依不同,所说也不免不合了!

八 《昙鸾与道绰》阅后

　　四明石芝晓法师,为一天台宗学者,虽弘扬净土,与昙鸾、道绰不同。昙鸾与道绰,判易行与难行、净土与圣道二门。以为念佛往生,持戒与犯戒,定心与散心,愚痴与智慧,并承佛悲愿而生。易言之,但须念佛,即得往生,犯戒等根机,不在简别之列也。净土与圣道之判,即信愿往生与戒定慧——圣道之别。故其弊,不重戒定慧之圣道,而以往生为纯由佛力,善导承其绪余,所作《观经四帖疏》,即有此意。日本学者唐代来华,传承此善导之法流,乃演出弃髦戒法,甚至专凭信愿,不重持名(盖以持名而至一心不乱,即由念佛而得三昧,等于圣道)之真宗。杨仁山老居士曾专书以弹真宗,即于善导之说,致其微词。日人每谓念佛法门,有慧远流,有善导流。然在中国,宋元明以来,渐融此二流,即不废圣道而特重信愿持名。于昙鸾、道绰等之极端说法,不加尊重。石芝晓法师之双取慧远与善导,不取昙鸾与道绰,殆有此意乎?

　　讲者于昙鸾与道绰,似极赞其对净土宗之功绩,而后举印光大师之三义以劝人,适成乖角。盖若以昙鸾、道绰说为指南,净土行即不能与台、贤、三论、唯识、禅、律诸宗相融而行。故知宋元明清之中国佛教，为趣向融合之佛教，净土亦由台、贤、禅、律等诸宗相助而日盛。虽世之净土行者，或以学涉台、贤、禅等为不专而专提持名，然亦无人敢弃圣道而言净土，如真宗者之说也。

九 读《中国历代佛教书画精粹》后

佛光山文化服务处寄来《佛光学报》与《中国历代佛教书画精粹》第一集。闲来翻阅《佛教书画精粹》,觉得在选材与印刷上,都相当的好。但有关书画的说明,有几则是有修改必要的,例如:

五页,说明作"元刘贯道:佛像"。这幅画,有三个人;松树下有虎伏在地上;地下的大石上,写一"佛"字。这幅画,无疑是禅宗所传说的,"四祖道信牛头山化法融"的故事(可检读《传灯录》)。头上有圆光,右手指着石上佛字的,是道信;对立的是法融;在旁手拿禅杖的,应该是四祖的侍者。这是禅宗祖师画,不能说是"佛像"。

廿一页,说明作"观音佛像"。在佛教中,佛与菩萨是有分别的,这应该是"观音菩萨像"。

廿八、廿九页,说明作"百佛来朝"。这是一句不通的话,佛是至高无上的圣者,怎么可说"来朝"? 来朝见谁呀! 这幅画,并无"朝"见形迹,只是几位梵僧在一起而已。不过刊出的只是"部分",不知全图的内容如何?

卅八页,苏东坡应是"苏轼",说明作"苏轼",可能是校对的错误。

七九页,高雄市楠梓区禅海寺所藏的,是一笔写成的草书"龙"字。说明作"千年前唐代普陀山第七代高僧智德大师墨宝"。这是有问题的!普陀山是梁贞明年间,慧锷祖师开山的。在唐代,这里还是外海渔岛,哪里有第七代高僧?这是与佛教史明显抵触的。这位"普陀山智德",是近代人。一九三三年到一九三六年冬,我在普陀佛顶山慧济寺阅藏经时,就与他同住在阅藏楼。他是太湖东洞庭人。曾经担任普陀的全山知众;后来任慧济寺的首座,在阅藏楼阅藏。他有商务印书馆影印的《续藏经》;在影印《续藏经》的请经名单中,就有普陀山智德的名字。那时,智首座已经六十多岁,还非常健壮。我听他说起:在民国(十五——二十)年间,普陀山大乘禅院的监院,名了×(忘了)。为了修建大殿,到台湾来筹款。当时,约智首座同来。智首座为人写字,也画几笔兰竹,与人结缘,以帮助筹款的进行。这幅一笔龙字,一定是那时写的,所以保留在台湾。抗战胜利,我回到普陀,问起智首座,知道早已离去,在江苏东海,住持一个有名的道场(可能是云台山)。现在台湾的煮云法师,胜利后也住过佛顶山的阅藏楼,不知听人说起这位智首座没有?我想,凭纸张与书法,是近代还是古代,行家是一望而可以看出来的。

上面这几则说明,似乎都有问题,特别是第七九页。佛教太衰了,一般人——艺术家也不例外,对佛教的佛、菩萨、罗汉,往往不能明确地辨别,只是随意称呼。我觉得,这部选集也许还要再版,最好能修正一下,那就更完善了。

一〇　印顺导师访问记

问:静坐时,如何静下来止观?

答:修道的主体,不外乎止观,因止观而成就定慧。或依止而修观的,也有依观而成就止的。但一般来说,真正的观慧要成就止才能起修的。约达成静止来说,方法很多,但基本原则是不变的。第一、要在心理上抓住一事,如一开始就想什么都不想,那是一般人所做不到的。这也就是说,先要修"念"。佛法中,如念佛、念法、念僧等是念,"数息观"是"安那般那念",就是念出入息;不净观也是"念不净"。心要安在所念上,不让它跑掉,如念佛的,心不离于佛这一念。能系念不忘,其他的杂念事自然就没有了。

第二原则是:如"念"一驰散,就要马上抓回来——"摄心"。初学习时,念是一定要驰散的,忽而想这,忽而想那,不可能安住在所念的。心念虽然散失了,不要心生厌、悔,只要立刻把它抓回来;否则徒增烦恼。念一跑就抓回来(只怕妄想驰散到别处,而不能警觉);慢慢的念稍一动,就能很快安住所念了,到最后,不再驰散,心便安静地住在那里了。"摄念"如照顾小孩子一样,不是一次两次的,要多次的教导,才会习惯下来,否则打他骂他，也是没有用的。这也就是孟子说的："求其放心而已矣！"经上有一个有趣的比喻说：心好比小狗一样，是到处乱跑的，必须要用一根绳子把它拴在柱子上。起初，它还是乱转乱跳，但等到转无可转，跳无可跳，也就静静睡下来不动了。修止要修念，修是"修习"，慢慢地习以成性，心就会静下来而安住不动了。到后来，只要一坐，心就静下来了。一直到"超作意位"，自然安住，才算是真正成就了。有此静止心，再修习观慧，不断地修习，不断地进步，最后到达"止观双运"，才能引发真般若。

问：修行人是否每天静坐比较好？

答：修行人，能静坐是最好的，但修行要有善巧。年轻人，体力好，如果思想不太复杂，静坐是比较容易静定的。从前，出家人静坐的时间很多，在家人事业忙，每天也没有太多时间来静坐。最好，每天静坐，要有一定的时间，每天规定在一定的时间，起初时间不要长，而是慢慢地增加。否则，时间长了，坐不住而勉强，只是增加心烦意乱而已。无论学习什么，一定要有兴趣，静坐也是一样，不可勉强时间延长，如勉强而引起烦躁，一失去兴趣，就成障碍了。在一定的时间内静坐，渐渐延长时间，如果坐得好，如法善巧，比一天到晚静坐的人，不一定差到哪里去。所以要有一定时间，只因养成习惯性，是很重要的。从前吃鸦片的人，有的每天在一定的时间里抽一次，结果六七天就上瘾了；另有一种人，今天晚上抽一次，明天早上又抽一次，没有一定的时间，个把月下来还没有上瘾，这主要是时间不定，不容易成为习惯。因此，在一定时间内不间断地实行，充满兴趣而养成习惯，在修习上是相当重要的。

修定的人,真正得定后,有一种余力,出定后也仍有轻安愉快的感觉。

问:修定时如何修缘起空观?

答:先要深切了解缘起无自性的道理,然后把它"归纳"起来,归纳成原则性的。比如观"四句"不可得,天台宗观"四生"不可得。如果不理解缘起性空的要义,那是观不起来的。从"止"再起"观",慢慢的止与观两者才可以相称,到达"止观双运"。如果光是修观,或光是修定,那么没有定的观,便是"散心观";而修定不修观,于佛法上也无多大用处。

问:如何以"中观"观法应用于生活?

答:"中观"的观法,与一般的思维是不同的,它是缘起观,是达到解脱证悟的法门。虽不一定要很深的定力,但散心分别,是不能成就观的。严格地说,中观的应用,必须在修观有成就,也就是对缘起有深切的体认,才能应用在日常生活中。

在我们还没有能体悟以前,还只是一般的理解。知道什么是贪,什么样是嗔,什么样是顺于正理,什么样是根本颠倒,经常以缘起来观察一切,应用于日常生活,但这跟一般的修养是相近的,只是减少一些烦恼,增加内心的力量,解决些小困扰。如对快乐的来,知道它是不永久的,依因缘而有的,就可以不会"乐而忘形",弄得"乐极生悲"。像这些,处理日常的小事是可以,遇到重大的,如老病死到来,却起不了什么作用。要得到真正的受用,必须在平常修习"止观",对止观多下功夫。

问:请导师谈谈"断食"。

答:我个人并没有断食的经验,只是看了一些书。知道在断食期间,要多喝水,不要做出力的工作,内心要安静。这样,体内积存的废料,随身体的消耗而排泄出去。再渐渐地进食,能促进新陈代谢,有益于健康。但断食期间,不要太久,人是不能没有"食"而生存的。

问:请导师谈谈"隔阴之迷"。

答:中国净土行者所说罗汉有"隔阴之迷",指死了以后转世,前世的事都忘了。依《阿含经》来说,证了初果的人,便是真正彻见了真理,那么便永不退失。这种"不退",并非一天到晚都在前,而是像把东西放在自己衣袋里一样,永远存在于身上。在当时的印度,证初果的在家人不少,他们仍然拥有妻子、儿女和事业田产,如普通人一样,只是他们不会执有实我;对重大的戒不会再犯了。有时仍不免要"失念"。他们死了以后,往生人间、天上,对前生的修证,忘记了,这是"隔阴之迷"。但隔阴之迷,怕什么呢!"七返生死",在一定期间内,一定要解脱生死,不会永远地"迷"下去。所以证果的圣者,是终究不会退失的。

证初果的,已经彻见真理,他的烦恼已经去掉了大部分,很多的"迷"(烦恼)消失了。暂时的"迷",对他没有什么关系。二果也是这样。至于三果,已经离欲不往来了,烦恼更要少些,不过有时仍会"失念"。四果阿罗汉,也不免"失念",因为他仍留有业报身,还有那么一点点。但阿罗汉般涅槃,不会有"隔阴之迷"了。

问:密宗的"双修法"真能当作修行方法吗?

答:说到佛法,我们必须从现实世间来探讨。佛法是怎样出现于我们这个世界的?当然是二千五六百年以前,从印度释迦牟尼佛而来的。释迦佛以前,讲修行,讲证悟,印度的外道,也是多得很。但就佛法而言,佛法有超越外道的不共处,这是从释迦佛而开始的。"修双身法才能成佛",释迦佛无此说;"淫欲为道",是大邪见。若说这是其他的佛,他方世界佛说的,那么说的是什么语言呢? 不管怎么说,密宗还是用印度语文来记述的。历史到底是历史,虽然传说、记录上有些差异,但释迦佛在什么时候? 佛怎么说? 到了哪里? 有哪几位国王、长者供养? 又发生什么事? 等等,这是实际的,不是理想的。如说释迦佛说的是方便,不究竟,出现于千百年后的佛说,才是究竟,那就不好说了。如说到中国的儒家,总是推源到孔子,如果以孔子所说为方便不究竟,而大谈其他的才是真正儒家,那便是笑话奇谈了。

我们生在欲界,"欲"是生死的根源。古人往往把男女之欲(新生命由此而来)看得非常的神秘,我在《中国古代民族神话与文化之研究》一书中,便提到了这些。在印度,如遍行外道;在中国,如道家的一部分,都有以两性交合为修道的。他们大抵利用固有的文字,而作象征比喻的暗示,外人不容易了解他说的是什么。在"秘密大乘佛法"中,如金刚、莲花、入定等,都被利用以说明这一着。依释迦的"佛法"而言,这都是出发于世间心的生死事。佛教出家的僧团,是修持清净梵行的,远离男女之欲。但出家者多了,如不能正确地理解,内心的欲念不清净,慢慢的会引起性心理的变态。对一个修定者而言,如应用念息方便的,由于重视身体的异常经验,修脉、修明点,而演为双身法。在"大乘佛法"中,已有潜流,如译《大般涅槃经》的,宣说常乐我净的昙无谶,就是"善男女交接之术"的。不过大乘佛教的主流，还是反对这一类的。特别是由于这一类"幻法"，引起罽宾灭法的法难，为大乘佛教界所痛心疾首的。不过到了西元八九世纪，后来居上，成为佛教末期的主流。

释迦佛的时代，印度的教派相当多，对于各式各样的神教，佛是重于启发感化，采取温和的革新，而不是强烈的、斗争的，即使是批评，也不是攻击性的。佛采取印度固有文化中合于真理、道德，有用的部分，而引入不共世间一般的，佛陀自觉的佛法。世俗迷信，多数是不取的，小部分给以新的意义。一般人较少了解印度神教，如能多知道些，就会知道密宗的内容，大部分是从印度神教转化过来的。如"护摩"，就是火供养。原始的宗教莫不如此，当牛羊等被烧时，发出了气味，神便接受了。如印度的婆罗门教、犹太教，中国古代宗教，都是如此。但释迦佛说法，并不采取这种火供，而说有意义的三火——供养父母名根本火，供养妻儿眷属名居家火，供养沙门婆罗门名福田火。可是密宗又摄取了它。在密宗里，所供养的许多佛菩萨，其实都是夜叉像、龙王像。这到底是佛的神化呢？还是神的佛化呢？还是神佛不二呢？这是值得我们深思的问题。

问：大乘讲世世修菩萨行，未证悟前应如何坚定菩提心？

答：大乘的世世修菩萨行，主要是从悲愿力说的。若从智慧来说，声闻也有类似的说法。如《杂阿含经》说："若有于世间，正见增上者，虽历百千生，终不堕地狱。"菩萨具智慧与悲愿二者，即使是堕了地狱，也是受罪轻微，一下子就出来了。不仅菩萨如此，声闻乘也有相同的意见。例如从前阿阇世王杀父，但听闻佛法以后，得了"无根信"，也就是不坏信。虽然定力不足，还是入了地狱,但很快就脱离了,所以比喻为"拍球地狱",如拍球落地,立刻就弹起来了。菩萨虽未证悟,但具足正见,发愿生生世世生于有佛法之处,而得见闻佛法。这样的发愿,自然不会离开佛法,而能依法修行。若正见与愿力增上,即使生在无佛法处,也不会退失。若是已得"无生法忍"的菩萨,自然更不用担心了。

问:如何鉴定是否"证果"?

答:说到"证果",约声闻乘说,就是初果……四果等。证果就成为圣者,最低限度是对于苦、集、灭、道——四谛能"如实知",再没有疑惑,也就是对佛法僧——三宝有净信心。这不是想像中的什么奥秘,而是从修行中达到的"如实知"。证果的人,对"法"已没有什么疑惑。

就"苦"而言,不单是当前"感受"的苦;如专从当前的感受来说,那就有苦有乐了,也就是有"苦受"、"乐受"。然从现实世间来观察,从个人以至世间一切事物,一切是无常的,也就是没有一法是永恒的、彻底的,无论怎样好的,也都要起变化。这世间,某些理论与制度,在当时确实有效,受到多数人的拥护;但事过境迁,失去原来的光辉,自身也可能产生问题,而需要改善。即使人死升天,但终究要堕落,还是不永恒的。能够彻底地、深刻地从"诸行无常"而了解到"一切是苦",这才是佛法所说的"苦"。然依佛法,并非说世间的一切一无是处,而是承认有其相对价值的,所以有苦也有乐;但终究是不永久的,不彻底的。知道是苦,要了解苦的原因——"集",然后从正"道"的修习中,祛除苦的根源,实现苦的彻底解脱——灭。也就是彻底地解决人生问题，能达成究竟的理想。

　　所以，佛法要在"道"的实践。了解"无常故苦，苦故无我"，就是"道"的先导——"正见"、"正思惟"。能如实知，便可消除生死根本的烦恼。所以，真能彻悟真理、证入圣果的，我见等烦恼便断而不起了。证真理而成圣果，是"自觉自知"的；没有修证的凡夫，是不能鉴定他是否证果的。惟有更高的证入者，才能鉴定他，如释迦佛能知弟子们是否已经证果了。

　　　　　　（访问者：普献、宏印法师等　记录者：陈正蛰）

一一　中国佛教的由兴到衰及其未来的展望

深秋，风和日丽的早晨，车行高速公路上，漠然望着天边浮云，心里却关心着身旁宏印法师所谈着的佛教现况。

九时出头，来到了新竹青草湖畔的福严精舍。一年前，这里是美国佛教会所附设的译经院，而今则是真华法师和能净法师所领导的福严佛学院。未入大门，一排青翠雄伟的龙柏树就映入眼帘，和着晴空的蔚蓝直摄人心。如茵的青草地上，耸立着翩翩风采的一代高僧——印顺法师，他穿着一席玄色僧衣，眼睛直望着来客，却笑容可掬地与身边的性梵法师和明圣法师交谈着。性梵法师是精舍的现任住持。宏印法师赞叹地对我说："导师看来还蛮健康的！"我嘴里附和着，心中却深深为中国佛教庆幸；总觉得他老人家健朗一天，中国佛教就辉煌一天！悠悠然，耳边又响起在教内时常可以听到的一句话：现今真正能为中国佛教的未来说几句话的，非法师莫属了！

聆听法师法音的除了性梵法师、宏印法师和明圣法师之外，还有新竹工业技术学院的许巍文博士。许博士说，远在美国的李恒钺博士也希望能够听听导师的法音，他预备把录音带寄到美国去。临别时,许博士还特别叮咛着,这卷录音带要好好保存! 然而,在这里必须向各位道歉的是,这次的录音效果不佳,底下的访问稿漏掉了许多精彩而珍贵的片段。虽然,就是这些不完整的访问记录,已足够我们赞叹了。听了法师的法音,真有"星垂平野阔,月涌大江流"的感觉!

问:佛教传入中国已有一千余年,从隋唐的辉煌灿烂,经宋明的守成,而到今天的衰萎,其中必有根本的原因。正当今天中国佛教复兴的时刻,了解过去的辉煌、守成和衰萎,必定有助于未来佛教的复兴与开展。因此,一开头我们即首先请您说明过去中国佛教之所以辉煌灿烂的原因。

答:中国佛教值得称道的应该不只一宗一派。像天台、华严恢宏博大的教理研究,禅宗、净土在修行方面的成就,都是值得我人赞叹的! 说到为什么会有这些辉煌的业绩,可以从两点来说明:首先,从宗教的本质来说,各宗各派的成立,都是建立在由修行而证得的某种体验。这不但限于禅、净这些注重修行的宗派,就是台、贤等注重教理开展的大德们,也都是从修证而建立起他们的理论。所以,在《高僧传》中,台、贤等宗的大德们,也都被称为"禅师",而不单单是"法师",这就是所谓的"从禅出教"。这种"从禅出教"的精神,才能发挥宗教的真正伟大的力量,所建立起来的理论,也才具有生生不息的真实性;这在中国是这样,在印度也是这样。

但是,单单是修持还是不够的。在古代,接受佛教的大多是知识分子,像慧远、道安诸大师,以及后来的智者、法藏、玄奘等大师,他们之所以在教理上有那么多殊胜的成就,正因为他们对固有的中国文化有深刻的认识，如此，佛法与中国文化互用，才开展出那么宏伟的思想体系来。不要说这些特重义学的宗派，就是讲究实修的禅宗、净土的大德们，也是这样。例如明际的莲池大师以及近代的印光大师，他们为什么能在佛教界有那么大的成就，这无非也是他们对传统儒家有相当程度的认识。从这一点来看，知识分子的加入佛教，是佛教能否辉煌的一个重要因素。从各宗各派大德们的修持及世学的深刻认识，中国佛教在过去的能够辉煌，可以说不是偶然，而是必然的！

问：从您的分析，使我们庆幸今天台湾有大批的知识青年参与佛教的重建行列。然而，这是不够的！佛法浩如烟海，没有专业而长期的训练，必难登其堂奥。因此，我们不能坐待有成就的专家学者进入佛门，而应该更主动、更积极地广设佛学研究院，充实弘法人才的世学，使每一个出家师父都成为学贯中西的学者，这样才可能开展出新的佛教前途。其次，请问：佛教既然有这么光辉的过去，为什么到后来却渐渐衰萎，只剩下禅、净二宗，甚至脱离社会，而被某些人视为悲观、消极的宗教？

答：这可以从两方面来看：首先，在教理方面，隋唐时代，天台、贤首二宗已发展到很高的阶段，一般人学养不够，不容易完全了解这种高深博大的思想。因此，渐渐地，各宗各派的后代弟子们，都把祖师们的著作当做不可疑议、不可更改的权威。他们在教理上不能推陈出新，只好走上圆融、综合的道路，以致在思想上陈陈相因，没有批判的精神。再加上印度方面没有新的经论传入，佛教义学也就走上了衰萎的道路。

另一方面，宗教的本质是重实践的，只做学问的探讨，从宗教来说都只是第二义。然而一般的信众，却不容易把握实践的本义。经论上说，修菩萨行需要三大阿僧祇劫才能成就；又说发菩提心者无量无边，而真正能够成就的却只有一二。这种真菩萨行的实践本义，对一般贪求个己解脱的众生是难以信受的，他们害怕困难的真菩萨行，转而要求简易能行的法门。于是，禅、净等重视实修的简易法门因此而普遍地发扬开来。

　　然而，净土的本质是重来世、重死后，而不注重今生今世的实际安乐，这可以称之为"来生的佛教"。而禅宗则是趋向山林静修的"山林佛教"，虽说什么地方都可参禅，但实际上所有禅宗的丛林都建立在人迹稀少的深山里面。在这种情形下，重义理的宗派在多圆融、少批判的思想下衰落了，而禅、净这两个盛极一时的宗派，却一个倾向山林，一个倾向来生！也许我们不一定要用"消极、悲观"的字眼来描写这种畸形的佛教，而实际上它的确是忽略现实、脱离社会的佛教！特别是在明太祖时代，他受儒家的影响，不让佛教干预政治及社会事务，他把所有的出家人都赶到山里面去，不让出家人离开山林。所以一般人认为佛教不问世事，实际上，佛教要问世事也不行。你不问世事，人家就攻击你，说是悲观、消极；但是，一旦你露出要问世事的迹象，那又不得了了！在这种情况下，佛教自然一天天走上衰微的道路。

　　所以，修持当然是最重要的，没有修持就没有宗教体验，没有宗教体验就不容易产生坚定的信仰。但是，奉劝净土的行者，在一心祈求往生之外，也应该注重现生的实际事务，要能够学习永明延寿祖师"万善同归"的精神，什么事都要做一点，不要荒废世间的事务才好！至于禅宗，现在已经衰亡了，因此也就不必去管它了。我想，在注重现生的实务这一方面，当今的佛教徒也渐渐有所认识，今后，像"悲观、消极"的说法，在佛教必定也会渐渐消失了！

问：在教理方面，佛教过去最辉煌的成就之一是各宗各派的"判教"。判教可以说是对大小经论的消化融通，有其特殊的意义。然而，各宗各派所判却大相迳庭。天台说《法华》最究竟，《华严》不够圆融；华严则说《华严》最圆满，《法华》只是"同教一乘圆教"。甚至天台山家、山外之争也似乎流于意气，不以立论的是否对错为标准，而以是否合乎自家思想而断是非。目前"判教"之风虽已时过境迁，却仍有许多人提倡这些。请问，在这诸种纷争当中，当今的佛教徒如何看待它们？

答：简单说，判教是对佛法中各种不同说法的一种抉择。佛法中有许多不同的见解，难免会有人想对全体佛法加以贯通、调理，使它们各安其位。所以基本上，判教不是抹煞别人；虽然某些教法被判得较高，而实际上还是承认别的教法。不过，在宗派的信仰上总是尊重、推高自己而贬低他人，所以在往返的讨论当中，难免发生一些小纷争。但是，从世界各种思想、宗教或政治的争执来看，佛法在判教上的差异，只算是小小的争执罢了！随着研究方法的革新，以及随之而来的佛教史的各种成就，现代的佛教徒渐渐能够看清佛法中之所以有各种不同学说的原因。因此，当今的佛教徒也比较能够超然地欣赏古代各宗各派的判教。太虚大师曾经说过，各宗各派的不同说法，都是适应某些时代、某些地区、某些信众的思想而形成的，所以它们都各有各的价值。

不过,在现代科学进步、工业发达的时代当中,现代人的想法、需求,必不同于古代的社会。因此,为了适应当前的思潮,也可能产生不同的判教。我们不必一定以为过去的说法都是要不得的,不过我们也应该洞彻当代人的需要,本着全体人类的共同趋势,提出比较能够适应当代人的看法。

问:那么,请问当代人需要什么样的佛教?

答:太虚大师曾经依过去中国佛教的情况说了一些话:过去的中国佛教徒偏重于自修,而对现实世间的事务较少过问;如果以后再继续这样下去的话,中国佛教终究免不了消极、悲观之讥。另一方面,过去的中国佛教对天神乃至具有神力的菩萨谈得较多,如果以后再继续这样谈下去的话,中国佛教也难逃迷信、落伍之讥。所以太虚大师提倡他所谓的"人生佛教"。他说:每一个佛教徒都应该立足于现实人生当中,以追求德行的圆满;用一句中国的老话说,就是所谓的做"好人"。所以大师说:人成佛即成。这的确把握住大乘的真精神了!

但是,中国佛教向来是过分迎合民间信仰的,所以神话的色彩相当浓厚,什么天啦、神啦,对一些神秘的境界也极尽其赞美之能事。这样一来,虽是"人生佛教",仍然免不了受过去包袱的拖累,而抹上一层出世、消极和迷信的色彩。所以我就进一步提倡"人间佛教",因为释迦牟尼佛是在人间成佛的,所谓"诸佛世尊皆出人间,终不在天上成佛",这是佛法本有的原始思想,也是大乘佛法入世的真正精神!

其次,从原始佛法的研究,我深深体会到佛教是"法"与

"律"合一的。当然，"法"是诸法的实相，是成佛的关键所在；但是为了得到这"法"，不同的人可以结合在一齐彼此互相切磋、研究，这就引生了"律"。佛陀在世的时代，依"律"而和合起来的出家人称为"僧伽"，僧伽中的个人由于团体的提携、勉励而有更快、更高的成就。现在时代不太一样了，除了出家众之外，还有许多在家的修行者，他们也可以组成在家的团体（像居士会）。这些团体不应该只限于定期做做法会、念念佛、打打坐，而应在组织方面加强，做一些更能适应当代思潮的活动，如此佛法才能够在现时代生根、茁壮！

问：说到当代人所适合的佛教，就想起当代佛教徒常有的一个问题：在这工商业的繁忙社会中，一个佛教徒如何修行？请导师开示。

答：谈到修行方法，虽然有很多，但是其中有许多都是从宗教仪式转变过来的；例如礼佛、拜山等等，它们不过是一种外表的仪式而已。我以为，真正的修行还是离不开戒、定、慧三增上学，没有这三学，其他都只是外表的、形式的而已！不过修定、修慧是不容易的；在这里让我来介绍一个大乘初期的修行方法。从各种经论看来，当时的大乘行者虽然也修禅定，不过他们都像《阿含经》的弥勒菩萨一样，不修深定，因为修深定必会耽著于禅乐当中而成小乘。所以小乘行者说证得什么"果"，而大乘则说得到什么"忍"：柔顺忍、无生法忍。到了无生法忍好像已经修行得很高深了，但还是没有证入实际。这不是说大乘菩萨没有能力证入，而是他们不愿意证入，因为他们要"留惑润生"，救度众生！

　　其次，谈到修慧，也就是修般若空慧。这必须在现实的世俗事务当中观空而求得胜解，然后把它表现在日常的生活当中，以做教化事业。空，容易被误解成消极的，而实际上空是最积极的；得空慧的胜解之后，即能不怕生死轮回的痛苦而努力地去度众。这并不是说，修空慧的菩萨没有痛苦或不知痛苦，而是说，他们虽有痛苦、知道痛苦，却能依照空慧所显发出来的胜解，了知其如幻如化而已。这些说法，不但早期的般若中观这么说，就是稍后的唯识经论也是这么说，只是方式有点改变而已。所以，谈到适应当代思潮人心的修行法门，我就想到了早期大乘的般若法门，也就是《阿含经》中弥勒菩萨所示现的榜样——不修（深）禅定、不断烦恼！

　　总之，我们应该了解，生命是无限延伸的，我们应该在长远的生命之流当中，时时刻刻不断地努力，不要急着想一下子就跳出这生命之流，因为跳出生命之流必定脱离众生，而落入了急求解脱的小乘行！所以太虚大师说他自己"无即时成佛之贪心"。真正的修行应该是无限的奉献，一切功德回向十方众生；本着这样的精神念佛、打坐，才能契入大乘的心髓！

　　问：您时时提到太虚大师，以及他所提倡的"人生佛教"。对老一辈的大德长老们来说，太虚大师的德行及其对中国佛教的贡献都耳熟能详；然而对现在的台湾年轻的佛教徒来说，虚大师的行谊仍然相当陌生。您能为我们分析一下，为什么虚大师的佛教改革运动没有更辉煌的成就？

　　答：谈到太虚大师的佛教改革运动之所以受到那么大的阻力，那是理所必然的。宗教改革和政治改革一样，不单单是一种思想、一种理论的改革,而且牵涉到整个制度的改革。就制度的改革这一方面,必然的会开罪当时各寺庙、各丛林的既得利益者;改革的呼声愈大,这些既得利益者的压力也就愈大。另一方面,当时民智初开,随着宋明以来佛教的没落,当时佛教徒的知识水准相当低落,他们总以为传统的祖师所立下的教条、制度如何如何圆满、伟大,却不能像大师那样,看到新时代所面临的各种新问题。在这种情形下,虚大师的改革运动自然会遭到难以想像的阻力。不过,随着时代的进步,新一代的年轻佛教徒已经具备开放的心胸、前进的学养,因此,虽然目前没有像虚大师那样的伟人出来领导佛教的改革,但是却也渐渐能够体会其苦心,而走向革新之道!

问:现在,让我们换一个话题。您是目前国内在佛学研究方面最有成就的学者,也是少数几个能指出中国佛学研究方向的专家之一。请问:一个佛学研究者应该注意的是什么? 中国佛学研究应走什么样的一条路?

答:我觉得一个佛学研究者,不管是走考证的路,或做义理的阐发,都必须以佛法的立场来研究。一个佛学研究者最忌讳做各种的附会;例如把佛法说成与某某大哲学家或流行的思想相似,然后就沾沾自喜,以为佛教因此就伟大、高超了起来。这种做法出自于对佛法的信心不够,才需要攀龙附凤地附会。其次,一个佛学研究者应该为求真理而研究,不要表现自己。研究佛法的人,应该抱着但问耕耘不求收获的心情,一个问题即使一辈子研究不出结果来也无所谓。第三,一个佛学研究者必须具备客观的精神,他的最高目标应该在找出佛法中最足以启发人类、改善社会人心的教理，把佛法的真正面目真实地呈现在世人面前。不要自以为佛法中什么都好、什么都有；要知道佛法只要有其不同于其他世间学问的地方，哪怕是微乎其微的一点点，佛法仍然会永远地流传下去，因为人们需要它。

在传统的中国佛教徒当中，要研究佛法是不容易的，因为他们认为佛是修行出来的，哪里需要研究佛法！这话虽然说得不错，却足以造成偏差。所以在寺庙里想要做深入的研究相当不容易，尤其是个人的精力、时间都非常有限，想要在佛学研究方面有大成就是相当困难的。所以，如果一些有志于佛学研究的人，能够聚在一起互相讨论、切磋，这样团体式地工作，我相信比较可能有成功的机会。我们看看日本，他们这方面的研究相当成功，姑不论他们研究的方向是否正确，但是他们的成果却受到举世的注目，因此也提高了日本佛教的世界地位。我们实在有向他们学习的必要！

问：说到了日本佛学研究的兴盛，我就想起国内有些人士对日本佛教的歧视；他们说日本佛教和中国佛教完全不同，不足以效法。这种说法您认为怎样？

答：在古代，大小乘佛教的思想差异，曾经争执得互不相容。而现在却渐渐成了过去，彼此也渐渐地倾向于互相容忍、了解。像泰国、锡兰这些小乘国家的出家人，也慢慢地走向了社会。而对经典的成立年代、过程，大乘佛教的信众，也在多方研究、会通之下，承认某些以往所不愿面对的事实。我想，中国和日本的佛教之间，也是这个样子。

中国佛教目前以净土宗最为盛行，其实日本的佛教，像亲鸾以及东本愿寺、西本愿寺这一派,实际上也是继承中国本有的净土思想。日本这一派的佛教以信仰为主,这正是中国两个净土思想中昙鸾、善导这一流的说法,他们不重视戒、定、慧的有无,而特重信愿往生,所以发展出在家人住持寺院的情形。这当然和目前流传在中国的净土思想不完全相同。目前流传在中国的净土思想如印光大师等,是比较接近慧远这一派的思想,而慧远大师不但信愿持名,还重视戒定慧的修学。

中国佛教的本质是偏重修行的,然而目前在修行方面有几个大成就的? 在教义的研究上又比不上人家。我们实在应该老实承认自己的不足,好好地努力!

问:最后,是否可以请您谈谈您研究佛法的经过? 我相信这一定有助于那些有志于研究佛法的道友。

答:最初我看了一点佛书,我发现经论上所说的佛教,似乎和一般寺庙或出家人所说的不太一样。所以,我一直想要知道,真正的佛教到底是什么? 乃至为什么眼前的中国佛教有不同于经论中所说的现象?

我真正开始研究佛法是先从三论、唯识入手的,不过对这些经论也没有什么心得。这也许是因为我的兴趣比较广泛,看的经论也是多方面的关系。所以我只能说是个“通”(泛)字,并没有对一经一论做特别深入的研究。后来我又看了一些小乘的论典;在四川,因为法尊法师的关系,也接触了一些西藏佛教,尤其是藏传有关中、后期中观的思想。因此,我也开始写了一点自己的东西。紧接着,我希望对初期的佛法有进一步的了解,所以我看了早期的一些经典,像《阿含经》等,特别是律藏。我发现,律藏不仅仅是记载出家人的戒条，而且对佛陀时代的佛教制度，乃至稍后各派都有记载。

在大乘佛法方面，起初我是依论典去了解的，后来我有了不同的看法。有人建议我把早期的作品——《印度之佛教》重新付印，我却一直反对，原因是我不满意那本作品。那本作品虽有特色，因为它在印度的中观、唯识二大系之外，又提出了以如来藏为中心思想的真常系；但是，它的参考材料却是以论典为主的。而我发现，不管是小乘或大乘，都是先有经后有论的。例如中观论系是依初期的大乘经，而结合了北方说一切有部的思想；较后的唯识论典，虽尊重初期大乘经，但却是依后期大乘经，结合了经部思想而成的。这两系的思想虽然不很相同，却都是依经而造论的。既然这样，要说明佛教思想的变迁，就不能以论为主，而应以经为主。这是我不同意把该书再版的原因。（按：该书在各方请求之下，已于日前再版。）

另外我还发现，释迦牟尼说法的时候，并没有完整地记录下来，而是口口流传于当时乃至稍后的弟子当中。如此辗转传诵，等到以文字记载下来，已不免因时因地而多少有所改变。又如佛经上说到许多天文地理，这都是适合于当时的常识，却未必与现在的科学相应。我总以为，这些天文地理，都不是佛法中最重要、最根本的教义，有它或没有它都无所谓，它们是否合于当代科学也无关紧要。这启发我对各种不同思想乃至不同宗派采取容忍、欣赏的态度，把它们看成是适应不同时代、不同地域的不同文化。所以原则上我对各宗各派没有特别的偏见；有人说我主张这个、打倒那个，实际上我只关心什么思想才是真正佛的本怀。最近我正着手写一本有关初期大乘佛教的书(按:指《初期大乘佛教之起源与开展》,业已出版),然而年纪大了,体力也渐渐衰了,我也不知道何年何月才能完成了!

（访问记录者:郭忠生）

一二 访印顺老法师

——一九八八年三月

问:在《妙云集》里常提到"佛陀的本怀",而在《华雨香云》一书第一六八(本版一一五)页有提示到:"大乘的真谛,在立足在出世上广利众生,众生就在世间的事业上直入解脱。这是释尊成佛的本怀……"请问导师如何得出这样的结论?

答:一般人的观念,学佛就是要解脱;当然释尊时代适应当时的出家制度——出家制度当然是离开家庭,专心于修行弘法;而释尊当时的在家弟子也很多,我们现在听到在家弟子学佛就想到"菩萨",好像"小乘"只有出家人,其实不然。在家弟子当中也有证初果、二果、三果的,不过传说证四果就要出家了;有一派则认为有"在家阿罗汉"——证阿罗汉也不一定出家。换句话说,修行解脱不一定非要出家,释尊在世就是这样。在家,当然是各做各的行业:农夫的做农夫,工人的做工人,从事政治的从事政治,从事教育的从事教育。随着这一精神的发展而有后来"大乘"法门的产生;但是另一方面,佛灭后的出家团体制度扩大了,庙宇增多,寺塔庄严……佛教史上知名的出家人与在家人比起来,在家知名的只有阿育王等少数人。其实不一定如此,像"大乘"佛教所传播出来的《入法界品》,善财童子所参访的善知识,各式各样的人都有——语言学者、建筑师、法官、家庭主妇等等,当然出家人也有。从各人的本位,一方面自己用功,一方面以自己行业有关的做譬喻,在自己的活动范围当中影响他人。佛世的在家弟子修行并不叫做"菩萨",也不叫做"成佛",而是称做"解脱"。释尊的意思,修行并不是都来出家,什么事情都不问了。每一个宗教不能没有"出家"众,例如天主教有神父,就是基督教也有牧师等专职人员;说得世俗化一点,党要有党工来专门从事党的工作,否则便没有办法发展。佛法也是要有专门人员来发展;照理这应以出家众为主,但并不是说学佛法就是要这个出家的样子,而是各人就其本位去学佛法,这样子佛法才能普及。

问:这会不会牵涉到男女的问题?——男女问题对修行有什么影响?

答:释尊的时代,在家证初果、二果的一样有家庭,到了三果以后,那就离欲了。佛法讲,真正的生死根本,是执著"我"……我、我所爱。组织了家庭,男女问题牵牵扯扯,苦恼不少,上有老的、下有小的,这种情形看来,在家修行好像不太容易。等到庙宇发展以后,出家人事情可多了,特别是中国佛教,最大的坏处是什么呢?就是庙里有信徒来的时候,就忙得团团转。所以现在看起来,(寺庙)修行也并不是很容易。修行,主要在能将佛法的理解应用到日常生活当中,行为不会像一般人那样放纵;没有"闲"下来的时候……假使做事就是做事,修行就是修行,这就有困难了。

　　问:《佛法概论》二三〇(本版一六〇)页:"大乘净土中,有菩萨僧而没有出家众,即是这社会理想的实现……"

　　答:实际上,这里讲的净土只是一部分人的理想——没有在家、出家的分别。不过净土里甚至男人、女人的分别也没有了,也就是一般家庭问题也解决了。……东方净土还有男女之别,或者生产没有痛苦,像现在科学发展到无痛生产一样。佛法认为世间并不只我们这一个世界,有众生的也不只我们这个世界;佛法也不把这一世界看成理想的,更好的世界就是没有现世界的种种苦恼……肤色、种族、男女等差别所引起的问题。有了差别,不是东风压倒西风,就是西风压倒东风,世间的事情有了"两种",就难得平等,例如资本家和劳工……所谓真正理想的社会是难得实现的,只有尽可能地减少差距。(笔者细想:大乘经典所载的各种净土,可以理解为各时代印度佛教徒对当时人间问题或社会问题的反应,出家制度是适应当时印度社会,随着社会形态的变迁,消除出家、在家的分别是可能在这个世界实现的;然而没有男女的差别,则要寄望于他方世界了。在现实世界努力去实现理想和期待未来他方世界,两种意向还是有差别。)

　　问:旧版《佛法概论》谈到北俱卢洲的问题,它是不是佛教的理想?

　　答:不是,它是原始社会的遗形,有人拿这段叙述当作共产思想来指控我。这是共产党所说的原始社会形态:男女生孩子,不属于父亲或母亲所有,没有家庭组织,也没有私有经济制度。现存的一些原始部落还是这样。……

　　问:这在早期佛法里说它是"八难"之一吗?

答："难"是困难的难,不是灾难的难;梵文的意思是"八无暇",没有空闲来修学佛法,从事精神文明,并不是有什么灾难。

问:北俱卢洲为什么学佛困难?

答:这个地方不可能学佛法,佛不可能出现在这个地方。

问:像非洲是不是也类似八难呢?

答:这是"边地",只要有人传,也有可能学。

问:《佛法概论》二四九(本版一六九)页:"菩萨入世利生的展开,即是完成这出家的真义,做到在家与出家的统一。"

答:佛所讲的"出家"的基本意义是没有家庭,这是一般人所了解的,但有一个观念一般人可能不了解,就是没有私有经济,只有三衣一钵,多一件就叫做"长衣",长衣就要公开,只有使用权,没有所有权;只有公共的(僧团的)而没有私人的财产。现在已经走样了,有的人还在钱上面打滚。寻求世间好的现象也就是佛法最高的理想,中国人叫做"大同世界"。能不能实现是另一回事,但是在理想还没有实现之前,对于一切困难、苦痛就要努力去寻求改善。就现实来讲,有了身体,不论医药怎么发达,能够解决老病死的问题总是有限;佛法所讲求的是身苦而心不苦,解脱者和常人一样免不了;出世的理想,一方面要得到究竟解脱,另一方面就是要使现实的活动慢慢简化,达到佛法中净土的理念。净土的理念那就是与出家的意义差不多;没有男女家庭的组织也就没有经济的私有制度,由这些引生的一切苦恼也就跟着解决了。当然真正的苦,还是自己的烦恼;有了"人",一切问题都来了,没有"人"的话,什么问题也就没有了。

世间是缘起的,缘起是相对性的,好的方法过了时又不好了。普通说"失败为成功之母"，我却说"成功为失败之母"。为什么会失败呢？因为成功的条件本身就含有将来失败的因缘在里头。世间是永不彻底的，一般人说佛法是悲观，其实佛法是彻底地了解世间。当然能够相对地改善还是好的。

问：所谓僧团"六和"的原则是否可以应用？

答：当然这是最好的了。"见和同解"是同一个理想、共同的见解；"戒和同守"遵守共同制定的规律制度；"利和同均"，同一的经济生活。但是人类的思想很难硬性定于一，中国汉朝把思想定于一，结果导致僵化。人类有个"我"在那里，总是认为我是主要的，所以思想朝向多元化，各走各的……佛教里见和同解，基本观念……缘起、无常、苦、空、无我是同，但解释上就有所不同，结果就慢慢分派了。究竟解脱，只能够经验，等到话说出来成为语言文字，制定了规矩制度，这就成了世间法，世间就是无常，不能不因时因地而有所变化。僧团里虽然有人固执，不愿增减法规，还是阻挡不了分化的趋势。应用到学问或一切事情也是一样。

问："见和"的"见"是一般世间的知见，或是对"无我"的共同体会？

答：僧团的成员并不都是得解脱的，有初出家的、有正在进步的，假使都是解脱的圣者，自然没有问题，但是"现前僧伽"是"世俗僧伽"，世俗僧伽就像大海一样，浅浅深深，有大鱼也有小鱼，不能统一。对佛法的基本原则，其中有的能够体解，有的能够尊重。我们一方面必须了解佛教的基本思想，一方面要了解一切不能不随时应变。我总希望在变的当中，与佛法的基本思想还能够相应的,还能够融摄它;这是我对佛法与现实的基本观念。但不是说从前所说的"诸行无常、无我、无我所"是错的,而是解释不同,甚至用了同样的名词而内容不同了。总之,谈理想要顾虑到现实,现实与理想有距离,纯粹理想化很难行得通。

问:导师在《游心法海六十年》(六二页)曾说到,可能的话,把佛陀制立僧团的精神原则,用现在的方式搞一套僧团组织?(按:此段问意与《游心法海六十年》六二页的文义不符。)

答:佛法要兴,不能靠个人主义,人多了就免不了要有组织;释迦牟尼佛就是重组织的,里面的成分,用现代的话说,就是"民主"。这个时代是组织的时代,佛教却倾向于个人。过去大庙虽是不理想,但它还有一些共住的规范;现在佛教不但没有一个共同的办法去做事,而且还要各搞各的才有办法……佛法不是单靠理论的,现在出家人的很多观念有问题,但是也很难讲,我也不大敢讲,讲出来,人家看了不合口味。

问:不合口味是另一回事,总是要指出一个方向。

答:我们如果希望让佛法有一点办法的话,便要有一点组织,志同道合的人共住在一起,彼此有一些共同的原则,慢慢求发展。我自己的组织能力很差,而且重在佛法的研究上,也没有把庙子看成自己的,有很多事情我觉得不对的,我只能自己不做,虽然这样子是不够的,但我只能这样子。

另一件事,佛教是宗教,真正的重心是庙子,有庙子就要利用庙子,能够怎么发展,一方面要看自己的智慧福报,一方面要看环境因缘。有理想不一定要求非要怎样,否则就要失望。基本的知能,每个出家人都应该知道,高深的学问则是少数人的事。庙子不是一个人的庙子,组织制度能符合佛法一点,大家对佛法的信念能够加强一点,这是我对佛教的一点希望。

(记录:显如)

一三　太虚大师传略

大师讳唯心,字太虚,籍浙江崇德。年十六出家,受具于天童,寄禅和尚深器之。尝阅藏于慈溪,掩关于普陀,契悟日深,为教救世之悲心乃日切。时值国运丕变,世局纷乱,大师主复兴中华佛教以救国救世,而此必先之以整僧。缘是兴学院,议僧制,谋中国佛教会之健全;献身心于佛教,终其身而未尝贰焉!大师本《楞严》、《起信》以启化;善唯识之精密,得天台之融贯。初以中华大乘为量,谋八宗之平等发扬。及乎晚年,判摄一切佛法:教之佛本及三期三系;理之实际及三级三宗;行之当机及三依三趣。依人乘而趣菩萨行者,名人生佛教,上契佛之本怀,下适今之国情。大师于此反复叮咛,则其悲慧之所在也。大师有见于护国乃能护教,护教则应联合国际佛教,化彼西方。以是创开世界佛教联合会于庐山,出席东亚佛教大会于日本;游化欧美,阐扬大乘;率佛教访问团,访问缅、锡、印度,致力于国民外交。大师应机游化,遍及全国,而武汉之法缘为深。尝应奉化蒋公请,住持雪窦寺。抗战胜利,主持中国佛教整委会。过武汉,还京沪,备受缁素之尊礼。中佛会整理就绪,而大师示寂沪滨,时民国三十六年三月十七日也。世寿五十有九。荼毗而舍利灿然,塔于奉化之雪窦。政府明令褒扬,以彰忠哲。呜呼! 僧界先觉,末世之护法菩萨,舍大师其谁欤!

一九六六年八月

一四　太虚大师圆寂百日祭文

中华民国三十六年六月二十四日，恭逢师座示寂百日之期，弟子大醒、象贤、亦幻、印顺，敬以香花蔬果，供奉于本师虚公大师舍利前曰：

懿欤大师！乘愿而来，顺时以去，去何所至！
或前或后，如在左右。永怀师德，高明峻极！
法海常恒，时潮澎湃，惟我大师，别出手眼：
贯旧融新，扶偏抉弊，承先启后，震古烁今。
世变时衰，俗化僧夺，惟我大师，建僧护教；
或毁或仇，不疑不夺，雄猛无畏，卅年一日！
道在人弘，奈何不学？惟我大师，兴僧教育：
慧风初扇，若鄂若闽；法雨普润，乃冀乃蜀；
焰续灯分，光光无尽。二乘解脱，人嫌独善，
天行欲乐，世病神怪。惟我大师，正知正见：
佛乘初基，世间常道，贯彻始终，人生佛教。
横超尘界，即身成佛，心大行小，有言无实。
惟我大师，修菩萨行，不断烦恼，不修禅定，
大心凡夫，弥勒疑是！道术分歧，文化破碎，

东西新旧，妄生取舍。惟我大师，狮吼象顾，既摄且折，令契中行。三十年来，化缘普洽，道通南北，法施中外，忧时护国，觉世牖人，宗教联谊，道德新论，惟我大师，当代一人！懿欤大师！无得而名；无常真常，德业常新。佛会召开，典型犹昔，克遵遗教，是师之志。缙云春深，武汉化普，狮弦继响，是师之声。潮音永亮，觉群流光，道与时行，是师之舌。惟兹雪窦，弥勒旧都，舍利建塔，功德树铭，遗文编集，诸事进行。台接妙高，亭邻飞雪，游斯憩斯，来歆来格！呜呼大师！往且百日，百日一念，共策群力；思以告慰，既惭且感，倍深哀恋。大师往矣，往何不复！嗟予小子，幸及师门，师门渊旷，钻抑无尽。示我深义，导我悲行，开我知见，教我精进；呵之弃之，护之慰之，感悔追随，惟师所之。咄哉无常，邈兮难寻，而今而后，何依何怙？大师往矣，往何不复！诸子狂愚，群魔乱舞，安内攘外，刹竿谁扶？大师往矣，往何不复！众生迷蒙，如聋若瞽，火宅狂走，瓦砾竞捉，示明示导，孰行正令？呜呼！

大师智慧，日月光明；大师悲愿，山高海深！天国欲乐，他方偷逸，如刀切土，何可片刻？本愿有在，人间正觉，此其时矣，无往不复。呜呼！惟我大师，明鉴不远！尚飨！

 # 一五　我与东老的一段往事

　　前年冬天,道安长老去世了;去年冬天,东老又撒手而去。面对佛门的人才寥落,使人有迟暮凄凉的感慨!

　　记得一九三一年腊月底,我从鼓山回到闽院,听说有东初、窥谛二位,最近从镇江来。我是不会交际的,所以与同学们都没有深交。加上这次回去,只教了半年课,就回普陀去阅藏。所以对当时的东老,仅有一般的印象,没有较多的接触与了解。一九三六年秋天,我到了镇江的焦山,来访闽院的同学静严。那时,静严已是焦山定慧寺的住持。东老也已在焦山受记,在焦山佛学院任教务,也邀我为同学们作了一次讲演。从此一别,很久很久都不知消息。一直到一九五二年秋天,我到台湾来,才知道东老在法藏寺闭关,我曾去探望他。第二年冬天,我也参加了东老出关的盛会。我来台湾,住在善导寺,引起些无谓的风风雨雨。等我自己明白了,也就更少到各处去走动了!

　　我与东老是有关系的,但交往不深。原则地说,我们都在为佛教文化而尽着自己的一分力量。由于兴趣不同,对佛教文化重点的看法也不一致,所以是各做各的,没有在意见上或理论上,做过友谊的切磋。不过即使方向不同,总都是为佛教文化而

努力。

　　我记得最清楚的,也许就是最后一次的晤谈。一九六五年,华僧大会开会前夕,道安长老与东老同来慧日讲堂,提议创办佛教大学。事情是这样的:张尚德先生与佛教文化馆东老有联系。经张尚德先生,知道中国文化学院张晓峰先生,想在文化学院旁边,建佛寺(佛塔),讲佛学,希望与佛教界合作。东老想趁世界华僧长老回国的机会,发动倡办佛教大学。在文化学院旁边,佛学以外,可以在文化学院受课,减去不少的人力物力;而与文化学院合作,也可以免除立案等困难。这是好机缘,所以东老约道安长老合作;道老又提议邀我参加。这件事,我是万分赞成的。不过我以为:办佛教大学,是大事,怕三人的力量还不够。而且,这个时代的通病,尽管是好事,如没有自己一份,每每会从中破坏。如有人在华僧长老面前说几句泄气话,也就不成啦。所以建议,最好将办大学一事,推介到华僧大会,由海内外大德来通力合作。我的意见,得到东、道二老的赞同,决定由道老向筹备华僧大会负责人提议。起初,反应相当良好;张晓峰先生并在中国文化学院举行茶会,招待华僧大会的代表们。但事情的发展,往往出于意外。华僧大会决议筹办佛教大学,但在筹备人中,却没有原始建议者东老,东老也许无所谓,我总觉得岂有此理! 大会结束后,一切由会长白圣老法师及悟一秘书长负责。听说曾遍访侨界长老,请作经济的支持;在国内,也曾一再召集尼师们开会。不过后来如何,谁也不得而知了。这件事,我应该负点责任。我固守原则,不知通变,总以为佛教大事,得大家通力合作才行。不知这个时代,除了为自己,是没有办法的。二十多年来,佛教界的大事,除了为自己而大干大吹外,哪一件是为佛教全体着想的! 当时,如支持道老与东老合作,也许勉强地成立起来,不理想而渐有进步。当然事实不一定这样,但还有万一希望,但一经推介过去,就命定的不成了! 这件事是过去了,不过回忆起来,对东老实在抱歉得很!

　　道安长老去世了,我写了半截文字而没有成篇。现在东老又去世了,有关系而没有深交的我,是写不出什么的。想起一九六五年的一段因缘,所以勉强地写出来。道老与东老,比我都小一二岁,却那样轻松地先走了! 在这个时代,谁能说不是福报! 想自己大病以来,等于废人,却还在活下去。后死者不能尽其情,真是惭愧! 惭愧!

一六　我所不能忘怀的人

　　在我离岷的前夕——三月十一日,去医院与妙钦法师话别,这是一个难忘的日子! 明知他的病是绝望了的,但还是说了些在佛法中安心静养的话;明知这是生死的离别,但故意附和他前几天的希望,说些等身体健朗一点,到台湾去静养,同为佛法努力的话。话是这么说了,人也就离开了,但一种寂寞的怅惘,萦回在内心而不易忘却。就在我离岷到星洲的不久——三十日晨,妙钦就与世长辞了! 人是不能免于无常的,聚散无非因缘,用不着系恋,但想起当年大家求法与为法的理想,不能不"为法惜人",引起我无比的惆怅。

　　一九四○年年底,我从贵阳回到四川的汉藏教理院,见到了从香港来汉院旁听的演培与妙钦;到现在,已经三十六年了。我与妙钦共住的时间,在汉院有二年多,在杭州、厦门、岷尼拉,先后也不过三四年,时间并不算太久。然在佛法的探求、为佛法的理想中,却结成了深固的法谊。当年的探求佛法,是受到太虚大师的启发,出发于"求真"与"适今"的原则。为了探求佛法的真义,需要对佛法有多方面的理解,所以也作些课外的讲习。妙钦曾(与演培)笔记我所讲的《摄大乘论讲记》,又记录我讲的《性空学探源》。在汉院时,妙钦就编写了《中国佛教史略》;后来我作了相当的补充与修正,作为两人的合编而刊行(现在编入《妙云集》下编)。抗战胜利后,妙钦在岷尼拉普贤学校授课,以"慧庵"名义,编了《初机佛学读本》。这是继承太虚大师的"人生佛学",并参考了我的《佛法概论》而成。妙钦受到《佛法概论》的有力启示,所以乐助《佛法概论》出版,并为了探求代表初期佛教的南传佛教,去锡兰佛教大学深造。前几年,鼓励宽严出版《正闻》不定刊;"正闻",这正是我们当年求法的共同方针。去年秋天,妙钦的病已相当重了,写信到台湾来访求中医。信上说到:每天费二三小时,依我所著的《原始佛教圣典之集成》,阅读初期圣典,并作成卡片。他的临终遗言:服膺太虚大师所开示的常道,学菩萨发心,愿再生人间。从妙钦与我相见以来,誓求正法的原则与精神,始终如一,坚定不移,在这茫茫教海,能有几人! 在佛法的探求上,妙钦是有思想的,与我的思想倾向相近。如有适宜的环境,在法义的阐述上,应有更好的成就。可惜受到时代与环境的局限,不能得到充分开展的机会,而今又在五十六岁的盛年去世了! 这不只我失去了佛法中的同愿,对中华佛教来说,也是一严重的损失!

抗战胜利了,我们回到了江南。希望有一个安心修学的组织,大家来共同研求,所以创议成立西湖佛教图书馆。由于时局突变,不能成为事实。我到了厦门,南普陀寺成立大觉讲社,是妙钦从中促成的。短暂的半年,当然不可能有成就,但演培、续明,都因此而到了厦门。等到我与演培他们到了香港(新界),仍旧维持我们自己的理想。生活没有着落,幸亏妙钦已到了岷尼拉,给我们经济上的支持,渡过了艰苦的三年。后来,为了成立一属于我们自己的道场,妙钦为我们筹款,新竹的福严精舍,就由此而来。在这一动乱期间,我们从杭州到厦门,从厦门到香港,一直都得到妙钦的全力支持,一切都与妙钦有密切关系。现在,过去的理想,随岁月而过去,妙钦竟先我而去了!在我不堪衰老的回忆中,怎能不引起伤感呢!

"求真"与"适今"的佛法方针,做起来是不容易的。因为离开了传统的佛教,不容易开展;依附于传统的佛教,又会受到限碍,这是近代佛教一直存在着的问题。我在台湾十多年(除病),只做到不标榜神奇、不依赖经忏而已。就这样,也还要受到些意外的讥毁。妙钦在岷尼拉信愿寺,住了二十多年,虽曾在普贤学校授课;领导精进音乐团;能仁学校成立,主持了校政十五六年,然对传统的佛教环境来说,无论是法事、人事,都有点不相契合,所以显得有点孤独。我曾在《平凡的一生》中说到他:"大陆变色,他(妙钦)将为佛法的热忱,寄望于菲律宾的佛教。希望能从性愿老法师的倡导下,有一新的更合理的发展。但性老有为法的热心,观念却是传统的。我虽去(过)菲律宾,也不能有所帮助。为时代与环境所局限,心情不免沉闷。"心情沉闷,就是抑郁。"抑郁伤肝",妙钦就这样的肝脏硬化,更演变为肝癌,终于不治。我曾劝勉他:"时代与环境的局限,是不能尽如人意的。唯有本着进多少就多少的态度,才能不问收获而耕耘下去。"这几句话,对于外表冷漠,而怀有为佛法热情的妙钦,为佛法而感伤的初心菩萨,没有用处,他终于病了,死了!知道他病了,去岷尼拉探问他,并不能表达我内心的万一。现在他已死了,什么话都是多余的。我想,唯愿以我们共同为法的因缘,能历劫相逢,同为三宝而献身! 唯有这样,才能表达我深挚的怀念! 一九七六年四月十五日,时在星洲。

一七　愿道老再来人间

　　（一九八八年）四月十六日，八九高龄的道源长老，久病而终于离开了人间。对中国佛教来说，是一件大事，值得举行追思赞颂的！

　　道老曾亲近前辈名德慈舟老法师，并辅助慈公讲经。道老一生弘法，着重在持戒、念佛，应该是有得于慈公老法师的。道老来台湾四十年，在基隆八堵的正道山，建立起庄严的海会寺；曾任"中国佛教会"理事长，东山佛学院院长等；讲经与传戒，那是次数太多了！晚年，常听说他老有病，又常听说在香港等地讲经。一生为法而尽力，虽说海会寺重修还没有落成，不能主持海会寺今冬的戒会，似乎有愿未尽，其实世间事是从来没有圆满的，尽了能够尽到的责任，应该是无所罣碍了！

　　一九五七年五月，我与道老共同出席泰国佛元二千五百年的庆典。我这才知道，也就从此赞说："讲经法师中，道源长老第一！"他不但口才好，尤其态度的恳切自然，说真就像是真的，说假就像是假的，真是不可多得！一九七一年初冬，我在大病中，拒绝了第二次开刀。我自己知道，即使再开刀而好转，体力衰弱，也不能对佛法有什么裨益。但是道老来了，凭他舌灿莲花的口才,说得我非再挨一刀不可。就是这一刀,使我拖到了现在,道老却先离去了! 我一直有这样的信念:"业缘未尽死何难!"一生福薄缘悭,体弱多病而还要活下去,实在乏味! 先走一步的长老们,我总是羡慕他们,称赞他们是有福的。道老以八九高龄,功德无量而去,那真是太有福报了!

道源长老应该是愿生西方极乐净土的;不过从佛法衰微、人类苦闷着想,我祝愿道老,还是再来人间吧!

一八 《摄大乘论讲记》弁言

　　无著、世亲学之传于东土,旧有流支、真谛、玄奘三家。其传入有先后,论义多有出入,一若译者之有意增损其间者。后之学者,或出于好乐,或习于师承,莫不执一家之说以衡是非,以真无著、世亲学自居,而抑余师为伪妄;法海之见浪掀天,其来亦久矣!余于斯学,自病未精,然亦尝一窥其崖略:无著、世亲学,盖撷取上座系之精英,以申述大乘者。或直存本义,或取经部譬喻师、阿毗达磨论师等之善说,学无常师,理长为宗,可谓善述释迦、弥勒之学者矣!自《瑜伽》、《中边》至《唯识三十论》,固有其一贯之同,亦有其当论之别,因时、因地、因机,学说多变。无著、世亲论之本身,即蕴有异义,后学特有所偏重而发挥之,因以日趋分化而已。三传之出入,不尽为译者之私意也。偏执一系者,虽或思辨精严,然终不能圆见无著学之全。如知鹿之为兽,乃以马之异鹿而不许其为兽,可乎?又或泛泛而谈,言无典则,不求一一论之差别,但曰是一、是一;此直如知马之为兽,乃以鹿亦是兽而指鹿为马也!离差别无圆融,离贯摄无精严,尝树为治学之准则。然法相深赜,闻思钝薄,卒鲜有所得,怅怅之情,其何能已!春自筑来,同学演培、妙钦、文慧,以《摄论》请。尝以今之学者,多偏据奘传之说,于《摄论》本义多昧,乃亦乐为一谈。依世亲《释》通无著《论》,间取《中边》、《庄严》为之证。如种识辨三相,陀那即末那,染意缘种子,自心为本质,见相成唯识,遍计依他等如幻,依他具二分,镜智体常住:异义纷披,每异奘传之说。三同学随听随记,历时四月,得二十万言,求其于大义无乖而已,文或左右,未尽善也。论风扇于私室,不登大雅之堂,姑为记之以备同好者之参考云尔。缮录既竣,为书数言以简端。一九四一年夏,印顺书于双柏精舍。

一九 《守培全集》序

近代江苏诸大德，守公最为杰出，有江苏省僧宝之称。守公早年参禅；中年住持道场；退席以后，乃专心经教。一般学教者，专在古人注疏中讨生活，虽曰精通教义，而总不免陈陈相因，了无创意。守公不如此，本具禅之所得，不受传统佛学——台、贤教义之束缚，直探经论，而能自由表示其见地。所有独到之见解，非为标新竞异，而实出于真诚为法之心。律己也严，处世也淡，不求名闻利养，而惟专心于教义之阐扬，守公乃一为佛法而探究佛法者！守公之学，以《楞严》、《起信》为宗本。民国二十年代，支那内学院偏弘唯识，评斥《楞严》、《起信》，守公乃取《地》、《摄》——法相旧义以对决之，甚而语侵世亲。立本于《楞严》、《起信》，于佛法多有新义，有维护《楞严》、《起信》之真诚。虽方便不同，风格迥异，然大体论之，与太虚大师固相近也。

守公去世多年矣！世风丕变，圣教衰微，惟遗作散失为虑。公之再传弟子隆根法师，多方搜集其遗作，编为《守培全集》，内有《佛教本来面目》、《起信论妙心疏》、《楞严经妙心疏》等十七种。整理印行，将以传通，利益后学。深愿读其书者，法义而外，能师守公为法治学之精神也！是为序。

二〇 《菩提心影》序

　　慈航法师,余与之有同门谊,然闻之而未尝见也。历年游化星洲、台岛,所至向化者众,闻法筵一启,辄室不能容;疑致之必有其道。法师顷集其旧作为《菩提心影》,将以印行流通,余乃得一检之。

　　佛法诚难言哉!"顺俗则乖真","契真则违俗"。求其应机、当理,事固非易。虽淡乎无味,理合见笑于下士;而众生多愚,曷若婆婆和和,以方便为门而导令渐入哉!法师之说法也,义务通俗,说必可听;粗言细语,莫不随心敷奏,斐然成章。时复假以因明量论,用坚信者之情。所列表式,尤见左右逢源,纵横无碍之妙!方便化俗之功,实有足多者!若泥迹以求之,拘于教量,则失之此老矣!优昙法师嘱为序,因书所见以应之。

二一　《慈航大师纪念集》序

　　佛法常在人间,吾佛子之所共望,而求其常在人间,岂有他谬巧哉!必也修持为佛弟子本分,本于自身之信行,而后发为内则佛教教育之熏陶,外则社会文化、慈善之淑世:自利利他,佛法乃得常住于世间。此所以慈航老法师,以教育、文化、慈善,为复兴佛教之三大要务,被誉为此世不易之言也!一九四九年,值举世危疑之际,中国佛教之忧患可知矣!慈老适于此时,自星洲来台岛,阐扬正法,利益当时。虽居处靡常,资用窘乏,而于大陆僧青年之来台者,摄受而教育之,百折不回,为教之心弥坚。此慈老之不可及,而大有造于台湾佛教者,功德固不可量也!一九五四年初夏,慈老逝世,岁月不居,竟二十八年矣!哲人长往,感怀奚如!玄光、慈观、修观等,亲淑于慈老之门。怀慈师之懿行,拟编《慈航大师纪念集》以行世,广慈老之德行长昭,而后来者知有所取法也。慈老之德行可法,而《纪念集》之立意可嘉,是为序。

二二 《异部宗轮论语体释》序

民国二十八年之秋,演培法师游四川,因得与相值,共为教义之研求,法乐无间,凡四年余。缙云山上,龙挂峰头,往事犹历历在目。

居尝共论佛法复兴之道:中国佛教之积弱,势不可以急图,健全组织,自宜随喜赞善;然一反积弱之病源以为治,则要有三焉。病在执理废事,应治以正行。病在迷妄怪诞,应治以正信。病在愚昧:教外之说兴而义解疏,专宗之习盛而经论晦;佛为一切智人,佛法为一切智者之学,而今之崇信佛法者固何如?此应治以正闻。深入经藏,非求为学问艺人,陈诸肆而待沽。诚以不精研广学,无以辨同异,识源流;无以抉其精微,简其纰谬,得其要约,以为自正正人之圭臬,适今振古之法本也。此三者,不必尽其要;然使有少数大心者出,能坚其信,广其闻,充其行,则于悲智兼大,净化人生之佛法,必能有所益。

今者,演培法师印行所著《异部宗轮论语体释》;读其原稿,则亦正闻之事也。文体通俗,释义亦能有所发,凡预法味之流,允宜手此编以研寻。慨中国佛教,积谬成迷,大小空有,鲜得其实。如佛寿无量,佛身无边,一音说一切法,一念了一切事,此固声闻佛教——大众系之老僧常谈，而或者则誉为圆顿大乘之极说。又如道不可坏，道不可修，《起信论》本觉之说，亦学派之旧义；而或者囿于唯识之见，拨而外之。凡此非寻流探源，何足以正之？虽学派异义，不尽为通经法师所知，若无预乎佛法之宏扬。然苟得此意而求之，则知所关于佛法者至巨。识法源底，依正闻、生正信，以正信、正闻而策正行，则固"随法行人"应有之事也！

为佛法想，为众生想，宝藏不应终弃，明珠宁可永裹！佛法无涯底，惟勤勇以赴之！将见剖微尘出大千经，为众生之望也！一九五〇年九月五日，序于香港大埔墟梅修精舍。

二三 《谛观全集》序

　　中国佛教自晚唐以来,教宗台贤,行归禅净,尔后学者莫能出其方轨,而罗什、玄奘所传大小空有之胜义,闻之者鲜矣!有清末叶,杨文会居士得《唯识述记》于东瀛;隋唐古疏,后由日本集为《续藏》而问世,于是隋唐盛世之佛学,乃渐呈复兴之运。欧阳渐居士成立内学院于南京,专治奘传唯识学,驰名于时。太虚大师成立佛学院于武昌,重奘什性相,主大乘八宗并行,盖以隋唐盛世之佛法为理想,融贯性相于台贤禅净之统。凡此悉中国佛法振古之学也。然近世佛法,由欧美及日人之研习,实已扩及巴利与梵藏文。由中国佛法言之,则趋于世界佛法,融摄新知之域。故内学院研习唯识,进及西藏所传安慧唯识,法称因明,南传部执。虚大师拟成立世界佛学院,说《新与融贯》;总摄一切佛法,为教之三期三系,理之三级三宗,行之三依三趣,而导归于"人生佛教"。成立汉藏教理院,传译藏文佛典多种。惜乎法为时崩,学人散落,启其绪而不能见其成也!

　　演培法师,近代中国法将之一也。初就观宗讲寺,受天台教观。次游闽南、觉津、汉藏诸学院,习奘什性相,兼闻藏传中观之学。后抵台湾,乃习日文而间及日本学者之说。法师长于讲说,其受观宗之影响欤！主持佛学院，游化诸方，辄多所讲说，闻者每为之记。其平生著述，适应时会，以语体为文，实便初学。兹出其三十年之文稿，编为《谛观全集》以行世。全集分"经释"、"律释"、"论释"、"译述"、"杂说"，凡二十八册，七百余万言，其写作讲说之盛，可以见矣！泛览全集之目，法师于善巧化俗外，尤致力于玄奘之译。《解深密经》、《俱舍论》、《成唯识论》、《异部宗轮论》等诸大部，并精研而广释之（占全书三分之一），于后之学者，必多所助益。译《天台性具思想论》，足以见不忘天台之学，而译《小乘佛教思想论》、《大乘佛教思想论》，则为日本近代研究初期之作。法师之学，盖重于化导；以性相为本，前承天台而略及近代之学者也！

民国二十九年底，予识法师于四川汉藏教理院。在川、在闽、在港、在台，先后共住者达二十年，诚平生难得之法友矣！《全集》成而索序于予，不能却，乃略叙近代佛学研究之趋向，以见法师所学之所重以应之。一九七七年十月二十九日，印顺序于星洲之灵峰般若讲堂。

# 二四 《律宗教义及其纪传》序

　　入佛之道,要在三学,而戒增上学居其首。载道之籍,统凡三藏,而律藏居其一。戒律于佛法之重要,固不待繁言而知也!国人之于戒律,类知珍敬之,然以特重心地之净悟,个人之笃行,而律制乃渐以式微。夫学重心地之净悟,理固然也;然悟心而清净者,身语清净必有之,未有身语秽染,而心地能净能悟者也。且复身语之染,类习微以成著,若不防微杜渐,慎身语之事行,心地更何从而得明净? 故知律净身语,实定慧之所资。重心地之净悟者,允宜以律为基,而不应以事行取相斥之。至若个人笃行,义无间然。惟教在人间,赖僧伽与戒律而住世。依律摄僧,藉僧团如法以为之摄护,相教诫,相策勉,而后以之自行,则日以清净;以之化世,则日以广信。末法障重而缘乖,非如法僧团以为之摄护,个人笃行,言之何易?

　　宋元以来,律制久衰,得明末古林馨公而重振之,后乃有宝华之崇律。然其初也,三昧门下,日以传戒为业,而不知安居为何事(见《一梦漫言》),宏律而不知律,其由来久矣!故虽得此而延授受之仪,而以律摄僧,以戒资定慧之大用,终鲜成就,而佛教亦卒于日衰! 太虚大师尝以得十人学律而后宏传为望,固以

不知律无以宏传,不宏律无以摄僧,净身语以资定慧,乃能起正法之衰也!中原板荡,诸大德来游宝岛,传戒时闻,讲律间作,其正法复兴之朕欤!

　　慧岳法师,名德斌宗大师之上足也。撰《律宗教义及其纪传》,问序于余,余虽仅窥其大概,而窃喜与宏扬正法之有赖于宏律,而宏律之首宜知律之意合,因乐为之序。时一九六一年六月十五日,印顺序于台北慧日讲堂。

二五 《地藏菩萨本愿经》序

《书》曰:"天道福善祸淫。"《易》曰:"积善之家,必有余庆;积不善之家,必有余殃。"佛经则曰:善恶之报,如影随形。三世因果,历然勿失。世出世间圣人,固莫不以因果报应,垂教化,正人心,平治天下,度脱众生也。《地藏菩萨本愿经》,扬孝道以正本,示因果以觉世,详尽恳切,诚佛菩萨悲愿之所寄,济末俗衰乱之要道焉!丁敏之居士,善根宿植,法喜时深。有感于近年之世风日下,道德沦丧,人心残暴,凶杀时闻,悉不信因果报应之所致。由是动悲心,发大愿,虔书《地藏菩萨本愿经》,集资影印,以广流传。普愿世人深信因果,咸知报应。识正道以遵行,觉迷途而返辙。诸恶莫作,众善奉行。同修净业,共证菩提。经本,谨依范古农居士校正,弘一法师鉴定本。本年二月一日起笔,五月十日毕书,为时适百日。公余虔书,日与夫人黎炯珠居士,虔诵"南无大愿地藏王菩萨"三千声。悲愿如此其弘毅,信解若此其深彻,诚末世之大心长者矣!印顺尝就经本而助为句读,因序之以随喜赞叹焉!一九六二年十月十日,释印顺序于台北市慧日讲堂。

二六 《华严经教与哲学研究》序

——从佛教思想看华严大意

现实人间的佛法,本于释迦如来菩提树下的妙悟,如来自觉的圣智境界,不是一般思惟分别所能想像的。适应现实人间所能理解的,所能持行的,施设一切教化,无非是诱导人类趋向正觉的方便。释尊的化迹、身教与言教,依法摄僧的律制,流传在人间,但这是依于自觉圣智所流出的方便(法界等流),并不等于释尊圆证的实际。这点,声闻的"杂藏"经颂,已说到:"若以色量我,以音声寻我,欲贪所执持,彼不能知我(佛)"了! 在圣弟子对佛的永恒怀念中,通过崇高的信仰与理想,甚深的体验,而释尊自证的圆满净德显现出来,被称为毗卢遮那,就是释尊的别名。圆满的佛德,表现于《华严经》中,是圣弟子本着甚深体悟而表示出来的。说到大乘的最甚深处,是真如,法界、实际的平等不二。文殊师利所说契经,已说到了一切佛(化主)平等,一切国土(化处)平等,一切(化)法平等,一切(所化)众生平等。在佛、佛土、佛法、佛所化众生外,《华严经》更说到佛教化的时劫平等,一切都平等不二而互相涉入。佛(与佛土、法、众生、时劫)的圆满显示,成为学佛者的崇高理想与信仰,由此而发菩提心,行菩萨道,经十地等行位,从利他中完成自利,达到自觉圆满而无边无尽的悲济众生。这被称为普贤行愿的,就是一切佛修行的历程。《入法界品》的善财童子,发菩提心,学菩萨行,为学者提供了深入法界的榜样。

《华严经》着重于如来的果德因行。传到中国来之后,经由北土地论师的宏传,发展为华严宗学,对平等涉入、事事无碍的玄理,有了独到的阐扬。《华严经》所显示的果德因行,当然也出于圣弟子的体会,并不等于如来圆证的实际,所以"果分不可说"。依菩萨因行而方便安立,不是为了组成伟大的理论体系,而是启发学人来发心趣入。所以,在印度的大乘佛教,有所得于华严而发展的,或依"三界虚妄,但是一心作";"心如工画师,……无法而不造";"应观法界性,一切唯心造",成为(释尊所曾经说过的)染净由心的"唯(心)识"说。或依"如来智慧,无相智慧,无碍智慧,具足在于众生身中",成为心为如来净因的"如来藏"说。直从众生身心(经中或作"众生",或作"蕴界处",或作"心")中,点出迷悟,染净根元,化导学者修学,以达转迷启悟,离染显净。印度所传的,也许多为众生设想,所以略于玄理,而宗重在离妄执而契入平等不二的真如。

近代学人方东美先生,以哲学家而旁及佛法,探究《华严》,终于对华严宗学,给以无上崇高的评价。杨居士政河,从方先生修学,整理方先生的讲学录音资料,也宣讲华严宗学的胜义多年。最近将其所作有关华严经教、华严玄理的论文稿件,综集成《华严经教与哲学研究》一书,印行流通。此书通过哲学的理解来发扬华严宗学,对诱导世间学者进入佛法领域来说,是有良好与重要德用的。在佛法的领域中，我着重于印度传来，译梵为华的三藏，对于后来发展而成立于中国的佛学，如台、贤、禅、净，都不曾深入，所以略序佛教思想史上所见《华严经》的大意，以表示我对华严的赞扬！

二七 《太虚大师选集》序

太虚大师,以护教护国为事,四十年如一日,悲心深重,近代佛教界一人而已!大师之著述讲说,尝集为《太虚大师全书》,六十四册,读者每以文繁义广为难。大师之学行,足为今日佛教之南针者特多,因编选集以问世。

大师之学,纯乎为中国佛学也。深契于《楞严》、《起信》,本禅之无碍,契台贤之圆融,得唯识之善巧。初唱八宗平等,次摄为三宗——法性空慧、法相唯识、法界圆觉而言平等。虽法贵应机,多以法相唯识化众,然与专宗唯识者异也。大师之志行,纯乎为菩萨之行也。尝谓"志在整理僧伽制度,行在瑜伽菩萨戒本"。虽佛法方便多门,菩萨有曲诱声闻、天神之说,而大师则盱衡当世,探佛陀本怀,主"人菩萨行",以"人生佛教"示人。婆心苦口,胥在于此。

今所集者,上册初五篇为佛法之概说;显三宝实义,《佛法僧义广论》为尤要!次六篇,略示大师解说经论之善巧。中册二篇,大师学本于《楞严》,故取《楞严摄论》。常说真现实义,《宗体论》为现变实事,现事实性,现性实觉,现觉实变。举此而摄佛法无遗,乃知佛法本于真现实,非虚妄迷谬之学。二书足以见大师之学,故并集之。下册初十一篇,融贯料简诸宗,显其胜而祛其偏。《志行自述》以下,可见大师整僧护教之意趣。《学佛者应知应行之要事》等,所以示学佛者修学之方隅。末五篇,则略明佛法与文化、与世界和平之关系。大师之学,深广无涯,尝一滴足以知瀛渤之味,读选集可为探求大师学行之方便也。是为序。

# 二八 《续明法师遗著选集》序

续明法师入寂于印度,不觉竟十年矣,无常迅速乃如此!

续师为人,浑厚而方直。其为法也,主以正信、正见,导归学佛之正行。于僧团及学人,每策励之,启迪之,期于履践平实,不失佛门本色。文如其人,以故辩而不华,不事神秘之虚玄,亦不崇流俗之事功也。其生平遗著,曾集成《续明法师遗著》,嘉惠法界。弟子辈今择取其要者为选集,用为十周年之纪念。十年来,佛门之变亦亟矣!续师遗文,虽平淡无奇哉,而足为佛弟子之鉴戒者正多,乃随喜而为之序。

# 二九　序"世界佛学名著译丛"

　　华宇出版社编译出版"世界佛学名著译丛",共一百册,介绍近代国际佛教学术界的研究成果、研究方法与研究工具等,虽以日文作品为主,但内容是遍及各方面的。对于提升国内佛学水准来说,相信会有重大影响的!

　　我们中国佛教,过去经长期的翻译、研求与阐扬,到隋唐而大成。这是以中期的"大乘佛法"为主,上通初期的"佛法",下及后期的"秘密大乘佛法"。中国固有的佛教,基础异常深厚!日本佛教就是承受这一学统,适应现代,展开新的研究而有所成就。以中国人的智慧来说,如能重视中国传译的无数圣典,各宗奥义,进一步地摄取各地区的佛法,参考现代国际佛学界的研究成果,研究、抉择而予以贯摄,相信会有更好的研究成绩,佛教也一定能更充实光大起来。遗憾的是,时代是无休止的动乱,佛教受到太多的困扰;传统的佛教界,又不能重视佛学。这才国内佛教学的研究环境、研究水准,远远地落后于国外,无法适应赶上,这真是近代中国佛教的痛事!

　　我觉得,三十年来,由于政治安定与经济繁荣、宗教自由,佛学界也有了新趋势;对于佛教学的研究发展,已有了可能性。

"世界佛学名著译丛"在这时编译发行,真是适应时机的明智之举!无疑的将使中国佛学界能扩大研究的视野,增进研究的方法,特别是梵、巴、藏文——有关佛学语文的重视与学习,能引导国内的佛学研究进入世界佛教学的研究领域。这套书的出版,将促成国内佛学研究的一个新的开始。

三〇 《万古千秋一圣僧》序

佛法东来,隋唐为盛,师宗辈出,而德业之高胜,玄奘三藏其标领也。为正法而西行,无贪性命;译梵文为华典,无堕寸阴。誉满中天,道重帝室。景行令德,彦悰《慈恩三藏法师传》言之详矣。

夫奘公少而入道,遍游讲肆;中年西行,勤求正法;晚返中夏,传其所学。一生唯法是务,然则奘公之高胜,其唯依所学所传而后知之。奘公自谓:"远人来译,音训不同,去圣时遥,义类乖舛。遂使双林一味之旨,分成当现二常;他化不二之宗,析为南北二道。纷纭诤论,凡数百年,率土怀疑,莫有匠决。""乃誓游西方以问所惑,并取《十七地论》以释众疑。"是则有感于华夏佛法之纷歧,乃欲直探西方梵本,依弥勒菩萨论义为准绳,而定佛法于中正也。

《十七地论》为《瑜伽师地论》五分之一,传弥勒之学也。源本阿含,通赅论义,普为三乘,而宏阐菩萨之正道。慨五事不具之机,空成恶取,乃依《解深密经》,说依他起有,明唯识所现。无著承其学,造三大乘论——《庄严大乘》、《摄大乘》、《集大乘》,申正义而通异说。《庄严大乘》以真如无差别说如来藏,空性清净为如来大我，心真如为自性清净心。《摄大乘》则依他起性通二分，旁申一意识师。三论并说"四意趣"、"四秘密"，以善通一切法门。于"转变秘密"，明"以欲离欲"、"二二数会"之密义。庶免依文作解，流为魔外之俦。三论之说阿赖耶识，重种子义，故传为一能变说。得论意则善巧无乖，如随言迷旨，有滥于真常一心之虞。世亲继起，广释经论，别造唯识二论：《二十论》以遮外境，《三十论》以明唯识。义宗《瑜伽》，阿赖耶识重现行，说三能变；而后如来藏一心之说，不可得而惑也。世亲弟子陈那，深究因明；经护法而传戒贤，即奘公所师承。正宗《瑜伽》，旁通因明，辨析精严，有非唯识初兴诸论所可及者。所谓"誓游西方以问所惑，并取《十七地论》以释众疑"者，即斯学也。

观奘公之译业，亦可以见所学。贞观二十年，初译《瑜伽》，次及因明、唯识诸论以示所宗。永徽、显庆之际，广译阿毗达磨——六足、《发智》、《婆沙》、《俱舍》、《顺正理》诸论，以见由小入大之迹。显庆四年，乃依护法义，兼取《三十论》诸家之释，出《成唯识论》，集唯识学之大成；而奘公所学所传，于焉大备。后译《大般若经》，出众人所请，非所宗也。《成唯识论》成立别有阿赖耶识，五教依于大经，十理并探阿含；经说心性本净，依心空理所显真如，或约心体非烦恼说；如来四智菩提，生灭而非常住。宗《瑜伽》而详唯识，法义纯净，而常心、真我、欲为方便之说远矣！

奘公所译，文则一身备通华梵，故得精审允正，非余译所及。义则宗本《瑜伽》，大成唯识，传西元七世纪初那烂陀寺之显学。广译阿毗达磨论，于法义之演化，史迹可寻。奘公所译，每独备于中华,可谓中国佛教之宝矣！

　　光中法师住玄奘寺,发愿精校《慈恩三藏法师传》,并以有关史事为附编,欲以发扬奘公之盛德也。问序于予,自惭昔于斯学,薄致闻思,虽钦仰无已,而以志存通学,不及精研。今则义多废忘,文思謇涩,又何足以光斯编！谨叙奘公所学所传之胜义所在,用申赞慕之情云耳！一九八五年五月,印顺序于华雨精舍。

三一 《竹云斋文集》序

　　佛法,从信解持行中,实现身心的自在解脱,对一般人来说,不免深了一些,所以在佛法的弘通中,是不可能没有接引方便的。佛法在印度,有称为"异方便"的佛塔,或雕、或铸、或画的佛像;经典的书写、持诵等流行起来。这些与(色、声的)艺术相关联,以这些来摄引世人,进而信修佛法,佛教也就不断地发展延续下来。所以在佛教流传史中,佛教艺术是有重要意义的!

　　广元法师壮年出家,为慈航老法师再传弟子,从慈老修学多年。除了潜心佛法外,每寄情于书法、绘画。在报章上,每发表书法、绘画与佛法有关的小品文,希望透过与佛法有关的书画,摄化有缘人,能深植善根而趣向于佛法。法师要将历年发表的小品文,编成一个集子来与人结缘,法师是想读者能从此而信解佛法的,这也可说是难得的方便了!

三二 《松山寺同戒录》序

　　台北松山寺,道安长老所创建也。寺依山林而面都市,梵刹庄严,楼阁峣皇,经营二十余年,蔚然成台湾名刹矣!安公预诸方戒会,岁无虚席;拟建传戒法会于斯。前岁冬,安公入寂,灵根和尚继其席。今发起传授三坛大戒,纪念其逝世二周年,实亦以满安公之宿愿也。灵和尚邀予主持戒会,自分衰朽,不堪其任,而法谊难却,勉允之。迨戒会既启,龙天护佑:受出家戒弟子二百九十一人,在家五戒弟子一百九十六人,在家菩萨戒弟子二百六十五人;而檀越之护戒净施,诸称丰足。戒会若斯其圆满胜常,何莫非安公之遗泽也!

　　夫戒者,习成性善为体,勇于为善,谨于防非为用,此则戒之大本也。然如来应机设教,故戒有多途。其中具足戒法,三师七证,授受之际,最为殷重。盖以出家而入僧,和乐清净为本。必也僧众和乐清净,乃能外启檀众之敬信,内得安心而为道。定慧依戒而引发,正法因戒而久住,如来独重具足戒之授受,良有以也!若菩萨戒,慈悲为本,自利利他,通于在家出家,不拣人及非人,心存广大,故多方便益物之义。若究乎戒之本源,容浅深大小之有别,而戒德性净,固未尝异也。我国戒法相传,具足戒与菩萨戒并重,相得而益彰。具足戒显其尊胜,谨严拔俗;菩萨戒极其广大,悲济群伦;双存而贯以性善之本,岂非我国戒法之特胜欤! 而世之言佛法者,或意存性净而轻僧制,虽无碍于个人之修证,而续佛慧命则不足。或拘泥事相,以为重戒律矣,而不知内阙性净之德,无以引发定慧,徒存形仪,安能续佛法以久住世间! 是知学佛之道,净化身心以求解脱也,严净僧众以张大法也,并非戒而莫由。佛法之要在于斯,岂可学佛法而不殷勤于戒法者乎!《同戒录》编成,爰述戒会因缘,戒法大意,以告来预戒会者。一九七八年十二月五日,印顺序于慧日讲堂。

三三 《中国古佛雕》序

佛是最高真理的体现者,绝对("不二")完善("圆满"),是相对界的形相所无法表示的,所以"法身无相",初期佛教是没有佛像的。为了适应一般人心,起初以菩提树、法轮等,间接地表征佛的成佛与说法。渐渐的,佛在过去生中(菩萨)的事迹,天神的诚信护持,图绘或浮雕的,在西元前三世纪,已经出现于印度了。一世纪中,佛(及菩萨、天神)像在印度流行起来。因时因地而发展演化,佛教的造形艺术便成为艺术界的重要一环。

佛(菩萨等)像,象征着佛教的精神。一、解脱相:圆满的解脱者是佛;佛因智慧的觉悟而解脱,表现为肃穆、宁静、浑朴、自在,出家的超脱形象。二、慈悲相:慈悲是利济众生的,柔和、慈忍而强毅的菩萨,多数是在家的。三、信敬相:如天女的奏乐与奉献香花,印度式的衣着,轻薄而多少祖露,表示了供养的虔敬。或是护法龙天,如金刚像的威武雄猛,表现出降伏魔邪的赤忱。形像表示了佛教的精神,也就是佛弟子修学的榜样。

石雕、金铸等佛像的流行,已是中期的"大乘佛教"时代。那时的佛像,是浑朴、自在、慈和而雄健的,我们赞佛是"大智大悲大雄力",正是这一期佛像的风格。菩萨是立愿广度众生的,表现为精进强毅的少壮形象(初期的圣者阿罗汉,被形容为耆年);衣饰华贵,表示了菩萨的福德庄严。传来我国的早期造像,如云冈、龙门、天龙山等,北魏、隋、唐时代的石窟雕像,是属于这一期的。虽从犍陀罗式而渐化于我国的艺术传统,但都表现了"大乘佛教"的精神。宋代以来,佛教渐渐地衰落,继承中期的造像艺术也衰落了。

印度佛教进入后期,佛像是菩萨那样的在家化了。菩萨像倾向于天(神)化,多数是凶猛的忿怒相,也有忿怒相而与明妃相拥抱的。这是印度"秘密大乘"的形相,在一般人的观感中,也许觉得低俗了些。后期的印度佛教造像,在元明时,也曾经西藏传来。除保存于蒙藏式的寺院外,大都在明代中叶被政府彻底毁去了。

杨英风先生毕生献身于艺术,从中国的传统艺术,进而学习西方的艺术技巧,而又回归于再新的中国传统。对景观雕塑艺术有精深的造诣,受到海内外艺术界的推重。陈哲敬先生为旅美收藏家,搜集散落于海外的佛雕精品,达三十年之久,因而与杨先生相知。他从收藏的云冈、龙门等石窟雕像中,精选而编成《中国古佛雕》一书,请杨先生要我写一篇序。这是表达中期大乘精神的佛教艺术,代表中国佛像艺术的顶峰,对佛教与艺术,都有极高的价值! 可是,我是艺术的门外汉,不知从哪里说起! 只能略说佛像所表征的,也就是我们所应修学的,以表示我对这本书的敬意。

三四 为取得日本学位
而要说的几句话

一

本年(一九七三年)六月我获得了日本大正大学文学博士学位,我国的佛教刊物,多数予以报导。最近《海潮音》月刊,一再发表了责难的文字;也有法师来信,对此表示异议。所以我想对取得学位的经过,及我对学位及中日佛教关系的看法,说几句话。

关于学位取得的经过,先要说到与此有关的二位,即日本的牛场真玄先生与我国在日留学的圣严法师。牛场先生听说七十多岁了,他能读我国的文言与语体文,他存有对中国佛教的好感与热忱的希望。我没有见过牛场先生,可说与他没有私交。但他在近二十年来,经常将我的作品翻译或写成报导,推介于日本佛教界。假使日本佛教界知道"中华民国"有个印顺,那是受了牛场先生自动的义务推介的影响。我在中国文化学院授课时,在日留学的慧岳法师,认为我如有一学位,那多好。他自动去与牛场先生谈起,并进行取得学位的活动。直到事情中止进行,我才听旁人——演培或吴老择谈起。这是牛场先生与我关系的一切。圣严法师,我没有与他共处,他去日留学,我也没有给予任何帮助,论关系,也是极普通的(如圣师所作《划时代的博士比丘》所说)。这些,都是过去的事。

这次学位的取得,要从我在病中说起。前年(一九七一年)秋天,我病在医院,生死未定。印海法师来说:牛场先生来信,希望我同意他,对我的《中国禅宗史》译成日文(据圣严法师文所说知道,《中国禅宗史》传到日本,一般反应良好。牛场先生为了过去答应过慧岳法师,所以又自动地热心起来,想用日译本申请学位。但他那时来信没有说明,我只知道翻译而已),我觉得是好事。写文章,希望有人读,希望多有人读。近代的日本佛学界,能读我国语体文的太少,所以如译为日文,那对日本佛教界应有较多的影响。这样,我虽在病中,也就同意了。那时,"中华民国"还没有退出联合国。

到去年(一九七二年)七月二十九日,牛场先生直接寄信给我,称叹《中国禅宗史》,劝我以日译本向大正大学申请博士学位。圣严法师与吴老择居士也来信劝请。牛场先生对我二十年来的自动推介;这么大年纪,竟在四五个月内译成一千多页稿纸,费时费力,使我觉得盛情可感。我那时病情正在恶化,为了不使爱我者失望,同意了他的请求,并寄一些资料(经历及著述)去日本。那时,日我双方还没有断交。

今年一月底,我应乐渡法师与沈家桢居士的邀请去美国长期疗养,途经日本,休息了两天,见到了圣严与清度法师、吴老择与梁道蔚居士。我身体弱极，只在旅社里呆了两天。那时双方邦交已断，所以我对申请学位一事，表示缺乏兴趣，并提出理由，其中之一，便是为了我是"中华民国"的人（圣严法师文中，也提到这点）。那时，正值寒假，一切停止活动，所以大家结论为不作主动促进再说。

到了四五月间，圣严法师来信说起：牛场先生告诉他，学位进行的准备工作大体完成。我去信表示，不如中止进行（信是请日常法师写的）。但无巧不巧，隔一天，圣严法师就来了信：他在前几天，因关口博士告以准备工作完成，须缴申请费用，所以圣师已经缴纳；不足部分，由他先为垫出。到了这一阶段，我也就决定如此了。本来应亲自去日本接受学位，由于身体转坏，不能前往，才由圣法师代表接受，将"学位记"寄回台北。学位取得的经过，就是这样。我没有与校方直接联络，牛场先生与圣严法师，自动为此而牺牲时间与精力，我应表示我的谢意。

二

再说到学位：学位是世间学术的一项制度，与佛法的修持无关。以佛学来说，我对无信仰无思想的佛学，从来不表同情。认为，"即使对佛教有传统习惯上的情感，也不过作为文化遗产，照自己的意欲去研究，使自己成为佛学家与博士而已"。"如没有这种信念与精神，任何研究，或成就如何辉煌，都不外乎古董的鉴赏，历史的陈述与整理。虽足以充实庄严图书馆，而不能成为活的佛学。"（并见拙作《谈入世与佛学》）就博士学位来说：这并不表示无所不通，也不是对此论题绝对正确。这是表示对于某一论题，写作者曾经过缜密的思考，能提出某些新的意见、新的发现或新的方法，值得学界参考而已。所以我并没有把它看作什么了不起。

但这也表示了对于论题，有了相当的学术水准，即使不是绝对正确的，也是值得学界参考的。我不是禅者或禅学研究者，我为什么写《中国禅宗史》？胡适以神会为禅的革命者、《坛经》的写作者，否定了六祖的地位，也否定了达摩禅的一贯性。我以为《中央副刊》上的喧嚣，或刊物上的人身攻讦，是不能解决问题的。凭我对中国佛教的一点感情，使我放下自己所要探求的佛法，而从事初期禅宗史的研究。我的见解，不一定为传统的禅者所同情，但透过新的处理，到底肯定了达摩禅的一贯性，六祖与《坛经》的关系，与神会应有的地位。我想不只是写出来，也要取得人的同情，取得人的尊重，才能改正世间学者有关佛教史实的误解与歪曲。那么，本书而取得学位，不正能引起人的重视与反省吗？在这种意义上，我并不以取得学位为耻辱。这是世间的学术制度，是需要申请的，所以我也不觉得"申请"就是"可怜相"。

中国佛教是伟大的，但伟大的是过去而不是现在。有信仰有反省的佛弟子，是会深深感觉到的。个人的虔诚、热忱、信解与持行，是复兴佛法的要素，但这还是个人修持的立场，而不是佛教延续与复兴的立场。复兴中国佛教，除了个人的信行，还要求佛教组织的合理与加强。对社会，多做些文化、慈善救济，以引起社会同情（也更符合佛教的精神）。对佛教自身应力求文

化水准的提高,吸收国际佛教界的可贵成分,了解现代的思想
(这才可以摄取或破斥他),使佛教能在现代知识界——国内或
国外受到重视,才能影响到社会的中坚人士而发生新的力量。
这就是虚大师过去为佛教的基本立场。由于近代的剧变,中国
佛教与国家民族一样,都是从古老安定的社会,而迈向于复兴即
现代化(适应现代情况而足以生存发展)的过程。在这演变过
程中,由于古老传统或倾向于现代复兴的见解,或不免不同。在
这些上,也才能了解,何以慧岳与圣严法师把学位看作大好事。
这决不是为我捧场,而只是觉得中国僧侣的文化水准总算有了
进步的象征。我出家四十多年,从来没有凭什么资历,现在衰病
快到生命尽头,这对我还有什么用处?但对佛教修学的努力者,
多少有一点鼓励作用。所以有人看作好事,有人看得毫无意义,
简直可耻,这不过在这变动时代,所引起的不同意见。重个人修
学,满足于古老的传统,或深感佛教衰落而求时代之适应罢了!

三

日本的政治倾向,过去存有侵吞中国的野心,这才引起抗日
战争。日本失败以来的政治倾向,对台湾是存有野心的,这不但
田中内阁如此。过去日本台独的活跃,就是良好的例子(当然,
台独的活动,也还有称为盟友的美国人在内)。去年双方的绝
交,对我们无疑是更重大的打击。政治,现代的政治,根本说不
上道义,都无非为自己国家的现实利益着想。这种政治活动与
普遍倾向,确是如此,但不能因此说一切日本人都是如此。如一

视同仁,那以常识来判断,也不能说是正确的。日本佛教界的活动,也是一样。在抗战期中,为日本军部作侵略工具的,特别是那些海外及随军的布教师。战后的日本文化界及佛教界不断来台,什么亲善、感恩,带有半政治性活动的,也谁能保证都是纯洁呢!日本佛教界而作政治活动的,甚至亲共的,都不能说没有,然大体来说,专心的佛学研究者或著述者,从过去(抗战及抗战以前)到现在,都对政治性的兴趣不高。所以也不能说日本佛教全体,都是意图侵略的。作为佛弟子,对事理的认识和批评,应多少客观一些。处在现阶段的中日关系中,我取得了日本的学位。我没有与日人组什么团体,说什么"交流"、"合作",往来亲善。虽然,这些活动,为现阶段国策所不禁。我只是纯粹个人的学术活动。

上面所说,有关取得学位的经过,有关学位的看法,有关中日关系的看法,我只是说明事实,并说明自己的某些意见。见仁见智,那是别人的事。我为病体所限,不可能再有所说明,但我会静默地听那些不同的意见。

三五　致乐观老法师函

数日前，承寄来圣严法师函稿，座下希望圣师"到此为止"，不必再刊登该文。该稿已嘱人寄奉，谅蒙收到。

兹因病来台北就医，读《海刊》五十四卷十一期，又见荣剑华居士一文，"到此为止"而又再刊之，无乃太过乎！见仁见智，所见因人各不同，但圣严法师无非以学位为一好事，而自愿为之辛劳，乃竟因此而备受《海潮音》之责难，且方兴未艾，不免有出人意外之感。

对弟之批评，了师但曰"有损清誉"，而荣居士则指为："伤失大'中华民国'之国格，且有害于印老之僧格。"此举而竟辱国辱教，座下不以为过乎！

于此，我应有自知之明：使攻讦而为适当，则印应自动取消《海潮音》社长名义，以免累及《海潮音》之清望。使攻讦而为无理，则印更应自动取消社长名义，以符合现阶段之《海刊》立场。自下期起，请将"社长印顺"字样，自《海刊》抹去。多年来虚负名义，今与《海刊》绝缘，虽觉有负虚大师，而就事就理，不得不尔，当为法师所见谅也！

一九七三年十一月七日

三六　答成元法师问

承以佛法相询,问题过多,不易详说,谨略为简言之。

一、关于讯问者:(一)龙树是受菩萨戒之比丘。(二)比丘以正觉为目标,菩萨如释迦因地及弥勒等以成就无上菩提——正觉——为目标。菩萨成佛,当然胜于比丘,惟初心菩萨亦多不及比丘之圣者。(三)大众与上座,各得佛法之一体,各有所长,亦各有所蔽。(四)龙树宏扬之佛法,能否取得主导地位,当以后人之信行是否能尽力以赴之为断。(五)现世佛法,应综贯各地佛教之长而阐扬之。以本人之意见,尚未有何地能有领导今世佛教之可能者。(六)我国佛教,应自佛教徒之信仰佛法,深知佛法,实行佛法,乃能生存于今日,救度于人类。

二、关于商榷者:三宝以僧为重,此义确然无误。然决非消极的自弃于人间,或盲目的滥同世俗;决非专谈虚玄之妙义,亦非专知形式,托钵乞食了事。要知佛法之衰,问题在僧众之自身没落,并非别人故意轻视僧宝。尊重僧众,要僧众从信、解、行中自己尊重起来!

论到佛法中谁堪当选(教中)总统,不问为比丘为菩萨,并属非法,请检《阿含经》阿难答雨势大臣之问。如有教王之类,即是外道气味！

依本人所知，佛法本无所谓大乘、小乘。但在佛法流行中，一分偏主保守者，慧劣而拘于戒条，重于自了者，成为声闻。一分偏于自由适应时代者，慧深而略于琐屑之戒条（并不反对根本及主要戒律），重于化他者，成为菩萨，因之演成小乘与大乘。龙树之破斥小乘，并非破斥释迦之阿含与律，仅是破斥不知释迦真义而专于支离名相者。此等声闻，即是不知佛法而自以为是之声闻，非佛说之声闻也。来文所说，多属误会。佛法并非讲人情，邪者应破。印度佛教之亡，亡于邪正不分，知否？

"苦无逼迫性"，无逼迫性所以是苦，此理乃第一义谛，原非俗知俗见者所知。"一切有为法，如梦幻泡影"，本出《阿含》。《阿含》云"观色如聚沫"（泡之一类），乃至"观识如幻事"。大空出《杂阿含·大空经》，小空出《中阿含·小空经》。凡此等并属释迦正说，如何口出钻矛，妄肆讥评！观来书所说及贵处托钵乞食，意存声闻仪制，乃于菩萨乘妄肆攻讦。惟佛法甚深，即《阿含》与广律及各部毗昙，显然毫无认识，不过依样画葫芦，托托钵吃吃饭而已。苦哉！苦哉！须知若欲弘通声闻佛法，应于声闻经律论如实信解，得正知见；然后摄护身心，策发定慧，以求自证。若一概不知，仅以托钵、不持金银为佛法，此佛法之所以江河日下也！

贵处组织学院，不知日常所学何事？不敢悬揣而有所说也。雅承商问，不敢不以所知者相答，质直之处，希以容恕！

三七　答慧空尼

一、比丘、比丘尼戒，本为声闻乘戒法。律制半月半月（非限定十四日）布萨诵戒。中国佛教虽受比丘、比丘尼戒，而重在大乘，故半月半月诵菩萨戒者为多（诵戒制并未普遍推行）。

二、中国古代，比丘尼"二部受戒"，现存早期之史料，为梁慧皎所著《高僧传》卷三《求那跋摩传》、《僧伽跋摩传》。

三、师子国来传二部受戒制之比丘尼，虽未见明文，应是上座部系之赤铜镍（锡兰岛之古名）部。二部制受戒，乃声闻律制，与菩萨戒法无关，故不得云"二部制的三坛大戒"。

四、以传授比丘尼戒而论，合法之授受，为二部受戒。印度旧制，比丘与比丘尼，不得住于一寺。尼众受戒，先于比丘尼僧中受具足；再往比丘寺中，于比丘僧中受戒，即经比丘僧之审定许可，乃为合法。今中国一般传戒，尼众直接从比丘僧受戒，不合古制。或有自称二部受戒，而传戒者与受戒者，比丘与比丘尼共住一处，均与古制不合。

具足戒法传受之正当规制，受戒人多少均可，但每坛（次）不得超过三人。传戒者，比丘或比丘尼，应有十师——和尚、羯磨、教授及尊证七人。如在边地，佛法不盛，则可以五师（尊证二人）受具。凡为师长者，需满法定之年龄，即受具足戒十年以上，又须有智慧，能知戒法。比丘、比丘尼受具足，乃在僧（十师或五师）中如法举行，非从某一人受，故受戒以后，成为僧伽之一员。

　　五、中国之出家戒法，由印度、西域或南方（锡兰）传来。古代，《僧祇》、《十诵》、《四分》等多部流行。北魏光公以来，法藏部之《四分律》大盛。至唐道宣律师，精研《四分律》，蔚为学众所宗，而后渐归于统一。此后，接受戒法，虽时或衰落，而同属于《四分律》。如依《四分律》受具足，则不得别传他律。

　　上来，依律典古制而说。中国佛教以大乘为重，虽受出家（比丘、比丘尼）戒，然与拘泥古制（声闻乘立场）者不同。昔在印度，佛灭以后，声闻乘部派繁多。如大众部系之鸡胤部，于律制可依而不必定依。如式叉摩那，律有明文，然在印度早已不受重视。宋代来华之求那跋摩三藏云：“戒法在大僧（比丘僧）中发，设不本事（疑有误字，意指不从比丘尼受），无妨得戒，如爱道（爱道为佛姨母摩诃波阇波提之意译，从佛得戒）之缘。”推此意，则比丘尼直从比丘出家、受戒，亦无妨也。惟男女杂厕，易滋流弊耳！戒律本为世间法（“毗尼是世间中实”），含有道德轨范、生活轨范、团体共住轨范。生活与团体规制，因时因地而有所异，有不得不然之势，此固非抱残守缺，拘泥教条，不知制律之意（学律应知制律之因缘，故曰“毗尼因缘所显”），自诩为严持戒律者之所知也。

三八　答昭慧尼

一、淫欲不是生死根本，但在现实人间，淫欲"是障道法"，这是我从佛法得来的见解。世间是苦，"苦"体是每一众生（依五蕴、六处和合而有的）自体。何以有此生死苦果？"集"起生死的是爱，爱的内容为："后有爱，贪喜俱行，彼彼喜乐。"佛曾深感众生的难以教化，问题为每一众生，有"爱阿赖耶，乐阿赖耶，欣阿赖耶，喜阿赖耶"——深藏的爱著窟宅。以上，是佛法根本，阿含及广律所说。众生生死不已，原因是烦恼，烦恼是无量数的，可分二类：（一）"分别生"的：主要是人类文明发达所引起的，文明越进步，烦恼越多。这在现实人间，是严重的，可以造成最大的恶业；但断除了，还是在生死中。（二）"俱生"的：其中一分，是一切众生所同有的，一切众生所必有的。这虽是微细的，不妨得人天善果，但却是最为难断的。如末那相应的四种烦恼，"我痴，我见，我慢，我爱"（一切都加一"我"字）。佛法以爱为集谛；经说"爱莫过于己"，这是有意识或无意识中所必有的，所以说：自我爱为生死根本。你以自杀殉情来表示是淫欲而不是自我爱，这是不知爱的内容。从自我爱而延扩起来，经说三爱："欲爱、有爱、无有爱。"欲爱是物欲（淫欲在内）的爱著；有爱是自体存在的爱著；无有爱是否定自己、超越自己（自杀，爱著涅槃解脱等）的爱著。如"杀身成仁"，"舍生取义"，如没有尊重自己（人格道德）的一念，能为仁义而死吗？其他，有些在生死中的众生，是没有淫欲的，你既然知道，那也就不再说了。

　　二、解脱生死，重在断除烦恼。欲界人类，如淫念与淫事多，不论什么法门，都是不可能解脱的，所以说"淫欲障道"。在某一期间（长短不定，依根性及精进程度而不同）暂断淫欲，精进修行，止观相应，引发无我净慧，就能断我见而得初果。证果后，在家弟子如为事业与淫欲所累，就不能进修得二果。得二果的也是这样，所以初果、二果的在家圣者，依然能生男育女。如离欲界烦恼，进得三果，那在家也不再有淫念了。如得四果，虽然年富力壮，女性不再有月经（身体健康正常）；男性也不会梦遗不净。出家的可得四果，在家可得三果。在家而得四果，那就不是当下涅槃，就一定出家了。但有的部派说：阿罗汉也有在家而不出家的。三果圣者如死后生天，那是没有淫欲的色界；但凡夫依禅定力，也能生色界，所以没有淫欲，并不等于断除生死根本。欲能障道而不是生死根本，这是我对佛法的理解。

　　三、生在人间，维持个体生命的，是饮食；延续种族生命的，是淫欲。古人说："食色性也。"性是出于本能的。一般人的饮食或行淫，是不离烦恼的。如恰当——适合个体的正常需要，适合当时社会的正常制度，这不能说是罪恶，不会因此而生天、堕地狱，也不会因此而流转生死（不感总报）。烦恼有二类：一是恶（不善）的，一是无记（不可说是善是恶）的。无记的虽然微细，到底是不清净的，所以名为有覆无记。本能的自我爱，也属于此。引起淫欲的欲爱,与嗔、痴等不同。人及大多数畜生(鸟兽虫鱼等),淫欲是本能的。到一定时期,生理变化而自然发现。凡属本能的,不能说是善是恶。如食草的牛、羊等,不能说有"不杀生"的美德;蜘蛛结网捕虫而食等,也不能说是专造"杀生"的恶业。如烦恼依本能而起,率性而动,无记所摄。所以在世间法中,饮食男女是正常的,否则人类都要下地狱了。众生以自我(我是"主宰"义)爱为中心。欲界人类的欲爱——爱著、占有的"物欲"非常强,贪心炽盛。食,发展为经济的争夺;淫欲也一样,每逾越正常。食色性也,而食色成为人与人间永不解决的困扰(苦,并不限于食色)。人类的知识进步,依自我(主宰)爱而来的占有欲,人是不可能没有的,于是有家庭,国家、国际(到现在,还没有形成有效的秩序),这是容许私欲而又加以限制。从容许说,是保障私有,所以要保障私有,正因私有欲出于人性,不可能没有的。但过于纵容私有,又会造成另一形态的困难,如自由经济制的周期性衰退。私有、占有,可说有正常的一面,但从佛法(出世法)来说,源于人性而来的私有、占有,世间是不可能有彻底的解决。从个人(在世间)来说,衣食等经济事项,如能少欲知足,是容易解决的(当然不是彻底的解决),而淫事有关双方,不能专凭自己意志来决定,如漠视对方,会增添家庭的纠纷困扰,比衣食问题是更难解决的。所以佛制出家,以不畜私产为原则,而淫欲则完全禁止。总之,根源于自我爱而来的私有占有,世间是永不能解决的。佛制出家的完全禁止淫欲,如不能安心于佛法喜悦之中,即使持戒谨严,不敢违犯,内心矛盾,也不过人天功德,不能趣向圣道解脱的。真正的"梵行已立",是无漏圣道的成就。

四、"如人间……理想的实现"，是古代佛弟子的理想，我是遵循古人的理想而说罢了。北俱卢洲式的，"迹近神话"，其实是古人对原始社会的怀念。文明愈进步，人类的问题越多，于是古人想起原始社会的淳朴。犹太人心目中的乐园，中国所传葛天氏、无怀氏之民，都好在"不知不识，顺帝之则"。蒙昧时代知识未开，私欲也不发达，饮食男女都任性而行，当然人与人间的问题也少些。其实是不可能没有问题的。鸟类争食；即使吃不完，狗也会为食而相争；为了异性的追逐，公犬互咬，是常见的。虽说古代知识未开，总要比禽兽聪明得多，怎能没有人与人间的困扰呢！不过比文明进步的，要安和得多。大乘净土，是进一步的理想国。衣食自然，智慧发达，佛法流行，男女问题也得到解决。早期的东方阿閦佛国，有出家（没有僧制）也有在家，有声闻也有菩萨，有男子也有女人，却没有现实人间的苦难。特别是女人："妊身产时，身不疲极，……亦无有苦，……亦无有臭处恶露。"这是理想的人间净土。莲花化生，原从印度神教梵王从莲花中出现说而来，是理想的天国净土。这样的净土，没有饮食男女问题。最高的理想，没有在家出家的差别，本不必说没有女人。传说印度的梵天，没有女人，都是丈夫相（无有女人的净土，与此传说有关）。其实，在梵文中，梵天是中性名词，可说是没有男女之相的（梵文，有男性、女性、中性，如现代语文中的他、她、它一样）。你问："到底是方便适应，抑或是究竟施设？"我所说的，只是顺着古人的理想而作此说。如彻底地说：是世间（以每个众生自体为本而活动于时空之中）就是苦，苦是本质的。即使没有男女淫欲,如化生天国,或低级动物依自体分裂而繁殖的,也还是在苦中。想像美好的世间,而又以为没有苦,是根本不可能的。只要是世间,苦是不可免的(但苦有轻重的不同),这才要有出世法的必要!

五、你的意见,限于人类,似乎觉得女人特别苦。其实,男女不同,就有不同的苦。科学不断发明,可能有“助于女性生产撕裂的剧苦”,如试管婴儿的成功、无痛分娩等,但这还不是苦!“连一念淫心都犯戒”,说来话长,不说也罢! 你读佛书能有所启发,论列也有条理,也有充实信仰,我可说是非常欢喜的。最好能对佛法,根本的经律论,下一番工力,应于佛法获得更完善的见解(近代人的写作都只能作参考)。

三九　答苏建华居士

居士读《妙云选集》，发现问题，来函请为解答。谨答一二，希慧鉴也。

常道，对方便道说。菩萨常道，并非太虚大师创说，乃大乘法门之共轨也。大乘以成佛为宗极；菩萨发心，于历劫生死中修行，积集广大福慧资粮，以之利他，即以自利，展转增广，终乃圆成究竟佛果。此乃大乘通轨，虽法门无量，意趣则一。或愿生人中、天上（非长寿天），或愿生无佛法处，或生其他佛土：悲心广运，历劫修行，为菩萨特有之胜德，非急于自了生死者之可比。

大乘法中，有念佛法门，是易行道、方便道。龙树菩萨《十住毗婆沙论》云："汝言阿惟越致（不退转）地，是法甚难，久乃可得。若有易行道，疾至阿惟越致地者，是乃怯弱下劣之言，非是大人志干之说。"马鸣菩萨《大乘起信论》云："众生初学是法，其心怯弱。以住于此娑婆世界，自畏不能常值诸佛，亲近供养，惧谓信心难可成就，意欲退（大心）者，当知如来有胜方便，摄护信心。谓以专意念佛因缘，随愿得生他方佛土。"无著菩萨《摄大乘论》云："别时意趣：谓如说言：若诵多宝如来名者，便于无上正等菩提已得决定（即不退）。又如说言：由唯发愿，便得往生极乐世界。"依印度大菩萨之开示,方便易行道,乃对初学者,根性怯弱者所设之方便,用以维护信心,免其退失大心。法门之用意在此,与一般中国人所说不同。且念佛,得不退阿耨多罗三藐三菩提心,乃通于一切佛,如多宝佛、弥陀佛。"闻释迦牟尼佛,称其名号,善根成就,皆得不退转于阿耨多罗三藐三菩提心",出《观音菩萨授记经》,非念佛但指阿弥陀佛也。且念佛之念,乃系心一境。或系念佛功德,或系念佛相好,或系念佛名号,或系念佛实相。如《大品经》云:"无所念,是名念佛。"念佛法门是易行道,然亦法门广大。中国之念佛者,舍一切佛而专念阿弥陀佛;舍功德、相好等而专称名号,使广大法门狭而不广,拘而不通! 吾人应依经论所说,勿信末世人师! 如自觉根性怯弱,尚不堪大心久行,则修易行方便道,如称念阿弥陀佛等,借此维护信心,自属合理。如谓末法修行,非此不可,非此一法门不可,则是偏见曲说,故与经论相违!《大集经》悬记,念佛得度生死,亦是维护信心,渐度生死之意。且念佛亦多矣,何必如某大德所说!

某大德所说,专重恶业。意谓人多恶业,易堕恶道。如不能今生了脱,未来几乎无望。此等言说,用以激劝修行则可,论理则似是而非。盖知恶业之可畏,而不知功德之殊胜也。如求人天功德,则福报愈大,堕落之危机愈多。然佛法中,正信三宝,心期大觉,所有功德,不可与人天功德相比。学大乘人,所有功德,悉以回向。如云:"愿以此功德,回向于一切,吾等及众生,皆共成佛道。"一切为佛道,为众生,则与佛及众生有缘。来生得生人间(天上),见佛闻法,善知识之所摄持,必也功德展转增上。佛法中之功德,岂恶业所能及! 故经谓"一历耳根,永劫不失"。

经谓发菩提心者,永不失坏。虽或堕落,以菩提心善根力故,迅即解脱。若于佛法得正知见,则"若人于世间,正见增上者,虽历百千生,终不堕地狱"。佛法,尤以大乘善根之殊胜,为难可及也！善既胜恶,又不为人天善根自误,此所以能历劫生死而行菩萨道也。释迦佛初发心时,逢古释迦佛,略申供养。以此功德,展转增胜,乃得圆成佛道。吾人为释迦弟子,释迦佛之本行,岂非学佛人最佳榜样！

　　太虚大师学发菩萨心,学修菩萨行,鉴于世之学佛者,大多逃空遁世,不为世间正常善业。以大乘之名,行小乘之实,故举"人生佛教"以为劝。今既生而为人,即应不废人生正常之善行。以此功德,回向佛道,即是大乘行。大师逝世,或称其上升兜率,此亦善颂善祷之词,非大师本人之事。称其上升兜率,以兜率天有弥勒菩萨。大乘经中,每有菩萨自兜率天来,智慧善根殊胜。盖以兜率天有一生所系菩萨,当来成佛,可以亲近。又如未来弥勒下生,则生兜率天者,或随佛下生,为佛弟子,直往菩提。以此,故俗以上升兜率为颂也。兜率天有弥勒净土,亦属易行道,为心性怯弱者说。弥勒净土,以归依三宝,受持五戒、八斋,作福,念弥勒名号,即可往生,不必"一心不乱"。兜率天与此世界,同属欲界,同属散地,同在一世界之内。对此土众生说,则往生为易,故虚大师亦曾宣说之。总之,佛法本自无净,一切皆可贯通,惟偏执一佛一经一咒者,乃障法界耳！

四〇　致陈永权居士

　　承蒙你惠寄《佛学浅要》的十八《佛教兴衰与密宗无关》，谢谢！文前红笔标出，"敬请详细阅读本文"；文中又说："真正可以得到佛教中的博士——导师了。"这篇文字，没有明白提到我的名字，但显然与我（或是阅读我的著作而作出推论的人）有关，所以简略地表示我的意见，以答谢你的好意。

　　"密宗是外道——婆罗门教"：这句话，我从来没有说过。

　　我写过一部《印度之佛教》，是论究印度佛学思想的源流，印度佛教的史实。该书第十七章，标题为"密教之兴与佛教之灭"（编入《妙云集》十六册《以佛法研究佛法》）。在印度佛教史上，西元五世纪起，秘密佛教渐兴；到九、十世纪，盛极一时，成为当时的佛教主流，所以太虚大师称之为"密主显从时期"。秘密大乘佛教盛极一时，但受到印度教徒的责难，渐失去民众的支持；加上回教的不断侵入破坏，除少数被迎入西藏，或避匿到尼泊尔等地，极大多数的密乘上师，都纷纷地改宗印度教与回教。密教为主流的印度佛教，就这样的迅即陷于衰亡。此为印度佛教史上的事实，所以我写了这一章——"密教之兴与佛教之灭"。《印度之佛教》，我写于民国三十一年，三十二年在重庆出版,距今已四十多年了。所以,三十年前的一个澳大利亚人,还有几位德国人,写西藏佛教而得到博士,都是我所不知道的,与我无关。到底是怎样的"乱写一大堆",该文作者金刚剑,到底知道了没有?

说到印度佛教的衰灭,原因是应该非常复杂的。如概要地说,一个宗教的衰亡,主因有三:一、自身腐化而失去民众的好感;二、外来文化的征服,或固有文化复兴所引起的打击;三、政治或军事力量的破坏(一个国家民族的衰亡,除固有文化复兴外,也不外此三要因)。以此而论,当印度教复兴,回教军侵入时,秘密佛教的兴盛,也有四五百年了。为什么忽而失去民众的支持?为什么上师们改变了信仰?所以,说"密宗兴盛会使佛教灭亡",固然是一偏之论;说印度佛教的衰亡"与密宗无关",也是不对的,秘密佛教应负起一部分的责任(当时势力微弱的显教,也应该有些责任)。这如一个国族的衰亡,只说受到外来文化的冲击,受到外国力量的侵略,而不能反省自身的缺点与错误,那真是"哀莫大于心死"了!诚信佛法、爱护佛法的,对印度佛教史上的悲惨事实,应该理智清明一些,好好反省一下!

作者金刚剑,应该是西藏密乘的信行者;也许还是初学,所以所说都不大正确。如一、他说:"莲花生大士入藏弘扬密宗,到现在经过一千余年,西藏是显密二教最兴盛之地。佛教在西藏,什么时候灭亡过呢!"这是与史实不符的。西元七四九年,莲花生上师入藏弘法,对西藏佛教是大有贡献的!到西元八一六(或作八一七)年,俫巴瞻王登位,大弘佛法。八九九年,朗达玛王登位,五年间破灭佛法,毁寺院,杀沙门。王为喇嘛所杀,其亲信迁怒于僧众,摧残更甚。西藏佛教蒙受重大的打击,几乎全毁,佛教陷入了黑暗的(约)一百年。这是铁的史实,金刚剑竟一剑抹煞了! 二、他说:"显密佛法,都是释迦世尊亲口所说的";还加上一顶大帽子——"世界各国的古今大德,凡是对于大乘佛教有研究的,都承认"这样说的。其实,真正信解西藏密宗的,就不会这么说。如莲花生上师所传,被破毁而遗留下来,被称为宁玛派(古派,或作旧派)的,就这样说:声闻、缘觉、菩萨乘,是应身佛释迦牟尼说的;密乘外道——作、修、瑜伽,是报身佛金刚萨埵说的(或分为金刚萨埵与大日如来);密乘内道——大、无比、无上瑜伽,是法身佛普贤说的。作者既推崇莲花生上师,怎么不知道,而说"都是释迦世尊亲口所说"的呢! 从这二点来说,如作者初学无知,宏密心切而乱说,那是可以原谅的。如学藏密已久,故意颠倒事实,满口胡言,企图蒙蔽世人心目,以便密乘的推行,那是不可容恕的罪恶!

原文提到了弘一大师的赞叹《大日经》,用来证明密宗是不可随意批评的。弘一律师是近代高僧,戒行高洁,毕生致力于《四分律》部的整治与传弘。有关大、小、显、密的深广义理与修法,倒没有听说专门的讲说与著作。前代大德的品德与事功,是应该尊重的,但(除佛以外)前人所说,有所长或有所短,所以是可备参考,而不能作为权证的。从前,声闻乘的罗汉们,大乘的菩萨们,秘密乘的上师们,对于前代的所传,都可以批评,所以有破有救。因为佛法的偏正、浅深,融俗或显真,不能依文取义,而要经过思辨(或论辩)的。西藏显密佛教的盛行,老实说,是亏了宗喀巴大师! 宗师将佛法建立于戒律及深广法义的基石之上，才促成西藏佛教主流的兴盛（也影响其他的各派），拉萨成为修学者仰慕的道场。在拉萨举行的论场（考格什）上，经上说、论上说、某某大师说，都是没有证明效力的，一切要依现比二量，以理为宗。这种情形，钦仰西藏佛教的原文作者，大概也没有听说过。

原文说：“如果他真的为发扬佛法，就应该‘八宗并行’发扬。”不错，八宗并弘，是太虚大师所说的。民国四年，虚大师闭关以来，“上不征五天，下不征各地”，以隋唐佛教的复兴为理想。但所说“八宗并弘”，是八宗平等的，各有特胜的（与密宗的见解不同）。不过，到了民国十五六年，“八宗并弘”就废弃不谈了，这当然是因为更圆熟、更深广地理解了佛法。对于秘密乘，太虚大师是这样说的：“融摄魔梵，渐丧佛真之泛神秘密乘，殊非建立三宝之根本。”（《致常惺法师书》）论印度佛教史说：“渐倾密行，趋入印度佛教衰运”；“四期——原著五期（即密教之兴与佛教之灭时期），如来为本之佛梵一体，可无异议”（《议印度之佛教》）。判印度佛教为三期说：“依天乘行果趣获得大乘果的像法时期，……正是传于西藏的密法”；到了现代，如“依天乘行果，是要被谤为迷信神权的，不惟不是方便，而反成为障碍了”（《我怎样判摄一切佛法》）。以上所说的，是太虚大师的晚年定论。对于大师的意见，有两点应加以说明。一、大师所说的“融摄魔梵”，“佛梵一体”，“依天乘行果”，点明了秘密乘的特性，就是融摄印度教的天神行。高级的夜叉（鬼天）、龙王（畜生天），印度共信的神（天），在佛教中，起初是护法神，如站在山门内的四大金刚。大乘佛教中，有的已是菩萨了。到了秘密乘，鬼天等成为佛的教令轮身(所以称为依天乘行果)。佛与天神,在密乘中,融摄到难分彼此。如即身是佛、我即是佛的"佛慢",在教典中却写成"天慢",足以证明天、佛圆融(依通俗说,就是神佛混杂)的程度。所以密乘行者陈健民老居士,劝人"信佛也要信神"了。由崇事的本尊是夜叉等身相,所以供品与持行方法,也都与以人为本的佛法不同了。二、太虚大师对于密宗,认为"应复其辅行地位,不令嚣张过甚。……密,非判显教(为下)而独超其上之密教。密如灾病失业等保险法,令困厄时有其救济。……悟修仍以自力为本"(《议印度之佛教》)。至于我,受虚大师思想的熏发,虽不能亦步亦趋,但对于秘密乘,意见是大致相同的。原文一再说到"推翻密宗",不知谁有这样的说法,我是从来没有这样想、这样说的。我曾一再说过:"迷信比不信(无信仰)好。"对于有真切信仰的,即使是外道,我也存有限度内的尊重与容忍,何况是佛教的密宗!

居士将《佛教兴衰与密教无关》寄给我,足见你对我、对这一问题的关心,所以简略地表示我的意见。原文作者金刚剑,不知是哪一位,你有没有相识? 他的信仰是很难得的,但凭他这点知识,还不足以光显密乘! 你如认识他,最好劝劝他,对密乘应更多地学习理解。要评论什么,应该知道佛教的更多问题,佛教史上的事实。评论,不是单凭信仰就够了的。末了,谢谢你的好意!

四一　答杨敏雄居士

　　前年,在《中国佛教》上,知道钟庆吉君推重我所说的《中观今论》,并引起佛教界的一些反响。我因为晚年衰病,不顾问外边事,也就没有去多注意。这次寄来的文稿中,这样说:"跟佛、龙树、印顺学,足矣。"这真是赞扬得离了谱! 我凭什么能与佛及龙树并列呢! 三十年前,某法师(现在是杨居士)一再发表文字,要台湾法师跟印顺学,为我增添了不少的困扰。现在竟高推我与佛及龙树并列,如不是衰病已久,寂寞无闻,正不知要引起怎样的骚动呢! 不过,钟君真能知道我对佛法的意趣吗? 真能知道龙树学与佛陀的正法吗?

　　我在《福严闲话》中说:"有些人觉得我是个三论学者,其实并不十分确切,我从不敢以此自居。"《中观今论》的自序中说:"我曾在《为性空者辩》中说到:我不能属于空宗的任何学派。"我多用性空缘起说,但为什么不愿以空宗——中观者自居呢? 这也许是钟君所从来不曾想到过的。我对于佛法——流传于人间的佛法的根本信念与看法,如《说一切有部为主的论书与论师之研究·序》所说(共八义),这就是一九四二年写作《印度之佛教》时的意趣。其中说到:

"佛法源于佛陀的正觉。佛的应机说法,随宜立制,并不等于正觉。但适合于人类的所知所能,能依此而导入于正觉。"

"佛陀应机而说法立制,就是世谛流布。缘起的世谛流布,不能不因时、因地、因人而有所演变,有所发展。……由微而著,由浑而划,是思想演进的必然程序。因时地的适应,因根性的契合,而有重点的,或部分的特别发达,也是必然的现象。对外界来说,或因适应外学而有所适应[融摄],或因减少外力压迫而有所修正,在佛法的流行中,也是无可避免的事。"

从佛教的发展演化过程中,去体会佛法的根本特性,及其发展演化中的种种方便。希望撷取更适应于现代文明部分,使佛法得到更有利的发扬,这是我治佛学的根本立场(参阅《谈入世与佛学》的末后部分)。

佛正觉的"法",是离言自证,而不是人类表达工具——思想、语文(身体动作等)所能直接表示的。只要落入思想、语文,就不能不是"二"——相对的;如发展为思想体系,必为其自身理论所局限,而引起诤论。也就因此,宗教、哲学或政治,如以自己的思想体系为真理,而否定其他一切的,都是我所不能同意的(参阅《上帝爱世人的再讨论》三)。我在《说一切有部为主的论书与论师之研究·序》说:"佛的说法、立制(包含修持方法),并不等于佛的正觉,而有因时因地的适应性。在适应中,自有向于正觉、随顺正觉、趣入正觉的可能性,这所以名为方便。"适应时地的方便,能引导人或浅或深地趣入佛法,予佛法以相当有力的发展。但方便到底是方便，尤其是特殊方便，等到时地转移了，过去的妙方便，可能成为不合时宜的阻力。所以从现代弘法来说，我继承太虚大师的思想，对于"天菩萨"（以佛菩萨示现夜叉等为主尊的）佛法，不敢苟同。

我从佛法的探究中，发见大乘思想有三大系，称之为"性空唯名"、"虚妄唯识"、"真常唯心"（其实古代就有此三系说的，只是名称不同）。内学院否定真常唯心为佛法正统，我却肯认为是的。我虽对性空有广泛的同情，赞同"性空见"，然在佛法的流行中，觉得世谛流布的三大系，对佛法是互有利弊的（见《空有之间》）。所以我说大乘三系，虽赞扬性空，但只是辨了义与不了义（不了义，只是不究竟，不是全部要不得的），而且予以贯摄，如《成佛之道》说：

> "诸法从缘起，缘起无性空；空故从缘起，一切法成立。现空中道义，如上之所说。"

——性空唯名，依《般若经》及龙树论。

> "一切法无性，善入者能入；或五事不具，佛复解深密。或是无自性，或是自相有。缘起自相有，即虚妄分别，依识立缘起，因果善成立。心外法非有，心识理非无，达无境唯识，能入于真实。"

——虚妄唯识，依《解深密经》，弥勒、无著诸论。

> "或以生灭法，缚脱难可立，畏于无我句，佛又方便摄。甚深如来藏，是善不善因，无始习所熏，名为阿赖耶，由此有生死，及涅槃证得。佛说法空性，以为如来藏，真如无差别，勿滥外道见。"

——真常唯心,依《楞伽经》等。

"方便转转胜,法空性无二,智者善贯摄,一道一清净。"

流传中的佛法,我分之为"佛法"、"大乘佛法"、"秘密大乘佛法"——三大类,也就是佛教的三个时期。如分"大乘佛法"为初期与后期,那就有四期了。我怎样判摄流传中的一切佛法呢？龙树说到四悉檀,与觉音所作四部《阿含经》的注释名目,意义相当。这才知道,"总摄一切十二部经,八万四千法藏,皆是实,无相违背"(见《大智度论》)的四悉檀,是《阿含经》的判摄,表示不同的宗趣。我从《阿含讲要》(《佛法概论》的初稿)以来,就一再说到四悉檀,作为贯摄一切佛法的方便。我以此四大宗趣判摄佛法,如《原始佛教圣典之集成》说：

"依古人的传承解说：以修多罗根本部分为主的《相应部》(《杂阿含经》),是显扬真义——第一义悉檀。以分别抉择为主的《中部》,是破斥犹疑——对治悉檀。以教化弟子,启发世出世间善的(《增支部》),是满足希求——为人(生善)悉檀。以佛陀超越天魔梵为主的(《长部》),是吉祥悦意——世间悉檀。这是佛法适应世间,化导世间的四大宗趣,也是学(佛法)者所能得的,或浅或深的四类利益。"

"从(佛法)长期的发展来看,每一阶段圣典的特色,是：一、以《相应部》为主的四阿含,是佛法的第一义悉檀。无边的甚深法义,都从此根源而流衍出来。二、大乘佛法初期的大乘空相应教,以遣除一切情执,契入无我空性为主,重在对治悉檀('如来说空法,为离诸见故')。三、大乘佛教后期,为真常不空的如来藏(佛性)教,点出众生心自性清净,为生善、解脱、成佛的本因,重在为人生善悉檀(如来藏佛性的根源——心性本净,我在《唯识学探源》中,早就说到:心性本净,在转凡成圣的实践上,有它特殊的意义)。四、秘密大乘佛法流行,(这是)劣慧诸众生,以痴爱自蔽,唯依于有著。……为度彼等故,随顺说是法(或说:'劣慧所不堪,且存有相说'),重在世间悉檀。佛法一切圣典的集成,只是四大宗趣的重点开展,在不同适应的底里,直接于佛陀自证的真实。……佛法的世间悉檀,还是胜于世间的神教,因为这还有倾向于解脱的成分。"

你来信说:"就义理方面,不知导师你的意见如何?有多少的百分率,符合导师你的意思?"我多用缘起性空义,他也说缘起性空,这当然有些共同处。然从佛法化导世间,利益众生的意趣,如我在上文所说的,可说没有一些些的共同。在我写作或讲记中,你见到有钟君那样的极端吗?恶意地丑化古德,作人身攻击吗?他引用我的著作,多数与原文不合,试举例说:

1.《揭开谜底》说:"十方佛现在说的兴起,是佛教精神的迷失。佛经作者要求佛是存在的,于是佛轮回成为可能。"(见《初期大乘佛教之起源与开展》八四八页)

2.《空的威力》说:"十方佛现在,存有,放光,说法,倒驾慈航,全是基于无明妄执后有爱的要求。"(《学佛三要》

二二三页,《佛法概论》七二页)

　　3.《揭开谜底》说:"《佛法概论》最后一页,现在十方佛,是众生自我意欲的客观化、神化。"

　　1.依佛法说,十方世界无量,众生也多。这个世界有佛出世,为什么十方世界没有佛出呢?现在十方世界有佛,我从来没有反对过。我在原书中,并没有说十方佛现在说的兴起,是佛教精神的迷失。特别是说,"于是佛轮回成为可能"。这句话,不但我没有说,一切经论没有说,相信真正的佛弟子都不会这样说。"佛轮回成为可能",说得未免过分离谱! 2.我没有说十方佛现在,基于无明妄执后有爱。我是说:生死轮回,众生的死了又再生,是基于"后有爱"。3."现在十方佛,是众生自我意欲的客观化、神化",《佛法概论》末页,并没有这样说。钟君如不信十方现在佛,那是个人信仰自由,何必一再引用我的著作,来作虚伪的证明! 要知道,人类的眼睛是雪亮的,这种现前妄语,终归是要为人揭穿的。在钟君的文稿中,离奇怪诞的想法非常多。例如《空的威力》中,以"从是西方过十万亿佛土",及"阿弥陀佛成佛以来于今十劫",落入空间、时间,可以轻易地推翻阿弥陀佛。照他说,落入时空,就可以推翻他是佛。如真的这样,那么释迦牟尼佛生于二千五百余年前的印度,有时间,有空间,也可以轻易地推翻是佛了! 我实在不了解,到现在还自以为信佛的钟君,在他的心目中,佛到底是怎样的?"有人说:他(指钟君)拿的是导师的招牌,却砸了导师的台。不知导师认为如何?"(来信这样说)我想,多少会有点影响的。钟君未必能精读我的一切作品,理解我在佛法中的意趣。只是偶尔发见一丝微光,通过他自己的意解,构成自己的想像。这才一再引用我的作品,而多数是伪证,与原文不合。"拿我的招牌",对别人说,也不过哄哄初学的青年而已。对他自己说,也只是满足自以为然、夸大傲慢的习性而已。我是个平凡的人,既不曾建起高台,又怕什么砸呢!佛说"诸行无常",让他在时间中慢慢消失吧!

钟君偏执空义,以轻毁、刻薄、恶毒的语句,毁斥无边佛法,这哪里合于龙树,哪里是佛法! 龙树的《中论》,固然是说一切法空,然《中论》也说:"一切实非实,亦实亦非实,非实非非实,是名诸佛法。"佛法是不妨说实有的。又龙树《大智度论》说:

> "诸佛法无量,有如大海,随众意故种种说法。……如是等种种异说,无智闻之,谓为乖错;智者入三种法门,观一切佛语皆是实法,不相违背。"

> "何者是三门? 一者蜫勒门,二者阿毗昙门,三者空门。……若人入此三门,则知佛法义不相违背;能知是事,即是般若波罗蜜力,于一切法无所罣碍。若不得般若波罗蜜,入阿毗昙门,则堕有中;若入空门,则堕无中;若入蜫勒门,则堕有无中。"

佛(的教)法,是随顺众生意而说的。如知道一切是应机说法,那适应人心而展开的无边佛法,似乎说有实(性)、说无实(性)等,各各不同,而在般若离执(佛法是灭烦恼处)中,能贯摄无碍。如《大品般若经》说:"新发意菩萨,闻是一切法皆毕竟性空,乃至涅槃亦皆如幻,心则惊怖(有退失佛法信心的可能)。为是新发意菩萨故,分别(说:)生灭者如化,不生不灭者不如化。"不如化的、不生不灭的涅槃,不正是如化生灭外,别有不生不灭的常住涅槃吗? 如知道,这是适应初机的方便摄受,那是大善巧,与一切法如幻如化说,有什么可诤呢! 这可见,钟君执空而诽毁一切,是与龙树说不相符合的。说到佛,钟君似乎否定绝大部分的经典是佛说(我在《初期大乘佛教之起源与开展》,虽与一般的传说有点不同,但我末后的结论,"大乘是佛说");他所能接受是佛说的,大概是《阿含经》吧! 希望你告诉他:在现存的《阿含经》中,没有说缘起性空,性空缘起;也没有说:以有空义故,一切法得成。这样,钟君所标揭的"佛、龙树、印顺"所说,不全是无稽之谈吗!

说到这里,我不愿以空宗自居,也可以明白了。一九五五年,我在《福严闲话》中说:

> "予学尚自由,不强人以从己,这是我的一贯作风。……我自觉到,我所理解的佛法,所授与人的,不一定就够圆满。"

> "大家在初学期间,应当从博学中,求得广泛的了解,然后再随各人的根性好乐,选择一门深入,这无论是中观、唯识,或天台、贤首,都好。"

> "对于整个佛法,有了广泛的认识,然后依着本人(各人自己)的思想见解,认为哪宗的教理究竟了义,或者更能适应现代思潮,引导世道人心(向上),那么尽可随意去研究,去弘扬。只要真切明了,不作门户之见而抹然其他,因为这等于破坏完整的佛法,废弃无边的佛法。"

　　你希望我"开示以解迷津"。你对佛法有一分信心；读过我的几种作品，也有好感，所以上来说明了我的立场意趣外，再真心诚意地告诉你：佛法是以修行为主的。由于佛法在流行中，适应教内的需要，求得佛法的明确完整；适应外界的阻力，不得不作破他显自的说明。义理一天天发展起来，而有"教法"、"证法"分立倾向。适应不同时地的文明，适应不同人心的思想方式，形成不同的思想系。这都是应机的方便施设，而主要是为了修持的，离烦恼以入正法的。如得教证兼通的真善知识，明佛法宗要，示修持正道，于佛法而学有所得，也许是有可能的。如要广博正确地理解教法，知同知异，而能贯摄无碍，这是不能速成的。决不能浮光掠影，东翻几页，西抓几句，自以为把握真正的佛法，而否斥其余佛法的。我说佛法以修行为主，譬如说"空"，《中论》说："如来说空法，为离诸见故。"《阿含经》说："空于五欲"；"空我我所"；"空于贪，空于嗔，空于痴"。空，是为了离烦恼而说的，所以："信戒无基，忆想取一空，是为邪空。"你想！如没有真正的信心，没有良善的戒行，连生活起居都不能正常，充满了贡高我慢、敌视一切（存有严重的反抗心理）的恶意，于空还能有正见吗？不要以为聪明，单是聪明，有什么用！这世间，大糊涂事，大罪恶，都是那些聪明人干的。何况以解脱为理想的佛法，一点世智辩聪，有什么用呢！真正的学佛或弘法，要有纯正的动机；尤其是，如不放下净胜的心理，是难以有所成就的。

四二　答张展源居士

来问，不容易解答，只能依自己对佛法所有的理解，略作解说以相报。

佛法怎样解说这些问题？应先了解佛法（释迦佛所开示的）是什么。面对现实解决不了的问题（解决不了的就是苦），佛法是反观自己，从自己身心触对外界所引起的情况去了解。理解到有情，人类自身、家庭、社会等问题，一切依有情（人类）自身而有，然后得出可能解决有情苦难——相对的改善，彻底解脱的正道。佛法以有情（人类）为本，有情以业感而生死不已；有情依存的器世界，是多数有情的共业所感。因此，佛法着眼于现实人生，关要在"现生应该怎样行"，而不是离开自己，向外探求，找到问题症结而得到解决的方法。也不想像一神秘实体，怎样的创造、演化，而从神秘信仰中去解决。佛法是这样的，所以提出的问题，大抵是佛法所没有说到的。

植物先于动物问题：有情依自己业力而死生不已，器世界是多数有情的共业所感。佛教也说：世界初成时，是没有有情的。佛法所说的器世间，众多无量，不限于这一地球，所以器世界初成而没有有情，并不等于先有器界而后有有情，世界是相关的世界中有情"共业"所感的。有情的出现,一要有依住的器世界(如地球),二要获得维持生活的食品。经说"一切众生[有情]皆依食住",所以先有器世间,后有植物,依环境的可能生存,才有有情在这一世界出现。先有植物而后有动物,与佛法(的共业所感)没有明显的矛盾。

动物(如恐龙)绝种问题:绝种,人也是一样,古代某些民族,现在已经消失了。依佛法说,这是外力与自力的相关而造成的。或是器界的变化(如传说水灾、火灾、风灾)而无法生存;或是为另一类有情所摧残而不能自保。这是外力而自身不能适应与抗拒,也有自身不健全而日渐消灭。消灭,并不是某些有情消灭了,是依业力而转化为另一形态,所以经说:"众生界不增,众生界不减。"

人从猿猴演化而来问题:佛法,着眼于在迷应离恶而行善,向悟应化情而为智。对人从哪里来?释尊只是依据当前事实,说人从父母而生,不再作"鸡生蛋,蛋生鸡"式的最初的探求。部派传说:世界初成,人从光音天来,也只是随顺印度一般的信仰而说。这一问题,只能说佛没有提到这一问题,佛法不是为了解说这类问题而出现世间的。不过佛法也说:器界与人类,有进化、退化,进化、退化,先后的反复过程,永远的进化是没有的。

四三 答曾宏净居士

一、世间是不彻底、不圆满的。佛法流传在世间,也不离"诸行无常",终于要衰灭的,所以前佛与后佛间,隔着没有佛法的时代。现在的佛法,是释尊成佛而传出的。释尊成佛说法,后人可以依法修行,究竟解脱,正如"只要善用这些定律、定理、公式,即可解决很多……问题"。但是,如人人如此,又怎会出现无师自悟的佛呢?科学家也是"做过许多的尝试、探讨,才获得……更精密的结论"。释尊在修行时,不急求自证,而重于为人。如"搏土譬喻"(等)所说,一切都过去了。然业力所感的有漏果报,虽归于灭尽,而悲愿、智慧等流因果,却越来越殊胜(等于科学者尝试的错误与失败,不只是错误与失败,也是经验的累积),这才能无师自悟,发见正法而化导人间。佛——过去的菩萨心行,与声闻弟子是有点不同的。《杂阿含经》也说到了菩萨。没有菩萨,就没有佛,又哪里有多闻圣弟子(声闻)?如"搏土譬喻"所说,就是释尊的"本生"(南传"本生"共五四〇则)。归纳"本生"的内容,不外乎六度。菩萨长期修行(六度)而成佛,修行以般若为先导,是声闻弟子所公认的。修菩萨行而成佛,是不容易的"难行道",所以《般若经》说:无量数人发心修行，"难得若一若二住不退转"。菩萨行不易，所以如来出世，如优钵昙花，极为难得！佛法是"向灭向舍"的，灭是苦集灭，也就是寂灭（如说"生灭灭已，寂灭为乐"）。《阿含经》说：有"见灭"而不是证知的，如见井中有水，而没有尝到水一样。菩萨的无生（寂灭的别名）忍，如实知而不证，也是这样；由于悲愿熏心，到究竟时，才证成佛道。《般若经》的都无所得，正是离戏论而向于"灭"。《中论》所说：缘起即空（寂），正是声闻、缘觉、菩萨——三乘所共的正观。初期大乘的菩萨行，与原始佛法是相通的。西元三世纪起，后期大乘兴起，如来藏、我、自性清净心说流行，自称不共二乘；然修广大行而成佛，原则上还是相同的（秘密佛法，才说"即身成佛"）。

二、佛法的本质是甚深的，所以释尊成佛，有"不欲说法"的传说。为时众说法，如根性不相当，即使引起信心，也未必能证入。所以释尊说法，大抵先说"端正法"——布施、持戒、修慈悲等定。如有信解深法可能的，再说缘起、八正道（综合就是四谛）等。能信解而不能证的，使他渐渐地养成法器，然后能修能入。所以，释尊说法是有方便的。南传说：佛法宗趣，有"吉祥悦意"（世界悉檀）、"破斥犹疑"（对治悉檀）、"满足希求"（为人悉檀）、"显扬真义"（第一义悉檀），这就是编集为四部阿含的理由。"方便"是不能没有的，虽说"正直舍方便，但说无上道"，而又说"更以异方便，助显第一义"。大乘的异方便（六度，建[佛]塔，造佛像，供养，礼佛，念佛），也就是"易行道"，是重信的。《杂阿含经》也有念佛等方便，如念佛；念佛、法、僧；念佛、法、僧、戒、施、天——六念。心性怯劣的，如独处时，荒凉的旅途中，疾病而濒临死亡边缘,可依念佛等而心有所安,不失善念,近于一般的宗教作用。这是为信强慧弱人说的,如于佛、法、僧、戒,能修到信慧相应,也有证果的可能,就是四证净。大乘法中,由于菩萨道难行,也就有易行方便——礼佛,称念佛名,供养佛,佛前忏悔,请佛说法,请佛住世,随喜佛及圣者等功德(《阿含经》也有"随喜"),回向佛道:这是以佛为中心的易行方便。依龙树《十住毗婆沙论》,易行方便,可以培养佛弟子的坚定信心,引发悲愿,而趋向菩萨广大难行的。后来偏颇发展,以容易修行为容易成佛,这才越来越偏失了!方便是应时应机而不能没有的,偏向的可以纠正,不合时宜的可以不用;要有更适合时代的方便(不违背佛法),佛法才能长在世间。

三、修行证果,是不限于出家的。证得初果、二果的在家弟子,还是有家庭、男女,从事正常事业的。在家而证三果的,才远离淫欲。证得四果阿罗汉的,才一定出家;也有部派说"有在家阿罗汉"。在家弟子能证究竟的圣果,是释尊时代的事实。佛涅槃后,弘法以出家的僧伽为中心,这才渐渐地误解,以为求解脱非出家修行不可。佛世的出家弟子,是少事少业的,每日乞食以后,大都在僧团中(依戒律而住),闻法,修习禅慧,比较上容易修证些。但现在,缺乏适于专修的寺院,有的是"着了袈裟事更多"。如出家而独处修行,依自己的财物而生活,也不合律制。佛世的出家生活,为自己的生死而精进修行,当然是大好事!但如出家众过多(未必能真实修行),或寺院过于富有,在一般世俗心眼中,会引起反感的,这也是中国佛教教难(如三武一宗)的部分原因。西元前后,印度传弘菩萨的难行道,以悲济众生(人类为主)为先,受到大众的赞扬,也正是适应了人心。所以,我尊重原始"佛法",又赞叹"大乘佛法",因为没有菩萨行,是没有佛果的。我赞扬如实道,也不反对重信的方便道。如念佛行人,能正信三宝,兼重施戒,有利于人间(也就有利于佛教),能于佛法中深植善根(佛法不是只说今生的);有的渐渐地转入如实道,或修习信、施、戒——近于六念法门,不也是很好吗? 但如废弃如实道,只要一句佛号;或误解"易行"的意义,即使普及到人人如此,无边兴盛,我也还是不会同情的,因为佛法并不如此。

我希望佛教的渐渐纯正,纯正的佛法,能适应现代而复兴!